2010年度教育部人文社会科学研究西部和边疆地区项目（10XJA770007）阶段性成果；2010年度甘肃省教育厅科研项目（1008-06）成果；2008年度天水师范学院校列项目（TSE0801）成果。

蔡京、蔡卞与北宋晚期政局研究

CAIJING CAIBIAN YU BEISONG WANQI
ZHENGJU YANJIU

杨小敏 ◎ 著

中国社会科学出版社

图书在版编目（CIP）数据

蔡京、蔡卞与北宋晚期政局研究/杨小敏著. —北京：中国社会科学出版社，2012.3

ISBN 978-7-5161-0587-0

Ⅰ.①蔡… Ⅱ.①杨… Ⅲ.①蔡京（1047~1126）—政治—谋略—研究 ②蔡卞（1058~1117）—政治—谋略—研究 Ⅳ.①D691

中国版本图书馆 CIP 数据核字（2012）第 037737 号

蔡京、蔡卞与北宋晚期政局研究　　杨小敏著

出 版 人	赵剑英
策划编辑	张　林（mslxx123@sina.com）
责任编辑	张　林
特约编辑	郑成花
责任校对	王兰馨
封面设计	李尘工作室
技术编辑	戴　宽

出版发行	中国社会科学出版社
社　　址	北京鼓楼西大街甲 158 号　邮　编　100720
电　　话	010-84039570（编辑）　64058741（宣传）　64070619（网站）
	010-64030272（批发）　64046282（团购）　84029450（零售）
网　　址	http：//www.csspw.cn（中文域名：中国社科网）
经　　销	新华书店
印　　刷	北京君升印刷有限公司　　装　订　廊坊市广阳区广增装订厂
版　　次	2012 年 3 月第 1 版　　　　印　次　2012 年 3 月第 1 次印刷
开　　本	710×1000　1/16
印　　张	28.75
字　　数	486 千字
定　　价	69.00 元

凡购买中国社会科学出版社图书，如有质量问题请与本社发行部联系调换

版权所有　侵权必究

序

宋史研究向来有重北宋轻南宋的倾向，不过近十年来南宋史研究颇受关注，其不受重视的局面正在改变。北宋史研究虽受重视，但北宋晚期历史的研究则相当薄弱。这主要是记录北宋史最完备的史籍《续资治通鉴长编》遗缺徽宗钦宗两朝史实，尽管自清代以来就有辑补，但距离恢复全貌相差甚远。李焘编写的《续资治通鉴长编》有980卷，现今只存520卷，按照李焘编写时间愈往后篇幅愈多的特点，徽宗、钦宗两朝所占卷数当在300卷左右，如果能流传至今，北宋晚期历史的研究应是另一种气象。所以材料的缺少是北宋晚期历史研究薄弱的首要原因。其次，宋徽宗是亡国之君，而他起用的大臣蔡京、王黼、童贯、梁师成、李彦、朱勔、杨戬、谭稹、高俅、蔡攸、李邦彦等，被旧史家不是称作奸臣就是佞臣，而现代史家亦把极端腐败、腐朽、黑暗视作徽宗朝政治的同义语。这样的历史长期以来已被盖棺论定，似乎没有再细究的必要，因而叙述北宋历史至灭亡时都会大加鞭挞一番而作为一段历史曲终符号几笔带过。虽然近年来国内外有学者试图打破过去研究的模式，给徽宗朝以新的评价，但有的研究似又有矫枉过正之嫌。

事实上，宋徽宗朝很值得重新研究。不可否认徽宗朝君臣的腐败、暴政，对社会，对历史都造成了不容小视的负面影响，但是《东京梦华录》、《清明上河图》所展现这一时期的都市繁荣景象是宋代乃至中国古代、世界古代史上也是不多见的，这应当是当时社会经济发展到一个高峰的缩影。又如足以夸耀后世的社会救济制度、教育制度基本上是在徽宗朝得到完善或达到高峰。而宋代财经领域的中央集权也真正完成于徽宗朝。至于徽宗朝在艺术上所取得的显著成就也是中国艺术史上有目共睹的。以往研究徽宗朝绍述王安石变法，有两种观点，一是追溯北宋亡国原因时，归罪于蔡京等人的所作所为是祖述王安石的思想，二是蔡京等人打着王安石的旗号但实际所做已远远偏离了王安石的变法。在我看来这两种观点都失之偏颇，哲宗、徽宗都继续了神宗的变法意志，而这两朝的执政大臣大都是王安石思想的追随者，这是基本的史实。王安石变法中贯穿的富国强兵和建构理想社会两条主线也不能说不被徽宗朝君臣所效法，譬如以国家的名义摧抑兼并，赈济贫乏和以发展生产而行开源的财政政策都得到忠实的执行和发扬，而且效果明显。而编修《政和五礼新仪》等举措也是企图建立合乎规制理想社会的尝试等。但是追求建构理想社会的同时，没有节制的权力欲望像从打开的潘多拉魔盒中飞了出来，贪婪的人性肆无忌惮，于是就出现理想的社会模式在某种程度上得到显现（如经济发达、文化繁荣，歌舞升平），同时腐败、腐朽、暴政也随之得到彰显的双重历史表象。

权力欲望的过度膨胀、人性固有的贪婪本性与建构社会理想秩序之间的矛盾、冲突、错位和共存是很值得玩味的，这种玩味的表现既是历史走不出的怪圈，也折射着我们现今所处的时代，更是现今历史研究中缺失的一环。记得黑格尔说过发现人性本善是一种伟大的思想，发现人性本恶更是一种伟大的思想。恩格斯据此说过"恶也是历史发展的动力"。辩证地看待历史的原始动机和人性善恶之间的关系，会给历史研究提出很多有趣的课题。北宋徽宗朝的历史就可作如是观。

杨小敏是2006年考入首都师范大学跟我读博士学位的，此前她没有接触过宋史，选题时有点茫然，于是我给她出题目，让她做蔡京、蔡卞与北宋晚期政局的研究。其所以把蔡卞同列，主要是出自蔡卞是王安石的女婿更是王安石思想忠实追随者的考虑，哲宗朝后期至徽宗朝倡导按王安石思想绍述或"崇宁"正是与蔡卞孜孜以求并付诸实践分不开，这构成了北宋晚期政局不可或缺的一面，只是材料匮乏使人们很难认识到这一点。我希望杨小敏做这一课题时不要局限在对蔡京这个人物的传记式研究上，而是把蔡京的荣辱历程置于他生活的时代中去观察，从一个侧面评价和透视北宋晚期政局的演变和走向。可以说这个初衷初步达到了。当然在揭示徽宗、蔡京诸多施政原始动机与人性善恶方面还留有很大空间有待今后继续深入研究。正是由于这个设想，虽然讨论的是蔡京一个人物，而实际上内容则要涉及北宋晚期乃至北宋整个政治、经济、文化多方面的制度和政策，为了充分理解蔡京实施的诸多经济改革政策和教育、社会救济制度的实质及来龙去脉，我让她从北宋前期的盐法、茶法、榷酒、货币政策以及教育、社会救济制度做起，进行回溯式的梳理。因此她交上来的第一稿字数多达四十五六万字，当我看她对北宋晚期的经济文化制度的来龙去脉和基本精神有了较为充分的理解后，又让她忍痛割爱把徽宗朝之前的相关内容大幅删减，只剩下二十多万字参加答辩。这个过程说起来简单、容易，做起来是很难的，不仅工作量大，费时费精力，而且对于不曾接触过宋史的人来说，又有很多难以言表的艰辛在里面。杨小敏为此付出的巨大心血是可想而知的。2009年11月份举行答辩会时，我因在台湾讲学没能赶回来参加。但她顺利完成答辩，并得到答辩委员会的好评。毕业两年来，杨小敏继续查找资料完善学位论文，现在呈现在读者面前的这部书稿，不仅字数内容有所增加有所进步，而且也真实反映了她执著追求学术的心路历程。由衷地祝杨小敏在未来的学术道路上百尺竿头更进一步。是为序。

李华瑞

2011—10—5

目 录

绪论 …………………………………………………………………… (1)
 一 选题缘起 ………………………………………………………… (1)
 二 学术史回顾 ……………………………………………………… (3)
 三 研究思路与方法 ………………………………………………… (12)
 四 章节安排 ………………………………………………………… (16)

第一章 蔡氏兄弟早期的生平事迹与家族 …………………………… (18)
 第一节 蔡氏家族概况 ……………………………………………… (18)
  一 蔡襄家族 ……………………………………………………… (19)
  二 蔡京、蔡卞家族 ……………………………………………… (22)
  三 蔡确家族 ……………………………………………………… (29)
  四 宋代科举与士大夫家族的兴盛 ……………………………… (30)
  五 对蔡卞十三岁中进士的释疑 ………………………………… (35)
 第二节 熙宁、元丰时期的蔡氏兄弟 ……………………………… (38)
  一 熙宁、元丰时期蔡京、蔡卞与王安石的关系 ……………… (38)
  二 熙宁、元丰时期蔡京、蔡卞的仕历 ………………………… (40)
 第三节 元祐时期的蔡氏兄弟 ……………………………………… (42)
  一 新法的被废和新党的被黜 …………………………………… (42)
  二 元祐时期的蔡京、蔡卞 ……………………………………… (45)

第二章 绍圣、元符时期蔡卞的政治活动 …………………………… (53)
 第一节 哲宗绍述新政 ……………………………………………… (53)

一　哲宗的经历和个性 …………………………………………（53）
　　二　哲宗绍述新政 ………………………………………………（57）
第二节　绍圣、元符时期蔡卞的政治活动 ……………………………（62）
　　一　重修《神宗实录》 …………………………………………（62）
　　二　打击元祐党人 ………………………………………………（67）
　　三　蔡卞与章惇、曾布之间的关系 ……………………………（76）

第三章　蔡京的上台及崇宁、大观时期的政事与人事 ……………（90）

第一节　绍圣、元符时期的蔡京 ………………………………………（90）
　　一　参与恢复新法 ………………………………………………（90）
　　二　极力稳固权位 ………………………………………………（92）
　　三　与章惇、曾布争权 …………………………………………（97）
第二节　从建中靖国到崇宁 …………………………………………（104）
　　一　宋徽宗即位的偶然性 ………………………………………（104）
　　二　宋徽宗即位初新党内部的权力争夺 ………………………（108）
　　三　向太后垂帘听政 ……………………………………………（114）
　　四　从建中之政到崇宁之政 ……………………………………（124）
第三节　蔡京的上台和崇宁、大观时期的政事与人事 ……………（127）
　　一　蔡京的上台和讲议司的设置 ………………………………（127）
　　二　蔡京对政敌的打击和扩大化 ………………………………（130）
　　三　蔡京的开边 …………………………………………………（140）
第四节　艺术上的知音——宋徽宗信任蔡京因由之一 ……………（143）

第四章　政和、宣和年间的蔡京 ……………………………………（157）

第一节　政和、宣和年间蔡京与同僚的权力之争 …………………（157）
　　一　蔡京与童贯的交恶 …………………………………………（159）
　　二　蔡京与郑居中的争权 ………………………………………（165）
　　三　蔡京与王黼的反目 …………………………………………（169）
　　四　政和、宣和年间蔡京等人对太子赵桓的倾扶 ……………（172）
第二节　蔡京对于联金灭辽的态度 …………………………………（177）
第三节　蔡京对官制的改革 …………………………………………（190）
　　一　元丰改制及其遗留问题 ……………………………………（190）

二　蔡京的官制改革……………………………………………………（193）

第五章　蔡京的经济改革……………………………………………………（203）
　第一节　蔡京的茶法改革……………………………………………………（203）
　　一　蔡京茶法改革的主要内容………………………………………（204）
　　二　蔡京茶法中的诸端管理…………………………………………（207）
　　三　蔡京茶法的特点和茶法改革的影响……………………………（210）
　第二节　蔡京的盐法改革……………………………………………………（216）
　　一　蔡京盐法改革的内容……………………………………………（217）
　　二　蔡京盐法改革的效果及影响……………………………………（223）
　　三　蔡京盐法改革的反思……………………………………………（230）
　第三节　蔡京的榷酒制度……………………………………………………（231）
　　一　蔡京以前宋代酒的管理概况……………………………………（231）
　　二　蔡京榷酒制度中的酒价、酒利分配……………………………（233）
　　三　蔡京酒价、酒利分割政策的影响………………………………（237）
　第四节　蔡京的货币改革……………………………………………………（238）
　　一　北宋徽宗以前的货币政策………………………………………（239）
　　二　蔡京的货币改革政策……………………………………………（240）
　　三　蔡京货币政策的影响……………………………………………（257）
　第五节　蔡京的经济改革评析………………………………………………（259）

第六章　蔡京的学校、科举制度……………………………………………（272）
　第一节　蔡京的崇宁兴学与科举改革………………………………………（272）
　　一　总规划的提出与崇宁兴学的展开………………………………（273）
　　二　崇宁兴学的盛况…………………………………………………（275）
　第二节　崇宁以后学校科举的兴衰…………………………………………（280）
　　一　八行取士及其弊端………………………………………………（280）
　　二　各级各类学校的兴衰……………………………………………（282）
　第三节　对蔡京学校科举制度的评价………………………………………（285）
　　一　蔡京学校科举改革的正面影响…………………………………（285）
　　二　蔡京学校科举改革的负面影响…………………………………（287）
　　三　政治、人事变迁对学校发展的影响……………………………（289）

第七章 蔡京的社会救助政策 (293)
第一节 宋代灾荒救助的常规机构 (294)
第二节 宋徽宗以前社会救助机构的设置情况 (297)
第三节 蔡京当政期间社会救助机构的快速发展 (303)
    一 居养院、安济坊、漏泽园的建立及发展 (303)
    二 居养院、安济坊、漏泽园的管理 (307)
    三 居养院、安济坊、漏泽园制度奖惩措施 (310)

第八章 蔡京倡导"丰亨豫大"与北宋晚期的腐败政治 (318)
第一节 君臣追求奢华生活 (319)
第二节 宋徽宗崇奉道教 (325)
    一 宋徽宗宠信的道士 (325)
    二 宋徽宗尊崇道教的措施 (332)
    三 宋徽宗尊崇道教的影响 (339)
    四 与道士相关的政事和人事 (342)
第三节 官吏数目庞大，吏治腐败 (350)
    一 荫补制的泛滥和冗官政治 (351)
    二 官僚卖官鬻爵、贪婪无厌、吏治腐败 (353)
第四节 御笔行事 (357)
第五节 钳制舆论，对付台谏 (362)
    一 宋代台谏制度的两面性 (362)
    二 蔡京钳制舆论，对付台谏 (364)
第六节 横敛无度，盘剥百姓 (366)
第七节 军政腐败 (372)

第九章 总论 (378)
第一节 对蔡京、蔡卞的总体评价 (378)
    一 性格迥异的兄弟二人 (379)
    二 造诣高深的书法大家 (385)
    三 蔡京兴修水利，造福乡里 (387)
    四 蔡京、蔡卞兄弟关系浅议 (389)

五　蔡京、蔡卞交游圈 …………………………………………（393）
　　六　对蔡京、蔡卞的总体评价 …………………………………（403）
　第二节　北宋中晚期士大夫阶层观念的变动 ……………………（407）
　　一　北宋中期"以天下为己任"的士大夫群的崛起 …………（407）
　　二　北宋中晚期士大夫阶层的分化和士风的演变 ……………（411）
　第三节　简论北宋中后期皇权的强化 ……………………………（425）

参考文献 ………………………………………………………………（433）

后记 ……………………………………………………………………（446）

绪　论

一　选题缘起

在有关宋代的历史研究中，政治史一直是一个最受关注的领域。近年来，专门的贯通性的论著有台湾地区林瑞翰的《宋代政治史》和何忠礼的同名专著。邓小南的《祖宗之法——北宋前期政治述略》一书，论述重点在北宋前期，但也关照了北宋中期乃至南宋后期政治的发展，且不乏精到见解。张其凡主编的《北宋中后期政治探索》，以活跃在北宋中后期政治舞台上的富弼、韩琦、曾布、蔡京等人物为中心，集中研究了这一时段的北宋政治。日本学者寺地遵著有《南宋初期政治史研究》一书。相对而言，北宋晚期政治的研究，仍是学界比较薄弱的一个环节。①

改革可以说是北宋政治的重要问题，几乎贯穿始终，而王安石变法则是北宋政治史研究中关联度最大的课题。以往的研究多侧重变法内容的研究，而对变法失败原因的分析也多从变法内容的分歧着手。由于变法与政治力量的更替密不可分，若从纷繁交织的人事关系与变动这一角度进行审视，也可对北宋中后期政治的演变获得更多的解读。北宋中叶，欲大有为于天下的宋神宗和愿助皇帝行大有为之志的王安石君臣遇合，奋起变法，以便富国强兵。然而，在"如何变"的问题上，士大夫看法不尽一致。王安石大刀阔斧的改革，引起司马光、文彦博等保守势力的不满和反对，他

---

① 林瑞翰：《宋代政治史》，台湾大学联合出版委员会1992年版，正中书局印行；何忠礼：《宋代政治史》，浙江大学出版社2007年版；邓小南：《祖宗之法——北宋前期政治述略》，生活·读书·新知三联书店2006年版；张其凡主编：《北宋中后期政治探索》，华夏文化艺术出版社2005年版；[日]寺地遵：《南宋初期政治史研究》，刘静贞、李今芸译，台湾稻禾出版社1995年版。

们固守祖宗之法不变，阻挠变法的推行。而且，在变法过程中，宋神宗和王安石的意见也存在分歧，如在"富国"和"强兵"的关系等重要问题上，君臣意见并不完全一致。再者，神宗从维护集权统治的需要出发，从强化自己的皇权出发，坚持"异论相搅"的祖训，在人事安排上，有意识地安插反变法派，对王安石变法进行掣肘；两宫太后也反对变法，给神宗施加压力；另外，新法推行过程中出现的一些弊端和天灾，更成了反变法派群起反对的借口。这一切使神宗对变法产生动摇，而变法派内部的争权夺利更使新法雪上加霜。王安石为了减少阻力，推进新法，不得不借助皇权的力量将一些不与其合作、反对新法的元老重臣安置为闲散的宫观官，将其他一些反对新法者排斥出朝廷。然而，这必然引起变法派与反变法派之间矛盾的尖锐和裂痕的产生。自熙宁、元丰变法以后，北宋晚期的政坛，风云迭起，围绕王安石变法所引发的政治风波，使许多人物的命运也随之浮沉不定，政治诡谲多变的一面在这个阶段体现得非常充分。各类政治人物的进退和他们的政治活动，极大地影响到了北宋晚期政局的发展。

宋神宗去世以后，宣仁高太后、司马光等人进行"元祐更化"，将熙丰新法几乎全部废除，将新法的推行者蔡确、章惇等贬黜出朝廷。哲宗亲政，绍述父志，在绍圣、元符年间，一方面废除元祐之政，恢复被废除的新法，将章惇、蔡卞、蔡京等人引入朝廷；另一方面，又在章惇、蔡卞主持下，打击报复元祐党人。哲宗去世，经过短暂的政治波动以后，徽宗又打出了绍述父志的旗号，建元崇宁，表明了自己的政治倾向，而蔡京也以"愿尽死"来报答徽宗的"知遇"之恩。北宋晚期历史也就在"绍述"的口号中走向了尾声。但是，从绍圣到宣和时期，政策取向的相似，更多的是在其表象层面。尽管擎举着"绍述"、"继志"的同样旗帜，两个阶段中朝廷举措的实质内容却并不完全相同。①

蔡京、蔡卞作为北宋晚期政治史上的重要人物，他们的政治活动，包括与周围各类人物的关系，如蔡京、蔡卞与哲宗、章惇、曾布的关系，蔡京与徽宗的关系以及以蔡京、蔡卞为中心形成的关系网络，他们所采用的各种政治手段，制定的各项政策、推行的各项措施，对于北宋晚期政治发展，有着极为关键的作用。值得注意的是，从绍圣直至北宋灭亡，虽然章

---

① 邓小南：《祖宗之法——北宋前期政治述略》，生活·读书·新知三联书店2006年版，第445页。

惇、蔡卞、蔡京都打着绍述熙丰的旗号，但实际上，他们的做法与宋神宗、王安石的做法是不同的。"哲宗亲政绍述，变法派重新登台，虽然在形式上恢复了熙丰的各项新法，但是在变法的精神实质上有了很大倒退。至蔡京集团上台打着变法的旗号，从根本上扭转变法改革的动向，并肆无忌惮地对变法改革加以歪曲和丑化，结果使变法改革在社会上遭到唾弃……由于蔡京集团的倒行逆施，使北宋政治进入最黑暗、最腐朽的时期。"① 只有既注意到这些不同，又将蔡京、蔡卞的政治活动与当时的政治、经济大背景联系起来，我们才能真正看清北宋晚期政治走向及其症结所在，也才能丰富宋代政治史的研究。"近些年来，人物研究逐渐从个体走向群体，研究中愈益重视多方面的'关系'，把个别人物与周边人物、与事件、与时代联系起来。"② "所谓'关系'，既包括一制度与它制度相互之间的外在关系，也包括决定制度本身性质的内在关系。制定制度的人、形成制度的过程、制度的规定与实施，无不反映着形形色色的利益关系；正是各类关系与制度本身之间形成的'张力'，决定着制度运行的实际曲线。""强调'关系'，我们有可能将制度置于活动的场景之中；有可能提炼出更具实质意义的问题；有可能走向对于制度史的立体认识。"③ 笔者选取"蔡京、蔡卞与北宋晚期政局研究"这一题目，正是基于上述认识。《蔡京、蔡卞与北宋晚期政局研究》看似是人物研究，但又不是纯粹的人物研究，不是就人物论人物，而是将人物放在社会大背景下，将人物活动和当时社会的政治、经济发展联系起来，审视影响人物活动的因素和人物活动对社会发展的影响。

二 学术史回顾

（一）大陆及港台

关于北宋晚期政治的研究，学界多有涉及。王曾瑜概括性地从十三个方面对北宋晚期政治进行了叙述。王先生指出："总的来说，宋徽宗时的

---

① 李华瑞：《关于宋代政治史的分期问题》，载《宋史论集》，河北大学出版社2001年版，第76—77页。

② 李华瑞：《建国以来的宋史研究》，载《宋夏史研究》，天津古籍出版社2006年版，第16—17页。

③ 邓小南：《走向"活"的制度史——以宋代官僚政治制度史研究为例的点滴思考》，载包伟民主编《宋代制度史研究百年：1900—2000》，商务印书馆2004年版，第16—17页。

一系列新政呈现了复杂的情况，其中不能说没有合理的、有积极意义的成分，但更多的则有粉饰太平，好大喜功，特别是搜刮民脂民膏的成分。"①张邦炜对北宋晚期的士风、北宋亡国的缘由进行了系统的探讨，并深刻揭示了宋徽宗时期的腐败政治。② 林瑞翰《宋代政治史》和何忠礼同名著作有关章节论述了宋徽宗朝政治。王育济③选取御笔行事这一角度揭示了宋徽宗时期皇权的极度膨胀和政治腐败。

从人物研究的角度分析蔡京、蔡卞及其北宋晚期的政局，有吴泰④，陈韶旭、李桂云⑤，刘美新⑥，曾莉⑦，顾绍勇⑧等学人。吴泰在其文章中这样评价蔡京：不能不说他聪明能干，但聪明用于投机、聚敛，换来的只是千秋骂名；不能不说他才华出众，但出众的才华用于谄媚、钻营，美才也难掩无耻的丑行。文章还揭露了蔡京排斥异己，独揽朝政，结党营私，奢侈腐化等种种罪行。陈韶旭、李桂云在肯定蔡京是权奸的同时，也承认他是能臣；认为徽宗对蔡京是信任的，更是利用的；并指出蔡京的历史评价定型于南宋高宗时代，是特殊历史时期的产物。刘美新主要从徽宗朝初期政局的演变与蔡京的崛起，蔡京的得宠与政局的变化，政局旋涡中的蔡京等几个方面进行论述，分析了蔡京的政治活动及其影响，蔡京与徽宗、与宦官、与同僚的关系。总结了蔡京的三大罪状：一是树元祐党籍碑，打压忠贤，禁锢学术；二是君臣奢侈挥霍，目无纲纪；三是勾结宦官，御笔成风。指出北宋之灭亡，蔡京实有不能推脱之重大干系。曾莉逐次分析了蔡京四次任相前后的权争，总结了蔡京四次宦海沉浮的原因。顾绍勇则从蔡卞的家族婚姻背景及其在神宗朝的仕历；蔡卞与"绍述"、崇宁时期之政争；蔡卞对王安石经义学说的继承和发展等三个方面对其进行了论述，最后以对蔡卞的所谓"六大罪状"的分析作为论题的结语。刘志华从家族

---

① 王曾瑜：《北宋晚期政治简论》，载《中国史研究》1994年第4期。
② 张邦炜：《北宋亡国与权力膨胀》、《北宋亡国的缘由》、《论北宋晚期的士风》、《宋徽宗角色错位的由来》、《关于建中之政》等系列论文，见专著《宋代政治文化史论》，人民出版社2005年版。
③ 王育济：《论北宋末年的"御笔行事"》，载《山东大学学报》（哲学社会科学版）1987年第1期。
④ 吴泰：《祸国殃民的投机政客蔡京》，载《文史知识》1985年第2期。
⑤ 陈韶旭、李桂云：《蔡京缘何成巨奸》，载《张家口师专学报》2002年第5期。
⑥ 刘美新：《蔡京与宋徽宗朝之政局》，暨南大学硕士学位论文2002年4月。
⑦ 曾莉：《蔡京宦海沉浮研究》，陕西师范大学硕士学位论文2005年5月。
⑧ 顾绍勇：《蔡卞研究》，河北大学硕士学位论文2007年6月。

史的角度分析了蔡京、蔡卞为首的蔡氏家族发展壮大的过程以及和姻亲、同僚的关系，介绍了蔡京、蔡卞兄弟在北宋晚期政治上的所作所为，探讨了其家族对北宋晚期政治的影响。[①] 另外，林天蔚[②]、汪天顺[③]、郭志安[④]也对蔡京、蔡卞有涉及。林天蔚主要论述了蔡京主持下的讲议司的政治、经济、文化各项活动。汪天顺对蔡卞的政治活动及其对北宋晚期政治的消极影响进行了阐述。郭志安在对陈瓘的研究中，分析了陈瓘在北宋晚期的政治倾向和学术思想，以及陈瓘利用台谏的身份与蔡京、蔡卞兄弟的抗争。杨小敏《政事与人事：略论蔡京与讲议司》[⑤]一文，论述了蔡京设置讲议司的用意，讲议司推行的各项政策、产生的作用和对北宋晚期历史发展的影响，指出了政事与人事之间的微妙关系。吴业国《讲议司与北宋晚期政局》[⑥]一文指出，讲议司的聚敛之政造就了以蔡京为首的权门政治，这一政治特征深刻影响到北宋王朝的政治和命运。同时讲议司培养了一批理财官员，南渡后多被高宗秦桧集团引用，对南宋财政机构职能的运转起到重要的作用。

最容易引人关注的是对蔡京、蔡卞的褒贬评价，但北宋后期的各种制度、政策都与人物活动关系密切，因此对重要政治人物的研究离不开制度史的角度。蔡京、蔡卞上台伊始，除了不遗余力地打击元祐党人和反对者以外，不论是出于恢复新法的必要，还是作为当权者的责任，财政问题首先是无法回避的大问题，为此，蔡卞主要是和章惇一起恢复王安石的理财诸法。蔡京当政期间，进行了一系列经济改革，如茶法、盐法、货币改革，加强酒的专卖等，以增加财政收入。对蔡京经济改革的内容，改革对北宋财政、政治的影响等方面的研究，有漆侠[⑦]、黄纯艳[⑧]、戴裔煊[⑨]、郭正

---

① 刘志华：《仙游蔡氏家族与北宋晚期政治——以蔡京、蔡卞为中心》，北京师范大学硕士学位论文 2007 年 5 月。
② 林天蔚：《蔡京与讲议司》，载《宋史研究集》第十辑，台湾中华丛书编审委员会 1978 年版。
③ 汪天顺：《章惇研究》，河北大学博士学位论文 2002 年 6 月；汪天顺：《章惇与曾布、蔡卞交恶及其对绍述政治的影响》，载《中国史研究》2009 年第 1 期。
④ 郭志安：《陈瓘研究》，河北大学硕士学位论文 2004 年 6 月。
⑤ 杨小敏：《政事与人事：略论蔡京与讲议司》，载《西北民族大学学报》2008 年第 5 期。
⑥ 吴业国：《讲议司与北宋晚期政局》，载《四川师范大学学报》2010 年第 1 期。
⑦ 漆侠：《宋代经济史》（上、下册），上海人民出版社 1987 年版。
⑧ 黄纯艳：《宋代茶法研究》，云南大学出版社 2002 年版。
⑨ 戴裔煊：《宋代钞盐制度研究》，中华书局 1981 年版。

忠①、李华瑞②、汪圣铎③、高聪明④、包伟民⑤等学者。漆侠对蔡京茶法、盐法改革及榷酒制度及其影响均有研究。黄纯艳研究宋代茶法时，专门列有"蔡京茶法"一节。戴裔煊和郭正忠对蔡京的钞盐制度进行了细致分析。李华瑞指出了蔡京当政期间宋代酒法的变化及其承前启后的作用。汪圣铎和高聪明对蔡京铸造大钱、发行纸币及其带来的严重后果进行了揭示。包伟民对蔡京经济改革所带来的中央和地方财政收入的变化及其对地方吏治的消极影响予以阐释。另外，涉及蔡京茶法改革的还有李晓⑥、朱重圣⑦、俞晖⑧、吴树国⑨等。吴树国指出，蔡京茶法改革脱胎于贴射法的母体，体现了贴射法的制度精神，并在贴射法的再造和突破中，最终确立以引榷茶的专卖模式。他认为这是中国古代专卖制度的根本性演变，它走出了官府通过专卖经营从商品差价中获利的传统，从而转变了政府的专卖职能，恢复了市场对价格的配置作用，并且通过对商人征收净利实现了税收公平。其制度模式及理念对南宋以降的茶法、盐法和榷酒都产生了深远的影响。俞兆鹏⑩对蔡京的货币政策进行了研究。孔祥珍⑪对蔡京的财经思想和财经政策的主要内容和效果予以述评。

北宋与辽、夏并峙的国际格局，尤其是北宋在战略地理位置上和军事对抗力量上的劣势地位，使北宋不得不将财政收入的很大部分用于军事开

---

① 郭正忠：《宋代盐业经济史》，人民出版社 1990 年版。
② 李华瑞：《宋代酒的生产和征榷》，河北大学出版社 2001 年版。
③ 汪圣铎：《两宋货币史》（上、下册），社会科学文献出版社 2003 年版；《两宋财政史》（上、下册），中华书局 1995 年版。
④ 高聪明：《宋代货币与货币流通研究》，河北大学出版社 2000 年版。
⑤ 包伟民：《宋代地方财政史研究》，上海古籍出版社 2001 年版；论文《宋朝的酒法与国家财政》，载《宋史研究集刊》（二集），杭州大学历史系宋史研究室编，浙江省社联《探索》增刊 1988 年版。
⑥ 李晓：《宋代茶叶经济研究》，中国政法大学出版社 2008 年版。
⑦ 朱重圣：《北宋茶之生产与经营》，台湾学生书局 1985 年版。
⑧ 俞晖：《论宋徽宗时期茶法的变更》，载《农业考古》2001 年第 4 期。
⑨ 吴树国：《北宋蔡京茶法改革新论》，载《史学集刊》2010 年第 6 期。
⑩ 俞兆鹏：《论宋徽宗时期的大钱》，载《南昌大学学报》1992 年第 2 期；《论宋徽宗抑制通货膨胀的失败》，载《中国史研究》1995 年第 2 期。
⑪ 孔祥珍：《蔡京与北宋徽宗朝的财经政策问题研究》，山东大学硕士学位论文 2008 年 4 月。

支。正如日本学者宫泽知之[①]所指出的，北宋中央财政具有军事财政的特点，国家财政的各项政策和措施主要都是围绕军事需要而展开。茶、盐、酒、货币等政策即是如此。而且，北宋中央不断加大对地方财政收入的分割力度，使地方财力陷于困竭。与此同时，各种名目的苛捐杂税，硬性摊派也就在军事需要的名义下"合理地"、名正言顺地开展起来，广大百姓成为被不断榨取剥削的对象，他们的血汗变成统治者肆意挥霍享乐的物质基础。关于这方面的问题，李晓[②]和王曾瑜[③]均有揭示。统治者这种竭泽而渔的剥削政策，短期内使中央财政收入急剧增加，然而导致的最终结果是生产的萎缩和财政经济的大崩溃。

北宋如何应对辽朝和西夏的强大军事威胁，如何应对新崛起的金朝，如何处理北宋与辽、夏、金之间双方乃至三方的关系，也是当权者必须面对的问题。陶晋生对宋辽关系有研究[④]，赵永春论述了宋金之间的关系[⑤]。李华瑞对宋夏关系的研究则对于我们深入了解北宋晚期西夏与北宋的民族关系以及北宋晚期政治很有助益。[⑥]

官制改革是政治领域最敏感的问题，它既关系到行政效率，也关系到各级官僚的权力和利益。同时它也成了当权者捞取政治资本和经济实惠，以及笼络人心的最有效手段。徽宗在位期间，蔡京对选人和武官制度进行了改革，蔡京甚至为了拉拢宦官，稳固权势，也进行了宦官制度的改革。龚延明[⑦]和张复华[⑧]对此有深入研究。邓小南[⑨]和朱瑞熙[⑩]、苗书梅[⑪]亦有涉及。

学校和科举制度，既是培养和笼络人才的手段，也是文饰太平的

---

① ［日］宫泽知之：《北宋的财政与货币经济》，载《日本中青年学者论中国史·宋元明清卷》，上海古籍出版社1995年版，第75—135页。
② 李晓：《宋朝政府购买制度研究》，上海人民出版社2007年版。
③ 王曾瑜：《宋朝的和籴粮草》、《宋朝的和买与折帛钱》、《宋朝的科配》，载《锱铢编》，河北大学出版社2006年版。
④ 陶晋生：《宋辽关系史研究》，台湾联经出版事业公司1984年版。
⑤ 赵永春：《金宋关系史》，人民出版社2005年版。
⑥ 李华瑞：《宋夏关系史》，河北人民出版社1998年版。
⑦ 龚延明：《宋代官制总论》，《宋代官制辞典》，中华书局1997年版。
⑧ 张复华：《北宋中期以后之官制改革》，台湾文史哲出版社1991年版；《宋徽宗朝官制改革之研究》，载《人文及社会科学集刊》1990年第1期。
⑨ 邓小南：《宋代文官选任制度诸层面》，河北教育出版社1993年版。
⑩ 白钢主编、朱瑞熙：《中国政治制度通史第六卷（宋代）》，人民出版社1996年版。
⑪ 苗书梅：《宋代官员选任和管理制度》，河南大学出版社1996年版。

工具。一定程度上也是社会文明进步的标志。就学校教育而言，蔡京当政期间，崇宁兴学是其政治的一大亮点。当时不仅太学，地方州县学也呈现出蓬勃发展的态势。儿童小学教育和各类专科学校教育，甚至偏远地方的学校教育都有发展。当然，在发展的同时，也暴露出一些弊端，尤其是政治变动对教育发展的影响。关于上述方面的研究成果，有田勤耘[①]、郭宝林[②]、赵铁寒[③]、刘子健[④]、朱重圣[⑤]、袁征[⑥]、叶鸿洒[⑦]、周愚文[⑧]等学人的研究。张春生[⑨]对宋代官学教育的政策，张小红[⑩]对宋代的宗室教育进行了研究。就科举制度来看，金中枢[⑪]分阶段详细叙述了北宋科举制度的发展和特点。何忠礼[⑫]、张希清[⑬]、杨树藩[⑭]等也有论述。

社会救助制度健全与否，救助人群是否广泛，开展救助是否及时，救助活动能否持续，是衡量执政者能力和责任心的一把尺度，也是体现社会进步与否的标志。蔡京当政期间，北宋的社会救助制度发展很快，虽然在实施过程中亦暴露了诸多弊端，但其积极作用不容抹杀。与蔡京的社会救

---

① 田勤耘：《"崇宁兴学"研究》，华中科技大学硕士学位论文 2005 年 5 月。
② 郭宝林：《北宋的州县学》，载《历史研究》1988 年第 2 期。
③ 赵铁寒：《宋代的太学》，载《宋史研究集》第一辑，台湾编译馆中华丛书编审委员会 1980 年版；《宋代的州学》，载《宋史研究集》第二辑，台湾编译馆中华丛书编审委员会 1983 年版；《宋代的学校教育》，载《宋史研究集》第四辑，台湾编译馆 1986 年版。
④ 刘子健：《略论宋代地方官学和私学的消长》，载《宋史研究集》第四辑，台湾编译馆 1986 年版。
⑤ 朱重圣：《宋代太学发展的五个重要阶段》，载《宋史研究集》第八辑，台湾中华丛书编审委员会 1976 年元月印行。
⑥ 袁征：《宋代教育——中国古代教育的历史性转折》，广东高等教育出版社 1991 年版；论文《北宋的教育与政治》，载《宋辽金史论丛》第二辑，中华书局 1991 年版。
⑦ 叶鸿洒：《试探北宋医学教育之发展》，载《宋史研究集》第二十四辑，台湾编译馆 1995 年版。
⑧ 周愚文：《宋代的州县学》，台湾编译馆 1996 年版；《宋代儿童的生活与教育》，台湾师大书苑有限公司 1996 年版。
⑨ 张春生：《两宋官学教育政策研究》，河北大学硕士学位论文 2003 年 6 月。
⑩ 张小红：《宋代宗室子弟教育制度研究》，河南大学硕士学位论文 2001 年 5 月。
⑪ 金中枢：《北宋科举制度研究》（上、下），分别载《宋史研究集》第十一辑，台湾编译馆 1979 年版；《宋史研究集》第十二辑，台湾编译馆 1980 年版。
⑫ 何忠礼：《科举与宋代社会》，商务印书馆 2006 年版。
⑬ 张希清：《北宋的科举取士与学校选士》，载漆侠主编，《宋史研究论文集》（国际宋史研讨会暨中国宋史研究会第九届年会编刊），河北大学出版社 2002 年版。
⑭ 杨树藩：《宋代贡举制度》，载《宋史研究集》第四辑，台湾编译馆 1986 年版。

助制度相关的研究,有张文①、宋炯②、金中枢③、王德毅④、郭文佳⑤等学者的论著。

宋徽宗在位期间崇尚道教,金中枢对其崇道的表现、影响有详细论述,并指出,北宋末年的崇尚道教,殊不限于宗教信仰,而是政治上之私人权力扩张,党派斗争,与方术士之错综勾结,对抗利用而已。⑥卢国龙就宋徽宗崇尚道教如是说:"表面上看,徽宗似乎'崇道',质而言之,则其实不过'佞神'。再进一步看,如其谓之'佞神',则又不如谓之'弄神'。"他又指出,这是丧失了文化理念的宋徽宗挟带着占有政权的苟且目的,试图用神的灵光去威慑内外。⑦羊华荣认为宋徽宗的崇道活动对当时的政治、经济和军事方面都起了消极作用,从而加速了北宋的灭亡。⑧

王安石变法期间所引发的变法派与反变法派之间的斗争,最终演变成为新旧党争,此后北宋政坛始终被党争所困扰,而且呈愈演愈烈之势。北宋党争及党争对北宋政治的影响、对士风的影响等,罗家祥有系统研究。⑨沈松勤和萧庆伟也有论述。⑩陈乐素先生对章惇、蔡京当政期间,

---

① 张文:《宋朝社会救济研究》,西南师范大学出版社2001年版;《宋朝民间慈善活动研究》,西南师范大学出版社2005年版。论文《季节性的济贫恤穷行政:宋朝社会救济的一般特征》,载《中国史研究》2002年第2期;《对流民的安置与救济:宋朝社会控制的实践途径》,载《西南师大学报》2002年第2期;《两宋赈灾救荒措施的市场化与社会化进程》,载《西南师大学报》2003年第1期。
② 宋炯:《两宋居养制度的研究——宋代官办慈善事业初探》,载《中国史研究》2000年第4期。
③ 金中枢:《宋代几种社会福利制度——居养院、安济坊、漏泽园》,载《宋史研究集》第十八辑,台湾编译馆1988年版。
④ 王德毅:《宋代灾荒的救济政策》,台湾商务印书馆1970年版;论文《宋代的养老与慈幼》,载《宋史研究集》第六辑,台湾编译馆1986年版。
⑤ 郭文佳:《宋代社会保障研究》,新华出版社2006年版;论文《宋代官办救助机构述论》,载《信阳师院学报》2003年第2期。
⑥ 金中枢:《论北宋末年之崇尚道教》(上),载《宋史研究集》第七辑,台湾编译馆1987年8月再版;《论北宋末年之崇尚道教》(下),载《宋史研究集》第八辑,台湾中华丛书编审委员会1976年元月印行。
⑦ 卢国龙:《权力与信仰简单结合的悲剧——漫谈宋徽宗"崇道"》,载《世界宗教文化》1995年第1期。
⑧ 羊华荣:《宋徽宗与道教》,载《世界宗教研究》1985年第3期。
⑨ 罗家祥:《朋党之争与北宋政治》,华中师范大学出版社2002年版。
⑩ 沈松勤:《北宋文人与党争——中国士大夫群体研究之一》,人民出版社1998年版;萧庆伟:《北宋新旧党争与文学》,人民文学出版社2001年版。

打击元祐党人的政治活动进行了梳理。①

北宋后期,伴随着党争的激化,台谏官员纷纷卷入到政治斗争的旋涡之中,充当着专制统治的工具和政治斗争的急先锋。关于宋代的台谏制度,刁忠民、虞云国有专门研究②,梁天锡也有相关论述。③ 宋代台谏与政治的关系,王曾瑜有精到见解。④ 贾玉英《台谏与宋代权臣当政》一文,以蔡京、秦桧、韩侂胄、史弥远、贾似道等权臣为例,在系统考察台谏与权臣的上台、权臣控制台谏的措施、权臣运用台谏的手段等问题的基础上,概述了台谏对宋代权臣当政所起的重要作用,说明了台谏不仅是巩固君主专制的工具,而且也是权臣当政的鹰犬。⑤ 刁忠民《论宋哲宗至高宗时期之台谏制度》一文,指出宋哲宗至高宗时期,台谏官入选的资格要求被彻底放弃,皇帝亲除之制也演变为宰执拟除。台谏选任之制的变化,为宰辅控制台谏并进而操纵时局开了方便之门。至秦桧独相,天子的"耳目之官"成了他的爪牙,台谏制度权力过高的隐患至此暴露无遗。⑥ 蒋启俊全面探讨了元祐更化时期台谏对元祐党争的推波助澜以及二者之间的互动关系,指出了台谏势力膨胀对政治干预的负面影响。⑦ 王婷婷专门探讨了北宋徽宗、钦宗时期的台谏。指出徽宗、钦宗往往采取贬逐台谏官、御笔手诏等手段破坏台谏。而蔡京等权臣也纷纷采取控制台谏的任命权、利用台谏打击异己、假借御笔的手段破坏台谏制度。最后得出结论,在徽宗、钦宗时期政治环境恶化,台谏制度虽然一度发挥其功效,但由于君主拥有最高的行政权、立法权,当君主试图将权力用于摆脱或对抗台谏的监察时,台谏职能的破坏和压制就在所难免。⑧

(二) 国外

这些年,关于蔡京和宋徽宗的研究,国外学者关注也比较多。如日本

---

① 陈乐素:《流放岭南的元祐党人》、《桂林石刻〈元祐党籍〉》,分别载《求是集》第二集,广东人民出版社 1984 年版,第 228—260、293—309 页。
② 刁忠民:《宋代台谏制度研究》,巴蜀书社 1999 年版;虞云国:《宋代台谏制度研究》,上海社会科学院出版社 2001 年版。
③ 梁天锡:《北宋台谏制度之转变》,载《宋史研究集》第九辑,台湾编译馆 1977 年版。
④ 王曾瑜:《从台谏制度的运作看宋代的人治》,载《凝意斋集》,兰州大学出版社 2003 年版。
⑤ 贾玉英:《台谏与宋代权臣当政》,载《河南大学学报》1996 年第 3 期。
⑥ 刁忠民:《论宋哲宗至高宗时期之台谏制度》,载《四川大学学报》1999 年第 6 期。
⑦ 蒋启俊:《元祐党争中的台谏研究》,暨南大学硕士学位论文 2006 年 5 月。
⑧ 王婷婷:《北宋徽宗、钦宗时期的台谏》,华中科技大学硕士学位论文 2006 年 5 月。

学者安藤幹夫[①]通过蔡京的经历研究蔡京其人。中嶋敏[②]对于蔡京时代的货币如大钱、当十钱、夹锡钱、纸币以及与之相关的事件如苏州钱狱、财政政策等有系统论述。近藤一成[③]论述了蔡京时代的学校、科举发展的概况。林大介[④]以蔡京为中心，考察了宋代皇帝与宰相的关系。2004年，日本《アジア游学》出版了特集《徽宗とその时代》，多位学者从政治、经济、军事、思想文化、宗教、外交等方面对宋徽宗时代做出诠释。其中有伊原弘[⑤]对宋徽宗时代的再讨论；王瑞来[⑥]对宋徽宗与蔡京君臣关系、权力纠葛的探讨；金荣济[⑦]对北宋徽宗时代的财政政策的研究；松本浩一[⑧]对徽宗的道教政策的研究；小岛毅[⑨]介绍了美国对宋徽宗时代的研究状况；等等。久保田和男[⑩]从皇帝权威的强化与蔡京专权的种种措施来考察都城开封空间的再造，探讨了道教的兴盛、艮岳的营建、明堂与延福宫的建造及其与蔡京专权的关系等等问题。另外，梅原郁对官制也有涉及。[⑪]

美国学者伊佩霞（Patricia Ebrey）通过对蔡京作为大臣、书法家、作家等不同身份下徽宗对其的评价，以及徽宗和蔡京关系中的书法的研究，说明蔡京是在引导徽宗接近文化。[⑫] 2006年，哈佛大学亚洲中心出版了伊佩霞（Patricia Ebrey）与 Maggie Bickford 所编《徽宗与北宋后期：文化政治与政治文化》（*Emperor Huizong and Late Northern Song China：the Politics of Culture and the Culture of Politics*）一书，该书收集

---

① [日] 安藤幹夫：《蔡京に関する研究——特に彼の経歴を中心として——》，载《広岛经济大学经济研究论集》11—4，1988年。
② [日] 中嶋敏：《北宋徽宗朝の大钱について》，《蔡京の当十钱と苏州钱法の狱》，《北宋徽宗朝の夹锡钱について》，《徽宗时代の纸币》，《北宋时代に於ける新铸钱の上供と财库》等。见《东洋史学论集——宋代史研究とその周边》，汲古书院，1988年5月。
③ [日] 近藤一成：《蔡京の科举・学校政策》，载《东洋史研究》53卷第1期，1994年。
④ [日] 林大介：《蔡京とその政治集团——宋代の皇帝・宰相关系理解のための一考察——》，载《史朋》35，2003年。
⑤ [日] 伊原弘：《徽宗とその时代——その再検讨のために》。
⑥ [日] 王瑞来：《徽宗と蔡京——权力の络み合い的纠葛》。
⑦ [日] 金荣济：《北宋徽宗代の财政政策》。
⑧ [日] 松本浩一：《徽宗と道教政策》。
⑨ [日] 小岛毅：《徽宗时代は何を示唆するか——アメリカにおける研究状况から》。
⑩ [日] 久保田和男：《北宋徽宗时代と首都开封》，载《东洋史研究》63卷，2004年第4期。
⑪ [日] 梅原郁：《宋代官僚制度研究》，同朋社，1985年。论文《论宋代官制的发展》，载《宋史研究通讯》1986年第7期。
⑫ [美] 伊佩霞（Patricia Ebrey）：《文人文化与蔡和徽宗的关系》，载《宋史研究论文集》（国际宋史研讨会暨中国宋史研究会第九届年会编刊），2000年。

了多位学者有关北宋后期徽宗和蔡京的研究，涉及徽宗时代的政治、军事、文化、医学、艺术、人事、思想、历史文献等诸多方面的内容，反映出国外学者在宋徽宗时期历史研究上的广度和深度。关于此书的主要内容以及与中国学者视角的不同，包伟民先生有全面系统的介绍。[①] 兹不赘述。2009年10月，中华书局出版美国学者姜斐德（Alfreda Murek）的专著《宋代诗画中的政治隐情》，该书对宋徽宗时代的绘画、政治以及宋徽宗与蔡京的关系亦有论述，亦颇有新意。还有一些论著在此没有提及。

梳理以往的研究成果，可以看出，对于蔡京经济改革的内容、改革造成负面影响的研究，成果比较丰富；对蔡京当政期间政治腐败的揭露比较透彻；对蔡京的学校、科举制度的研究比较深入。但还有一些可拓展的研究空间。如：在对蔡京、蔡卞的研究中，蔡卞的研究相对薄弱，成果较少；就蔡京而言，对他的政治活动、经济改革的内容及改革造成的负面影响研究较多，而对他能够长期受徽宗宠信执掌朝政大权的原因探析不够；对他的经济改革一定程度上适应了社会商品经济发展需要的阐述不够；对蔡京的社会救助制度对当时及后世的积极影响分析不够；对蔡京、蔡卞兄弟二人的性格差别、处事行为方式的分析亦欠缺。另外，对政策制定目的和政策执行效果及中间影响因素的分析不够。

三 研究思路与方法

北宋是贵族政治衰落和君主独裁政治的兴起时期。北宋的科举制度为庶民阶层进入统治阶级行列提供了极其重要和便利的通道，许多平民家族的命运因此而改变。蔡京、蔡卞兄弟家族的发迹也正是基于此。不仅如此，北宋统治者涵养优容士大夫的举措，也激发了士大夫对国家、民族的认同感和责任感。"共治天下"成了士大夫心目中的一种期望。这也是宋代士大夫面对危机不断掀起改革浪潮的动因之一。但是，士大夫的思想并非铁板一块，受个人性格、家庭环境、学术、社会生活阅历等各方面因素的影响，士大夫在面对具体的社会政治、经济等问题的时候，各人的看法并不完全一致，呈现出差异性，有时甚至分歧还颇大，这势必造成士大夫群体的分化。并且，作为最高统治者的皇帝，从国家利益出发，他愿意、也需要和士大夫一起寻求治国良方。但从家族利益出发，他更重要的职责

---

① 包伟民：《宋徽宗："昏庸之君"与他的时代》，载《北京大学学报》2009年第2期。

是防止皇权的旁落和维护家族统治的延续,所以对于士大夫之间因政见不同而产生的分歧,皇帝有意识地听之任之,目的是更好地控驭士大夫。这种做法一定程度上加深了士大夫群体之间的矛盾,也影响了执政者的施政效果。王安石变法就突出地体现了这一点。而王安石变法以后的政局变动和党派之争对于北宋晚期乃至南宋政治都产生了深远的影响。王安石变法规模之宏阔,牵涉面之广,影响之深远,也使之始终吸引着学人关注的目光。

个人以为:

(一)王安石变法推行过程中,士大夫因为政见不同而形成了党派之争,宋神宗坚持"异论相搅"的祖训,加深了这种派系之争。而神宗以后的政局变动使党派之争成了北宋后期无法摆脱的魔咒。毫无疑问,王安石变法时期变法派与反变法派之间的斗争,后来演变成为你死我活的权力之争。它严重影响了北宋后期的政局走向。无论是政治的变动还是人事的变迁,甚或是经济政策、学校制度、社会救助政策,无不深深地打上党争的烙印。在斗争中,许多人丧失了对事物发展的理性思索和判断,也丧失了知识分子应该有的正直和良知,败坏了士风。在这种政治生态环境下,依靠皇权的力量,将其作为强有力的后盾,就成了各政治派别、各政治人物最大的目标。这一目标的确定又反过来加强了君主的专制集权。

(二)元祐更化废除了王安石新法,绍圣、元符年间,在哲宗的支持下,章惇、蔡卞打着绍述旗号,恢复了熙丰新政。徽宗即位后,建元崇宁,表明了绍述的志向,蔡京也打着绍述的旗号,这一切都似乎标明了神宗、哲宗、徽宗事业的延续性。而且,就某些具体的政策而言,也体现出了这一点。然而,不可否认的是,时事的变迁和人事的变动以及既得利益者从自身考虑等各种因素,决定了不论是绍符时期还是崇观时期,执政者所绍述的神宗事业和恢复的王安石变法与熙丰时代的神宗事业和王安石变法,在思路、做法方面有了很大的不同。如果说章惇、蔡卞还的确有意恢复熙丰新法各项举措的话,那么蔡京则完全是打着绍述的旗号行聚敛之实。

(三)蔡京、蔡卞在熙丰时代通过科举考试步入仕途,在这个变革的时代兄弟二人从地方到中央,都积极参与了改革,并且在所任职事中尽职尽责,表现出一定的才干,得到了神宗的认可。元祐年间的朝政变动给他们兄弟的仕途和政治生命带来了阴霾。绍圣年间朝政的再次变动,又使他们有机会重新登上北宋的政治舞台，并且扮演重要的角色。尤其是蔡卞，作为王安石的女婿和学术传人，在绍圣、元符这个特殊的历史时期，他有着得天独厚的政治资源，活跃在北宋政坛的台前幕后，他对这一时期北宋政治发展的走向产生了很大的影响，且为其兄蔡京的上台，作了很好的铺垫作用。而蔡京的艺术成就奠定了其与宋徽宗政治上合作的基础。然而，不论蔡京、蔡卞能量有多大，在专制时代，只有皇帝才是最终的决策者，这也就是蔡京、蔡卞都打着一个"绍述"旗号的真正动因。

（四）在文明社会中，人是划分为不同阶级的，每个人都处在本阶级所固有的位置上，并且代表着本阶级的政治、经济利益关系。当一个人的政治、经济地位发生变化时，他所代表的利益集团自然也相应地发生变化。关于这一点，漆侠先生在《王安石变法》一书中有很好的揭示。漆先生从阶级分析方法入手，分析了保守派之所以反对变法，是因为他们代表着大地主集团的利益。漆先生还分析了吕惠卿、章惇、曾布等改革派内部的分化和分裂。指出，这些人原本属于中小地主阶层，他们支持王安石变法，并从改革中获得实惠，他们的政治地位得以改变，进入最高统治者行列，经济实力也大为增强，实际上他们已跻身于大地主的行列之中。这种政治、经济地位的改变，使他们的思想也发生变化，他们为攫取更多的权力而互相倾轧。我们研究蔡京、蔡卞当政前、当政后的做法，这一观点依然适用。

（五）任何政策的制定，都有一定的政治、经济和社会基础。政策实施以后，又一定会产生其影响，或积极或消极。所以，我们对蔡京经济改革及其他一系列政策措施的产生背景、动机，改革产生的重大影响都要作仔细深入的分析。如他在经济领域的改革措施，就既有历史的延续继承，又有发展。既有解决庞大军费开支、官僚俸禄的现实需要的意义，又有将地方财政收入源源不断地向中央集中的目的。而地方财政向中央的过分集中，就中央而言，可以统筹安排，自由调配，解决重大急需问题，但同时也为皇帝和官僚集团的肆意挥霍提供了物质保障。对地方来讲，财政陷于窘境，势必影响到地方官员的积极作为，并且，他们自然也会将这种困难转嫁到广大人民头上，加重对其盘剥，最终的结果必将是激化阶级矛盾。蔡京的教育改革，既有发展文化事业的辉煌一面，也有禁锢学术思想的专制、腐败、落后的一面。而他在社会救济方面所实施的措施，无疑是进步的。这些，都需要我们作具体分析，不可简单地加以否定。

（六）政治对经济发展的强制干预，是专制时代一个很明显的特点，北宋在这方面也不例外。如货币的发行，宫泽知之说："宋朝的货币发行并不是以市场经济规律为基础的，而是以收取租税、全国性物流的组织化、国家财富的储存等政治动机为基础的，货币乃是通过财政的运作实现对社会、经济的统制的手段、国家统治的手段，可以说，这就是宋代货币的特殊性质。"① 其实，这也是我们深刻认识北宋晚期政治和专制制度阻碍社会经济发展的一个视角。另外，在王权专制体制下，皇权高于一切，没有任何力量可以制约之。即使贵为宰相，仍然改变不了君主工具的属性。"只要皇帝一时心血来潮，犯了错误的话，影响就不会只限于他个人，而往往会给社会带来极大的灾难。这样一来，就必然会使整个国家的兴衰安危，具有极大的偶然性。"② 宋徽宗的统治，无疑反映出这一体制的弊端。

（七）专制体制的弊端，尤其是长期的党派之争，破坏了宋初以来培养起来的士大夫的责任心和忠厚之气，北宋中、晚期士大夫价值观发生了很大的变化，许多人为了一己私利不顾廉耻，不顾道德，对宋代政治和社会风气产生了极坏的影响。

执政党代表谁的利益，制定什么样的政策，怎样让好的政策在执行过程中不变形，不走样，这是北宋晚期政治研究给予我们的警示。

需要特别说明的是：一、本书之所以把蔡京、蔡卞放在一起，着眼点并不是家族史的研究，不仅仅因为他们是兄弟。而是基于以下认识：北宋晚期政治变迁与王安石变法及其结局是密切关联的；蔡卞作为王安石的女婿和学术传人在这一变局中曾产生过重要影响，蔡京的崛起也与蔡卞有关。另外，作为政治人物，蔡京与蔡卞性格和政治品格的差异，对政治发展走向的影响是不同的，值得关注。二、为了体现含义的不同，也为了叙述方便，本书在叙述北宋的政治派别时，熙丰时期以变法派和反变法派来划分，元祐时期以后按新党和旧党来划分。三、本书专列蔡京的经济改革一章，主要是考虑蔡京在徽宗朝长达十四年的宰相任期，除了与他在艺术上是宋徽宗的知音以外，更主要的是和他突出的理财能力分不开。而蔡京

---

① ［日］宫泽知之：《北宋的财政与货币经济》，载《日本中青年学者论中国史·宋元明清卷》，上海古籍出版社1995年版，第104页。
② 刘泽华、汪茂和、王兰仲：《专制权力与中国社会》，天津古籍出版社2005年版，第18页。

理财，除了其举措中合理的市场经济因素以外，关键是将本属地方的财政收入源源不断地通过榷货务集中到中央，实际是集中到自己手中，然后又奉献给宋徽宗，使宋徽宗始终无财匮之虑，进而君臣大肆挥霍一空。我们从宋钦宗为了筹措赎城费用连续下诏，要求汴京城中的官僚、富户乃至妓女，都要上交家里的金银财物，就可看出当时朝廷财政的窘困境地。可以说，蔡京的经济改革奠定了徽宗君臣享乐的物质基础，同时也拆毁了北宋立国的经济基础和军事基础，败坏了士风。某种程度上说，金朝灭亡北宋只是外因，而北宋灭亡的内因则是宋徽宗君臣的腐朽统治。

研究理论与方法：

一是史料分析法。这是历史研究中最基本的方法。本书作为历史研究的一个选题，史料的选择和应用自然是最重要的。北宋晚期作为一个比较特殊的历史阶段，存世记载不仅相对少且多处于"两极化"的状态，需要我们精心搜寻，仔细分析，谨慎选用。正如包伟民所言："如果想了解徽宗朝历史——尤其是如蔡京、徽宗等历史人物的真实面貌，主要恐怕还得依凭对徽宗君臣当时所推行的制度与政策深入客观的分析，而不是仅仅比较一些主观性的评论之辞。"[①] 二是马克思主义阶级分析方法。三是借鉴政治学的方法；四是运用社会学、心理学方法。

四 章节安排

本书共分九章：

绪论主要由选题缘起、学术史回顾、研究思路和章节安排等四部分组成。重点阐述了本书的选题缘由和研究现状，指出了拟解决的问题和现实意义。

第一章简要叙述蔡氏兄弟早期的生平事迹和家族，包括蔡襄、蔡确、蔡京家族的发展情况，分析了科举制度在士大夫家族崛起中的作用。指出了熙宁、元丰时期蔡京、蔡卞的政治活动，及其所展现出的政治才干；元祐时期北宋政坛的大变动及其对蔡京、蔡卞政治生涯造成的冲击。

第二章主要论述了哲宗亲政以后北宋政坛再次发生的变化和曲折，以及蔡卞在这期间的政治活动及其影响。包括蔡卞为恢复王安石地位和新法

[①] 包伟民：《宋徽宗："昏庸之君"与他的时代》，载《北京大学学报》2009年第2期，第118—119页。

所作的努力,蔡卞与章惇、曾布的矛盾以及打击元祐党人给北宋政治造成的影响。

第三章主要论述了绍圣、元符至崇宁前蔡京的一系列政治活动;蔡京的上台和崇宁、大观年间的政事和人事。包括蔡京在绍符年间借助蔡卞的力量,及与外戚、宦官交结,壮大蔡氏势力。崇宁年间蔡京上台以后,以绍述为名,进行了一系列政治、经济改革和军事行动,并不遗余力地打击元祐党人和一切政敌,巩固其权力。

第四章主要论述蔡京在政和、宣和年间的政治活动。包括蔡京与童贯、郑居中、王黼的争权,蔡京的官制改革,蔡京在联金灭辽中的态度等。

第五章对蔡京在经济领域的改革进行了系统论述。包括茶、盐、酒、货币改革。指出蔡京的改革一定程度上适应了商品经济发展的需要,但同时却加大了中央对地方财利的分割和掠夺,从而造成了地方财政的拮据,产生了许多不利影响。

第六章集中论述了蔡京当政期间学校的兴盛,科举制度的变革及其积极、消极影响。

第七章对蔡京的社会救助政策的内容、发展概况及其影响进行了客观分析。

第八章揭露了宋徽宗、蔡京集团在北宋晚期的腐朽统治。由此亦可见他们对北宋亡国应负的责任。

第九章总论部分对蔡京、蔡卞作了总体评价。包括兄弟性格差异、二人关系、书法成就、交游圈、政治波动对其仕途的影响等;简要分析了北宋中晚期士大夫价值观的蜕变和皇权的不断强化。

第一章

蔡氏兄弟早期的生平事迹与家族

第一节 蔡氏家族概况

蔡京（1047—1126），字元长；弟蔡卞（1058—1117①），字元度。福建兴化军仙游人。福建乃宋代经济文化发达地区之一。熙宁三年（1070），蔡京兄弟二人同登进士第。父蔡準，景祐元年（1034）与族人蔡高（蔡襄弟）同登进士第。蔡氏一门登进士第二十三人，列当地第二（列第一者为傅氏，共二十五人）。他们是蔡襄、蔡高（襄弟）、蔡衮、蔡準、蔡京、蔡卞、蔡脩、蔡佃（襄孙）、蔡伷（佃弟）、蔡棣（疑为楙）、蔡枢（襄曾孙）、蔡頔（枢孙）、蔡敷言（頔子）、蔡仍（卞子）、蔡衍（京侄孙）②、蔡伸（佃弟伷兄）③、蔡戡（伸孙）、蔡谅（枢孙）、蔡说（襄五世孙）、蔡隽（戡从弟）、蔡廉（襄裔孙）、蔡仪甫（襄五世孙）、蔡仪国（襄来孙）。④ 而蔡準与子蔡京、蔡卞，孙蔡脩（京子）、蔡仍（卞子），曾孙蔡

---

① 莆田新闻网《莆阳宋代知枢密院事蔡卞》一文，载蔡卞生于皇祐元年（1049），政和八年（1118）卒，年七十。见莆田新闻网 www.ptxw.com，2007—10—16。

② 《仙溪志》卷二《进士题名》载蔡衍为蔡攸子，《仙溪志》卷三《一门登进士》载为蔡京侄孙。分别见《宋元方志丛刊》，中华书局1990年版，第8292、8303页。

③ 按《仙溪志》卷三载蔡氏一门登进士，注蔡伸为"佃弟伷兄"，卷二《进士题名》载为"佃弟伷兄，朝散郎徽猷阁待制"。卷四《蔡伸传》记载，蔡伷为蔡伸兄。分别见《宋元方志丛刊》，第8303、8292、8315页。蔡伷大观三年（1109）登进士，蔡伸政和五年（1115）登进士，时间相差七年，故似《仙溪志》卷四记载为准。又按（宋）蔡戡撰《定斋集》卷十四《大父行状》，则蔡伸应为蔡伷弟。第1157册，文渊阁四库全书本，上海古籍出版社1987年版，第715页。

④ 此不包括赐进士出身者。见《仙溪志》卷三，载《宋元方志丛刊》，第8303页。

衍四代登进士第。①

根据蔡金发主编《蔡襄及其家世》一书,可知蔡襄与蔡京同辈,同一高祖。蔡确与蔡襄关系较亲近,为同一祖父。② 蔡确祖居泉州晋江,其父后又徙陈。在北宋政治史上,蔡襄、蔡确和蔡京、蔡卞兄弟都留下了自己深深的印记。

一 蔡襄家族

蔡襄(1012—1067)字君谟,仙游人。父蔡琇,农人,赠刑部侍郎。母卢氏。蔡襄天圣八年(1030)登进士甲科,为漳州军事判官。蔡襄庆历时积极参与范仲淹领导的新政,是北宋书法四大家之一。③

蔡襄兄弟四人,其他三人皆早逝。蔡襄与弟蔡高关系亲密。蔡高(1014—1041),字君山,小蔡襄两岁。蔡襄五岁起与蔡高一起从学,蔡襄十五岁再就乡举,蔡高依旧同行,其后三年又同游京师。景祐元年(1034),蔡高登进士第后,任长溪县尉,屡断疑狱,甚有治体。蔡高后为太康主簿。庆历元年(1041)染病,卒于官,年仅二十八岁。欧阳修为其撰墓志铭。蔡高关心时务,主张学以致用。为官清廉,去世后,县人怜其家贫子幼,集资捐助,但蔡高妻子以为有辱家风,拒绝了乡人的好意。④

蔡襄三子三女。长子匀(1032—1055)、次子旬(1040—1066)早卒,季子蔡旻(1047—1090)。三女:长女嫁著作佐郎谢仲规,次女嫁进士方宇,幼女无考。蔡旻终宣义郎、开封府工曹,累赠少傅。先娶吴国夫人贾氏,御史中丞贾黯之女,生直龙图阁蔡佃,徽猷阁待制蔡佀。继室越国夫人文氏,太师潞国公文彦博之女,生蔡伸。⑤ 蔡佃"与弟佀、伸入太学,俱有声,号三蔡"⑥。

---

① 《仙溪志》卷三,载《宋元方志丛刊》,第8304页。
② 蔡金发主编:《蔡襄及其家世》,福建人民出版社1990年版,第274—276页。
③ 参见蔡金发主编《蔡襄及其家世》。
④ 李逸安点校:《欧阳修全集》卷二七《蔡君山墓志铭》,中华书局2001年版,第417—418页。
⑤ (宋)蔡戡:《定斋集》卷十四《大父行状》,第1157册,第715页。
⑥ (清)郝玉麟等监修、谢道承等编纂:《福建通志》卷四四《人物二·蔡佃》,第529册,文渊阁四库全书本,上海古籍出版社1987年版,第494页。

蔡佃，字耕道，蔡旻长子，官至朝奉郎、直龙图阁。① 崇宁二年（1103）② 进士第二人。蔡佃登第时，正值蔡京权势炙手可热之时，但蔡佃并没有趋炎附势。③ 蔡佃曾担任京东西路学事司管勾文字，迁秘书省校书郎。④ 政和八年（重和元年，1118）十一月以朝请郎、直秘阁任两浙提点刑狱，宣和元年（1119）八月罢任。⑤ 在任内修建尽心堂、和乐堂。⑥ 崇宁年间蔡佃曾上疏指责蔡京，也许是他恨蔡京的缘故。《宋史·蔡襄传》载："蔡京与同郡而晚出，欲附名阀，自谓为族弟。政和初⑦，襄孙佃廷试唱名，居举首，京侍殿上，以族孙引嫌，降为第二，佃终身恨之。"⑧ 尽管如此，蔡佃和蔡京家族之间还是一直保持着联系。《挥麈后录》卷三载："蔡元长晚年语其犹子耕道曰：'吾欲得一好士人以教诸孙，汝为我访之。'耕道云：'有新进士张觷者，……可备其选。'元长颔之，……耕道名佃，君谟之孙。"⑨ "蔡佃为司业，一日谓公（程瑀）曰：何不谒太师？太师极相喜，尝云当以螭处之。"⑩

蔡仍，大观三年（1109）登进士第，官至中大夫、徽猷阁待制。蔡仍和蔡京诸子关系密切。靖康元年（1126）五月十一日，臣僚上言，"徽猷阁待制蔡仍性资凶险，加之贪暴，素无所长。本缘京、攸族属，躐迁华

---

① 《仙溪志》卷二，《宋元方志丛刊》，第 8291 页。
② 关于蔡佃登进士的时间，《仙溪志》卷四记为崇宁元年，《福建通志》卷三三记为崇宁二年，《宋史》卷三二〇《蔡襄传》载为政和初。"蔡京与同郡而晚出，欲附名阀，自谓为族弟。政和初，襄孙佃廷试唱名，居举首，京侍殿上，以族孙引嫌，降为二，佃终身恨之。"《皇朝编年纲目备要》卷二六，崇宁元年无此记录，崇宁二年三月条有"亲试举人"目，为霍端友榜。《宋史》卷十九《徽宗本纪》也载崇宁二年三月"丁亥，御集英殿策进士。癸卯，赐礼部奏名进士及、出身五百三十八人，其尝上书在正等者升甲，邪等者黜之"。《宋登科记考》卷八载：徽宗崇宁二年登进士者蔡佃为第二名，第 513 页。故确定蔡佃登进士在崇宁二年。
③ "佃崇宁二年进士，从祖蔡京当轴，欲罗致门下，不能屈。会星异，上疏论宰相非人，宜举汉汲黯故事以应天变。责监温州税。"（清）郝玉麟等监修、谢道承等编纂：《福建通志》卷四四《人物二·蔡佃》，第 529 册，第 494 页。
④ （宋）慕容彦逢：《摛文堂集》卷四《承事郎京东西路学事司管勾文字蔡佃可秘书省校书郎制》，第 1123 册，文渊阁四库全书本，上海古籍出版社 1987 年版，第 333 页。
⑤ （宋）张淏：《宝庆会稽续志》卷二《提刑题名》，载《宋元方志丛刊》，第 7108 页。
⑥ （宋）张淏：《宝庆会稽续志》卷二《提刑司》，载《宋元方志丛刊》，第 7101 页。
⑦ 应为崇宁二年，见傅璇琮主编，龚延明、祖慧撰《宋登科记考》卷八，江苏教育出版社 2005 年版，第 513 页。
⑧ 《宋史》卷三二〇《蔡襄传》，第 10401 页。
⑨ （宋）王明清：《挥麈录》后录卷三，中华书局 1961 年版，第 116—117 页。
⑩ （宋）胡铨：《宋龙图阁学士左中奉大夫提举江州太平观广平郡开国侯食邑一千四百户食实封一百户赠左通奉大夫程公瑀墓志铭》，载（明）程敏政辑撰，何庆善、于石点校《新安文献志》卷七八，徽学研究资料辑刊，黄山书社 2004 年版，第 1915 页。

资，要其奸佞，皆出蔡氏诸子之右，所至流毒，无不被害。昨知常州，凭恃权势，赃污狼藉，贼害无辜，毗陵之人，欲食其肉。乞赐重行贬逐，以慰公议。"蔡佃落职宫祠，筠州居住。①

蔡伸（1088—1156），字伸道。政和五年（1115）登进士第。历太学正、太学博士，知潍州北海县事，京东学事主管文字，徐、楚、饶、真四州通判。有治绩，关心民间疾苦，深受百姓爱戴。靖康末，金人攻破汴京后，蔡伸奔赴康王赵构大元帅府效命。赵构即位后南渡，蔡伸随行。"道路艰梗，公（蔡伸）为顿递官，所至无阙需，上每称其能。"②秦桧当国，与宰相赵鼎有隙，而蔡伸与赵鼎有旧交，秦桧疑其为同党，受牵连闲置多年。后来，秦桧念及同学、同年之情，蔡伸却不为所动，依然沉沦下僚。蔡伸"为政严明，吏惮而民亲"。为人重信义，常常散财赈贫。从李处权《送蔡伸道》诗可见其晚年家境并不富裕。③去世时，"囊无余赀，鬻田以葬"④。蔡伸书画逎正，"得端明用笔意"，⑤喜为诗词，通音律，是北宋著名诗人。蔡伸颇喜武事，可谓文武全才。累官至左中大夫，赠特进。⑥蔡伸四子、九孙、十曾孙，绝大多数出仕为官。可谓一族之盛。

蔡佃、蔡伷、蔡伸兄弟三人与蔡京的关系大概是，蔡伸最为刚直，也很少与蔡京往来。蔡佃虽不很亲近，但有往来，而蔡伷则依附蔡京父子。蔡戡《大父行状》述："（蔡伸）少长与待制（伷）俱受业于龙图（佃），及从元祐诸公游，议论文章有家法，不肯追逐时好。兄弟相继蜚声太学，多中异等，时号'三蔡'。族相京初用事，耻于附丽，未尝一踵其门。龙图中崇宁二年进士第一，族相故抑之，降第二人。待制以上舍中大观三年丙科。政和五年公（蔡伸）复以上舍及第。其后族相鼎盛，气焰倾一时，士游其门者，无疏戚立致通显。公兄弟少负隽名，族相雅爱重，百计罗络，竟莫能屈。"⑦此说并不完全属实。蔡佃崇宁年间上疏指责蔡京之举，

---

① （宋）汪藻著，王智勇笺注：《靖康要录笺注》卷七，四川大学出版社2008年版，第769页。
② 《定斋集》卷十四《大父行状》，第1157册，第715页。
③ "当年倾盖便情亲，老去那知更贱贫。松竹故园秋未老，溪山南国雨能新。可怜作客身如梦，尚喜传家笔有神。咫尺重阳归务速，吹花落帽要吾人。"[（宋）李处权：《崧庵集》卷六，载《宋集珍本丛刊》38册，宜秋馆刻本，线装书局2004年版，第687页。]
④ 《定斋集》卷十四《大父行状》，第1157册，第716页。
⑤ 同上。
⑥ 《仙溪志》卷四，载《宋元方志丛刊》，第8315页。
⑦ 《定斋集》卷十四《大父行状》，第1157册，第715页。

虽可以昭示蔡佃与蔡京之间的矛盾，但也只是揭示当时双方的关系。就长远看，感觉蔡京还是很"爱重"照顾蔡佃兄弟。

蔡襄次子蔡旬的儿子蔡传（1066—?），字永翁。蔡襄去世时，朝廷录其子孙，蔡传才两岁，守将作监主簿，其母刘氏掬养训育有方。蔡传学识广博，但因难离亲情，不愿远游，故没有考取科举功名，但"学行逾力"。历通判南京留守司公事。四十三岁时，官朝奉大夫，请求致仕，奉亲以归。著有《城南诗集》二十卷，《吟窗杂录》二十卷，杂文及时政议十卷。官至朝请郎，累赠金紫光禄大夫。三子楠、枢、楸。

蔡传长子蔡楠（原名桓，避宋钦宗讳改），字一强，蔡襄曾孙。大观三年（1109）与从父伷同登进士。历官朝奉郎、直秘阁，知泉州。泉州乃蔡襄旧治。蔡楠为政袭蔡襄家法，宽严适中，吏民便之，赢得了好口碑。政和间提举市舶司。官至朝奉大夫，赠朝议大夫。①

仲子蔡枢，字子应。政和五年（1115）与从父伸同登第，刚介清廉，有祖遗风。历官西京提举学事司主管文字。御史常安民入元祐党籍，人们怕牵连多疏远之，唯独蔡枢日造其门，事以师礼。蔡枢年四十五，乞致仕，榜所居堂曰"世隐"。累官朝散郎，守职方员外郎，朝请大夫。子頎、孙师言、敷言皆登第。

季子蔡楸，字子坚，枢之弟。靖康中在虔州会昌尉任上遇害。赠承事郎，与其子一官。

二 蔡京、蔡卞家族

蔡京父蔡準，兴化军仙游县人。徙居杭州钱塘县。其大概仕历是：职方员外郎，屯田郎中②，秘书丞、著作左郎知秀州嘉兴县，③终侍郎。④赠太师，秦国公。胡宿《李及之可都官员外郎，董洵可屯田员外郎，范微之、蔡準并可秘书丞制》，称"準以幹时之良"，⑤可见其为官有治绩。熙

---

① 《仙溪志》卷三，载《宋元方志丛刊》，第8316页。
② （宋）韩维：《南阳集》卷一六《职方员外郎蔡準、连庠可并屯田郎中》，第1101册，文渊阁四库全书本，上海古籍出版社1987年版，第655页。
③ （宋）蔡襄著，（明）徐火勃等编，吴以宁点校：《蔡襄集》卷一二《著作佐郎知秀州嘉兴县蔡準可秘书丞差遣依旧制》，上海古籍出版社1996年版，第221页。
④ （宋）朱弁撰，孔凡礼点校：《曲洧旧闻》卷八《蔡準侍郎少年时见鬼怪》，中华书局2002年版，第194页。
⑤ （宋）胡宿：《文恭集》卷一五，丛书集成初编本，中华书局1985年版，第185页。

宁四年（1071）十一月底，苏轼到杭州任通判，蔡準与其交游甚欢。《浙江通志》卷十记"来贤岩"曰："《大涤洞天记》在洞霄宫东南，青檀山前，嵌空数丈，盘石丛竹可以游息。熙宁间东坡为杭通守，同蔡準、吴天常、乐富国、闻人安道、俞康直、张日华，幅巾藜杖，盘桓于此，后人号曰'来贤'。"蔡準诗《来贤岩》曰："大涤洞沈沈，天柱风寨寨。人世悲落花，岩松无易叶。朝夕樵风生，云鹤闲情惬。何当采玉芝，仙踪从此蹑。"① 熙宁五年（1072）夏，蔡準邀请苏轼同游西湖，苏轼有《和蔡準郎中见邀游西湖三首》②。蔡京当时为钱塘尉，因此与苏轼也有交往。③ 蔡京比苏轼小十一岁，当时蔡京二十六岁，苏轼三十七岁，两人有共同的书法爱好，按照蔡絛的说法，是相与学唐代徐浩（字季海）的书法。④

蔡京妻徐氏⑤。

蔡京子八人，蔡鯈早死。一人无考。其他六人为蔡攸、蔡翛、蔡修（脩）⑥、蔡鞗、蔡儵⑦、蔡絛。

蔡攸（1077—1126），蔡京长子，字居安，⑧ 官至领枢密院事。娶宋乔年之女为妻⑨。元符中（1098—1100）监在京裁造院，与时为端王的赵佶经常"碰面"，端王乃知其为翰林承旨蔡京之子，"心善之"。徽宗即位，蔡攸遂有宠。崇宁三年（1104）自鸿胪丞赐进士出身，除秘书郎，以直秘阁、集贤殿修撰编修《国朝会要》。两年间至枢密直学士。大观元年（1107），蔡京再入相，蔡攸加龙图阁学士兼侍读。提举上清宝箓宫、秘书省、两街道录院、礼制局。初置宣和殿，又命蔡攸为大学士。政和年间

---

① （清）厉鹗辑撰：《宋诗纪事》卷二三，上海古籍出版社1983年版，第580页。
② （清）王文诰辑注，孔凡礼点校：《苏轼诗集》卷七，中华书局1982年版，第337—339页。
③ 孔凡礼：《三苏年谱》卷二二，北京古籍出版社2004年版，第642页。
④ （宋）蔡絛著，冯惠民、沈锡麟点校：《铁围山丛谈》卷四，中华书局1983年9月版，第76页。
⑤ （宋）李焘：《续资治通鉴长编》卷四九九，元符元年（1098）六月丙申条载：上（哲宗）曰："京亦有妻，是甚人家？"（曾）布曰："徐仲谋少卿家。"（以下简称《长编》，中华书局2004年版，第11884页。
⑥ （宋）徐自明著，王瑞来校补：《宋宰辅编年录校补》卷十三，中华书局1986年版，第839页。（宋）王称《东都事略》卷一○一《蔡京传附蔡卞传》载蔡修（脩）为蔡子子。"子脩、仍，当京用事时，寅缘侥幸，致身并从。靖康元年，悉窜湖南。"《宋史资料萃编》第一辑，台湾文海出版社1979年版，第1560—1561页。
⑦ 《宋宰辅编年录校补》卷十三，第839页。
⑧ （元）脱脱：《宋史》卷四七二《蔡京传附蔡攸》，中华书局1977年版，第13730页。
⑨ 《宋史》卷三五六《宋乔年传》，第11208页。

(1111—1117),徽宗不满蔡京专权,逐除其党羽刘昺、刘焕,又指使御史中丞王安中弹劾蔡京。蔡攸时直宣和殿,闻听消息,亟请觐见,恳求百端,徽宗于是改变主意。① 将王安中除为翰林学士,调离言职。后来蔡攸与蔡京争权,父子各立门户,遂为仇敌。蔡攸别居赐第,"尝诣京,……遽起握父手为胗视状,曰:'大人脉势舒缓,体中得无有不适乎?'京曰:'无之。'攸曰:'禁中方有公事。'即辞去。……京曰:'……此儿欲以为吾疾而罢我也。'阅数日,京果致仕。以季弟絛钟爱于京,数请杀之,帝不许。"② 蔡攸历开府仪同三司、镇海军节度使、少保。"与王黼得预宫中秘戏,或侍曲宴,则短衫窄袴,涂抹青红,杂倡优侏儒,多道市井淫媟谑浪语,以蛊帝心。"蔡攸妻宋氏出入禁掖,子行领殿中监,视执政,宠信倾其父。徽宗留意道教,蔡攸倡说其间,神霄玉清之祠遍天下,"咎端自攸兴矣"。③ 童贯伐燕,以蔡攸为宣抚副使。进少傅、少师,封英国公。还,领枢密院。进太保,徙封燕。靖康元年(1126),蔡攸侍从徽宗南下,还都以后,责为大中大夫,继而安置永州,连徙浔州、雷州。蔡京死,御史言蔡攸罪不减乃父,诏置万安军,后被诛。蔡攸死年五十。《中兴姓氏奸邪录》曰:

> 蔡攸,字居安,京之长子也。长于柔佞谄诱,自幼出入宫禁,与内侍无异,专为优伶之态。上晏饮,或丙夜乃出。累加宣和殿学士,深结内侍以固宠。荐引门人刘侗、韩驹、吴敏辈数十人,皆至禁从。其妻党宋乔年、宋晥、宋晦等皆因攸为侍从要职。宣和四年,为河北宣抚副使,从童贯以收燕山府,略无措画,惟拱手奉贯而已。五年师还,除知枢密院事,加太保、燕国公,日夜侍上及诸内侍游宴。赐大第,与京门相对,权势尤重于京,故京复忌之。攸复谮京,使之致仕。其家为复道曲河,暗通禁中,邀上私幸其第,连夜不止。……大金入寇,攸蔽匿告急之奏,皆不以闻,故兵势炽矣。闻大金逼,乃随徽宗南幸。靖康初,臣僚言其罪,责授大中大夫、提举亳州明道宫,再责浔州、雷州。臣僚再言其罪,移窜海外。遂赐死,时年五十。④

---

① 《宋史》卷四七二《蔡京传附子攸》,第13731页。
② 同上。
③ 同上书,第13732页。
④ 引自(宋)徐梦莘《三朝北盟会编》卷五六,载《靖康中帙三十一》,上海古籍出版社1987年版,第420页。

蔡攸妻父宋乔年（1047—1113），字仙民，宰相宋庠之孙。父充国，性刚介，孝于奉亲。官至太中大夫卒。宋乔年用父荫监市易务，坐与倡女私情及私自役使吏人失官，落拓二十年。蔡京当国，始复起用。崇宁（1102—1106）中，提举开封县镇、府界常平，改提点京西北路刑狱。赐进士第，加集贤殿修撰、京畿转运副使。进显谟阁待制，为都转运使，改开封尹，以龙图阁学士知河南府。崇宁间，宋乔年还掌御前书画所。① 蔡京罢相以后，谏议大夫毛注、御史中丞吴执中交相论列，贬保静军节度副使，蕲州安置。蔡京复相以后，还旧官，知陈州。大观三年（1109），宋乔年提举茶事。② 政和三年（1113）卒，年六十七，谥曰忠文。③ 宋乔年子宋昇，字景裕。崇宁初，由谯县尉为敕令删定官，数年至殿中少监，参与明堂的修建。以徽猷阁待制知陈州。乔年贬，昇亦谪少府少监，分司南京。时间不长，知应天府。乔年卒，起复为京西都转运使，擢显谟阁学士。徽宗议谒诸陵，宋昇营治宫城，"广袤十六里，创廊屋四百四十间，费不可胜。"④ 迁正议大夫、殿中监，又奉命补治三陵泄水坑涧，计役四百九十万工。死赠金紫光禄大夫、延康殿学士，谥曰恭敏。⑤ 蔡攸另有妻弟军器少监宋晟。⑥

蔡攸子術、徽（衒）、行、術、衍⑦、衡。蔡行为保和殿大学士，蔡術、蔡衍为显谟阁直学士，蔡衡为显谟阁待制，蔡衛（術⑧）为直龙图阁⑨，蔡衡为保和殿学士。⑩

蔡絛（？—1126），蔡京次子。大观三年（1109）登进士第。初以恩泽为亲卫郎、秘书丞，至保和殿学士、大学士，资政殿大学士。⑪ 宣和中拜礼部尚书兼侍讲，囿于元祐学术之禁。面对日薄西山的国势，蔡絛也有

---

① 《铁围山丛谈》卷四，第78页。
② （清）徐松辑：《宋会要辑稿》食货三〇之三六，中华书局1957年版。
③ 《宋史》卷三五六《宋乔年传》，第11208页。
④ 同上书，第11208页。
⑤ 同上书，第11208—11209页。
⑥ 《靖康要录笺注》卷六，靖康元年五月五日条。第727页。
⑦ 《宋宰辅编年录校补》卷十三，第845页。
⑧ 见文渊阁四库全书本《靖康要录》卷三，329册，第454页。
⑨ 《靖康要录笺注》卷三，第424—425页。
⑩ （宋）洪迈撰，何卓点校：《夷坚志》甲志卷十一，中华书局1981年版，第93页。
⑪ 《宋史》卷四七二《蔡京传附蔡絛》，第13732—13733页。

担忧。"然皆蓄缩不敢明言，遂引吴敏、李纲、李光、杨时等用之，以挽物情。"寻加大学士、提举醴泉观。① 靖康元年（1126）正月，蔡翛请驾幸长安，以图收复，钦宗下诏以翛知京兆府。金军攻破濬州，蔡攸连夜奉徽宗乘舟东幸，童贯与殿前都指挥使、开封高俅继领胜捷军及禁卫三万五千人扈从。蔡攸假传徽宗圣旨，改蔡翛知镇江府。后来流言四起，说太上皇徽宗将复辟于镇江，钦宗匆匆将徽宗迎还。七月二十一日，钦宗下诏蔡翛责授昭信军节度副使，潭州安置；蔡絛等并勒停，其蔡京以下并子孙二十三人，遇有大赦，不许量移。② 十月，钦宗诏将蔡翛与蔡攸一并诛杀。蔡翛子蔡衡③。

蔡鞗（1106—?），官至保和殿直学士④。重和元年（1118）三月，以蔡鞗为宣和殿待制。十一月，娶徽宗女茂德帝姬为妻。⑤ 徽、钦被掳北上，蔡鞗亦在其中。在囚聚金国的日子里，徽宗十分倚重蔡鞗。绍兴四年（1134），徽宗在五国城想将北迁经历记录下来，"善恶必书"、"将为后世之戒。"⑥ 蔡鞗推荐王若冲担当此任。书还没有完成，绍兴五年（1135）四月，徽宗死去。钦宗申命若冲续修，仍令蔡鞗提点。"即所谓《太上道君北狩行录》是也。"⑦ 蔡鞗最后死于金国。

蔡絛，蔡京季子，字约之，自号百衲居士，别号无为子。官至徽猷阁待制，娶韩氏⑧。宣和六年（1124）十二月蔡京四入相，年届八十，老眼昏花，几近失明，难以省阅文书案牍。于是蔡絛代行其司，进退人才，皆出其手。蔡絛又与其兄蔡攸争权相轧，舆论喧然。臣僚批评他"窃弄权

---

① 《宋史》卷四七二《蔡京传附子翛》，第 13732 页。
② 《靖康要录笺注》卷九，第 951 页。
③ 《宋宰辅编年录校补》卷十三，靖康元年三月丙申条，第 839 页。
④ 《宋会要辑稿》帝系八之五八。《靖康要录笺注》卷三载为保和殿学士，第 425 页。
⑤ 《宋会要辑稿》帝系八之四〇。
⑥ （宋）熊克著，顾吉臣、郭群一点校：《中兴小纪》卷一七，福建人民出版社 1985 年版，第 220 页。
⑦ 《中兴小纪》卷一八，第 228 页。
⑧ 《宋史》卷四七二《蔡京传》载："京至是四当国，目昏眊不能事事，悉决于季子絛。凡京所判，皆絛为之，且代京入奏。每造朝，侍从以下皆迎揖，咕嗫耳语，堂吏数十人，抱案后从，由是恣为奸利，窃弄威柄，骤引其妇兄韩梠为户部侍郎，媒糵密谋，斥逐朝士……"，第 13727 页。《铁围山丛谈》卷五载："韩文公粹彦，吾妻父也。"（第 85 页）李心传《建炎以来系年要录》卷三九载："（蔡）庄乃蔡絛友婿。"（中华书局 1956 年版，第 732 页。）（宋）赵鼎臣《竹隐畸士集》卷十七载韩粹彦行状云："韩粹彦'女七人，伯嫁承议郎徽猷阁待制提举醴泉观蔡庄，仲嫁朝奉郎军器监丞蔡坚，次继庄之室，季嫁通直郎充徽猷阁待制提举万寿观兼修史参详官蔡絛〔絛〕。"（第 1124 册，文渊阁四库全书本，上海古籍出版社 1987 年版，第 246 页。）

柄，率意自专。一时幸进苟得之徒，哄集其门，势焰熏灼"①。于是罢絛侍读，提举亳州明道宫。在舆论的重压下，蔡京于宣和七年四月致仕。徽宗又下诏蔡絛落职，并昭示其"违典式，兴聚敛，绌国用，启私藏"之罪。② 此乃蔡絛被罢的原因之一，另一隐情则是徽宗既不满蔡京此间表现，更不满其子蔡絛专权。

> （蔡）京自再领三省，未几，目昏不能视事，事皆决于子絛。絛威福自任，同列不能堪。一日，京以竹纸批出十余人，令改入官，与寺监簿或诸路监司属官，其间有不理选限者，有未经任者，有未曾试出官者及参选者，仍令尚书省奏行。右丞宇文粹中上殿进呈事毕，出京所书竹纸，奏云："昨晚得太师蔡京判笔，不理选限某人、未经任某人、未曾试出官参选某人，皆令以改名入官求差遣。"上（徽宗）曰："此非蔡京批字，乃京子第十三名絛者笔踪。京今次与事，老耄无一能为，专听此狂生之言。"遂先罢絛侍读，盖将以是撼京，而京略无去意。上乃召童贯，使诣京讽之致仕。贯既宣旨，京泣曰："上何不容京数年？必有谗谮者。"贯曰："不知也。"京不得已，引退。③

蔡絛有文采。著有《铁围山丛谈》、《北征纪实》、《西清诗话》等。

蔡儵，官宣和殿直学士，显谟阁待制。《萍洲可谈》载："宣和殿，燕殿也，中贵人官高者皆直宣和殿。始置学士命蔡攸，置直学士命蔡翛、蔡儵，置待制命蔡絛，后又置大学士命蔡攸，自盛章、王革、高佑皆相继为学士，班秩比延康殿学士为加优。凡外除则换延康，盖宣和职亲地近，非他比。己亥岁改保和殿。"④

蔡脩，显谟阁待制。⑤

蔡京弟蔡卞妻王氏，王安石次女，有一定文化修养，思维机敏，言语尖刻。吴曾《能改斋漫录》载："洪觉范有上元宿岳麓寺诗。蔡元度夫人

---

① 《宋宰辅编年录校补》卷十三，宣和七年四月庚申条，第809页。
② 同上书，第809—810页。
③ （宋）陈均编，许沛藻、金圆、顾吉辰、孙菊园点校：《皇朝编年纲目备要》卷二九，宣和七年夏四月蔡京致仕条，中华书局2006年版，第757—758页。
④ （宋）朱彧撰，李伟国点校：《萍洲可谈》卷一《宣和殿》，中华书局2007年版，第112页。
⑤ 《靖康要录笺注》卷三，第425页。

王氏，荆公女也。读至'十分春瘦缘何事，一掬乡心未到家'，曰：'浪子和尚耳。'"①

《挥麈录》后录卷七载：

> 毛泽民（滂）受知曾文肃（布），擢置馆阁。文肃南迁，坐党与得罪，流落久之。蔡元度镇润州，与泽民俱临川王氏婿。泽民倾心事之惟谨。一日家集，观池中鸳鸯。元度席上赋诗，末句云："莫学饥鹰饱便飞。"泽民即席和以呈元度曰："贪恋恩波未肯飞。"元度夫人笑曰："岂非适从曾相公池中飞过来者邪？"泽民惭，不能举首。

也许是受王安石的影响，王氏还有一定政治识见。

> 蔡卞之妻（七）〔王〕夫人，颇知书，能诗词。蔡每有国事，先谋之于床第，然后宣之于庙堂。时执政相语曰："吾辈每日奉行者，皆其咳唾之余也。"蔡拜右相，家宴张乐，伶人扬言曰："右丞今日大拜，都是夫人裙带！"讥其官职自妻而致，中外传以为笑。辉在金陵，见老先生言，荆公尝谓："元度为千载人物，卓有宰辅之器，不因某归以女凭借而然。"其后蔡唯知报妇翁之知，不知掩妇翁之失，致使得罪天下后世，其于报也何有！②

这则资料虽然委婉地回护蔡卞，但字里行间也透露出王氏还是有些见识的。

蔡卞子蔡仍，政和五年（1115）与蔡攸子蔡衍同中进士。徽猷阁待制③。王明清《挥麈录》馀话卷之二载："蔡元度娶荆公之女，封福国夫人。止一子，子因仍是也。谈天者多言其寿命不永，元度夫妇忧之。一日，尽呼术者之有名，如林开之徒集于家，相与决其疑。云当止三十五岁。元度顾其室云：'吾夫妇老矣，可以放心，岂复见此逆境邪？'其后子因至乾道中寿八十而终。然其初以恩幸为徽猷阁学士，靖康初，既蔡氏

---

① （宋）吴曾：《能改斋漫录》卷十一《浪子和尚诗》，中华书局1985年版，第318页。
② （宋）周辉撰，刘永翔校注：《清波杂志校注》卷三，中华书局1994年版，第130页。
③ 《靖康要录笺注》卷三，第425页。

败，例遭削夺，恰年三十五，盖其禄尽之岁。……"① 按此，则蔡仍生卒年当为1092—1171年。而《泊宅编》载："枢密蔡公卞帅五羊，道无锡，挈家游惠山。是日，邑人杨生与数僧闲步殿上，闻公来，戏言曰：'蔡侍郎无子，吾与之为子矣。'公至广之明年，生仍。……"② 蔡卞元祐四年七月离扬州知广州，元祐五年十月离广州知越州。则蔡仍生于元祐五年。即1090年。蔡仍娶妻王氏。《墨庄漫录》卷六载："蔡仍子因之妻九院王家女也。"③

蔡京有甥陈求道④、冯躬厚，婿叶著，甥婿宇文粹中，孙婿郭南仲。⑤

三 蔡确家族

蔡确，字持正，泉州人。生于宋仁宗景祐四年（1037），嘉祐四年（1059）中进士，从此步入仕途。元祐八年（1093）正月甲申卒于贬所新州。蔡确父蔡黄裳，字叔文，晋江人，大中祥符初第进士，在地方任职。蔡确母明氏，在蔡确落职英州时挡驾营救，未能成功。蔡确兄弟二人，即蔡确、蔡硕。另有一人蔡砺，无法断定其为蔡确亲兄还是堂兄或族兄。蔡确子女众多，其长子蔡懋（原名蔡渭），次子蔡庄。蔡懋乃冯京之婿，蔡庄妻乃韩琦孙女、韩粹彦之女，都是当时权势之家。蔡确与蔡京、蔡卞兄弟有着"宗族之契"，为同一高祖。蔡京季子蔡絛与蔡确次子蔡庄同娶韩粹彦之女，因此蔡确与蔡京之间又有着间接的姻亲关系。蔡确是元丰新政的代表，而蔡卞则是王安石的门生及女婿。蔡确长子蔡懋依附于蔡京、蔡攸。

---

① 《挥麈录》馀话卷之二，第325—326页。
② （宋）方勺撰，许沛藻、杨立扬点校：《泊宅编》卷四，中华书局1983年版，第21页。
③ （宋）张邦基撰，孔凡礼点校：《墨庄漫录》卷六，中华书局2002年版，第171页。
④ 《挥麈录》后录卷八载："李釜……政和末，自省郎出牧真州。向伯恭为判官，忤漕意，对移六合尉。伯恭但书旧衔。时蔡元长之甥陈求道为通判郡事，釜席间戏语云：'此所谓终不去帝号者也。'是时语禁正严，求道告讦于朝，兴大狱，釜坐免官，就擢求道守仪真。"（第187页。）
⑤ 《靖康要录笺注》卷六载：（靖康元年五月）五日，臣僚上言，"顷者奸臣用事，子弟亲戚本无才学，贪缘冒宠，超躐显位……若蔡京之甥徽猷阁待制冯躬厚，婿显谟阁直学士叶著，孙婿校书郎郭南仲……"（第726页。）《三朝北盟会编》卷三二《靖康中帙七》载："宇文粹中，又是蔡京甥婿，其弟虚中闻亦窜而往。蔡儵，京之子也，得守镇江，据千里山川要害之地。宋映，蔡儵之妻党也。"（上海古籍出版社1987年版，第239页。）此处后一"蔡儵"当为蔡攸，见（宋）陈东《陈少阳先生文集》卷一《登闻检院三上钦宗皇帝书》载《宋集珍本丛刊》39册，明正德本，线装书局2004年版，第126页。

关于蔡确家族的详细情况，孙泽娟《蔡确研究》相关内容有叙述①。

四　宋代科举与士大夫家族的兴盛

据以上叙述可知，蔡襄、蔡确、蔡京家族，在他们的祖辈、父辈，不论从政治地位还是经济实力上讲，并不显赫，没有深厚的社会根基。蔡襄的父亲蔡琇还是农人，蔡确父亲蔡黄裳，大中祥符元年（1008）中进士后，累官镇江军节度推官，历知陈州，以太子右赞善大夫致仕。②蔡黄裳致仕时，年已七十，属高龄，但他本人似乎还不情愿，并引发了以后蔡确与陈执中父子的颇多恩怨。"蔡持正之父黄裳，任陈州录事参军，年逾七十，陈恭公（执中）自元台出为郡守，见其老不任职，挥之令去，黄裳犹豫间，恭公云：'倘不自列，当具奏牍窜斥。'黄裳即上挂冠之请。"蔡黄裳致仕后，"卜居于陈"，"力教二子持正与硕，苦贫困，饘粥不继。""久之，持正登第，黄裳临终，戒以必报陈氏"。③蔡黄裳早期为政颇有声誉，知凤翔府虢县，"郡守有亲校，虢人也，招权受金。黄裳至县……置于法。一府尽惊。"知建阳县秩满解去，"邑人遮使者乞再任"。④

蔡黄裳为官清廉，生活贫困。建阳令任满及替，"囊无建阳一物"。后任职陈州，"官满，贫不能归，故忠怀（蔡确）遂为陈州人"。⑤蔡黄裳之所以七十岁仍不愿致仕，不是贪恋官位，而是家贫所致，确属无奈之举。"蔡忠怀确持正，其父本泉州人，晚年为陈州幕官，遂不复归。持正年二十许岁时，家苦贫，衣服稍敝。"⑥《过庭录》载：蔡确"少于泗州道中山寺读书，僧厌其久"。⑦《墨庄漫录》也记载了蔡确及其父蔡黄裳之事，可见蔡确家庭贫困。

---

①　参见孙泽娟《蔡确研究》第一章第二节《蔡确的生平及社会关系》，河北大学硕士学位论文 2006 年 4 月，第 7—12 页。

②　傅璇琮主编，龚延明、祖慧撰：《宋登科记考》卷三，江苏教育出版社 2005 年版，第 91 页。

③　《挥麈录》后录卷六，第 151 页。

④　（明）凌迪知：《万姓统谱》卷九七《去声·九泰·蔡黄裳》，第 957 册，文渊阁四库全书本，上海古籍出版社 1987 年版，第 402 页。

⑤　（宋）马永卿撰，查清华、顾晓雯整理：《懒真子》卷三，载《全宋笔记》第三编（六），大象出版社 2008 年版，第 181 页。

⑥　《懒真子》卷三，第 185 页。

⑦　（宋）范公偁撰，孔凡礼点校：《过庭录》，中华书局 2002 年版，第 374 页。

> 蔡丞相确持正尝有治命遗训，云：吾没之后，敛以平日闲居之服，棺但足以周衣衾，作圹不得过楚公。葬时，制棺前设一坐，陈瓦器，以衣衾巾履数事及笔砚置右左。自初敛至于祖载襄葬悉从简质，称吾平生。毋烦公家，毋干恩典，毋受赙遗，毋求人作埋铭、神道碑。二处但刻石云："宋清源蔡某墓。"而纪葬之岁月于其旁，可矣。……吾虽鄙薄，亦粗闻大道之方矣。欲效杨王孙与沐德信，则必伤汝曹之意，又干矫俗之称，故命送终为中制。……汝曹其遵吾言，慎勿易也。……又有《杂书》一篇云：楚公少年时，读书于石梯山精舍，布衣蔬食，志趣超然。其仕虽不达，以清名直气闻士大夫间。陈恭公（执中）、孙威敏公（沔）皆嗟叹公所为，每为公屈。……在建阳八年，去日，不赍一串茶。邑人思公，至今不衰。致仕，居贫，以席蔽户，诵咏犹不倦。其清白淳亮，甘贫乐道，汝曹能使人谓真楚公之子孙则善矣。楚公名黄裳，故任太子右赞善大夫，致仕忠怀。公之父也。①

也许是蔡确早年家境贫寒的生活经历和对其父的怀念，使他做出薄葬的安排。其实，像蔡确这样家境贫寒的读书人不在少数，是科举制度改变了他们的生存状态和社会地位。兹举几例：

> 王章惠公随，举进士时甚贫，游于翼城，遒人饭，执而入县。②
> 欧阳修，字永叔，庐陵人。四岁而孤……家贫，至以荻画地学书。③
> 孙文懿公（抃），眉州鱼蛇人。少时家贫，欲典田赴试京师，自经县判状，尉李昭言戏之曰："似君人物求试京师者有几人？"文懿以第三人登第，后判审官院。李昭言者赴调，见公恐甚，意公不忘前日之言也。公特差昭言知眉州。又公尝聚徒荣州，贫甚，得束修之物持归，为一村镇镇将悉税之。至公任监左藏库，镇将者部州绢纲至，见

---

① 《墨庄漫录》卷六，第171—172页。
② （宋）范镇撰，汝沛、永成整理：《东斋记事》卷三，载《全宋笔记》第一编（六），大象出版社2003年版，第216页。
③ 《宋史》卷三一九《欧阳修传》，第10375页。

公愧惧。公慰谢之，以黄金一两赠其归。其盛德如此。①

韩参政亿、李参政若谷未第时，皆贫，同途赴试京师，共有一席一毡，乃割分之。每出谒，更为仆。李先登第，授许州长社县主簿。赴官自控妻驴，韩为负一箱。将至长社三十里，李谓韩曰："恐县吏来。"箱中止有钱六百，以其半遗韩，相持大哭别去。次举韩亦登第。后皆至参知政事，世为婚姻不绝。②

吕文穆公讳蒙正，微时于洛阳之龙门利涉院土室中，与温仲舒读书……后状元及第，位至宰相。温仲舒第三人及第，官至尚书。公在龙门时，一日行伊水上，见卖瓜者，意欲得之，无钱可买，其人偶遗一枚于地，公怅然取食之。后作相，买园洛城东南，下临伊水起亭，以"噎瓜"为名，不忘贫贱之义也。③

冯当世（京）未第时，客余杭县，为官逋拘窘，计无所出，题小诗于所寓寺壁。一胥魁范生见之，为白令，丐宽假。令疑胥受贿游说，胥云："冯秀才甚贫，某但见其所留诗，知他日必显。"出其诗，令笑释之。④

王安石年轻时家里也极贫困。庆历二年（1042）二十二岁进士登第，《忆昨》诗云："母兄呱呱泣相守，三载厌食钟山薇。属闻下诏起群彦，遂自下国趋王畿。刻章琢句献天子，钓取薄禄欢庭闱。"说明科举求取功名就是为了养家。庆历四年（1044），《与张太博书》略云："某愚不识事变，惟古人是信。得尧、舜之书，闭门读之，贯穿上下，浸淫其中，将一穷之而已矣。不幸而失先人，母老弟弱，衣穿食单，乃使怃然欲仕，往即焉而乃幸得，于今三年矣。"皇祐三年（1051），王安石以殿中丞通判舒州，文彦博荐其召试馆职，不就。其《乞免就试状》云："……臣以祖母年老，先臣未葬，二妹当嫁，家贫口众，难住京师。"至和元年（1054），除集贤校理，王安石四上章辞免。辞状云："臣顷者再蒙圣恩召试，臣以先臣未葬，二妹当嫁，家贫口众，难住京师，乞且终满外任，比蒙矜允，获毕所

---

① （宋）邵伯温撰，李剑雄、刘德权点校：《邵氏闻见录》卷八，中华书局1983年版，第78页。
② 《邵氏闻见录》卷八，第79页。
③ 《邵氏闻见录》卷七，第71页。
④ 《泊宅编》卷一，第3页。

图。而门衰祚薄,祖母二兄一嫂相继丧亡,窘迫比前为甚。所以今兹才至阙下,即乞除一在外差遣,不愿就试。所以然者,以旧制入馆即当供职一年,臣方其贫,势不可处。"① 欧阳修将王安石生活窘迫,需要禄养的情形上奏后,乃除群牧判官。可见,即便王安石步入仕途,其家境的改变还需一段时日。

蔡襄登第,是其家族兴盛的转折点。蔡确、蔡京之父,虽为进士出身,但其家族地位改变还是在蔡确、蔡京步入仕途,进而跻身高级官僚行列以后。这之后,不论是考中进士还是赐进士出身,他们的子孙大多拥有"进士"这一身份,这充分说明了当时社会对进士身份的看重。

宋代科举制度是寒族进入仕途、改变其自身及家族社会地位的重要而且主要的通道。正是整个社会对进士身份的看重,才有了士大夫官僚"榜下择婿"的风气。《宋史》和宋人笔记多有记载。② 蔡京也曾想将女儿许配给新科进士傅察。"傅察字公晦,孟州济源人,中书侍郎尧俞从孙也。年十八,登进士第。蔡京在相位,闻其名,遣子儵往见,将妻以女,拒弗答。"③ 寒族经过公平竞争的考试进入仕途,无疑是科举制与门阀制相比较进步的一个方面。

另外,有资料显示,除了科举以外,士大夫要想提高其家族地位或稳固其权势,与大族官僚联姻也是一条捷径,且仍然是他们看重的一点。如蔡襄子蔡旻,先娶吴国夫人贾氏,御史中丞黯之女,继室越国夫人文氏,太师潞国公文彦博之女。蔡确长子蔡懋为冯京女婿,冯京乃富弼女婿。蔡确次子蔡庄妻乃韩琦之孙韩粹彦之女。蔡京长子蔡攸娶宋乔年之女,宋乔年乃宰相宋庠之孙。季子蔡絛也娶韩粹彦之女。这些事实说明了官僚士大夫通过姻亲这一途径互相攀援、互相利用,以期为自己的仕途升迁和家族兴旺获得更多政治上的人脉资源保障。

蔡襄去世以后,其家族绵延不绝,人才辈出。而蔡京家族的情况却大不相同。蔡京子孙及蔡卞子蔡仍依凭父辈的权势,做高官享厚禄。"且京

---

① (清)顾栋高:《王荆国文公年谱》卷上。分别见裴汝诚点校《王安石年谱三种》,中华书局1994年版,第29、33、42、44页。

② 见《宋史》卷三一七《冯京传》,第10338—10339页。(宋)彭□辑撰,孔凡礼点校:《墨客挥犀》卷一《裔婿》,中华书局2002年版,第284页。《萍洲可谈》卷一《买妾价贵捉婿费多》,第127页。

③ 《宋史》卷四四六《傅察传》,第13165页。

被遇三朝，父子祖孙为三公者二人，亲执政者三人，登禁从者亡虑十数。名园甲第僭拟宫省，袍带之宠下逮童稚。"① 然而，靖康元年（1126）面对即将败亡的危局，钦宗君臣清算蔡京、王黼、童贯、蔡攸误国之罪，蔡京及其子孙尽遭贬谪。三月，蔡京责授崇信军节度副使、德安府安置。② 四月，移衡州安置。五月蔡京移韶州，蔡京子孙并分送湖南。后蔡京移儋州，到潭州卒。蔡绦勒停。③ 蔡攸先责降节度副使、永州安置。接着安置浔州、雷州。七月置万安军，旋与蔡翛同赐死。④ 有这样一条资料，亦可看出蔡京家族的盛衰荣败："宣和五年（1123），向元伯为开封令。蔡鲁公（京）已致仕，尝设醮于城外凝祥宫。向往谒之，蔡留宿。明旦，见其子攸、孙衡等十余人来问安，皆腰金施狨，且多张盖者。向退省其舅何志同尚书，叹诧其盛。……何曰：'毋多谈。齐先生适在此，太师所敬也，可见之。'……齐生曰：'……诸公见其高门华屋上干霄汉，三年之后，无一瓦盖头矣。金勒狨鞍，赫弈照市，三年之后，虽塞驴亦无有矣。人言秋风落叶，此真是也。哀哉！'时诸蔡方盛，皆不敢出声。三岁而蔡氏败。"⑤

蔡京在南迁路上，留下了几首诗词。《挥麈录》后录卷八载："蔡元长（京）既南迁，中路有旨取所宠姬慕容、邢、武者三人，以金人指名来索也。元长作诗以别云：'为爱桃花三树红，年年岁岁惹东风。如今去逐它人手，谁复尊前念老翁。'初，元长之窜也，道中市食饮之类，问知蔡氏，皆不肯售。至于诟骂，无所不道。州县吏为驱逐之，稍息。元长轿中独叹曰：'京失人心，一至于此。'至潭州，作词曰：'八十一年住世，四千里外无家。如今流落向天涯，梦到瑶池阙下。玉殿五回命相，彤庭几度宣麻。止因贪此恋荣华。便有如今事也。'后数日卒。"⑥ 这些诗词既是蔡京沦落无奈的表白，也有蔡京对一生贪恋权势、荣华富贵的反思和悔恨。可惜蔡京醒悟得太迟，从此蔡京家族衰落。

进入南宋以后，蔡京、蔡卞家族在政治上依然受到排斥。如蔡仍依赦叙复，受到抵制。《缴驳蔡仍叙官状》云："……前左朝散大夫赐紫金鱼袋

---

① 《靖康要录笺注》卷三，第387页。
② 《宋宰辅编年录校补》卷十三，靖康元年三月丙申条，第838页。
③ 同上书，第839—840页。
④ 同上书，第845页。
⑤ 《夷坚志》乙志卷六《齐先生》，第231页。
⑥ 《挥麈录》后录卷八，中华书局1961年版，第185页。

蔡仍依赦复元官事，令臣等书读，须至奏闻者，右臣等……按察（蔡）卞阴贼险巧，远出（蔡）京右。绍圣以来，挟绍述之说，济奸欺之实。履霜失戒，驯致坚冰。比邦之仇，民之贼也。今若使其子得以赦原复正郎位，则宿奸巨蠹之后，皆可复齿仕籍，失政刑矣。……"因之，蔡仍叙官旨挥更不施行。①

蔡襄、蔡京家族均以科举起家，蔡襄官至礼部侍郎，蔡京、蔡卞兄弟跻身宰执行列，蔡京"子攸、翛、脩，攸子行，皆至大学士，视执政。翛尚茂德帝姬。帝七幸其第，赍予无算。命坐传觞，略用家人礼。厮养居大官，媵妾封夫人……"② 可谓荣宠至极。然而，蔡京贪恋权势，挟奸固宠，最终导致亡国的悲剧和个人、家族可耻可悲的下场。蔡絛《铁围山丛谈》曰："鲁公（蔡京）拜维垣，亲客来贺。公略无德〔得〕色，且笑语犹常时，因语客曰：'某仕宦已久，皆悉之矣。今位极人臣，则亦可人，所谓骰子选尔。人间荣辱，顾何足算。'骰子选者，盖自公始为太庙斋郎，登上第，调钱塘县尉，绵历内外，而后进太师也。足见公之度。"③ 此说正好与蔡京的绝命词形成强烈对比，是对蔡京贪恋官场的绝好讽刺。蔡襄、蔡京家族的盛衰荣辱，给后世留下了太多的话题，值得后人深刻反思。

五　对蔡卞十三岁中进士的释疑

蔡卞熙宁三年（1070）中进士，年十三岁，曾莉以为年龄太小，记载有误。④《曲洧旧闻》卷八《蔡準侍郎少年时见鬼怪》载"晁之道尝言：'蔡侍郎準少年时，出入常有二人，见于马首或肩舆之前，若先驱，或前或却。问之从者，皆无所睹。準甚惧，谓有冤魂，百方禳袚，皆不能遣。既久，亦不以为事。庆历四年生京，而一人不见；又二年生卞，乃遂俱灭。……"⑤ 此条资料所言蔡京、蔡卞生年与史书记载的卒年和年龄大小不符，不可信。那么，到底十三岁的年龄在古人眼里是否很小？十三岁有

---

① （宋）周必大：《周益公文集》卷九九，载《宋集珍本丛刊》49册，明澹生堂钞本，线装书局2004年版，第586—587页。
② 《宋史》卷四七二《蔡京传》，第13726—13727页。
③ 《铁围山丛谈》卷三，第52页。
④ 见曾莉硕士学位论文《蔡京宦海沉浮研究》，陕西师范大学硕士学位论文2005年5月。
⑤ 《曲洧旧闻》卷八，第194页。

无中进士的可能呢？结合史料，我们试作一分析。

我们以七岁为一参照系，遍检《宋史》，就会发现许多自小就很聪颖，能诗会写的儿童。钱勰"生五岁，日诵千言。十三岁，制举之业成。熙宁三年试应，既中秘阁选，廷对入等矣，会王安石恶孔文仲策，迁怒罢其科，遂不得第"①。元绛"生而敏悟，五岁能作诗，九岁谒荆南太守，试以三题，上诸朝，贫不能行。长，举进士，以廷试误赋韵，得学究出身。再举登第，调江宁推官，摄上元令"②。汪应辰"幼凝重异常童，五岁知读书，属对应声语惊人，多识奇字。……从人借书，一经目不忘。十岁能诗，游乡校，郡博士戏之曰：'韩愈十三而能文，今子奚若？'应辰答曰：'仲尼三千而论道，惟公其然。'"③ 许应龙"五岁通经旨，坐客曰：'小儿气食牛。'应龙应声：'丈夫才吐凤'为对，四坐嘉叹"④。李韶五岁"能赋梅花"⑤。洪湛"幼好学，五岁能为诗，未冠，录所著十卷为《韶年集》。举进士，有声"⑥。刘温叟七岁能属文，善楷隶。⑦ 李肃"七岁诵书知大义，十岁为诗，往往有警语"⑧。李宗谔⑨、晏殊⑩、杨亿⑪、王庠⑫均"七岁能属文"。席旦"七岁能诗"⑬。虞允文"六岁诵《九经》，七岁能属文"⑭。王禹偁"世为农家，九岁能文"⑮。苏轼十岁"闻古今成败，辄能语其要"⑯。黄庭坚七岁能作诗。《山谷年谱》卷一载："皇祐三年辛卯。先生是岁已能作诗。世传七岁作《牧童》诗云：'骑牛远远过前村，吹笛

---

① 《宋史》卷三一七《钱惟演传附勰传》，第10349页。
② 《宋史》卷三四三《元绛传》，第10905页。
③ 《宋史》卷三八七《汪应辰传》，第11876页。
④ 《宋史》卷四一九《许应龙传》，第12553页。
⑤ 《宋史》卷四二三《李韶传》，第12628页。
⑥ 《宋史》卷四四一《洪湛传》，第13057页。
⑦ 《宋史》卷二六二《刘温叟传》，第9071页。
⑧ 《宋史》卷二六三《李穆传附肃传》，第9107页。
⑨ 《宋史》卷二六五《李昉传附宗谔传》，第9140页。
⑩ 《宋史》卷三一一《晏殊传》，第10195页。
⑪ 《宋史》卷三〇五《杨亿传》，第10079页。
⑫ 《宋史》卷三七七《王庠传》，第11657页。
⑬ 《宋史》卷三四七《席旦传》，第11015页。
⑭ 《宋史》卷三八三《虞允文传》，第11791页。
⑮ 《宋史》卷二九三《王禹偁传》，第9793页。
⑯ 《宋史》卷三三八《苏轼传》，第10801页。

风斜隔岸闻。多少长安名利客，机关用尽不如君。'"① 宋人多主张"教子当在幼"②。如蔡襄，五岁便与弟蔡高一起从学，蔡高三岁。惟其如此，才会出现上述众多的"神童"。③ 也正是因为宋代孩子接受教育早，所以有些孩子十二三岁就著书立说、胆识过人。"陈彭年字永年，抚州南城人。……彭年幼好学……年十三，著《皇纲论》万余言，为江左名辈所赏。"④ "（王）雱字元泽。……性敏甚，未冠，已著书数万言。年十三，得秦卒言洮、河事，叹曰：'此可抚而有也。使西夏得之，则吾敌强而边患博矣。'其后王韶开熙河，安石力主其议，盖兆于此。"⑤

宋代科举考试以诗、赋、经义为主，一些少年才俊也能榜上有名。

在蔡卞之前，已有人十三岁中举，只不过大多是以神童的身份参加童子科考试或者获得赐进士出身。太宗端拱二年三月，"壬寅，上御崇政殿试合格举人，得进士阆中陈尧叟、晋江曾会等一百八十六人，并赐及第……越州进士刘少逸者，年十三中选，既覆试，又别试御题赋诗数章，皆有旨趣，授校书郎，令于三馆读书。"⑥ 真宗景德二年，抚州晏殊、大名府姜盖，始以童子召试诗赋，赐殊进士出身，盖同学究出身。寻复召殊试赋、论，帝嘉其敏瞻，授秘书正字。⑦ 时晏殊年十四，姜盖年十三。⑧ 也有个别人登进士第的。如真宗咸平二年（999）睦州淳安县人邵焕擢童子科，年十二。咸平三年登进士第，时年十三。《宋登科记考》的作者对邵焕于咸平二年赐童子科出身，次年登进士第，是否可能，存疑。而这正好可以印证蔡卞十三岁登进士第的可能性。⑨ 所以，根据以上史实，我们

---

① （宋）黄䇮编，曹清华校点：《山谷年谱》卷一，载吴洪泽、尹波主编《宋人年谱丛刊》第五册，四川大学出版社2003年版，第2976页。

② （宋）袁采：《袁氏世范》卷一，贺恒祯、杨柳注释，天津古籍出版社1995年版，第15页。

③ 张邦炜：《宋代的神童》，载《文史杂志》1991年第6期。

④ 《宋史》卷二八七《陈彭年传》，第9661页。

⑤ 《宋史》卷三二七《王安石传附子雱》，第10551页。

⑥ 《长编》卷三〇，端拱二年三月庚寅条，第678页。《宋会要辑稿》选举七之五。

⑦ 《宋史》卷一五六《选举二》，第3653页。

⑧ （宋）章如愚《群书考索》后集卷三二《士门·选举教养之法·童子学》载："真宗景德二年，抚州进士晏殊年十四，大名府进士姜盖年十三，皆以俊名闻，特召试，殊试诗、赋各一首，盖试诗六篇。殊属辞敏瞻，上杰叹赏，乃赐殊进士，盖学究。后复召殊试诗、付（赋）、论，既成，数称善，擢秘书正字、秘阁读书。"（据明正德戊辰年刻本影印，台湾新兴书局1971年版，第2534页。）

⑨ 傅璇琮主编，龚延明、祖慧：《宋登科记考》卷三，真宗咸平三年，第63页。

以为蔡卞十三岁中进士是完全可能的。

第二节　熙宁、元丰时期的蔡氏兄弟

熙宁年间，王安石主持的变法轰轰烈烈。蔡京、蔡卞兄弟其时在地方任职，推行变法。熙宁九年（1076）十月王安石第二次罢相以后，宋神宗主持了元丰年间的改革，蔡京、蔡卞兄弟参与其中。蔡氏兄弟作为王安石的姻亲，在熙丰这个特殊的时代，在变法派与反变法派争执斗争的政治大环境下，他们的一举一动自然会引起人们极大关注。蔡氏兄弟和王安石的关系如何？王安石对二人的评价怎样？以下略作探讨。

一　熙宁、元丰时期蔡京、蔡卞与王安石的关系

蔡絛《铁围山丛谈》载："王舒公介甫，熙宁末复坐政事堂，每语叔父文正公曰：'天不生才且奈何！是孰可继吾执国柄者乎？'乃举手作屈指状，数之曰：'独儿子也。'盖谓元泽。因下一指，又曰：'次贤也。'又下一指，即又曰：'贤兄如何？'谓鲁公。则又下一指，沉吟者久之，始再曰：'吉甫如何？且作一人。'遂更下一指，则曰：'无矣。'当是时，元泽未病，吉甫则已隙云。"① 王安石于熙宁七年（1074）四月罢相，八年二月复相。九年（1076）② 七月王雱卒，十月王安石复罢相。若蔡絛记载属实，则这段资料反映的是熙宁八年（1075）二月以后到熙宁九年（1076）七月以前的事。说明至少在熙宁年间，王安石对蔡京的能力还是看重的，对他评价比较高。也许这就是熙宁九年（1076）七月以后蔡京能到中央任职的原因。元丰年间，王安石退居江宁，其对蔡京的看法有很大变化。《南游纪旧》载："南丰先生病时，介甫日造卧内。因邸报蔡京召试，介甫曰：'他如何做得知制诰，一屠沽耳。'"③ 南丰先生指曾巩，元丰六年（1083）四月三十日卒于江宁。可见，这期间王安石似乎是重新认识了蔡京。这可能与蔡京的投机品性有关。

---

① 《铁围山丛谈》卷三，第49页。
② （宋）詹大和撰《王荆文公年谱》载王雱死于熙宁八年，不确。见裴汝诚点校《王安石年谱三种》，中华书局1994年版，第8页。《长编》卷二七七，熙宁九年七月壬戌条则记王雱死于熙宁九年七月，第6768页。
③ 丁传靖辑：《宋人轶事汇编》卷十三，中华书局2003年版，第712页。

蔡卞在治平二年（1065）左右和李定、陆佃等人一起从学于王安石，熙宁三年（1070）中进士第。王安石对蔡卞很欣赏，后来蔡卞便成了其女婿。从史料可知，王安石始终对蔡卞是器重的，"辉在金陵，见老先生言，荆公尝谓：'元度为千载人物，卓有宰辅之器，不因某归以女凭借而然。'"① 晚年退居钟山，在感情上对蔡卞更是依赖。元丰元年（1078），王安石作《示元度（营居半山园作）》②：

今年钟山南，随分作园囿。凿池构吾庐，碧水寒可漱。沟西雇丁壮，担土为培娄。扶疏三百株，莳棟最高茂。不求鹓鸰实，但取易成就。中空一丈地，斩木令结措。五楸东都来，斸以绕篶溜。老来厌世语，深卧塞门窦。赎鱼与之游，倭鸟见如旧。独当邀之子，商略终宇宙。更待春日长，黄鹂弄清昼。③

又有《江宁府园示元度》：画船南北水遥通，日暮幅巾篁竹中。行到月台逢翠碧，背人飞过子城东。④

以下几首当作于元丰后期，凸显了王安石对蔡卞的关怀想念之情。《怀元度四首》：

秋水才深四五尺，扁舟斗转疾於飞。可怜物色阻携手，正是归时君不归。

舍南舍北皆春水，恰似蒲萄初酦醅。不见秘书心若失，百年多病独登台。

思君携手安能得，上尽重城更上楼。时独看云泪横臆，长安不见使人愁。

自君之出矣，何其挂怀抱。孤坐屡穷辰，山林迹如扫。数枝石榴发，岂无一时好？不可持寄君，思君令人老。⑤

---

① 《清波杂志校注》卷三，第130页。
② （宋）詹大和：《王荆文公年谱》载此诗作于元丰元年，而（清）顾栋高《王荆国文公年谱》卷下则记此诗作于元丰二年。分别见裴汝诚点校《王安石年谱三种》，第8、112页。
③ 《全宋诗》卷五三八，第10册，第6477页。
④ 《全宋诗》卷五六六，第10册，第6701页。
⑤ 《全宋诗》卷五七三，第10册，第6759页。

《招元度》让人感觉到一个年迈老人对远离家人在外的子女的殷殷期盼之情，感情真挚。

> 早知皆（一作"身"）是自拘囚，年少因何（一作"何因"）有旅愁。自是不归归便得，陆乘肩舆（一作"篮舆"）水乘舟。①

二 熙宁、元丰时期蔡京、蔡卞的仕历

蔡京中进士以后，在地方任职，曾担任钱塘县尉和舒州团练推官。熙宁九年（1076）到中央任职。到元丰二年（1079）的时候，先后担任权流内铨主簿②、崇文院校书、中书礼房习学公事③，大理评事、权检正礼房公事④，太子中允、馆阁校勘⑤。元丰二年（1079）至三年（1080），又和李定、范镗、张璪等制定太学教养法、编修诸路学制⑥。元丰三年（1080）八月，为集贤校理、权提点开封府界诸县镇公事。⑦

蔡卞登第后，任江阴县主簿。⑧元丰二年（1079）十二月，因张璪举荐与安阳县主簿虞蕡、光禄侍臣袁默、杭州州学教授梅灏并为国子监直讲。⑨国子监直讲的人选，按照皇祐四年五月后的规定，须年满四十岁以上，有老成之器，堪为监生表率者充。此时蔡卞才二十二岁，由此可知其学识渊博。元丰三年（1080）五月，蔡卞代替林希为修国史院编修官⑩。三个月后，蔡卞又代替黄颜同知谏院。蔡卞在谏职任上一年有余，积极作

---

① 《全宋诗》卷五七三，第10册，第6759页。（注：此诗一作《寄昌叔》，但与前《怀元度四首》语意相近。）
② 《长编》卷二七七，熙宁九年七月壬戌条，第6768页。
③ 《长编》卷二八三，熙宁十年七月壬申条，第6939页。
④ 《长编》卷二九一，元丰元年八月壬寅条，第7111页。
⑤ 《长编》卷二九九，元丰二年八月庚子条，第7278页。
⑥ 《长编》卷三〇二，元丰三年二月癸卯条，第7352页。
⑦ 《长编》卷三〇七，元丰三年八月壬寅条，第7457页。
⑧ 《宋史》卷四七二载："卞字元度，与京同年登科，调江阴主簿。王安石妻以女，因从之学。元丰中，张璪荐为国子直讲，加集贤校理、崇政殿说书，擢起居舍人，历同知谏院、侍御史。居职不久，皆以王安石执政亲嫌辞。拜中书舍人兼侍讲，进给事中。"（第13728页。）顾绍勇说，蔡卞在元丰二年以前任职情况的史料缺乏，基本可以确定他曾在中央任职。他结合史料最后得出结论："可以推断出蔡卞在熙宁九年以前，在邓绾的举荐下曾任职中央，但是时间不长，很快就'以王安石执政亲嫌辞'，到地方任江阴县的主簿。"（见其硕士学位论文《蔡卞研究》，河北大学2007年6月，第9页。）
⑨ 《长编》卷三〇一，元丰二年十二月庚子条，第7326页。
⑩ 《长编》卷三〇四，元丰三年五月癸未条，第7409页。

为，不避权贵。弹劾人品低劣、才能低下、阿谀奉承的官员。如马申①、王陟臣②。宰相王珪之子，奉议郎、馆阁校勘、同知礼院王仲修因在"扬州燕饮，所为不检"③。被蔡卞弹劾罚铜十斤冲替。蔡卞还提醒神宗防范臣僚朋党，他说"武学教授蔡硕近留修军器监敕，于枢密院置局。硕，执政之弟，与承旨张山甫联亲，虑交相党援，得复备员，席势营私，渐不可长，乞罢免以协公议"。诏枢密院别差官。④ 蔡硕乃蔡确亲弟，蔡卞与他们有"宗族之契"，但他却不庇宗亲，直言敢谏。为了加强对官员任命的监督，蔡卞"请应差除及改更事，并令封驳司关报谏院"⑤。

元丰四年（1081）十月，蔡卞为崇政殿说书，罢知谏院。元丰五年（1082）蔡卞先后试起居舍人⑥，兼崇政殿说书。神宗本来欲以蔡卞为侍御史知杂事，蔡确、王安礼皆以亲嫌为请，神宗曰："尝面谕卞，卞亦以此辞。其人有守，必不肯比附。"张璪曰："卞识义理，诚如圣谕。"⑦ 元丰五年（1082）十月，蔡卞试中书舍人兼侍讲。⑧

元丰五年（1082）七月，蔡京继续从事官制的修订，神宗曰："京久在官制所，谙知创法本末。其弟卞虽见充详定，缘系暂置官局，所职止于看详文字，别无政事关由，虽兄弟共处，理亦无害。"⑨ 十二月，蔡京、蔡卞与试吏部尚书李清臣等各迁一官，并以官制成推恩也。⑩

元丰六年（1083）九月，神宗手诏分曹编修尚书省六曹条贯。每两曹差详定、检详官各一员，以便人各任责。以详定官韩忠彦（1038—1109）、陆佃领吏、兵部，蔡京、蔡卞领户、礼部，赵彦若、王震领刑、工部。十月，起居郎蔡京、起居舍人王震并试中书舍人。己卯，诏中书舍人蔡卞领吏、兵房，蔡京领户、刑房。王震领礼、工房，如有妨碍文字，送别房行之。⑪ 十

---

① 《长编》卷三〇九，元丰三年闰九月辛丑条，第7496页。
② 《长编》卷三一二，元丰四年五月丁未条，第7577页。
③ 《长编》卷三一六，元丰四年九月壬寅条，第7647页。
④ 《长编》卷三一四，元丰四年七月己酉条，第7610页。
⑤ 《长编》卷三〇八，元丰三年九月庚申条，第7475页。
⑥ 《长编》卷三二五，元丰五年四月丙子条，第7827页。
⑦ 《长编》卷三二六，元丰五年五月辛卯条，第7847页。
⑧ 《长编》卷三三〇，元丰五年十月庚申条，第7951页。
⑨ 《长编》卷三二八，元丰五年七月庚子条，第7903页。
⑩ 《长编》卷三三一，元丰五年十二月己未条，第7984—7985页。
⑪ 《长编》卷三四〇，元丰六年十月己卯条，第8180页。

一月癸丑，中书舍人兼侍讲蔡卞乞叙班于兄京之下，从之。①

元丰七年（1084）十月，中书舍人兼侍讲蔡卞试给事中。② 十一月，中书舍人蔡京为龙图阁待制，权知开封府。③ 此前，蹇周辅治开封府数月，御史中丞黄履言蹇周辅，揽权归己，留事不决，非剧烦之才。神宗将知开封府这一重任交给蔡京，可见其才干不凡。

从上所述可知，蔡京、蔡卞兄弟元丰年间进入中央以后，无论是共同参与官制的修订，还是蔡卞在谏官任上，蔡京在学制的修订及权知开封府事任上，他们的工作都得到了神宗的认可和赞许。尤其是蔡卞能够担任国子监直讲和崇政殿说书职务，说明神宗对他学识的看重。

元丰八年（1085）三月，神宗去世。哲宗即皇帝位，太皇太后高氏同听政，政局发生变化。五月，以蔡确、韩缜为左、右仆射，章惇知枢密院、司马光门下侍郎。九月，侍御史刘挚言："侍讲陆佃、蔡卞皆新进少年，越次暴起，论德业则未试，语公望则素轻，乞罢其兼职，别选通经术、有行义、忠信孝弟、惇茂老成之人以充讲读。"④ 遂命赵彦若、傅尧俞兼侍读。十二月，给事中蔡卞为礼部侍郎。⑤

第三节 元祐时期的蔡氏兄弟

元祐时期，北宋朝政、人事发生显著变化，具体表现就是新法的被废除和新党成员的相继被贬黜。

一 新法的被废和新党的被黜

元丰八年（1085）三月哲宗即位时，年仅十岁。根据遗制，宣仁太后高氏权同处分军国事。宣仁太后在熙宁年间就坚决反对新法。这次垂帘听政以后，即迫不及待地废除新法，起用旧党。

---

① 《长编》卷三四一，元丰六年十一月癸丑条，第8197页。
② 《长编》卷三四九，元丰七年十月乙亥条，第8368页。
③ 《长编》卷三五〇，元丰七年十一月丁未条，第8385页。
④ （宋）刘挚撰，裴汝诚、陈晓平点校：《忠肃集》卷三《乞慎择讲读官奏》，中华书局2002年版，第62页。又见《皇朝编年纲目备要》卷二一，元丰八年五月，第522页。
⑤ 《长编》卷三六二，元丰八年十二月甲戌条，第8668页。

> 哲宗嗣位，尊为太皇太后。驿召司马光、吕公著，未至，迎问今日设施所宜先。未及条上，已散遣修京城役夫，减皇城觇卒，止禁庭工伎，废导洛司，出近侍尤亡状者。戒中外毋苛敛，宽民间保户马。事由中旨，王珪等弗预知。又起文彦博于既老，遣使劳诸途，谕以复祖宗法度为先务，且令亟疏可用者。①

神宗刚刚去世，三月二十二日，宣仁太后即遣入内供奉官梁惟简宣谕司马光："公历事累朝，忠亮显著，毋惜奏章，赞予不逮。"② 三月三十日，司马光即上《乞开言路札子》③，四月丁丑，太皇太后高氏以资政殿大学士、银青光禄大夫吕公著兼侍读。资政殿学士、太中大夫司马光知陈州。接着司马光等大批旧党官员相继还朝。"光、公著至，并命为相，使同心辅政，一时知名士汇进于廷。凡熙宁以来政事弗便者，次第罢之。于是以常平旧式改青苗，以嘉祐差役参募役，除市易之法，弛茶盐之禁，举边砦不毛之地以赐西戎，而宇内复安。"④

从元丰八年（1085）五月至元祐元年（1086）四月，朝廷人事发生着大变化。元丰八年（1085）七月，吕公著尚书左丞。元祐元年（1086）闰二月，蔡确罢相，司马光左仆射，吕公著门下侍郎，李清臣尚书左丞（元祐二年四月出知河阳府），吕大防尚书右丞。接着，章惇罢知枢密院事，安焘知枢密院事，范纯仁同知枢密院事。四月，吕公著接替韩缜为右仆射，文彦博太师、平章军国重事。此后，几乎是清一色的旧党人物占据了朝廷各个重要部门。他们一面废除新法，一面打击新党。

早在元丰八年（1085）四月，司马光即上疏指斥王安石变乱祖宗之法，指责新法是"舍是取非，兴害除利。名为爱民，其实病民；名为益国，其实伤国。作青苗、免役、市易、赊贷等法，以聚敛相尚，以苛刻相驱，生此厉阶，迄今为梗"⑤。司马光说："为今之计，莫若择新法之便民益国者存之，病民伤国者悉去之。"⑥ 看似公正之论，其真实意图却是要

---

① 《宋史》卷二四二《后妃上》，第8625—8626页。
② （宋）司马光著，王根林点校：《司马光奏议》卷三一《谢宣谕表》，山西人民出版社1986年点校版，第334页。
③ （宋）司马光著，王根林点校：《司马光奏议》卷三一《乞开言路札子》，第335页。
④ 《宋史》卷二四二《后妃上》，第8626页。
⑤ 《长编》卷三五五，元丰八年四月庚寅条，第8490页。
⑥ 同上书，第8493页。

废除新法。他说："然尚有病民伤国，有害无益者，如保甲、免役钱、将官三事，皆当今之急务，厘革所宜先者。"① 他还危言耸听道："不然，今幅员之内，所在嗷嗷，有倒垂之急……。若朝廷不以为意，……则国家有累卵之危。"②

面对司马光等旧党成员对新法的指斥，新党集团积极应对。元丰八年五月，宋廷颁布一诏：

> 盖闻为治之要，纳谏为先，朕思闻谠言，虚己以听。凡内外之臣，有能以正论启沃者，岂特受之而已，固且不爱高爵厚禄，以奖其忠。……若乃阴有所怀，犯非其分，或扇摇机事之重，或迎合已行之令，上则观望朝廷之意以侥幸希进，下则炫惑流俗之情以干取虚誉，审出于此而不惩艾，必能乱俗害治。然则黜罚之行，是亦不得已也。……③

这是在左仆射蔡确策划下发布的诏令，蔡确之意乃利用此诏遏制旧党来势汹汹废除新法的图谋。当司马光领旨赴阙，急匆匆赶来，看到这一诏书以后，很是愤怒。上疏曰："……今诏书求谏而逆以六事防之……是诏书始于求谏而终于拒谏也。"④

其实，司马光和蔡确两人，一个极力反对新法，必欲废除而后止；一个极力维护新法，对方举动的真实意图他们心知肚明，这是他们第一回合的较量和交锋。司马光除门下侍郎后，又上奏曰：

> ……先帝以睿智之性，切于求治，而王安石不达政体，专用私见、变乱旧章，误先帝任使，遂致民多失业，闾里怨嗟。陛下深知其弊，即政之初，变其一二，欢呼之声，已洋溢于四表，则人情所苦所愿，灼然可知，陛下何惮而不并其余悉更张哉？……⑤

---

① 《长编》卷三五五，元丰八年四月庚寅条，第8492页。
② 同上书，第8493—8494页。
③ 《长编》卷三五六，元丰八年五月乙未条，第8508页。
④ 《长编》卷三五六，元丰八年五月戊午条，第8521—8522页。
⑤ 同上书，第8522页。

在这里，司马光有意识地将神宗和新法割裂开来，在将变法的责任全部推到王安石身上之后，他全部否定了新法，表露了其废除新法的用意，而绝非此前所说的"择新法之便民益国者存之，病民伤国者悉去之"。元丰八年（1085）六月，司马光终于如其所愿，宋廷颁布了"应中外臣僚及民庶，并许实封直言朝政阙失，民间疾苦"①的诏书，至此，"元祐更化"已成定局。在司马光、吕公著的主持下，新法纷纷被废除，尤以免役法的废除为最典型，章惇虽然据理力争，但已是无力回天。②

总的来看，新党为反对旧党武断废除新法而进行的种种抗争并没有得到实际的结果，只是招致了旧党日益升级的倾轧。在太皇太后高氏的全力支持下，旧党在短短的时间内将新法废之殆尽，完成了所谓"元祐更化"③。

二 元祐时期的蔡京、蔡卞

如前所述，元祐元年（1086）朝政发生重大变动，在宣仁太后的支持下，旧党首领司马光、吕公著、文彦博相继还朝执政，司马光废除新法如救焚拯溺。旧党成员一面不遗余力地废除新法，一面又控制台谏，利用台谏排斥新党。刘挚、王巖叟、朱光庭、苏辙、孙升等纷纷上章弹劾蔡确、章惇、韩缜、曾布、吕惠卿、张璪、安焘、李清臣等新党成员，这些人后来相继被罢职。首先是闰二月蔡确罢相，以司马光为左仆射，接着是章惇被罢枢密院事，曾布出知太原府。在这政治、人事发生着重大变动的时刻，蔡京的政治投机品性也暴露了出来。"光既复差役旧法，蔡京知开封府，即用五日限，令开封、祥符两县，如旧役人数差一千余人充役，亟诣东府白光，光喜曰：'使人人如待制，何患法不行乎？'"④但他的这次投机行为却招致了台谏官员的猛烈抨击。"议者谓京但希望风旨，苟欲媚光，非事实也。故苏辙首以为言，台谏亦累疏请罢京，遂出京知真定府。"⑤苏辙弹劾蔡京施行差役事，故意扰民，以败成法。苏辙言："京文学政事一无所长，人品至微，士论不与。若不因缘蔡卞与王安石亲戚，无缘兄弟并窃美官。今卞已自迫于公议求退，而京独昂然久据要地，众所不

---

① 《长编》卷三五七，元丰八年六月丁亥条，第8548页。
② 可参见《长编》卷三六五至三六七的内容。
③ 罗家祥：《朋党之争与北宋政治》，华中师范大学出版社2002年版，第97页。
④ 《皇朝编年纲目备要》卷二二，元祐元年二月复差役法条，第532—533页。
⑤ 同上书，第533页。

平。……"① 结果，龙图阁待制蔡京知成德军。其实，在此之前，对蔡京的弹劾就已开始。监察御史孙升言蔡京"恃与宰相同宗，不奉朝廷法令，任情肆己，放纵奸强"②。又言：蔡京"挟宰相之势，擅京尹之权，人莫不望风畏之"③。因之，蔡京罢开封府事，出守真定。孙升又言："三路帅臣，实总军政，尤非京所当任。"④ 殿中侍御史吕陶言："京荒唐浮薄，士论所鄙，缘其弟卞为王安石婿，牵挽忝冒，得至从官。既与王安石为婚姻之家，又与蔡确有宗族之契，凭恃势力，习惯恣横，岂可更领边帅之任？"⑤ 右司谏苏辙亦反对蔡京知真定府。⑥ 在台谏官员的交攻之下，蔡京又有成德军之命。

虽然台谏官员无不指责蔡京仓促复行差役法，故意扰民，败坏成法；指责其在权知开封府任上断案不当，包庇罪犯，其实质则缘蔡京、蔡卞和王安石、蔡确的特殊关系。他们的矛头指向实际上是王安石的新法和当政者蔡确。元祐元年三月末，殿中侍御史林旦对新党成员的"奸恶劣迹"予以总结。林旦言：

> ……蔡确、章惇、吕惠卿、王安礼，天下共知其为大奸也。其资性皆至险谲，其才智又各敏给。确则卖恩报怨，潜布奸党，使上之人信其深重而不之疑，下之人畏其忍刻而莫敢议。惇则素行卑污，阴结权幸，专为强辩，朋奸害正。惠卿饰诈遂非，贪功妄作，中伤良善，巧自营进。安礼贪污恣横，公为不道，侵凌朝士，姑息小人。此四人者，始缘王安石而进，后或分朋，自为死党。张璪、李清臣则又雷同附会于其间者也。向来吕温卿、和卿、升卿以惠卿之弟，蔡京、蔡卞以安石之亲，骤迁迭用，多据要剧，乃确、惇、璪等以此报安石、惠卿之恩也。凡此朋类，相济以权，相交以利，相报以恩，中外侧目，孰不畏惧。……使四人者，今日尚留朝廷，天下之安危殆未可知也！……⑦

---

① （宋）苏辙：《栾城集》卷三七《再乞责降蔡京状》，陈宏天、高秀芳点校《苏辙集》，中华书局1990年版，第649页。
② 《长编》卷三六九，元祐元年闰二月庚戌条，第8911页。
③ 同上书，第8912页。
④ 同上书，第8913页。
⑤ 同上书，第8914页。
⑥ 同上书，第8915页。
⑦ 《长编》卷三七三，元祐元年三月丙戌条，第9048页。

元祐元年闰二月,试礼部侍郎蔡卞为龙图阁待制、知宣州。敕曰:"朕俾侍从之臣出守四方,试之从政以观其才。而有司考课,积劳应格,国有成法,非予所私。具官蔡卞,奋由文艺,久践台省,欲效才实之美,自诡民社之政。宣城古郡,晋、唐名臣临长其地者,风绩相望也。尔其勉思古人,以修条教,服我新命,以宠吏民。可。"① 十一月,知宣州蔡卞知江宁府。② 敕:"左右近臣,入备侍从,出典藩服,习知朝廷号令之意,灼见吏民情伪之本,此朕所以历试在位而成就人才之道也。具官某,文华之美,发自早年,才力之优,见于治郡。宣城之政,数月而成;秣陵之徙,百里而近。既助予治,亦安尔私,勉修厥官,以答恩宠。可。"③ 从这两份敕书的遣词来看,当时对蔡卞的贬黜还是客气的,温和的。元祐三年闰十二月,知江宁府蔡卞知扬州。④

元祐二年十二月,龙图阁待制、知成德军蔡京知瀛州。⑤

元祐四年(1089)五月,又发生了针对被贬宰相蔡确的"车盖亭诗案"⑥。事件起因是,知汉阳军吴处厚笺奏:蔡确贬谪安州时作《夏中登车盖亭》诗十首,五涉讥讪,而二篇尤甚。意指蔡确将太皇太后高氏比作武则天。这令太后震怒,责授蔡确英州别驾,新州安置。关于此案的详细经过和处理情况,王銍有记载:

> 初,吴处厚笺蔡持正诗进于朝,邸官已传本报之,凡进入三日而寂无闻。执政因奏事禀于簾前,宣仁云:"甚诗?未尝见也。"执政云:"已进入,未降出。"簾中云:"待取看。"至午间,遣中使语执政曰:"已降出矣。"三省皆云不曾承领,上下疑之。明日,乃在章奏房,与通封常程文字共为一複,盖初进入亦通封也。明日,进呈,殊不怒色,但云:"执政自商量。"继而处厚复有疏,执政请送蔡确分

---

① (宋)苏辙:《栾城集》卷二十七《蔡卞磨勘朝奉郎》,陈宏天、高秀芳点校《苏辙集》,第463页。
② 《长编》卷三九一,元祐元年十一月戊辰条,第9513页。
③ (宋)苏辙:《栾城集》卷二十七《蔡卞知江宁府》,陈宏天、高秀芳点校《苏辙集》,第466页。
④ 《长编》卷四一九,元祐三年闰十二月丁卯条,第10159页。
⑤ 《长编》卷四○七,元祐二年十二月壬辰条,第9907页。
⑥ 《宋宰辅编年录校补》卷九,元祐元年闰二月庚寅条,第535—540页。

析。谏官吴安诗、刘安世论列。而分析未上间，会梁焘自潞州召为谏议大夫，至京，曰："比过河阳，邢恕极论蔡确有策立勋，社稷臣也。"同谏官以恕之言论之，日益切直，宣仁始怒焉，泣谕执政曰："当时谁曾有异议，官家岂不记得？但问他太妃。"遂拟蔡相谪命，执政议太常少卿、分司南京。议未决，会分析至，确盛言有策立之勋。谏官继登论之益苦。明日，执政对，簾中忽语曰："蔡确可英州别驾，新州安置。"诸公惊退，悉力开陈，久之，刘莘老（刘挚）曰："蔡确母老，引柳宗元乞与刘禹锡换播州事。"吕微仲（吕大防）曰："蔡确，先帝大臣，乞如刘挚所论，移一近里州郡。"簾中曰："山可移，此不可移也。"范尧夫（纯仁）挥王正仲（王存），留身论之，意不解。尧夫曰："告官家，且劝太皇太后念蔡确是先朝大臣。"哲宗不语，论辨往来，久之，尧夫曰："臣奉诏。只乞免内臣押去。"宣仁曰："如何？"尧夫以曹利用事言之，宣仁曰："决不杀他，自生自杀，不差内臣，此无固必，但与执政商量。"执政议差小使臣或承务郎以上官伴送。至夜，批出，差内臣一员。已而尧夫、正仲与不论确事台官皆罢去。初，处厚缴诗至京，莘老尝问予曰："如何施行？"……余曰："必若谪之，当与处厚并命，此风不可长也。"后一日，莘老召余入密室，见其颜色惨怛，曰："九重之内，安知有英州、新州，此必有博士。"又曰："今日进呈，此老斥骂，却不入来。"指文潞公（文彦博）也。余意以莘老卖潞公，遂往见，潞公问余曰："近事如何？"余答曰："蔡确，外议以为过当。"潞公声色皆厉曰："见无礼于其君者，如鹰鹯之逐鸟雀。"……始知莘老之言不妄。①

宰相被贬岭南，处罚过重，实属罕见。范纯仁对事态的发展表现出担忧，对吕大防曰："此路荆棘八十年矣，奈何开之？吾曹正恐不免耳！"② "车盖亭诗案"③ 实际上是旧党借太皇太后之手打击新党的政治手段。高氏对

---

① （宋）王銍：《随手杂录》，载《全宋笔记》第二编（六），大象出版社2006年版，第61—63页。
② 《长编》卷四二七，元祐四年五月丁亥条，第10326页。
③ 关于"车盖亭诗案"，见金中枢《车盖亭诗案研究》，载《宋史研究集》第二十辑，台湾编译馆中华丛书编审委员会1990年版，第183—256页；孙泽娟：《蔡确研究》，河北大学硕士学位论文2006年6月；沈松勤：《北宋文人与党争——中国士大夫群体研究之一》，人民出版社1998年版，第137—145页。

蔡确的强势心怀不满，尤其是在哲宗继位问题上双方有芥蒂。引发此案之"吴处厚者，尝从蔡确为山陵司掌笺奏官。处厚欲确以馆职荐己，而确不荐用，由此怨确，故缴进确诗"①。吴处厚此举正是旧党所求之不得，是他们打击新党的绝好机会。"自吴处厚奏至，皆手舞足蹈相庆，不食其肉不足以餍，不复以人主好恶、朝廷纪纲、天下风俗、国家人才为念……"②邵伯温对旧党借题发挥，肆意攻击的做法颇有微词，"刘挚、梁焘、王岩叟、刘安世忠直有余，然疾恶已甚，不知国体，以贻后日缙绅之祸，不能无过也。"③刘挚事后似乎也有悔意。王鞏载："绍圣中，余（王鞏）见刘莘老（挚）蕲州，因诘莘老：'公自中丞执政，平生交游皆拒绝，独听一王岩叟语，今悔乎？'莘老默然久之，曰：'惟蔡持正（确）事实过当，离青州时固悔矣。'"④

就是在这样一种大背景之下，蔡京、蔡卞兄弟一再成为被攻击和压制的对象。元祐四年六月丁巳，宝文阁直学士、知成都府李之纯被任命为户部侍郎，龙图阁待制、知瀛州蔡京为宝文阁直学士、知成都府。除命一出，谏官梁焘、范祖禹、吴安诗、御史朱光庭等皆言其不可。六月十八日，梁焘奏言李之纯在蜀八年，继任帅事，忠厚镇静，民益安悦。

> 骤以轻薄少年代之，远方之民，必不被朝廷惠泽。况京污秽无耻，奢纵无惮，东平（李焘按：蔡京此前未知郓，"东平"字恐误。）恶政，臣等方欲论列，今任之远镇，何以表厉风俗？又京在蔡确党中，最号凶健阴恺，利诱群小，助为虚声，心怀奸罔，勇为非义，至则必徼才能之名，以盖前辈，妄作聪明，必不肯以持循安静为意也。蜀民一为动摇，恐别致生事，为异日之忧。⑤

范祖禹亦奏：

> 成都兼两路钤辖，方面之任，最为要重。祖宗以来，尤谨付

---

① 《长编》卷四二七，元祐四年五月辛巳条，第10317页。
② 《长编》卷四二六，元祐四年五月庚辰条，第10309页。
③ 《皇朝编年纲目备要》卷二三，元祐四年五月，第558页。
④ （宋）王鞏：《甲申杂记》，《全宋笔记》第二编（六），大象出版社2006年版，第49页。
⑤ 《长编》卷四二九，元祐四年六月丁巳条，第10373—10374页。

与。……京虽有才能，而年少轻锐，非端厚之士。又故事，自成都府回者执政，其次犹为三司使、知开封府。朝廷方当分别邪正，如京者在所裁抑，不宜崇长。今进职远帅，则资任愈隆，为他日大用之渐，实未允惬。伏望且令依旧。①

于是，六月二十五日，"诏京为江、淮、荆、浙等路发运使，罢宝文阁直学士、知成都府指挥；之纯依旧知成都府，任满再任"。② 七月丙申，龙图阁待制、知扬州蔡卞知广州。新江、淮、荆、浙等路制置发运使、龙图阁待制蔡京知扬州。③

元祐五年（1090）五月，知扬州、龙图阁待制蔡京知颍昌府。④ 六月己未，新知颍昌府、龙图阁待制蔡京知郓州。⑤ 十月癸卯，龙图阁待制、知广州蔡卞知越州。⑥

元祐六年（1091）二月，以刘挚为右仆射，王岩叟签书枢密院。闰八月，龙图阁待制、知郓州蔡京知永兴军。这是旧党内部互相牵制和权力平衡的结果。"初，执政议用梁焘守郓州，移京帅渭，代刘舜卿，召舜卿宿卫。王岩叟谓：'京虽三为帅，元不更西事，未可付以平凉。今西人方崛强，时出没，舜卿亦未可动。或试京庆阳、召章楶还，令权诸曹侍郎。'刘挚不欲多置权侍郎，吕大防请移京守雍。从之。"⑦ 元祐七年（1092）四月癸丑，龙图阁待制、知永兴军蔡京为龙图阁直学士、知成都府。蔡京的这次除用，梁焘仍然反对。

> 翰林院学士梁焘言："元丰侍从可用者多，唯蔡京不可用。前有除授，焘在言路，尝论之矣。"或曰："闻旧帅多滞事，此人有才，要使料理。"焘曰："今若用此人，必非成都幸。"数日命未下，焘适在告，其命遂行。京至成都，果以轻举妄作。盗发正昼，烧药市几尽。

---

① 《长编》卷四二九，元祐四年六月丁巳条，第10374页。
② 同上。
③ 《长编》卷四三〇，元祐四年七月丙申条，第10396—10397页。
④ 《长编》卷四四二，元祐五年五月丙寅条，第10631页。
⑤ 《长编》卷四四三，元祐五年六月己未条，第10675页。
⑥ 《长编》卷四四九，元祐五年十月癸卯条，第10791页。（《嘉泰会稽志》卷二载：元祐六年六月，蔡卞以龙图阁待制知越州。八年五月移润州。）
⑦ 《长编》卷四六五，元祐六年闰八月甲子条，第11101—11102页。

后又为万僧会,穷极侈丽,两川骚扰,齐集累日,士女杂乱,恶少群辈杀人剽夺一日十数处云。①

元丰年间,梁焘上书反对新法,他说"今陛下之所知者,市易事耳。法之为害,岂特此耶?曰青苗钱也,助役钱也,方田也,保甲也,淤田也。兼是数者,而天下之民被其害。"②蔡确诗案发生后,梁焘与刘安世交攻之。他说:"方今忠于确者,多于忠朝廷之士;敢为奸言者,多于敢正论之人。以此见确之气焰凶赫,根株牵连,贼化害政,为患滋大。"③结合梁焘反对王安石变法、反对蔡确的一贯行为,再联系范祖禹及其他人对蔡京的评价,《长编》上述蔡京在成都活动的记载须作具体分析。元祐四年(1089)六月,范祖禹反对蔡京知成都府时,他并不否认蔡京的才能,而是担心蔡京从成都府任上回京后被朝廷大用,挤入执政行列,害怕蔡京势力的壮大。当元祐六年(1091)梁焘再次反对蔡京知成都府时,有人说:"闻旧帅多滞事,此人有才,要使料理。"这也显示出,许多人公认蔡京的才干。将一个公认有才干之人,放到成都府的重要位置上,朝廷这一除命应该说不是轻率的。元祐八年(1093)五月,知成都府蔡京请便郡,诏不允。④故说蔡京一到成都府,就使当地社会状况一派混乱,有点牵强。但说蔡京搞万僧会,穷极侈丽,则较可信。有史料可以佐证蔡京早年信仰佛教,和僧人来往密切,而且也喜欢讲排场。

元祐八年(1093)正月,蔡确(1037—1093)卒于新州。五月,知越州蔡卞知润州。⑤九月,太皇太后高氏崩。十月,哲宗始亲政,召内侍刘瑗等十人,朝政的又一次变动即将来临。十一月,杨畏上疏言:"神宗更法立制,以垂万世,乞赐讲求,以成继述之道。"哲宗召对,并按杨畏建议召章惇为相。⑥

元祐年间,蔡氏兄弟虽同为被排斥对象,同在地方任职,但有两点似可注意。一是蔡京受到的批评较蔡卞为多,这也许与蔡京投机钻营、张狂

---

① 《长编》卷四七二,元祐七年四月癸丑条,第11259页。
② 《宋史》卷三四二《梁焘传》,第10888页。
③ 同上书,第10890页。
④ 《长编》卷四八四,元祐八年五月癸卯条,第11508页。
⑤ 《长编》卷四八四,元祐八年五月戊寅条,第11493页。
⑥ 《皇朝编年纲目备要》卷二三,元祐八年十一月,第579页。

外露的性格有关。但蔡京的干才却又是无可否认的。二是蔡卞给人以清廉、有政声的印象。《宋史》载元祐年间的蔡卞是:"哲宗立,迁礼部侍郎。使于辽,辽人颇闻其名。卞适有寒疾,命载以白驰车,典客者曰:'此,君所乘,盖异礼也。'使还,以龙图阁待制知宣州,徙江宁府,历扬、广、越、润、陈五州。广州宝具丛凑,一无所取。及徙越,夷人清其去,以蔷薇露洒衣送之。"①《萍洲可谈》卷二载有蔡卞在广州任上,用医助教王士良的钩藤散,治愈当地疫疠之事。"广州医助教王士良,元祐元年,死三日而甦。自言被追至冥府,有衣浅绛衣如仙官者据殿,引问士良尝为人行药杀妻,士良不服。有吏唱言'是熙宁四年始',即取籍阅,良久云'并无'。仙官拊案曰:'本是黄州,误做广州。'令放士良还。既出,又令引至庑下,有揭示云:'明年广南疫,宣用此药方。'士良读之,乃《博济方》中钩藤散也,本方治疫。士良读之,乃窃询左右:'此何所也?'或言太司真人,治天下医工。时蔡元度守五羊,闻之,召士良审问,令幕客作记。及春,疫疠大作,以钩藤散治之,辄愈。"②此记载中王士良死而复生的说法是无稽之谈,而说蔡卞知广州的时间也与史实有出入,但所记以钩藤散治疫疠之事大致可信。这也反映出蔡卞作为一个地方官较好地履行了保一方百姓平安的职责。

---

① 《宋史》卷四七二《蔡京附蔡卞传》,第13728页。
② 《萍洲可谈》卷二《王士良冥府得治疫疠方》,第138页。

第二章

绍圣、元符时期蔡卞的政治活动

绍圣、元符时期是蔡卞政治生涯的黄金时期，经过元祐更化的波折以后，哲宗将北宋政治引向了绍述熙丰的方向，这给蔡卞恢复王安石变法带来了历史性的机遇。而哲宗之所以绍述熙丰，除了继承神宗事业以外，还与哲宗的经历、个性有关，也与哲宗面临的现实问题有关。下面分别探讨。

第一节 哲宗绍述新政

一 哲宗的经历和个性

哲宗生于熙宁九年（1076）十二月，元丰八年（1085）三月即位的时候，虚龄十岁，而实际年龄八岁多。元祐年间（1086—1093）宣仁太后垂帘听政，这期间，哲宗从一个年幼的皇帝慢慢长大，他的一举一动始终在宣仁太后和元祐诸臣的密切注视和掌控之中，除了不间断地学习所谓"帝王圣学"，做一个合格的好皇帝以外，哲宗还完成了他人生中的另一件大事，这就是和孟皇后的婚姻。哲宗的这近十年，对他个人来讲，很难有轻松和自由。他都是被动地被别人被政治所塑造，这极大地影响了哲宗个性和心理的发展。

哲宗本是个非常有性气、心胸狭隘之人。关于哲宗的心胸狭隘，王曾瑜先生举其对曾谏诤自己好色的刘安世、范祖禹的处置一事作了说明。[①]

[①] 王曾瑜：《从台谏制度的运作看宋代的人治》，载《凝意斋集》，兰州大学出版社2003年版，第160页。

关于哲宗的性气，《石林燕语》载："哲宗初即位，契丹吊哀使入见。蔡持正（确）以虏大使衣服与在廷异，上春秋少，恐升殿骤见或惧，前一日奏事罢，从容言其仪状，请上勿以为异，重复数十语皆不答。徐俟语毕，忽正色问：'此亦人否？'确言：'固是人类，但夷狄耳。'上曰：'既是人，怕他则甚？'持正竦然而退。"① 元祐诸臣为了将小皇帝培养成好皇帝，真是煞费苦心。他们不仅直接在经筵训导哲宗，而且不时给宣仁太后传话，施加压力，要她悉心关注、训育哲宗，监督他的一言一行。比如元丰八年九月，在神宗出葬之前，听闻哲宗撰神宗挽歌二首，付外歌习，侍读韩维就上哲宗札子："陛下方当擗踊号慕，以致孝思。"而"秉笔缀文，恐非其时。若陛下自为之，则恐未合礼意；若使侍臣润色，则是示天下以伪。……陛下嗣位之初，举动语默，实系四方观听，不可不慎"。② 同时就此事上太皇太后札子，表达同样的思想。关于元祐大臣教育、规范哲宗的种种做法，方诚峰有很精细的分析。他就韩维上札子一事论述道：这件事从两个方面可视为元祐时期对赵煦教育的缩影。第一，重要的不是赵煦要表达什么样的感情、想法，而是这些表达在形式上必须符合礼，符合道德，因而必须矜持、克制。第二，韩维的压力，不单单是施加给赵煦本人的，他毕竟还小，更是施加给其祖母高氏的，高氏必须对抚养、培育赵煦尽心尽责，必须将士大夫对赵煦的期待、约束准确无误地转达到赵煦身上。③ 哲宗该读些什么、该写些什么，大臣都有很具体的考虑。他们不满意哲宗书写唐人律诗。元祐二年（1087）九月，吕公著"辄于《尚书》、《论语》及《孝经》中节取要语共一百段进呈"。"惟取明白切于治道者，庶便于省览。"④ 后来，范祖禹又有类似的举措。⑤ 宣仁太后对吕公著曰："所进《尚书》、《论语》等要义百篇，今皇帝已依所奏，每日书写、看览，甚有益于学问，与写诗篇不同也。"⑥ 不仅哲宗读的、写的都是有关治道的书籍，就连耳目所接也必须是与治道相关的。如迩英阁张挂《前代帝王

---

① （宋）叶梦得撰，侯忠义点校：《石林燕语》卷九，中华书局1984年版，第140页。
② （宋）韩维：《元丰八年九月二十三日札子》，载《全宋文》49册，1065卷，第169页。
③ 参见方诚峰《走出新旧：北宋哲宗朝政治史研究（1086—1100）》第三章第一节相关内容，北京大学博士学位论文2009年。
④ 《长编》卷四○五，元祐二年九月庚午条，第9872页。
⑤ （宋）范祖禹：《太史范公文集》卷一四《进经书要言札子》，载《宋集珍本丛刊》24册，清钞本，线装书局2004年版，第230—231页。
⑥ 《长编》卷四○五，元祐二年九月庚午条，第9872页。

事迹图画》、《无逸》、《孝经》等图,目的就是要其在"永日观书之暇,间览此图,可以见前代帝王美恶之迹,知祖宗创业之艰难。"①

元祐大臣还非常关注细节,注意从细微处入手,从小事中阐发出大道理。如"(程)颐每以师道自居,其侍讲,色甚庄,言多讽谏。颐闻帝宫中盥而避蚁,因讲毕,请曰:'有是乎?'帝曰:'然,诚恐伤之耳。'颐曰:'推此心以及四海,帝王之要道也。'帝称善"②。哲宗对程颐的训导虚心接受。然而,也不是每一次这样的说教均会收到好的效果。有一次程颐的言论不仅惹恼了哲宗,就连司马光(一说是宣仁太后和吕公著③)也不高兴了。

> 哲庙初锐意于学,一日经筵讲毕,于一小轩中赐茶,上因起折一柳枝。其中讲筵臣乃老儒也,起谏曰:"方春万物生荣,不可无故摧折。"哲宗掷之,其色不平。老先生闻之,不悦。谓门人曰:"使人主不欲亲近儒生者,正为此等人也。"叹息久之。④

老儒乃程颐,老先生乃司马光。刘安世对程颐的这一做法也有微词。他说:"人臣进言于君,当度其能为即言之。若太迫蹙关闭,或一旦决裂,其祸必大。不若平日雍容以讽之,使无太甚可也。"⑤

然而,"迫蹙"的做法随时可见。元祐六年的一天,王巖叟从容劝哲宗读书,曰:"古人多早读经,午间读史及诸子,或唐人有讽谏底诗篇。"当哲宗问道该如何读才可以"入道深"时,王巖叟讲了其秘诀就是把先圣的言语一一牢记心里,就好像先圣和你专门说这件事一样。哲宗又论射,结果引出了王巖叟一大段议论。王巖叟曰:

> 此读书之余,聊以适性则可,然非帝王之所学也,不宜专留神以妨圣学。就射之中,亦有修身、治天下之道。《礼记》有《射义》一

---

① (宋)《太史范公文集》卷一九《迩英留对札子》,第261页。
② 《长编》卷三七三,元祐元年三月辛巳条,第9033页。
③ (宋)佚名撰,赵维国整理:《道山清话》,载《全宋笔记》第二编(一),大象出版社2006年版,第90页。
④ 马永卿辑,王崇庆解:《元城语录》卷上,丛书集成初编本,中华书局1985年版,第7页。
⑤ 《元城语录》卷上,第7页。

篇,说射之法。……陛下若取射之义以临天下,凡于事皆平心正己,审而后发,则发而无不当矣。又曰:射求诸己……此乃圣人因射以教人,每事惟求在己,不以责人。又陛下不可将习射便为帝王之武。……武有七德:禁暴、戢兵、保大、定功、安民、和众、丰财,为七德。陛下常以七德为心,则陛下之武无敌于天下矣。愿留神省纳,幸甚。①

王严叟此番议论,恐怕与哲宗和他论射的初衷相去甚远。

为了规范哲宗的帝王道德,防范其受周围不良环境影响,程颐建议:"欲乞皇帝左右扶侍祗应宫人、内臣,并选年四十五已上,厚重小心之人。服用器玩皆须质朴,一应华巧奢丽之物不得至于上前。要在侈丽之物不接于目,浅俗之言不入于耳。及乞择内臣十人充经筵祗应,以伺候皇帝起居。凡动息必使经筵官知之。有蔚桐之戏则随事箴规,违持养之方则应时谏止。调护圣躬,莫过于此。……皇帝在宫中,语言、动止、衣服、饮食,皆当使经筵官知之。"②

就连哲宗的婚姻大事,也是由宣仁太后和元祐大臣们精挑慎选定夺的。他们选择比哲宗大三岁且"颜殊未及"的孟后,只因她家是"善人,小官,门户静,别无事"。③

即便哲宗亲政以后,元祐大臣还是没有放松对他的监督和约束。"哲宗亲政,诏外任内侍乐士宣等入内,寄资供职。公(指丰稷)言:'陛下初听万机,宜登进忠良,以辅圣德。今未闻有所拔擢,而首召士宣等,伤美德于天下,臣切惜之。……望……令士宣等各归本任。'"④

元祐大臣有意识的塑造,使哲宗长期处于一种压抑的心境状态,养成了哲宗看似冷漠、遇事应付、少言寡语、不露心迹的性格。元祐四年(1089),在处理蔡确"车盖亭诗"案件中,当宣仁太后宣布蔡确新州安置时,大臣均觉得过重。在请求无果的情况下,范纯仁希望哲宗向太后求

---

① 《长编》卷四五六,元祐六年三月癸亥条,第10919—10920页。
② 《长编》卷三七三,元祐元年三月辛巳条,第9030—9031页。
③ 《长编》卷四七二,元祐七年四月戊午条,第11266页。
④ (宋)李朴撰,燕永成整理:《丰清敏公遗事》,载《全宋笔记》第二编(八),大象出版社2006年版,第135页。

情，但"哲宗不语"，① 他清楚在此类大事上自己是没有话语权的，所以选择了沉默。元祐七年（1092）三月，签书枢密院王岩叟问哲宗："陛下宫中何以消日？"哲宗曰："并无所好，惟是观书。"这一回答令王岩叟满意，顺势又加上两句训导的话。岩叟曰："大抵圣学要在专勤。屏去他事，则可以谓之专；久而不倦，则可以谓之勤。如此，天下幸甚。"② 可以看出，随着年龄的增长和多年的训导，哲宗已然可以自如地应付元祐大臣了，能够按照他们的希求回答问题了。

本来，元祐大臣的种种做法并无不当或过错。遗憾的是，元祐臣僚虽然尽心扶持着小皇帝，可在他们精心培养哲宗合格的皇帝意识和皇帝角色时，独独忘记了哲宗最重要的皇帝身份。而这正导致了哲宗与日俱增的不满与仇恨，这也是绍圣年间政事反复和人事变动的重要原因之一。在二十五岁的生命历程中，尤其是从即位到去世的十六个年头中，哲宗长时期地生活在极端压抑的状态中。从前九年的太后垂帘，形同摆设，处处牵制，到后七年为了废后立后和朝臣的冲突争端，以及肉体深受病痛折磨和丧子失女的精神之痛。唯一可以看到哲宗心情极好的情形是绍圣年间的拓边战争迫使西夏于元符二年（1099）底遣使求和以及同年八月皇子的诞生。我们不得不感叹哲宗这悲剧的一生。

二 哲宗绍述新政

元祐年间，旧党在宣仁太后的支持下，在司马光、吕公著等人的主持下，相继废除了全部新法，并且将蔡确、章惇等为首的新党成员也赶出朝廷，蔡确最后贬死新州。旧党的所作所为，给哲宗亲政以后的政事反复埋下了伏笔。

在打击新党的过程中，旧党对新党始终保持着相当的警觉。元祐四年（1089）三月，中书侍郎刘挚上书，表现出对哲宗亲政以后，新党上台的担心。他说：

> 臣近与同列奏事延和殿，两蒙宣谕，大意今日朝廷之事，固已尽心，略有成法，唯以久远守之为念。又圣虑深远，因论及它日还政之

---

① （宋）王銍：《随手杂录》，载《全宋笔记》第二编（六），大象出版社2006年版，第62页。
② 《长编》卷四七一，元祐七年三月甲申条，第11238页。

后，任用左右，常得正人，则与今日用心无异，若万一奸邪复进，荧惑动摇，则反覆可忧。然辨别邪正，全在一人，此乃持盈守成之大戒也，而皇帝陛下深加省领。……前者，二三大臣之朋党，皆失意怏怏，自相结纳，睥睨正人，腹非新政，幸朝廷之失思，欲追还前日之人，恨不能攘臂于其间也。今布列内外缙绅之间，在职之吏，不与王安石、吕惠卿，则与蔡确、章惇者，率十有五六，此臣所以寝食寒心，独为朝廷忧也。……①

刘挚担心有人对哲宗施离间之计，担心他们向哲宗进"二说：其一曰，先朝造法为治，而皇帝陛下以子继父，一旦听臣民之言，有所更改；其二曰，先朝之臣多不任用，如蔡确等受顾命，有定策之功，亦弃于外"②。元祐五年（1090）六月，御史中丞苏辙表达了同样的疑虑。且请求"陛下谨守元祐之初政，久而弥坚，择用左右之近臣，无杂邪正"③。

元祐八年（1093）九月，宣仁太后高氏去世，元祐党人的政治支柱与心理支柱随之坍塌。于此所谓"君子小人消长进退之际，天命人心去就离合之时"，翰林学士兼侍讲范祖禹曾试图为维护元祐政局作最后的努力，他上奏哲宗：

> 今必有小人进言曰：太皇太后不当改先帝之政，逐先帝之臣。此乃离间之言，不可不察也。……太皇太后因天下人心欲改，故与陛下同改之，非以己之私意而改也。既改其法，则作法之人及主其法者有罪当逐，陛下与太皇太后亦以众言而逐之。其所逐者，皆上负先帝，下负万民，天下之所仇疾，众庶所欲同去者也。④

范祖禹特意将宋哲宗与废新法、逐新党联系起来，强调其一致性，用心良苦。他殷切希望宋哲宗能维持既有的政治局面。十月，中书舍人吕陶也随之上疏，重申此意。范祖禹、吕陶等人的行为，凸显出整个旧党集团的惶

---

① 《长编》卷四二三，元祐四年三月甲申条，第10240—10241页。
② 同上书，第10242页。
③ 《长编》卷四四三，元祐五年六月乙卯条，第10667—10668页。
④ （宋）杨仲良编：《续资治通鉴长编纪事本末》卷九一《宣仁垂帘》，北京图书馆出版社2003年版，第2903—2904页。（以下简称《长编纪事本末》）

惑、不安和忧虑。然而，局势的发展并不如其所愿，相反是新党的复起和哲宗的绍述。就在范祖禹、吕陶上疏之后，杨畏即上疏请"讲求法制，以成继述之道"，得到哲宗的首肯。随后，李清臣、邓温伯、翟思、上官均、周秩、刘拯、张商英等相继还朝，章惇被任命为宰相。经过一系列人事上的调整，元祐九年（1094）四月，哲宗诏改是年为"绍圣元年"，形成了全新的政治格局。新党之所以能够复起，除了旧党在元祐年间对新党的残酷打击所起到的反作用以外，哲宗对宣仁太后和元祐大臣的极度反感、对神宗事业的向往以及元祐时期政治、经济、军事等方面出现的种种危机是主要原因。

蔡絛《铁围山丛谈》卷一云：

> 哲宗即位甫十岁，于是宣仁高后垂帘而听断焉。及浸长，未尝有一言。宣仁在宫中，每语上曰："彼大臣奏事，乃胸中且谓何，奈无一语耶？"上但曰："娘娘已处分，俾臣道何语？"如是益恭默不言者九年。时又久已纳后。至是上年十有九矣，犹未复辟。一旦宣仁病且甚，尚时时出御小殿，及将大渐，谓大臣曰："太皇以久病，惧不能自还，为之奈何？"大臣同辞而奏："愿供张大庆殿。"宣仁未及答，上于帘内忽出圣语，曰："自有故事。"大臣语塞，既趋下，退相视曰："我辈其获罪乎？"翌日，自上命轴帘，出御前殿，召宰辅，谕太皇太后服药，宜赦天下。不数日，宣仁登仙，上始亲政焉。上所以衔诸大臣者，匪独坐变更，后数数与臣僚论昔垂帘事，曰："朕只见臀背。"

《宋史》卷三四〇《苏颂传》载：

> 方颂执政时，见哲宗年幼，诸臣太纷纭，常曰："君长，谁任其咎耶？"每大臣奏事，但取决于宣仁后，哲宗有言，或无对者。惟颂奏宣仁后，必再禀哲宗；有宣谕，必告诸臣以听圣语。及贬元祐故臣，御史周秩劾颂。哲宗曰："颂知君臣之义，无轻议此老。"

这两条资料揭示，由于元祐诸大臣看哲宗年幼，并不把小皇帝放在眼里，即便哲宗有什么想法，他们也不愿意听取，而是一味地按照宣仁太后的诏令去做。王夫之就谈到，元祐党人"拥女主以行其志，后一日不死，天子一日隅坐画诺，如秉笔之内竖，奉教而行"①。不仅执政大臣不把哲宗放在眼里，就连宣仁太后身边的宦官也是如此，自作主张，架空哲宗。"（张）士良以御药院官给事宣仁圣烈皇后，与陈衍更直宫中，掌文书。衍主看详进呈，定其所降付；士良书其事于籍。其所降付某处，其所从违某事，皆衍自与夺颁降，未尝以闻上听。闻有臣僚奏请东朝还政者，衍辄诋之曰：'此不忠不孝之人也。'匿其奏置柜中，不以闻东朝，亦不以闻于上。及与吕大防往来，以合密赐大防妻，皆不闻上。"② 于是哲宗干脆缄默不语，但其内心却日益滋长着对专权太后和傲慢大臣的强烈不满，这种不满情绪，一旦遇到机会，必然是要大发作的。到后来，随着哲宗的年龄增长，他对元祐大臣甚至到了痛恨和憎恶的程度。范公偁《过庭录》载：

> 元祐八年季秋二日，忠宣（范纯仁）、吕汲公（大防）、安厚卿（焘）秉政。宣仁圣烈皇后寝疾，中外忧惶，三公诣阁门乞入问疾，诏许之。至御榻前，障以黄幔。哲庙黄袍幞头立榻左，三臣立右。汲公进问曰："太皇太后圣躬万福。"后曰："老婆待死也。累年保佑圣躬，粗究心力，区区之心，只欲不坠先烈，措世平泰，不知官家知之否？相公及天下知之否？"辞气愤郁。吕公未及对，哲庙作色，叱曰："大防等出。"三公趋退。相顾曰："吾曹不知死所矣。"③

哲宗亲政之后即马上罢免宰相吕大防，其主因，就是吕大防对哲宗的轻视和冷漠，尤其是他们迁延没有要求宣仁还政与哲宗。加上他们对神宗事业的反弹，"尽变先帝已成之法"，导致哲宗亲政以后反其道而行之，绍述熙丰。《宋史·章惇传》曰："哲宗亲政，有复熙宁、元丰之意，首起惇为尚书左仆射兼门下侍郎，于是专以'绍述'为国是，凡元祐所革一切复之。"④ 元符二年（1099）八月，章惇等进《新修敕令式》。"惇读于帝前，其间有元丰所无而用元祐敕令修立者，帝曰：'元祐亦有可取乎？'惇等对

---

① （清）王夫之著，舒士彦点校：《宋论》卷七《哲宗三》，中华书局1964年版，第140页。
② 《长编》卷四九五，元符元年三月戊午条，第11773页。
③ （宋）范公偁撰，孔凡礼点校：《过庭录》，中华书局2002年版，第351页。
④ 《宋史》卷四七一《章惇传》，第13711页。

曰：'取其善者。'"① 可见在哲宗心目中，元祐政治一无是处。

哲宗之所以在亲政以后，绍述熙丰，起用新党，还由于元祐年间存在的诸多现实问题。对内，冗官冗费问题依然存在且更加严重；对外，在与西夏的双边关系中北宋显得更加被动。北宋对西夏妥协退让，弃地休兵，换来的却是西夏对边界不间断的侵扰。

元祐八年（1093）十二月，章惇除资政殿学士，吕惠卿复中大夫，王中正复遥郡团练使。"给事中吴安诗不书惇录黄，中书舍人姚勔不草惠卿、中正诰词，皆不听。"② 可见元祐大臣对新党的进用有强烈的抵触情绪。然而，哲宗绍述神宗的决心已定，新党人物纷纷入朝，旧党人物即遭贬黜。绍圣元年（1094）二月，资政殿学士、通奉大夫、守户部尚书李清臣特授正议大夫、守中书侍郎，端明殿学士、右正议大夫、守兵部尚书邓温伯特授右光禄大夫、守尚书左丞。③ 三月，吕大防罢知颖昌府，改永兴军。守门下侍郎苏辙罢知汝州，范祖禹出知陕州。四月，章惇为左仆射，同日，范纯仁自右仆射罢知颖昌府。黄履为御史中丞，蔡卞为翰林学士、知制诰兼侍读，林希为中书舍人。六月，曾布同知枢密院事。绍圣二年（1095）十月甲子，郑雍罢尚书右丞，知陈州。甲戌，许将尚书左丞，蔡卞尚书右丞。④ 绍圣三年（1096）正月庚子，韩忠彦罢知枢密院事，知真定府。新党完成了大换班。

新党登台后，首先做的事便是"司马光奸邪，所当先辨，无急于此"⑤，"凡元祐所革一切复之"⑥。新法纷纷被恢复。

绍圣、元符年间，虽然从名义上恢复了熙丰新法，但就实质而言，此时的新法与熙丰时期的新法相比，已经发生了许多变化，这其中，既有变法派适应变化的形势对新法内容作的一些积极有益的调整，也有变法派从自身利益出发对反变法派做的妥协有关。详细内容可参见汪天顺《章惇研究》⑦ 相关内容。

绍圣绍述，在内政上恢复熙丰新法，在对外关系上又恢复了神宗时的

---

① 《宋史》卷一八《哲宗本纪二》，第 353 页。
② 《皇朝编年纲目备要》卷二三，元祐八年十二月，第 579 页。
③ 《长编纪事本末》卷一〇〇《绍述》，第 3177 页。
④ 《宋宰辅编年录校补》卷十，绍圣二年十月甲戌条，第 627—628 页。
⑤ 《宋宰辅编年录校补》卷十，绍圣元年四月壬戌条，引《丁未录·陈瓘传》，第 620 页。
⑥ 《宋史》卷四七一《章惇传》，第 13711 页。
⑦ 汪天顺：《章惇研究》，河北大学博士论文 2002 年 6 月，第 85—94 页。

拓边政策。章惇在开边活动中的作为成为其这一时期政治活动的亮点。从绍圣元年（1094）闰四月开始准备，绍圣三年（1096）八月，宋军在鄜延一线抵挡住西夏的大规模进攻。十月，钟传与王文郁进筑安西城，环庆帅孙路进筑安疆寨。至元符二年底西夏遣使求和，并在宋进筑的地区重新界定疆界，北宋以全胜的战绩完成了绍圣、元符开边的活动。绍圣、元符年间的开边活动，军费耗费巨大，给宋王朝造成经济上的重负，广大百姓尤其是边地居民为此也付出了巨大的代价。① 但不可否认的是，开边取得了一定的成效，西夏不得不遣使求和，而且促使辽朝对北宋的态度也发生了些微变化。

第二节　绍圣、元符时期蔡卞的政治活动

绍圣元年（1094）三月的进士试，标志着哲宗绍述新政方向的最终确定。"考官取答策者，多主元祐，杨畏覆考，专取主熙、丰者，故（毕）渐为之首。时策问乃中书侍郎李清臣拟进，其略有曰：'复词赋之选，而士不加劝；罢常平之官，而农不加富；可差可募之说杂，而役法病；或东或北之论兴，而河患滋；赐土以柔远也，而羌夷之侵未已；弛利以便民也，而商贾之路不通。'又曰：'可则因，否则革，惟当之为贵，圣人何有固必焉？'于是国论遂变。"② 伴随着绍述新政的开始，蔡卞在绍圣、元符期间的政治活动便拉开了序幕。

一　重修《神宗实录》③

《神宗实录》前后五修，成书者三次。《神宗实录》的每次修撰，都深深地打上了北宋政治发展方向的烙印。蔡卞所修乃第二次修撰。

《神宗实录》的第一次修撰，是在元祐元年（1086）二月，由宰臣蔡确提举，以翰林学士兼侍讲邓温伯、吏部侍郎陆佃并为修撰官，左司郎中兼著作郎林希、右司郎中兼著作郎曾肇并为检讨官，入内都都知张茂则都

---

① 汪天顺：《章惇研究》，第105—106页。
② 《皇朝编年纲目备要》卷二四，绍圣元年三月，第582页。
③ 关于《神宗实录》的修撰，蔡崇榜《宋代修史制度研究》第六章《历朝实录的修撰》（台北文津出版社1993年版）；孔学"王安石《日录》与《神宗实录》"（《史学史研究》2002年第4期）均有论述。

大提举管勾。① 闰二月，蔡确罢知陈州，于是命司马光提举，邓温伯、陆佃并修撰。十月，又以吕公著提举，黄庭坚、范祖禹检讨。元祐四年（1089），左仆射吕大防又提举修《神宗实录》，元祐六年（1091）三月书成进呈，吕大防等迁秩。② 神宗在位的十九年，是与王安石变法分不开的，神宗去世以后，以反变法派为主组成的神宗实录修撰者，极力诋毁王安石变法。为此，身为王安石门生的陆佃，虽不主张新法，却对元祐党人不顾事实的做法据理力争。他"数与史官范祖禹、黄庭坚争辩，大要多是安石，为之晦隐。庭坚曰：'如公言，盖佞史也。'佃曰：'尽用君意，岂非谤书乎！'"③ 在当时的政治氛围下，陆佃显然人微言轻。我们看看绍兴四年八月，宋高宗和范冲的一段对话，便可知这次所修《神宗实录》的情况：

> 八月戊寅朔，宗正少卿兼直史馆范冲入见。冲立未定，上（高宗）云："以史事召卿，两朝大典皆为奸臣所坏，若此时更不修定，异时何以得本末？"冲因论熙宁创制，元祐复古，绍圣以降，弛张不一，本末先后，各有所因，不可不深究而详论。读毕，上顾冲云："如何？"对曰："臣闻万世无弊者道也，随时损益者事也。……王安石自任己见，非毁前人，尽变祖宗法度，上误神宗皇帝。天下之乱实兆于安石，此皆非神祖之意。"上曰："极是，朕最爱元祐。"上又论史事，冲对："先臣修神宗实录，首尾在院，用功颇多，大意止是尽书王安石过失，以明非神宗之意。其后安石婿蔡卞怨先臣书其妻父事，遂言哲宗皇帝绍述神宗。其实乃蔡卞绍述王安石。惟是直书安石之罪，则神宗成功盛德，焕然明白。……"④

范冲之言让我们看到了元祐年间史臣所修《神宗实录》对王安石的不公。绍圣初，翰林学士承旨曾布言："比奉诏旨，重行修定神宗皇帝实录。臣

---

① 《长编》卷三六五，元祐元年二月乙丑条，第8755页。
② （宋）王应麟：《玉海》卷四八《元祐神宗实录》，江苏古籍出版社、上海书店影印本1987年版，第910页。
③ 《宋史》卷三四三《陆佃传》，第10918页。
④ （宋）李心传：《建炎以来系年要录》卷七九，绍兴四年八月戊寅条，326册，上海古籍出版社影印文渊阁四库全书本1992年版，第100页。（以下简称《系年要录》）

窃观实录所载事迹，于去取之际，诚有所偏。如时政记，皆时执政所共编修，往往不以为信，至司马光记事及杂录，多得于宾客或道路传闻，悉以为实，鲜不收载。"① 也就是说，以反对新法者司马光的《日记》、《杂录》为素材的《神宗实录》，并没有公正地记录熙宁年间变法的史实和王安石的事迹。

随着哲宗的亲政和绍述神宗之政的确立，重修实录显得必要而且迫切。绍圣元年（1094）四月，同修国史蔡卞请重修《神宗实录》。② 《宋史》载："绍圣元年，（蔡卞）复为中书舍人，上疏言：'先帝盛德大业，卓然出千古之上，发扬休光，正在史策。而实录所纪，类多疑似不根，乞验索审订，重行刊定，使后世考观，无所迷惑。'诏从之。以卞兼国史修撰。"③ 五月，翰林院学士曾布乞下王安石本家取索安石手书日录，付史院参照重修《神宗实录》。④ 九月，蔡卞等又请求对神宗日历加以修订。"绍圣元年九月十四日，翰林学士、修国史蔡卞，中书舍人、同修国史林希言：'先帝日历，自熙宁二年正月已后至三年终，系元祐中秘书省官孔武仲、黄庭坚、司马康修纂；自熙宁四年已后至七年终，系范祖禹修纂。而黄庭坚、司马康、范祖禹又皆系修先帝实录官，其间所书正与昨修先帝实录相为表里，用意增损，多失事实。缘修国史院已得旨重修先帝实录，所有昨来范祖禹等所进日历，臣等乞一就看改正，务尽事实。'从之。"⑤ 绍圣三年十一月丁未，章惇上《神宗实录》。⑥ 在修撰实录的过程中，蔡卞等人利用王安石日录，对元祐所修《神宗实录》加以删改，这就是通常所说的朱墨本。《直斋书录解题》卷四载：

> 《神宗实录》朱墨本二百卷。元祐中，兵部侍郎青社赵彦若元攷、著作郎成都范祖禹淳甫、豫章黄庭坚鲁直撰。绍圣中，中书舍人莆田蔡卞元度、长乐林希子中等重修。其朱书系新修，黄字系删去，墨字系旧文，其增改删易处则又有签贴，前史官由是得罪。卞，

---

① （宋）周煇：《清波别志》卷下，丛书集成初编本，中华书局1985年版，第158页。
② 《宋史》卷一八《哲宗本纪二》，第340页。
③ 《宋史》卷四七二《蔡京传附蔡卞传》，第13728—13729页。
④ （宋）李埴：《皇宋十朝纲要》卷一三，绍圣元年五月己酉条，载《宋史资料萃编》第一辑，台湾文海出版社1980年版，第296页。
⑤ 《宋会要辑稿》运历一之一六至一七。
⑥ 《宋史》卷一八《哲宗本纪二》，第345页。

王安石之婿，大抵以安石《日录》为主。陈瓘所谓尊私史而压宗庙者也。①

由于长期的政治斗争，尤其是元祐年间旧党对新党的排挤打击，元祐党人和新党之间结怨已深，故章惇、蔡卞等人主持修撰《神宗实录》，不仅仅是为了公正地体现"熙丰"时代这段历史，而且也是借此打击元祐党人。绍圣元年十二月甲子，诏（范）祖禹责授武安军节度副使、永州安置，（赵）彦若责授安远军节度副使、澧州安置，（黄）庭坚责授涪州别驾、黔州安置。②《山谷年谱》卷二六载：

> 按《国史》先生本传：章惇、蔡卞与群奸论实录诋诬，俾前史官分居畿邑以待，摘千余条示之，谓为无验证。继而院吏考阅，悉有据依，所余才三十二事，殊细琐。庭坚书铁龙爪治河有同儿戏，至是首问焉，对曰："庭坚时官北都亲见之，真儿戏耳。"凡有问皆直辞以对，闻者壮之云云。……又按《国史》，绍圣二年春正月，黄履言："朝廷以赵彦若等修纂先帝实录，厚加诬毁，皆已窜逐。惟监修官吕大防独得幸免。今讯治大防亲有撰述，笔迹甚明，若不例谪，何以示公？"翟思言："吕大防始以典领史，特迁两官，合行追夺。"刘拯言："范祖禹、赵彦若、黄庭坚擅敢增损诬毁先帝，为臣不忠，罪不可赦。"诏吕大防特追夺两官，赵彦若、范祖禹、陆佃、曾肇、林希并追夺一官。除林希在职日浅外，曾肇与小郡，陆佃候服阕与小郡，庭坚特追一官。当用过回授恩泽。③

可见，绍圣年间蔡卞等人亦不可能心静气顺地如实修撰《神宗实录》。陈瓘《四明尊尧集》"谓蔡卞专用《日录》以修《神宗实录》，薄神考而厚安石，尊私史而压宗庙"。陈瓘还认为蔡卞删修了王安石日录。朱熹对此的看法是："盖尝即其书而考之，则凡安石之所以惑乱神祖之聪明，而变移

---

① （宋）陈振孙撰，徐小蛮、顾美华点校：《直斋书录解题》卷四，上海古籍出版社1987年版，第129—130页。
② 《长编纪事本末》卷一〇一《逐元祐党上》，第3238页。
③ （宋）黄㽦编，曹清华点校：《山谷年谱》卷二六，载吴洪泽、尹波主编《宋人年谱丛刊》第五册，四川大学出版社2003年版，第3077页。

其心术，使不得遂其大有为之志，而反为一世祸败之原者，其隐微深切，皆聚此书。而其词锋笔势，纵横捭阖，炜烨谲诳，又非安石之口不能言，非安石之手不能书也。以为蔡卞撰造之言，固无是理。"①

邵博云："绍圣以来，权臣挟继述神宗为变者，必先挟王荆公。蔡氏至以荆公为圣人。天下正论一贬荆公，则曰：'非贬荆公也，诋神宗也，不忠于继述也。'"② 陈瓘作《尊尧集》，就是"反疏蔡氏所出《荆公日录》语中诋神宗事"，以此批判蔡卞。"意上心不平于荆公，则蔡氏可伐，正论可出，钩党可解，异日之祸可救也"。其序曰：

> 臣闻先王所谓道德者，性命之理而已矣。此安石之精义也。有《三经》焉，有《字说》焉，有《日录》焉，皆性命之理也。蔡卞、蹇序辰、邓洵武等用心纯一，主行其教，所谓大有为者，亦性命之理而已矣；其所谓继述者，亦性命之理而已矣。其所谓一道德者，亦以性命之理而一之也；其所谓同风俗者，亦以性命之理而同之也。不习性命之理谓之流俗，黜流俗则窜其人，怒曲学则火其书，故自卞等用事以来，其所谓国是者皆出性命之理，不可得而动摇也。……昔绍圣史官蔡卞专用王安石《日录》，以修神考《实录》，薄神考而厚安石，尊私史而压宗庙。……卞等不尊神考末命，但务图己之私；以继绍安石为心，以必行诛杀为事。……雱出《安石画像赞》曰："列圣垂教，参差不齐，集厥大成，光乎仲尼。"蔡卞大书之，刊于石，与雱所撰诸书经义并行于世。……人皆独非于一京，安知谋发于蔡卞？……用私史包藏之计，据新经穿凿之文；以畏惮不改为非，以果断变易为是。按书定计，以使其兄当面赞成；退而窃喜，京且由之而不悟，他人岂测其用心？……乃者天子幸学，拜谒宣尼，本朝故臣，坐而不立，跻此逆像，卞唱之也。……蔡氏、邓氏、薛氏皆立安石之像，祠于家庙，朝拜安石而颂曰："圣矣，圣矣！"暮拜安石而颂曰："圣矣，圣矣！"国学，风化之首也，岂三家之家庙乎？故曰：废大法而立私

---

① （宋）朱熹：《晦庵先生文集》卷七十《读两陈谏议遗墨》，载《宋集珍本丛刊》58册，宋刊浙本，线装书局2004年版，第592页。

② （宋）邵博撰，刘德权、李剑雄点校：《邵氏闻见后录》卷二三，中华书局1983年版，第179页。

门,启攘夺而生后患,可为寒心,莫大于此。^①

陈瓘此语揭示了蔡卞对王安石的维护。

要之,无论是元祐所修《神宗实录》,还是绍圣所修《神宗实录》,由于修撰者各自怀着不同的政治见解和目的,所以均有不实过当之处。宋徽宗时期,徐勣谈到元祐本和绍圣本《神宗实录》不同的政治倾向。他说:"盖由元祐、绍圣史臣好恶不同,范祖禹等专主司马光家藏记事,蔡京兄弟纯用王安石《日录》,各为之说,故议论纷然。"^② 南宋綦崇礼也谈到重修神宗实录,应该将二者结合起来:"契勘神宗皇帝实录,自有旧来朱墨本,其墨本系元祐年所修,已是成书;其朱本系绍圣年间因蔡卞起请重修,将旧书所载多所增损,务要傅会一时绍述议论。而元祐史官其间语言,不无过当失实。然亦有别行引用照据,以证墨本未尽去处。若将二本参照修定,委是详备。"^③ 但蔡卞通过重修《神宗实录》,既达到了恢复王安石政治地位的目的,也达到了打击政敌的作用。崇宁初年,蔡京使用了相同的做法。"崇宁初既立党籍,臣僚论元祐史官云:初,大臣挟其私忿,济以邪说。力引儇浮,与其厚善。布列史职,毁诋先烈。或凿空造语以厚诬,若范祖禹、黄庭坚、张耒、秦观是也。或隐没盛德而不录,若曾肇是也。或含糊取容而不敢言,若陆佃是也。皆再谪降,时旧史已尽改矣。"^④

二 打击元祐党人

(一) 元祐年间旧党对新党的打击

元祐年间反变法派一面废除新法;一面为了削弱其影响,打击新党。他们占据台谏,利用台谏官员的弹劾达到排挤新党的目的。章惇对旧党安插其成员到台谏的做法,给予批评。

> (元丰八年十月)丁丑,诏尚书侍郎、给、舍、谏议、中丞、待制以上,各举堪充谏官二员以闻。初,中旨除朝议大夫、直龙图阁、

---

① 《邵氏闻见后录》卷二三,第179—187页。
② 《宋史》卷三四八《徐勣传》,第11025页。
③ (宋)綦崇礼:《北海集》卷二八《又再申请划一札子》,载《宋集珍本丛刊》38册,清乾隆翰林院钞本,线装书局2004年版,第271页。
④ 《墨庄漫录》卷一,第35页。

> 知庆州范纯仁为左谏议大夫，朝请郎、知虔州唐淑问为左司谏，朝奉郎朱光庭为左正言，校书郎苏辙为右司谏，正字范祖禹为右正言，令三省、枢密院同进呈。太皇太后问："此五人何如？"执政对："协外望。"章惇曰："故事，谏官皆令两制以上奏举，然后执政进拟，今除目从中出，臣不知陛下从何知之，得非左右所荐，此门不可浸启。"太皇太后曰："此皆大臣所荐，非左右也。"惇曰："大臣当明扬，何以密荐？"由是吕公著以范祖禹，韩缜、司马光以范纯仁亲嫌为言。惇曰："台谏所以纠绳执政之不法，故事，执政初除，亲戚及所举之人见为台谏官，皆徙他官。今皇帝幼冲，太皇太后同听万机，当动循故事，不可违祖宗法。"光曰："纯仁、祖禹作谏官，诚协众望，不可以臣故妨贤者进，臣宁避位。"惇曰："缜、光、公著必不至有私，万一他日有奸臣执政，援此为例，引亲戚及所举者居台谏，蔽塞聪明，非国之福。纯仁、祖禹请除他官，仍令两制以上各得奏举。"故有是诏。淑问、光庭、辙除命皆如故，纯仁改为天章阁待制，祖禹为著作佐郎，寻复以纯仁兼侍讲。①

章惇此举惹恼了旧党。很快，侍御史刘挚就以枢密院不该预闻差谏官之事为由，将矛头指向新党的首脑人物蔡确和章惇。他说章惇此举是三省容纵密院紊乱政体。监察御史王岩叟指责章惇"不循所守，越职肆言"，乞行显黜。② 刘挚和左正言朱光庭又言蔡确扈从神宗灵柩失职，"为臣不恭，莫甚于此"③。从这时起，直至元祐元年闰二月，台谏官员对他们的弹劾就一直没有中断。闰二月庚寅，正议大夫、守尚书左仆射、兼门下侍郎蔡确，依前官充观文殿大学士、知陈州。④ 辛亥，正议大夫、知枢密院事章惇，守本官，知汝州。⑤ 在扳倒蔡确、章惇之后，台谏官孙觉、苏辙、王岩叟、刘挚、朱光庭等又将矛头集中指向韩缜、曾布等人。随后他们又扩大打击范围，弹劾蔡京。到元祐三年的时候，蔡确、章惇、张璪、曾布、蔡京、蔡卞、李清臣等相继被贬黜守外郡。

---

① 《长编》卷三六〇，元丰八年十月丁丑条，第8606—8607页。
② 《长编》卷三六〇，元丰八年十月己丑条，第8628—8629页。
③ 同上书，第8629—8630页。
④ 《长编》卷三六八，元祐元年闰二月庚寅条，第8854页。
⑤ 《长编》卷三六九，元祐元年闰二月辛亥条，第8934页。

元祐四年（1089）四月，借"车盖亭诗案"，元祐旧党对蔡确及新党成员以致命一击。五月辛未，太皇太后谕执政："确党多在朝。"范纯仁进曰："确无党。"吕大防曰："确诚有党在朝，纯仁所言非是。"① 刘挚亦助大防。戊寅，观文殿学士、知邓州蔡确为其安陆所作诗辩解，但不起作用。辛巳，诏蔡确责授左中散大夫、守光禄卿，分司南京。对于蔡确的再次贬责，范纯仁及王存力言不可。范纯仁言："……不可以语言文字之间，暧昧不明之过，诛窜大臣。……此事甚不可开端。"② 然而，左谏议大夫梁焘、右司谏吴安诗、右正言刘安世却以为蔡确责轻，御史中丞傅尧俞、侍御史朱光庭亦相继论列。右谏议大夫范祖禹言："确之罪恶，天下不容，尚以列卿分务留都，未厌公议。伏乞处以典刑，更赐重行窜谪。"③ 丁亥，诏："蔡确责授英州别驾、新州安置，给递马发遣。"④ 与其有牵连的人也受到处罚。龙图阁直学士李常罢新除兵部尚书，出知邓州，坐不言蔡确也。中书舍人彭汝砺依前朝奉郎、知徐州，坐营救蔡确也。⑤ 而范纯仁和王存因为反对重贬蔡确，受到司谏吴安诗、正言刘安世的交攻，范纯仁引疾请外，"遂以尚书右仆射、观文殿学士知颖昌府。是日，王存亦以端明殿学士知蔡州。"⑥ 元祐六年（1091）五月，蔡确母请求量移，被拒。八月丁酉，确母再次向太后呈状，依然遭拒。"太皇太后宣谕曰：'蔡确不为渠吟诗谤讟，只为此人于社稷不利。若社稷之福，确当便死。……'"⑦ 元祐八年（1093）正月甲辰，英州别驾、新州安置蔡确卒。

元祐旧党上台以后，就始终没有放弃对新党人物的排挤和打击。这种做法，无疑加剧了新旧党之间的敌视和仇恨。元祐八年（1093）底至绍圣元年（1094）初，哲宗迅速地调整朝廷人事，新党人物陆续回朝执政。

（二）绍圣、元符年间蔡卞等人对旧党的打击报复

元祐年间，王安石变法被废除，新党人物被驱逐出朝廷。蔡卞作为王安石的女婿和门人，与其兄蔡京一道成为被打击排挤的对象。他们对元祐党人的痛恨可想而知。当哲宗亲政，新党得势以后，蔡卞等人便打着绍述

---

① 《长编》卷四二六，元祐四年五月辛未条，第10298页。
② 《长编》卷四二七，元祐四年五月丙戌条，第10323页。
③ 同上。
④ 《长编》卷四二七，元祐四年五月丁亥条，第10326页。
⑤ 同上书，第10329页。
⑥ 《宋宰辅编年录校补》卷九，引《丁未录》，第539页。
⑦ 《长编》卷四六四，元祐六年八月辛亥条，第11088页。

神宗的旗号，对元祐党人进行政治报复。

绍圣元年（1094）三月，旧党的领袖人物吕大防罢相。吕大防在宣仁太后垂帘时未尝建议让哲宗亲政，所以在太皇太后去世以后，亦不自安，求去。"上亟从之。"① 大防罢相，是旧党失势的开始，也是熙丰新党对元祐旧党打击报复的开始。同月，苏辙罢职知汝州。其制词先由权中书舍人吴安诗起草，他有意回护苏辙，哲宗很不满意，令中书舍人蔡卞再撰制词。蔡卞所撰，语气自然严厉得多。制曰："太中大夫、守门下侍郎苏辙，顷被选擢，与闻事机。当协恭以辅初政，而乃忘体国之义，徇习非之私。始则密奏以指陈，终于宣言以眩听。至引汉武，上方先朝。欲以穷奢黩武之姿，加之秉则经德之主。言而及此，其心谓何？……"② 四月，在侍御史虞策、来之邵的弹劾之下，苏轼落端明殿学士兼翰林侍读学士，依前左朝奉郎知英州。依然是中书舍人蔡卞撰制词。蔡卞在制词中发泄了对苏轼兄弟的不满。略曰："轼行污而丑正，学僻而欺愚。顷在先朝，自取疏斥，肆予纂服，开以自新，弗讹尔心，覆出为恶。辄于书命之职，公肆诬实之辞。凡兹立法造令之大经，皆曰蠹国害民之弊政。顾威灵之如在，岂神理之可容！深惟厥辜，宜窜远服，只夺近职，尚临一邦。"③ 翰林学士兼侍读范祖禹为龙图阁学士、知陕州。

绍圣元年（1094）四月，一批倾向章惇、蔡卞的人员进入台谏系统，国子司业翟思为左司谏，左朝奉郎上官均为左正言，右朝散郎周秩、左朝散郎刘拯并为监察御史，左朝请郎张商英为右正言。闰四月辛未，监察御史郭知章为殿中侍御史，加入到清算旧党的行列。六月甲戌，御史中丞黄履论观文殿大学士、知永兴军吕大防，观文殿学士、知青州刘挚，资政殿学士、知郓州梁焘，"投蔡确岭外"罪。左司谏翟思又论吕大防等擅作威福，相与黜窜吕惠卿、蔡确之罪。右正言上官均言："吕大防、苏轼擅操国政，不畏公议，引用柔邪之臣如李之纯，擢为御史中丞；杨畏、虞策、来之邵等，皆任为谏官、御史。是四人者，倾险柔邪，嗜利无耻。其所弹击者，皆受吕大防、苏辙密谕，或附会风旨，以济其欲。"要求追查吕大防、苏辙擅权欺君之罪，推究杨畏等朋邪害正、趋时反覆之恶。张商英又

---

① 《长编纪事本末》卷九九《朋党》，第3176页。
② 《长编纪事本末》卷一〇〇《绍述》，第3185—3186页。
③ 《皇朝编年纲目备要》卷二四，绍圣元年四月，第583页。

论司马光、吕公著、吕大防、刘挚等援引朋党,肆行讥议。监察御史周秩言:"吕大防前为尚书左仆射,居官日久,恣为奸恶,与台谏官阴相党附。同列大臣一不合意,则风谕击逐。凶焰日炽,人莫敢当。"① 于是知永兴军吕大防落观文殿大学士,降授右正议大夫、知随州。侍御史来之邵又论司马光元丰末入持政柄,擢刘挚为侍御史,引王巖叟、朱光庭俱在言路,结成党羽。"由是先帝顾命大臣去之略尽,而陛下孤立于上矣。"因之,知青州刘挚落观文殿学士,降授左朝奉大夫、知黄州;知汝州苏辙降授左朝奉大夫、知袁州;新知英州苏轼责授宁远军节度副使、惠州安置。②

在贬黜元祐诸臣的同时,章惇等人绍述神宗事业,积极拓边,于是清算元祐年间弃地之罪。绍圣元年五月,殿中侍御史郭知章言:"先皇帝辟地进壤,扼西戎之咽喉。如安疆、葭芦、浮图、米脂,据高临下,宅险遏冲。元祐初,用事之臣委四塞而弃之,外示以弱,实生寇心。乞检阅议臣所进章疏,列其名氏,显行黜责。"章惇等开列初议弃地者,自司马光、文彦博而下九十一人。③ 八月,宝文阁待制范纯粹降一官,为直龙图阁、知延安府。以御史郭知章论其在元祐间尝献议弃安疆、葭芦、吴堡、米脂等寨,故有是命。④

与元祐旧党一样,新党对旧党的打击活动也在逐步扩大和步步升级。绍圣元年(1094)六月,左司谏翟思言:"吕大防、刘挚、苏轼、苏辙以谤讪先朝,变乱法度,擅作威福,褫职夺官,谪守方州,安置岭表。中外闻命,举皆忻快。然司马光、吕公著首发事端,虽已终牖下,赠官美谥,自可追夺。王巖叟与挚同恶相济,若假以年,当窜远域,则赠官与子孙恩泽,亦当追夺。其合志同事,有若文彦博、范纯仁;其背公死党,有若梁焘、刘安世、吴安诗、韩川、孙升等。乞各正典刑。"⑤ 监察御史周秩又论司马光元祐间"以母改子"、吕公著汲引吕大防、刘挚、苏轼、苏辙之罪。于是哲宗下诏对元祐党人再次治罪。诏司马光、吕公著各追所赠官并谥告,及所赐神道碑额,仍下陕州、郑州,各差官计会,本县于逐官坟所

---

① 《长编纪事本末》卷一〇一《逐元祐党上》,第3223页。
② 同上书,第3224—3225页。
③ 同上书,第3219—3220页。
④ 同上书,第3237—3238页。
⑤ 同上书,第3226页。

拆去官修碑楼、磨毁奉敕所撰碑文讫奏。① 起初，章惇用蔡卞议，要对司马光及吕公著发冢斫棺。许将对哲宗曰："发冢斫棺，恐非盛德事。"遂寝其奏，第令拆去碑文。② 章惇还建议，郊礼，吕大防等不当用恩赦期叙复。至此，章惇、蔡卞等人打击元祐党人的行动已走向极端。尤其是哲宗绍圣元年七月所下申儆诏对旧党罪恶的揭露，更成了新党打击报复旧党的武器。略曰：

> 朕继体之初，宣仁圣烈皇后以太母之尊，权同听政……而司马光、吕公著忘累朝之旧恩，怀平时之觖望，幸国家之变故，逞奸邪之深谋。引吕大防、刘挚等，周旋欺蔽，表里符同，宗庙神灵恣行讪渎，朝廷号令辄肆纷更。首信偏词，轻改役法；开诉理之局，使有罪者侥幸，下疾苦之诏，使群小人谤言；诬横敛则滥蠲苟免之逋，诬厚藏则妄耗常平之积；崇声律以轻薄经术，任穿凿以紊乱官仪；弃境土则谬谓和戎，弛边备则归过黩武；城隍保民而罢增浚，器械资用而缺缮修……务快乘时之愤，都忘托国之谋……十年同恶，四海吞声，虏计得行，边民受害。其司马光以下，各已轻重议罚。至于射利之徒，胁肩成市，盍从申儆，以革回邪。推予不忍之仁，开尔自新之路，布告天下，宜一切不问。③

绍圣二年（1095）底，为了将元祐党人一网打尽，章惇等又编类元祐以来臣僚章疏。④ 绍圣四年（1097）正月丙午，诏："应绍圣二年十二月十五类定姓名责降入宫观、居住，及勒停、安置、分司、散官子孙弟侄，各不得住本州、邻州。内子孙仍并与次远路分合入差遣。已授未赴并见在任人并罢。"⑤ 二月己未，三省言：

---

① 《长编纪事本末》卷一〇一《逐元祐党上》，第3231—3232页。王巌叟所赠官亦行追夺，知随州、降授右正议大夫吕大防守本官，行秘书监、分司南京、郢州居住，知黄州、降授左朝议大夫刘挚守本官，试光禄卿、分司南京、蕲州居住，知袁州、降授左朝议大夫苏辙守本官，试少府监、分司南京、筠州居住。梁焘提举灵仙观、鄂州居住，刘安世管勾玉隆观、南安军居住。
② 《长编纪事本末》卷一〇一《逐元祐党上》，第3232页。
③ 《皇朝编年纲目备要》卷二四，绍圣元年秋七月，第587—588页。
④ 《长编纪事本末》卷一〇一《逐元祐党上》，第3241—3242页。
⑤ 《长编纪事本末》卷一〇二《逐元祐党下》，第3251页。

> 司马光、吕公著倡为奸谋，诋毁先帝，变更法度，罪恶至深。及当时凶党同恶相济，首尾附会之人，偶缘今已身死，不得明正典刑。而亡殁之后，尚且优以恩数，及其子孙、亲属，与见存者罪罚未称，轻重不伦。若谓其已死，一切不问，则使后世乱臣贼子何以创艾？至于告老之人，虽已谢事，亦宜少示惩沮。①

于是追贬故司空、同平章军国事吕公著建武军节度副使；故正议大夫、守尚书左仆射兼门下侍郎司马光清海军节度副使；故端明殿学士、左朝奉郎王巌叟雷州别驾。② 庚辰，吕大防责授舒州团练副使、循州安置；刘挚责授鼎州团练副使、新州安置；苏辙责授化州别驾、雷州安置；梁焘责授雷州别驾、化州安置；范纯仁责授武安军节度副使、永州安置。刘奉世、韩维、王觌、韩川、孙升、吕陶、范纯礼、赵君锡、马默、顾临、范纯粹及其余多人也分别予以不同处分。③ 二月甲申，文彦博落河东节度、管内观察处置等使、开府仪同三司、太原尹，特降授太子少保致仕，依前潞国公。闰二月丙戌，诏太师致仕文彦博诸子，并令解官侍养。司马康追夺赠官。甲辰，诏宁远军节度副使、惠州安置苏轼责授琼州别驾，移送昌化军安置。昭州别驾、贺州安置范祖禹移送宾州安置。新州别驾、英州安置刘安世移送高州安置。三月壬午，中书舍人、同修国史蹇序辰请求编类贬责奸臣所言、所行事状。蹇序辰言：

> 朝廷前日追正司马光等奸恶，明其罪罚，以告中外。惟变乱典刑，改废法度，谤讪宗庙，睥睨两宫，交通近习，分布死党，考言观事，实状具明。而包藏祸心，踪迹诡秘。相去八年之间，已有不可备究者。至其章疏文字，行遣案牍，又散在有司，莫能会见。若不乘时取索编类，必恐岁久沦失。或邪党交构，有藏匿弃毁之弊。欲望圣慈特赐指挥，选官将贬责奸臣所言、所行事状并取会编类，人为一本，分置三省、枢密院，以示天下后世之大戒。④

---

① 《长编纪事本末》卷一〇二《逐元祐党下》，第3252页。
② 同上书，第3252—3253页。
③ 同上书，第3254—3260页。
④ 同上书，第3265—3266页。

哲宗同意了他的提议。四月辛丑，故追贬建武军节度副使吕公著特追贬昌化军司户参军，故追贬清海军节度副使司马光特追贬朱崖军司户参军。绍圣四年（1097）十一月雷州别驾、化州安置梁焘卒。十二月癸未，鼎州团练使、新州安置刘挚卒。此间，章惇、蔡卞等又兴致同文馆狱，欲迫害刘挚、梁焘，最终不了了之。

元符元年（1098）六月，在蹇序辰、安惇的请求下，在蔡卞的敦促和章惇的建白下，哲宗同意设置了看详诉理所。清理元祐年间陈状和诉理中对先朝不顺者，登记其职位、姓名，并加以惩罚。"自后缘诉理被祸者凡七八百人，序辰及惇实启之。"① 七月乙丑，诏范祖禹移化州安置，刘安世移梅州安置，王巖叟、范祖禹、刘安世、朱光庭诸子并勒停，永不收叙。九月己酉，因吏部尚书叶祖洽上言王珪罪重责轻，诏王珪诸子并特勒停，永不收叙。庚戌，追官勒停、横州编管秦观特除名，永不收叙，移送雷州编管，以附会司马光等同恶相济也。② 十月甲午，责授昭州别驾、化州安置范祖禹卒。

章惇、蔡卞打击报复元祐党人，与前此元祐党人的行为相比，有过之而无不及，造成了政治白色恐怖。龚夬后来引当时民谣云："一（二）蔡二惇，必定灭门。籍没家财，禁锢子孙。"又云："大惇小惇，入地无门。大蔡小蔡，还他命债。"③ 元符二年二月己未，曾布言："章惇、蔡卞施行元祐人，众论皆谓过当。然此岂为诋诬先朝？大抵多报私怨耳。……"④ 此说有一定道理。

元符三年（1100）正月哲宗崩，徽宗继位。四月辛酉，诏罢编类臣僚章疏局。可见，绍圣、元符的六七年间，对元祐党人的打击始终没有停止过，蔡卞在其中起了重要作用。元符三年五月，台谏官龚夬、陈瓘、任伯雨弹劾尚书左丞蔡卞过恶。龚夬曰："卞为安石之婿，妄谓尽得其学，以欺朝廷，而一时嗜利者助成其说。"陈瓘曰："章惇前日所为，皆卞教之。卞以继述神宗为名，以纂绍安石为主；立私门之所好以为国是，夺宗庙之大美以归私史。"又曰："惇迹易明，卞心难见。"任伯雨曰："卞之恶有过

---

① 《长编纪事本末》卷一〇二《逐元祐党下》，第3275页。
② 同上书，第3276页。
③ 《宋宰辅编年录校补》卷十一，元符三年五月乙酉条，第667页。"二蔡二惇，必定灭门"，《皇朝编年纲目备要》卷二五作"必定沙门"，第631页。
④ 《长编纪事本末》卷一〇二《逐元祐党下》，第3282页。

于惇。如诬罔宣仁圣烈保祐之功；傅致元祐皇后疑似之罪；安惇作诉理所而士大夫得罪者八百三十家；蹇序辰编排章疏而语言被罪者数千人。先帝亲政六年，未尝有失，独此数事，皆卞为之。"① 蔡卞因此罢职，出知江宁府。建炎四年（1130）十月丙子，宋高宗对范宗尹曰："比阅王球家所收上皇书画，有御制《鹡鸰赋》，京、卞皆作赋，题其后，卞赋盛言继述哲宗之志，屏斥元祐之人而致斯瑞，岂非奸邪？"宗尹曰："绍圣以来，贼害忠良皆卞之力也。"② 的确，蔡卞在绍圣、元符年间打击元祐党人方面，是起了推波助澜的作用。不过在当时来说，这是一种集体所为。③ 当然，最主要的还是有哲宗的支持和默许。

蔡卞绍圣、元符年间打击元祐党人的行为，除上所述以外，其过激行为还表现在对学术的禁锢上。

> （陈）瓘为太学博士，薛昂、林自之徒为正录，皆蔡卞之党也。竟推尊安石而挤元祐，禁戒士人不得习元祐学术。卞方议毁《资治通鉴》板，瓘闻之，用策士题，特引序文，以明神考有训。……林自辞屈愧歉，遽以告卞，乃密令学中置板高阁，不复敢议毁矣。瓘又尝为别试主文，林自复谓蔡卞曰："闻陈瓘欲尽取史学而黜通经之士，意欲沮坏国事而动摇吾荆公之学。"卞既积怒，谋将因此害瓘而遂禁绝史学，计画已定，惟候瓘所取士，求疵立说而行之。瓘固预料其如此，乃于前五名悉取谈经及纯用王氏之学者，卞无以发。然五名之下，往往皆博洽稽古之士也。瓘常曰："当时若无矫谲，则势必相激，史学往往遂废矣。……"④

蔡卞甚至对完成于元祐时期的科学研究成果，都采取抵制禁锢的态度，彰显出其狭隘的心理。"元祐四年三月己卯，铜浑仪新成，盖苏子容所造也。……星官历翁聚观骇叹，盖古未尝有也。子容又图其形制，著为成书上之，诏藏于秘阁。至绍圣初，蔡卞以其出于元祐，议欲毁之。时晁美叔为秘书少监，惜其精密，力争之，不听，乃求林子中（林希）为助。子中

---

① 《皇朝编年纲目备要》卷二五，元符三年五月，第627—628页。
② 《系年要录》卷三八，建炎四年十月丙子条，325册，第554页。
③ 顾绍勇：《蔡卞研究》，河北大学硕士学位论文2007年6月，第50页。
④ 《长编》卷四八五，绍圣四年四月乙未条，第11531页。

为言于章惇，得不废。及蔡京兄弟用事，无一人敢与此器为地矣。"①

我们大概梳理一下绍圣、元符时期台谏官员的情况，他们大多是章惇、蔡卞的心腹。《宋史》卷四七一《章惇传》载：章惇"引蔡卞、林希、黄履、来之邵、张商英、周秩、翟思、上官均居要地、任言责"。但是，受个人品行和特殊政治气候影响，有些人议论反复无常，无操守，首鼠两端。来之邵、杨畏、虞策、张商英，表现更为突出，均见《宋史》本传。

三 蔡卞与章惇、曾布之间的关系

绍圣、元符年间，蔡卞、章惇、曾布作为新党的代表人物，在打击报复元祐党人方面行为一致，但他们之间也有矛盾，而且这种矛盾随时间的推移愈益显著。这既有对具体问题认识的不同，也有用人和权力之争。如对王安石地位的认识差异。蔡卞作为王安石的女婿和门人，对王安石极其推崇。绍圣、元符年间不仅通过绍述熙丰来恢复王安石新法，而且通过编修《神宗实录》恢复王安石的政治地位。甚至为了抬高王安石，不惜在太学散播消息。"初，太学博士林自用蔡卞之意，倡言于太学曰：'神考知王荆公不尽，尚不及滕文公之知孟子也。'"而章惇对蔡卞的这一做法很是不屑。当校书郎陈瓘将林自此话告知章惇时，"惇大怒，召自而骂之。章、蔡由是不咸。"② 章惇还当着蔡卞、曾布等人的面说过："王荆公，惇自来只知是王介甫，如今亦只见他是王介甫，却不曾唤他作真人、至人、圣人。"③ 这对蔡卞来说是不能接受的。在用人上，蔡卞往往以对王安石及其新法的态度为标准用人，这难免和章惇、曾布发生矛盾。另外，蔡卞有意识地网罗自己的势力，章惇的专横也引起三人之间的矛盾冲突。

（一）在用人上，各有所主，意见往往不合

曾布在熙宁年间，因为神宗对市易法的动摇，而反对过此法，是从改革派中坚力量游离出来的人物之一，蔡卞对其难免心存芥蒂。蔡卞在绍圣二年十月升任尚书右丞，进入执政行列以后，在用人等各方面不时和曾布发生分歧，尤其是蔡卞往往以能否顺从自己和尊奉王安石作为用人标准。常立事件就是一个典型。常立父常秩，字夷甫，颍州汝阴人。举进士不

---

① 《曲洧旧闻》卷八《苏子容铜浑仪》，第203—204页。
② 《长编》卷四八五，绍圣四年四月乙未条。第11529页。
③ 同上书，第11532页。

中，隐居乡里。嘉祐、治平中多次征召不起。熙宁年间，支持王安石变法，一召遂起，得到王安石的信任和重用。熙宁十年，常秩卒。常秩死后，常立使门人赵冲为其写行状，行状云："自秩与安石去位，天下官吏阴变其法，民受涂炭，上下循默，败端内萌，莫觉莫悟。秩知其必败。"①正是因为常秩支持王安石变法，所以，绍圣中，蔡卞举荐常立为秘书省正字、诸王府说书侍讲，请用为崇政殿说书，又请以为谏官。当时，"卞方与章惇比，曾布欲倾之，乘间为哲宗言立附两人，因暴其行状事，以为诋毁先帝。帝亟下史院取视，言其不逊，以责惇、卞，惇、卞惧，请贬立，乃黜监永州酒税。"②时为绍圣三年六月。赵冲添差监道州茶盐酒税。后来曾布又对哲宗说："（常）立诋訾先朝如此，又谄附执政，及与人言青苗、免役事，须立乃能推行，其佞媚反复如此，尤可罪。如此等人乃欲使为谏官，岂不误事！""谄王安石而毁先帝，情更可诛。陈瓘所以忤卞，只云卞但以安石为准绳。安石所是者必欲进，而不喜者必欲黜。立安石为准的，以罗织士类，此最为害政。……"③这件事情，既反映出曾布对蔡卞唯安石是尊的不满，也反映出曾布内心对王安石的不满。这应该是熙宁年间因为新法的推行，尤其是曾布根究市易务违法事而与王安石之间产生的矛盾。当然，这件事也反映出蔡卞安插心腹到重要位置的企图。

陈瓘职任升迁的被阻，反映出曾布与章惇、蔡卞用人上的矛盾。绍圣元年（1094），章惇被召入主朝廷之前，陈瓘专门拜访他，章惇对陈瓘也很器重。当陈瓘问道当政以后，施政以何为先时，章惇说是追究司马光等人毁废先帝成法的罪恶。陈瓘认为章惇的想法过于偏颇。可见在对待新法的态度上，陈瓘和章惇、蔡卞等人是有不同的。正是这一原因，章惇、蔡卞执政以后，并不重用陈瓘。相反，曾布却看准了陈瓘与章、蔡的不同，与林希一起，极力向哲宗推荐陈瓘，以便作为自己与章、蔡对抗的有力帮手。绍圣四年（1097）四月，曾布向哲宗说，陈瓘"……以人材论之，岂在周穜、邓洵武之下"？周穜是章惇重用之人，邓洵武是蔡卞的心腹。哲宗曰："章惇亦言其当作馆阁，但议论乖僻……"曾布曰："瓘不见其乖僻，但议论诋訾蔡卞尔，他无所闻。"林希曰："瓘尝为越州签判，与卞论

---

① 《宋史》卷三二九《常秩传》，第10596页。
② 同上。
③ 《长编纪事本末》卷一○六《常立以诬诋贬责》，第3429—3436页。

事不合，遂拂衣去。然人材实不可得。"当曾布与章惇、蔡卞说起陈瓘登进士高科、士论可采时，章惇脱口而出："平生不知所谓高科为可用。"又言："士论亦不足听。""瓘文艺固可为馆职，若骂蔡元度、怨元度，皆惇所不恤，只是议论乖僻，却云神宗晚年疏斥王荆公不用。此乃是苏轼之语，如此岂不是乖僻？"① 作为宰相，章惇唐突地说出这些没遮拦的话，真可见其人刚健有余，城府不足。相比之下，蔡卞城府就深多了。虽然蔡卞早就和陈瓘有矛盾，且对陈瓘反对王安石新法更是不能容忍，但他却能在众人面前装出一副很宽容大度的模样。蔡卞曰："渠怨卞亦大非，卞屡荐之于丞相。"惇默然。②

陈次升，字当时，兴化仙游人。在太学时，反对教授王安石《字说》，被摈斥。后中进士，元祐年间多外任。他是蔡卞的同乡，却不党同蔡卞。"绍圣中，复为御史，转殿中。论章惇、蔡卞植党为奸，乞收还威福之柄。"③ 章惇、蔡卞对他从拉拢利用转变为排斥，想让其离京外任。但曾布看到陈次升在言路，可以使自己挟制章、蔡，所以意见与之相左。绍圣四年（1097）十二月，殿中侍御史陈次升被任命为左司谏，这是曾布与章、蔡博弈的结果。

> 初，章惇、蔡卞以次升元丰时所擢，元祐间多持节在外，未尝显用，谓次升必怨望。绍圣初，特除御史，欲其出力排元祐臣僚，以为己助。次升首论敕榜反复，又言常立、周穜、郑居中：穜尝乞安石配享；立亦卞死党；居中乃卞姻家，论之尤切。自此惇、卞不说……于是惇、卞屡以事媒孽次升……会次升辞言职，惇、卞欲乘间出之，拟优除职名河北转运使，上（哲宗）曰："一漕臣之职，岂无其人？陈次升敢言，不当令去朝廷。"寻有是命。当曾布亦尝白上曰："窃闻次升有章乞罢御史，次升久在言路，无所阿附，众所共称，不可使去言路。言官唯董敦逸、郭知章及次升三人久在职，然皆以劲正，为众所称。敦逸既以山野贬，知章又蒙选擢。"上（哲宗）云："知章选擢甚峻。"布曰："非出圣意，何以有此？惟次升久不迁，以资任言之，侍

---

① 《长编》卷四八五，绍圣四年四月乙未条，第11532页。
② 同上。
③ 《宋史》卷三四六《陈次升传》，第10970页。

第二章 绍圣、元符时期蔡卞的政治活动

御史、司谏皆所宜为。"上(哲宗)曰:"好!好!"布又言:"圣意虽以为可,然三省皆不悦,愿赐主张。"上(哲宗)曰:"只俟见文字便指挥。"既退,林希谓布曰:"上许可未有若今日之快也。"于是布言:"次升遂除司谏,深慰士论,非出自圣意,何以得此?"黄履亦曰:"非出圣谕,岂可得?"①

在任命陈次升为左司谏以后,曾布又对哲宗说,殿中缺人,但刘拯、邓棐,必不可用为言官。"拯交通,陛下所知,棐粗尤甚。"并且说"若更用棐,即是蔡京所荐,岂得稳便?"哲宗然之。② 可见曾布对章惇、蔡京、蔡卞皆不满意,他往往借助哲宗,限制章惇、蔡卞用人,又设法消除章惇、蔡卞阻挠自己用人。

章惇和蔡卞的矛盾也反映在用人上。绍圣四年(1097)十月,邢恕以权吏部尚书迁为御史中丞。这是章惇的建议,想助为己用。蔡卞请用安惇,哲宗不许,当时章惇与卞"已不咸"。③

绍圣四年十二月,御史中丞邢恕荐邹浩,元符元年(1098)正月,邹浩除为监察御史。当时,曾布以蔡蹈为蔡卞宗人,刘弇、叶承、方希颜、邓洵仁之徒,"皆是执政门下人,不可用"为借口,最终让哲宗任命了和自己是同乡,"然不识"的邹浩。④

当章惇与蔡京、蔡卞兄弟有了矛盾时,曾布故意多次在哲宗面前说起此事。如元符元年三月的一天,曾布对哲宗谈道:

> "……陛下知章惇、蔡卞近来相失,每事更相猜贰,议论之际,互相观望,莫肯启口,以致差除不能佥谐,往往引二三人取决圣断。"上(哲宗)曰:"近日多如此,何为若此相失?"布曰:"大约皆谋身而已。……未尝志于国事。"⑤

他进一步强调说:

---

① 《长编》卷四九三,绍圣四年十二月戊戌条,第11713—11714页。
② 同上书,第11714页。
③ 《长编》卷四九二,绍圣四年十月壬寅条,第11688页。
④ 《长编》卷四九四,元符元年正月癸酉条,第11736页。
⑤ 《长编》卷四九五,元符元年三月辛亥条,第11765页。

"而（章）惇尤疑蔡京，以其在经筵，时时造膝，阴有所伤中。"上（哲宗）曰："惇深不乐京。"（曾）布曰："（蔡）京兄弟气焰，人无不畏之者，唯臣一人不畏之。……惇以引蔡肇、安师文为京等所指目，深恐中其谗间，蔡京在经筵，卞在政府，两人窥伺而交攻之，惇不得不惧，以此于议事，但容默而已。"上曰："京与惇何以相失？"布曰："惇性暴。尝闻人言，举华申甫作编敕所看详利害文字，惇问京云：'人言公与之有钱物交加，是否？'京变色曰：'无此事，只曾将一犀带来与京，不曾受。'又蔡蹈攻林虞，惇问京云：'人言公令蹈击之。'京云：'岂有此，乞理会。'惇笑而止，以此不得不相失。……"上曰："惇性轻率。"布曰："诚然，但惇虽轻率，议论亦多平直，卞之阴巧难测，愿陛下更加审察。"上微笑而已。上又问："两人曲直如何？"布曰："引常立、郑居中则曲在卞，引刘正夫辈则曲在惇，然卞之党与甚盛，气焰可畏，邢恕、安惇辈皆重足一迹，惇以此尤畏之也。"①

后来，当同知枢密院林希诉"（邢）恕谓（苏）驯，欲令希过三省。蔡京于三省有嫌，唯西枢可处"之事时，曾布又曰："蔡京与章惇相失，亦首因此。京有兄弟并进之典，而惇昌言于人云：'自三代以来，无此故事。'故京深怨之。"② 实际上，曾布也是反对蔡京入枢密院的。"京觊执政，曾布知枢密院，忌之，密言卞备位丞辖，京不可以同升，但进承旨。"③

元符元年四月，诏中大夫、同知枢密院事林希，罢同知枢密院事，知亳州。御史中丞兼侍读刑恕，罢御史中丞兼侍读，知汝州。④ "或曰，恕为中丞，惇实荐之，布亦有力焉。而亟与惇异，每上殿，移时不下，惇固疑之矣。始，惇置希西府，盖疑布间己，故使希察布，而希卒为布所诱，遂叛惇。惇乃因苏驯事，并逐希、恕。布虽数与希解，然讫不免也。"⑤ 这次章惇似乎是一箭双雕，取得了胜利。

---

① 《长编》卷四九五，元符元年三月辛亥条，第11765—11766页。
② 《长编》卷四九六，元符元年三月戊辰条，第11802页。
③ 《宋史》卷四七二《蔡京传》，第13722页。
④ 《长编》卷四九七，元符元年四月壬辰条，第11820—11821页。
⑤ 《长编》卷四九七，元符元年四月丁亥条，第11827页。

第二章　绍圣、元符时期蔡卞的政治活动

元符元年六月丙申，右司员外郎曾旼为左司员外郎，考功员外郎谢文瓘为右司员外郎，国子监主簿周邦彦为正字。这一除命，令蔡卞很不乐意，甚至称病不出。之前，除礼部员外郎刘逵国子监司业。"逵，吕嘉问婿，塞序辰之私，而与二人者极不同，士论颇称之。三省久议此除，而卞以为不然。"当哲宗批旨以后，"卞翊日造朝，怒色可掬，而知出于上旨，莫敢争。"① 蔡卞曾欲引叶棣为左右史，章惇在哲宗面前斥之云："棣作二小文字，亦有病败，不可用。道著一句，却有三两句道不著，兼趣操存心，众所不与，不可用。"② 蔡卞又欲引邓洵武、吴伯举，亦不如愿，"而所进用者，又非其所好，故积此不平，因欲请去。"③ 这以后，蔡卞和章惇的关系急剧恶化。为此，章惇不得不对曾布示好，表示亲近。章惇召曾布女婿卫尉主簿吴则礼，令语曾布，曰："蔡党见窥甚急，当过为之备。"④ 八月丙戌，哲宗问曾布曰："曾旼、谢文瓘何如？"⑤ 又问到周穜、邓洵武，曾布曰："臣论之多矣。穜专附惇，洵武专附卞，故卞不喜穜，惇不喜洵武，各有所偏，非公论也。穜固不正，然洵武正似其父绾，天资柔弱，然有所朋附，则击搏害物，无所不敢为。"哲宗笑曰："绾曾击章惇云何？"曾布曰："人言惇与惠卿为刎颈之交，半夜之客，又目之为城狐社鼠。惠卿既逐，而惇未去，绾又击之，云：'如粪除一堂之上而留其半。'遂出知湖州。"哲宗再问粪除之语，大笑。又曰："惇不喜洵武，卞亦不喜旼。"曾布曰："旼乃惠卿门下士，卞固不喜。卞尝为臣言，惇不以北郊为然，乃出于旼之议论。"⑥ 由于曾布多次在哲宗面前谈论章惇、蔡卞为人，所以也影响到哲宗对蔡卞门人的任用。元符元年九月戊午，薛昂上殿。曾布言："昂乃执政门下人，众论所不与。"哲宗曰："谁门下人？"曾布曰："蔡卞。"哲宗默然。"是月，对者多随才任使，独昂斥不用。"⑦

在蔡卞、章惇关系恶化的同时，曾布也加紧了对二人的排挤，在哲宗面前说他们各有党羽，而标榜自己正身立朝，没有朋党。元符二年五月戊申，当谈到塞序辰、范镗制狱（指奉使辽国拜不如仪，又不依例受抬箱马

---

① 《长编》卷四九九，元符元年六月丙申条，第11883页。
② 同上书，第11884页。
③ 同上。
④ 《长编》卷四九九，元符元年六月乙巳条，第11890页。
⑤ 《长编》卷五〇一，元符元年八月丙戌条，第11933页。
⑥ 同上书，第11933—11934页。
⑦ 《长编》卷五〇二，元符元年九月戊午条，第11959页。

及对制不实等事)的时候,曾布对哲宗说:

> 惇、卞各有所主,卞主序辰,惇主铤。此两人皆惇、卞未相失时共力荐引,今惇恶序辰,卞以铤举吕升卿自代,疑附惇而异己,遂恶之,以此议论各有所偏。不惟此两人,如周穜、吕嘉问皆惇、卞所主,今既相失,惇遂恶嘉问,而卞恶穜。此数人者,亦诚各有所专附,大约今日士人,皆分隶惇、卞门下……臣在西府,亦无以威福人,兼亦无所党与,故门下亦无人……其他奔竞好进之士,不趋惇则趋卞。然惇性疏率,多为卞所窥,虽与卞相失,然极畏卞,此许将、黄履及三省人吏所共嗤笑。①

蔡卞和章惇互结党羽,双方的矛盾后来发展到"面相毁訾甚峻"② 的程度。元符二年十一月的一天,曾布曰:"惇性暴,率多轻发,卞则阴巧,能窥伺其所短,故卞多胜,惇多屈,必无以逃圣鉴。""卞与惇皆有党,而卞之党为多。""惇之党衰,卞之党盛,故众皆畏卞,而惇亦畏之,谓卞为不立党,尤不可也。惇、卞纷纷,固未足道,然三省密院皆缺人,陛下不可不留意……每有一事,惇以为可而卞未答,卞以为可而惇未然,则(许)将莫敢对;直俟两人者稍同,将乃敢应答。两人者又交恶,自此政事愈乖谬矣。故上下内外阙官鲜有差除,纵有差除,人必以为不当。"③

(二) 在行事上,各人看法不一致

在打击元祐党人的程度上,曾布与章惇、蔡卞意见不一。章惇、蔡卞必欲除之而后快,而曾布认为应该留有余地,没必要斩尽杀绝。绍圣四年(1097)二月,章惇、蔡卞等议再追贬司马光、吕公著等及追夺其子孙恩泽,曾布表示反对。曾布曰:"追夺恩泽,此例不可启,异时奸人施于仇怨,则吾人子孙皆为人所害。兼光及韩维等家得恩泽已数十年,一旦夺之,于人情未便。"④ 元符元年三月,曾布对蔡京、安惇究治同文馆狱(即以治刘挚、梁焘等元祐党人谋废哲宗之罪的狱案)提出异议,并且反

---

① 《长编》卷五一〇,元符二年五月戊申条,第12134—12135页。
② 《长编》卷五一八,元符二年十一月庚辰条,第12329页。
③ 同上。
④ 《长编纪事本末》卷一〇二《逐元祐党下》,第3253页。

对派吕升卿、董必去岭外按问梁焘等。①

曾布对章惇等扩大打击面，穷究、株连元祐人之罪的做法也极为不满。元符二年（1099）正月，曾布对哲宗言："章惇作相，举措乖错，不为人所服……如元祐之人，罪戾深重者，悉已贬窜；其他扳联之人，亦皆已黜责。但有过当，无不及者……其间一言之差，一向搜求，有何穷尽？……人臣事君，亦不当为国敛怨……"②

在对待熙丰新法的态度上，蔡卞一意恢复，而曾布以为适时而变，应该有所损益。

元符二年八月，曾布言："近岁奸憸之立朝者，多以元丰之法为不可改。一有议论及此，则指以为异，意欲以罗织善类，又或挟此以遂其私意。"③ 此话主要针对蔡卞而发。当时根据实际情况，欲以国子监解额，许开封府举人就试。"盖士人有且养且耕者，私计多不能入太学，又他处无户贯，即不得应举，众皆以为未便。"唯独蔡卞坚持元丰七年（1084）先朝已罢，不可改。"同列自章惇而下议数四，终莫能夺。"④ 同年，蔡卞劝哲宗复行畿内保甲教阅法，曾布云"此事固当讲求，然废罢已十五年，一旦复行，与事初无异，当以渐推行，则人不至惊扰"。哲宗表示赞同。而蔡卞很不高兴，乃云："熙宁初，人未知保甲之法如何，今耳目已习熟，自不同矣。"⑤

在西部拓边政策上，章惇、曾布看法也不尽相同。章惇主张大规模进筑堡寨，而曾布反对之。元符元年五月壬戌，章惇遣泾原书写机宜章综谒见曾布。章综，章楶子。曾布对章综说："泾原此月八日，尚奏无雨，没烟前峡若果无草及大暑旱灾，未可进筑，但奏来不妨。朝廷不可欺罔。若可为而不为，固自不可；若不可为，亦何可强？"章综曰："此事须赖密院主张，若丞相则不容其如此。"曾布曰："苟不可为，何可强也？边事内外一体，但要稳便。此事系安危休戚，何可使性气？……若五月未可进筑，即七八月，方西兵点集时，亦未可为。须俟十月间，贼马已散，或并兵在他路，或俟来春，亦未晚。"章综曰："但恐丞相督责，不容如此。"曾布

---

① 《长编》卷四九五，元符元年三月辛亥条，第11764页。
② 《长编》卷五〇五，元符二年正月甲子条，第12040页。
③ 《长编》卷五一四，元符二年八月癸酉条，第12210页。
④ 同上。
⑤ 《长编》卷五一八，元符二年十一月乙未条，第12339页。

曰："事理当然，亦不可夺也。"章综又言父亲年老，欲求去，不知边事何时可了。曾布曰："泾原但了取天都，则质夫（章楶）可以求去矣。若丞相之意则不然，必欲覆兴州而后已。……"① 可见在西部拓边进筑等事上，曾布与章惇意见不一。

上面谈到章惇、蔡卞、曾布在用人、行事上的差异和矛盾，其实三者矛盾的实质还是权力的争夺而已。绍圣四年（1097）闰二月壬戌，中大夫、同知枢密院事曾布为大中大夫、知枢密院事，翰林学士、左朝议大夫、知制诰林希为中大夫、同知枢密院事。这一人事安排，不仅使章惇和曾布的矛盾激化，而且也使蔡京对章惇怀恨在心。"初，章惇之初拜相也，曾布在翰林，草惇制词，极其称美，望惇用为同省执政；惇忌之，止拜同知枢密院。于是，又迁知枢密院。故事，枢密院日得独对。乃疑布，更引（林）希同知枢密院，使察之。希寻为布所诱，亦忤惇。布与惇益不合，卒倾惇，夺其位。"② 可见，曾布与章惇之间早就因为权力的分配而产生了矛盾。章惇担心引曾布为执政分割自己的权力，所以仅让曾布在枢密院任职，当曾布升任知枢密院，有了单独奏事的机会以后，章惇又怕曾布在哲宗面前说自己的坏话，于是派去一个副手，作为自己安插在曾布身边的密探，伺察曾布的动向。但章惇没想到的是，曾布比他更高明，将林希拉到了自己一边，建立起反对章惇的联盟。而且，蔡京和弟弟蔡卞同年中进士，但职任始终比蔡卞低，这对权力欲极强的蔡京来说是很不舒服的。本承望章惇能提携自己一把，可没想到章惇先提拔了蔡卞，等到曾布升知枢密院，蔡京似乎又看到了希望，结果章惇又提拔了林希，蔡京的愿望再次落空，这怎能使蔡京对章惇不心存怨望呢？陈瓘弹蔡京第四章云："章惇初信京、卞，三人议论如出一口。自绍圣二年十月卞为执政，于是京有觖望，而与惇睽矣。四年闰二月，林希为执政，于是京始大怨，而与惇绝矣。"③

的确如章惇所担心的一样，曾布自从有了单独奏事的机会，他就一面标榜自己体谅哲宗，为国分忧，赢得哲宗的极大好感和信任；一面不失时机地在哲宗面前说章惇、蔡卞的坏话，使哲宗渐渐对二人产生反感和不信

---

① 《长编》卷四九八，元符元年五月壬戌条，第11851—11852页。
② 《长编纪事本末》卷一三〇《久任曾布》，第4061—4062页。
③ （清）黄以周等辑注，顾吉辰点校：《续资治通鉴长编拾补》卷十四，绍圣四年闰二月壬寅条，中华书局2004年版，第560页。（以下简称《长编拾补》）

任。绍圣四年九月癸亥，曾布独奏事，诋毁章惇、蔡卞说："然臣度章惇、蔡卞必不能为陛下更修政事，进退人材，以称圣念。"① 章惇虽然时时提防着曾布，但性格使然，他的直率外露、火爆脾气和不拘小节、不给别人面子使得身边的同事、下属不能和他一条心，树敌太多。每议事，章惇动不动对尚书右丞黄履说"贤理会不得"②，引起黄履的不满。对来访的宾客，他要不高兴、脾气不投就拒绝接见。这些缺点成了他的软肋，也是曾布攻击他的口实。如元符元年（1098）五月戊辰，曾布就对哲宗说："（章）惇诚轻易，待同列多不以礼……大率接人鲜礼，又多以言语伤人。如吴居厚，乃惇所引，然郭时亮言，居厚亦怨之，云每至都省白事，多被诟辱。"又言："惇于政柄，多为人所移易；所主人物，多为人所攻病。人实不畏之。但为语言轻易，遇人无礼，及不接宾客，中外慢骂，万口一辞。只如接从官，只著道衣，此尤非礼。"③ 曾布说自己接见宾客，与章惇相反，"莫非朝服。从官参，辞谢，必秉笏见之"。当哲宗数次与曾布说到章惇议论及所主人物不当时，曾布说自己"曾与蔡卞论惇见边报，凡云西人困弱畏惧，或云怎生奈何去，则必曰'此报是实'。若云西人点集兵马，待来作过，则必曰'此是乱报'。卞答臣云：'何止边报如此，其论政事及人材，无不然者。以至臣僚奏请，如吕温卿、升卿之徒所请，不问是非，皆欲施行。其不悦者，虽更有理，未必听。'"④ 曾布的间言还是有效果的，结果是"上亦哂之"。曾布在哲宗面前诋毁章惇，同列心怀感激。许将曰："怀此久矣，同列孰不然者？但人人望公过此尔。"而曾布谦虚地答曰："尸素无补，日有去志，安有此？但惜惇止以语言礼貌失人心，致上意弥不悦尔。"将笑而不答。⑤ 曾布欲盖弥彰，其虚伪的本性在此暴露无遗。

曾布之所以对章惇耿耿于怀，主要还是章惇专权引起的。曾布知枢密院事，主管军事。但章惇往往大权独揽，对于西部战事这样的大型军事活动，有时绕过枢密院（曾布）而由三省决断，这无疑是对曾布的轻视，令曾布极其不满。曾布终于等到报复章惇的机会，元符元年八月，熙河效用

---

① 《长编》卷四九一，绍圣四年九月癸亥条，第 11654 页。
② 《长编》卷四九八，元符元年五月戊辰条，第 11856 页。
③ 同上。
④ 同上书，第 11857 页。
⑤ 同上。

李公绪奏状，首知兰州王舜臣二月出塞，获八九十级老小，妄奏三千级，公绪亦虚上二级。此事涉及熙河路帅张询，张询是章惇的妹夫，曾布借机力请惩处张询，实际是要给章惇难堪。当哲宗说要罢黜张询时，曾布曰："固当如此。臣所以对三省力陈，正为如此，亦不敢以章惇故不极陈。"过了几天，秦州制勘所申，张询已出榜告谕兵将官，令限外陈首，亦与依朝旨免罪改正。哲宗听到这个消息，赫然曰："此岂询所可专，询何敢便尔指挥？""何不罢？"曾布提出用孙路代替张询。刚好这一天，又得张询奏，云：王赡言青唐人半有叛害瞎征之意，邈川南山下首领皆言欲附汉西攻瞎征。张询已令王赡结约两处蕃部，令起兵攻屠瞎征。等他们举兵以后，即发汉兵接应。请求速降敕榜处分。听到这一消息，大家都很惊骇。曾布遂草定指挥，令张询分析，及令孙路相度，奏听朝旨。但章惇很不识相，"悉涂改，仍令询如已举兵，即一面从长处置。"

> 翌日，同进呈，上（哲宗）亦骇其专辄。（曾）布曰："……臣尝谓方此之时，若青唐一有小警，则无所措手足，今无故生事，实安危所系。……此何可不审！……今但以王赡一言为信，便约以举兵，殊不可晓。张询何敢尔！"蔡卞、黄履亦曰："此太狂妄，安危所系。"上曰："询何敢如此！兼云青唐人半有叛瞎征意，询何以得真实？"……布再对，上又曰："张询何敢尔，必是章惇令他如此举动。"布曰："众亦知其必出于惇……"上曰："必定是如此。然惇多与边吏以私书往还，数有人曾论以为不便。"……布曰："惇于边事大踊跃，又欲以此使询立奇功，而同列皆素不预议，功在惇与询两人而已。然行险侥幸，此岂可为？兼祖宗以来，中书、枢密院各有职事，及边事则必令二府同议同进呈，盖谨重也。故密院事稍大者，三省无不可照管，至三省事，则密院无由预闻。今起此等大事，乃欲以私书使边吏为之，而不使同列预议，未见其可。"上深愠之。①

八月壬寅，龙图阁直学士、知庆州孙路知熙州。四方馆使、吉州防御使、权鄜延路都钤辖苗履权熙河兰会路都钤辖、知兰州。

此后，章惇还是与边帅不时书信来往，密议边事，这主要是章惇

---

① 《长编》卷五〇一，元符元年八月壬寅条，第 11943—11944 页。

与曾布在边事问题上意见不合所致。曾布对哲宗言："章惇近于边事，凡有所欲为，知同列必不合，则必阴以书谕诸帅，令如其旨意经营奏请。……"①

元符二年（1099）十月，"章惇以夏人犯邈川，欲因此讨伐，遂灭夏国。"哲宗不听，曾布也持反对意见，曰："兵民劳敝，财用粮食俱缺乏"②。元符末，朝廷议弃青唐，曾布委过章惇。他说："章惇初与张询、王赡等阴造此事，后又与孙路交通，以此力主其议。……况朝廷以四海之大，所不足者非地土，安用此荒远之地？兼青唐管下部族有去青唐马行六十三日者，如何照管？兼生羌荒忽，语言不通，未易结纳，安能常保其人人肯一心向汉？……蔡卞素不知边事蕃情，又与惇议论多异，独于此助惇甚力，今日却无以处之。……"③可见，曾布初主张绍述，也鼓动哲宗开边，但在取得一定成效以后，热情趋减。尤其是为了和章惇、蔡卞争权，往往还阻挠开边活动的进行。十二月，尚书左丞蔡卞乞罢政，因不允，"卞寻视事如故"。④这主要还是蔡卞与章惇、曾布之间的矛盾所致。对于章惇、曾布、蔡卞之间的矛盾及其对政事的影响，早在元符元年十二月，右正言邹浩就论曰："臣观执政大臣，不务同心同德，以称陛下登用之意，其日久矣，而莫甚于今。故事无利害，人无忠邪，但某以为可者，某必以为不可，某以为不可者，某必以为可，可不可之论相持于上，而公是公非悉蔽于下。"⑤

这里有一个疑问：哲宗亲政以后，章惇、蔡卞、曾布之间的矛盾，使他们各自形成了三股势力。而哲宗在位的七年里，任命章惇为左仆射以后，没有再任命右仆射，章惇实际上处于独相的状态。哲宗是出于何种考虑这样安排的呢？我们以为哲宗独相章惇，大致有以下原因：一、与章惇率直、敢为的性格有关；二、与章惇的突出才干有关；三、与章惇对新法的坚守有关；四、是哲宗对章惇、蔡京、蔡卞、曾布等人选择权衡的结果。章惇率直、敢为。《宋史》卷四七一《章惇传》载："惇豪隽，博学善文。进士登名，耻出侄衡下，委敕而出。再举甲科，调商洛令。与苏轼游

---

① 《长编》卷五一三，元符二年七月己巳条，第12205页。
② 《长编》卷五一七，元符二年十月丙辰条，第12301页。
③ 《长编》卷五一八，元符二年十一月乙亥条，第12325页。
④ 《长编》卷五一九，元符二年十二月辛亥条，第12347页。
⑤ 《长编》卷五〇四，元符元年十二月庚子条，第12022页。

南山，抵仙游潭，潭下临绝壁万仞，横木其上，惇揖轼书壁，轼惧不敢书。惇平步过之，垂索挽树，摄衣而下，以漆墨濡笔大书石壁曰：'苏轼、章惇来。'既还，神彩不动，轼拊其背曰：'君他日必能杀人。'惇曰：'何也？'轼曰：'能自判命者，能杀人也。'惇大笑。"① 熙宁七年（1074），三司火，章惇奋勇当先，被任命为三司使。"三司火，神宗御楼观之，惇部役兵奔救，过楼下，神宗问知为惇，明日命为三司使。"②《东轩笔录》对此事记录较详。"熙宁七年，元绛为三司使，宋迪为判官，迪一日遣使煮药，而遗火延烧计府，自午至申，焚伤殆尽。方火炽，神宗御西角楼以观，是时，章惇以知制诰判军器监，遽部本监役兵往救火，经由角楼以过。上顾问左右，以惇为对。翊日，迪夺官勒停，绛罢使，以章惇代之。"③ 元祐元年（1086）闰二月，知枢密院事章惇因为争论免役法惹恼宣仁太后，守本官知汝州。"及惇与同列于帘前争论喧悖，有'他日安能奉陪吃剑'之语，太皇太后怒其无礼，乃黜之。"④ 李焘就此记载议论到：邵伯温《辨诬》云："蔡确既去，章惇自知不可留，于帘前与司马光争论役法，喧悖无礼，谓光曰：'后日安能奉陪吃剑！'太皇太后怒，惇以本官出知汝州。"按司马光正月二十一日在朝假，至五月十二日乃出，方惇责时，光未参假也。且密院与三省同进呈光差役文字，盖二月初，光此时安得至帘前？伯温必误。"奉陪吃剑"，或因争论改法，为光而发，非面与光语也。⑤ 但章惇敢为的性格、对新法矢志坚守的态度在此均体现了出来。绍圣年间的拓边战争中，作为宰相对边事的"干预"、与知枢密院曾布的争论；在对王安石的看法上与蔡卞的分歧以及大胆言论，及其平时在议政中对同僚的言语不逊等都体现了章惇率性而为的性格。这一点正是性格内向的哲宗所缺少和看重的。甚至可以这样说，哲宗之所以重用章惇，从心理上来说，就是看中了章惇的率直、敢为的性格，他可以弥补哲宗性格上的缺陷。前面提到，年幼即位和元祐年间的政治情势，以及大臣们"处心积虑"对哲宗的训导，养成了哲宗恭默、寡言、内敛的性格，但亲政以

---

① 《宋史》卷四七一《章惇传》，第 13709—13710 页。
② 同上书，第 13710 页。
③ （宋）魏泰撰，燕永成整理：《东轩笔录》卷五，载《全宋笔记》第二编（八），大象出版社 2006 年版，第 35 页。
④ 《长编》卷三七〇，元祐元年闰二月辛亥条，第 8934 页。
⑤ 同上书，第 8935 页。

后，他却要绍述熙丰，那么，就必须有一个强势干练的人当此大任来辅佐。蔡卞惟王安石是尊的做法并不合哲宗绍述神宗的心意，曾布的工于心计、过分关注权力的行为也是哲宗不喜欢的，而蔡京在元祐初年迎合司马光恢复差役法的投机行为，哲宗当然还是有看法的。这样看来，章惇是不二的人选。他的强势做派可以弥补哲宗性格的软弱，他对新法的执著适合哲宗绍述神宗事业，他在熙丰年间推行新法的作为证明他有足够的才干担当此大任。正是因为这些因素章惇才得独相七年，尽管哲宗对他也有不满，也利用他和曾布、蔡氏兄弟之间的矛盾牵制他。

第三章

蔡京的上台及崇宁、大观时期的政事与人事

第一节 绍圣、元符时期的蔡京

蔡京在元祐年间，与蔡卞一样，由于和王安石、蔡确等人的特殊关系，一直受到排挤，在地方任职。绍圣、元符时期，哲宗确立了绍述熙丰的政治方向，蔡京也得以重返中央。这期间，虽然蔡京、蔡卞与章惇、曾布之间有矛盾，但在恢复新法、打击元祐党人方面又有一致性。尤其是借着蔡卞的有力后盾和蔡京本人的才干和投机钻营，蔡京官职升迁很快，且网络了一批蔡氏势力。

一 参与恢复新法

不论各人动机如何，作为新党成员，恢复熙丰新政，是新党的共同作为。绍圣元年（1094）三月庚戌，龙图阁直学士蔡京权户部尚书，他所做的第一件事就是促成章惇复行免役法。免役法是王安石自认为比较成熟的新法之一，但元祐年间司马光执意将它废除，为此章惇和司马光在太皇太后高氏帘前争辩，惹恼太后，得罪而去。而蔡京当时希合旨意，五天内改开封府畿县雇役为差役之法，得到司马光的赞赏。这次章惇要恢复免役法，态度谨慎，"置司讲议，久不决"。而蔡京为了掩盖元祐迎合之迹，"谓惇曰：'取熙宁成法施行之尔，何以讲为？'惇然之，雇役遂定。"① 蔡京的如此举动，真可谓翻手为云，覆手为雨。人指其奸，不为过也。

熙宁年间，王安石变法的重点是理财，为了排除干扰，在宋神宗的支

---

① 《宋史》卷四七二《蔡京传》，第 13722 页。

持下，设置了制置三司条例司，作为制定、发布和推行变法措施的领导机构，由王安石亲自主持。由于这个机构权力过大，可以绕过中书行事，所以韩琦指责它为"中书之外又一中书"。绍圣元年七月壬戌，户部尚书蔡京言：

> 神宗皇帝熙宁之初，将欲有为于天下，得王安石而任之。于是置条例司，选天下英材，设官分职，参备其事；兴利补弊，功烈较著。元祐以来，天下用度，复以匮竭。美意良法，尽遭诋诬。在于今日，正当参酌旧例，考合得宜，以称陛下追述先志之意，以成足国裕民之效。①

蔡京请求如熙宁中置条例司故事，设立一个类似机构，"选通达事务之贤同共考究"。蔡京的这一提议并没马上实施，但新法却在不断恢复中。绍圣二年（1095）七月，蔡京请求恢复青苗法。他说熙宁年间青苗法实行的效果是："数年之后，取者云集，纳者辐至，天下仓库盈衍丰羡，而财不可胜用。"而元祐废罢以来，"向之所积支用殆尽"，②"今陛下绍述先志，将大有为，生财之道，无以易此。"③ 当时就恢复青苗法，颇有些良好建议，以革除以往实施中的弊端。如不立定额，不强抑配，取息要低等。淮南转运副使庄公岳言："勿立定额，自无抑民失财之弊。"朝奉郎郭时亮言："不课郡县定额，听民自便而戒抑配沮遏之弊。"右承议郎董遵言："青苗之法，乞岁收一分之息，给散本钱，不限多寡，各从人愿，仍勿推赏。其出息至寡，则可以抑兼并之家；赏既不可行，则可以绝邀功之吏。"奉议郎郑僅指出了青苗法实施中的用人不当。他说："青苗之法，其利济甚博，然而行法之吏不能尽良。故其间有贪多务得之扰，转新换旧之弊。此吏之罪，非法之过也。"④ 上述建议和看法，哲宗"诏并送详定重修敕令所"。可见在绍圣绍述之初，许多人还是怀着良好的愿望，从制度本身去考虑如何完善它。

然而，随着事态的发展，尤其是当许多纯粹的经济问题与政治联系起

---

① 《长编纪事本末》卷一〇〇《绍述》，第3192—3193页。
② 《长编纪事本末》卷一一〇《青苗》，第3588—3589页。
③ 《长编纪事本末》卷一〇〇《绍述》，第3196页。
④ 《长编纪事本末》卷一一〇《青苗》，第3589—3590页。

来后，事情就变得不那么简单，而是复杂起来了。在绍述熙丰、恢复新法的既定方针之下，不允许有异议，更不允许有反对的声音。如关于免役法，绍圣三年（1096）五月丙申，右正言①孙谔言："免役者，一代之大法。夫在官之数，元丰多元祐省，虽省，未尝废事也，则多不若省。散役之人直，元丰重元祐轻，虽轻，未尝废役也，则重不若轻。……"孙谔此言论，明显是在回护元祐，但以往事实告诉人们，全盘地恢复熙丰免役法，也未必全无弊端。但在绍述政治大气候的影响下，在个人政治利益的促使下，蔡京等人绝不会理性地对待任何不同意见。时任翰林学士、详定修敕令蔡京批驳曰："孙谔言役法，是欲申元祐之奸，惑天下之听。"结果"诏谔罢右正言，差知广德军"。② 按照曾布的说法，蔡京批驳孙谔的背后用意，乃是章惇、蔡卞欲罢孙谔言职，以庇护蔡氏之党蹇序辰等人。他们正是利用了哲宗对元祐政治的反感这一点。

二 极力稳固权位

蔡京在户部尚书任上一面恢复青苗、免役及坊场、河渡及其他一系列理财新法，以获取哲宗的信任，同时想方设法极力稳固其权位，壮大蔡氏势力。

（一）巴结外戚和宦官

结交外戚和宦官，是蔡京稳固其权位的一种手段。蔡京在担任户部尚书时，就与外戚向氏和宦官裴彦臣交结。范正平，范纯仁子。"绍圣中，为开封尉，有向氏于其坟造慈云寺。户部尚书蔡京以向氏后戚，规欲自结，奏拓四邻田庐。民有诉者，正平按视，以为所拓皆民业，不可夺；民又挝鼓上诉，京坐罚金二十斤，用是蓄恨正平。"③ 蔡京结交宦官裴彦臣，常安民曾予以揭露。《宋史》卷三四六《常安民传》载：

> 中官裴彦臣建慈云院，户部尚书蔡京深结之，强毁人居室。诉于

---

① 《皇朝编年纲目备要》卷二四，绍圣三年五月条，载孙谔为左正言。第595页。
② 《长编纪事本末》卷一〇〇《绍述》，第3198—3199页。
③ 《宋史》卷三一四《范纯仁传附正平》，第10293—10294页。（宋）范成大撰《吴郡志》卷二六《人物》载："范正平，字子夷，忠宣公次子。绍圣初，为开封尉。户部尚书蔡京结后戚向氏，欲展向氏坟，正平争以为民田，不可夺。京坐赎铜，由此恨之。"（中华书局编辑部编：《宋元方志丛刊》，中华书局1990年版，第889页。）

> 朝，诏御史劾治。安民言："事有情重而法轻者，中官豪横，与侍从官相交结，同为欺罔，此之奸状，恐非法之所能尽。愿重为降责，以肃百官。"狱具，惇主之甚力，止罚金。安民因论京："奸足以惑众，辨足以饰非，巧足以移夺人主之视听，力足以颠倒天下之是否。内结中官，外连朝士，一不附己，则诬以党于元祐；非先帝法，必挤之而后已。今在朝之臣，京党过半，陛下不可不早觉悟而逐去之。他日羽翼成就，悔无及矣。"

常安民当时为监察御史，上书的结果是被罢职，时为绍圣二年（1095）九月。相反，蔡京在绍圣二年十月，升为翰林学士兼侍读、修国史。① 绍圣三年（1096）七月，蔡京又为翰林学士承旨。（绍圣元年三月蔡卞为中书舍人，绍圣二年初，担任翰林学士，十月迁为尚书右丞、同知枢密院事。）②

陈师锡在徽宗初即位时，不仅揭露了蔡京与外戚、宦官的勾结，而且还上书太后。《宋史》卷三四六《陈师锡传》载：

> 徽宗立，召拜殿中侍御史。……蔡京为翰林学士，师锡言："京与弟卞同恶，迷国误朝。而京好大喜功，锐于改作，日夜交结内侍、戚里，以觊大用。若果用之，天下治乱自是而分，祖宗基业自是而隳矣。京援引死党至数百人，邓洵武内行污恶，缙绅不齿，岂可淟秽史笔？向宗回、宗良亦阴为京助。是皆国之深患……若出之于外，社稷之福也。"帝曰："此于东朝有碍，卿为我处之。"对曰："审尔，臣当具白太后。"遂上封事言："自昔母后临朝，危乱天下，载在史册，可考而知。至于手书还政，未有如圣母，退抑谦逊，真可为万世法。而蔡京阴通二向，妄言官禁预政，以诬圣德，不可不察也。"

结果，陈师锡"俄改考功郎中"。因抗言，"于是出知颍、庐、滑三州……"③ 可见，蔡京与外戚、宦官的交结，已然为稳固其政治地位和前途奠定了基础。

---

① 《长编纪事本末》卷一三一《蔡京事迹》，第4108页。
② 《长编拾补》卷十二，绍圣二年十月癸酉条，第486页。
③ 《宋史》卷三四六《陈师锡传》，第10973—10974页。

(二) 网罗蔡氏势力

蔡京不仅与外戚、宦官交结,以稳固其地位,而且注意网罗各种人物,为其所用,壮大蔡氏势力。如绍圣四年(1097)正月,哲宗下诏:黄履、蔡京、林希各举荐可充御史者一人。蔡京和林希共同推荐太学博士郑居中,郑居中与蔡京有间接姻亲关系,蔡京这一举动招致了其他人的反对。加上闰二月,蔡卞迁尚书左丞,蔡氏势力日益壮大,也引起其他人的不安。四月戊子,殿中侍御史陈次升论曰:"……谨按居中弟久中,故秘书省正字王雱之婿也。雱乃尚书左丞蔡卞妻之亲弟也。居中与卞系婚姻之家,又闻与中书侍郎许将、知枢密院曾布之家,亦联姻亲。今若令为御史,是废祖宗故事,若别与差遣,是孤寒之士无阶而进,其所引进者,执政之亲党耳。况居中、周穜、林自辈实为徒侣,惟事谄巧憸佞,士论所不与。……"① 陈次升的论奏似乎没起什么作用。六月丙申,哲宗又诏翰林学士承旨蔡京、翰林学士蒋之奇、权吏部尚书邢恕,各举监察御史二员。② 蔡京等推荐的人选被安置在台谏的位置上,实际上就是蔡京、蔡卞间接地控制了台谏。九月,因为星变,哲宗下诏求直言。奉议郎、权通判通远军李深上书,抨击蔡京、蔡卞对台谏的控制。他说:"比年蔡卞已执政,乃使其兄蔡京得荐台官,既被其兄之荐者,能不私其弟乎?况尝闻陛下命黄履、蔡京各荐可充御史者三人,而履所荐者二人,不召一人,虽召亦为监司而已。京之所荐三人皆召对,而二为御史,一为监司,四方瞻望,愿登蔡氏之门者,惟恐不及。"③ 李深并论章惇、蔡卞援引亲信之罪。他说宰相章惇兄章楶为泾原帅,章楶婿刘何摄事,章惇妹夫张询为熙河帅,章惇妻弟张赴为雄州帅,曾荐举过章惇的李参之子孙李冲、李延嗣分别为河北运判、淮东提举官。又说吕嘉问之子娶王雱之女,蔡卞娶王雱之妹,嘉问、蔡卞结为死党,嘉问骤迁为两制。蔡卞为安石婿,邓绾荐蔡卞于神宗,欲以媚安石。今邓绾之子洵仁、洵武同时召对,一为校书郎,一为提举官,洵武又兼为修史检讨。他还说蔡京之力能进退监司。④ 可见,虽因蔡卞升迁快,蔡京心里并不痛快,但蔡卞对兄长的提携一如既往。而且,兄弟联手,壮大了蔡氏势力。陈瓘云:"自京、卞用事以来,牢笼荐

---

① 《长编》卷四八五,绍圣四年四月戊子条,第 11521—11522 页。
② 《长编》卷四八九,绍圣四年六月丙申条,第 11602 页。
③ 《长编》卷四九一,绍圣四年九月己卯条,第 11669 页。
④ 同上书,第 11669—11671 页。

引天下之士，处要路得美官者不下数百千人。……若京去朝廷，则私门之士数百千人者，皆为朝廷之用矣。京在朝廷，则皆蔡氏之党也。"①

(三) 获取信任，影响施政

蔡京利用翰林学士承旨的便利身份，抓住哲宗求治心切的心理和内向的性格，对时政提出自己的看法，并且有意识地将哲宗说成一个圣明贤能的皇帝，获取信任。绍圣四年（1097）八月癸未，蔡京在奏对时，首先指出了哲宗仍然面临的难题。他说今日宗族是"服近而亲者，贵极富溢，骄奢淫佚，无所不为；疏而远者，身为白丁，下夷编户，有饥寒之忧"。官员是"员多阙少……奔竞之风扇，廉耻之道衰，人材以之乏，政事以之弛"。四民之业是"商不通……民未加富，俗未加厚"。接着又说以哲宗之圣明，任贤使能，解决上述问题，易如反掌，且可登尧舜之盛。并指出"夫以恩制义则九族可睦，以官任士则百姓可章，以利行商则万邦可和"。蔡京这番话，让心理长期压抑的哲宗备受鼓舞，信心大增，对他极有好感。后来蔡京入对垂拱殿，哲宗曰："孟子所谓非尧、舜之道不陈，卿是矣。朕何敢望尧、舜？"蔡京对曰："舜何人哉？有为者亦若是。高宗三年不言，陛下不言九年，过高宗远矣，此尧、舜之圣也。陛下志于尧、舜，则尧、舜不难到。"此番话语让一心想要有所作为的哲宗心旷神怡。接着，君臣二人又讨论宗族之事。哲宗曰："睦九族奚事？"蔡京曰："陛下之亲属，恩有不及，至于冻馁。前日户部勘犯酒事，有投军者二人，岂睦族之道？"哲宗恻然曰："俟谕章惇，令悉施行。"蔡京再拜谢曰："惇与臣异，必不能行。"② 看来蔡京与章惇的矛盾已明朗化了。

蔡京在获取哲宗信任的同时，尽量争取更多与哲宗面谈的机会，以对其施政发生影响。元符二年（1099）六月戊子，蔡京等言："臣等每缘职事请对，待次或逾旬日，方得瞻望清光，而文字遇有急速，深恐失事。伏望指挥下阁门，今后许翰林学士依六曹、开封府例，先次挑班上殿，仍不隔班。"从之。③ 这样，蔡京就有了更多的机会向哲宗奏事，实际上是获得了更多接触皇帝的机会，借此影响皇帝的决策，如对元祐政事的看法。八月癸酉，宰臣章惇、翰林学士承旨蔡京、大理少卿刘赓进呈新修海行敕

---

① 《宋宰辅编年录校补》卷十一，崇宁元年正月庚辰条，第 697 页。
② 《长编》卷四九〇，绍圣四年八月癸未条，第 11621 页。
③ 《长编》卷五一一，元符二年六月戊子条，第 12164 页。

令格式。当章惇取敕令格式一帙进读，其间有元丰所无而用元祐敕令修立的内容，哲宗就问章惇等人，"元祐亦有可取乎？"① 足见长期对元祐党人的打击，加上章惇、蔡京、蔡卞等人的影响，在哲宗内心对元祐政治是多么的隔膜和排斥。

（四）打击元祐党人

蔡京参与究治同文馆狱事，这是新党进一步打击旧党的一次政治行动。事件经过是：绍圣四年（1097）八月，太府寺主簿蔡渭上奏说其叔父蔡硕，曾经在邢恕处见文及甫元祐中给邢恕的一封书信，信中叙述了奸臣大逆不道的阴谋，文及甫是文彦博儿子，必定知道事情的原委。于是哲宗下诏翰林承旨蔡京、吏部侍郎安惇在同文馆置狱，共同究问此事。文及甫在信中发泄了对时任台谏官员刘挚的不满和牢骚。其中有"司马昭之心，路人所知"、"济之以粉昆，朋类错立，欲以眇躬为甘心快意之地"之语。文及甫曾经对蔡硕说，司马昭指刘挚，粉昆指韩忠彦，眇躬，是自称。文及甫怨恨刘挚，是因为他被除都司之职，遭到刘挚论列。刘挚又曾论文彦博不可除三省长官，故止为平章重事。文彦博致仕，文及甫自权侍郎以修撰守郡，后又为其母服丧，丧除，与邢恕书请补外，故有躁忿诋毁之辞。在案件调查过程中，文及甫改换了说法。以司马昭比刘挚如旧，眇躬乃以指哲宗，而粉昆乃谓指王巖叟面如傅粉，故曰"粉"，梁焘字况之，以"况"为兄，故曰"昆"，他指斥刘挚将谋废立，不利于上躬（即哲宗）。蔡京、安惇审问得到这一结果后，上言："事涉不顺，及甫止闻其父言，无他证佐，望别差官审问。"于是哲宗下诏中书舍人蹇序辰审问，仍差内侍一员同往。② 蔡京、安惇、蹇序辰等想借此诛戮元祐党人，然卒不得其要领，没有证据可以证明刘挚、梁焘等人有废立哲宗之阴谋。"会星变，上怒稍息，然京、惇极力锻炼不少置。既而梁焘卒于化州，刘挚卒于新州，众皆疑二人不得其死。"第二年五月，同文馆狱以"挚、焘据文及甫等所供言语，偶逐人皆亡，不及考验，明正典刑。挚、焘诸子并勒停，永不收叙"③ 收场。

---

① 《长编》卷五一四，元符二年八月癸酉条，第12209页。
② 《宋史》卷二〇〇《刑法二》，第4999—5000页。
③ 同上。

三 与章惇、曾布争权

打击元祐党人是绍圣、元符年间章惇、蔡卞、蔡京的统一行动，除此之外，为了达到独占权力的目的，蔡京也不放过任何削弱政敌的机会。元符元年（1098）三月，章惇、蔡卞请追废宣仁圣烈皇后，由于向太后和朱太妃的阻挠没有得逞。而在此前究治同文馆狱事时，曾牵涉出蔡确母明氏绍圣年间告刘挚谋反状事。当时中书侍郎李清臣将明氏呈状锁入柜中，没有进呈。元符元年七月，蔡京请求追究其罪。而蔡氏爪牙御史蔡蹈言："缘明氏所陈挚等奸逆，事体不细，不当置而不问。清臣欲盖挚等之奸，故无意进呈，惇与焘（安焘）、雍（郑雍）又庇清臣之私，曾不检举。"① 请求对章惇等人治罪。曾布很清楚蔡京的用心。曰："蔡京累年施行未尽，意正在惇尔。"②

元符三年（1100）正月己卯，哲宗去世，徽宗即位。在徽宗即位的问题上，章惇输掉了最大的政治资本。当宰臣、执政会集福宁殿的时候，皇太后向氏曰："邦家不幸，太行皇帝无子，天下事须早定。"这时章惇厉声曰："在礼律，当立同母弟简王。"皇太后曰："神宗皇帝诸子，申王虽长，缘有目疾。次即端王当立。"章惇又曰："论长幼之序，则申王为长；论礼律，则同母之弟简王当立。"皇太后曰："俱是神宗之子，岂容如此分别？于次端王当立。兼先帝尝言端王有福寿，又仁孝，不同诸王。"看到太后态度如此坚决、分明，知枢密院事曾布曰："章惇未尝与众商量，皇太后圣谕极当。"尚书左丞蔡卞曰："当依圣旨。"中书侍郎许将亦曰："合依圣旨。"③ 在这种情况下，章惇只有默然了。而这也就为其日后的贬黜埋下了伏笔。曾布因为在徽宗即位问题上率先发话，捞到了最大的政治资本，是最大的赢家。他借助徽宗的好感，开始为自己谋划布局。二月，以韩忠彦为门下侍郎。三月，因曾布、韩忠彦等荐言，以龚夬为殿中侍御史，陈瓘、邹浩为左、右正言。这些人都是章惇、蔡卞、蔡京的死对头。曾布将他们一一引入朝中，其用意很明显。徽宗因邹浩有弹击章惇文字，极力称赞。曾布对自己这盘棋似乎也很得意。曾布言："言路得人，政事之首，

---

① 《长编》卷五〇〇，元符元年七月庚子条，第 11922—11923 页。
② 同上书，第 11924 页。
③ 《长编》卷五二〇，元符三年正月己卯条，第 12357 页。

孰不鼓舞？但章惇、蔡卞不乐耳。"徽宗曰："卞今日殊无人色。"曾布曰：
"瓘、夬等久当进，为惇等所抑。卞无他，见不附己者，便恶之。"徽宗
曰："所谓妒贤嫉能也。"① 曾布早就多次对哲宗讲，蔡氏兄弟党羽布满朝
廷。在新皇帝即位之初，政治动向还不明朗之时，他抓紧时间、抓住机会
按自己的意图调整人事安排，想要尽快将政敌驱逐出朝廷。曾布第一个要
赶出去的是头号政敌蔡京。经过一番谋划，三月乙酉，翰林学士承旨蔡京
以端明殿学士兼龙图阁学士知太原府。具体操作过程是：

> 郭知章先除河东帅，韩忠彦私与曾布谋，欲留知章，使京代之。
> 黄履亦谓当然。于是同进呈。……忠彦遂言："知章初任帅，岂可付
> 以河东？河东须事体重曾作帅知边事者乃可往。"（曾）布曰："非不
> 知此，但无人可差，故且以知章充选。"蔡卞曰："自来须用曾经河北
> 作帅人。"布曰："旧例，须用故相及前两府。今近上从官如吴居厚、
> 安惇皆不曾作帅，蒋之奇新自边上召还。"忠彦曰："如此只有蔡京。"
> 上（徽宗）曰："如何？"布曰："若令京去，须优与职名。"章惇曰：
> "承旨自当除端明殿。"布曰："兼两学士不妨。"蔡卞曰："之奇曾经
> 边帅，莫亦可去？"许将曰："朝廷缺人，莫且教知章去。"上曰："且
> 教去。"将又曰："且教知章去。"布曰："不知圣旨是且教知章去，是
> 教京去？"上曰："蔡京。"布曰："如此，则批圣旨。"蔡京除端明殿
> 学士兼龙图阁学士、知太原府遂定。蔡卞曰："兄不敢辞行，然论事
> 累与时宰违戾，人但云为宰相所逐。"上不答。翌日，布再对，上谕
> 布曰："蔡京、张商英、范镗皆已去，只有安惇、刘拯、王祖道未
> 去。"布曰："言者稍举职，则此辈亦何可安也！"②

这段资料揭示了曾布联合韩忠彦利用章、蔡矛盾排挤蔡京的事实。也反映
出台谏势力的附庸性。

可惜曾布高兴得太早。四月戊戌，因为向太后的缘故，蔡京依前翰林
学士承旨。这个消息，对曾布无疑是当头一棒。当徽宗告诉他"太母疑蔡
京不当出，欲且留修史"时，曾布乃"力陈京、卞怀奸害政，羽翼党援，

---

① 《皇朝编年纲目备要》卷二五，元符三年三月，第622页。
② 《长编纪事本末》卷一二〇《逐惇卞党人》，第3725—3726页。

布满中外……若京留臣等必不可安位。此必有奸人造作语言,荧惑圣听"。徽宗云:"无他,皇太后但且欲令了史事,以神宗史经元祐毁坏,今更难于易人尔。"曾布云:"……若事变如此,善类皆解体矣。朝廷政事亦无可言者。"① 此话甚至有点威胁的意味。徽宗云:"但更于帘前说。"曾布不死心,"及至帘前,具以京事开陈,帘中毅然不可夺。"曾布云:"如此则臣决不可安位。"太后有些生气,云:"干枢密甚事。"曾布云:"君子小人不可同处。"太母云:"先帝时亦同在此。"曾布又假惺惺地说:"臣在先朝,尝有去意,今日以皇太后听政,皇帝践祚以来,政事皆合人心,臣以此亦欲勉强自竭。今事既一变,臣何可安。"太母云:"不变。只是教他做翰林学士,了却神宗国史。干枢密甚事?"曾布力陈未已,太母曰:"且奈辛苦。"乃遣之之语也。虽然曾布磨到"日色已晚",但太后还是没有松口。② 曾布煞费苦心、精心经营,最终却出现他意想不到的结果。其原因,一是向太后对蔡京的庇护和徽宗对向太后的妥协;二是徽宗本人倾向于继述之事。"时上未有逐京意,而京因草制得进见,数为上言继述事。上尝摇手示京曰:'朕尽解此,独母后之意未听。卿姑待焉。'"③

不过,此时虽然曾布逐出蔡京的愿望落空,但曾布对朝政的影响还是明显的。五月,在台谏官龚夬、陈瓘、任伯雨的弹劾下,尚书左丞蔡卞出知江宁府。蔡卞党羽比部员外郎董必知兴国军,新知无为军舒亶监潭州南岳庙。接着,左正言陈瓘上殿再论章惇,又论蔡京罪状。但徽宗以为蔡京与蔡卞不同。"陈瓘极论,乃稍然之。"④ 因韩忠彦、曾肇陈请,文彦博、王珪、吕大防、刘挚、韩维、梁焘、司马光、吕公著、孙固、傅尧俞、赵瞻、郑雍、王岩叟、范祖禹、赵彦若、钱勰、顾临、赵君锡、李之纯、吕大忠、鲜于侁、孔武仲、姚勔、盛陶、赵卨、孙觉、杜纯、孔文仲、朱光庭、李周、张茂则、高士英、孙升并追复,焘、挚比旧犹降一官。⑤ 六月丁未,又因陈瓘弹劾,诏邢恕可依前官守少府少监,分司西京,均州居住。⑥

---

① 《长编纪事本末》卷一二〇《逐惇卞党人》,第3726—3727页。
② (宋)曾布著,程郁整理:《曾公遗录》卷九,载《全宋笔记》第一编(八),大象出版社2003年版,第269—270页。
③ 《皇朝编年纲目备要》卷二五,元符三年四月,第625页。
④ 《长编纪事本末》卷一二〇《逐惇卞党人》,第3730页。
⑤ 《长编拾补》卷十五,元符三年五月甲午条,第597—598页。
⑥ 《长编纪事本末》卷一二〇《逐惇卞党人》,第3730—3731页。

然而，随着徽宗对蔡京的信任，曾布的影响力急剧下降。六月辛亥，殿中侍御史龚夬上殿论蔡京罪状，徽宗甚愠曰："夬所陈，皆曾布之语也。"龚原对曾布曰："得之外议，近习极不乐，有'无震主之功而有震主之威'之语。"范纯礼亦对曾布言："上有所涵蓄，恐撤帘后必更有所为。"① 八月乙未，因蔡京推荐，秘书少监邓洵武为国史院编修官。"给事中龚原、叶涛驳奏洵武不宜滥厕史笔，乃令中书舍人徐杰书读行下。"②

当然，章惇的处境更为不妙。章惇成为徽宗、曾布、蔡京等共同排挤的对象。七月癸酉，御史中丞丰稷、侍御史陈师锡弹劾章惇。甲午，左正言陈瓘又弹劾章惇。③ 九月，章惇罢左仆射，出知越州。接着，因为陈瓘及臣僚上言云"惇编类章疏，看详诉理，受祸千余家。凡士民暗昧言语，加以刀锯、钉手足、剥皮肤、斩颈、拔舌之刑"。于是责授章惇武昌节度副使，潭州安置。④

不过，蔡京刚刚上升的势头突然也受到了遏制。九月，陈瓘多次上疏弹劾蔡京奸状，御史中丞丰稷等揭露蔡京之恶。⑤《宋史》卷三二一《丰稷传》载："徽宗立，以左谏议大夫召，道除御史中丞。入对，与蔡京遇，京越班揖曰：'天子自外服召公中执法，今日必有高论。'稷正色答曰：'行自知之。'是日，论京奸状，既而陈瓘、江公望皆言之，未能动。稷语陈师锡等曰：'京在朝，吾属何面目居此？'击之不已，京遂去翰林……时宦官渐盛，稷怀《唐书·仇士良传》读于帝前，读数行，帝曰：'已谕。'稷为若不闻者，读毕乃止。"⑥ 尤其是蔡京交通近习之事，被陈瓘揭露。十月，蔡京罢，出知永兴军。

---

① 《长编纪事本末》卷一三〇《久任曾布》，第4062—4063页。
② 《长编纪事本末》卷一二〇《逐惇卞党人》，第3733页。
③ 《长编纪事本末》卷一二〇《逐惇卞党人》，陈瓘言："按章惇独掌政柄，首尾七年。随其喜怒，恣作威福。助尊私史则至于薄神宗，矜伐己功则至于累宣仁。乐于用兵，大开边隙。陕西之民怨矣，而进筑不已。内府之财竭矣，而辇运不休。忘祖宗积累之艰，轻朝廷根本之地。谓人之怨怒为当尔，谓天之谴戒为流俗。杀张天悦之徒以钳众口，广邹浩之狱以绝言路。天下震骇，人多白危。赖宗庙之灵，不廷不虞之变幸未发尔。哲宗一于委任何负于惇，惇负哲宗乃至于此。虽阴谋密计发于蔡卞，而力行果断实主之。用《春秋》诛恶之法则罪卞可也，任扶危持颠之责则非惇而谁？"（第3732—3733页。）
④ 《皇朝编年纲目备要》卷二五，元符三年十月，第634页。
⑤ 《长编纪事本末》卷一二〇《逐惇卞党人》，第3735页；（宋）李朴撰，燕永成整理《丰清敏公遗事》载：丰稷弹劾蔡京"外结后族，内事阉人，以固其宠"。（《全宋笔记》第二编（八），第137页）
⑥ 《宋史》卷三二一《丰稷传》，第10425页。

长安缺帅，上欲遣京，韩忠彦以为当遣。曾布曰："京之出，天下所同欲，自差河东，太后不胜其怒，臣自此不敢复启口。圣意如此，何幸如之。"上曰："昨只是太后怒，朕元不主张。近日陈瓘有言，因询其交通近习之状，却有简与裴彦臣，云且烦于太后前主张保全。朕昨逐冯说，亦只为京。"布曰："闻王诜尝向人说，既去却冯说，奈元长何？今闻圣谕，则此言不虚矣。京立朝如此，以理言之，何可使之善去！但以行迹东朝，且令补外亦可也。"①

蔡京被罢职，这对曾布来说，实在是件可喜的事。此前，九月甲申，资政殿学士、左谏议大夫、知江宁府蔡卞落职，提举洞霄宫，太平州居住。因附会章惇、蔡卞，杀戮无辜，宝文阁直学士、左中散大夫、知成都府路昌衡为司农少卿，分司南京；宝文阁直学士、中大夫、知郓州吕嘉问为光禄少卿，分司南京，光州居住。同样因党羽惇、卞，朝散大夫、龙图阁待制、河北都转运使张商英，朝奉大夫、龙图阁待制、知瀛州范镗，并落职。商英知随州，镗知滁州。② 这样，曾布最大的政敌被一一除去。韩忠彦迁尚书左仆射，曾布为尚书右仆射。

元符三年（1100）十月己未，徽宗下诏，略曰："朕于为政取人，无彼时此时之间，斟酌可否，举措损益，惟时之宜……无偏无党，正直是与，体常用中，祗率大体，以与天下休息，以成朕继志述事之美，不亦韪欤？……"③ 徽宗此诏意欲调和元祐、绍圣，这也是向太后的意思。向太后虽于七月还政，但对徽宗及朝政的影响依然存在。而多年的党争和朝政的纷纷，也引起一些士大夫的不满。九月初，陆佃就对当时的政风有所披露。④ 然而，权力之争不可能消失，言官对章惇、蔡京、蔡卞的论奏依然没有停止。十一月癸亥，蔡京知江宁府。庚午，因御史陈次升等弹劾，蔡

---

① 《皇朝编年纲目备要》卷二五，元符三年十月，第634页。
② 《长编纪事本末》卷一二〇《逐惇卞党人》，第3735—3736页。
③ 同上书，第3738—3739页。
④ 陆佃上疏曰："近时学士大夫相倾竞进，以求事为精神，以能讦人为风采，以忠厚为重迟，以静退为卑弱。相师成风，莫之或止，正ající救之，实在今日。神宗延登真儒，立法制治，而元祐之际，悉肆纷更。绍圣以来，又皆称颂。夫善续前人者，不必因所为，否者废之，善者扬焉。元祐纷更，是知废之而不知扬之之罪也；绍圣称颂，是知扬之而不知废之之过也。"（见《宋史》卷三四三《陆佃传》，第10919页。）

京落端明殿学士，提举杭州洞霄宫。蔡卞降为太中大夫，依旧太平州居住。辛未，陈次升又弹劾蔡卞。① 壬申，蔡卞降中大夫，移池州居住。② 令曾布没有想到的是，言官们在弹劾章、蔡的同时，也将矛头指向了自己。③ 而且罪名不轻。

建中靖国元年（1101）正月，向太后死。二月丁巳，因左正言任伯雨请正章惇"陛下即位，尚敢帘前公肆异议"之罪，章惇责授雷州司户参军员外置。任伯雨又疏蔡卞六大罪状。④

从徽宗即位到建中靖国元年六月，政治风向似乎不明朗。一方面旧党领袖人物生者被复职，死者被追复，新党领袖人物被贬黜；另一方面徽宗又下诏"为政取人，无彼时此时之间"。这其中，倾向旧党的向太后的影响至关重要。建中靖国元年七月，情况发生了变化，早有绍述志向的徽宗开始表明自己的政治立场。关于徽宗的绍述志向，蔡京《保和殿曲燕记》载：上（徽宗）曰："屡见哲宗道卿但为章惇辈沮忌，不及用。朕时年八岁，垂髫侍侧。一日，哲宗疑虑，默若有所思。问曰：'大臣以谓不当绍述，朕深疑之。'奏曰：'臣闻子绍父业，不当问人，何疑之有？'哲宗骇曰：'是儿有大志如此。'由是刘挚、吕大防相继斥逐，绍述自此始。"⑤ 七月壬戌，"上（徽宗）因言：'元祐中，诋毁先朝政事人多不详姓名，可

---

① 《长编纪事本末》卷一二〇《逐惇卞党人》，陈次升曰："蔡卞之与章惇，俱盗权先朝，为天下害。卞以阴险谋之，惇以凶悍行之，二人同恶相济，罪当均一。臣谓惇之凶暴，其害物止于一时；卞则又败坏道术，使不得归正；疑乱风俗，使不得为善。其害又留于万世也，卞之为害，实不在惇下。惇既以散官安置潭州，而卞则止于近地分司，适遂所欲，何名为谪？人心未服，公议未厌。"（第3740—3741页。）

② 《皇朝编年纲目备要》卷二五，元符三年十一月，第635页。

③ 元符三年十一月辛卯，侍御史陈次升弹劾曾布曰："……伏见右仆射曾布，性禀奸邪，心怀凶险。顷居枢府，阿顺宰臣。进用匪人，大开边隙。……自登宰席，独擅国权。轻视同僚，威福由己。进拔亲故，罗列京局，以为耳目。任用门人，置之台谏，以为心腹。……其子弟亦甚，招权交通宾客，其门如市。……兼布在绍圣初，实与蔡卞交结，遂申请乞用王安石日录修神宗皇帝国史，致史官观望，变乱事实，多誉安石之善，掩蔽神考之美。"（见（宋）陈次升《谠论集》卷三《奏弹曾布（第一状）》。文渊阁四库全书本，427册，上海古籍出版社1987年版，第357页。）

④ "一，蔡卞以宣仁有废立之意，乞追废为庶人；一，绍圣已来，窜逐臣僚，并是蔡卞诬罔；一，宫中厌胜事作，蔡卞乞请庭置狱，只差内官推治；一，编排元祐旧僚章疏，乃蔡卞议与塞序辰自编排，惇即奉行；一，邹浩以言事得罪，卞执奏乞治惑亲故送行之罪；一，塞序辰首建看详理诉之义，安惇助之，章惇迟疑未许，卞迫之，以此惇即日差官置局。凡此皆蔡卞谋之，章惇行之也。按卞阴狡险贼，恶机滔天；惇虽凶狠，每为制服，执政七年，门生故吏遍满天下。……"（载《长编纪事本末》卷一二〇《逐惇卞党人》，第3742—3743页。）

⑤ 《挥麈录》后录余话卷之一，第278—279页。

悉录来。'又言：'人才在外有可用者，亦具名进入。'又言：'张商英莫亦可使否？'"① 很明显，徽宗倾向了新党。面对徽宗态度的转变，曾布在作最后的挣扎，提出了两党党魁弃而不用的观点。曾布曰：

> "陛下欲持平用中，破党人之论，以调一天下，孰敢以为不然。而偏见异论之人各私其党，又有报复怨仇之意，纷纷不已。致圣意厌恶，此诚可罪。然元祐、绍圣两党，皆不可偏用。臣窃闻江公望尝为陛下言：'今日之事，左不可用轼、辙，右不可用京、卞。'缘此等人在朝，决不免怀私挟怨，互相仇害，则天下士类为之不安。士类不安，则朝廷亦不安矣。愿陛下深思熟计，无使此两党得志，则和平安静，天下无事，陛下垂拱而治矣。"上领之而已。②

按曾布的话说就是元祐旧党在这一年多的时间里纷纷扰扰，抱怨不已，让徽宗感到厌恶。曾布给其弟曾肇的书信中曰："上（徽宗）践祚之初，深知前日之弊，故尽收元祐窜斥之人，逐绍圣之挟怨不逞者，欲破朋党之论，泯异同之迹，以调一士类。而元祐之人，持偏如故，凡论议于上前，无非誉元祐而非熙宁、元丰，欲一切为元祐之政。不顾先朝之逆顺，不恤人主之从违，必欲回夺上意，使舍熙、丰而从元祐，以遂其私志，致上意愤郁，日厌元祐之党。乃复归咎于布，合谋并力，诡变百出，必欲逐之而后已，上意益以不平。"③ 曾布之所以提出两党皆弃不用的观点，主要有两方面的考虑，一是替自己着想，想趁此稳固其权位。曾布觉得，只有将这两党的领袖人物都排挤出去，自己的地位才会牢固。他给其弟曾肇讲了一套官场哲学："布自熙宁立朝，以至今日，时事屡变，惟其不雷同熙宁、元丰之人，故免元祐之祸；惟其不附会元祐，故免绍圣之中伤，坐视两党之人，反覆受祸，而独泰然自若。其自处亦必粗有义理，以至处今日风波之中毅然中立。"④ 曾布似乎对自己这套处世哲学很自信。"每自谓存心无愧于天，无负于人……元祐及惇、卞之党亦何能加祸于我哉？……"⑤ 二

---

① 《长编纪事本末》卷一三〇《久任曾布》，第4067页。
② 同上书，第4067—4068页。
③ 同上书，第4069—4070页。
④ 同上书，第4070页。
⑤ 同上书，第4070—4071页。

是对多年新旧两党无休止政争的清楚认识。曾布自熙宁二年（1069）参与王安石新法，至建中靖国元年（1101）的三十多年，亲身经历和见证了自变法以来的风风雨雨和人事变迁，对元祐、绍圣以来的新旧党争的残酷性有深切体会。所以他极陈"元祐、绍圣两党奸恶，皆不可令得志。使轼、辙、京、卞在朝，则更相报复，无有穷已，天下无安静之理；兼人亦不知威福在人主，但宰相一易则非，其党类皆受祸矣，如此岂朝廷之福"①！徽宗深表赞同。曾布又言："祖宗时异论之人未尝深贬责，自元祐、绍圣更相抱怨，而朋党之祸成矣。此不可不戒也。"曾布认为徽宗的"持平用中，破朋党之论，以调一中外"的思想是"太平之象也"。大家也都莫不以为然。陆佃叹曰："如此，则天下无事，真太平之效也。"② 然而，徽宗最终还是从建中靖国走向了崇宁。

第二节　从建中靖国到崇宁

从元符三年（1100）正月徽宗即位到建中靖国这两年的时间里，北宋朝政处于震荡之中，向太后去世之前，倾向元祐的政治动向十分明显；而之后，徽宗将北宋政治的方向又拉回到崇尚熙宁的轨道。

一　宋徽宗即位的偶然性

宋徽宗的即位，有很大程度的偶然性。除了哲宗早逝、无子这些因素以外，各种政治势力的角逐与平衡，特别是向太后的感情偏向最终将他推向了皇帝宝座。

从宋徽宗即位的过程中，我们可以清楚地看到后宫中向太后和朱太妃之间的矛盾，看到外朝宰执和内宫宦官在皇位继承上的矛盾，也可以看到宰执（主要指新党）之间的矛盾。正是这几种矛盾交织促成了徽宗的即位。③

宰相章惇绍圣元年的复起与朱太妃有一定关系，为了报答知遇之恩，在皇位继承上他力挺朱太妃亲子、哲宗亲弟简王。宦官梁从政曾侍奉神

---

① 《长编纪事本末》卷一三〇《久任曾布》，第4071页。
② 同上书，第4071—4072页。
③ 《曾公遗录》卷九，第259—260页。

宗，与朱太妃关系也较密切，所以也倾向于简王，且和章惇达成了默契。但章惇和蔡卞、曾布之间权力争夺形成的尖锐矛盾，使章惇在皇位继承这一关键问题上相当孤立，最终几乎是曾布反戈一击式的举动和向太后的决绝态度促成了徽宗的即位。我们来看当时的情形：

> 太后坐帘下，微出声发哭，宣谕云："皇帝已弃天下，未有皇子，当如何？"众未及对，章惇厉声云："依礼典律令，简王乃母弟之亲，当立。"余（指曾布）愕然未及对，太后云："申王以下俱神宗之子，莫难更分别。申王病眼，次当立端王，兼先皇帝（指神宗）曾言：'端王（指徽宗）生得有福寿'……"余即应声云："章惇并不曾与众商量，皇太后圣谕极允当。"蔡卞亦云："在皇太后圣旨。"许将亦唯唯，夔（指章惇）遂默然。①

我们再来看事后曾布、向太后的回忆：

> 太母云："先帝养成他（指章惇）大胆，只是疲赖。……他初作相时，是蓝从熙去宣召，从熙是圣瑞阁中人，说与惇云：'此命皇太妃之力为多，将来何以报答？'昨先帝病危，圣瑞曾云：'只十二哥是姐姐肚皮里出来，你立取十二哥即稳便。'先帝自此气不复语。"……②

这条资料说明了朱太妃和章惇关系的密切，以及朱太妃为谋求简王继位所作的努力。当时情势的紧张，以下资料可证：

> 太母（指向太后）云："从政是神宗任使之人。昨见大行疾已不可，遂呼他问云：'官家如此，奈何？'从政云：'但问章惇。'寻便疑之，却问他云：'惇若说得未是时，如何？'从政云：'他是宰相，须是。'……及见惇所陈，似相表里，极可惊怪。"上（指徽宗）亦谕云："从政安排圣瑞椅子在寝阁前，太后惊，不觉身旋转，良久乃

---

① 《曾公遗录》卷九，第212—213页。
② 同上书，第247—248页。

定。"……太母云:"……上云安排椅子事,亦不是椅子。大行疾既不可,从政尽取圣瑞从物妆具之类,置福宁寝閤前,见他如此后便惊,不觉旋转数遭。"①

看来,外朝宰相章惇、内廷宦官梁从政和朱太妃里应外合,力求一举为简王拿下皇位。很可惜,功亏一篑,章惇与曾布、蔡卞之间的矛盾,让两人在最危急最关键的时刻,都站在了章惇的对立面。

作为向太后,不论出于何种考虑,起初,她对待哲宗生母朱太妃不薄。②但她们之间似乎有着很深的隔阂,也许是朱太妃对自己的处境心有不满。哲宗病重期间,朱太妃一次次的过急之举,让向太后厌恶并感到了威胁,这可能更坚定了她执意立端王而不立简王的决心。李焘引蔡惇《直笔》云:

> (哲宗)至元符三年正月十三日暴崩。偶钦圣宪肃皇后(即向太后)在侧,钦成(即朱太妃)继至,乃号叫哲宗求一言,已不应。钦圣遂曳退曰:"他已说与我了。"徐问其言,钦圣乃曰:"叫我后要立端王。"钦成俛首而去。③

端王为帝,其母早死,向太后地位丝毫不受威胁,甚至端王必感恩戴德,其地位会更加稳固。如此考虑,向太后自然会择立端王为帝。再者,端王幼时向太后就对其疼爱有加。其母陈氏去世时,端王也只有三岁的样子,也许是这个缘故,向太后对其多有照顾,感情上较偏向端王,端王对她也较依赖。在向太后心目中,端王优秀与诸子。她曾说:"上(徽宗)聪明,莘(莘)王以下皆不及。""上性仁慈,见打人亦怕。"④"官家(指徽宗)性勤笃,必似得神宗。"⑤ 端王在向太后面前也一贯谦恭孝顺。封王后,母子关系更是非同一般地亲密。《宋史·后妃传下》载:"(郑)后本钦圣

---

① 《曾公遗录》卷九,第259—260页。
② 参见《宋会要辑稿》后妃一之十五;后妃一之十六。《宋史》卷二四三《后妃传下》,第8631页。
③ 《长编》卷五二〇,元符三年正月己卯条,第12362页。
④ 《曾公遗录》卷九,第221页。
⑤ 同上。

殿押班，徽宗为端王，每日朝慈德宫，钦圣命郑、王二押班供侍。及即位，遂以二人赐之。"① 正是这不同寻常的关系，让向太后关键时刻坚持己见，绝不让步，立端王为帝。"帝仓卒晏驾，独决策迎端王。章惇异议，不能沮。"②

按上引蔡惇《直笔》所记向太后的说法，哲宗弥留之际明确表示了立端王为帝的意思，这显然是向太后对朱太妃说的谎言。因为真要那样的话，章惇岂敢有异议?! 向太后根本就不需要和章惇争辩了。更重要的是，向太后和章惇争辩并没有提到哲宗遗命，而只是说："……申王病眼，次当立端王，兼先皇帝（指神宗）曾言：'端王生得有福寿'……"可见，哲宗确未对向太后留下什么遗言。这是徽宗挥之不去的心头隐痛，他要替自己辩解和洗刷。蔡京《保和殿曲燕记》记载了宣和元年（1119）九月的一次宫廷宴会。宴会上，徽宗曰："屡见哲宗道，卿（指蔡京）但为章惇辈沮忌，不及用。朕时年八岁，垂髫侍侧。一日，哲宗疑虑，默若有所思，问曰：'大臣以谓不当绍述，朕深疑之。'奏曰：'臣闻子绍父业，不当问人，何疑之有？'哲宗骇曰：'是儿有大志如此！'……"③ 正因为徽宗继位无哲宗遗命，所以他才要说哲宗很欣赏自己（既然最欣赏自己，当然也会传位于己），想以此说明自己继统的合法性。如果真有遗命，哪里还用说这些，只一句话："受先皇帝之命继位"就够了。至于蔡京为什么要记这个，是因为他充分领会到了徽宗之意——就是要告诉天下所有人：哲宗是非常欣赏徽宗的，徽宗继哲宗立是理所当然的，不是来自阴谋夺取的。

这里还须提及，也许是哲宗的健康状况不佳，长期疾病缠身，宋徽宗在哲宗在世时就有过觊觎皇位之心。有两条资料为证。《宋史·郭天信传》载：

> 郭天信字佑之，开封人。以技隶太史局。徽宗为端王，尝退朝，天信密遮白曰："王当有天下。"既而即帝位，因得亲昵。④

《铁围山丛谈》载：

---

① 《宋史》卷二四三《后妃传下》，第 8639 页。
② 同上书，第 8630 页。
③ 《挥麈录》后录馀话卷之一，第 276—279 页。
④ 《宋史》卷四六二《郭天信传》，第 13525 页。

> 太上皇帝端邸时多征兆，心独自负。一日呼直省官者谓之曰："汝于大相国寺迟其开寺，时持我命八字往，即诣卦肆，遍问以吉凶来。第言汝命，勿谓我也。"直省官如言……末见一人，穷悴蓝缕，坐诸肆后。试访，曰："浙人陈彦也。"直省官笑之屯勉，又出年命以示彦。彦曰："必非汝命，此天子命也。"直省官大骇，狼狈走归，不敢泄。翌日，还白端王。王默然，因又戒访："汝迟开寺，宜再一往见。第言我命，不必更隐。"于是直省官乃复见彦，具为彦言。彦复咨嗟久之，即借语顾其省官曰："汝归可白王：王，天子命也。愿自爱。"踰年，太上皇帝即位，彦亦遭遇，后官至节度使。①

在确定了由端王即位，而本人还未到场的片刻，曾布表现极有意思。他对梁从政等曰："适来帘前奏对之语，都知以下无有不闻。"又对押班冯世宁等云："总闻得。"又谓："端王至便当即位，帽子御衣之类必已具。"从政曰："已有。"② 不难看出曾布的那种兴奋、热衷和轻松。

二 宋徽宗即位初新党内部的权力争夺

宋徽宗即位的偶然性，使其心理并不踏实，故"请皇太后权同处分事"。这样就出现了长君在位情况下特殊的太后垂帘体制。宋徽宗之所以这样做，除了如张邦炜所说"徽宗即位之初处境孤立，施政方针准备不足"以外，当还有另一因素，就是徽宗投桃报李：向太后助徽宗取得帝位，故徽宗让渡出部分权力，使向太后取得特殊的垂帘帝位。这一不同寻常之举，使"从政等色皆骇愕"。然而，对徽宗来说，此举只不过是借助向太后这张王牌，消除异议、维护权力、稳固自身地位的政治策略而已。曾布云："皇帝践阼，内外皆有异意之人，上识虑高远，以此坚请太后同听政，不然，谁冀与为助者？"太母云："诚如此。非皇太后谁助之者？上拜却无数，至泪下，以至勉从他所请。"③ 徽宗请向太后"出山"垂帘，并不是发自内心地、真心实意地要太后预政。作为政治家的曾布，对徽宗

---

① 《铁围山丛谈》卷三，第41—42页。
② 《曾公遗录》卷九，第213页。
③ 同上书，第248页。

的这种心理了解得很透彻,所以在向太后以何种形式处分政事上,曾布迎合徽宗,提议如治平故事。曰:"章献时仁宗方十三,宣仁时大行方十岁,陛下岂可坐帘中!""上(徽宗)甚悦,云'事体虽当,然且更禀皇太后圣旨。'"① 最后按拟定的规矩执行。这让徽宗很满意,并主动提出"皇太后只有宗回、宗良二弟,当优与推恩。"当曾布又言"朱伯材、任瑜恐亦当迁,绍圣初迁两官"时,徽宗云:"不同,且近后。"② 徽宗在这件事情上的做法,让我们看到了其应对时局的机敏。建中靖国元年(1101)正月向太后死,"帝追念不已,乃数加恩两舅,宗良、宗回,皆位开府仪同三司,封郡王。而自敏中以上三世,亦追列王爵,非常典也。"③ 可见,徽宗不论向太后生前身后,都没有忘记报答其拥立之恩。当然,这也给世人树立了一个仁厚的新君形象。

新皇帝即位,是极其敏感的政治事件,往往也是政治风向转变的契机。在这紧要关头,各派政治力量、各类政治人物便均使出浑身解数,都希望由自己来掌控未来政治的动向。就新党而言,他们担心哲宗时代的政策被改变。延续神、哲事业,乃是头等大事。

> 初,元符三年正月,章惇对皇太后(向太后)曰:"神宗留意政事,更张法度为万世之利。"蔡卞曰:"臣等皆神宗拔擢,唯谨守神宗法度所以报德。皇太后必尽知神宗政事本末。"惇又曰:"神宗政事如此,中间遭变乱,可为切齿。"太后亦叹息。曾布白上(徽宗)曰:"陛下践祚之初,中外观望。凡号令政事,进退人材,不可不审。"及至帘前,又以此奏。章惇曰:"第恐有人援引诋毁先帝之人,望皇太后主张照察。"④

这情形,与元祐末高太后去世前后,旧党对朝政走向的担心如出一辙。然而,新党内部绍圣、元符以来业已存在的,曾布与章惇、蔡卞、蔡京之间的矛盾,和激烈的权力争夺,使他们在继述神、哲事业方面并不能达成一致。蔡卞云:"天下大计已定,唯是先帝法度、政事当持守。"明确提出了

---

① 《曾公遗录》卷九,第217页。
② 同上书,第220页。
③ 《宋史》卷二四三《后妃下》,第8630页。
④ 《宋宰辅编年录校补》卷十一,徽宗元符三年九月辛未条,第669页。

政策的延续性,也就是按照神、哲时期的政策办事。曾布云:"事止有是非,若所持守于公议为是,孰敢以为不然者。"① 言外之意是,若所持守于公议为非,则不然。显然曾布与蔡卞观点不同。在人物进退上,韩忠彦作为旧党领袖,元祐年间主张弃地,绍圣年间又反对开边,所以,章惇是反对用韩忠彦的。章惇云:"忠彦若在朝廷,亦做边事不得。"但章惇在政治决策中的影响力已微乎其微,在他反对任用韩忠彦的同一天,韩忠彦除吏部尚书,李清臣礼部尚书,黄履资政殿大学士兼侍读。陆佃吏部侍郎,郭知章工部侍郎,曾肇中书舍人,龚原秘书监兼侍读。② 对这一除命,曾布的反应与章惇不同。发布任命的第二天,曾布对徽宗曰:"陛下昨除忠彦八(七)人,市雕印出卖,谓之快活差除。"③ 元符三年(1100)二月,曾布又对徽宗曰:"陛下践祚之初,号令政事,无不深合人望。及韩忠彦等除命一出,中外翕然称颂圣德。凡此等人,皆久当收召,但以三省所不悦,故未得召还。若非陛下特降诏旨,令密院参议,则忠彦等姓名无由上达。"④

曾布不仅在政事和人事方面与章惇、蔡卞意见不同,而且,为了搬掉自己专权路上的绊脚石,极力排挤章惇、蔡卞。在排挤章惇方面,曾布采取各种手段,但最主要最狠的手段莫过于看准徽宗、向太后对章惇的不满而攻击之。曾布和向太后有一段对话:

> 曾布云:"章惇怕臣于帘前独对,不知何意?况惇于定策之际,已是失言,不知恐惧,又于皇太后礼数上辄行更改,一无所畏惮,太大胆。"太母云:"先帝养成他大胆,只是疲赖。当时曾于帘前议立先帝,以此一向大胆,无所畏惧。他初作相时,是蓝从熙去宣召,从熙是圣瑞阁中人,说与惇云:'此命皇太妃之力为多,将来何以报答?'昨先帝病危,圣瑞曾云:'只十二哥是姐姐肚皮里出来,你立取十二哥即稳便。'先帝自此气不复语。"曾布云:"此语惇何以得知?"太母云:"必是从熙。"曾布云:"若如此,罪尤不可胜诛。"太母云:"诛戮有余!事在里……"⑤

---

① 《长编》卷五二〇,元符三年正月庚辰条,第12368页。
② 《长编》卷五二〇,元符三年正月乙未条,第12387页。
③ 《宋宰辅编年录校补》卷十一,徽宗元符三年二月庚申条,第660页。
④ 同上书,第660—661页。
⑤ 《曾公遗录》卷九,第247—248页。

向太后和哲宗生母朱太妃之间有矛盾，对于倾向朱太妃的章惇当然不满，加上在徽宗继位问题上的争端，向太后对章惇的不满更为强烈。曾布就是利用这一点，多次在向太后面前说章惇的坏话。蔡卞也对章惇落井下石。元符三年（1100）二月庚戌，当曾布再次在徽宗面前抱怨章惇令三省、密院同奏事时，蔡卞云："章惇岂止此事不商量，于定宗庙社稷大计，亦不与众人商量便启口。"① 二月戊午，曾布又在徽宗面前说了许多章惇的不是，如用人不当，处置元祐人过当，尤其又提到帝前和向太后争徽宗继位事。② 这更增加了徽宗和向太后对章惇的不满甚至切齿。三月，曾布至向太后帘前，因言："朝廷之上，唯是邪正是非分明，则君子小人各得其所。"太后咨嗟久之曰："惇等误先帝处多。"曾布曰："只如言宣仁及大臣有倾摇废立之意，以激怒先帝，恐无以取证，遂云神宗非宣仁所生。"太后曰："如此教先帝怎生不恶？"曾布曰："先帝所以切齿元祐之人，正为此尔。此事莫如皇太后知其虚实。"太后曰："无此事。"③ 三月辛巳，曾布和徽宗、向太后议定，等章惇出使山陵使回来，就以劳苦为名，罢章惇。而目前要做的事就是，等新任言官就职以后，马上让他们弹劾蔡卞，促使其罢职。"卞既去，惇亦不能害政矣。"④ 当日，徽宗言："安惇上殿，欲率台中击章惇，且云俟祔庙后。朕答云：当击，何禀之有？亦白太后以先逐蔡卞之议，太后深然之。"⑤ 由此可见徽宗和曾布斥逐章惇的迫切心理，和安惇一类人的投机行为。癸未，曾布因左膺没有弹劾章惇，很是不满，责备道："国事无大于惇，而此辈无一言，如此则大臣更为奸恶，何所赖于言者。"⑥ 当曾布将一些反对章惇、蔡卞的人安置到台谏的位置上后，这些人就成了弹劾章惇、蔡卞的急先锋。先是左正言陈瓘对章惇的弹劾，陈瓘言章惇"独宰政柄，首尾七年，随其喜怒，恣作威福。助尊私史，则至于薄神考，矜伐己功，则至于累宣仁。乐于用兵，大开边隙……斥公论为流俗，以献忠为诽谤。杀张天悦之徒，以钳众口，广邹浩

---

① 《曾公遗录》卷九，第249页。
② 同上书，第252—253页。
③ 《宋宰辅编年录校补》卷十一，徽宗元符三年九月辛未条，第669—670页。
④ 《曾公遗录》卷九，第260页。
⑤ 《宋宰辅编年录校补》卷十一，徽宗元符三年五月乙酉条，第667页。
⑥ 《曾公遗录》卷九，第261页。

之狱，以绝言路。天下震骇，人多自危。虽阴谋密计，发于蔡卞，而力行果断，惇实主之。然则卞为谋主，惇乃罪魁，理不可赦……"① 七月，御史中丞丰稷、侍御史龚夬等又弹劾章惇。② 而曾布曰："惇、卞误朝廷，举措非一。如贬窜元祐人过当，虽以诋訾政事为言，其实多报私怨……"③ 又言章惇拓边之罪。④ 在曾布等人集中炮轰下，尤其是在陈瓘将哲宗灵柩"陷于泥泞，逾宿而行"作为章惇罪状时，徽宗便以冠冕堂皇的理由罢免了章惇。徽宗曰："朕不欲用定策事贬惇，但以扈从灵驾不职坐之。"⑤ 元符三年（1100）九月辛未，章惇罢左仆射，依前特进知越州。制词乃翰林学士承旨蔡京所作。因制词有"参陪国是之论"之语，陈瓘又将矛头指向了蔡京，最终蔡京出知永兴军。

由于陈瓘再论对章惇处罚太轻，门下侍郎李清臣也落井下石，新知越州章惇责授武昌军节度副使、潭州安置。李清臣，字邦直，娶韩琦兄之女为妻。元祐年间反对废除熙宁、元丰法度，罢为资政殿学士、知河阳，徙河南、永兴，改知真定府。哲帝亲政，拜中书侍郎，主张绍述。独掌中书期间，觊觎相位。章惇入相，李清臣大失所望，"复与为异"。后因别人诬陷谋反，以大学士知河南，寻落职知真定府。徽宗即位，再入为门下侍郎。"仆射韩忠彦与之有连，惟其言是听。"李清臣"起身穷约，以俭自持，至富贵不改。居官奉法，毋敢挠以私。然志在利禄，不公于谋国，一意欲取宰相，故操持悖谬，竟不如愿以死"⑥。李清臣就是因为没有当上宰相，对章惇心怀怨恨，所以他弹劾章惇为相"不念体国，其所以开导上

---

① 《宋宰辅编年录校补》卷十一，徽宗元符三年九月辛未条，第668页。
② 丰稷等言："……哲宗亲政，召章惇为宰相，用群小合奸谋害元祐忠贤司马光、吕公著等，变乱神宗法度，谓之不忠，不能绍述，谓之不孝，以此激怒先朝。惇以光等变乱神考法度不足为深罪，又编类臣僚章疏，择其切直不讳之言与夫陈乱世以讽今者，谓之指斥。惇又以章疏语言不足为大恶，又持文及甫、邢恕之私言，辄诬光等谋废立为不轨。无状可案，无迹可寻，无证佐可明，惇一切以意为之。按惇当国七年，窃持威柄，祸福天下，勇于害贤，敢于杀人，临大变，计大事。包藏阴谋，发为异议。陛下尚优容之乎？"侍御史龚夬言："惇昨在元祐间废弃不用，及绍圣初擢任元辅，乃阴怀私忿，专报仇怨。及其甚也，诬人以悖逆之罪，俾其朽骨衔冤于地下，子孙禁锢于炎荒，天下忠臣谊士，愤闷而不敢言。"（载《宋宰辅编年录校补》卷十一，徽宗元符三年九月辛未条，第670页。）
③ 《宋宰辅编年录校补》卷十一，徽宗元符三年九月辛未条，第670页。
④ "青唐之事，全是章惇力主此议，至今狼狈，了当不得。及瞎征、陇拶出降王赡，入据青唐，惇更不与三省密院共议，即具札子，乞率百官称贺。御批依奏，遂建鄯、湟州。哲宗亦深以此举为悔。"（见《宋宰辅编年录校补》卷十一，徽宗元符三年九月辛未条，第670—671页。）
⑤ 《宋宰辅编年录校补》卷十一，徽宗元符三年九月辛未条，第671页。
⑥ 《宋史》卷三二八《李清臣传》，第10564页。

听者，莫非忮忍杀伐之事。以己之平日仇怨，或托谤讪宗庙，或称谋危上躬，窜逐南方，投之死地……又因编类章疏，看详诉理，受祸者一千余家。自古奸臣，少悖比者……"① 章惇遂责散官安置。中书舍人徐勣所作责词相当严厉。② 建中靖国元年（1101）二月，由于任伯雨等人的弹劾，诏武昌军节度副使、潭州安置章惇责授雷州司户参军，员外置。按照曾布的意思，"即须过海"。徽宗大笑曰："只教这下。"③ 遂以雷州司户处之。崇宁四年（1105）十一月，舒州团练副使、湖州居住章惇卒。章惇之所以被贬出朝，而且一贬再贬，尽管有曾布、蔡卞等人的极力排挤，有台谏官员弹劾列举的种种罪恶，但他反对徽宗继统，实为最根本的原因。

曾布不仅要排挤章惇，对蔡卞、蔡京也不放过。但徽宗、向太后对蔡卞、蔡京的态度却不一样。元符三年（1100）三月丙戌，曾布和韩忠彦、黄履商量好，要逐出蔡京。他们想以代郭知章为名，除蔡京端明殿学士兼龙图阁学士、知太原府。也许是蔡京提前得到了消息，"丁亥，旬休。蔡京以急速公事乞对，令赴后殿"④。这次奏对，改变了蔡京除知太原府的决定。四月戊戌，曾布听到了他极不愿听到的消息：蔡京出知太原府的任命搁浅。曾布虽力争，但无济于事。反而惹向太后不高兴，说"干枢密甚事"，"且耐辛苦"。五月壬午，曾布又对徽宗说"（蔡）卞之去固已定，然外议皆以（蔡）京进为忧"。但"上默然"。⑤ 曾布又说"此事须圣意先定，若京进，则言者必决去就，此时却恐难处"。蒋之奇也帮着说话，但"上亦皆不答，色若有所难言者"⑥。

对蔡卞动辄以神宗说事，徽宗和向太后均不满意。三月，除上官均、孙谔任台谏官，蔡卞言上官均元祐中诋毁神宗政事，不一而足。徽宗很不高兴，对曾布说："渠（蔡卞）但所不喜，即以诋毁神宗为言。"⑦ 四月戊

---

① 《宋宰辅编年录校补》卷十一，徽宗元符三年九月辛未条，第672页。
② 制曰："依势作威，法所不赦；怀谖迷国，罪何可逃？用为去恶之刑，以谨为臣之戒。具官章惇处心忮忍，赋性阴邪。凡陈开导之言，无非杀伐之事。阴挟仇怨，妄肆中伤。或称谋危上躬，或托谤讪宗庙。摈除禁近，视若孤豚；排斥缙绅，弃如断梗。投之荒裔，肯使生还！杀戮无辜，道路以目。乖气致异，连年靡宁。自古奸臣，未有尔比。"（见《宋宰辅编年录校补》卷十一，徽宗元符三年九月辛未条，第671—672页。）
③ 《宋宰辅编年录校补》卷十一，徽宗元符三年九月辛未条，第674页。
④ 《曾公遗录》卷九，第265页。
⑤ 同上书，第300页。
⑥ 同上书，第301页。
⑦ 同上书，第267页。

申，曾布谈到蔡卞门下士布满中外，如刘拯、蹇序辰、吕嘉问之徒，皆其上客，气焰不可向迩。① 还说了蔡卞许多坏话，向太后最后表态："蔡卞如此，先贬黜不妨。"② 丁未，曾布独对，徽宗云："封事已百余轴，尽言章惇。惇于定策之际，罪恶固不待言；蔡卞阴狡害政，绍圣以来，伤害人物多出于卞，其罪更大于惇。"③ 后一日，徽宗云："言惇、卞者已二三百轴。"④ 可见，曾布新任的台谏官已发挥了作用。五月乙酉，蔡卞罢尚书左丞，为资政殿学士知江宁府。制曰："具官蔡卞顷以文学，被遇先帝。擢自词禁，与谋政机。历年滋多，宣力惟旧。属予访落，待尔弼谐。乃以私言，辞勤就佚。情有可察，谊所重违。书殿崇儒之班，江国牧民之寄。中外虽异，任属惟均。服我异恩，毋轻报礼。"⑤ 从制词看，蔡卞此次外任，徽宗对他还是客气的。蔡卞罢职后，董必、舒亶皆罢，方天若也被逐为建州推官，但蔡京以修国史复留。

三　向太后垂帘听政

宋徽宗继位，全凭向太后主张。"帝仓卒晏驾，独决策迎端王。章惇异议，不能沮。"⑥ 向太后也因此得以垂帘听政。向太后垂帘以后，充分展示了其一贯的处事风格和政治倾向。

（一）低调、谨慎与决断、果敢的主政风格

向太后绝非等闲之辈。史载：

> 帝不豫，后赞宣仁后定建储之议。哲宗立，尊为皇太后。宣仁命葺庆寿故宫以居后，后辞曰："安有姑居西而妇处东，渎上下之分。"……族党有欲援例以恩换閤职，及为选人求京秩者……后曰："吾族未省用此例，何庸以私情挠公法。"一不与。帝仓卒晏驾，独决策迎端王。章惇异议，不能沮。徽宗立，请权同处分军国事……凡绍圣、元符以还，惇所斥逐贤大夫士，稍稍收用之。故事有如御

---

① 《曾公遗录》卷九，第277页。
② 同上。
③ 同上书，第279页。
④ 同上。
⑤ 《宋宰辅编年录校补》卷十一，徽宗元符三年五月乙酉条，第665页。
⑥ 《宋史》卷二四三《后妃下》，第8630页。

正殿、避家讳、立诞节之类，皆不用。至闻宾召故老、宽徭息兵、爱民崇俭之举，则喜见于色。才六月，即还政。①

这些记载传达如下信息：一、向太后参预了哲宗的即位，直接拥立了徽宗。二、向太后很好地处理了和婆婆宣仁高太后的关系，得到了这个握有实权的太后的欢心。三、向太后垂帘听政以后，一定程度上改变了绍圣、元符以来的用人方针和施政方向。四、在个人和家族荣誉、利益方面，向太后谨慎行事，并不张扬；但在涉及国事上却绝不含糊，绝不迁就。

受家庭影响，向太后文化修养较高，曾布曾言向太后的"手诏文词甚美，虽外廷词臣亦不能仿佛"②。"文词尤精详，非词臣可及。"③ 虽不免溢美，却也属实。向太后多年预政，徽宗云："皇太后聪明，自神宗时已与闻政事。"④ 长期的政治参与，养成向太后有主见、善独断和思虑周全的政治风格。徽宗之立，就是其独断的突出表现之一。孟氏之复后位，亦是向太后的决定。"元符末，上皇即位，皇太后垂帘同听政。有旨复哲宗元祐皇后孟氏位号，自瑶华宫入居禁中。"⑤ 刻意提出追赠徽宗生母陈贵仪为皇太妃和"优加礼数"申王⑥，可见向太后虑事周全。追赠陈贵仪有讨好徽宗之嫌，而向太后和徽宗一致提议对申王"特殊照顾"，加官晋爵，以示安抚，则无疑是为了消除端王之立所带来的负面影响。

向太后垂帘以后，多次提到自己不欲听政，是拗不过徽宗的再三恳请，才勉从所请的。⑦ 其实，向太后垂帘期间，还是积极预政，发挥其作用的。如，王诜（一作"侁"）除授被阻这件事，即表现出向太后的影响力。王诜乃英宗魏国大长公主之婿，此人品行极差⑧，但"喜作文辞，妙图画"⑨，王诜的特长和爱好，与宋徽宗非常一致，绍圣、元符年间，两

---

① 《宋史》卷二四三《后妃下》，第8630页。
② 《曾公遗录》卷九，第219页。
③ 同上书，第241页。
④ 同上书，第219页。
⑤ （宋）邵伯温撰，李剑雄、刘德权点校：《邵氏闻见录》卷五，中华书局1983年版，第41页。
⑥ 《曾公遗录》卷九，第218页。
⑦ 同上书，第238—239页。
⑧ 《宋史》卷二四八《公主传》，第8779—8780页。
⑨ 《铁围山丛谈》卷一，第6页。

人已有往来。① 徽宗即位以后，王诜谋求枢密都承旨一职，徽宗欲应允，却被向太后拒绝。

> 盖诜尝以札子求此官于上（徽宗），上禀皇太后，后曰："王诜浮薄，果使为之则坏枢密院。驸马都尉王师约在先朝为此官称职，可命之。"上从王诜所纳札子，批除王师约枢密都承旨，皇太后之意也。②

向太后此一主张，倒是正确。对蔡京去留一事的态度，亦可看出向太后的不寻常。

曾布因与章惇、蔡京、蔡卞不合，他利用自己在徽宗即位上抢得的先机，利用向太后、徽宗对章惇、蔡卞的不满，极力排挤此二人，且取得了成功。但在排挤蔡京上，却遭失败。原因是向太后不同意他的做法，徽宗对蔡京亦有好感。元符三年（1100）三月，曾布、韩忠彦等人商议好让蔡京出知太原府。然而，四月蔡京复翰林承旨。这正是向太后的主张。向太后的说法是要让蔡京修完神宗史，且态度非常坚定，任凭曾布怎样费口舌，都改变不了她的主意。"帘中毅然不可夺。"③ 蔡京复职，徽宗也不反对，徽宗早就赏识蔡京的艺术才能。且徽宗即位诏书即蔡京书写，蔡京以此得觐见进言绍述，这也是徽宗愿意做的。"时上未有逐京意，而京因草制得进见，数为上言继述事。上尝摇手示京曰：'朕尽解此，独母后之意未听。卿姑待焉。'"④ 向太后之所以非将蔡京留在朝中，是因为向太后和蔡京的密切关系。蔡京在绍圣年间任户部尚书时，就和向氏交结上了。

太后垂帘，本来就是敏感的事情，长君即位情形下的太后垂帘，就显得更为敏感和特殊，这自然成了众臣僚关注的大事。向太后的聪明之处就在于：她了解朝中大多数臣僚对后妃预政的看法，所以，不等别人来发难，自己首先提出及早还政，以此赢得众人的赞誉。

---

① 《铁围山丛谈》卷一，第6页。
② 《邵氏闻见录》卷五，第43—44页。《宋史》卷三一四《范仲淹传附子纯礼》载："纯礼沉毅刚正，曾布惮之，激驸马都尉王诜曰：'上欲除君承旨，范右丞不可。'诜怒，会诜馆辽使，纯礼主宴，诜诬其辄斥御名，罢为端明殿学士，知颍昌府，提举崇福宫。"（第10279页。）
③ 《曾公遗录》卷九，第270页。
④ 陈均撰，许沛藻、金圆、顾吉辰、孙菊园点校：《皇朝编年纲目备要》卷二五，中华书局2006年版，第625页。

> 太后云："……旧尝见文言：谓经也。慈圣盛德，然还政亦差迟。至今记得此语，以此不自遑安……又俗谚云：'被杀不如自杀'，不成更待他时，教他人有言语后还政？何如先自处置为善。"①

但向太后还政以后，仍在预政。元符三年九月，右司谏陈瓘批评道："万机之事，黜陟差除，皇太后至今与也。……"② 御史中丞丰稷言："宫禁预政之言，中外喧传，人谁不知？"③

（二）倾向元祐却不过激的政治态度

徽宗即位，请皇太后权同处分军国事，关于此事的反响，《哲宗旧录》载："时所命中使吴靖方谓蔡京曰：'元祐祸乱，前事未远，岂可更为？且长君不当如此。'京以语辅臣，而惇等不果谏，乃呼阁门御史台追班宣遗制。"《新录》辨曰："自'时所命中使'至'惇等不果谏'四十二字，岂有新帝即位，初出命令，而中官与翰林学士毁訾如此？不可以训。今尽删去。"④ 不管《旧录》、《新录》所记孰为真实，这条材料都揭示了在新帝即位、政治动向不明时，新党的一种恐慌心理。他们担心向太后和宣仁太后一样再来一次改制。这种担忧是有根据的。向太后乃宰相向敏中曾孙女。父向经，反对王安石征免行钱。向太后也是倾向旧党的，只是她没有宣仁太后那样激烈。

向太后垂帘，给元祐党人复起创造了契机，是元祐党人的短暂回暖时期。向太后垂帘以后，她倾向旧党的思想便从行动上表现了出来。韩忠彦的被拔擢和元祐党人的起用，就是明证。蔡惇《直笔》云："……初政下诏求言，除去党籍，召用故老大臣，复进忠臣，相韩忠彦，罢黜章惇、蔡卞。一时轻躁险薄之徒，相次斥逐，朝廷清明，四方安肃。"⑤ 韩忠彦，字师朴，韩琦子。元祐年间知枢密院事，主张弃地。绍圣年间因此降资政殿学士，改知大名府。徽宗即位的元符三年（1100）正月当月，除为吏部尚书，二月又召拜门下侍郎。这一做法，有违赵宋祖宗家法。韩忠彦乃驸

---

① 《曾公遗录》卷九，第242—243页。
② 《皇朝编年纲目备要》卷二五，第632页；《宋史》卷三四五《陈瓘传》，第10962页。
③ （宋）赵汝愚编，北京大学中国中古史研究中心校点整理：《宋朝诸臣奏议》卷三五，上海古籍出版社1999年版，第349—350页。
④ 《长编》卷五二〇，元符三年正月己卯条，第12359页。
⑤ 同上书，第12362页。

马都尉嘉彦之兄。给事中刘拯反对这一除授，徽宗却以韩琦定策元勋，忠彦纯厚旧德为借口，"遂书读行下"。① 正如蔡卞所言："韩忠彦乃帘中所信。"② 韩忠彦初入对，便陈四事：一广仁恩，二开言路，三去疑似，四谨用兵。③ 韩忠彦的思想实际上代表着向太后的主张。元符三年（1100）三月，徽宗令曾布、韩忠彦、黄履举荐台谏官员，于是以龚夬为殿中侍御史，陈瓘为左正言，邹浩为右正言。这些人都是反对新政的，向太后谓此一差除为得人也。④ 自韩忠彦为门下侍郎，一些倾向元祐的政策便出台了。如恢复范纯仁、刘奉世、吕希纯等二十余名生者的官职，追复文彦博、司马光、吕公著等三十三名死者的官职。弃鄯州，罢编类局，贬窜王赡等。"上用忠彦言，数下赦令蠲天下逋负，尽迁还流人而甄叙之。其尝为御史谏官忠直敢言若知名之士，卒见收用。"⑤ 这些政策都和向太后不无干系。

五月乙酉，蔡卞罢尚书左丞，以资政殿学士知江宁府。

    初，左正言陈瓘欲上章击卞，先白上（徽宗）曰："臣欲击蔡卞，然未敢。"上曰"何故？"瓘曰："外议惧恐卞去则京进，以是未敢。若用京则不若存卞也。"上摇首曰："无此意。"瓘乃上奏。其奏曰："神考之于王安石，犹成汤之于伊尹也。自绍圣以来，自任以安石之道，而愿为天下学者之师者，蔡卞一人而已矣。痛斥流俗，坚主国是。以不仕元祐为高节，以不习诗赋为贤才。自谓身之出处可以追配安石云云。"自是，瓘与殿中侍御史龚夬交章攻卞且十数。瓘又奏曰："臣尝谓绍圣大臣负诬神考，轻欺先帝，皆托于继述之说。而倡此说者，尚书左丞蔡卞也。傅会经义，变乱名实。以继述神考为名，以篡绍安石为主……凡元祐之所行，必扫荡而后已……"⑥

后因陈瓘继续论奏，遂以太中大夫、守少府少监、分司南京、太平州

---

① 《宋宰辅编年录校补》卷十一，徽宗元符三年二月庚申条，第661页。
② 《曾公遗录》卷九，第292页。
③ 《宋宰辅编年录校补》卷十一，徽宗元符三年二月庚申条，第661页。
④ 《宋宰辅编年录校补》卷十一，徽宗元符三年四月甲辰条，第663页。
⑤ 同上。
⑥ 《宋宰辅编年录校补》卷十一，徽宗元符三年五月乙酉条，第666页。

居住。而侍御史陈次升、右正言张庭坚尚交疏攻之不已,遂降授中大夫,移池州居住。蔡卞贬黜,这是曾布削弱章惇、蔡卞势力的第一步,向太后对此也是同意的。① 短短的几个月,朝政倾向元祐的意图和政治主张还是很明显的,这其中,向太后的作用不容低估。之后章惇的被贬,也与向太后有关。

九月甲申,知江宁蔡卞落职提举洞霄宫。

然而,在对待蔡京的态度上,向太后、徽宗却与曾布不同。前已述及。

（三）向太后对元祐政治的反思

尽管向太后垂帘以后,其政治主张倾向元祐,并采取了一些措施,但她却没有进行大规模的改制。这与她反思元祐政治有关,包括对宣仁太后垂帘的反思和对元祐政治的反思。

首先是对宣仁太后垂帘的反思。宣仁太后垂帘之际,废除王安石变法,但她对培养哲宗的究心和对国事的尽心,对祖宗家法的维护是不掺杂任何成分的。然而,这一切的结果却适得其反。宣仁太后垂帘九年,年已十九的哲宗不能亲政,这让他非常不满。前引蔡絛《铁围山丛谈》云:

> 哲宗即位甫十岁,于是宣仁高后垂帘而听断焉。及浸长,未尝有一言……如是益恭默不言者九年……至是上年十有九矣,犹未复辟……宣仁登仙,上始亲政焉。上所以衔诸大臣者,匪独坐变更,后数数与臣僚论昔垂帘事,曰:"朕只见臀背。"②

又前引范公偁《过庭录》载:

> 元祐八年季秋二日,忠宣（范纯仁）、吕汲公（大防）、安厚卿（焘）秉政。宣仁圣烈皇后寝疾,中外忧惶,三公诣阁门乞入问疾,诏许之……汲公进问曰:"太皇太后圣躬万福。"后曰:"老婆待死也。累年保佑圣躬,粗究心力,区区之心,只欲不坠先烈,措世平泰,不知官家知之否？相公及天下知之否？"辞气愤郁。吕公未及对,哲庙

---

① 《宋宰辅编年录校补》卷十一,徽宗元符三年五月乙酉条,第667页。
② 《铁围山丛谈》卷一,第5页。

作色,叱曰:"大防等出。"三公趋退。相顾曰:"吾曹不知死所矣。"①

这两条资料,反映了哲宗对宣仁太后垂帘听政的极其不满乃至愤恨,对不及时谏太后撤帘的大臣同样非常不满。向太后对此情形应该是一清二楚,处事谨慎的她不会不思考。她不能让自己的垂帘再给别人留下议论的话柄,所以,她几次明确说明短期还政,而且的确是在六个月内就还政了。

其次是对元祐政治的反思。元祐年间,宣仁太后及其旧党全面废除王安石变法,对新党成员进行无情打击。这一过激做法不仅为之后新党复起埋下了伏笔,而且也使哲宗对元祐政治产生了不满。这一点,元祐宰执是清楚的。元祐四年(1089)三月,中书侍郎刘挚上书,他说:

> 若万一奸邪复进,荧惑动摇,则反覆可忧。……今布列内外缙绅之间,在职之吏,不与王安石、吕惠卿,则与蔡确、章惇者,率十有五六,此臣所以寝食寒心,独为朝廷忧也。……②

元祐八年(1093)九月,宣仁太后去世,翰林学士兼侍讲范祖禹上奏哲宗:

> 太皇太后因天下人心欲改,故与陛下同改之,非以己之私意而改也。既改其法,则作法之人及主其法者有罪当逐,陛下与太皇太后亦以众言而逐之。③

尽管刘挚、范祖禹等元祐大臣作了最大的努力,但绍圣、元符年间,在哲宗的支持下,新法恢复,新党对旧党采取了同样无情的打击手段。向太后亲身经历了这一重大变局,其印象极为深刻,所以,虽然她思想上倾向旧党,并在行动上体现了出来,但她却没有贸然地再去发动一次废除新法的运动。

---

① 《过庭录》,第351页。
② 《长编》卷四二三,元祐四年三月甲申条,第10240—10241页。
③ 《长编纪事本末》卷九一《宣仁垂帘》,第2903—2904页。

第三章 蔡京的上台及崇宁、大观时期的政事与人事

向太后的聪明之处就在于：她了解朝中大多数臣僚对后妃预政的看法，所以，不等别人来发难，向太后首先提出及早还政，以此赢得众人的赞誉。

> 初，同呈手诏，太后云："皇帝盛年圣聪，本不须同听政，但以再三，不得已从降请，比俟殿□，便欲退处，今至祔庙，亦黾勉也。先丞相最被遇真皇，先一年薨，不及策立仁宗，相公等皆知先丞相事业。旧尝见文言：谓经也。慈圣盛德，然还政亦差迟。至今记得此语，以此不自遑安，如此，庶几不违父教，不辱先相门风。又俗谚云：'被杀不如自杀'，不成更待他时，教他人有言语后还政？何如先自处置为善。"众皆称颂皇太后盛德，前世所无。①

但向太后还政以后，仍在预政。元符三年（1100）九月，右司谏陈瓘上言："皇太后不待祔庙，果于还政，事光前古，名垂后世。陛下所以报皇太后者，宜如何哉！臣恐假借外家，不足为报也。"又曰："宗良兄弟，依倚国恩，凭借慈荫，所与游者，连及侍从，希宠之士，愿出其门。裴彦臣无甚干才，但能交通内外，泄露机密。遂使物议籍籍，以为万机之事，黜陟差除，皇太后至今与也。良由中外关通，未有禁戒，故好事之人得以益传耳。"徽宗批曰："陈瓘累言太后尚与国事，言多虚诞不根。可送吏部，与合入差遣。""三省请以瓘为郡，上不可，添差监扬州粮料院。"②《宋史》卷三四五《陈瓘传》载："时皇太后已归政，瓘言外戚向宗良兄弟与侍从希宠之士交通，使物议籍籍，谓皇太后今犹预政。由是罢监扬州粮料院。"③对陈瓘的处置只能是欲盖弥彰，更让人确信向太后的依然预政。徽宗如此处置，也只是给向太后面子，为了安慰她。陈瓘自右正言谪监扬州粮料院，寻改知无为军时，又上徽宗《论蔡京交结外戚》：

> 大抵忠臣之心，唯欲保全国体，为千万年久长之虑。岂忍使天下议论，及于慈闱！今宗良等内外交通，迹状甚明；蔡京交结之迹，天

---

① 《曾公遗录》卷九，第242—243页。
② 《皇朝编年纲目备要》卷二五，元符三年九月，第632页。
③ 《宋史》卷三四五《陈瓘传》，第10962页。

下所共知也。京作向绛墓志曰："吾平生与士大夫游，无如承旨蔡公与我厚者。"京为从官，而与外戚相厚，书于碑刻，以自矜夸，如此之类，非止一事而已。又京与弟卞久在朝廷，同恶相济。卞则出矣，京则牢不可拔，自谓执政可以决取。人皆谓京因慈云寺得裴彦臣交结之助，外议汹汹，众所知也。①

御史中丞丰稷也上向太后《乞戒敕外家》：

> 臣窃观自古母后临朝，危社稷乱天下，载在史册，可考而知。手书还政，未有如圣母退抑谦逊之盛德，可为万世法。谏官陈瓘，何从而知尚与政事？臣尝具奏：非宫省亲近之臣，即外戚招权者妄传于外。臣今外则唯闻向宗回、宗良藉势妄作，欺惑于人；内则唯闻张琳、裴彦臣等凶谄焰炽，翰林学士承旨蔡京交通其间。宫禁预政之言，中外喧传，人谁不知？谏官陈瓘不胜哀愤，独先抗章，冀开寤二圣之心。臣愚欲乞戒饬外家，窜逐琳等，黜京于外。圣母燕处宫闱，清心养性。小大之事，不关睿虑。安享圣子晨昏之奉，四海之养，恬淡无为，以永万寿。两宫和乐，朝廷清明。②

这些章奏无疑说明两个问题：一是向太后七月还政以后，依然预闻政事，二是蔡京与向氏关系非同一般。曾布就说，蔡京"自差河东，太后不胜其怒，臣自此不敢复启口"。这次蔡京交通外戚向氏，也就是太后的两个弟弟和宦官裴彦臣的事被揭露以后，太后虽然更加震怒，但也不得不作出姿态，所以，才有十月蔡京出知永兴军之命。而丰稷罢言职，被任命为工部尚书。十一月癸亥，蔡京知江宁府。未至。庚午，诏蔡京落端明殿学士，提举杭州洞霄宫。

向太后对章惇的不满，其来久矣，前已述及。而章惇在端王继位一事上的异议，更让太后痛恨章惇。"初，梁从政给事皇太妃阁，阴以简王属章惇。至是，太后问从政，从政云第问章惇。后疑之，问曰：'即惇言非

---

① 《宋朝诸臣奏议》卷三五《上徽宗论蔡京结交外戚》，第350页。
② 《宋朝诸臣奏议》卷三五《上钦圣皇后乞戒敕外家》，第349—350页。

第三章　蔡京的上台及崇宁、大观时期的政事与人事　123

奈何！'从政曰：'惇宰相，其言安可不从？'后麾之去。"① 后来，章惇公然和向太后唱反调，顶撞向太后。徽宗当然对章惇恨之入骨，章惇不仅反对他继位，而且还说其"轻佻不可以君天下"②。元符三年（1100）二月尽快恢复邹浩官职，原因即在此。徽宗就是要用邹浩这个死对头弹劾章惇，借此名正言顺地罢免章惇。当曾布建议登基大赦，应该量移绍圣、元符年间一些被贬岭南边荒的官员，尤其是邹浩时，徽宗曰："浩击惇甚力，章疏具在，惇必未肯便与移叙。"曾布曰："不若批付三省，不必指名，但以大赦应牵复移叙之人，速具姓名取旨，则必不敢缓也。"徽宗欣然同意。于是，诏邹浩复官，监袁州酒税，王回监泉州商税，其他人或复官，或除落冲替，或与堂除差遣。③ 共二十七人。之后，向太后、宋徽宗、曾布利用台谏，赶走了章惇。

章惇、蔡京、蔡卞均被挤出去以后，元符三年（1100）十月，以韩忠彦为尚书左仆射，曾布为尚书右仆射，二人并相。接着，曾布对权力的争夺，致二人不合。他们的钩心斗角为蔡京的上台创造了一定的条件。"韩忠彦与曾布交恶，谋引京自助，复用为学士承旨。"④ 蔡京入朝以后，不仅挤走了韩忠彦，而且对曾布进行了大肆报复。

> 布专意绍述，尽复绍圣、元符之政，忠彦懦而无智，既怨布，乃曰："布之自为计者绍述耳。吾当用能绍述者胜之。"遂召蔡京，京之大用，自韩忠彦始。忠彦竟不能安其位，罢去，布独相。台谏官陈瓘、龚夬辈多贤者，皆布所用，亦不合，去。蔡京拜右丞，至作相，蔡卞知枢密院。京既用事，曾布罢相；京师起大狱，治布赃状，贬布白州司户参军，廉州安置。布之诸子及门下士皆重责，蔡京为之也。韩忠彦亦安置于河北近郡，寻听自便，京阴报其荐引之功云。⑤

在韩忠彦被曾布、蔡京挤走后，蔡京又挤走了曾布。曾布利用谏官吴材、王能甫排挤韩忠彦，使其以观文殿大学士出知大名府。时为崇宁元年

---

① 《皇朝编年纲目备要》卷二五，元符三年正月，第619页。
② 《宋史》卷二二《徽宗本纪四》，第417—418页。
③ 《皇朝编年纲目备要》卷二五，元符三年二月，第620页。
④ 《宋史》卷四七二《蔡京传》，第13722—13723页。
⑤ 《邵氏闻见录》卷五，第44页。

（1102）五月。吴材与王能甫言："元符之末，变神考之美政，逐神考之人材者，韩忠彦实为之首。"① 韩忠彦罢相的同月，许将除门下侍郎，温益（？—1102）中书侍郎，蔡京尚书左丞，赵挺之尚书右丞。闰六月，曾布罢右仆射，入相仅逾一年。钱遹数其罪是："呼吸立成祸福，喜怒遽变炎凉。钩致齐人之疑言，欲破绍圣之信史。"② 曾布和韩忠彦争斗的结局，真可谓"鹬蚌相争，渔翁得利"。蔡京私下揭露曾布任用亲党，且立即见效。"初，布于元祐末欲以元祐兼绍圣而行，故力排蔡京。至崇宁初，知上意有所向矣，又欲力排韩忠彦而专其政。无何，蔡京为左丞，大与布乖。会布拟陈祐甫为户部侍郎，京于榻前奏曰：'爵禄者，陛下之爵禄，奈何使宰相私其亲？'布之婿陈迪，祐甫之子也。布怫然争辩，久之，声色稍厉。温益叱之曰：'曾布，上前安得失礼！'上不悦而罢。翌日交攻布，布由是得罪。"③ 曾布失势。

四　从建中之政到崇宁之政

向太后用心良苦，她通过自己短暂垂帘时期的人事安排与调整，通过将绍符以来遭贬黜的元祐党人的起复和归朝，最大限度地将北宋后期政治发展的方向拉回到元祐政治的轨道上来。然而，即便是向太后如此谨小慎微地行事，某种程度上来说，她的政治努力是失败的。这就是宋徽宗的绍述政治的再次确立。元符三年（1100）六月的一天，当曾布向徽宗谈到俟哲宗山陵发引，就将提出致仕的请求时，徽宗和曾布有一段对话。

> 上因言："边事虽已宁，自韩忠彦是元祐中同弃城寨者，恐所见有异。"……上又云："茶马事亦不可罢。"……上又云："近所擢言事官，多绍圣中失职之人，恐怀怨心，议论或过当，卿等可亦说与勿令过论。"余云："宰执与言事官无由相见，臣无由传达此意。"上云："多卿等所属，岂不令人说与？"余唯唯。④

这段对话反映出：一、徽宗有绍述意向；二、台谏官乃皇帝、宰执的附

---

① 《宋史》卷三五六《吴材传》，第 11205 页。
② 《宋宰辅编年录校补》卷十一，徽宗崇宁元年闰六月壬戌条，第 698 页。
③ 同上书，第 699 页。
④ 《曾公遗录》卷九，第 309—310 页。

庸；三、徽宗对曾布的所作所为和用意相当清楚；四、徽宗并不希望朝政无休止地纷纷扰扰。

曾布虽然极力排挤章、蔡，意欲专权，但也希望在用人上走出非此即彼的怪圈，使朝廷安宁。他和徽宗谈起今后的政治走向。曾布言：

> 元祐之人愤嫉熙宁、元丰之人，一切屏斥，已失之偏；绍圣用事者，又深怨元祐之人，故窜斥废黜无不过当，其偏则又甚矣。今日陛下方欲以大中至正之道，调一两党，则但当区别邪正是非，处之各得其所，则天下孰敢非者。……①

应该说，不论是徽宗、向太后还是曾布及其他臣僚，绝大多数人都希望朝政平稳，但各自想法却不尽一致。徽宗有意绍述，向太后倾向元祐，曾布想要专权。曾布尤其害怕蔡京的被重用，但他矫枉过正的做法反而引起徽宗的不满。听闻龚夬弹劾蔡京，徽宗很生气，云："夬所陈皆曾布之语。"② 黄履私下对曾布云："上（指徽宗）目送西云：'大臣不可立党。'"可见曾布已犯了朋党的大忌。

建中靖国元年（1101）正月，向太后死，徽宗独揽朝纲。虽年号建中靖国，然徽宗绍述的动向已明。由于徽宗倾向绍述，人事安排也相应发生变化。六月范纯礼罢尚书右丞。范纯礼元符三年（1100）十二月被任命，执政半年。③ 七月安焘罢知枢密院事，将之奇知枢密院事，章楶同知枢密院事。十月，李清臣罢门下侍郎。十一月，起居郎邓洵武进《爱莫助之图》。

> （邓洵武）言："陛下乃先帝之子，忠彦乃琦之子。先帝行新法以利民，琦尝论其非。今忠彦为相，将先帝之法更张之，是忠彦为能继父志，而陛下不能继父志也。陛下必欲继志述事，非用蔡京不可。"……于是，上决意用京矣。④

---

① 《曾公遗录》卷九，第 312 页。
② 同上书，第 315 页。
③ 按照邵伯温的叙述，范纯礼罢职，是曾布挑拨王诜的结果，也是曾布削弱韩忠彦势力的手段。（见《邵氏闻见录》卷五，第 43—44 页。）
④ 《皇朝编年纲目备要》卷二六，建中靖国元年十一月，第 657 页。

十二月戊戌，中大夫、提举洞霄宫蔡京复龙图阁直学士、知定州。戊申，中大夫、少府少监，分司南京，池州居住蔡卞复左正议大夫、提举崇禧观。乙卯，诏执政官左正议大夫、提举崇禧观蔡卞知大名府。通议大夫林希追复资政殿学士、银青光禄大夫，恩例如前。张商英权吏部侍郎。

蔡京的复起，标志着"建中之政"的结束和新一轮绍述政治的到来。尽管这一轮绍述政治的参与者及其用意，已与上一次绍圣、元符年间的绍述有很大的不同，与宋神宗、王安石的政治理想更有本质的区别。

向太后刻意造就的"建中之政"被"崇宁"所代替，对向太后来说，这既是她身前所没有想到的，从某种程度来说，也是其政治努力的失败。从历史的角度上，此亦可看作是女性参与男权社会政治实践的一次失败。

元符三年（1100）正月，当徽宗继位，向太后垂帘以后，即形成帝、后共政的格局。并且在这一年确定第二年为建中靖国元年，然而，建中之政却又演变为崇宁之政，原因何在？实际上，建中之政是向太后定下的政治基调。向太后偏向旧党，对旧党深表同情，并且重用旧党中人韩忠彦。而徽宗之所以施行建中之政，既是遵从向太后的旨意，也是出于打击章惇及其同党的需要。正是由于宋徽宗与向太后当时都主张"调一两党"，但又各有所偏，这一帝后共政的格局才使建中之政暂时得以维持。宋徽宗如果无此倾向，建中之政势必更多地偏向旧党，甚至即无所谓建中之政。①建中之政的象征就是元符三年（1100）十月韩忠彦任左仆射、曾布任右仆射所形成的并相格局。而建中之政走向崇宁之政的原因，张邦炜先生认为，"建中一变而为崇宁，其关键或许在于向太后之死，韩忠彦随即失势，帝后共政、韩曾并相的格局转瞬化为过眼烟云。章惇及其同党的覆灭，又意味着建中之政失去平衡点。而宋徽宗的两位潜邸旧人徐勣、傅楫，虽具有旧党倾向，并对宋徽宗有所影响，但已相继离去。"②补充一点是，徽宗的绍述志向和蔡京的绍述之说，以及曾布在与蔡京争权中的失利，是建中之政走向崇宁的又一重要原因。曾布不仅在与蔡京的争权中败北，而且他过多的算计还引来了政敌的耻笑。"建中靖国初，有前与绍圣共政者欲

---

① 张邦炜：《关于建中之政》，载《宋代政治文化史论》，人民出版社2005年版，第263—265页。

② 同上书，第283页。

反其类，首建议尽召元祐诸流人还朝，以为身谋。未几，元祐诸人并集，不肯为之用，则复逐之，而更召所反者。既至，亦恶其翻覆，排之尤力。其人卒不得安位而去。张蕓叟时以元祐人先罢，居长安里中，闻之。壁间适有扇架，戏题其下曰：'扇子解招风，本要热时用。秋来挂壁间，却被风吹动。'"①

第三节　蔡京的上台和崇宁、大观时期的政事与人事

一　蔡京的上台和讲议司的设置

崇宁元年（1102）对蔡京来说，是可喜和值得庆贺的一年，半年的时间，蔡京职务连续升迁。崇宁元年（1102）二月辛丑，蔡京为端明殿学士、知大名府。"先是，大名阙帅，曾布白上，前两府惟有刘奉世。上默然。韩忠彦与布交恶，阴欲结京，乃言熙宁故事，尝除学士不必前两府。因请用京，上从之。"② 三月甲戌，蔡京为翰林学士承旨兼修国史。四月乙未，蔡京入对。五月己卯，蔡京为尚书右丞。庚辰，为尚书左丞。五月庚申，韩忠彦出知大名府。闰六月，曾布罢。出知润州，寻落职太平州居住。③ 蔡京在多年的政治角逐中成功胜出。关于曾布和蔡京之间的纷争及曾布的败北，《挥麈录》后录卷六这样记载：

> 曾文肃（曾布）元符末以定策功爰立作相，壹意信任，建言改元建中靖国，收召元祐诸贤而用之，首逐二蔡，而元长（蔡京）先已交结中禁，胶固久矣，虽云去国，而眷柬方浓，自是屡欲召用，而文肃辄尼之。一日，徽宗忽顾首相韩文定（韩忠彦）云："北方帅藩有阙人处否？"文定对以大名府未除人。少刻，批出蔡京除端明殿学士，知大名府，仍过阙朝见。文肃在朝堂，一览愕然，忽字呼文定云："师朴（韩忠彦）可谓鬼劈口矣。"翌日白上，以为不可。上干笑曰："朕尝梦见蔡京作宰相，卿焉能遏邪！"数日后，台谏王能甫、吴材希旨攻文肃，上为罢二人，文肃自恃以安。然元长来意甚锐，如蔡泽之

---

① （宋）叶梦得：《避暑录话》卷下，载朱易安、傅璇琮主编《全宋笔记》第二编（十），大象出版社2006年版，第290页。
② 《长编纪事本末》卷一二〇《逐惇卞党人》，第3748页。
③ 《皇朝编年纲目备要》卷二六，崇宁元年闰六月，第661页。

欲代范雎也。甫次国门,除尚书右丞。逾月之后,文肃拟陈祐甫守南都,元长以谓祐甫文肃姻家,讦之于上前,因遂忿争。次日,入都堂,方下马,则一顶帽之卒,喏于庭云:钱殿院有状申。启视之,乃殿中侍御史钱通论文肃章疏副本。文肃即上马,径出城外观音院,盖承平时执政丐外待罪之地也。是晚锁院,宣翰林学士郭知章草免文肃相制,知章启上,未审词意褒贬如何?上云:"当用美词,以全体貌。"诘旦告廷,以观文殿学士知润州,寻即元长为相,时崇宁元年六月也。陛辞之际,尉藉甚渥,云秋晚相见。抵润未久,而诏狱兴矣。①

台谏官员吴材、王能甫曾希合曾布之意弹劾韩忠彦,促其罢政,此时却又希旨攻击曾布。曾布罢相以后,七月戊子,中大夫、尚书左丞蔡京为通议大夫、尚书右仆射兼中书侍郎。制词曰:"具官蔡京才高而识远,气粹而行方……慨念熙宁之盛际,辟开端揆之宏基。弛役休农,专经造士。明亲疏之制,定郊庙之仪。修义利之和,联比闾之政。国马蕃乎汧渭,洛舟尾乎江淮……经纶有序,威德无边。而曲士陋儒,罔知本末。强宗巨党,相与变更。凡情狃于寻常,美意从而蠹坏。赖遗俗故家之未远,有孝思公议之尚从。慎图厥终,正在今日……"② 此乃翰林学士张商英极尽夸赞之能事所草。对于蔡京的骤然升迁,很多人吃惊不小。但徽宗绍述父兄的决心和举朝无人以辅之的局面,则是蔡京崛起的真正原因。"自曾布罢免,而相位缺者逾月,时知枢密院蒋之奇、门下侍郎许将皆应次补。京乃自尚书左丞超拜右相,制下,中外大骇。赐京坐延和殿,上命之曰:'昔神宗创法立制,中道未究,先帝继之,而两遭帘帷变更,国是未定。朕欲上述父兄之志,历观在廷,无与为治者。今朕相卿,其将何以教之?'京顿首谢,愿尽死云。"③ 这个时候,不论是蔡京还是徽宗,还都是想要有一番作为的。

七月甲午,蔡京梦寐以求的讲议司设立了。徽宗下诏"宜如熙宁置条例司体例,于都省置讲议司。差宰臣蔡京提举,遴简乃僚,共议因革。"

---

① 《挥麈录》后录卷六,第155—156页。
② 《宋宰辅编年录校补》卷十一,崇宁元年七月戊子条,第700—701页。
③ 《皇朝编年纲目备要》卷二六,崇宁元年七月,第663页。

徽宗曰:"朕闻治天下者以立政训迪为先,笃孝思者以继志述事为急。盖制而用之存乎法,推而行之存乎人。"诏书表达了解决现实问题的迫切愿望。① 蔡京在担任户部尚书时,就多次建议哲宗仿照制置三司条例司建立一个机构,以便讲议理财大政,但没能如愿。如今在徽宗的大力支持下,设立了讲议司。此时的蔡京虽是右仆射,但左仆射空缺,实际上他已掌握了大权。蔡京的目标也很大,所要议论的国事自然更为宽泛,故讲议司之内部机构设置、人员构成,比制置三司条例司要庞杂得多。"时京初得志,天下仰其所为,乃托绍述之柄,首置是司,讲议元丰已行法度,及神宗所欲为而未暇者。京请以吴居厚、张商英及刘庚充详定官,范致虚、王汉之、黎㽦、叶棣充参详官。"又奏:"臣伏读手诏,如宗室、冗官、国用、商旅、盐泽、赋调及尹牧事,皆政之大者。臣欲每事委官三员讨论,乞并差充检讨文字;有见任者令兼领,不可兼及在外者,并令权罢见任,赴司供职。"又言:"熙宁条例司,检详文字编修及编定,并在司、分遣出外相度共十九人。今事有多寡,人力有余或不足,乞从本司随事分委。仍乞以乔方、沈锡充尹牧检讨官,强浚明、李诗、鲍贻庆充宗室检讨官,李琰、陶节夫、吴储充冗官检讨官,家安国、王觉、崔彪充国用检讨官,安亢、虞防、林摅充赋调检讨官,韩敦立、曾说、余授充商旅检讨官,冯谌、李愇、吕惊充盐泽检讨官。"接着,枢密院亦设立讲议司,以曹诱为详定官,曾孝蕴为参详官。② 林天蔚列举讲议司前后所讨论内容十四项。即:议盐、议学校、议市舶、议茶、议学田、议坊场入纳、议私自讲学、议学校制度、议礼乐、置医学、议税务、议锡、议麦钞及博易、议军事。③ 可见议事之广。也就是说,讲议司在蔡京的领导之下,将全面讨论各项政事,然后推行于各部门各地方。那么,元丰官制改革以后,按照三省六部的职能来讲,各项事务均有所属部门解决,何以还要专设这一机构?原因大致有三个方面:一是元丰改制遗弊所致。即三省六部效率低下致政事迂缓拖延。徽宗曾对曾布说过:"三省文字多迟滞。"曾布对云:"以经历处多,三

---

① "况宗室蕃衍而无官者尚众,吏员冗滥而注拟者甚艰,蓄积不厚于里闾,商旅未通于道路。廉耻盖寡,奔竞实繁。风俗浇漓,荐举私弊。盐泽未复,赋调未平。浮费犹多,贤鄙难辨。岁稍饥馑,民辄流离……是故俊彦不可以不旁求,法度不可以不修讲。"(见《长编纪事本末》卷一三二《讲议司》,第4137—4138页。)

② 《皇朝编年纲目备要》卷二六,崇宁元年七月,第663页。

③ 林天蔚:《蔡京与讲议司》,载《宋史研究集》第十辑,台湾中华丛书编审委员会1978年版。

省六曹皆得一两日限，又有假，故每一文字须旬乃可出。"① 对于希望圣政日新的徽宗来说，这种办事效率是不能令其满意的；而对首次占据宰辅之地，极想有所建树的蔡京来说，这种慢腾腾的行为同样难以接受。二是蔡京树立形象的需要。蔡京几经波折，好不容易做了宰相，亟须在最短时间内拿出政绩，就需要一个强有力的团队，而朝廷旧有班底一些人并不服从蔡京的领导，所以，蔡京须建立讲议司这个独立机构，重组一批人员，由自己指挥，为自己服务。三是蔡京专制独裁的需要。也是最重要的一个原因。这一点，林天蔚《蔡京与讲议司》② 一文引用朱熹的议论已经讲清楚了，兹不赘述。

二 蔡京对政敌的打击和扩大化

当徽宗绍述志向已明的时候，在蔡京任宰相之前，对元祐党人的再次清算业已开始。③ "崇宁初，凡元祐子弟仕宦者，竝不得至都城。"④ 崇宁元年（1102）五月，有臣僚请对元祐党人量情定罪，"以显神考盛德大业，以成陛下继志述事之孝"。⑤ 于是，贬降安焘、王觌、丰稷、陈次升等人。⑥ 故追复司马光等官降复，其他在世之人分别给予不同程度的处罚。⑦ 诏韩忠彦曾任宰臣，安焘系前任执政官，王觌、丰稷见任从官外，苏辙以下五十七人并令三省造籍登记，不得与在京差遣。到五月丙子，徽宗又下政策指导性一诏，曰：

---

① 《曾公遗录》卷九，第311页。
② 林天蔚：《蔡京与讲议司》，载《宋史研究集》第十辑。
③ 陈乐素《流放岭南的元祐党人》和《桂林石刻〈元祐党籍〉》对绍圣、元符以及崇宁年间对"元祐奸党"的打击迫害进行了叙述。（分别见陈乐素《求是集（二集）》，广东人民出版社1984年版，第228—260、293—309页。）
④ 《曲洧旧闻》卷九《晁以道中牟驿寄京师姻旧诗》，第207页。
⑤ 《长编纪事本末》卷一二一《禁元祐党人上》，第3749—3750页。
⑥ "诏观文殿学士、知河南府安焘降充端明殿学士，龙图阁学士、知润州王觌降充龙图阁直学士，枢密直学士、知越州丰稷降充宝文阁待制，显谟阁待制、知颍昌府陈次升降充集贤殿修撰，左朝议大夫、集贤殿修撰、知应天府吕仲甫落职，故资政殿大学士、赠金紫光禄大夫李清臣夺职，追所赠官，并例外所得恩例指挥更不施行。"（见《长编纪事本末》卷一二一《禁元祐党人上》，第3750—3751页）
⑦ "诏故追复司马光、吕公著、文彦博、吕大防、刘挚、梁焘、王岩叟、苏轼等官降复，其元追官告并缴纳。王存追所赠官，郑雍追所复职，傅尧俞、赵瞻并追所赠官及谥告，赵卨追所赠官。已上告身并追毁。孙升追所复职，孔文仲、朱光庭、秦观、张茂则并追所赠官。范纯仁追例外所推恩数，中大夫刘挚葬事依前宰相例指挥勿行。"（见《长编纪事本末》卷一二一《禁元祐党人上》，第3753—3754页。）

> 昔在元祐，权臣擅邦。倡率朋邪，诬诋先烈。善政良法，肆为纷更。绍圣躬揽政机，灼见群慝。斥逐流窜，其正典刑。肆朕缵承，与之洗涤。悉复收召，置诸朝廷。而缔交合谋，弥复胶固。惟以沮坏事功，报复仇怨为事。翕翕泚泚，必一变熙宁、元丰之法度，为元祐之政而后已。凡所论列，深骇朕听。至其党羽则迁叙不次，无复旧章。或由冗散之中，登殿阁而满方面；或既徂谢之后，还旧职而横加恩。玩法肆奸，鲜不类此……乃择其尤者，第加裁削，以适厥中……应元祐以来及元符末，尝以朋比附党得罪者，除已施行外，自今以往，一切释而不问。在言责者，亦勿复辄言。朕言不渝，群听毋惑。宜令御史台出榜朝堂。①

这个诏旨是曾布所拟，诏旨的前半部分以非常严厉的语气，痛批元祐、元符年间变改神宗熙丰法度之事，明确了徽宗的绍述志向；后半部分语气相对缓和，表明了徽宗的态度，即希望到此为止，不要过分纠缠于以往的政治纷争，而是将目光统一集中到绍述事业上。

当月，翰林学士承旨蔡京为尚书右丞，进入执政行列。很快又升为尚书左丞。制曰：

> 非常之才，必遇圣明之主；可大之业，是资豪杰之臣。陟我俊良，为时辅弼。具官蔡京先朝硕德，当世名儒……属神考之有为，继泰陵之克绍。更张述作，盖尝廷议而躬行；沮格废兴，又且目睹而心愤。力变难回之俗，必行已试之言……肆朕明父子兄弟之恩，而尔难上下君臣之义。中台纲辖，宜以命之……②

蔡京的进用，使他和曾布之间的矛盾更趋尖锐。闰六月，殿中侍御史钱遹迎合蔡京弹劾曾布③，曾布罢为观文殿大学士、知润州。蔡京的死敌，通

---

① 《长编纪事本末》卷一二一《禁元祐党人上》，第3759—3760页。
② 《宋宰辅编年录校补》卷十一，崇宁元年五月庚辰条，第695页。
③ 钱遹言："伏见尚书右仆射曾布，力援元祐之奸党，分别要途；阴挤绍圣之忠贤，远投散地。挈提姻娅，骤致美官；汲引儇浮，盗窃名器。爱婿交通乎近习，诸子邀结乎缙绅。造请辐凑其门，苞苴日盈私室；呼吸立成祸福，喜怒遽变炎凉。钩致□人之□言，欲破绍圣之信史。曲徇家法之谬说，轻改垂世之典型。为臣不忠，莫大于此！……欲乞早正典刑，慰中外之望。"（见《长编纪事本末》卷一三〇《久任曾布》，第4084—4085页。）

直郎、宝文阁待制、新知越州邹浩衡州别驾、永州安置。七月，蔡京任右仆射，朝政开始出现一边倒的倾向。对元祐党人的惩处明显严厉起来。朝散郎、管勾明道宫张耒在颍州听闻苏轼身亡，"出己奉于荐福禅院为轼饭僧，缟素而哭。"结果张耒责授房州别驾、黄州安置。八月，徽宗诏："司马光、吕公著、王岩叟、朱光庭、孔平仲、孔文仲、吕大防、刘安世、刘挚、苏轼、梁焘、李周、范纯仁、范祖禹、汪衍、汤馘、李清臣、丰稷、邹浩、张舜民子弟并不得与在京差遣；陆傅、吴储、吕好问、吕凝问、苏迨、吕能问、王抚、张禹并与外任合入差遣。"① 接着，勘定党人共一百一十四人，其本人及其子孙不得在京差遣，他们是文臣曾任执政官：文彦博、吕公著、司马光等二十二人；曾任待制以上官：苏轼、范祖禹等共三十五人；余官：秦观、汤馘等四十五人；内臣：张士良等八人；武臣：王献可等四人。十月，对元符末倾向元祐政治的人予以贬降。十二月，诏："其范纯仁神道碑如已镌立，令颍昌府毁磨。"又诏："应责降安置及编管羁管人，令所在州军依元符令常切觉察，不得放出城。"② 政治恐怖明显加剧。

崇宁二年（1103）正月蔡京迁左仆射，接着就把矛头指向了曾经弹劾过他的台谏官员，对他们进行打击报复，严厉惩处。诏任伯雨除名勒停，编管昌化军。陈瓘除名勒停，编管廉州；龚夬除名勒停，编管象州；马涓除名勒停，编管澧州；陈祐除名勒停，编管归州；李深除名勒停，编管复州；张庭坚除名勒停，编管鼎州；江公望责授衡州司马、永州安置；邹浩除名勒停、昭州居住。以上之人并永不得收叙。王觌除名勒停、临江军居住，责授道州别驾、台州安置；丰稷除名勒停，建州居住；奉议郎监中岳庙陈次升除名勒停、建昌军居住；降授承议郎管勾玉隆观谢文瓘除名勒停、邵武军居住；责授楚州团练副使张舜民除名勒停、房州居住。三月，诏："应元祐及元符之末党人亲子弟，不论有官无官，并令在外居住，不得擅到阙下，令开封府界各据地分觉察，如当职官知而不纠，或不用心控缉，遂致容隐，别因事败露者，并重行黜责。其应缘趋附党人、罢任在外指射差遣及得罪停替臣僚，并依党人子弟施行。"③ 这份诏书与崇宁元年

---

① 《长编纪事本末》卷一二一《禁元祐党人上》，第3763—3764页。
② 同上书，第3764—3772页。
③ 同上书，第3773页。

(1102)五月丙子的诏书相比,对元祐党人及倾向党人者的打击进了一步。由不允许在京做官到限制在京居住。这其中,除了蔡京对元祐党人报复的因素外,当与党人在社会上仍有一定影响有关。如崇宁二年(1103)正月十八日,确定以兵部尚书安惇权知贡举、尚书吏部侍郎刘拯、尚书吏部侍郎邓洵武、尚书兵部侍郎范致虚权同知贡举。① 这些人全是蔡京的亲信。三月八日,徽宗亲试礼部奏名进士,黄定等十八人上书指斥神宗、哲宗政事,徽宗大怒,将他们一并黜逐。这一事件折射出,当时仍有一批支持元祐党人的势力存在,这自然令蔡京等很不放心,一定要将他们斩草除根才可解除心腹之患。同月,因湖北转运判官陈举奏朝奉郎、管勾玉隆观黄庭坚撰《荆南承天院碑》,语涉谤讪,被除名勒停,送宜州编管。因追究建储之罪,王珪追赠官并谥,其子王仲端、王仲嶷并放罢,遗表恩例减半。通直郎致仕程颐因学术颇僻,素行谲怪,"顷在元祐中……劝讲经筵,则进迂阔不经之论,有轻视人主之意。议法太学,则专出私见,以变乱神考成宪为事",也被追毁出身以来文字,除名。"其入山所著书,令本路监司常切觉察。"② 九月诏宗室不得与元祐奸党人子孙及有服亲为婚姻,已订婚未过礼者并改正。按照吏部的请求,降官子弟选人,不许注在京及府界差遣。辛丑,臣僚上言:"欲乞特降睿旨,具列奸党,以御书刊石端礼门姓名,下外路州军,于监司、长吏厅立石刊记,以示万世。"③ 从之。御史台抄录元祐奸党曾任宰臣:文彦博、吕公著、司马光、吕大防、刘挚、范纯仁、韩忠彦、王珪等八人;曾任执政官:梁焘、王巌叟等十六人;曾任待制以上官:苏轼、范祖禹等三十五人;余官:秦观等共三十九人。总九十八人。此后至十二月,又陆续几次发布诏令,对元祐系籍人及其子弟和亲兄弟的任官、改官等做出限制。崇宁三年(1104)二月,诏翰林学士张康国编类元祐臣僚章疏。四月,尚书省勘会党人子弟,不问有官无官,并令在外居住,不得擅到阙下。并且要求各路将责降安置、编管等臣僚姓名登记上报。广南路、湖南路、湖北路、江南路、淮南路、福建路、两浙路、京东路、京西路、陕西路、河北路、益州路、梓州路共除名勒停、编管人,除名勒停羁管人,除编管人,勒

---

① 《宋会要辑稿》选举一之一三。
② 《长编拾补》卷二一,崇宁二年四月戊寅条,第742页。
③ 《长编纪事本末》卷一二一《禁元祐党人上》,第3780页。

停编管人，编管人，勒停居住人，除名勒停居住人，除名勒停人，勒停安置人，除名勒停编管真决人，除名勒停配本州牢城人，除名勒停编管永不叙人，安置人，别驾居住人，落职宫观居住人，落职知州人，责降人总一百四十多人。

蔡京对元祐党人的打击，不仅涉及其本人及其子孙，而且还延及其学术及其他。崇宁二年（1103）四月丁巳，诏焚毁苏轼《东坡集》并《后集》印板。① 乙亥，诏三苏、黄、张、晁、秦及马涓文集、范祖禹《唐鉴》、范镇《东斋记事》、刘攽《诗话》、僧文莹《湘山野录》等印板悉行焚毁。崇宁三年（1104）正月，诏三苏集及苏门学士黄庭坚、张耒、晁补之、秦观等集并毁板。② 《优伶箴戏》即反映了这种情况。

> 崇宁初，斥逐元祐忠贤，禁锢学术，凡偶涉其时所为所行，无论大小，一切不得志。伶者对御为戏，推一参军作宰相据坐，宣扬朝政之美。一僧乞给公凭游方，视其戒牒，则元祐三年者，立涂毁之，而加以冠巾。一道士失亡度牒，问其披戴时，亦元祐也，剥其羽衣，使为民。一士人以元祐五年获荐，当免举，礼部不为引用，来自言，即押送所属屏斥，已而主管宅库者附耳语曰："今日于左藏库请得相公料钱一千贯，尽是元祐钱，合取钧旨。"其人俯首久之，曰："从后门搬入去。"副者举所持挺扶其背曰："你做到宰相，元来也只好钱。"是时至尊亦解颜。③

蔡京不但将打击面扩大到元祐党人的子孙身上，而且对元符末上书人也加以打击。元符三年（1100）正月徽宗即位，三月，因中书舍人曾肇请求，下诏求直言。崇宁元年（1102），风向突变，对上书人秋后算账。九月，将元符末上书人分为邪、正等。"初，上出其书付蔡京，京以付其子攸与其客强浚明、叶梦得看详，第为正上、正中、正下、邪等尤甚、邪上、邪中、邪下七等，计五百八十二人。诏中书省籍记姓名。"④ 十一月对邪等

---

① 《长编拾补》卷二一，崇宁二年四月丁巳条，第739页。
② 《长编拾补》卷二一，崇宁二年四月乙亥条，第741页。
③ 《夷坚志》夷坚支乙卷四，第822页。
④ 《皇朝编年纲目备要》卷二六，崇宁元年九月，第664页。

之人按罪行轻重，分别等第作出处理。①

崇宁三年（1104）六月，对元祐奸党和元符奸党进行清理。诏："元符末奸党并通入元祐籍，更不分三等。应系籍奸党已责降人，并各依旧，除今来入籍人数外，余并出籍。"元祐奸党名单是：文臣曾任宰臣执政官司马光等共二十七人；曾任待制以上官苏轼等共四十九人；余官秦观等一百七十六人；武臣张巽等二十五人；内臣梁惟简等二十九人；为臣不忠曾任宰臣王珪（故）、章惇等二人。总三百零九人（少一人姓名）。诏："重定元祐、元符党人及上书邪等事者合为一籍，通三百九人，刻石朝堂，余并出籍，自今毋得复弹奏。"② 对这三百零九人的姓名，徽宗御书刊石，置于文德殿门之东壁，永为万世子孙之戒。又诏蔡京书写，颁之天下。七月，诏：应入籍人父并不得任在京差遣。③ 十一月，诏："上书邪等人，今后内外官司并不得荐举改官。及县令已举到人，更不收使，仍令吏部将上书邪等姓名遍牒行下。"当时，蔡京是以禳火灾为借口采取这一行动的。"崇宁三年四月，大内火。宰辅请以司马光等三百九人姓名，大书刻石于文德殿门，谓之元祐党人。凡元符三年应诏直言人为邪等，附党籍于刑部，云以禳火灾。"④

崇宁四年（1105）开始，对元祐党人的打击似乎有所松动。二月，诏："元祐奸党五服内亲属不许保明充三卫官、亲勋、翊卫，即知同保系籍元祐奸党五服内亲属而不告者，处斩。"五月，诏在"五服"字上，各添入"本宗"二字。又诏："元祐奸党系籍，除情罪人子不得到京师及不注知州、知县差遣外，父子、孙兄弟并余指挥并罢。"七月，御笔手诏："应上书、奏疏见羁管、编管人，可特与放还乡里，仰州县长吏及监司取责亲属保任其身，仍令三省量轻重，具名立法闻奏。"八月，诏："应上书编管进士已放归乡里、责亲戚保任者，若犯流以上罪，或擅出州界，或不

---

① 诏曰："元符之末，下诏求直言……内有附会奸慝、诬毁先帝政事者，总百四十人。然言有浅深，罪有轻重。取其诋讥谤斥言之尤甚者三十八人。……得罪宗庙，朕不敢贷。可责逐远方。次等者四十一人，其言亦多诋讥，各与等第降官，责逐小处监当。以戒为臣之不忠者。勘会邪上尤甚系范柔中等三十八人，内郭执中已除名勒停，吴朋、王古已身亡，朱绂致仕老疾。邪上次等系梁宽等四十一人，内陈唐、扈充、许安修已身亡，刘吉甫系承务郎致仕。诏范柔中等并特勒停，永不收叙，朱绂免羁管外，余分送逐处羁管。"（见《长编纪事本末》卷一二三《编类元符章疏》，第3834—3835页。）

② 《长编纪事本末》卷一二二《禁元祐党人下》，第3810页。

③ 同上书，第3813页。

④ 《道山清话》，第119页。

改革，辄有谤讪，其保任与同。"① 九月，九鼎成。为表庆贺，亦示宽仁，己亥，御笔手诏：元祐奸党"应岭南移荆湖，荆湖移江淮，江淮移近地，惟不得至四辅畿甸"②。十二月，御笔手诏："昨降手札，应上书、奏疏见编管、羁管人令还乡里，责亲属保任。而有司止从量移。其诬谤深重，除范柔中、邓考甫不放外，余并依已降指挥放还乡里，令亲属保任如法。"③ 可见，这一年总体上对元祐党人的打击力度趋于缓和。之所以如此，只能说明在蔡京的无情摧毁下，元祐党人已不可能对其政治地位有任何威胁了。

下面两段话比较准确地说明了蔡京设置元祐党籍的用意，元祐以来士大夫之间长期的党派之争，以及斗争对北宋政治的恶劣影响。

> 元祐八年九月三日，崇庆（宣仁太后）撤帘，泰陵（哲宗）亲政。时事鼎新，首逐吕正愍（大防）、苏文定（苏辙）。明年，改元绍圣。四月，自外拜章子厚（章惇）为左仆射。时东坡先生已责英州。子厚既至，蔡元度（蔡卞）、邓温伯（邓润甫）迎合，以谓《神宗实录》诋诬之甚，乞行重修，由是立元祐党籍，凡当时位于朝者，次第窜斥，初止七十三人……其间亦自相矛盾，如川、洛二党之类，未始同心也。徽宗登极，复皆召用，有意调一而平之。蔡元长（蔡京）相矣，使其徒再行编类党人，刊之于石，名之云元祐奸党，播告天下。但与元长异意者，人无贤否，官无大小，悉列其中，屏而弃之，殆三百余人。有前日力辟元祐之政者，亦饕厕名，愚智混淆，莫可分别。元长意欲连根固本牢甚，然而无益也，徒使其子孙有荣耀焉，识者恨之。……④

> 元祐党人，天下后世莫不推尊之。绍圣所定止七十三人，至蔡元长当国，凡所背己者，皆著其间，殆至三百九人。皆石刻姓名，颁行天下。其中愚智溷淆，不可分别，至于前日诋訾元祐之政者，亦获厕名矣，唯有识讲论之熟者，始能辨之。然而祸根实基于元祐嫉恶太甚焉。吕汲公（大防）、梁况之（梁焘）、刘器之（安世），定王介甫

---

① 《长编纪事本末》卷一二二《禁元祐党人下》，第3815—3816页。
② 《长编纪事本末》卷一二四《追复元祐党人》，第3839页。
③ 《长编纪事本末》卷一二二《禁元祐党人下》，第3816页。
④ 《挥麈录》后录卷一，第64—65页。

（安石）亲党吕汲甫（惠卿）、章子厚（惇）而下三十人，蔡持正（确）亲党安厚卿（焘）、曾子宣（布）而下六十人，榜之朝堂。范淳父（祖禹）上疏以为奸厥渠魁，胁从罔治。范忠宣（纯仁）太息语同列曰："吾辈将不免矣！"后来时事既变，章子厚建元祐党，果如忠宣之言。大抵皆出于士大夫报复，而卒使国家受其咎，悲夫！①

蔡京置元祐党籍，无非就是要把反对他的人一网打尽。"元祐党籍固多真儒贤士，然蔡京以势利倾夺锢之钩党者，亦多矣，未必皆君子也。"② 崇宁五年（1106）正月，因彗星出西方，诏中外臣僚直言朝廷阙失。中书侍郎刘逵劝徽宗碎元祐党籍碑，宽上书系籍人禁，悉罢蔡京所行举措。徽宗此时对蔡京专权不满，于是夜半遣黄门至朝堂毁石刻。"彗星见，其长亘天。禁中窗户洞明，与其他处不同。连夜诏毁文德殿门石籍，宫门方开。有旨取刑部籍入，或云亦焚之。"③ "翌日，京见之，厉声曰：'石可毁，名不可灭！'"④ 徽宗又诏："应元祐及元符末系籍人等，今既迁谪累年，已足惩戒，可复仕籍，许其自新。朝堂石刻已令除毁，如外处有奸党石刻，亦令除毁，今后更不许以前事弹纠。常令御史台觉察，违者劾奏。"⑤ 接着又相继出台一系列诏令。总体上看，虽对元祐党人的限制没有解除，但禁令却宽松了许多。大观二年（1108）三月，根据情罪轻重，陆佃、王存、蒋之奇、叶祖洽、郭知章、上官均、朱绂等四十八人出籍。六月戊戌，又有九十五人出籍。⑥ 徐度《却扫编》有这样一条记载：

> 崇宁初，蔡太师（蔡京）持绍述之说为相，既悉取元祐廷臣及元符末上书论新法之人，指为谤讪而投窜之，又籍其名氏，刻之于石，谓之"党籍碑"，且将世世锢其子孙。其后再相也，亦自知其太甚，而未有以为说。叶左丞（梦得）为祠部郎，从容谓之曰："梦得闻天

---

① （宋）王明清：《玉照新志》卷一，丛书集成初编本，上海商务印书馆1936年版，第1页。
② （宋）陈长方撰，许沛藻整理：《步里客谈》卷上，载《全宋笔记》第四编（四），大象出版社2008年版，第7页。
③ 《道山清话》，第121页。
④ 《皇朝编年纲目备要》卷二七，崇宁五年正月，第688页。
⑤ 《长编纪事本末》卷一二四《追复元祐党人》，第3844页。
⑥ 同上书，第3873—3875页。

下有道，则庶人不议。今举籍上书之人名氏刻之于石，以昭示来世，恐非所以彰先帝之盛德也。"蔡大感寤，其后党禁稍弛，而碑竟仆焉。胡尚书直孺闻之，叹曰："此人宜在君侧。"①

看来，蔡京设置元祐奸党碑是为了排除异己，当威胁解除以后，他也不得不考虑后路。

崇宁五年（1106）二月，蔡京罢相。在蔡京罢相前后近一年的时间里，赵挺之任右仆射，刘逵任中书侍郎。二人一反蔡京所为而行之。期间，蔡京党羽不断制造舆论，诋毁刘逵。"时，蔡京罢相，国柄逵主之。于是，言者论逵，谓其乘间抵巇勋，尽取陛下崇宁以来继述绍熙美意良法，不问大小轻重而尽废之。陛下立教养升贡之法，而逵乃腹非窃议，稽留旬浃，不即奉行。陛下息邪说以正人心，而逵取为元祐学术者。陛下疾朋党以示好恶，而逵进系党人之子者。陛下罪诋诬以尊宗庙，而逵擢上书邪等者。陛下勤继述以绍先烈，而逵用改更熙丰法令者。"② 由于刘逵的专权，十二月被罢，出知亳州。蔡京复相。

> 自星变，上罢蔡京，复相赵挺之。逵先以同知枢密院擢中书侍郎，上时忧甚，委政二人。挺之多智，而逵锐甚。凡崇宁所行之事尽罢之。……上觉其专，后数日星没，稍悔更张之暴，外未有知者。翰林学士郑居中独知之，遂请对，首言："今所建立，皆学校、礼乐，以文致太平，居养、安济等法，以厚下恤民，何所逆天，而致谴怒。"上大以为然。居中退，礼部侍郎刘正夫继请对，如居中言。上遂外挺之、逵，而复向京。③

蔡京第一次罢相，是因为天变、言者论之，但主要还是徽宗对其专权的不满。蔡京罢相的同日，赵挺之即被任命为右仆射，徽宗对其曰："蔡京所为皆如卿言。"即指蔡京之奸。又曰："京令其子翛作亲卫郎，欲日伺朕动

---

① 徐度撰，朱凯、姜汉椿整理：《却扫编》卷中，载《全宋笔记》第三编（十），大象出版社2008年版，第139页。
② 《宋宰辅编年录校补》卷十一，崇宁五年十二月己未条，第729页。
③ 同上书，第729—730页。

第三章　蔡京的上台及崇宁、大观时期的政事与人事

作，今已罢。"①

蔡京对元祐党人及元符末上书人的打击，除了泄私愤报复以外，更多的是政治斗争、争权夺利的需要，在当时，绍述熙丰是徽宗最愿意做的事，而打上绍述的旗号最容易得到徽宗的信任。逻辑上讲，只有对反对熙丰新政的人打击最彻底，才能更好地绍述熙丰。另外，蔡京要想掌握权力，就必须排除一切障碍，所有对他不利的人，他都加以元祐党人或反对熙丰的罪名而加以排斥。我们看看他一次次所定元祐奸党人的名单，就非常清楚这一点了。这也就是他将许多曾经熙丰新政的积极参与者如章惇、曾布、张商英等都打入元祐奸党的原因。就张商英来看，崇宁二年（1103）八月戊申，御史中丞石豫、殿中侍御史朱绂，余深希合蔡京意，弹劾尚书左丞张商英。诏：张商英"可特落职，依前通议大夫知亳州。"②对于张商英的被罢职，蔡絛《国史后补·蕴法篇》言：

> 钞法既行，一日，権货务申：入纳见钱已积三万缗。鲁公将上进呈，上骇曰："直有尔许耶！"盖前皆患不给，未尝有积镪如是，故上骇之。张丞相商英时为中书侍郎，忽儳进曰："启陛下，皆虚钱。"鲁公愕然，即奏曰："臣据有司申如此，商英今以谓虚钱，乞命商英与臣各选差官检点虚实以闻。"上曰："可。"既下殿，各差郎官一人检点。字号分明，各在库也。翌日奏闻，上顾张丞相曰："卿以为虚钱，何故？"张丞相大惭，曰："臣为人所误。"而张由是不安。后又以阴通宫禁事，未几罢去。③

岳珂《桯史》卷七云：

> 张丞相商英媚事绍圣，共倡绍述，崇宁二年，遂为尚书左丞。会与蔡元长异论，中执法石豫、殿中御史朱绂，余深以风旨将劾奏之，而无以为说。或以其在元祐中，尝著《嘉禾篇》，拟司马文正于周公；且为开封府推，当其薨时，代府尹为酹祭文，有褒颂功德语，因请正

---

① 《宋宰辅编年录校补》卷十一，崇宁五年二月丙寅条，第727页。
② 《长编纪事本末》卷一三一《张商英事迹》，第4096页。
③ 同上书，第4096—4097页。

其罚。……有诏……可特落职，依前通议大夫知亳州。……①

八月辛酉，诏张商英改差知蕲州。九月庚寅，张商英提举灵仙观。崇宁三年（1104）十月，张商英入元祐党籍。② 综合上述资料分析，张商英的被贬职乃至入元祐党籍，都是其与蔡京争权的结果。对蔡京而言，不管是曾经的政敌还是盟友、朋友，只要有碍自己专权，统统都要打倒，绝不手软。所以说，蔡京打击元祐党人只是手段，而不是目的，他的最终目的就是对权力的绝对掌控。吕本中《杂记》曰："崇宁间，蔡京每谓人：'如刘安世，更碓捣砲磨，亦只说元祐是也。'京执政久，亦时有长者之言。尝有乞将元祐臣僚编置远恶州郡者，京曰：'元祐人本无大罪，止是不合改先帝法度耳。'其后蔡京得保首领以没，未必不缘其有长者之语也。"③ 可见，蔡京在打击元祐、元符党人时是留有回旋余地的。当外界对蔡京权力的威胁消除，蔡京感到地位稳固以后，对元祐党人的打击也就不那么迫切了。崇宁四年（1105）的情形正好说明了这一点。另外，徽宗虽然年轻，也很老到。他重用蔡京，是因为在绍述神宗事业上，蔡京是他最得力的助手。他虽重用蔡京，但蔡京权力的一意膨胀也是他所不愿意看到的，总是有意识地限制防范之。崇宁四年（1105）三月，以赵挺之为右仆射就是很好的例证。但赵挺之斗不过蔡京。

熙宁年间，王安石为了推行新法，排挤反变法派，让一些元老重臣担任没有实权的宫观官，以便使新法能顺利推行。然而，宋神宗坚持"异论相搅"的祖宗家法，并没有对反变法派予以严惩，相反还安排像冯京那样的反对派成员在王安石身边，以便牵制王安石，达到强化皇权的目的，这对变法的实施和大力推行是不利的。宋徽宗崇宁年间，一意绍述，对反对熙丰新政的元祐党人坚决打击，以便为推进改革扫清道路。蔡京正是借助这一点，为自己争夺政治权力的。总之，和王安石变法时代不同，崇宁、大观年间，为了推行改革，皇权更重地予以出击。

三 蔡京的开边

蔡京的开边活动，主要是收复湟鄯州的军事行动，是绍述熙丰政治的

---

① （宋）岳珂：《桯史》卷七《嘉禾篇》，中华书局1981年版，第81页。
② 《长编纪事本末》卷一三一《张商英事迹》，第4098—4099页。
③ 《长编纪事本末》卷一二四《追复元祐党人》，第3843页。

一项重要内容，具体过程可参见李华瑞先生《宋夏关系史》相关内容。①哲宗在位的绍圣、元符年间，章惇主持西部的拓边军事行动。元符二年（1099）下半年，北宋在河湟地区的军事行动取得了胜利。北宋在夺取了青唐和邈川以后，分别更名为鄯州和湟州，由王赡和王厚分别知州事。但由于二人统御部众无方，宋军在湟、鄯州抢掠骚扰，引起已降服吐蕃的叛乱。情势危机，朝廷内部也出现一些不和谐的声音，有人主张弃地。元符三年（1100）正月，哲宗去世，徽宗继位，向太后垂帘，因其政治倾向元祐，弃地之议遂定。王赡、王厚因此被定罪。崇宁元年（1102）七月，蔡京入相，徽宗君臣以绍述熙丰、绍圣为事，拓边之议再兴。侍御史钱遹请求为王赡、王厚昭雪，并且对当时提议弃地者治罪。于是，徽宗诏王厚叙皇城副使，王赡追复供备库副使，而韩忠彦、曾布、安焘、李清臣、蒋之奇、范纯礼、陈次升、都贶、钱景祥、秦希甫、龚夬、张廷坚等弃地论者分别受到贬责。之后，任命王厚知河州，兼洮西安抚。诏遣内客省使童贯与王厚一起经营河湟。②崇宁二年（1103）正月丁未，东上阁门副使、新知岢岚军王厚权发遣河州，兼洮西沿边安抚司公事。二月，徽宗命王厚和童贯协力经营青唐。③六月辛酉，王厚、童贯发熙州，拉开了经营河湟的序幕。七月己卯，以收复湟州，百官入贺。崇宁三年（1104）三月，王厚、童贯又发起收复鄯、廓州的战役，四月乙卯，鄯州平。"厚所克复三州及河南地……开拓疆境幅员三千余里，其四至：正北及东南至夏国界，西过青海至龟兹国界，西至卢甘国界，东南至熙、河、兰、岷州，接连阶、成州界。计招降到首领二千七百余人，户口七十余万，前后六战，斩获一万余人。"④

五月丁丑，徽宗诏以收复鄯、廓州，遣亲王奏告太庙，侍从官分告社稷、诸陵。甲申，改鄯州为西宁州，仍为陇右节度。

崇宁四年（1105）三月戊午，收复银州。大观二年（1108）四月甲辰，童贯遣统制官辛叔献、冯瓘等复洮州。

赵挺之《手记》云："蔡京在崇宁初，每于上前奏陈：'今以首级受赏，不若招纳。'其直只计在京之数，不知至陕西，则增至五倍也。初营

---

① 李华瑞：《宋夏关系史》，河北人民出版社1998年版，第97—103页。
② 《宋会要辑稿》兵九之四。
③ 《长编纪事本末》卷一三九《收复湟州》，第4318页。
④ 《长编纪事本末》卷一四○《收复鄯廓州》，第4376—4377页。

湟州，得湟州矣。又营鄯、廓，每得一州，指地图以示上曰：'此处可以趋西界卓啰监军司；此处可以趋宥州；此处可以通青海。朝廷威德，无所不计矣。'然当时运粮入中，不计价直之贵，鄯、廓米斗不下三四贯足。陕西骚然，民困兵疲，惟富商大室坐收百倍之利。而一供奉官算券得米，中之官，有月及一二千贯者。京一切不问，专意兴兵起事。方鄯、廓未下，而旁谕泾原邢恕，令为战具，旦夕结队，以为深入西夏之形。又令陶节夫居延州，大加招纳。"①

赵挺之此说，道出了北宋经营河湟地区所付出的巨大代价，但也从另一侧面反映出崇宁年间蔡京拓边的成功和对西夏的威慑。

对宋徽宗来说，湟鄯州的收复，意义重大。主要表现在两个方面：第一，这是他绍述神宗、哲宗遗志的最好体现。元丰年间的永乐之败和神宗壮年饮恨而终，对徽宗心理不可能不产生影响。而哲宗虽然取得了河湟，却没能够保持长久。作为父兄皇位的继任者，徽宗当然希望自己能够完成其父、其兄未竟的事业。他做到了这一点。第二，西夏对北宋长期以来骚扰不断，岁币并没有换来永久的和平，而弃地求和更让西夏的骚扰变本加厉，从制服西夏的战略高度出发，征服河湟地区的吐蕃，可以削弱西夏与其联合对抗北宋的威胁，这一目标徽宗也达到了。从收复河湟，削弱西夏，稳定边防这个角度看，宋徽宗超越了宋神宗和哲宗所建立的武功，这对年轻的颇具艺术家气质的徽宗来讲，是多么的令其欣慰和得意。若有人要在这件事上泼冷水，那是绝对不允许的。崇宁五年（1106）八月癸未，奉议郎、太常少卿冯澥责授永州别驾、道州安置。因为冯澥知凤翔府时，对收复河湟提出了质疑。他上书曰：

> 臣窃以湟、廓、西宁三州本不毛小聚，大河之外，天所限隔。陛下空数路，耗内帑，极生灵膏血而取之。复获以来，何常（疑"尝"之误）得一金一缕入府库，一甲一马备行阵。而三州岁用以亿万计。仰之官也，而帑藏已空。取之民也，而膏血已竭。有司束手，莫之为计。塞下无十日之积，战士饥馁，人有菜色。……陛下以四海九州之大，德被万方，威震四裔。奈何以二三小聚，困弊关陕一方生灵，长

---

① 《长编纪事本末》卷一四〇《收复鄯廓州》，第4374—4375页。

为朝廷西顾之忧乎？……①

冯澥的这一观点，对徽宗来说，是绝对不能接受和容忍的。御批：

> 湟、廓、西宁，神考疆理，哲宗开拓，大勋未集。朕嗣承先志，有此武功。克绍前人之心，获伸孝友之义。太常少卿冯澥，顷上书疏，半为邪言，下比流俗。遽有羁縻之请，实为捐弃之谋。以嗣武为劳师，以昭功为往失，动摇国事，疑阻亲民。宜正怙终之刑，以诫罔悛之俗。……可送吏部与远小处监当差遣。布告中外，咸使闻知。②

的确，北宋再次收复湟鄯州及银州，进一步改变了宋夏两国之间的军事态势，西夏国力受到削弱，北宋在与西夏的军事对抗中占据了一定的优势。此后，北宋以胜利者的姿态、以宗主国的口吻对西夏讲话。如宣和元年（1119）六月一日，徽宗诏："眷言西陲之人，世为中国之辅。凡尔赤子，亦予良民。属者输款来归，有加悔罪。欲民休息，已诏罢兵。誓书之言，坚如金石。"③ 西夏再次纳款请和，北宋对西部的拓边战争胜利结束。

第四节 艺术上的知音——宋徽宗信任蔡京因由之一

蔡京自崇宁元年（1102）七月任尚书右仆射兼中书侍郎以后，前后四次入相，长达十四年。在宋徽宗二十六年的皇帝生涯中，占到一半多的时间。蔡京之所以能够长期任相，与宋徽宗的信任、倚重是分不开的。关于蔡京的第一次任相，《宋史》卷四七二《蔡京传》曰：

> 徽宗即位，罢为端明、龙图两学士，知太原，皇太后命帝留京毕史事。逾数月，谏官陈瓘论其交通近侍，瓘坐斥，京亦出知江宁，颇怏怏，迁延不之官。御史陈次升、龚夬、陈师锡交论其恶，夺职，提举洞霄宫，居杭州。童贯以供奉官诣三吴访书画奇巧，留杭累月，京

---

① 《长编纪事本末》卷一四〇《收复鄯廓州》，第4379—4380页。
② 同上书，第4380—4381页。
③ 《宋会要辑稿》兵九之五至六。

与游,不舍昼夜。凡所画屏幛、扇带之属,贯日以达禁中,且附语言论奏至帝所,由是帝属意京。……已而宫妾、宦官合为一词誉京,遂擢致虚右正言,起京知定州。崇宁元年,徙大名府。韩忠彦与曾布交恶,谋引京自助,复用为学士承旨。徽宗有意修熙、丰政事,起居舍人邓洵武党京,撰《爱莫助之图》以献,徽宗遂决意用京。忠彦罢,拜尚书左丞,俄代曾布为右仆射。制下之日,赐坐延和殿,命之曰:"神宗创法立制,先帝继之,两遭变更,国是未定。朕欲上述父兄之志,卿何以教之?"京顿首谢,愿尽死。二年正月,进左仆射。

《东都事略》卷一二一《童贯传》载:

> 童贯,开封人也。始出李宪之门,性巧媚。自给事宫掖,善测人主意。元符末,徽宗置局于钱塘,且放(访)求古法书图画之属,贯以内供奉主之。蔡京方谪居,与之游。京有能书名,自书屏幛扇带,阶贯以进。逾年,入为尚书左丞。

徽宗所置局按《宋史》卷四六八《童贯传》载为明金局。这两条材料,揭示出如下信息:虽然有宦官、宫妾对蔡京的一致美誉,有韩忠彦为争权对蔡京的有意引进,但蔡京在艺术上,尤其是书法上的名气和成就,是徽宗最早垂青他的主要原因。蔡京可视为徽宗艺术上的知音。另外,徽宗即位初,想要绍述父兄遗志,而能够鼎力辅助者唯蔡京一人。当时的宰相韩忠彦、曾布的所作所为,让徽宗有些失望。可以将徽宗信任倚重蔡京的因由,概括为如下两个方面:艺术上的知音和政治上的得力助手。其政治上的得力助手这一原因,在其他章节已有说明,下面只谈艺术上的知音这一问题。①

宋徽宗对艺术的爱好和成就,人所共知。蔡絛曰:"国朝诸王弟多嗜富贵,独祐陵(徽宗)在藩时玩好不凡,所事者惟笔研、丹青、图史、射御而已。当绍圣、元符间,年始十六七,于是盛名圣誉布在人间,识者已疑其当璧矣。初与王晋卿诜、宗室大年令穰往来。二人者,皆喜作文辞,

---

① 伊佩霞《文人文化与蔡京和徽宗的关系》一文对此问题也有论述。见《宋史研究论文集》(国际宋史研讨会暨中国宋史研究会第九届年会编刊,2000年。)

妙图画，而大年又善黄庭坚。故祐陵作庭坚书体，后自成一法也。"① 这条材料说明了徽宗对书法绘画艺术的一贯热衷，和他书画艺术的渊源以及独创性。徽宗也酷爱收藏书画。

> 王晋卿家旧宝徐处士碧槛《蜀葵图》，但二幅。晋卿每叹阙其半，惜不满也。徽庙默然，一旦访得之，乃从晋卿借半图，晋卿惟命，但谓端邸爱而欲得其秘尔。徽庙始命匠者标轴成全图，乃招晋卿示之，因卷以赠晋卿……是以太上天纵雅尚，已著龙潜之时也。及即大位，于是酷意访求天下法书图画。自崇宁始命宋乔年〔掌〕御前书画所。乔年后罢去，而继以米芾辈。殆至末年，上方所藏率举千计，实熙朝之盛事也。吾以宣和岁癸卯，尝得见其目，若唐人用硬黄临二王帖至三千八百余幅，颜鲁公（颜真卿）墨迹至八百余幅，大凡欧、虞、褚、薛及唐名臣李太白、白乐天等书字，不可胜会，独两晋人则有数矣。至二王《破羌》、《洛神》诸帖，真奇殆绝，盖亦为多焉。又御府所秘古来丹青，其最高远者，以曹不兴《元女授黄帝兵符图》为第一，曹髦《卞庄子刺虎图》第二，谢稚《烈女贞节图》第三，自余始数顾、陆、僧繇而下。……又如顾长康则《古贤图》，戴逵《破琴图》、《黄龙负舟图》，皆神绝不可一二纪……于今恨眼中亦无复兹睹矣，每令人短气。盖自政和间，既好尚一行，世因为之货赂，亦为时病。此则良过矣。②

《宋史》卷三一五《韩缜传附韩宗武传》载："哲宗将祔庙，中旨索省中书画甚急。宗武言：'先帝祔庙，陛下哀慕方深，而丹青之玩，取索不已，播之于外，惧损圣德。陛下践祚，如日初升，当讲劘典训，开广圣学，好玩易志，正古人所戒也。'疏入，皇太后见之，怒曰：'是皆内侍数辈所为尔。'欲尽加罚，帝委曲申救，乃已。"③ 这条材料更进一步说明徽宗对书法绘画艺术的挚爱和痴迷达到无以复加的程度，甚至不顾及礼教。

蔡京是否"苏、黄、米、蔡"四大家中之"蔡"，从明清以来就有争

---

① 《铁围山丛谈》卷一，第5—6页。
② 《铁围山丛谈》卷四，第78—79页。
③ 《宋史》卷三一五《韩缜传附韩宗武传》，第10312页。

议，至今未有定论。① 但蔡京在书法方面的造诣颇深，却是任何人无法否认的。②《山西通志》卷一三八载："薛绍彭，向子，多藏古法书，翰墨精绝，时号苏黄米薛，而斥蔡京不录云。"斥蔡京不录，是因为人们厌恶他的人品和奸名，却并不能否认他的书法水平。

《宣和书谱》卷一二《蔡京传》这样谈蔡京的文学及书法：

> 喜为文词，作诗敏妙，得杜甫句律。制诰表章，用事详明，器体高妙。于应制之际，挥翰勤敏，文不加点，若夙构者，未尝起藁。然性尤嗜书，有临池之风。初类沈传师，久之深得羲之笔意，自名一家。其字严而不拘，逸而不外规矩。正书如冠剑大臣议于朝堂之上，行书如贵胄公子，意气赫奕，光彩射人。大字冠绝古今，鲜有俦匹。本朝题榜不可胜计，作"龟山"二字，盘结壮重，笔力遒劲，巍巍若巨鳌之戴昆仑，翩翩如大鹏之翻溟海，识与不识，见者莫不耸动，斯亦一时之壮观也。……京从兄襄，深悟厥旨，其书为本朝第一。而京独神会心契，得之于心，应之于手，可与方驾，议者谓飘逸过之。至于断纸余墨，人争宝焉。喜写纨扇，得者不减王羲之之六角葵扇也。其为世之所重如此。所得惟行书为多。③

蔡絛《铁围山丛谈》载："米芾元章有书名，其投〔捉〕笔能尽管城子。五指撮之，势翩然若飞，结字殊飘逸而少法度。其得意处大似李北海，间能合者，时窃小王风味也。鲁公（蔡京）一日问芾：'今能书者有几？'芾对曰：'自晚唐柳，近时公家兄弟是也。'盖指鲁公与叔父文正公（蔡卞）尔。公更询其次，则曰：'芾也。'"④ 蔡絛还记载了这样一件有趣的事：

> 元符末，鲁公（蔡京）自翰苑谪香火祠，因东下无所归止，拟将

---

① 赵保红：《宋四家之"蔡"究为何人》，载《绍兴文理学院学报》2006 年第 3 期；杨加深：《北宋书法"四大家"的组成及排序问题考》，载《甘肃社会科学》2004 年第 2 期。

② 江雪：《蔡京书法研究》，吉林大学硕士学位论文 2007 年 4 月；曾莉：《蔡京书法浅论》，载《广西艺术学院学报》2006 年第 2 期；杨军：《对蔡京书法史地位的再讨论》，载《绥化学院学报》2006 年第 1 期。

③ （宋）佚名撰，顾逸点校：《宣和书谱》卷十二，上海书画出版社 1984 年版，第 92—93 页。

④ 《铁围山丛谈》卷四，第 77—78 页。

卜仪真以居焉,徘徊久之,因舣舟于亭下,米元章(米芾)、贺方回(贺铸)来见,俄一恶客亦至,且曰:"承旨书大字,世举无两。然某私意,若不过赖灯烛光影以成其大,不然,安得运笔如椽者哉?"公哂曰:"当对子作之也。"二君亦喜,俱曰:"愿与观。"公因命具饭磨墨。时适有张两幅素者。食竟,左右传呼舟中取公大笔来,即睹一筒道帘下出。筒有笔六七枝,多大如椽臂,三人已愕然相视。公乃徐徐调笔而操之,顾谓客:"子欲何字耶?"恶客即拱而答:"某愿作'龟山'字尔。"公乃大笑,因一挥而成,莫不太息。墨甫干,方将共取视,方回独先以两手作势,如欲张图状,忽长揖卷之而急趋出矣。于是元章大怒。坐此,二人相告绝者数岁,而始讲解。乃刻石于龟山寺中,米老自书其侧曰:"山阴贺铸刻石也。"故鲁公大字,自唐人以来,至今独为第一。①

虽然蔡京参与了《宣和书谱》的编撰,蔡絛乃蔡京之子,所以,上述说法不免有夸饰之嫌,但水分不会太大,当还是比较真实地反映了蔡京高超书法水平。正因如此,时人也喜欢模仿蔡京的书法。陆游《老学庵笔记》卷八载:自唐至本朝,中书门下出敕,其敕字皆平正浑厚。元丰后,敕出尚书省,亦然。崇宁间,蔡京临平寺额作险劲体,"来"长而"力"短,省吏始效之相夸尚,谓之"司空敕",亦曰"蔡家敕",盖妖言也。京败,言者数其朝京退送及公主改帝姬之类,偶不及蔡家敕。故至今敕字蔡体尚在。②

宋徽宗酷爱书画艺术,精于收藏。对蔡京的书法,早有耳闻,且对蔡京很有好感。《铁围山丛谈》载:

> 鲁公(蔡京)始同叔父文正公(蔡卞)授笔法于伯父君谟(蔡襄),既登第,调钱塘尉。时东坡公适倅钱塘,因相与学徐季海……未几弃去,学沈传师……及元祐末,又厌传师,而从欧阳率更。由是字势豪健,痛快沉著。迨绍圣间,天下号能书,无出鲁公之右者。其后

---

① 《铁围山丛谈》卷四,第 77 页。
② (宋)陆游撰,李剑雄、刘德权点校:《老学庵笔记》卷八,中华书局 1979 年版,第 101 页。

又舍率更，乃深法二王。晚每叹右军难及，而谓中令去父远矣。遂自成一法，为海内所宗焉。又公在北门，有执役亲事官二人，事公甚恪，因各置白围〔团？〕扇为公扇凉者。公心喜之，皆为书少陵诗一联，而二卒大慍。见不数日，忽衣戴新楚，喜气充宅〔溢〕，以亲王持二万钱取之矣，愿益书此。公笑而不答。亲王，时乃太上皇（徽宗）也。后宣和初，曲燕在保和殿，上（徽宗）语及是，顾谓公："昔二扇者，朕今尚藏诸御府也。"①

宣和元年（1119）九月十二日，蔡京参加了徽宗在保和殿为臣僚举行的宴会。会后，写了《保和殿曲燕记》记述了这场君臣同乐的盛会。这次聚会，与其说徽宗宴请臣僚，毋宁说是徽宗宴请蔡京父子，请其他臣僚作陪而已。据蔡京记载，参加这次聚会的人，除少宰王黼、中书侍郎冯熙载、知枢密院事童贯及几个宗室以外，就是蔡京父子了，包括蔡京、蔡攸、蔡翛、蔡脩、蔡絛。在保和殿，徽宗领着蔡京逐阁欣赏其收藏品，许多藏品蔡京都是第一次见到。"上亲指示，为言其概。"令其大开眼界。当到某阁时，徽宗"因指阁内：'此藏卿表章字札无遗者。'命开柜，柜有朱隔，隔内置小匣，匣内覆以缯绮，得臣所书撰《淑妃刘氏制》，臣进曰：'札恶文鄙，不谓袭藏如此。'念无以称报，顿首谢。"② 可见徽宗对蔡京书法的重视与喜爱。接着蔡京又游览了许多亭台殿阁，赐茶全真殿。"上亲御击注，汤出乳花盈面。"后来在玉真轩，君臣一边欣赏歌舞、一边饮酒赋诗，气氛煞是轻松。徽宗忽然回忆起蔡京曾经在绍圣春宴的诗作。说当时自己有疾在身，没有去参加宴会。哲宗宣召曰："蔡承旨有佳句曰：红蜡青烟寒食后，翠华黄屋太微间。不可不赴。"徽宗因而沉吟曰："记上下句有曰集英班者。"继而曰："牙牌晓奏集英班，日照云龙下九关。红蜡青烟寒食后，翠华黄屋太微间。"继又曰："三天乐奏三春曲，万岁声连万岁山！欲识君臣同乐意，天威咫尺不违颜。"蔡京顿首谢曰："臣操笔注思，于今二十年。陛下语及，方省仿佛，然不记一字。陛下藩邸已知臣，盖非今日，岂胜荣幸。"徽宗轮指曰："二十四年矣。"左右皆大惊。蔡京又谢曰："臣被知藩邸，受眷绍圣，两朝遭遇。臣弩下衰老，无毫发称报。"徽宗曰：

---

① 《铁围山丛谈》卷四，第76页。
② 《挥麈录》后录余话卷之一，第277页。

"屡见哲宗道卿但为章惇辈沮忌,不及用。朕时年八岁,垂髫侍侧。一日,哲宗疑虑,默若有所思。问曰:'大臣以谓不当绍述,朕深疑之。'奏曰:'臣闻子绍父业,不当问人,何疑之有?'哲宗骇曰:'是儿有大志如此。'由是刘挚、吕大防相继斥逐,绍述自此始。"蔡京奏曰:"陛下曲燕御酒,乐欣交通,而追时惟哲宗付托与绍述之始,孝友笃于诚心,非臣之幸,社稷天下之幸。"因再拜贺。王黼已下皆再拜。徽宗又曰:"尝记合食与卿否?"蔡京谢曰:"是时大礼禁严,厨饔不得入,贸食端邸。蒙陛下赐之。臣被遇,自兹终身不敢忘。"徽宗又曰:"崇政殿试,卿在西幕详定时,因人持扇求书,得二诗,皆杜甫所作,诗曰:'户外昭容紫袖垂,双瞻御座引朝仪。香飘合殿春风转,花覆千官淑景移。'又'五夜漏声催晓箭,九重春色醉仙桃。旌旗日暖龙蛇动,宫殿风微燕雀高。'"蔡京曰:"崇宁初蒙宣谕扇犹在?"徽宗曰:"今尚在也。"蔡京曰:"自古人臣遭遇,或以一能一技见知当时,名显后世。臣章句片言,二十年前已蒙收录。崇宁以来,被遇若此。君臣千载,盖非一日。君之施厚,臣之报丰。臣无尺寸,孤负恩纪,但知感涕!"徽宗曰:"卿可以安矣。"蔡京又奏曰:"乐奏缤纷,酒觞交错。方事燕饮,上及继述,下及故老,若朋友相与衔杯酒,接殷勤之欢,道旧论新。顾臣何足以当?臣请序其事,以示后世,知今日燕乐,非酒食而已。"[①] 蔡絛所记团扇题诗事与《保和殿曲燕记》所载有所不同,但都说明一个问题,就是徽宗对蔡京的书法是极其欣赏,而且早在即位之前业已如此。徽宗即位以后,多次令蔡京赋诗题字。《畿辅通志》卷五四载:爽亭在临城县东北,《名胜志》在县东北普利寺。宋徽宗下晋阳时驻跸于此。命蔡京书"爽亭"二字,立有石碣。《山西通志》卷一七〇载:天宁寺在下城南营,宋熙宁中建,徽宗赐名天宁万寿禅林,敕太师蔡京书额。

作为唯我独尊的帝王,徽宗可以利用皇权收藏天下最多的书画藏品,而欣赏藏品和鉴别真伪非一般人所能为,蔡京却具有这样的素养。他主持了御府所藏书画的整理装裱工作,《大观帖》的摹刻,参与了《宣和书谱》和《宣和画谱》的编订。作为一个风流才子,徽宗喜欢吟诗作画,君臣酬唱。在这种场合,蔡京往往以他机敏的思维、优美而华丽的文辞使龙颜大悦。而且他的巧言应对,使君臣感到亲密无间,气氛融洽。《保和殿曲燕

---

① 《挥麈录》后录余话卷之一,第278—279页。

记》就记载了这样的事例："酒五行，再休。许至玉真轩，轩在保和西南庑，即安妃妆阁。命使传旨曰：'雅燕酒酣添逸兴，玉真轩内看安妃。'诏臣赓补成篇，臣即题曰：'保和新殿丽秋辉，诏许尘凡到绮闱。'方是时，人自谓得见妃矣。既而但画像挂西垣，臣即以诗谢奏曰：'玉真轩槛暖如春，只见丹青未有人。月里嫦娥终有恨，鉴中姑射未应真。'须臾，中使召臣至玉华阁，上手持诗曰：'因卿有诗，况姻家，自当见。'臣曰：'顷缘葭莩，已得拜望，故敢以诗请。'上大笑。妃素妆，无珠玉饰，绰约若仙子。臣前进，再拜叙谢，妃答拜。臣又拜，妃命左右掖起。上手持大觥酌酒，命妃曰：'可劝太师。'臣奏曰：'礼无不报，不审酬酢可否？'于是持瓶注酒，授使以进。再坐，彻女童，去羯鼓。御侍奏细乐，作《兰陵王》、《杨（扬）州散》古调。酬劝交错。上顾群臣曰：'桂子三秋七里香。'七里香，桂子名也。臣楷顷许对曰：'麦云九夏两岐秀。'臣攸曰：'鸡舌五年千岁枣。'臣曰：'菊英九日万龄黄。'乃赓载歌曰：'君臣燕衎升平际，属句论文乐未央。'臣奏曰：'陛下乐与人同，不间高卑。日且暮，久勤圣躬，不敢安。'上曰：'不醉无归。'更劝迭进，酒行无算。……"①此时的安妃正得徽宗宠幸，"朝夕得侍上，擅爱颛席，嫔御为之稀进。"②这是一幅君臣同乐、杯酒交酬的画卷。

王明清《挥麈录》后录馀话卷之一记载了在蔡㣲处看到的徽宗和蔡京赓和的一轴诗卷，皆真迹。③择录如下：

己亥十一月十三日，南郊祭天，斋宫即事赐太师：

报本精禋自国南，先期清庙宿斋严。层霄初扩同云霁，暖吹俄回海日暹。十万军容冰作阵，九街鸳瓦玉为簷。肃雍显相同元老，行庆均厘四海霑。

太师臣京恭和：（注：共四首）

其一：雪晴至日日初南，帝举明禋祀事严。万瓦沟中寒色在，一

---

① 《挥麈录》后录余话卷之一，第 277—278 页。
② 《宋史》卷二四三《后妃传下》，第 8644 页。
③ 《挥麈录》后录余话卷之一，第 271—273 页。

轮空外晓光暹。云和龙䡸开冰辙，风暖鸾旗拂冻簷。共喜天心扶圣德，珠玑更误宠恩霑。

其三：衮龙朱履午阶南，大辇鸾鸣羽卫严。玉䡸乍回黄道稳，金乌初上白云暹。五门晓吹开旗尾，万骑花光入帽簷。已见神光昭感格，鹤书恩下万邦霑。

清庙斋幄，常有诗赐太师，已曾和进。禋祀礼成，以目击之事，依前韵再进。今亦用元韵复赐太师，非特以此相困，盖清时君臣赓载，亦一时盛事耳。

灵鼓黄麾道指南，紫坛苍璧示凝严。联翩玉羽层霄下，烜赫神光爱景暹。为喜鸾舆回凤阙，故留芝盖出虬簷。礼天要作斯民福，解雨今当万物霑。

太师以被赐暹字韵诗，前后凡三次进和，盖欲示其韵愈严而愈工耳。复以前韵又赐太师：

天位迎阳转斗南，千官山立尽恭严。共欣奠玉烟初达，争奉回鸾日已暹。归问雪中谁咏絮，冥搜花底自巡簷。礼成却喜歌盈尺，端为来赶万寓霑。唐杜甫诗：巡簷共索梅花笑，盖雪事也。

太师臣京题神霄宫：

下马神霄第一回，晴空宫殿九秋开。月中桂子看时落，云外仙骈特地来。

参差碧瓦切昭回，绣户云輧次第开。仙伯九霄曾付托，得随真主下天来。

神霄玉清万寿宫庆成，卿以使事奉安圣像，闻有二诗书㡒，俯同其韵，复赐太师：（注：共二首）

其一：碧落金风爽气回，蓁霄乍喜瑞霞开。经营欲致黎元福，敢谓诗人咏子来。

昨日召卿等自卿私第泛舟经景龙江，游撷芳园灵沼，闻卿有小诗，今俯同其韵赐太师：（注：共三首）

其三：锦绣烟霄碧玉山，萦纤静练照晴川。留连不惜厌厌去，雅兴难忘既醉篇。

上清宝箓宫立冬日讲经之次，有羽鹤数千飞翔空际，公卿士庶，众目仰瞻。卿时预荣观，作诗纪实来上，因俯同其韵，赐太师以下：

上清讲席郁萧台，俄有青田万侣来。蔽翳晴空疑雪舞，低回转影类云开。翻翰清泪遥相续，应瑞疑时尚不回。归美一章歌盛事，喜今重见谪仙才。

又上巳日赐太师：

金明春色正芳妍，修禊佳辰集众贤。久矣愆阳罹暵旱，沛然膏雨润农田。乘时剩挟花盈帽，胥乐何辞酒满船。所赖燮调功有自，伫期高廪报丰年。

王明清注曰：微，元长之孙，自云：当其父祖富贵鼎盛时，悉贮于隆儒亨会阁。此百分之一二焉，国祸家艰之后，散落人间，不知其几也。①

此诗乃宣和元年（1119）之作，从意境和内容方面看，诗作水平一般。但蔡京讨好徽宗的情态，徽宗和蔡京君臣关系之亲密在此有所显露。从诗作还可看出，此时的徽宗、蔡京君臣已沉溺于自我构建的虚幻太平盛世中难以自拔。

徽宗是个矛盾的人物，一方面他摆脱不掉风流才子的浪荡习气，另一

---

① 《挥麈录》后录余话卷之一，第273页。

方面对其父神宗的事业心向往之。只有蔡京可以使徽宗在这两方面都得到满足。蔡京通过茶盐钱法等一系列经济改革，让徽宗不再有财政窘境之叹；通过军事上的拓边战争让徽宗有扬威异域的满足感；通过学校礼乐制度建设、社会救助的推广让徽宗感受到文治天下的成功。更主要的是，蔡京时时不忘用他的生花妙笔将徽宗塑造成一个高雅的、与众不同的、多才多艺的、仁民爱物的好皇帝形象。政和二年（1112）三月蔡京的《太清楼侍宴记》载：徽宗"诏臣蔡京曰：'此跬步至宣和，即昔言者所谓金柱玉户者也，厚诬宫禁。其令子攸掖入观焉。'……至宣和殿，止三楹，左右挟，中置图书、笔砚、古鼎、彝、罍、洗。陈几案台榻，漆以黑。下宇纯朱，上栋饰绿，无文采。东西庑侧各有殿，亦三楹，东曰琼兰。积石为山，峰峦间出。有泉出石窦，注于沼北。有御札静字榜梁间，以洗心涤虑。西曰凝方，后曰积翠，南曰瑶林，北洞曰玉宇。石自壁隐出，崭岩峻立，幽花异木，扶疏茂密。后有沼曰环碧，两旁有亭曰临漪、华渚。沼次有山，殿曰云华，阁曰太宁。左蹑道以登，中道有亭，曰琳霄、垂云、骞凤、层峦，不大高峻，俯视峭壁攒峰，如深山大壑。次曰会春阁，下有殿曰玉华。玉华之侧有御书榜，曰三洞琼文之殿，以奉高真。旁有种玉、绿云轩相峙。臣奏曰：'宣和殿阁亭沼，纵横不满百步，而修真观妙，发号施令，仁民爱物，好古博雅，玩芳、缀华咸在焉。楹无金瑱，壁无珠珰，阶无玉砌，而沼池岩谷，溪涧原隰，太湖之石，泗滨之磬，澄竹山茶，崇兰香茝，葩华而纷郁。无犬马射猎畋游之奉，而有鸥、凫、雁、鹙、鸳鸯、鸂鶒、龟、鱼驯驯，雀飞而上下。无管、弦、丝、竹、鱼龙、曼衍之戏，而有松风竹韵，鹤唳鹦啼，天地之籁，适耳而自鸣。其洁齐清灵雅素若此，则言者不根，盖不足恤。'"① 在蔡京的笔下，宣和殿占地面积狭小，陈设简单，装饰朴素，非外界传言的"金柱玉户也"。宣和殿周围的亭台楼阁、风物景致，却绝非一般，它体现出徽宗是个无犬马射猎畋游之奉，仁民爱物，又有极高艺术品味的好皇帝。让蔡京这么一说，徽宗还有什么心不安的，在这人造的仙境中尽情地享乐就是了。不难看出的是，蔡京此说欲盖弥彰。宣和殿及其周围的亭台楼阁、奇花异石、珍禽异兽、溪水假山哪样不是耗民财、费民力而成的？

宣和二年（1120）十二月癸巳的《延福宫曲燕记》同样描述了一幅太

---

① 《挥麈录》后录余话卷之一，第 274—275 页。

平盛世的欢乐画卷。"晚，召赴景龙门，观灯玉华阁，飞升金碧绚耀，疑在云霄间。设蘧樽钧乐于下。都人熙熙，且醉且戏，继以歌诵，示天下与民同乐之恩，侈太平之盛事。"① 这些极尽掩盖社会矛盾之能事的溢美之词怎不使徽宗陶醉其间？！

徽宗御画和蔡京的题字，珠联璧合，相得益彰。蔡京既是徽宗御画的鉴赏评论者，也是徽宗天纵之才的宣传者。在蔡京的笔下，宋徽宗不仅是绘画天才，而且也是治国能手。蔡京《题御制听琴图》曰："吟徵调商龟下桐，松间疑有入松风。仰窥低审含情客，似听无弦一弄才。"② 将演奏者和欣赏者陶醉在悠扬琴声中的神情惟妙惟肖地表现了出来。大观四年（1110）三月蔡京题宋徽宗《雪江归棹图》曰："臣伏观御制《雪江归棹图》，水远无波，天长一色，群山皎洁，行客萧条，鼓棹中流，片帆天际，雪江归棹之意尽矣。……皇帝陛下以丹青妙笔，备四时之景色、究万物之情态于四图之内，盖神智与造化等也。……"③ 非常精妙地将画作的意境概括了出来。题宋徽宗画《十八学士图》："唐太宗得杜如晦、房玄龄等十八人，佐命兴邦。臣考其施为，皆不能稽古立政……盖玄龄、如晦学非尧舜三代……使太宗无乡举里选、制礼作乐之功，后之学者未尝不掩卷太息。今天下去唐又五百余岁，皇帝陛下睿智生知，追述三代，于是乡举里选、制礼作乐，以幸天下，足以跨唐越汉。犹慨然缅想十八人……求贤乐士，可见于此……"④ 蔡京认为唐太宗君臣不能追述三代，所以并非最杰出的人物。相反徽宗却能够超越唐太宗，成为最伟大的皇帝。政和四年（1114）蔡京题宋徽宗御画《鹰图》记："……鹰，西方之禽，其性鸷，其色苍，未闻有色白者。皇帝陛下德动天地，仁及飞走，齐阴阳之化，同南北之气，无彼疆此界之隔，羽毛动植，易形变色，以应圣德之盛，为国嘉瑞。臣昨得至后苑，见大鹰立架上，其色纯素，心甚异之。伏蒙宣示《鹰图》，恍然若身再到。雄姿劲翮，高髻短颈，望之若浮云轻鸥，真所谓应诚而至者。"⑤ 徽宗所创造的太平盛世感应了天地万物，祥瑞迭出。蔡京

---

① 《挥麈录》后录余话卷之一，第280页。
② 北京大学古文献研究所编：《全宋诗》卷一○四三，北京大学出版社1995年版，第11943页。
③ 曾枣庄、刘琳主编：《全宋文》109册，卷二三六三，上海辞书出版社、安徽教育出版社2006年版，第163页。
④ 《全宋文》109册，卷二三六三，第163—164页。
⑤ 同上书，第165页。

对徽宗御画的这般评述，给了以大有为之君自居的徽宗以心理上的极大满足。对于这样一个"博通经史，挥洒篇翰，手不停缀。美风姿，器量宏远"①的艺术上的知音，宋徽宗是不能不信任和倚重的。更何况"至于决大事，建大议，人所不能措意者，笑谈之间，恢恢乎其有余矣。乃时丕承祗载，绍述先烈，于志无不继，于事无不述。缉既坠之典，复甚盛之举，奠九鼎，建明堂，制礼作乐，兴贤举能，其所以辅予一人，而国事大定者，京其力焉。"②

徽宗宠信蔡京，是因为蔡京是他艺术上的知音；徽宗倚重蔡京，是因为蔡京可以让其无财匮之患，这一点是其他人都不能够做到的。如张商英，任宰相时间不长，徽宗就对他不满意了。张商英虽然在一片讨伐蔡京的声浪中，反蔡京之政而为之。但他尽管博得了时誉，却让徽宗的钱袋子瘪了，有财匮之忧。当然，徽宗对祖宗家法也是深领三味，他时刻提防皇权旁落，时刻防范大臣专权。徽宗对蔡京并不是一味的信任，相反，当他感觉蔡京有专权的苗头时，总会借天变、言官的言论适时地罢免他。而且，徽宗也不忘"异论相搅"的祖训，在蔡京身边安置自己的眼线，对其牵制甚至监视。洪迈《容斋随笔》四笔卷十五载"蔡京擅国命，首尾二十余年，一时士大夫未有不因之以至大用者，其后颇采公议，与为异同。若宰相则赵清献挺之、张无尽商英、郑华原居中、刘文宪正夫，所行所言，世多知之。其居执政位者，如张康国宾老、温益禹弼、刘逵公路、侯蒙元功者，皆有可录。康国定元祐党籍，看详讲议司编汇奏牍，皆深预密议，及后知枢密院，始浸为崖异。徽宗察京专愎，阳令狙伺其奸，盖尝许以相……蒙在政地，上从容问蔡京何如人，对曰：'使京能正其心术，虽古贤相何以加？'上领首，且使密伺京所为，京闻而衔之。凡此数端，皆见于国史本传。"③《宋史》卷三五一《张康国传》载："帝恶京专愎，阴令沮其奸……京使御史中丞吴执中击康国，康国先知之。旦奏事，留白帝曰：'执中今日入对，必为京论臣，臣愿避位。'既而执中对，果陈其事，帝叱去之。他日，康国因朝退，趋殿庐，暴得疾，仰天吐舌，舁至待漏院

---

① （宋）佚名、顾逸点校：《宣和书谱》卷十二，上海书画出版社1984年版，第92页。
② 同上书，第92页。
③ （宋）洪迈：《容斋随笔》四笔卷十五《徽庙朝宰辅》，上海古籍出版社1978年版，第785—786页。

卒，或疑中毒云。年五十四。……"① 可见，在专制时代，皇权和相权之间既互相依赖利用，又互相争权提防，始终存在矛盾，而且他们之间的矛盾有时还相当尖锐。即便是皇帝最宠信的大臣，也是如此。

---

① 《宋史》卷三五一《张康国传》，第11107页。

第四章

政和、宣和年间的蔡京

第一节　政和、宣和年间蔡京与同僚的权力之争

蔡京政和二年（1112）五月第三次任相，宣和二年（1120）六月罢相，时间长达九年。这是他四次相位中最长的一次。此前的两次任相，尤其是崇宁元年（1102）七月到崇宁五年（1106）二月的第一次任相，经过蔡京多年的"苦心"经营，已经建构起比较牢固的关系网络。所以，除了崇宁五年的赵挺之和大观四年（1110）的张商英两次短暂的任相以外，我们可以看到不论蔡京是否在相位，朝廷上重要部门几乎都是蔡京的党羽。如余深、何执中、刘正夫、薛昂、吴居厚、郑居中、林摅、邓洵武、张康国等人。这既为蔡京的再次复出奠定了基础，也可以基本保证其政策的延续。即便是赵挺之和张商英在相位，蔡京党羽依然发挥着作用，为蔡京的复出积极运作。崇宁五年（1106）六月，当右正言詹丕远又论家安国不当献议移尚书省，有人言蔡京欲作府第时，徽宗和詹丕远有一次对话：

> 上（徽宗）曰："宁有此耶？然郑居中、久中、朱谔尝请留京赐第，久中且云彗特札荒尔（注：此语不通），而以罢京不早还相，天将动威，当复有大雷电之怒。此语殆胁朕，冀其请之必从。朕容以天变未久，遽复相京，天下谓何？赐第当议。"上又曰："比闻中外有三不可之说，谓法度不可变，刘逵不可用，蔡京不可罢。朕得之，怵惕不寐者数夕。"丕远曰："京之误国，陛下所知也；逵不知何故不可用。"上曰："如碎党人石刻，宽上书系籍人禁，皆逵首陈。有何不可用？"丕远曰："必有媒孽逵者。逵用在陛下，若京不可不去。"上默

然。寻诏丕远昏缪迂阔,差知兴化军。①

这里,我们可以看出蔡京势力之强。如蔡京第一次罢相以后,为其复出造舆论而出力者,有郑居中、刘正夫。《宋史》卷三五一《刘正夫传》云:蔡京据相位,正夫欲附翼之,奏言:"近命官纂录绍述先志及施行政事,愿得陈力其间。"诏俾阅详焉。京罢,正夫又与郑居中阴援京。② 同卷《郑居中传》云:蔡京以星文变免,赵挺之相,与刘逵谋尽改京所为政。未几,徽宗颇悔更张之暴,外莫有知者。居中往来(郑)绅所,知之,即入见言:"陛下建学校、兴礼乐,以藻饰太平;置居养、安济院,以周拯穷困,何所逆天而致威谴乎?"帝大悟。居中退语礼部侍郎刘正夫,正夫继请对,语同。帝意乃复向京。京再得政,两人之助为多。③

蔡京大观三年(1109)六月第二次罢相后,何执中为左仆射;大观四年(1110)六月,张商英为右仆射。但张商英政和元年(1111)八月即罢相,政和二年(1112)五月蔡京三入相。这次为蔡京铺路者是郑居中、何执中和童贯。

《宋史》卷三五一《张商英传》曰:

> (张)商英为政持平……然意广才疏,凡所当为,先于公坐诵言,故不便者得预为计。何执中、郑居中日夜酝织其短,先使言者论其门下客唐庚,窜之惠州。有郭天信者,以方技隶太史,徽宗潜邸时,尝言当履天位,自是稍眷宠之。商英因僧德洪、客彭几与语言往来,事觉,鞠于开封府。御史中丞张克公疏击之,以观文殿大学士知河南府,旋贬崇信军节度副使,衡州安置。天信亦斥死。京遂复用。

《宋史》卷三五一《何执中传》曰:

> 崇宁四年,拜尚书右丞。大观初,进中书、门下侍郎,积官金紫光禄大夫。一意谨事京,三年,遂代为尚书左丞,加特进……执中与

---

① 《皇朝编年纲目备要》卷二七,崇宁五年六月,第690页。
② 《宋史》卷三五一《刘正夫传》,第11099页。
③ 《宋史》卷三五一《郑居中传》,第11103页。

蔡京并相，凡营立皆预议，略无所建明。及张商英任事，执中恶其出己上，与郑居中合挤之。

童贯也为蔡京出力。"先是，大观末，上（徽宗）颇厌京，因星变出之。又以饰临平之山，决兴化之水等事，谓其有不利社稷之心，贬太子少保居杭州。上用张商英为右相，商英藐视同列，间言并兴，上不乐，罢之。京密结纳内臣童贯，因贯使大辽归，诈言虏主问蔡京何在，上信之。遂召京复太师、仍旧楚国公致仕，又赐诏书开谕之。"①

但是，作为政治人物而言，他们的联盟是不牢固的。随着个人权势、地位的变化和利益的冲突，昔日的盟友变成了政敌，尔虞我诈，钩心斗角，甚至斗得你死我活。如刘正夫，对蔡京第一次复相出力甚多，但因为他和刘逵的关系，蔡京还是排挤他。"京憾刘逵次骨，而逵善正夫，京虽赖其助，亦恶之。因章绖铸钱狱辞及正夫，时使辽还，京讽有司追逮之。帝知其情，第贬两秩。京又出之成都，入辞，留为翰林学士。京愈不能平，谋中以事。作春宴乐语，有'紫宸朝罢衮衣闲'之句，京党张康国密白帝曰：'衮衣岂可闲？'竟改龙图阁直学士、知河南府。"② 再如张康国，"始因蔡京进，京定元祐党籍，看详讲议司，编汇章牍，皆预密议，故汲汲引援之，帝亦器重焉。及得志，浸为崖异……"③ 他背叛蔡京的结果是中毒而死。

政和、宣和年间蔡京与同僚之间矛盾不断。蔡京通过崇宁党禁消除了来自元祐党人及其他政敌的异己力量，但其与身边合作伙伴的关系却不时出现裂痕，影响到蔡京的政治前途。我们主要来看一下蔡京与童贯、郑居中、王黼等人关系的演变以及对蔡京本人和北宋政治的影响。

一 蔡京与童贯的交恶

蔡京崇宁年间之所以能够任相，是各种政治势力角逐的结果，但蔡京与童贯（1054—1126）的交结对他的入朝也起了一定的作用。"元符末，徽宗置局于钱塘，且放（访）求古法书图画之属，贯以内供奉主之。蔡京

---

① 《宋宰辅编年录》卷十二，政和二年五月己巳条，引《丁未录》，第 765 页。
② 《宋史》卷三五一《刘正夫传》，第 11099—11100 页。
③ 《宋史》卷三五一《张康国传》，第 11107 页。

方谪居，与之游。京有能书名，自书屏障扇带，阶贯以进，逾年入为尚书左丞。"①《宋史》卷四六八《童贯传》曰："徽宗立，置明金局于杭，贯以供奉官主之，始与蔡京游。京进，贯力也。"②蔡京任相以后，始议开边收复青唐，崇宁二年（1103）正月，起王厚为经略使，合诸道兵十万发起战争。为了报答童贯的荐引之恩，蔡京引用元丰年间神宗拓边用宦官李宪的故事，任命童贯为监军。在收复湟州及鄯、廓等州以后，童贯因功由内客省使除景福殿使、澧州观察使③，"内臣寄资转行至两使，自此始也。"④崇宁四年（1105），任命童贯为熙河兰湟秦凤等路经略安抚制置使。童贯的这一任命，是蔡京极力促成的，为此，蔡京甚至不惜与弟弟蔡卞反目。蔡京本来也重兄弟情谊，崇宁元年（1102）七月自己担任右仆射，旋即召知扬州蔡卞为中太一宫使兼侍读，十月，又除蔡卞知枢密院事。但崇宁四年（1105）正月，蔡卞罢知枢密院事，出知河南府。史称"时兄京为相，至是始引嫌求罢，而有是命"⑤。这种说法很是牵强。实际情况是：蔡卞与蔡京在童贯的除授问题上发生了分歧。"先是，蔡京请以童贯为帅，蔡卞沮止之，京密请不已。内批除贯熙河帅兼节制秦凤。京又检元丰李宪事与枢密同呈，卞于上前作色曰：'内臣为帅，非盛世事。贯闻臣此言，必不喜。然朝廷事体可惜。'上曰：'可罢贯秦凤。'卞曰：'若此甚善。'卞退，京与执政吴居厚、张康国、邓洵武群噪之。卞乃求去，命知河南府。未几，除贯熙河兰湟、秦凤路帅。"⑥接着，童贯累迁武康军节度使、中太一宫使。到大观二年（1108）的时候，又因收复积石军、洮州，以功徙镇奉宁。随着童贯政治地位的提高，便与蔡京之间发生了矛盾。"贯恃功，稍自专军政，选置将吏官属，皆取中旨，不复干朝廷，浸忤京意。徽宗欲除贯开府仪同三司，京曰：'贯以宦者建节钺过矣，使相岂所当得邪？'乃止。自是，两人始交恶。"⑦政和初年，童贯的权势如日中天，蔡京想方设法削弱之。"政和初，（贯）奉使契丹，移镇武信。时京已罢相，

---

① 《东都事略》卷一二一《童贯传》，第1863页。
② 《宋史》卷四六八《童贯传》，第13658页。
③ 《宋史》卷四六八《童贯传》澧州为"襄州"，第13658页。
④ 《东都事略》卷一二一《童贯传》，第1863页。
⑤ 《宋宰辅编年录校补》卷十一，崇宁四年正月丙申条，第719页。
⑥ 《皇朝编年纲目备要》卷二七，崇宁四年正月，第683页。
⑦ 《东都事略》卷一二一《童贯传》，第1864页。

使人言于徽宗曰：'遣使以宦者为之，是中国为无人矣。无乃为虏所窥乎？'"① 然而，这时童贯正得宠，徽宗并不听蔡京的一套说辞。"徽宗报曰：虏酋以贯破青唐，名闻四夷，欲见之耳。彼要（邀），我因觇之，不亦可乎。"童贯奉使回来以后"益用事，庙谟兵柄皆属焉"。② 政和五年（1115）二月"遂领六路边事"，政和六年（1116）正月，以太尉为陕西、河东、河北宣抚使，九月，迁开府仪同三司，十一月，权签书枢密院，河西、河北两房事。③ 政和七年（1117）三月，改为权领枢密院事，改镇威武、宁江，拜太保，河中节度使，迁太傅，历山南东道、剑南、东川二镇，封益国公。童贯主持枢密院，对北宋的军政产生了极坏的影响。"禁军逃亡者，罪至死不贷，至是，则许改刺别军边备。军政自贯坏矣。"④ 但是，蔡京也不能眼睁睁看着童贯对自己的权力造成威胁，于是双方之间便展开了较量。

  初，童贯附蔡京以进，既显，浸与京异，久则抗衡，弗肯下京。京嫉之。及贯兼宣抚河北，遂欲专北事，京愈不堪。是岁，贯又上平燕策，谓当分兵挠燕蓟，而后以重兵取云中。上遣承宣童师敏持贯策示京，京第留之。京一日留身，奏曰："贯徒有虚名尔，无能为也。臣岂不知伐国大事，安危系之，陛下何以付贯？"上意颇沮。京即劾贯前后坏边事，今又欲开边衅，小人必乱国。章凡四上，上乃下议，除司空，令致仕而罢所领。⑤

蔡京的进攻，让童贯感到了其厉害。好在蔡京父子的相争，成全了童贯。"贯大惧，遂邀京等出城，置酒厚甚。以二犀带遗攸，会攸力救解之。京议遂格。于是，京罢省细务，五日一朝。贯时领枢密院，遂日出赴朝班。若京是日入，则贯避不复朝，他日则如故。时上眷京亦稍衰矣。"⑥

  蔡京大观三年（1109）罢相的时候，与童贯已经不和。但政和二年（1112）蔡京的复出，童贯却起了一定的作用，这是二人互相利用的结果。

---

① 《东都事略》卷一二一《童贯传》，第1864页。
② 同上。
③ 同上。
④ 《宋宰辅编年录校补》卷十二，政和六年二月（十一月辛卯），第774页。
⑤ 同上。
⑥ 同上。

蔡京罢相以后，虽说闲居钱塘，其实一点也没闲着，而是不时打探消息，了解朝廷动静，想方设法谋求复出。由于童贯此时正受徽宗信任，所以，蔡京虽然和童贯有隙，却又不得不仰赖他。而童贯之所以帮助蔡京复出，也有他的考虑。一是童贯谋取燕山，需要有人襄助，蔡京无疑是最合适的人选。蔡京胆子大，决事果断。只要他愿意做的事，必定全力以赴。

> 初，（童）贯欲谋取燕山，度大臣无可议，唯蔡京于朝廷事不问可否，毅然敢为。是时京方闲居钱唐，上皇（徽宗）怒，贯未有所处，会郑久〔允〕①中使大辽，贯副之。因奏辽人知臣出入禁闼，亲近天子，必求珍异物。上皇于宫中亲择数件与之，贯以献，辽主果大喜，因置酒密室，独召贯与二夫人同席会饮。贯因记当时语言，撰密室录，归奏。其间具载辽主盛道蔡京德望，谓南朝不用京，不能致太平。上皇见之默然。明日，久〔允〕中对，问曰："卿知密室录否？"久〔允〕中奏："臣不曾与宴，实不知。"上皇曰："辽主称蔡京不容口。"久〔允〕中唯唯而已。不数日，诏京复相。②

我们姑且不论童贯所言与辽主的密室之语是否真实，但童贯帮助蔡京复出是实在的，童贯谋取燕山的想法也是存在的。童贯在崇观年间的军事行动中，加官晋爵，好处多多，建立更大功业的想法，在童贯来说是有可能的。童贯对于收复燕云有一定的信心，也很热心，关键是徽宗也有此意向。

> （童）贯既得志于西边，遂谓北边亦可图，尝自请觇虏，又托虏使萧至忠言虏主欲识其面。上（徽宗）信以为然，故特命（郑）允中以端明充使，往贺生辰，而贯以节度使副之，皆非故事也。蔡京时在杭州，闻贯出使，亟附奏曰："贯前日克敌，藉成算耳。贯威名既传，宜深藏之，使莫测可也，奈何遽遣出疆？"上报京曰："虏主欲此。彼既来要，我因遂觇之，不亦可乎？"③

---

① 《宋史》卷二〇《徽宗本纪》载：政和元年九月，"是月，郑允中、童贯使辽……"（第386页）。
② （宋）周煇：《清波别志》卷上，丛书集成初编本，中华书局1985年版，第124页。
③ 《皇朝编年纲目备要》卷二八，政和元年九月，第703页。

二是当时朝廷之上，很难有人能够与蔡京匹敌。事实证明，何执中、郑居中、余深等人，不论从执政能力，还是艺术修养，以及讨好徽宗的手段方面，都赶不上蔡京。即便后来的王黼，其理财能力也不可与蔡京相比。重和元年（1118）闰九月，行盐钞对带法。

> 时国用日广，而经费多仰于榷货务。先是，郑居中再相，与童贯相表里。贯主解盐，欲以实陕西而擅其利；故居中为罢东北盐，而利入顿亏。至是，上（徽宗）悟，乃诏："昨有司言解盐便于煮海，故用之。而商贩无利，边籴不行。其复行末盐。"于是，蔡京私语人曰："我作盐法，尚未尽也。"上知之，询其所未尽，京请改袋制，且许所过指其税，袋制既与昔不同，必便更买新钞，方带给旧钞，号对带法，亦曰带搭。指挥既出，一日间入纳者，三十余万缗。上大骇，而后知搭带之利也，不一二岁，必复为之。①

宣和二年（1120）十一月至宣和六年（1124）九月，王黼为相，任相之初，他就对蔡京盐法进行修改，取消客钞住卖比较和定期没收旧盐的做法，蠲除对富户买钞的科抑；调整了中央与地方盐利的分配比例，将榷货务钞钱的百分之二十至百分之二十五，作为揩留盐本钱，拨与地方抚恤亭户。蠲免贴纳，优惠商人。和政和钞法相比，严苛性有所减弱。② 宣和三年（1121），诏"河北、京东两路税盐与钞盐并行，故商旅不通。可并行钞盐，许客人任便通贩"③。但是，王黼的盐法获得了"四方翕然称贤相"④ 的美誉，却造成了榷货务的东南盐利收入的随之锐减。宣和四年（1122）春，徽宗下诏曰："末盐、颗盐，祖宗以来，并行不废。崇宁中，以解池颗盐不多，止行本路。而煮海甚博，行于数路，各不相妨。政和积钱至二千万贯，而有司挟情议改，难以复旧，商旅疑惑。可下诸路，谕以今来更不改钞法。"七月，又诏："敢有扇摇盐法者，以违御笔论。"⑤ 徽

---

① 《皇朝编年纲目备要》卷二八，重和元年闰九月，第722页。
② 郭正忠：《宋代盐业经济史》，人民出版社1990年版，第837—838页。
③ 《皇朝编年纲目备要》卷二八，重和元年闰九月，第722页。
④ 《宋史》卷四七〇《王黼传》，第13682页。
⑤ 《皇朝编年纲目备要》卷二八，重和元年闰九月，第722—723页。

宗甚至亲自过问盐利收入多寡。

> 王黼秉政，日用益窘，既无见钱，但虚出关子付外路。商贾已纳粮草，得关子，赴京务请钱，率不能给，则以急缓新旧，次为七等。商贾莫能久候，因贱货之交引铺。时上自督课茶盐，日令具奏比较，才不及数，必加峻责。①

在这种情况下王黼也不得不放弃他的盐法而严比较之令，行摊派之法。

> 提举榷货务魏伯刍乃与交引铺以四六为约，若请万缗，则留四千缗入纳乃得之，故日有四五万缗所入，若真入纳则无几，盖徒以昧上应课，实非所愿。既盐钞猥多，故客货不行。伯刍乃献言于王黼，设限立额，重为赏罚。始者岁校，俄至月校，法令苛峻，州县官惧罪，遂以钞敷上户。始一户数十钞，则贴钱若干与盐铺户，岁中有至数次科者。又争邀客贩，所至则以盐诣官，复科之于民。其后遂至于计口而给，家至户到，虽婴儿不能免矣。②

后来，又干脆向蔡京盐法靠拢。宣和七年（1125）春，诏："崇宁初，罢官卖以通商贾，至收亿万之利。比岁变法，遂分配民户。可修复新钞，务通财货，以复旧制。"③ 可见，蔡京盐法虽有严苛的弊端，但在增加政府收益方面，其他任何人都不可能超过他。三是张商英成为众矢之的。郑居中等同僚不满意他，想方设法排挤他；徽宗不满意他，他不会像蔡京那样讨好逢迎。我们对蔡京与张商英在徽宗面前的表现试作一比较：《宋史》卷三五一《张商英传》曰："劝徽宗节华侈，息土木，抑侥幸。帝颇严惮之，尝葺升平楼，戒主者遇张丞相导骑至，必匿匠楼下，过则如初。"④《宋史》卷四七二《蔡京传》曰："帝尝大宴，出玉卮、玉卮示辅臣曰：'欲用此，恐人以为太华。'京曰：'臣昔使契丹，见玉盘盏，皆石晋时物，持以夸臣，谓南朝无此。今用之上寿，于礼无嫌。'帝曰：'先帝作一小台

---

① 《皇朝编年纲目备要》卷二八，重和元年闰九月，第723页。
② 同上。
③ 同上。
④ 《宋史》卷三五一《张商英传》，第11097页。

财〔才〕数尺，上封者甚众，朕甚畏其言。此器已就久矣，倘人言复兴，久当莫辨。'京曰：'事苟当于理，多言不足畏也。陛下当享天下之奉，区区玉器，何足计哉！'"① 张商英也不能如蔡京那样有理财能力。蔡京"拔故吏魏伯刍领榷货，造料次钱券百万缗进入，徽宗大喜，持以示左右曰：'此太师与我奉料也。'擢伯刍至徽猷阁待制。京每为帝言，今泉币所积赢五千万，和足以广乐，富足以备礼，于是铸九鼎，建明堂，修方泽，立道观，作《大晟乐》，制定命宝……"② 崇宁五年（1106）六月，徽宗对詹丕远曰："京于财用未尝以不足告。"③ 而张商英"为相务更蔡京事，而减省用度"④。宦官也衔恨张商英。"内侍杨戬提举后苑作有劳，除节度使，商英不可，曰：'祖宗法，内侍皆寄资，无至团练使者，有大勋劳，则别立昭宣使、宁庆使以宠之，未闻建节钺也。'戬衔之。"⑤ "时商英稍裁抑宦寺，间言浸入，蔡京之党，乘上意于商英浸衰，因论商英……商英既罢，郑居中等恶商英，请推究之。张克公亦亟论商英与天信交通状……"⑥ 张商英抑制宦官，童贯当然也会对他不满。以上三方面原因就是童贯支持蔡京，以及蔡京能够第三次复出的原因。

二 蔡京与郑居中的争权

郑居中（1059—1123⑦），字达夫，开封人。登进士第。崇宁中，为都官礼部员外郎，起居舍人，至中书舍人、直学士院。郑居中的快速升迁，与郑贵妃有关。"初，居中自言为贵妃从兄弟，妃从藩邸进，家世微，亦倚居中为重，由是连进擢。"后因郑贵妃父亲郑绅的门客祝安中上书，言涉谤讪，遭到言官的论列，郑居中受到牵连，于是罢知和州，徙颍州。第二年，归故官，迁给事中、翰林学士。蔡京大观元年（1107）正月的第一次复相，郑居中从中周旋，出力甚多。蔡京与郑居中有姻亲关系。郑居中弟久中，故秘书省正字王霂之婿也，霂乃尚书左丞蔡卞妻之亲弟也，居

---

① 《宋史》卷四七二《蔡京传》，第13724—13725页。
② 同上书，第13726页。
③ 《皇朝编年纲目备要》卷二七，崇宁五年六月，第690页。
④ 《东都事略》卷一〇二《张商英传》，第1570页。
⑤ 同上书，第1570—1571页。
⑥ 《皇朝编年纲目备要》卷二八，政和元年十月，第704页。
⑦ 《宋宰辅编年录》卷十二，宣和三年五月戊戌条，第795页。

中与卞系婚姻之家。① 绍圣四年（1097），任翰林承旨的蔡京就曾和林希推荐太学博士郑居中为御史，结果受到殿中侍御史陈次升的弹劾。蔡京崇宁五年（1106）罢相以后，"赵挺之相，与刘逵谋尽改京所为政。"徽宗后悔更张太过。郑居中由于经常往来郑绅家中，探知徽宗意向以后，趁机言说赵挺之、刘逵的不当。"帝意乃复向京。"蔡京复相以后，郑居中要求厚报，蔡京答应为其安排枢密院职务。但由于郑贵妃和宦官黄经臣从中作梗，此事搁浅。"居中厚责报，京为言枢密本兵之地，与三省殊，无嫌于用亲。经臣方持权，力抗前说，京言不效。"② 郑贵妃之所以阻止郑居中的除授，主要是当时郑居中已经没有利用价值，贵妃本人业已在宫中获得了稳固的地位，不再需要也不愿和郑居中再有太多的牵连，故摆出一副高姿态，以外戚不能秉政为理由，请求免除郑居中同知枢密院的任命。"时妃宠冠后宫，于居中无所赖，乃用宦官黄经臣策，以外戚秉政辞。改资政学士、中太一宫使兼侍读。"郑居中不知底细，却将责任完全看在蔡京身上，以为蔡京"援己不力"，所以衔怨。于是和张康国一起离间蔡京。时有"都水使者赵霖得龟两首于黄河，献以为瑞。京曰：'此齐小白所谓象罔，见之而霸者也。'居中曰：'首岂宜有二？人皆骇异，而京独主之，殆不可测。'帝命弃龟金明池，谓'居中爱我'，遂申前命，进知院事"。时间是大观元年（1107）闰十月。郑居中这一招是歪打正着。郑居中的这一任命，违背了北宋外戚不得预政的祖宗家法。大观二年（1108）二月，御史中丞吴执中上书论列此事。③"帝还其章，而谕所以用居中之意。"④ 大观三年（1109），蔡京又罢相，郑居中觊觎相位，不果。居中"自许必得相，而帝觉之，不用。妃正位中宫，复以嫌，罢为观文殿学士"。蔡京政和二年（1112）的复起，郑居中还是起了一定作用，但这次绝不是有意识地去帮他，而是郑居中与张商英（1043—1121）的矛盾给蔡京创造了条件。郑居中大观三年（1109）四月由同知枢密院升迁为知枢密院，大观三年六月蔡京罢相，何执中任左仆射；大观四年（1110）六月，张商英任右仆射。十月，郑居中罢为中太一宫使，但他对权位的觊觎，引起张商英的厌恶，双方产生矛盾，郑居中引用党徒排挤张商英。"又郑居中虽以外戚

---

① 《长编》卷四八五，绍圣四年四月戊子条，第11521—11522页。
② 《宋史》卷三五一《郑居中传》，第11103页。
③ 《宋朝诸臣奏议》卷三五《上徽宗论郑居中除同知枢密院事》，第352页。
④ 《宋史》卷三五六《吴执中传》，第11204页。

嫌罢枢密，而植党窥伺，商英恶之。居中乃与蔡嶷、刘嗣明之徒，共陷商英。"① 张商英志大才疏，在朝廷中相当孤立。

  张公天觉（商英），政和初召还，俄拜右相，荐引所知布列要路。未几，为谗谮所挤，斥逐殆尽。公寻亦罢相，再贬峡州。中途至于僧寺，有千手眼大悲观音塑像，公题长韵于壁，其略曰："灵山会上别世尊，各以愿力济群生。子勿诮我徒经营，手眼太少难支撑。"盖言立朝寡助故也。②

张商英罢相，蔡京复相，郑居中再知枢密院以后，两人之间的矛盾愈益突出。"政和中，再知枢密院，官累特进。时京总治三省，益变乱法度。居中每为帝言，帝亦恶京专，寻拜居中少保、太宰，使伺察之。"③ 蔡京与郑居中交恶以后，两人都在伺机寻找报复、削弱对方的机会。如王寀事件后郑居中对蔡京的报复。王寀（元丰元年正月生④），枢密王韶之子。"少豪迈有父风。早中甲科，善议论，工词翰，曾文肃、蔡元长荐入馆为郎，后以直秘阁知汝州，考满守陕……坐不觉察盗铸免官，自负其材，受辱不羞。"⑤ 当时，徽宗崇尚道教，道士林灵素善于幻术，极受宠信。而王寀却说"灵素太诞妄"。林灵素听到此话后，哭诉于徽宗面前，并添油加醋说了王寀许多不是。徽宗下令逮捕王寀等人，以其事下开封府。开封府尹盛章嫉恨刘昺、刘焕兄弟。⑥ 因为此二人在蔡京的提携下飞黄腾达，升迁很快，跻身侍从行列。而刘昺与王寀有亲，且交往密切。盛章为了打击刘昺兄弟，"因上言词语有连及炳（即昺）者，乞并治之。"⑦ 徽宗没有答应。一天，徽宗幸宝箓宫，驻跸斋宫。从官皆在。刘昺越班奏于帘外，自辩诉其冤，说有人中伤。结果被盛章看见，更为不满。第二天，"（盛）章以急速请对，因言：'寀与炳腹心。诽谤事验明白，今对众越次，上以欺

---

① 《皇朝编年纲目备要》卷二七，大观四年十一月，第700页。
② 曾慥撰，俞钢、王燕华整理：《高斋漫录》，载《全宋笔记》第四编（五），大象出版社2008年版，第108页。
③ 《宋史》卷三五一《郑居中传》，第11104页。
④ （宋）庄绰撰，萧鲁阳点校：《鸡肋编》卷上，中华书局1983年版，第14页。
⑤ 《挥麈录》后录卷三，第113页。
⑥ 同上。
⑦ 同上书，第114页。

冈陛下，下以营惑群臣，祸将有不胜言者。幸陛下裁之。'"① 徽宗始怒，是日有旨，内侍省不得收接刘昺文字。盛章即遣开封府司录孟彦弼携捕吏窦鉴等数人审讯刘昺于其家。刘昺"词气慷慨，无服辞"。后来他们在刘昺书架上发现一首诗，如获至宝。诗是刘昺写给王寀的，还没有完成。首云"白水之年大道盛，扫除荆棘奉高真"，诗意谓王寀尝有嫉恶之意。但盛章却借此罗织文字狱。"时尚道，目上（徽宗）为高真尔，（窦）鉴得之，以为奇货，归以授章，章命其子并释以进云：'白水谓来年庚子寀举事之时。炳指寀为高真，不知以何人为荆棘？将置陛下于何地？岂非所谓大逆不道乎？'"② 于是，王寀以谋反罪与其客皆极刑。③ 刘昺流琼州。④ 刘焕责授团练副使，黄州安置。凡王、刘亲属等，第斥谪之。⑤ 王寀事件结束以后，因为王寀、刘昺均为蔡京所荐，而刘昺又为蔡京亲信，替蔡京出谋划策，排挤过郑居中。⑥ 所以，郑居中想借此打击报复蔡京。

  王、刘既诛窜，适郑达夫与蔡元长交恶，郑知蔡之尝荐二人也，忽降旨应刘炳所荐并令吏部具姓名以闻，当议降黜。宰执既对，左丞薛昂进曰："刘炳，臣尝荐之矣。今炳所荐尚当坐，而臣荐炳何以逃罪？"京即进曰："刘炳、王寀，臣俱曾荐之。今大臣造为此谋，实欲倾臣。臣当时所荐者，材也。固不保其往。今在庭之臣，如郑居中等，皆臣所引，以至于此。今悉叛臣矣，臣亦不保其往。愿陛下深察。"上笑而止，由是不直达夫，即再降旨：刘炳所荐并不问。⑦

而蔡京也借助蔡渭来打击郑居中。"居中始仕，蔡京即荐其有廊庙器。既不合，遂因蔡渭理其父确功状，追治王珪。居中，珪婿也，故借是撼之，

---

① 《挥麈录》后录卷三，第 114 页。
② 同上书，第 115 页。
③ 同上。
④ 《宋史》卷三五六《刘昺传》，第 11207 页。
⑤ 《挥麈录》后录卷三，第 115 页。
⑥ 《宋史》卷三五六《刘昺传》载："蔡京擢昺大司乐，付以乐正……累迁给事中。京置局议礼，昺又领之。为翰林学士，改工部尚书……昺与弟焕皆侍从，而亲丧不葬，坐夺职罢郡，复以事免官。京再辅政，召为户部尚书。昺尝为京画策，排郑居中，故京力援昺，由废黜中还故班。御史中丞俞㮚发其奸利事，京徙㮚他官。"（第 11206—11207 页。）
⑦ 《挥麈录》后录卷三，第 119 页。

然卒不能害。"①

三 蔡京与王黼的反目

王黼（1079—1126），字将明，开封祥符人。崇宁二年（1103）登进士第。调相州司理参军。编修《九域图志》，何志同领局，喜其人，荐与其父何执中，擢校书郎（从八品），迁符宝郎（从七品）、左司谏（正七品）。大观年间，张商英为相，浸失徽宗意。徽宗召蔡京于钱塘，遣中使赐以玉环。王黼揣知徽宗之意，"数条奏京政事，且劾商英去位"。蔡京复相以后，"颇德其助已也"，擢为左谏议大夫（从四品），给事中（正四品），御史中丞（从三品），自校书郎至是不到两年。"俄兼侍读，进翰林学士。"郑居中与蔡京不合，王黼又投靠郑居中。郑居中多次在徽宗面前荐其才，引起蔡京的不满，二人反目。"京以黼为叛已，甚怒，徙为户部尚书，将以财用不给为黼罪，已而班直禁卫赍赐不如期，诣左藏鼓噪，黼闻之，即诣库揭牓期以某月某日，皆相顾散去，京计不行。"② 关于王黼任户部尚书事，《三朝北盟会编》记载更为详尽：

> 方上躬揽权纲，故每谓群臣多宰相门人，如黼独首出朕门下。黼每进见，上每为前席论外事，动移时，专恃险俭，能先事中意。当是时，户部尚书患不得人，蔡京因奏用黼，上大喜，谓之曰："太师乃肯用尔，尔能当此乎？"黼对以匪难也。时用度侈肆，版曹岁入有限，非宰相应副必阙事。黼既以才选，能弥缝中人，他不恤也。繇是未半年，自亲王、贵戚暨班直、禁卫，动乏俸赐，中外乃大噪。黼犹扬扬然，且诳上，谓左藏自充仞，第监临失职尔，臣愿自入库治究其事。而势家吏仆闻此，得伺候黼来，掩之，争索所未结之物。及视库中，则实一空。于是数百十人皆大喧嚣，更拦黼不得出，因窘甚，用老吏

---

① 《宋史》卷三五一《郑居中传》，第11105页。《宋宰辅编年录校补》卷十三，靖康元年二月癸卯条载："先是，政和末，蔡京以太师领三省，与宰相郑居中每议辄不相下。及居中将除母丧，京恐居中复相位，乃收用懋。由是论其父定策功倾王珪，以沮居中。盖居中，王珪婿也。"（第822页）。

② 《东都事略》卷一〇六《王黼传》，第1617页；《宋史》卷四七〇《王黼传》载："京与郑居中不合，黼复内交居中，京怒，徙为户部尚书，大农方乏，将以邦用不给为之罪。既而诸班禁旅赍犒不如期，诣左藏鼓噪，黼闻之，即诣军揭大榜，期以某月某日，众读榜皆散，京计不行。还为学士，进承旨。"第13681页。

为之计，乃抱大榜告之曰："尚书有约束，无他，官吏作弊尔。今当排日用次第给尔等，可视此也。"即趋往东墙挂榜，众走视之，黼乃得繇东库角门跨马遁去。上闻而不乐，遂以失职罢。①

尽管担任户部尚书并不称职，但王黼依然得宠于徽宗。"犹改宣和殿大学士，以宫祠奉朝请，赐甲第居之。其赐第之邻，乃故许黄门将宅也。黼又倚中人奏请，强夺之。其子弟出怨言，而黼又阴白其语，遂尽逐去。中外始大不平。俄复翰林为承旨。丁父忧，起复，遂除左丞，迁中书侍郎，乃有大用意。"② 政和八年（重和元年，1118）除尚书左丞，迁中书侍郎，宣和元年（1119）正月，拜少宰，由通议大夫超八官为特进，"自国朝以来命相未有也"。宣和二年（1120）六月，"蔡京致仕，黼阳顺人心，悉反其所为，罢方田，毁辟雍、医、算学，并会要、六典诸局，汰省吏，减遥郡使、横班官奉入之半，茶盐钞法不复比较，富户科抑一切蠲除之，四方翕然称贤相。"③ 十一月，迁太宰。王黼得宠之法，与蔡京并无二致。"黼始专任，乃事外饰，奏罢堂吏添支，省并书局，皆协一时事论。然专事逢君，依群宦，故独不敢及他。其后罢学校。乃多取赡学钱奉宴游。"④ "黼又同蔡攸每罢朝出省，时时乘宫中小舆召入禁中为谈笑，或涂抹粉墨，作优戏，多道市井淫言媟语以媚惑上听。时因谑浪，中以谮人，辄无不中。黼方恃宠自若，至贿赂公行于朝野，自通判以上，皆有定价，中外大喧。上虽微闻，然不之信。"⑤

王黼是个极端的投机分子，他最初得到何执中的引荐，却在背后弹劾何执中，以讨好蔡京。他探知徽宗有复用蔡京之意，便弹劾张商英，促其罢政。后来，他又投靠郑居中，和蔡京反目。他还投靠宦官梁师成。

　　（王黼）登第后一任为相州司理，踪迹已诡谲。入辇毂，为何丞相执中所喜，遂历书局馆职。政和初，为司谏，蔡京荐之，迁谏议大夫。黼既骤迁，遂背执中，疏其恶二十事与京，而执中不知也，每称

---

① 《三朝北盟会编》卷三一《靖康中帙六》，第232页。
② 同上。
③ 《宋史》卷四七〇《王黼传》，第13682页。
④ 《三朝北盟会编》卷三一《靖康中帙六》，第232页。
⑤ 同上书，第233页。

道黼不已。一日省中俟其来见，则又及黼，而京曰："少师何主黼若是？黼定（是）何如人，可保乎？"执中方谈其美，京即于座后出一卷书，使读之，乃黼击执中疏也。执中大愕，始变色曰："畜生乃尔若是。"繇是执中乃谢绝黼，黼因投郑居中党中，而居中前后数于上前称荐黼有宰相才，改御史中丞，升翰林学士。黼特事宦者梁师成为父，与折简必呼之为恩府先生。①

王黼利用蔡京父子的矛盾，和蔡攸联合起来，对付蔡京。为了窃取相位，陷害余深。"宣和中，余深为太宰，王黼为少宰。是时上皇多微行，而司谏曹辅言之。一日上皇独留黼，问辅何自而知，对曰：'辅南剑人，而余深门客乃辅兄弟，恐深与客言，而达于辅也。'上皇然之。即下开封府捕深客，锢身押归本贯。内外惊骇，莫知其由。而深患失，何敢与客语？又曹只同姓同郡，实非亲也。未几，王独赐玉带，余遂求罢，即得请。黼遽攘其位焉。"②

蔡京宣和二年（1120）第三次罢相，与王黼争权失利。他们二人争权的武器，就是对待收复燕云失地的态度。蔡京对于收复失地，态度消极。这不符合徽宗的想法，也给了王黼以可乘之机。"蔡京经营北房不就，去位。王黼作相，欲功高于京，遂结女真以伐大辽。"③王黼"乃独任结大金灭大辽取燕云事，置经抚房，三省、枢密院皆不预。下族诛之令，禁言北事"④。

但蔡京罢相以后，双方仍然在明争暗斗。"宣和辛丑（宣和三年，1121），罢郊学及贡法，并依熙、丰故事。翁养源为国子祭酒，颇患文敝，欲革之而未能。蒋存诚代之白堂，具学官异论者众，请从罢黜。太宰王黼问：'异论者谁？'对曰：'固非一辈，而宋齐愈为之首。'黼曰：'百家诸子，自前古不废。'忽悟言失，遽曰：'但元祐学术不可不痛惩耳！'蔡太师闻之，因对，力诋黼'崇奖异学，将害陛下绍述之政'。又称'黼引用非人'。黼曰：'洪炎，京所用，黄庭坚甥也。'因取蔡絛所撰《西清诗话》

---

① 〖□〗会编》卷三一《靖康中帙六》，第232页。
② 〖□〗编》卷下，第90页。
③ 〖□邵氏闻见录》卷五，第43页。
④ 同上书，第45页。

奏之，上令御史台弹劾，即逐炎。而蔡、王之党，自此始矣。"①

从上所述可以看出，政和、宣和年间蔡京与童贯、郑居中、王黼既互相援引、互相利用，又矛盾重重。他们之间的矛盾削弱了蔡京的政治势力。但从另一角度看，这正是宋徽宗"异论相搅"家法的运用和体现。是宋徽宗驾驭群臣的一种政治手段。

四 政和、宣和年间蔡京等人对太子赵桓的倾扶

宋徽宗太子赵桓即钦宗，生于元符三年（1100）四月徽宗即位之初，政和五年（1115）被立为皇太子。作为嫡子，赵桓起初深得徽宗喜爱，但之后徽宗却将爱偏向三子赵楷。这可能与赵楷在才情方面更像其父有关。赵楷生于建中靖国元年（1101）十一月，大观二年（1108）正月进封嘉王，政和八年（1118）闰九月改封郓王。宋徽宗对赵楷的偏爱，无疑对太子赵桓心理产生极大压力，它影响到了太子赵桓位置的稳固。更有甚者，它的严重性在于：宋徽宗对太子赵桓和郓王赵楷亲疏态度的变化引起臣僚的分化，形成拥太子和拥郓王两派。并且导致宋徽宗、钦宗父子间情感上深度的隔阂和难以弥合的裂痕，导致钦宗对徽宗的猜忌和防范。当金人逼近开封，危机临近之时，钦宗担心徽宗另立朝廷，不愿听从徽宗的意见撤离开封，以图后谋，最终父子双双被俘，作了金人的阶下囚，北宋灭亡。关于徽宗父子间的关系，臣僚拥立郓王、动摇东宫的图谋等等，王曾瑜先生《宋徽宗和钦宗父子参商》②和张邦炜先生《靖康内讧解析》③等文有详细的论述。

（一）徽宗偏爱嘉王赵楷（即郓王），有意识地抬高其地位

宋徽宗喜爱赵楷，毫无疑问。喜爱的原因在于他琴棋书画，无所不能，才华比较出众。而不是因为徽宗宠爱他的母亲王妃，爱屋及乌。这一点，张邦炜先生已有论证④，关于赵楷，《宋史》卷二四六《宗室传三》载：

---

① 《泊宅编》卷七，第40页。
② 原载《庆祝杨向奎先生教研六十年论文集》，河北教育出版社1998年版。收入王曾瑜著《丝毫编》，河北大学出版社2009年版。
③ 张邦炜：《靖康内讧解析》，载《四川师范大学学报》2001年第3期。
④ 同上书，第70页。

> 郓王楷，帝第三子。初名焕。始封魏国公，进高密郡王、嘉王，历奉宁、镇安……宁海十一节度使。政和八年，廷策进士，唱名第一。母王妃方有宠，遂超拜太傅，改王郓，仍提举皇城司。出入禁省，不复限朝暮，于外第作飞桥复道以通往来。北伐之役，且将以为元帅，会白沟失利而止。钦宗立，改镇凤翔、彰德军。靖康初，与诸王皆北迁。①

这条资料，有五点值得注意：一是政和八年（1118），廷策进士，唱名第一；二是超拜太傅；三是提举皇城司；四是出入禁省，不复限朝暮；五是北伐之役，且将以为元帅。这五点中的每一点都超出了皇帝对一般皇子的待遇，都是宋徽宗有意识而为之，是宋徽宗与郓王关系密切非同一般的直接证明。政和八年（1118）三月，徽宗诏"嘉王楷令赴集英殿试"②。结果自然可以预料。赵楷唱名第一，此乃史无前例。"亲王及第，始于嘉王楷。"③ 徽宗一面降诏以示谦让："嘉王楷有司考在第一，不欲令魁多士，以第二人王昂为榜首。"④ 一面却吹捧赵楷"条万言之对，挥笔阵以当千；发内经之微，收贤科而第一"⑤。这些过分夸张的言词，实有为赵楷取代太子赵桓制造舆论之嫌。⑥ 超拜太傅，同样实属破例。"皇子乃复兼师傅，自嘉王楷始。"⑦ 提举皇城司，依然是破例。皇城司是掌管宫禁的机构，其提举官等一般由武官和宦官充任，是重要的实质差遣。按照宋朝典制，"宗室不领职事"，宋徽宗却于政和六年（1116）十一月十九日，亦即宋钦宗当皇太子后一年多，"诏嘉王楷差提举皇城司、整肃随驾禁卫所，兼提举内东门、崇政殿等门"⑧。之后多次褒奖赵楷在提举皇城司职任上的作为。如政和七年（1117）元月"降诏奖谕"⑨。政和八年（1118）八月，

---

① 《宋史》卷二四六《宗室传三》，第 8725 页。
② 《宋会要辑稿》帝系二之二〇；选举八之三九。
③ 朱彧：《萍洲可谈》卷一，第 112 页。
④ 《宋会要辑稿》选举八之三九。
⑤ 佚名：《宋大诏令集》卷三三《皇子楷移两镇加恩制》，中华书局排印本 1962 年版，第 174 页。
⑥ 张邦炜：《靖康内讧解析》，载《四川师范大学学报》2001 年第 3 期，第 70 页。
⑦ 《老学庵笔记》卷六，第 83 页。
⑧ 《宋会要辑稿》帝系二之二〇；职官三四之三三。
⑨ 《宋会要辑稿》职官三四之三三。

徽宗大享明堂，赵楷"以提举皇城司职事当宿卫"①。宣和元年（1119）十二月，徽宗褒奖其"自董宫城之政，益崇宸极之尊；虑每及于未然，事必形于有备"②。并加官晋爵。由于赵楷提举皇城司，皇城司的权力扩大，与宦官邓文浩提领阁门、宾省四方馆不隶六察。"崇宁以后，因人废法。故皇城司以郓王提举……皆申请不隶台察。"③ 王曾瑜先生以为，嘉王赵楷提举皇城司这一破例的特命，事实上标志着宋徽宗准备废太子。④ 宋朝"无亲王将兵在外故事"⑤，而徽宗却拟命令赵楷统率大军，北伐燕云，建功立业。"北伐之役，且将以为元帅，会白沟失利而止。"⑥ 政和八年（1118年）闰九月，按照惯例，赵楷迁就外第，徽宗却许其"出入禁省，不复限朝暮"，并"于外第作飞桥复道，以通往来。"便利父子间的联系。这些超出寻常之举，无一不是表明父子间的亲密关系以及徽宗对赵楷的有意栽培。至于其他宴会、巡幸之时，赵楷作陪也极常见。而因"太子却不在"，人们不免怀疑、揣测徽宗"已有废立之意"⑦。而徽宗对赵楷的过分偏爱也为徽宗、钦宗之间的父子关系蒙上了深深的阴影。一些臣僚乃至有实权宦官也见风使舵，为自己日后的政治前途着想，不惜摇动赵恒皇太子的地位。

（二）臣僚、宦官勾结，妄图动摇东宫（即钦宗赵桓）

有一种说法，徽宗在赵桓生母王皇后死后，立郑皇后，其原因是"郑无子"，若立其他女子，"恐东宫不安"。以此证明徽宗"仁慈，本无移易太子之意"。张邦炜先生对此给予辩驳，认为不可信。⑧ 倒是有史料可以证明，以王黼为主的宰臣、以童贯为主的宦官妄图动摇东宫，拥立郓王。

蔡绦《铁围山丛谈》卷一载："政和间，东宫颇不安，其后日益甚。鲁公（蔡京）朝夕危惧，保持甚至。"⑨ 确切地说，皇太子的地位不稳，

---

① 《宋会要辑稿》礼二四之六七。
② 《宋大诏令集》卷三三《皇子楷特授剑南西川镇南军节度使成都牧兼洪州牧依前太傅兼神霄玉清万寿宫使提举皇城等司郓王加食邑食实封制》，第175页。
③ 《宋会要辑稿》职官一七之二〇。
④ 王曾瑜：《宋徽宗和钦宗父子参商》。
⑤ 《清波杂志校注》卷一，第1页。
⑥ 《宋史》卷二四六《宗室传三》，第8725页。
⑦ （宋）黎德靖编，王星贤点校：《朱子语类》卷一三〇《本朝四·自熙宁至靖康用人》，中华书局1986年版，第3127页。
⑧ 张邦炜：《靖康内讧解析》，载《四川师范大学学报》2001年第3期，第69—70页。
⑨ 《铁围山丛谈》卷一，第1页。

应是始于政和后期。①

王黼和太子赵桓之间有矛盾,故不喜赵桓,阴谋以郓王赵楷取代赵桓。"钦宗在东宫,恶其所为。郓王楷有宠,黼为阴画夺宗之策。皇孙谌为节度使、崇国公,黼谓但当得观察使,召宫臣耿南仲谕指,使草代东宫辞谌官奏,竟夺之,盖欲以是撼摇东宫。"② 王黼"数以诗进,显结郓邸和焉。尝密语上曰:'臣屡令术者推东宫命,不久矣。'"③ 他居然敢明目张胆地、毫无忌讳地在宋徽宗面前诅咒皇太子短命,可知徽宗对太子的态度,亦可见王黼的狂妄和无谋。钦宗即位以后,王黼被杀。"会上内禅,百僚入贺,上下咸有喜色,而黼面独若死灰。未几,诛死矣。"④《宋史》载:"钦宗受禅,黼惶骇入贺,阁门以上旨不纳。金兵入汴,不俟命,载其孥以东。诏贬为崇信军节度副使,籍其家。吴敏、李纲请诛黼,事下开封尹聂山,山方挟宿怨,遣武士蹑及于雍丘南辅固村,戕之,民家取其首以献。"⑤

宦官童贯"数摇东宫,力主郓邸,与蔡攸俱奉诏结郓邸为兄弟"⑥。《铁围山丛谈》载:"政和间,太上诸皇子日长大,宜就外第,于是择景龙门外地辟以建诸邸,时郓王有盛爱,故宦者童贯主之。视诸王所居,侈大为最,乃中为通衢,东西列诸位,则又共为一大门,锡名曰'蕃衍宅',悉出贯意。时愚甚惧,盖取《诗》之《叙》'蕃衍盛大'而下句,则识者深疑之,亦知其旨意之属在郓邸而已。"⑦ 这就是后来钦宗历数童贯十大罪状之一,所谓"朕在东宫,屡为摇动;策立之时,有异语"⑧。

宦官杨戬也参与反对太子,"谋撼东宫"。⑨

《宋史》卷三五七《程振传》载:

初,宣和崇道家之说,振侍坐东宫,从容言:"孔子以《鸱鸮》

---

① 王曾瑜:《宋徽宗和钦宗父子参商》。
② 《宋史》卷四七〇《王黼传》,第13683页。
③ 《三朝北盟会编》卷三一《靖康中帙六》,第233页。
④ 同上书,第232—233页。
⑤ 《宋史》卷四七〇《王黼传》,第13683—13684页。
⑥ 《三朝北盟会编》卷五二《靖康中帙二十七》,第391页。
⑦ 《铁围山丛谈》卷一,第2页。
⑧ 《宋宰辅编年录校补》卷十三,靖康元年三月丙申条,第843页。
⑨ 《宋史》卷四六八《杨戬传》,第13664页。

之诗为知道,其词不过曰'迨天之未阴雨,绸缪牖户'而已。老子亦云:'为之于未有,治之于未乱。'今不固根本于无事之时,而事目前区区,非二圣人意。"它日,太子为徽宗道之。徽宗寤,颇欲去健羡,疏左右近习,而宦寺杨戬辈方大兴宫室,惧不得肆,因谮家令杨冯,以为将辅太子幸非常。徽宗震怒,执冯诛之,而太子之言亦废。

一个宦官,竟然敢造作语言,诽谤有人"将辅太子幸非常"。如此严重的谣言,可见徽宗信任宦官到何种程度!宋徽宗是宁信其有,不信其无,亲自下令诛杀杨冯,皇太子的地位确是岌岌可危。

宦官梁师成对太子赵桓的态度,据《宋史》卷四六八《梁师成传》的记载是:"郓王楷有宠盛,有动摇东宫意,师成能力保护。钦宗立,嬖臣多从上皇东下,师成以旧恩留京师。于是太学生陈东、布衣张炳力疏其罪。……东复论其有异志,攘定策功,当正典刑。"① 张邦炜先生以为,所谓"能力保护",乃出自梁师成本人编造。而动摇东宫之意,则有据可依。陈东云:"比年都城妇女首饰、衣服之上,多以'韵'字为饰。甚至男女衣着、币帛往往织成此字。皆是师成唱为谶语,以撼国本。群贼和之,更加夸尚,以动天下之心。"②《清波杂志》卷六亦载:"然'韵'字盖亦有说:宣和间,衣着曰'韵缬',果实曰'韵梅',词曲曰'韵令',乃梁师成为郓邸倡为此谶。时赵野春帖子亦有'复道密通蕃衍宅,诸王谁似郓王贤',亦迎合之意也。"③ 可见,"阴贼险鸷,遇间即发"④ 的梁师成,主要是为郓王替代太子制造舆论,到最关键时刻才表明立场。"太上(宋徽宗)尝谕大臣,始内禅时,师成独沮异。"⑤

那么蔡京对太子赵桓的态度如何?前引蔡絛之说"保持甚至"。朱熹的看法是"蔡京不见杀渊圣,以尝保佑东宫之故。道君尝喜嘉王,王黼辈尝摇东宫"。"京当时不主废立,故钦宗独治童贯等,而京罪甚轻。"⑥ 政和五年(1115)八月,蔡京与赵桓之间有过节,蔡京迁怒于太子詹事陈邦

---

① 《宋史》卷四六八《梁师成传》,第13663页。
② 《三朝北盟会编》卷三二《靖康中帙七》,第240—241页。
③ 《清波杂志校注》卷六,第274页。
④ 《宋史》卷四六八《梁师成传》,第13663页。
⑤ 《三朝北盟会编》卷三二《靖康中帙七》,第242页。
⑥ 《朱子语类》卷一三〇《本朝四·自熙宁至靖康用人》,第3127页。

光,窜陈邦光居池州。"先是,邦光为太子詹事,会蔡京献太子以大食国琉璃酒器,罗列宫廷。太子怒曰:'天子大臣,不闻以道德相训,乃持玩好之器荡吾志耶!'命左右碎之。京闻邦光实激太子,讽言者击逐之。"① 但随着政和后期蔡京与王黼、童贯、梁师成等矛盾的激化,加上几十年宦海浮沉的磨炼,当王黼等人极力阴谋动摇东宫之时,政治手段老辣的蔡京却表现出截然相反的态度,是完全有可能的。朱熹对钦宗处置王黼、童贯、梁师成的手段与蔡京不同的分析,是有一定道理的。蔡京被贬而没有被杀是与他不刻意反对太子有关的。与蔡京有相似结局的还有"浪子宰相"李邦彦。宣和末,李邦彦"与王黼不协","潛黼罢之"。② 既然王黼拥护郓王,李邦彦就以拥护东宫为政治筹码。③ 至于陈东言"蔡京自谓有建立储贰之功,此语尤为悖逆"和"蔡京、王黼、童贯,盖尝阴怀异意,摇撼国本"④ 之说,当为笼统概括。

第二节 蔡京对于联金灭辽的态度

《群书考索》续集有这样一段话:

> 熙宁之初,不过变新法耳,新法已变,而兵兴于熙河;元丰小人不过撼元祐耳,及其得志,则兵兴于湟〔鄯〕;蔡京始谋,不过钳制上下耳,及其求悦,则荐童贯以帅而师;童贯始谋,亦不过望节钺耳,及其得位,则纳马植于国,以开边隙。主于始谋,又不过倾蔡京耳,及其势利相轧,则欲复燕冀以要功名。蔡京欲固其宠,则兴严武之师;王珪患失其位,则赞永乐之役,章厚之于湟〔鄯〕,蔡京之于青〔唐〕,皆是谋也。虽王安石亦开熙河之端,况小人之不足道乎。⑤

这段话否定了北宋自熙宁、元丰变法以来所进行的所有战争。诚如上言,

---

① 《皇朝编年纲目备要》卷二八,政和五年八月窜陈邦光条,第713页。
② 《宋史》卷三五二《李邦彦传》,第11120页。
③ 王曾瑜:《宋徽宗和钦宗父子参商》。
④ (宋)陈东:《陈少阳先生文集》卷一《登闻检院上钦宗皇帝书》,《宋集珍本丛刊》39册,明正德本,线装书局2004年版,第124页。
⑤ (宋)章如愚编辑:《群书考索》续集卷四四《兵制门·宋朝兵·小人每轻启兵端》,据明正德戊辰年刻本影印,台湾新兴书局1971年版,第4541—4542页。

发动战争者的确有这样那样的个人想法和个人目的，但他们之所以都将进行战争作为固宠、升迁或排挤打压对手的手段，却正好说明了北宋在边疆问题上的特点。

北宋建立以后，面临着一个和此前中原王朝极不相同的周边政治环境，这就是它始终感受到、并承受着北方契丹和以后崛起于西北的西夏王朝对它的强烈威胁。解除这种威胁，是北宋君臣梦寐以求的。宋神宗的遗愿是先制伏西夏，然后收复燕云。北宋晚期与金结盟并相约攻辽，从结局看，是引狼入室之举，它最终导致了北宋的灭亡。但从最初的动机看，之所以会有此举，是宋徽宗有感于一百多年来，辽朝给予北宋的边防压力和岁币耻辱，希望能够收复失地，报仇雪恨，建立不世功业。就臣僚而言，他们怀着不同的心理，或反对，或赞成，但最终还是有了宋金"海上之盟"的签订和联金灭辽的行动。那么，促成这次联金灭辽的，究竟为何人，还得从历史的记载中去寻找答案。

政和年间，宋徽宗君臣对于燕云失地的收复，表现出极大的兴趣和信心。童贯意欲出兵伐辽，收复燕云，蔡京襄助期间。徽宗密切关注辽的动向，但在出兵一事上比较谨慎。

首先，徽宗密切关注辽朝的国势走向。政和元年（1111）九月，郑允中、童贯奉使辽国，童贯就负有秘密使命，"是时，童贯奉密旨，使觇其国"。[①]

其次，童贯、蔡京蠢蠢欲动。崇宁年间，北宋对吐蕃和西夏用兵，收复了湟鄯廓银等州，这一胜利增强了徽宗君臣的军事信心。蔡京作为用兵的倡议者、童贯作为战争的直接参与者和利益获得者，在取得这些战绩以后，与徽宗一道有了收复燕云的欲望，是可以理解的。政和五年（1115）辽人马植（燕京霍阴人，易名李良嗣，徽宗赐姓赵）的来归[②]，更给了徽宗君臣心理上极大的诱惑。马植传递的信息是契丹国内"盗贼蜂起"，契

---

① 《三朝北盟会编》卷一《政宣上帙一》，第1页。
② 关于赵良嗣（马植）归宋的时间，有三说。一说为政和元年；一说为政和二年；一说为政和五年。关于政和元年之说，见《宋史·徽宗本纪》、《宋史·童贯传》和《宋史·赵良嗣传》，此说陈乐素先生认为有误，以为应是政和五年。见陈先生所著《宋徽宗谋复燕云之失败》，载《求是集》一集，第57—58页。徐玉虎：《宋金海上联盟的概况》一文亦认为应在政和五年三月。见台湾《宋史研究集》第一辑，第231页。关于政和二年和政和五年之说，（宋）李心传《建炎以来系年要录》卷一有辨析，认为二年之说有误，应是政和五年。今从之，见325册。上海古籍出版社影印文渊阁四库全书本1992年版，第16—17页。

丹必亡。听到这个消息以后,"蔡京、童贯力主之,以图取燕"。① 当时河东经略薛嗣昌、知雄州和诜、高阳帅侯益揣知朝廷意向,也都迎合附会。不仅他们,中山守臣张杲、高阳关安抚吴玠"亦献议燕云可取"。于是,徽宗诏令王师中知登州,"以伺其事,然未有以发。"也许是以史为戒,所以,这个时候,虽然徽宗经常会听到被过滤放大的有关契丹衰败、人民离叛的信息,但他还是保持比较谨慎的态度。政和六年(1116)八月二日,徽宗诏曰:"比来帅臣殊无远虑……起衅造端,邀功生事。……凡百举措,当务持重,无开边隙。如违,国有常宪,朕不汝贷。仰师臣具知委以闻。"② 毕竟燕云地区事关重大,徽宗并不愿意贸然行动。

第三,童贯收复燕云热情高,意欲出兵伐辽。虽然徽宗态度谨慎,但他对于伐燕之举,还是心向往之。所以,他对颇具热情的童贯付以军权。政和六年(1116)正月,以童贯宣抚陕西、河北。③ 九月,以童贯为开府仪同三司。④ 十一月,"诏枢密院事令童贯与议"。⑤ 童贯在取得了军事参预权后,就有了出兵的打算。"贯干预枢密院事,遂谋出师。"⑥ 政和七年(1117)二月中旬,童贯北伐,但半路中辍,事出有因。当时,前军已发,由于尚书司封员外郎陶悦使辽归来,认为辽不可图。加之知枢密院事邓洵武(1056—1121⑦)也反对出兵,"事得暂止"。⑧

《邓洵武家传》载:

> 时上(徽宗)意颇动欲兴师,蔡京谋起燕兵,洵武屡折之。而蔡京密启于上,不令洵武预议。洵武乃约童贯到枢密院,具以利害晓之。贯反说洵武曰:"枢密在上前,且承当取商量也。商量得十来年里,不要相拗官家。上方有意,相公如此说话,恐为他人所夺。"语

---

① 《三朝北盟会编》卷一《政宣上帙一》,第1页。
② 《宋会要辑稿》蕃夷二之三〇至三一。《宋史》卷二一《徽宗本纪三》载:政和六年八月壬戌朔,"戒北边帅臣毋生事"。(第396页。)
③ 《宋史》卷二一《徽宗本纪三》,第395页。
④ 同上书,第396页。
⑤ 《皇朝编年纲目备要》卷二八,第716页。
⑥ 《系年要录》卷一,建炎元年正月辛卯条,325册,第17页。
⑦ 按《宋史》徽宗本纪、宰辅表,邓洵武卒年为宣和三年正月,《宋宰辅编年录》卷十二作宣和二年正月卒。第779页。《宋史》卷三二九《邓绾传附洵武传》则载邓洵武宣和元年薨,年六十五。
⑧ 《系年要录》卷一,建炎元年正月辛卯条,325册,第17页。

已而笑。洵武知京、贯之意，遂请间见，力陈宗社大计，请以上意令京条对。①

邓洵武给徽宗举了雍熙北伐的例子，并且就将帅素质、军队战斗力、军事储备等状况进行了分析，阐述了兵不可兴的观点。结果"上大悟。翌日，语京曰：'北事难做则休，祖宗盟誓违之不祥。'京色变，其议遂寝"②。看来，徽宗出于谨慎的考虑，放弃了出兵北伐的计划。二月二十七日，徽宗诏曰："朝廷与北界和好，今逾百年。近者沿边累奏北界讨伐女真，渤海久未帖定。可依屡降处分约束沿边，不得妄动，亦不得增添人马，别致惊疑。"③

第四，如上所述，蔡京参预了北伐的谋议。朱胜非《秀水闲居录》曰：

> 政和末，知雄州和诜奏："契丹益发燕云之兵，燕民日离叛。有董庞儿者，率众为剧寇，契丹不能制。"蔡京时领三省事，侥幸一切之功。遂招庞儿，许以燕地王之。庞儿上表……乞遣兵为援，期取中国故地。京大喜，乃更戍朔方、陕右之兵。命江外州军制袍带，欲以冠带新民。邓洵武子常知枢密院，为京言："南北通好久矣，今信一叛虏之言，而欲败百年之盟。不可。"京不听④。……⑤

可见，政和年间，蔡京与童贯一样，对于收复燕云，倾注了极大的热情，只是由于徽宗态度谨慎，故没有贸然出兵。但徽宗对童贯的提议还是很支持，所以，政和七年（1117）三月，以童贯权领枢密院。⑥ 十二月，以童贯领枢密院。⑦

重和元年（1118）是北宋收复燕雲决策发生重大转折的一年。这一年，随着辽朝的更趋衰败和女真的迅速崛起，徽宗君臣收复燕雲失地的渴

---

① 《三朝北盟会编》卷一《政宣上帙一》，第4页。
② 同上。
③ 《宋会要辑稿》蕃夷二之三一。
④ 《铁围山丛谈》卷二载"于是天意盛欲兴师，赖鲁公力请而格"。此说不确。第33页。
⑤ 《三朝北盟会编》卷一《政宣上帙一》，第5页。
⑥ 《宋史》卷二一《徽宗本纪三》，第397页。
⑦ 同上书，第399页。

望更为强烈,态度由谨慎从事转向积极主动。但恐辽症和投机、侥幸心理,使徽宗君臣由单独出兵转向了联金灭辽,想借金人之力收复燕云。

辽朝在和北宋签订澶渊之盟以后,虽然也曾多次给北宋制造了麻烦,但毕竟没有发动大的军事行动,还是较好地信守了"百年盟誓",北宋也不好贸然发动对辽战争。加上宋太宗对辽战争的失败,朝野内外有相当一部分人患上了恐辽症,对辽用兵持抵触态度。另外,政和四年(1114)到宣和元年(1119)之间,北宋与西夏之间相互筑城争地,发生十数次战争。① 这也一定程度上牵制了北宋对北部边境的注意力。

然而,就北宋来讲,"兄弟之国"的待遇和每年输辽的岁币,毕竟是一种难言的耻辱。回头再想想祖宗们为收复燕云失地的努力和失败,这口气还是难以下咽的。尤其是宋徽宗这样一个具有天才艺术家气质的皇帝,又遇上辽朝急速衰亡这样一种事实,机会何其难得呀!徽宗心底那种对燕云失地的渴望又被激发了出来。当听到女真迅速崛起的消息后,既担心女真占有辽朝故地,又对自己单独出兵收复失地缺乏信心,于是,就有了与女真联合的打算。

政和七年(1117)七月,知登州王师中,从辽人高药师等人口中了解到,女真攻城略地,契丹的许多国土已被其占据。王师中将上述情况上奏给徽宗,徽宗命蔡京、童贯佥议,蔡京、童贯因同具奏,请求"以市马为名,令人访其事体虚实"。高药师等人当年八月第一次出使,不果而回。"于是,上为赫怒,专下宣抚司,委童贯措置,应元募借官过海人并将校一行,并编配远恶。委王师中选有智勇能吏,再与药师过海体问事宜,通好女真军前,讲买马旧好。降御笔:通好女真事,监司、帅臣并不许干预。如违,并以违御笔论。"② 这件事情的处理,反映出徽宗了解女真情势,与之联合的急迫心情。

也许正是邓洵武的上言,使徽宗对北宋单独出兵收复燕云失去了信心,有了和女真结盟之心。这应该是与其恐辽症有关,也与女真势力的快速崛起有关。

前面提到,政和七年(1117)二月,童贯出兵伐辽半路搁浅,但从内心来讲,徽宗支持童贯的谋燕之举。然而,这个时候的蔡京,其心理是矛

---

① 李华瑞:《宋夏关系史》,第103页。
② 《三朝北盟会编》卷一《政宣上帙一》,第3页。

盾的。一方面，为了建立功业，也为了迎合徽宗，他对于收复燕云失地是支持的，并在行动上表现了出来；另一方面，和童贯关系的恶化，使他对于由童贯主持这件大事，是不情愿不支持的。蔡京和童贯之间的矛盾，从大观二年（1108）以后就出现了。① 政和初年，童贯正得宠于徽宗，权势如日中天。奉使辽国回来后，"益用事，庙谟兵柄皆属焉"②。蔡京对童贯的牵制根本不起作用，对童贯奈何不得。政和五年（1115）二月童贯"遂领六路边事"，政和六年（1116）正月，以太尉为陕西、河东、河北宣抚使，九月，迁开府仪同三司，十一月，权签书枢密院，河西、河北两房事。③ 到政和七年（1117）三月，权领枢密院。十二月，领枢密院。蔡京因对童贯不满，在徽宗面前说其坏话，对童贯伐燕之举加以掣制，甚至对北伐燕云说些风凉话。蔡絛《北征纪实》记载高药师出使一事更详，从中可以体察出蔡京与童贯之间的矛盾、蔡京对童贯的牵制，以及徽宗对蔡京的不满。记曰："高药师等还，奏谓虽已到彼苏州界，望见岸上女真兵甲多，不敢近而回。于是，上（徽宗）为赫怒，颇疑外廷臣僚承望大臣旨意，因诏：'元募借补人并将校一行，并编配远恶。'又降御笔：'通好女真事，监司、帅臣并不许干预。'是岁，童贯又上其平燕策，鲁公（蔡京）不报。一日留身，劾贯坏边事。上乃议除贯司徒致仕。贯大惧，为伯氏（蔡攸）置酒甚厚，以二犀带遗伯氏，伯氏力救解。一日，童师敏持谶纬两幅纸来，读之诚如近事。鲁公曰：'为奏，知此非本朝美事，乃谶五代石晋出帝尔。'仍谓师敏曰：'更待用兵，若使如图谶言，好模样。'自此，议遂寝。"④ 蔡京此举可谓失策，引起了徽宗的极大不满，并导致了蔡京的第三次罢相。宋徽宗在赋予童贯枢密院大权的同时，蔡京地位却在下降，徽宗在疏远蔡京。政和七年（1117）十一月庚寅，命蔡京五日一赴都堂治事。⑤

宋徽宗没有放弃与金联合的决定，也没有停下与金联合的步伐。重和元年（1118）四月，徽宗决定再遣武义大夫马政及平海军卒呼延庆，同高药师等过海，至女真军前议事。如前所述，蔡京不反对收复燕云，却反对由童贯担此大任。所以当徽宗遣使女真，太宰郑居中反对，并在朝堂上责

---

① 《东都事略》卷一二一《童贯传》，第1864页。
② 同上。
③ 同上。
④ 《系年要录》卷一，建炎元年春正月辛卯条，325册，第17页。
⑤ 《宋史》卷二一《徽宗本纪三》，第399页。

备蔡京时，蔡京曰："上厌岁币〔五〕十万匹两，故有此意。""上意已决，岂可沮乎？"① 八月四日马政等出行，北宋迈出了联金灭辽的重要一步。北宋之所以走联金灭辽这一步棋，一说明北宋对消灭契丹并没有十足的把握和信心；二说明灭辽这件事，从一开始，北宋君臣投机侥幸心理就在作祟。

徽宗收复失地、建立不世功业的强烈愿望，以及蔡京、童贯、王黼之间的矛盾斗争等各种因素，促成了北宋联金灭辽的国策。

由于和童贯的矛盾，政和年间蔡京参预了收复燕雲的倡议和谋划，但他的态度比之童贯却不是很积极。态度最积极者是童贯。蔡京之所以态度消极却参与，一是职责所在。作为宰相，这样重大的决策自然是不能回避的；二是为了固宠的需要，是为了迎合徽宗。因为徽宗从心底里是想收复燕雲的；三是与童贯争权的需要。蔡京处处在牵制甚至反对童贯。大观年间，因为童贯恃功专权，蔡京对其不满。政和二年（1112），蔡京复起，童贯有功，但因没有当上枢密使，怨恨蔡京。② 所以，两人在燕雲问题上并不能协调一致。蔡京复相后，"既视事，贯以所谋白京，京见天下已空匮，边境无备，不敢许……贯恨京，毁于上前。京惶恐……京虽知贯已发怒，然此事，实未敢从，但忧惧而已。"③ 周煇此说为蔡京开脱责任，不尽符合事实。但也反映出了蔡京和童贯在燕雲出兵大事上的矛盾和分歧。当然，蔡京作为宰相，他更大的职责是为发动战争做好充足的后勤保障。《封有功编年》曰："朝廷既有意于燕雲，而蔡京为国兴利，以备兵兴支用。仍行香茶盐矾等法，令州县立递年租（祖）额，以最殿考其赏罚……又有和籴、均籴、对籴、衔籴，以备军食。累年于兹，民力遂罢……天下多故，京启之也。"④ 童贯之所以态度最积极，一是他通过以往的战争，树立起了自信和建立更大军功的野心，有了收复燕雲的冲动，二是他同样了解徽宗的心理。

正是因为蔡京和童贯争权，所以当童贯对收复燕雲表现出更大的兴趣时，蔡京便往往从中作梗。如对金使的态度，徽宗因为要联金灭辽，所以对金国使者的待遇很高，但蔡京却摆出一副傲慢的姿态。宣和元年

---

① 《三朝北盟会编》卷一《政宣上帙一》，第3—4页。
② 《邵氏闻见录》卷五，第44页。
③ （宋）周煇：《清波别志》卷上，丛书集成初编本，中华书局1985年版，第124页。
④ 《三朝北盟会编》《政宣上帙一》，第3页。

(1119)正月,金人李善庆等到京师,馆于宝相院,"上令蔡京、童贯、邓文诰见之议事"。①"谕以夹攻辽人,取燕地之意。"②

蔡絛《北征纪实》云:

> 李善庆来见,鲁公(蔡京)但裋衣临堂虒待之。善庆再拜于堂下,鲁公曰:"归语汝主,中国所守信义也。两国盟誓重,未得便如汝主所请。汝主苟能兴立,则朝廷当自有礼遇。"善庆首肯,再拜而退。即具奏其辞。上(徽宗)怅然。鲁公私尝谓絛曰:"北事只我了得,他人做着必龃龉。虽然,我功名能有甚底,日夜着身不得,更好了却燕山耶!"伯氏(蔡攸)密以白上。于是,上意大寝。遂议罢鲁公矣。③

作者李心传以为"絛所云如此,恐非其实"。但这正好印证了蔡京起初也是主张伐燕的,后来和童贯争权,才摆出对此事不热心的一副姿态,而正是这不热心,导致了他的第三次罢相和王黼的上台。"蔡京经营北房不就,去位。王黼作相,欲功高于京,遂结女真以伐大辽。"④ 先看一下宣和二年(1120)六月蔡京的《乞致仕札子》⑤,然后再作分析。蔡京在札子中叙述了近二十年来徽宗对他及家人的无比恩宠和眷待,并且以年事已高且疾病加深为由,请求致仕。看似顺理成章,但我们将其中的"辨释谗谤,脱于患祸"与下面这段资料加以对比,便可见其真实情形是:徽宗迫使蔡京致仕。"宣和间,王黼当轴,京势少衰。黼之徒恐不为己利,百方欲去之,然京终不肯去。于是始遣童贯并令蔡攸同往取表。京以攸被旨俱来。乃置酒留贯饮,攸亦预焉。京以事出不意,莫知所为。酒方行,自陈曰:'某衰老宜去,而不忍遽乞身,以上恩未报,此心二公所知也。'时左右闻京并呼攸为公,无不窃笑者。其后,大臣有当去而不去者,往往遣使取表,自京始。"⑥看来,蔡京聪明一世,糊涂一时。他在与王黼的争权中

---

① 《三朝北盟会编》卷三《政宣上帙三》,第16页。
② 《系年要录》卷一,建炎元年春正月辛卯条,325册,第17页。
③ 同上书,第17—18页。
④ 《邵氏闻见录》卷五,第43页。
⑤ 《宋会要辑稿》礼四七之一四。
⑥ 《曲洧旧闻》卷七《蔡京持禄固位能忍辱》,第189页。

栽了跟头。因为,越是到后来,徽宗对联金灭辽和收复燕云的热情越高。王黼猜透徽宗有意燕云,故百端迎合讨好徽宗。

> 一日,两府俱朝。京不入,上皇忽曰:"有一事欲相商,北方果如何?"郑〔居〕中①对以时未可为。又顾余深,深对:"臣与蔡京所见一同,亦曾奏知,恐此事不可轻动。"遂问白时中,逡巡未对。而王黼辄先奏曰:"中国故地,久陷戎虏,今日天相陛下,成此大功。若不乘时,恐有后悔。"因敷奏数十言,历历可听。上皇笑曰:"众人皆谓不可,卿独可之,难以施行,姑俟他日。"然意已属黼矣。更数日,禁中曲宴宰执,酒酣,有旨令泛舟。上皇遽以片纸遣贯谕京等议此事,若可,即书名。京等皆错愕,令贯具奏,容子细面陈,难便书名。王安中曰:"某生长北方,闻燕人思归之情切矣,今若举事,指挥可定。某亦愿书名。"其余皆默然。黼拜相,仍赐玉带。于是罢群臣,独与贯、黼、安中等议,决意行之。②

王安中可能因为没有得到蔡京的提拔,对蔡京心有怨恨,后来也投靠了梁师成。梁师成之所以欣赏他,一是王安中对其阿谀奉承,且王有文采。"王履道(安中)初自大名府监仓任满,至京师,茫然无所向,会梁师成赐第初成,极天下之华丽,许士庶入观,履道髽两角,以小篮贮笔墨径入,就其新堂大书歌行以美之,末云'初寮道人'。掷笔而出。主隶辈见其人物伟胜,词翰妙绝,众目旺侧。时方崇尚道教,直以为神仙降临,不敢呵止,亟以报师成。师成读之,大喜,即令物色延见。索其它文,益以击节,荐之于上(徽宗)。不数年,登禁林,入政府,基于此也。"③ 二是王安中的书法师承苏轼。梁师成喜爱之。"王履道安中初学东坡书,后仕于崇、观、宣、政间,颇更少习;南渡以来,复还其旧。尝见其晚年所书,真得东坡笔法者。"④

---

① 丛书集成初编本《清波别志》卷上,记为郑久中,见第124页。文渊阁四库全书本《清波别志》卷一为郑居中,当是。
② (宋)周煇:《清波别志》卷上,第124—125页。
③ 《挥麈录》余话卷之二,第303页。
④ (宋)曾敏行著,朱杰人标校:《独醒杂志》卷十,上海古籍出版社1986年版,第95—96页。

《夷坚志·王左丞进用》记载了这样一件事：

> 王履道，政和初为相州司录，秩满入京，相守韩纯彦深知之。会其弟粹彦乃赴阙，乃蔡絛妇翁。时絛父京当国，纯彦以王嘱弟曰："兄差遣不须遽，且以王司录为先。"……既到京师，除宗子博士，最为闲慢，大不惬。所居在封丘门内一寺，寂寞不聊，欲丐外任。或曰："寺外某秀才乃梁太傅客，梁令渠延纳士大夫之贤者，勿惜一访之。"王即与偕往。秀才邀入小斋，见列书画数十卷轴，悉为跋识其尾而退。王素习坡公翰墨，而梁自言为公出子，秀才如获至宝，捲置诸箧，立驰马造梁第示之。次日有旨，除佐著作，盖梁已因上直荐之矣，蔡不预知。一日在局，蔡使人招至府，不相见，而命一老兵引趋长廊后小书院，出黄袋文书付之，乃试外制三题也。凡合用笔墨纸砚，糊匣翦尺，压刀砚滴，一一毕备。旋又具馔甚腆，举所余送其家。文既就，而无由可达，觉窗外有窥者，谓为老兵。呼之，急隐避，盖蔡也。少焉，老兵来取，然后导以出。明日，御笔除中书舍人。蔡持之不下，而奏言，自来未有小著迁侍从者，于是改秘书少监。才四旬，竟申前命，是〔时〕多有卿监或修撰视待制者。王封还除书，徽宗嘉其敢言，擢御史中丞。宣和初年，蔡失眷，上谕王使抨击。蔡内交于近昵，密知之。王方候班殿庐，蔡叩头泣拜于榻前曰："告陛下，莫令王安中言臣。"重复恳祈，更无他语。上笑曰："不须虑。"王将升殿，宣旨除翰林学士，其事遂寝。居职三年，迁尚书左丞。……①

虽然仍有人反对用兵燕云，但宣和年间徽宗的想法却发生了大变化，他更坚定了收复失地的信心。所以在童贯、王黼、王安中等人的推动下，宣和二年（1120）三月六日赵良嗣出使金国，正式商议夹攻契丹，求燕地，输岁币等，最后签订了"海上之盟"。"时童贯受密旨，借其外势以谋复燕。"② 九月，童贯已有出师意，乃命河北军与陕西、河东更戍，又遣西

---

① 《夷坚志》夷坚支丁卷十，第 1047—1048 页。《宋史》卷四七二《蔡京传附子攸》载：蔡攸听到王安中要弹劾蔡京的消息后，向徽宗求情，徽宗乃罢王安中御史中丞职，迁翰林学士。见第 13731 页。

② 《三朝北盟会编》卷四《政宣上帙四》，第 25 页。

兵宿将会京师。恰在这时，方腊起义。国内的动乱，使徽宗对起兵燕云也有些后悔，但童贯和王黼的矛盾又促成了此事。

宣和二年（1120）十月，方腊起义发生时，王黼为了文饰太平，隐瞒了真相。起义军遂攻破东南六郡，情势危急。徽宗派遣童贯率集合起来的西兵十余万人前去镇压。并有"有急，即以御笔行之"之命。童贯到东南后，见花石之扰是起义的主因。于是罢花石纲、应奉局，"吴民大悦。"①童贯回朝后，因应奉局乃王黼所领，王黼对其废罢不满，于是离间童贯，对徽宗说："腊之起由茶盐法也，而贯入奸言，归过陛下。"徽宗怒。"贯谋起蔡京以间黼，黼惧"。②"黼复折简通诚于贯曰：'太师若北行，愿尽死力。'时帝方以睦寇故悔其事，及黼一言，遂复治兵"。③因为郑居中反对用兵④，王黼"于三省置经抚房，专治边事，不关之枢密"⑤。宣和四年（1122）四月十日，太师领枢密院事、陕西河东河北路宣抚使童贯，勒兵十万巡边。徽宗御笔付童贯三策。"如燕人悦而从之，因复旧疆，策之上也；耶律淳能纳款称藩，策之中也；燕人未即悦服，按兵巡边，全师而还，策之下也。"⑥看来，经过王黼、王安中等人多次的怂动，此时的徽宗已是满怀信心。但童贯的信心随后受到很大打击。四月二十三日，童贯驻军高阳关，"即见河朔将兵骄惰，不练阵敌。军须之用，百无一有。如军粮，虽曰见在，粗不堪食。须旋春簸，仅得其半。又多在远处，将输费力。军器甚阙。……至于得地版筑之具，并城戍守御之物，悉皆无备。盖河朔二百年未尝讲兵，一旦仓卒，责备颇难。"⑦

这次的出征，蔡京是反对的。"宣和四年夏，不谋于众，兵乃遽起。鲁公（蔡京）时已退休，亟请对，具为上言，丐止，不可。"⑧五月九日，

---

① 《宋史》卷四七〇《王黼传》，第 13682 页。
② 同上。
③ 同上书，第 13683 页。
④ 《宋史》卷三五一《郑居中传》载："朝廷遣使与金约夹攻契丹，复燕云，蔡京、童贯主之。居中力陈不可，谓京曰：'公为大臣，国之元老，不能守两国盟约，辄造事端，诚非妙算。'京曰：'上厌岁币五十万，故尔。'居中曰：'公独不思汉世之戎用兵之费乎？使百万生灵肝脑涂地，公实为之。'由是议稍寝。其后金人数攻，契丹日蹙，王黼、童贯复议举兵，居中又言：'不宜幸灾而动，待其自毙可也。'不听。燕山平，进位太保，自陈无功，不拜。"（第 11104 页。）
⑤ 《宋史》卷四七〇《王黼传》，第 13683 页。
⑥ 《三朝北盟会编》卷五《政宣上帙五》，第 37 页。
⑦ 《三朝北盟会编》卷六《政宣上帙六》，第 40 页。
⑧ 《铁围山丛谈》卷二，第 33 页。

少保、镇海军节度使、开府仪同三司蔡攸为河北、河东宣抚副使。十八日，蔡攸进发。这时的蔡攸和其父蔡京争权，视若仇敌，但毕竟父子关系情深，蔡京对蔡攸之行还是相当担心。蔡絛《北征纪实》曰：

> 攸行，蔡京以诗寄之曰："老惯人间不解愁，封书寄与泪横流。百年信誓当深念，三伏修涂好少休。目送旌旗如昨梦，身非帏幄若为筹。缁衣堂下清风满，早早归来醉一瓯。"达上听，读之，徐曰："好，改作六月王师好少休也。"①

又《铁围山丛谈》曰：

> 未几，伯氏（蔡攸）亦有宣抚命。于是鲁公（蔡京）垂涕顿首上（徽宗）前，曰："臣不任北伐，宁自甘闲退。今臣子行诚无以晓天下，愿陛下保全老臣。"上不听，则曰："臣请则以效括母及语伯氏，吾将哭师也。"及后燕山告功，鲁公以表贺上，其末云："臣虑终而不虑始，知守而不知通，有靦初心，徒欣盛烈。"上览表时，喜见颜色，曰："太师能自直守如此。"因以毂核酒醴颁赉甚宠，俾公庆伯氏之归也。②

然而，花花公子蔡攸却将北伐出征看得极其简单，出发前，徽宗为其饯行，他竟然无耻地对着徽宗身旁的两个妃子开玩笑说，等凯旋，请徽宗将这两个妃子赏给他。"童贯伐燕，以攸副宣抚，攸童骏不习事，谓功业可唾手致。入辞之日，二美嫔侍上侧，攸指而请曰：'臣成功归，乞以是赏。'帝笑而弗责。"③ 五月底六月初，宋军在与辽军的交战中失败，徽宗

---

① 《三朝北盟会编》卷七《政宣上帙七》，第46页。《独醒杂志》卷五载：燕山招纳之举，多出于蔡攸。攸父子晚年争权相忌，至以茶汤相见，不交他语。王师败于白沟河，元长尝以诗寄攸曰："老懒身心不自由，封书寄与泪横流。百年信誓当深念，三伏征涂盍少休。目送旌旗如昨梦，心存关塞起新愁。缁衣堂下清风满，早早归来醉一瓯。"诗稍传入禁中，徽宗命京以进呈。上阅毕曰："'三伏征涂'不若改作'六月王师'。"诗复以还。观此诗，则知是举非唯当时人知其非，虽其父亦知之矣。郑昂《厄史》作："老惯人间不解愁，置身帏幄若为筹。"昂，京之客，宜得其真。第45页。
② 《铁围山丛谈》卷二，第33页。
③ 《宋史》卷四七二《蔡京传附蔡攸传》，第13732页。

意欲退兵，六月十二日，诏班师。① 但七月二十六日，王黼再议兴师。

> 童贯、蔡攸自瓦桥关莫州回河间府，忽知中山詹度奏："耶律淳死，燕人越境而来者，皆以契丹无主，愿归土朝廷为言。"朝廷犹豫未决间，太宰王黼欲功高蔡京，力主再兴师议。手诏优允。于是悉诸道兵二十万，期九月会三关。诏贯、攸毋归，异议者斩。于是伐燕之议成矣。②

《挥麈录》载："宣和初，徽宗有意征辽，蔡元长（京）、郑达夫（居中）不以为然，童贯初亦不敢领略，惟王黼、蔡攸将顺赞成之。……"③ 在北宋用兵失败以后，借助金人之力收复了燕京，但仅是空城而已。

北宋立国一百多年来与辽朝所形成的军事地理格局和政治格局，使北宋君臣在承受巨大的国防压力之外，也承受了难以言说的心理屈辱。到宋徽宗时代，面对辽朝衰亡带来的绝好机会，好大喜功的宋徽宗君臣收复燕雲失地的渴望被激发出来。但恐辽症和北宋军政的腐败，使徽宗君臣对收复失地信心不足，他们怀着侥幸、投机心理，将原先单独出兵收复燕雲的决策改变为联金灭辽，并且与金朝签订了"海上之盟"。从北宋实施运作联金灭辽的整个过程中，我们看到了统治集团内部的权力斗争和对联金灭辽事件的影响。童贯因为在西北战场上取得过战功，所以进一步萌生收复燕雲的想法。蔡京也对收复燕雲抱有兴趣和信心，但因为和童贯争权，不时掣肘童贯。这不仅引起徽宗对他的不满，也使王黼有了可乘之机。而王黼为了与蔡京争权，极力主张对燕雲用兵。童贯初始态度踊跃，但当真正看到宋朝的军队、军备状况后信心大跌。这也预示着宋军的失败。然而，应该指出，与金结盟，对辽用兵之所以发生，关键还是徽宗有意于此。宋徽宗对于伐燕之举，起初态度谨慎，后来一方面因为辽朝衰败的事实，另一方面出于建立不世功业的愿望和冲动，确立了谋取燕雲的国策。而蔡京、童贯、王黼等人，他们洞悉徽宗的意图，为了博取徽宗欢心，专权固宠，也为了实现建立功业的美好愿望，纷纷投入到这场重大的事件中去。

---

① 《三朝北盟会编》卷八《政宣上帙八》，第56页。
② 《三朝北盟会编》卷九《政宣上帙九》，第61页。
③ 《挥麈录》后录卷四，第124页。

陶晋生说："北宋朝野对于燕云十六州的恢复一事的关心，可说已经到了着魔的程度。宋徽宗为了贯彻收复失地的主张，冒险采取了联金灭辽的政策，以致一败涂地。……这样看来，我们甚至可以说宋人是为了维持疆界和收复失地而亡国。"① 联金灭辽最终导致亡国，责任在谁？靖康元年（1126），左正言程瑀言"属者金人内侮，事虽始于童贯，而成于王黼与京之子攸。然边备废弛，本实由京"②。程瑀对责任承担者的分析是对的，然而，他有意识地回避了事件最大的责任者宋徽宗。因为，自始至终坚持收复燕云，联金灭辽的正是宋徽宗本人。从童贯的被重用，蔡京的第三次罢相，王黼的起用都证明了这一点。

第三节　蔡京对官制的改革

随着统治岁月的延伸，官僚机构重叠，官吏数目膨胀，是历朝历代都面临的共同难题。然而，北宋在这方面的问题尤其突出，主要原因乃是其防微杜渐，矫枉过正的政策所致。宋初实行"官、职、差遣"分离的任官办法，这种办法，最初还可以防范官僚势力的膨胀，也不至于耽误行政、军政、财政事务的进行。但随着时间的推移，这种体制的弊端就日益显露了出来。这就是为时人常常诟病的官名不正的问题。③ 宋神宗即位以后，决心解决这种名实不符的问题，于是就有了元丰官制改革。

一　元丰改制及其遗留问题

熙宁变法拉开了官制改革的序幕。为了变法，或创设新机构，或恢复原有闲散机构之职掌，作为变法的领导机构或新法的执行机构。元丰三年到五年（1080—1082），宋神宗亲自主持了官制改革，即"元丰改制"。改革的方针就是要"使台、省、寺、监之官，实典职事，领空名者一切罢

---

① 陶晋生：《宋辽关系史研究》，台湾联经出版事业公司 1984 年版，第 102 页。
② 《宋宰辅编年录校补》卷十三，靖康元年三月丙申条，第 841 页。
③ 《宋史》卷一六一《职官志一》载："……三省、六曹、二十四司，类以他官主判，虽有正官，非别敕不治本司事，事之所寄，十亡二三。故中书令、侍中、尚书令不预朝政，侍郎、给事不领省职，谏议无言责，起居不记注；中书常阙舍人，门下罕除常侍，司谏、正言非特旨供职亦不任谏诤。至于仆射、尚书、丞、郎、员外，居其官不知其职者，十常八九……"（第 3768 页。）

去，而易之以阶"①。元丰五年（1082）五月，新官制颁布。然而，官员们在品尝了短暂的"循名责实"的喜悦之后，却发现"元丰官制"仍然存在许多问题，尤其是政事延缓滞留的问题。龚延明先生通过深入分析官制改革在神宗、哲宗两朝及以后的正、反两方面影响，得出结论，"可以认为，元丰官制改革没有达到扭转冗官冗禄的局面和提高行政效率的目的。从总体上说，这是一次不成功的官制改革。"②龚先生将这次官制改革的成功之处概括为四个方面：循名责实，官复其职；省并重叠机构；定员编制，官不尽备；废除无实际意义的虚衔。初行官制，俸料有所减少。而将元丰新制施行以后暴露出的弊端总结为以下：第一，中枢机构行政效率明显降低，反不如以前上通下达之径直、畅快，大出神宗意料之外；第二，新制克服了机构重叠的弊病，又产生了另一种形式的机构重叠；第三，事权分散，互相牵掣，此废彼兴，依然如故；第四，冗官之源未塞；第五，新制流品不别，迁转太速，助长了侥幸取官的不正之风；第六，元丰官制改革范围有限。正官名、定寄禄新格，只限于文臣京朝官。选人、武臣、内侍官等官称，元丰改制时未曾触动，延至徽宗朝才解决。如此说来，元丰改制是失败的。龚先生将其失败原因，归纳为三个方面：神宗晚年头脑迂腐，不顾时代不同，照搬《唐六典》；未能广采众议，独断独行；一方面要改革旧制，一方面又要保守祖宗家法，导致官制改革不彻底。③

权力分散，效率低下，是元丰官制存在的问题之一。司马光曾讲到户部的情况，他说："自改官制以来，备置尚书省六曹二十四司及九寺三监，各有职事。将旧日三司所掌事务，散在六曹及诸寺监，户部不得总天下财赋……户部不能尽知天下钱谷之数，五曹各得支用钱物……户部不能制。户部既不能知天下钱谷出纳见在之数，无由量入为出……今之户部尚书，旧三司使之任也。左曹隶尚书，右曹不隶尚书，天下之财分而为二，视彼有余，视此不足，不得移用……故利权不一，虽使天下财如江海，亦恐有时而竭，况民力及山泽所出有限制乎！"④右司谏苏辙谈到了"凡事皆中

---

① 《宋会要辑稿》职官五六之一。
② 龚延明：《北宋元丰官制改革论》，载《中国史研究》1990年第1期。
③ 同上。张复华《北宋中期以后之官制改革》第一章《神宗朝之官制改革》也有论述。（台湾文史哲出版社1991年版，第31—35页。）
④ 《长编》卷三六八，元祐元年闰二月甲午条，第8872页。

书取旨，门下覆奏，尚书施行"所造成的职事迂缓的问题。①

元祐年间，宣仁太后、司马光、吕公著、文彦博等人对元丰官制从机构设置、人事方面进行了一些改革，②主要针对上述弊端。如以三省共同取旨代替中书单独取旨，防止中书专权；户部尚书兼领户部左右曹，天下利权遂归于一；寄禄官朝议、中散、正议、光禄、银青光禄、金紫光禄大夫并置左右，进士出身及带职者转至左朝议、中散为二资，余人转至朝议、中散分左右为四资，正议至金紫并分左右为八资，以解决叙迁太易的问题。但重复设官和行动稽缓的问题并没有得到很好的解决。这也是政事与人事的关系使然。

宣仁太后死后，哲宗亲政，在官制改革方面，几乎可以说是反元祐法而行之，也就是主要恢复元丰官制。③但值得注意的一点是：三省共同取旨之制，却不曾改变。其原因是章惇此时适任左仆射兼门下侍郎，假若恢复中书单独取旨的制度，势必将会使来之不易的权力拱手让给别人。这和元祐年间蔡确同意改中书单独取旨，为三省共同取旨如出一辙。元丰官制中规定，中书单独取旨，这一方面是神宗囿于《唐六典》之三省六部制度。更主要的一点是蔡确在其中的阴谋。当时王珪为门下侍郎、平章事，蔡确为参知政事，蔡确为了排挤王珪而专权，既主中书拟旨，又私下对神宗说："三省长官位高，恐不须设，只以左仆射兼门下侍郎，右仆射兼中书侍郎，各主两省事可也。"④神宗采纳了蔡确的建议，以王珪、蔡确分别为左右仆射分兼门下、中书侍郎。蔡确为右相后，便独专政柄，凡除吏王珪皆不与闻。哲宗继位以后，蔡确转左仆射兼门下侍郎，为恐失去权柄，便附和尚书左丞吕公著三省共同取旨的主张，侍御史刘挚弹劾蔡确的奏章就讲到了这一点。

> 夫百官差除，从祖宗以来，中书、门下省同共进拟，所以合同众论。自壬戌官制改更，三省分治之后，其事尽归中书。是时确为右仆射兼中书侍郎，中书之权既已偏重，进退人物随意在手，门下、尚书省审察奉行而已。天下莫不知其非，而但以确在此位，畏之者不敢

---

① 《长编》卷三七三，元祐元年三月辛巳条，第9034页。
② 参见张复华《北宋中期以后之官制改革》第二章《哲宗朝之官制改革》，第55—62页。
③ 同上书，第68—71页。
④ 《长编》卷三二七，元丰五年六月乙卯条，第7871页。

言，附之者不肯言，故三省不得而合也。……无何，适会王珪薨谢，执政递迁，确以左仆射进兼门下侍郎，以谓去中书之位，则无差除之权，不便也。即时阴令御史中丞黄履上言以为请，朝廷从之，于是差除方归三省合班取旨矣。①

于此我们深深感受到政事与人事的紧密关系。正如张复华先生在谈到元丰、元祐、绍符时期的官制改革时所谈到的："随着政策与政制更迭的是新、旧两批政治人物的起伏，人的因素既然深深地卷入政策与政制的是非之中，那么探讨人的行为动机便成为了解政策与政制变化的关键。"② 除此而外，绍圣、元符时期的官制改革还有一些内容也并没有完全恢复到元丰官制上去。③ 如元丰寄禄官二十五阶，均不分左右，元祐时除朝议、中散、正议、光禄、银青光禄、金紫光禄大夫并置左右外，朝请大夫以下亦分左右。绍圣时罢寄禄官左右之分，唯以正议、光禄、银青光禄大夫是六曹、左右辖细转之阶，元丰法有未尽之处，故仍保留左右之分，又为分杂、出身及无出身人，朝议、中散大夫亦依旧存左右。再如元祐改官制时，废罢了吏禄，裁减了武臣的俸禄，裁减了在京职事官的职钱，绍圣时依元丰法度，先后增加武官俸禄，恢复在京职事官行等者本等职钱，而吏禄，元祐取消后，绍圣也并没有恢复。这当与财政状况有关。

二　蔡京的官制改革

蔡京参与了元丰官制的制定工作，对其运作程序相当清楚，对制度运作中出现的问题深有体会。元丰六年（1083）二月癸酉，三省言："国子监公试所策问：'诸司之务，寺、监有所不究；寺、监之职，六曹有所不察；六曹之政，都省有所不悉任其责者，殆未足以尽小大相维、上下相制之道焉。岂制而用之者，法未足与守；推而行之者，人未足与明欤？欲度今之宜，循古之旧，而尽由其长，则事之众多，且将有迂滞之患也。诸生以为如之何则可？'策题乃起居郎蔡京撰。"④ 于是，神宗下诏让蔡京就此

---

① 《长编》卷三六三，元丰八年十二月戊寅条，第8677—8678页。
② 张复华：《北宋中期以后之官制改革》，第51页。
③ 参见张复华《北宋中期以后之官制改革》，第73页。
④ 《长编》卷三三三，元丰六年二月癸酉条，第8025页。

阐述其观点。蔡京乃提出了上下级之间"适当的"相互间的纠察和任责制。① 这一思路既是蔡京对元丰官制的反思，也是对现实的体悟。其洞察力在此可见一斑。

宋徽宗即位以后，绍述熙丰，任用蔡京等人，将神宗的官制改革推向了极致。神宗朝以中央官制与文官为对象，徽宗朝则及于地方官制与武官，甚至包括了宦官、道官与医官等。马端临对徽宗朝的官制改革有这样的评述：

> 崇宁初，以议者有请，自承直至将仕郎，凡换选人七阶。大观初，又增宣奉至奉直大夫四阶。政和末，自从政至迪功郎，又改选人三阶，于是文阶始备。而武阶亦诏易以新名：正使为大夫，副使为郎，而横班十二阶使、副亦然。故有郎官、大夫之首者。继又以新名未具，增置宣正、履正大夫、郎，凡十阶，通为横班，而文武官制益加详矣。大抵自元祐以后，渐更元丰之制。二府不分班奏事，枢密加置签书，徽省则既罢复建，户部则不领右曹，专典常平而总于其长，起居郎、舍人则通记起居而不分言动，馆职则增置校勘、黄本，凡此皆与元丰稍异也。其后，蔡京当国，率意自用，然动以继志为言。首更开府守臣为尹、牧，由是府分六曹，县分六案。又内侍省职，悉仿机庭之号。已而修六尚局，建三卫郎，又更两省之长为左辅、右弼，易端揆之称为太宰、少宰。是时员既滥冗，名且紊杂。故官有视秩甚者，走马承受升拥使华，黄冠道流亦预朝品。元丰之制，至此大坏……②

关于崇宁、大观直至政和时期，蔡京等人的官制改革的主要内容，可参见张复华先生的研究。③ 那么，蔡京从崇宁到政和末相当长的时间里，进行

---

① 《长编》卷三三三，元丰六年二月癸酉条，蔡京言："……今设官分职，有相隶之名，而未有相任之责，有相临之势，而未有相纠之法……惟不相察，不相任，夫人得以相倚，则小吏犹豫而不敢行，大吏依违而不肯断，事至而莫之决，则必有受其敝者矣。苟任其责，则长贰、佐属同利共忧，若手足相营也，事之不举者寡矣……然则长吏察月，御史察季，都省察岁，庶乎其可也。"（第 8026 页。）

② （元）马端临：《文献通考》卷四七《职官考一·官制总序》，考 438，中华书局 1986 年版。

③ 张复华：《北宋中期以后之官制改革》，第 92—111 页。

官制改革的目的是什么？产生了哪些影响呢？

官制改革往往是一切改革中最敏感、难度最大的改革。它关系到官僚阶层的权和利。改革能否进行下去，一要看专制皇权对它的态度；二要看各级官吏尤其是上层官僚对它的支持与否。神宗元丰改制，是要正官名，循名责实。徽宗、蔡京改革，首先是绍述、继承神宗、哲宗事业，完成其遗志。政和二年（1112）九月二十五日，徽宗在改武选官名诏书中说："昔在神考，董正治官。肇建文阶，以禄多士……而武选官称，循沿末世。有志未就，以迄于今。述而后明，靡敢怠废。朕夙夜惟念，易而新之。训迪厥官，自我作古……"①但除了绍述神宗事业、循名责实以外，蔡京改革官制，实际上还有很多别的原因。一是解决员多缺少的矛盾；二是笼络各阶层官吏；三是达到专权的目的。下面分述之：

（一）解决员多缺少的问题

员多缺少的问题实际上是和冗官问题紧密联系在一起的。造成宋代冗官局面的原因大致有三：一是科举取士和学校选士制度本身的问题。由于取士人数较多，时间间隔较短，造成员多缺少；二是北宋宗室成员授官、荫补制度造成的员多缺少；三是北宋中高级官员在职荫补和致仕荫补制度造成的员多缺少。主要的还是各种形式的荫补和恩荫。宋代的科举取士和荫补制度并行而存，且荫补官员的数量大大超过科举官员。宋太宗在位时，为了巩固其统治，在扩大科举取士的同时，大量录用官僚子弟，各种形式的荫补相继出现，荫补人数大量增加。至宋真宗即位后，宋代官员荫补子弟达到登峰造极的地步。②与此同时，冗官问题也显现出来。从宋仁宗时期开始，官员荫补的问题，就引起了士大夫的不满，要求改革，突出者如范仲淹等人。庆历年间（1041—1048），仁宗进行了极其有限的改革。嘉祐年间（1056—1063），宋仁宗下令颁布实施了新的官僚荫补法，即嘉祐新制。就总的情况而言，此次改革大规模地削减了各级官僚的荫补，取消了官员的圣节荫补特权，提高了享有荫补资格的官员的品级，等等。从而使荫补官员的范围大大缩小，荫补入仕的官员子弟相应地减少，从一定程度上缓解了日益严重的冗官局面。③宋神宗时期，王安石变法也触及这

---

① 《宋大诏令集》卷一六三《改武选官名诏》，第620页。
② 游彪：《宋代荫补制度研究》自序，中国社会科学出版社2001年版，第9页。
③ 同上书，第10页。

一问题。但总体上看，问题并没有得到彻底的根治。而且，突破制度规定，人为地滥赐滥赏的现象亦很严重。尤其是到北宋后期徽宗统治时期，一方面是宗室授官、官僚荫补和恩荫滥赏造成的冗官；另一方面是蔡京当政期间大力发展学校教育，学校的规模数量都比以前大增，而且用学校取代科举取士后，学校成了培养和选拔人才的基地，每年取士名额也很多。随之而来的问题是这些新进士人无官可做。尤其是在中央机构，人满为患。为了解决这一问题，蔡京增加了州县官署官员数量。如政和二年（1112）九月所奏："契勘左右选员多缺少，学校教养以成其材，既命以官，无缺除授。天下事务，比祖宗时过多，而分职置官，尚仍祖宗之旧。诸州官少，乏治事之人，吏部员冗，无试用之地，盖失措置久矣。今除已添差县丞等外，以吏部人数凡四万三千有奇，而吏部缺额一万四千有奇，是三人待缺，端闭六年，然后得禄，士大夫不至廉谨，亦良以此。今因参定州县曹掾，量增员数五百余处，虽未足以称事建官，亦以助吏员。"① 蔡絛云："政和间，鲁公（蔡京）又建白天下分曹建掾，其实患员多阙少，且立规模之美而已。其后议者皆不以为然，复罢矣。"②

（二）笼络各阶层官吏

对官僚们来说，他们最关心的是自己的政治地位（官阶）和经济利益（俸禄）。尤其是俸禄，是实实在在的利益，如果减少俸禄，对官员无异于割心头肉。蔡京很明了这一点，所以他几次进行官制改革，并没有裁减俸禄的举措。而张商英大观年间执政，削减俸禄。即便是邹浩这样的人，心里还是不痛快的。《曲洧旧闻》卷六载："蔡京丰吏禄以示恩，虽闲局亦例增俸入。张天觉（商英）作相，悉行裁减。邹浩志完以宫祠里居，月所得亦去其半。尝谓晁检讨（晁补之）曰：'天觉此事，吾侪无异词，但当贫窭之际，不能不怅然，乃知天下人喻义者少也。'"③ 其他人更可想而知。所以说，减俸举措的阻力是很大的。"大农告乏，时有献廪俸减半之议。优人乃为衣冠之士，自冠带衣裾被身之物辄除其半，众怪而问之，则曰'减半'，已而两足共穿半袴，蹔而来前，复问之，则又曰'减半'。问者乃长叹曰：'但知减半，岂料难行。'语传禁中，亦遂罢议。"④

---

① 《长编拾补》卷三一，政和二年九月癸未条，第1039页。
② 《长编纪事本末》卷一二五《官制》，第3904页。
③ 《曲洧旧闻》卷六《张天觉裁减吏禄不以义》，第167—168页。
④ 《独醒杂志》卷九，第87页。

蔡京的官制改革尽量不去触动官员们最敏感的神经，不去搞裁员和削减俸禄的事，而是在政治地位和经济利益两方面满足官吏们的需求。如增加地方官员名额，改革武官阶，增加官员贴职钱。大观二年（1108）五月，按照户部尚书左膚等的提议，立定学士至直阁以上贴职钱，从观文殿大学士一百贯到直龙图阁秘阁十贯共八等。再如对宦官制度的改革，崇宁二年（1103）二月，置殿中监六尚局，皆用宦官，"近侍遂有分职"①。五月废内侍寄资法，昭宣使以下，正使以上各系真官，恩数、俸给皆得之，于是内侍之待遇与朝臣无异。政和二年（1112）九月，因易武阶而并改内侍官名，内侍阶官与文武官俱称大夫。宦官之待遇、官称、寄禄阶官皆同于文武官僚，故童贯、谭稹、梁师成辈皆可为执政统兵了。

（三）达到专权的目的

政和二年（1112）蔡京三入相以后，建议更宰执官名与执掌，其目的就是方便自己专权。当时，太师蔡京落致仕，三日一至都堂治事。其时何执中已任左仆射，蔡京不可能再占据此位置，于是乃仿三代之制，改三师太师、太傅、太保为三公，"论道经邦，燮理阴阳，官不必备，惟其人，为真相之任。"依周制立三孤：少师、少傅、少保，乃次辅之位。将旧官左仆射改称太宰，右仆射改称少宰，侍中改称左辅，中书令改称右弼。而三公既为真相之任，故总治三省事。因之，改制后蔡京虽仍居太师之职，且免书门下省事，然其权已凌驾于太宰兼门下侍郎何执中之上，盖公相权位已非寻常宰相可比拟。②

蔡京官制改革造成的影响，主要有以下方面：

一是冗官和冗费的问题。蔡京用增加地方州县官吏数目的办法，解决员多阙少的问题，其结果必然增加了官俸开支，造成更多的冗官。而且，不止地方官吏，其他部门官吏冗滥现象也很严重。如医官，元丰"额止于四员。及宣和中，自和安大夫至翰林医官，凡一百十七人，直局至祗候，凡九百七十九人，冗滥如此"。宣和三年（1121）五月下诏有所更改，"然竟不能循守也。"③

---

① 《长编纪事本末》卷一二五《官制》，第3898页。
② 张复华：《北宋中期以后之官制改革》，第94页。
③ 《容斋随笔·三笔》卷十六《医职冗滥》，第603页。《宋会要辑稿》职官二二之三九载：政和三年八月二十五日，礼部翰林医官局言：奉诏立医官额，使、副元丰旧额共肆员，今自和安大夫至翰林医官，凡十四阶，额外总一百十有七人；直局至祗候，元丰旧额共一百四十二人，今自医效至祗候，凡八阶，并不立额，见在职者总九百七十九人，冗滥莫此之甚。

《宋朝事实》卷三载：宣和二年六月十七日，徽宗御笔手诏谈到冗官问题："……而迩岁侥幸，浮伪者众，爵禄冗滥，政令猥并，竭天下赋入之常，殆不能给……夫以三省、枢密院之近，纲纪所自出，而额外吏职逾先帝官制者几四百员；冒带阶官自朝奉大夫至中奉大夫者五十人，保引入省院者，至千有余员。神霄一司，无所责任，而置吏逾四百五十人，国用之匮，顾有自矣。"[1] 另外，蔡京增加了官员的贴职钱和兼职添给钱。由于按官职高低，分配数额悬殊，所以对下层官吏来说，或许可稍稍接济家用之不足，而对高级官吏来说，则是不小的收入。"至崇宁间，蔡京秉政，吴居厚、张康国辈贪鄙为徒，于寄禄官俸钱、职事官职钱外，复增供给食料等钱。如京，仆射俸外又请司空俸，其余僚从钱米并支本色。余执政皆然。视元丰制禄之法增倍矣。"[2] 所以政和年间也是北宋官俸开支最大的一个时期。

二是宦官势力的膨胀。蔡絛《铁围山丛谈》云：

> 本朝宦者之盛，莫盛于宣和间。其源流嘉祐、元丰，著于元祐……及崇宁初，上（徽宗）与鲁公（蔡京）勿能戒，于是开寄班法，因浸任事。大观后，遂有官至皇城使，官达者至引进客省矣，至外廷旧规余风则犹尚存也。时士大夫自由公辅而进，耻从此徒，亦罕敢交通。及政和三四年，由上自揽权纲，政归九重，而后皆以御笔从事，于是宦者乃出，无复自顾藉，祖宗垂裕之模范遂荡矣。盖自崇宁既踵元丰任李宪故事，命童贯监王厚军下青唐，后贯因尽攘取陕右兵权……鲁公再从东南召复相而力遏之……然遏之不得，更反折角。政和末，遂浸领枢莞，擅武柄，主庙算，而梁师成者则坐筹帷幄，其事任类古辅政者。一时宰相执政，悉出其门，如中书门下徒奉行文书……又当是时，御笔即行，互相抵排，都邑内外，无所适从……是后大小百司，上下之权，悉由阉寺。外路则有廉访使者，或置承受官，于是天下一听而纪律大紊矣。宣和之初暨中间，宦人有至太保少保，节度使、正使承宣观察者比比焉。朝廷贵臣，又皆由其门，遂不

---

[1] （宋）李攸：《宋朝事实》卷三，载《宋史资料萃编》第一辑，台湾文海出版社1967年版，第96—97页。

[2] 《文献通考》卷六五《职官十九》，考588。

复有庙堂。士大夫始尽向之,朝班禁近咸更相指目,'此立里客也','此木脚客也'。反以为荣而争趋羡之,能自饬励者无几矣。鲁公则居家悔叹,每至啜泣……①

众所周知,宦官势力的膨胀,蔡京难脱其干系,是他和徽宗一起养"大"了宦官。蔡絛为其父蔡京讳,极力推卸其责任,但所述宦官势力发展膨胀之历史及对士风的影响则为属实。《清波别志》卷上载:

旧无内臣为承受,庆历五年,诏以入内供奉官康德用为河东经略司走马承受公事,从判并州夏竦请也。熙宁间,诏铸诸路走马承受朱记给之,拘收元给奉使印。故事,走马承受书衔曰:"某路都总管司走马承受",后任是职者,恶有所隶,阴于衔内除去"都总管司"字。崇宁初,亦诏诸路走马承受,止令奏报公事,不得侵预边事军政,以违制论。殆至政、宣间,一时权幸,皆自此进,气焰赫然,都总管反趋承之不暇。童贯为承受,致当三路兵钤庭参之礼。②

《东都事略》卷一二一《梁师成传》载:"晚年益通宾客,招赇赂。士人纳钱数千缗,即令赴廷试。以献颂上书为名而官者至百余人。及〔唱〕第之日,侍于上前,奏请升降,皆出其口。其小史曹组、储宏者,亦登第。而宏执厮养之役如初。"由于童贯、梁师成等宦官权势很大,所以其党羽也是气焰熏天,无恶不作。"先是,宣和中,内侍多有赐第者,官舍或隘陋,即委府尹于傍宅置门,然未尝给其直,而实夺之。京城百姓或有累世聚族以居,屋舍既为夺去,则无所托身,惟与妻子日夜号哭告天而已。又科敛百姓财力,营造宫室台榭,或有拟于宫省者,百姓应副不办,则督责箠楚,有至死者。又每至街市买物,已售其价,令卖者随至其家,所直皆不还或止偿其半。巷陌衢道,驰骋纵横。侍从赫奕呼喝,行路莫敢诘者。然是时,宰相大臣多出其门,内则有蔡京、王黼为之腹心,外则有王革、盛章为之爪牙,故敢肆其凶恶。"③

---

① 《铁围山丛谈》卷六,第109—110页。
② 《清波别志》卷上,第120—121页。
③ 《三朝北盟会编》卷三六《靖康中帙十一》,第268页。

三是士风的败坏。宦官本来是皇帝的私属，蔡京对宦官制度的改革，废除了内侍寄资法，使宦官在官称、寄禄阶、俸禄方面完全和文武官吏一样，这从制度上提高了宦官的政治地位。加上个别宦官如童贯、梁师成，得到皇帝的宠信，利用亲近皇帝的机会，掌握了很大的权力，甚至可以左右皇帝用人。一些士大夫为了得到官职或者升迁，丧失气节，无耻地巴结宦官，败坏了士风。蔡絛曰："政和以还，侍从大臣多奴事诸珰而取富贵。其倡始者，首有王丞相黼事梁师成，俄则盛尹章事〔何〕忻、宋八座昇事王仍，后又有王右辖安中亦事师成。此最彰著者。宣和以降，则士大夫悉归之内寺之门矣。黼则呼师成为'恩府先生'，每父事之。安中在翰苑，凡草师成麻制，必极力作为好辞美句，褒颂功德，时人谓之'王内相'；上梁师成启事章，则与忻捧药而进。昇对人呼王仍为'王爷'。又有刘韐者，自小官在童贯幙，始终与之尽力，后位至延康殿学士。"① 又有一记载，"始，（童）贯欲自谓韩魏公（韩琦）之出子，数以言动吏部侍郎韩粹彦，粹彦毅然曰：'先公平昔无兹事。'于是王仲嶷者，久依贯，闻是语而自诣贯，识之以为珪之子也。贯大喜，故王氏于政和以后恩数及褒诏，悉贯之力。大抵不揆凡若此。故自政和末，国柄皆由是物，而天下事浸乱矣。"② 此事甚为荒唐，其真实性值得怀疑，但从一个侧面反映了宦官的势张和士风的败坏。

四是实现了蔡京的个人专权。蔡京的官制改革，还有笼络人心的用意在其中。蔡京多年的宦海沉浮，使他懂得人脉资源的重要性，所以，他不吝惜官爵俸禄，让官僚们从改制中尝到甜头，换取他们的欢心和支持，或者至少是不反对。蔡京深知勾结宦官的重要性。"然而于专制政体下，大臣欲长期垄断权力，仅凭一二政策得君欢心尚有所不足，若能内结宦竖，外悦百僚，则权位可确保无虑。于是蔡京辈又在官制改革的旗帜下，设殿中省，废内侍寄资法，更内侍官、阶名称，造成了宦官势力空前之膨胀。"③ 神宗元丰改官制，强调内侍官名不能改。"神宗顾视左右曰：'此无内臣。祖宗为此名，盖有深意，宁可轻议。'""至崇宁初，蔡京相徽宗，置殿中监，近侍遂有分职。郑居中执政，议武选。其后命下，文、武俱称

---

① 《铁围山丛谈》卷六，第 110—111 页。
② 《三朝北盟会编》卷五二《靖康中帙二十七》，第 391—392 页。
③ 张复华：《北宋中期以后之官制改革》，第 119—120 页。

郎、大夫。内侍预焉，自是押班、都知、殿头、内养等各一切革去。盖京与居中皆结阉寺以进，故与之为地如此。"① 为了取悦武臣，蔡京等新创一批武阶名称，除了以大夫、郎之称为武阶新名以示文武无殊外，又并横行易之为转官等级。为了笼络文吏，蔡京一方面普设县丞，一方面设三卫郎、增置贴职六等，以处大臣子弟姻戚。②

蔡京让官僚各阶层都从官制改革中得到了实惠，这也就是臣僚对蔡京的官制改革批评不多的原因所在。蔡京的官制改革使得徽宗一朝成为宋代文武官员数增长最快的时期。③ 而官吏费用也是急剧上升。"时用度日繁，左藏库异时月费缗钱三十六万，至是衍为一百二十万缗。又三省、密院，吏员猥杂，有官至中大夫，一身而兼十余俸者。故当时议者有'俸入超越从班，品秩几于执政'之言。吏禄滥冒已极。以史院言之，供检三省几千人，蔡京又动以笔贴于权货务支赏给，有一纸至万缗者。京所侵私以千万计，朝论益喧。"④

蔡京权势欲很强，他非常清楚掌握权力的重要性，所以官制改革的目的之一，就是实现个人专权。蔡京在改宰执官名与职权前，任门下相凡六年余，基于和章惇相同的心理，他不愿恢复元丰官制中书单独取旨的制度。在改宰执官名与职权后，他又以太师总三省事，成为宰相之上的贵官，仍然将权力牢牢掌握在自己手中。不过，我们也要看到问题的另一面，蔡京崇宁、大观、政和年间的官制改革，并不是一帆风顺、一脉相承的，往往会出现反复，出现波折。而这个反复、波折正好与蔡京的宦海浮沉的曲线相吻合。也就是说，因人废事、因噎废食的现象，在官职改革中表现也很突出。这也是专制集权制度下的共有现象，是专制制度的弊端之一。在此制度下，不论是皇帝，或者是依附于皇权的大臣，他们的权力往往难以受到有效的约束，即便他们的决策是错误的，也要强制执行，而其造成的灾难性后果却要全体人民去承受。在有些情况下，即便是一些适合百姓利益和社会发展的合理做法，一些别有用心的人，为了争夺权力的需要，也会找寻出种种理由而阻止其实施，根本不考虑其影响。他们绝不会想到"为民执政"这句话。再者，"秋后算账"也是专制制度下常常采用

---

① 《长编纪事本末》卷一二五《官制》引朱胜非云，第3898页。
② 张复华：《北宋中期以后之官制改革》，第119—120页。
③ 李弘祺：《宋代官员数的统计》，载《宋史研究集》十八辑，第79—104页。
④ 《文献通考》卷二四《国用二》，考234。

的一种惩治政敌的办法。制度是死的,制定制度的人是活的,人可以将死的制度变成自己所需要的活的制度。官制改革最能够体现出政事和人事之间复杂而微妙的关系。我们从元丰官制以后的政治纷争直到蔡京的官制改革中,无不可以体会到这一点。

第五章

蔡京的经济改革

蔡京当政的崇观、政宣年间，为了解决财政问题，进行了一系列的改革，主要是针对茶、盐、酒、货币等制度。下面分别加以讨论。

第一节　蔡京的茶法改革

宋代茶法复杂多变，名目繁多。但从总体上来说，在蔡京变法前主要是征榷法和通商法两大类。征榷法虽然使园户牢牢地控制在官府手中，实际上也就是政府控制了茶叶的生产和销售，并由此获得茶利。但征榷法不利于茶农的发展，同时它也损害了消费者的利益。而且在征榷制下，政府设置茶场和榷货务，收购、运输、管理茶叶，各种费用支出相当庞大，这些费用支出一定程度上抵消了政府压低茶农茶价所获得的丰厚利润。通商法虽然使商人和茶农共同承担了风险，但政府放松对他们的限制，园户和商人之间一定条件下的自由贸易为各自的发展提供了便利，有利于茶叶经济的发展。问题是政府的茶利收入减少了。如何找到一个万全之策，来从根本上解决征榷法和通商法的不足，解决政府的财政问题。蔡京茶法应运而生。

徽宗即位以后，蔡京三次改革茶法，将宋代茶法推行到了极致。蔡京茶法在南宋延续了下来。蔡京茶法的特点、对宋代社会的影响等，值得研究。关于蔡京茶法的研究，目前已有相关论著。[①] 漆侠先生指出："政和

[①] 漆侠：《宋代经济史》（上、下册），上海人民出版社1987年版；朱重圣：《北宋茶之生产与经营》，台湾学生书局印行1985年版；黄纯艳：《宋代茶法研究》，云南大学出版社2002年版；李静：《蔡京茶盐改革浅析》，载《固原师专学报》2004年第5期。这些论著都对蔡京茶法的内容进行了梳理。汪圣多：《两宋财政史》（上、下册），从理财角度谈到了蔡京茶法，中华书局1995年版；俞晖：《论宋徽宗时期茶法的变更》，载《农业考古》2001年第4期。

茶法不但对南宋有极大的影响，对后代的榷茶制度也有不小的影响和作用，因而是极为值得注意的一项制度。"

一 蔡京茶法改革的主要内容

蔡京茶法前后三次改革，分别在崇宁元年（1102）、崇宁四年（1105）和政和二年（1112），主要针对东南地区的茶法。蔡京改革茶法的目的就是增加政府茶利收入。他说："自祖宗立额榷之法，岁收净利凡三百二十余万，而诸州商税七十五万贯有奇，食茶之算不在焉。其盛时几五百余万缗。庆历之后，法制浸坏，私贩公行。遂罢禁榷，行通商之法。自后商旅所至，与官为市，四十余年，利源浸失。"① 改革就是要解决这一问题。

崇宁元年（1102）茶法的主要内容是：（1）将荆湖、江、淮、两浙、福建七路州军产茶，依旧禁榷，于产茶州县随处置场，官为收买。（2）设立诸路措置茶事官司，负责管理所在茶场收购买卖当地茶货。（3）各茶场均有茶本钱，茶本钱计有度牒二千道、末盐钞二百万贯、诸路封桩钱四十万贯，共计三百万贯。（4）各茶场将所辖园户姓名登记，产茶由官府直接收购。禁客人与园户私相交易，园户自前茶租折税仍旧。（5）确定园户产茶年额。（6）允许园户将少量茶叶以短引为凭，于旁近郡县出卖。（7）"余悉听商人于榷货务入纳金银缗钱并边粮草，即本务给钞取便算请于场，别给长引从所指州军鬻之"。（8）"商税自场给长引，沿路登时批发，至所指地，然后计税尽输，则在道无苛留"。② 为了保证东南茶销路的通畅，崇宁二年（1103）八月，敕令川茶除入熙河、秦凤两路外，鄜延、环庆、泾原、永兴四路，并许客人般贩东南茶货。并重新划定了川茶与东南茶的销界。十月二十九日，诏"川茶毋得过陕西路南茶地分出卖，如违，依私茶法"③。崇宁三年（1104）又扩大了东南茶在西北的运销范围。为了防止园户与商人私下交易，同年又令"诸园户五家为保，内有私相交易者，互相觉察，告赏如法。即知而不告，论如五保不纠律，加一等"④。崇宁元年茶法加强了对园户的管理，也就是对茶叶生产和收购环节的控制，但茶场设置增多，便于园户缴纳和茶商购买。

---

① 《文献通考》卷十八《征榷五·榷茶》，考176。
② 参见漆侠《宋代经济史》，第789—790页。
③ 《宋会要辑稿》食货三〇之三五。
④ 《宋会要辑稿》食货三二之四。

崇宁四年（1105），蔡京再度变更茶法，简化了征榷的方法。主要内容是：废除各州县所置茶场，商人直接到产茶州县或京师请长引或短引，并直接向园户购买，"茶贮以笼箄，官为抽盘，循第叙输息讫，批引贩卖。"① 长引可以到其他路分贩卖，期限为一年；短引仅限于本路，为期一个季度。② 茶法还规定："应在任官亲戚及非在任官、僧道、伎术人、军人、本州县公人及犯罪应赎人不得请引贩茶。如违，其应赎人杖一百，余人徒三年。犯罪应赎人送邻州编管。许人告，赏钱五十贯。"③ 崇宁四年茶法的最大变化是园户与茶商直接交易，但政府并没有放松管理，而是通过对长、短引的严格控制实现对商人的间接管理，从而实现对茶利的控制。为了鼓励多卖茶多收息，各级茶事机构官员课额增加皆有资赏，茶事官升迁很快。当职官计卖钞引数"较计积累以为功劳，一岁之内率当五六迁，人皆指目，谓之侥幸"。为此，大观二年（1108）徽宗乃下诏："今后赐束帛或降敕书奖谕"，不再迁官。大观三年（1109）又增加了茶息钱。"以见今所搭息钱每斤各量添一十文。"④ 政和元年（1111）三月二十四日，根据户部的请求，规定"逐路州军每月具应客人等收买兴贩茶数合纳息钱，内若干系住卖处送纳，若干系量添钱外实收到钱数，除纽计分与转运司外，有若干并量添钱数申发运司拘催，赴内藏库送纳。仍供申左右司官"⑤。加强了中央对茶息钱的管理和对地方茶税的分割。经过这番变更，诸路茶息为一百二十五万一千九百余缗，榷货务两年所得茶钱一百十八万五千余缗，每年茶利达到一百八十四万余缗。⑥

政和二年（1112），蔡京第三次变更茶法，即"政和茶法"⑦。主要内容是⑧：（1）扩大南茶的销售地域。除汴京是官卖水磨茶的地分外，其余开封府畿、京东西、河北、河东、淮南、两浙、荆湖、江南、福建、永兴军、鄜延、泾原、环庆等路，都是客商贩卖南茶的地分，同时还可以到汴

---

① 《文献通考》卷十八《征榷五·榷茶》，考176。
② 同上。
③ 《宋会要辑稿》食货三二之六。
④ 《宋会要辑稿》食货三〇之三七。
⑤ 同上。
⑥ 参见漆侠《宋代经济史》，第790页。
⑦ 因政府印造和发卖茶引时皆备有合同底簿，京师茶务及各州县合同场依据合同底簿勘验和回收茶引，故政和二年茶法又称合同场法，又因政和茶法由京师都茶务统一发卖茶引，又称为都茶场法。（见黄纯艳《宋代茶法研究》，第110页。）
⑧ 《宋会要辑稿》食货三〇之四〇至四四。又参见漆侠《宋代经济史》，第790—793页。

京，与水磨茶并行，其他各地水磨茶都废罢。（2）撤除京城的比较铺，在京置都茶务，专管供进末茶和有关茶事。（3）园户可以直接和茶商交易，但必须到所在州县"投状充茶户，官为籍记"；否则，不许买卖。（4）客人贩茶须有茶引，茶引由太府寺以厚纸立式印造，并书写当职官的姓名，"置合同簿注籍讫，每三百道并籍送都茶务"以备用。都茶务为唯一的卖引机构。（5）客人于都茶务买引。引分长短，长引许往他路，短引止于本路兴贩。客人持引径直到指定州县与茶园户交易。（6）客请长引，每引纳钱一百贯，若诣陕西路者，加二十贯文，许贩茶一百二十贯；短引二十贯，许贩茶二十五贯；不许到非指定地区出卖，否则按私茶法科罪；"不请引而辄贩者，加私茶法一等"；"若引外增数搭带，或以一引两次行用，若逾限不申缴者，罪赏准此"；严禁私造茶引，违者依法惩处。（7）规定茶引行用期限。长引不得过一年，短引一季。于引内批书所至州县，卖讫批凿，并至茶务缴引务官对簿销落。客引逾限不缴，追人并引赴务，依法施行。（8）"应客贩茶地分，而诸色人辄以茶侵越本地分者，罪赏如私茶论。已至而未卖者减一等"；"客人引违限一日笞一十，三日加一等，至徒一年止"；因故可以申请展限，"不得过一季"，逾展限者，罪同。（9）监督茶园户茶的质量等级、价格。不得以次充好，也不能虚抬大估。违者处罚。严禁官吏贪赃受贿。受赃者以盗论，赃轻徒一年，吏人、公人、牙人配千里。许客赴诉。（10）客人篡改茶引者，徒一年。若添减斤重、日限者，加二等。以"水火盗贼"而损失者，"并随处经所属自陈，验实召保，赴茶场再请买"；客人请引须正身，若亲人正身赴场。不得假请他客，借人或请之者各杖一百。（11）严禁设卡阻拦客商。"客人赍引贩茶，所至州县，若商税、市易务、堰闸、桥镇、栅门，辄邀阻留难，一日杖六十，二日加二等，三日徒一年，又三日加一等，至徒二年止；吏人公人并勒停，永不叙；即受财者以自盗论赃，吏人公人配千里。"（12）腊茶旧法不许通商，"并许客人依草茶法兴贩"。（13）为避免过去称盘封记存在漏洞，盛茶笼篰封头形同虚设，客商钻空子沿路私拆笼篰，添填私茶，走失税课，遂规定"今后客茶笼篰并用竹纸封印，当官牢实粘系，不得更容私拆；如擅拆封及擦改者，杖一百，许人告，赏钱三十贯"；"客人于园户处买到茶，并令园户于引内批凿的实色号、斤重价钱，于所在州县市易税务点检封记"；今后盛茶笼篰，仰所属州军专委通判，缺者委以次官扑定。茶笼篰"长阔尺寸并笼叶斤重，分为二等，一百三十斤为限制造，用火印熏记题号,降付市易税务收掌",随所贩茶令客人收买盛茶,候装到茶,令所在州县市易税务点检封记。不许用私笼䉼,违者处罚。笼䉼每只除工费外,不得过五十文,以所卖息钱充工料之费。(14)系籍园户,客无引而辄自卖,若私贩者,杖一百。许人告,赏钱五十贯。已贩者,依私茶法。不系籍而与客买卖者依此例。(15)"产茶并通商路分茶事,并令盐事司管干,无盐事官处,从朝廷专委官管干"。

政和茶法是对崇宁茶法的完善,可以看出,政和二年(1112)茶法一方面照顾商人的利益,措施就是扩大茶叶流通区域,加强对园户茶叶等级、茶价的监督,防止园户抬高等级和茶价,损害商人利益;一方面利用都茶务这个唯一的卖引机构对茶叶的销售情况做通盘掌握,防止地方州县对茶利的侵吞,保证中央的收入。再者,缩小了崇宁四年(1105)限制进入茶叶流通领域人员的禁令范围,放宽从事茶叶贩易活动的经商人群,扩大茶叶的总流通量。且在政和三年(1113)又考虑到小商人的资金条件,印制了面值更小的短引,以便让这些人也进入茶叶销售的大军中。[①] 总之,政和茶法体现出了其制度的严密性。通过一系列的严格立法,既最大限度地防止茶利流失,又最大限度地调动各方面的积极性,刺激市场,获得最高茶利。

二 蔡京茶法中的诸端管理

为了实现对茶利的控制,蔡京对茶叶流通过程的管理非常重视。我们从对园户的管理、对商人的管理、对茶引的管理、对官吏的管理四个方面加以分析。

(一)对园户的管理

从园户姓名、茶叶产量、等级、价格、交易手续等方面进行管理。崇宁元年(1102)规定各茶场将所辖园户姓名登记,确定卖茶数量,产茶由官府直接收购,禁止园户与商人私自交易。崇宁三年(1104)又令"诸园户五家为保,内有私相交易者,互相觉察,告赏如法,即知而不告,论如五保不利律加一等"。政和二年(1112)在允许园户与茶商买卖的同时,

---

① 《宋会要辑稿》食货三二之四载:(政和三年)七月二十日,尚书省言:"勘会贩茶短引每道偿钱二十贯,窃虑尚有本小商旅不能兴贩之人。"诏令太府寺更印给一等十贯短引,许贩茶一百五十斤……。

又规定,园户首先必须到所在州县登记,"投状充茶户,官为籍记";"非投状充户人不得与客买卖"。对于茶叶等级及价格也作出严格规定。如果园户以次充好或勾结官吏虚抬茶叶价格,就要受到处罚。"茶园户随地土所出,依久来分为等第。即不得以上等为中等,以次等为上等,余等亦如之。违者各杖一百";"州县春月园户茶出时,集人户以递年所出具实数卖价,县申州,州验实,以前三年实直与今来价具实封申户部,下茶务照会。若平价不实,虚抬大估者,杖一百。受赃者以盗论。赃轻徒一年,吏人、公人、牙人配千里。"① 园户还必须查验茶商是否有茶引,如果没有茶引而将茶叶出售,同样要处罚。"系籍园户,客无引而辄自卖,若私贩者,杖一百。许人告,赏钱五十贯。已贩者,依私茶法。不系籍而与客买卖者依此。"②

(二) 对商人的管理

崇宁元年(1102)规定,产茶州军允许当地民户赴茶场输茶息钱,限定斤数,发给短引,于旁近郡县出售茶叶。而绝大部分茶叶则由商人于榷货务入纳金银缗钱,或者输送粮草于边地,榷货务根据其数量多寡,发给茶钞到茶场买茶,同时发给长引,到所指定的州军卖茶,还要在所定地交清茶税。崇宁四年(1105),废除了各州县所置茶场,商人直接到产茶州县或京师请长引或短引,并直接向园户购买,但必须到官府"抽盘"检查以后,"循第叙输息讫,批引贩卖"。并明确规定了长、短引的有效时限和行用范围。长引可以到其他各路贩卖,期限为一年;短引限于本路,为期一个季度。政和二年(1112),又规定了请引纳钱的数额,"客请长引,每引纳钱一百贯,若诣陕西路者,加二十贯文,许贩茶一百二十贯。短引二十贯,许贩茶二十五贯"。再次明确规定商人只能在所指定的区域出售茶叶。不请引私贩者和引外搭带者,均要受到严厉惩罚。对于行用完毕的茶引,必须到茶务交纳,"对簿销落"。逾期不交者,将人和引追回以后,依法处分。与崇宁四年(1105)规定一样,茶商必须用政府统一印造的笼籯盛茶,不许用私笼籯。而且严格了封印制度,防止沿路添填私茶,走失课利。

(三) 对茶引的管理

崇宁年间,长、短引皆由买茶场印造发行,但短引许商人于茶场输息

---

① 《宋会要辑稿》食货三〇之四一。
② 《宋会要辑稿》食货三〇之四四。

算买,长引需于京师入钱物算买。短引茶的销区限定在近旁郡县,长引茶有规定的住卖处。长、短引的取息没有固定标准,只规定了最高限额,"随宜收息,勿得过倍"①。政和二年(1112)规定:太府寺负责茶引印造,都茶务是唯一专门卖引机构,严禁私造、涂改茶引。除亲人外,茶商必须亲自到茶务请引,不能托人代办,亦不能将已请买到的茶引借人。否则杖罚。茶引用讫,要交回茶务。园户与商人交易时,须于商人茶引内"批凿的实色号、斤重、价钱",以备官府合同场查验。政和末又规定,如果"园户故不批引及客铺藏匿文引,不令园户批凿",② 都要受到处罚。宣和年间,茶法更加严密。商人贩茶不仅在买、卖两地要接受官府勘验,在卖茶给消费者时也必须由买茶人批引。宣和七年(1125)再次重申:"客贩茶至住卖处,买人不验引收买及客人藏匿文引依已降指挥断罪。"③

(四) 对官吏的管理

宋初,对官吏盗贩官茶有严格规定。宋太祖乾德二年(964),诏民茶折税外,悉官买,敢藏匿不送官及私贩鬻者,没入之,论罪;主吏私以官茶贸易及一贯五百,并持仗贩易为官私擒捕者,皆死。太平兴国二年(977),重定法,务在减轻处罚力度。主吏盗官茶贩鬻钱三贯以上,黥面送阙下。④ 崇宁乃至政和年间,对于官吏贪赃受贿,故意设卡、拖延刁难客商之事,都要严加惩处。政和二年(1112)规定,验茶官定茶价时,"若平价不实,虚抬大估者,杖一百,受赃者以盗论,赃轻徒一年,吏人、公人、牙人配千里,许客赴诉。"⑤ "客人赍引贩茶,所至州县,若商税、市易务、堰闸、桥镇、栅门,辄邀阻留难,一日杖六十,二日加二等,三日徒一年,又三日加一等,至徒二年止。吏人、公人并勒停,永不叙。即受财者以自盗论赃,吏人、公人配千里。"⑥

上述诸端管理措施,堵塞了茶叶从生产到流通销售各个环节的漏洞,最大限度地保障了政府对茶利的控制。

---

① 《宋会要辑稿》食货三○之三三。
② 《宋会要辑稿》食货三二之一七。
③ 同上。
④ 《文献通考》卷十八《征榷五·榷茶》,考174。
⑤ 《宋会要辑稿》食货三○之四一。
⑥ 《宋会要辑稿》食货三○之四二。

三 蔡京茶法的特点和茶法改革的影响

漆侠先生在讲到政和茶法时说："其实，政和茶法是综合了宋初以来的征榷法和通商法，在管理制度上大做文章，使其更加严密和更加完善，因而史学家们不得不承认，'茶事益加密矣'。它和同时的盐法一样，都以'引'或'钞'，作为它的标志，称引法或钞法。政和茶法的特点即在于此。"[1] 综合征榷法和通商法，将二者的缺点和漏洞弥补起来，将二者的优势发挥出来，实现利益的最大化，这就是蔡京茶法的特点，也是蔡京的高明之处。

我们可以看到，崇宁元年（1102）蔡京实行了征榷法，而征榷法的弊端之一就是官府管理费用的增加，包括茶叶的管理储存费用和官吏的俸禄。如各县设置的茶场就是这样。崇宁四年（1105）蔡京改革废除了各县的茶场，节省了这笔开销。而且允许园户和茶商自主交易，这符合茶商和园户的共同利益，也符合经济发展的规律。但以往经验是政府的茶利流失严重。政和茶法就主要是从防范这一漏洞着手，制定了严格的管理措施。这样征榷法和通商法的缺点受到了限制，而优势得到了发扬，政府也因此获得了丰厚的利润，达到了改革的目的。

蔡京茶法改革的终极目的是为了获得最多的茶利。这一点，蔡京在崇宁元年（1102）变更茶法时就已经说得很清楚。为了这一目的，蔡京采取了严密的管理办法。如前所述，一是加强对园户的控制和剥削。最初是预支茶本钱，限制园户茶叶的流向，要求园户只能向官府售茶。以后虽然放松限制，园户可以和商人私下交易，但官府对茶叶的产量、等级、价格又严密监督，而且又向园户征收茶租，这样就使园户及其茶利牢牢控制在政府手中。一是对商人的严密控制。商人虽可以和园户交易，但必须有茶引，没有茶引私下交易是违法的。茶引是商人可以贩茶的凭证，也是商人贩多少茶，在哪里贩，贩多长时间的凭证；还是商人交多少息，纳多少税的凭证。为了防止商人这一块茶利的流失，商人所持茶引要严格查验，园户不得将茶出售给无茶引的商人，官府要查验商人茶引所批数量，与实际买茶数量是否一致，茶引时限是否过期，贩茶地域是否超出此茶引规定地域。园户售茶时和消费者买茶时都要在茶引上批明售茶买茶数量，否则要

---

[1] 漆侠：《宋代经济史》，第 793 页。

和商人一起受到处罚。茶商若在茶引数量外带搭茶叶,也要处罚。而且,盛茶的笼箬也由官府统一制造,大小、尺寸有统一规定,盛茶数量也明确规定。商人私造茶引、私改茶引、不按期交纳茶引,用私造笼箬盛茶都是违法的。通过对生产和流通环节的直接管理,及对消费者的间接剥削,政府获得比此前更丰厚的茶利。

蔡京还利用奖惩和保护机制获取茶利。蔡京在几次变革茶法的过程中,除了加强对园户、商人、茶引、官吏的严密管理外,也采取了对商人和官吏的奖惩措施。对商人而言,他们跋山涉水、历尽艰辛的目的是为了获得商业利润,没有利润或者亏本的买卖他们是不做的。如果蔡京在茶法改革中一味地加大对商人的盘剥,而不给予他们实惠,增加茶利的目的也未必能够达到。实际上,蔡京在改革中还是注意给商人一定的物质奖励的。如,此前,为了鼓励客商贩茶,规定其可以得到一定数量加饶的耗茶。但这一措施并不整齐划一,而是有些地方有加饶,有些地方没有加饶。蔡京为了"招诱客人,广行兴贩",大观三年(1109)正月根据都大提举茶事宋乔年的奏请,"诸路旧例元无加饶耗茶去处,并依江东例加饶一分"[①]。政和二年(1112)茶法改革时,加强了对商人的保护政策。如指定商人贩茶的地区,铺户及其他人不能侵扰。"应客贩茶地分,而诸色人辄以茶侵越本地分者,罪觉以私茶论。已至而未卖者,减一等。"[②] 政和三年(1113)八月四日,诏:"客人买到茶货往税务封记赴引,其商税务如茶到限日依条封记放行,如敢阻节住滞,当行人吏杖一百,勒停。"[③] 以后又多次重申这些保护措施。即便在蔡京罢相后,也是如此。如宣和二年(1120)六月,蔡京第三次罢相,七月二十七日,诏如诸路州县"奉行违慢及沮抑客贩或不理索欠负,并仰尚书省具事因取旨,重行黜责。茶事司各路或不能按治州县,令提点刑狱和廉访使者互察以闻。仍并许民户越诉"[④]。十月,又针对陕西、河东为了推行钱法,平定物价,硬性规定茶盐价格,有害客贩的做法,下诏:"可应陕西、河东路买卖茶盐并听从便,其价直许随逐处市色增减,官司不得辄有抑勒,立为定价,亏损商人。如违,并依扇摇茶盐法罪施行。"宣和三年(1121)二月二十三日,诏:"奸

---

① 《宋会要辑稿》食货三〇之三六。
② 《宋会要辑稿》食货三〇之四一。
③ 《宋会要辑稿》食货三二之五。
④ 《宋会要辑稿》食货三二之一〇。

猾之人赊买客人茶盐，并不依约归还。"致"失陷客人钱本，有害茶盐大法"①。令提举官严切觉察。当然，我们还要看到另一面，即茶法的推行是以政府获得茶利为主要目的的，所以，有些保护商人利益的做法并不是从商人的角度出发的，而是为了最终保证政府的茶利收入。另外，茶法的变化，也不仅仅是单纯的经济原因。其实既有经济利益的考虑，也有政治斗争的因素。如前引宣和二年（1120）十月针对陕西、河东茶盐定价的诏令。我们知道，蔡京推行钱法改革，导致陕西、河东等地物价上涨，造成社会恐慌，怨言四起。为了解决物价上涨的问题，蔡京强行规定茶盐价格。这对商人是一种损失，他们当然是不满意的。而王黼要和蔡京争权，正好借助商人和整个社会的不满情绪，反其道而行之，于是就有了上述诏令的出台，以此赢得"民意"。

　　茶法制定以后，还要靠官吏监督执行。而官吏执行力度大小，除了其责任心以外，奖惩手段也是必要一环。各级茶事机构官员课额增加皆有资赏，崇宁二年（1103）十月二十二日，"提举措置两浙茶事司奏，睦州在城茶场比去年增四十二万三千余斤，卖及九分以上，增数为最，一路州县皆不及。诏知州方通、通判江懋迪各转一官，监场王公寿、范景武各与循两资占射差遣一次。"②崇宁四年（1105）六月二十四日，"诏朝请郎、直秘阁同管勾成都府等路茶事孙鳌抃除直龙图阁，差遣依旧，以卖茶增羡故也。"③茶事官升迁很快，为此，大观二年（1108）七月九日，臣僚言："窃见榷货务筹钞，以其职事所当为者，较计积累以为功劳，一岁之内率当五六迁，人皆指目，谓之侥幸。诚不可以久行，宜参酌裁为定制。须其任满考校功实，量加迁陟，庶合中道。""诏今后赐束帛或降敕书奖谕。"④对于不能履行职责的茶事官则予以惩处。大观元年（1107）闰十月二十四日，诏"州县及当职官奉行茶盐法稽慢违戾，并不以去官赦降原减"⑤。

　　另外，从征榷到通商，减少了官府运费和管理开支，也从另一侧面增加了茶利。

　　蔡京茶法之所以以严密著称，就是因为其着眼点在攫取茶利。为了达

---

① 《宋会要辑稿》食货三二之一〇。
② 《宋会要辑稿》食货三〇之三五。
③ 《宋会要辑稿》食货三〇之三六。
④ 《宋会要辑稿》职官二七之一九。
⑤ 《宋会要辑稿》食货三〇之三六。

到这一目的,在茶法制定及施行过程中,特别注意加强对流通、销售环节的管理,也就是加强对园户、商人、官吏的管理。即便对一些产茶不是很多的寺观也不放过。为了防止寺观以"远乡馈送人事为名,冒法贩卖",政和三年(1113)二月十九日,下诏"诸寺观每岁摘造到草、腊茶如五百斤以下,听从便吃用,即不得贩卖。如违,依私茶法。若五百斤以上,并依园户法"①。在加强各环节管理的同时,适应形势变化,限制性的政策也有所松动。如放宽了经营茶叶人员的身份限制。崇宁四年(1105)八月十七日朝旨:"应在任官亲戚及非在任官、僧道、伎术人、军人、本州县公人及犯罪应赎人不得请引贩茶。如违,其应赎人杖一百,余人徒三年。犯罪应赎人送邻州编管。许人告,赏钱五十贯。"政和三年(1113)十二月六日,中书省提出,现行茶法与以往不同,有些禁令已失去其意义,应该解除。② 于是下诏,"崇宁四年指挥内,见任官、公人合依旧不许买引兴贩外,余更不施行。"③

关于蔡京的三次茶法改革,漆侠先生有这样一段话:"从崇宁到政和的十年间,蔡京三次变更茶法,第一步恢复宋初的官榷法,第二步又废除了官榷法,第三步又改变成为以加强国家茶法管理为主要内容的政和茶法。……政和茶法继承了通商法,既不干预茶的生产过程,又不切断商人同生产者和茶叶所有者之间的交换、贸易,这是对官榷法的否定。但是,政和茶法同时继承了而且更进一步地发挥了征榷法,一方面加紧了对园户的控制,从固定的专业户的户籍的管理,到每家园户茶产量和质量的登录,以及允许园户到外地贸易,这样便把园户纳诸封建国家专权的轨道上,从而有利于封建国家在分配茶叶生产过程中的剩余劳动方面获得更多的好处。另一方面,政和茶法又制定了一套严密的制度,加强了对商人的管理和约束,从合同场到茶引,即使是盛茶的笼篰也都有相应的规定,以便把茶商纳诸封建国家专权的轨道上,借以保证封建国家在茶利分配上获得最大的份额。政和茶法不但对南宋有极大的影响,对后代的榷茶制度也有不小的影响和作用,因而是极为值得注意的一项制度。"④ 的确,蔡京

---

① 《宋会要辑稿》食货三二之三至四。
② 《宋会要辑稿》食货三二之六。"勘会见行茶法,系令客人等赴都茶务买引,与园户任便交易,贩茶限定大小、斤重,官置笼篰。即与以前事体不同。"
③ 《宋会要辑稿》食货三二之六。
④ 漆侠:《宋代经济史》,第793页。

茶法起到了显著增加国家茶利的作用。王应麟说:"崇宁以后,岁入至二百万缗,视嘉祐五倍矣。政和元年正月,始并引法,置都茶场,岁收四百余万缗。中兴循其法。"①《建炎以来朝野杂记》也称政和茶法实行以后,"岁收息钱至四百余万缗。"②《宋史》卷一八四《食货志下六·茶下》在叙述了茶法的种种弊端以后,曰:"然自茶法更张,至政和六年,收息一千万缗,茶增一千二百八十一万五千六百余斤。"③ 而且,蔡京茶法改革以后,在降低官府运输、管理人员费用方面也有一定成效。这些,也就是蔡京茶法之所以在南宋及其以后还能继续推行,很有市场的原因。

但蔡京茶法实行以后,也产生了很多弊端。关于蔡京茶法的弊端,朱彧在《萍洲可谈》中讲道:"自崇宁复榷茶,法制日严,私贩者因以抵罪,而商贾官券,请纳有限,道路有程,纤悉不如令,则被系断罪,或没货出告缗,愚者往往不免。其侪乃目茶笼为'草大虫',言其伤人如虎也。"④ 谏议大夫杨时《乞罢茶盐榷法》曰:"崇宁纷更,唯是茶盐二法最为民害……今茶租钱输如故,而榷法愈密,是榷之又榷也……昔时晚春采造谓之黄茶,每斤不过三二十钱,故细民得以厌食。今买引之直已过数倍,未有茶色。民间例食贵茶,而细民尤被其害。行法之初,袁刻之吏以配卖引数多为功,苟冒恩赏,其后以岁课最高为额,上户有敷及十数引,陪费无虑十五六千,则人不易供矣。诸犯榷货不得根究来历,自祖宗迄于熙丰,未之有改也,今茶法独许根究,盗贩者皆无赖小民,一为捕获,则妄引来历,以报私怨,官司不敢沮抑,追呼枝蔓,狴犴充斥,经时不能决,良可悯也。"⑤ 总括起来,蔡京茶法弊端有四:一是对园户的剥削并没有减轻。如崇宁元年(1102)实行禁榷制以后,规定产茶园户必须把茶叶全部交给官府,但"园户自前茶租折税仍旧"。二是茶法变化多端,条目苛细,对商人不利。对商人贩茶活动的严密控制,繁杂的茶法给商人戴上了紧箍咒。如贩茶程限的限制、地域的限制、数量的限制、新旧茶引的

---

① (宋)王应麟:《玉海》卷一八一《嘉祐驰茶禁》,江苏古籍出版社、上海书店影印本1987年版,第3335页。
② 李心传撰,徐规点校:《建炎以来朝野杂记》甲集卷十四《总论东南茶法》,中华书局2000年版,第303页。
③《宋史》卷一八四《食货志下六·茶下》,第4505页。
④《萍洲可谈》卷二《商贾目茶笼为草大虫》,第146页。
⑤ (明)黄淮、杨士奇:《历代名臣奏议》卷二七〇《理财》,上海古籍出版社1989年版,第3529页。

对带等等，而且茶法屡变。重和元年（1118），"诏客贩输税，检括抵保，吏因扰民，其蠲之。未几，复输税如旧。""大抵茶、盐之法，主于蔡京，务巧掊利，变改法度，前后相逾，民听眩惑。初，令茶户投状籍于官，非在籍者，禁与商旅贸易，未几即罢。初，限计斤重，令买新引，茶有赢者，即及一千五百斤，须用新引贴贩，或止愿贩新茶带卖者听；未几，以带卖者多，又罢其令。"① 三是由于实行比较法，有些官吏为了追求政绩，勒索摊派，危害了百姓利益。政府立足以利，对官吏的政绩考核又以茶课多少为据，故"掊克之吏，争以赢羡为功。朝廷亦严立比较法，州县乐赏畏刑，惟恐负课，优假商人，陵轹州郡，盖莫有言者"②。甚至在一些非产茶区如陕西，也是"岁岁比较，第务增益，稍或亏少，程督如星。州县惧殿，多前路招诱豪商，增价以幸其来，故陕西茶价，斤有至五六缗者，或稍裁之，则批改文引，转之他郡。及配之铺户，安能尽售？均及税农，民实受害，徒令豪商坐享大利"③。用提高茶价的办法，增加课利。而产茶地，因买引价高，同样提高了茶价。茶贵难售，官吏便"计口授之，以充岁额"。最终都损害了百姓的利益，也导致私茶的泛滥和犯法者众。叶适指责蔡京茶法"以盗贼之道利其财"④。四是茶利集中于朝廷，对地方产生不利影响。而且，统治者腐化堕落，铺张浪费，造成国家财源危机。所谓"祖宗之时，茶、盐之利在州县，则州县丰饶；崇观以来，茶、盐之利在朝廷，则朝廷富实；其后，悉归于御府，以为玩好、宴游、锡予之物，则天下利源竭矣"⑤。"大观三年，计七路一岁之息一百二十五万一千九百余缗，榷货务再岁一百十有八万五千余缗。京专用是以舞智固权。自是岁以百万缗输京师所供私奉。掊息滋厚，盗贩公行，民滋病矣。"⑥ 蔡京茶法在增加茶利的同时，也加强了中央对茶利的控制。政和三年（1113）八月二十日，中书省言："勘会诸路朝廷所管茶盐钱万数不少，并系专一措置收桩，以归朝廷移用。窃虑诸官司却与诸色窠名封桩钱一例支

---

① 《宋史》卷一八四《食货志下六·茶下》，第 4504 页。
② 同上书，第 4505 页。
③ 同上。
④ （宋）叶适著，刘公纯、王孝鱼、李哲夫点校：《叶适集》之《水心别集》卷十一《经总制钱一》，中华书局 1961 年版，第 775 页。
⑤ （宋）李纲著，王瑞明点校：《李纲全集》卷六三《乞修盐茶之法以三分之一与州县札子》，岳麓书社 2004 年版，第 675 页。
⑥ 《文献通考》卷十八《征榷五·榷茶》，考 177。

使，有妨朝廷指拟。"徽宗乃下诏："诸路茶盐钱，除有专条及朝廷临时指挥指定许支外，并不得与诸色窠名封桩一例支使，如违，依擅支封桩法。"① 二十九日，提举江南东西路盐香茶事司奏称：江东转运司支使使过封桩茶息钱一十五万贯，本司"二十次牒转运司拨还"，未得反应。诏令有关官员李西美、孙渐等"送吏部与监当差遣，人吏杖一百勒停"，并"限一年拨还"。② 茶利归中央管理以后，可以由中央自由调度，增加其应变军政事务的灵活性。但由于宋徽宗、蔡京集团的腐化奢侈，大量财富被挥霍浪费掉了。

蔡京的茶法改革，实现了增加茶利的目的，增加了国家的财政收入，这在当时的情形下，应该说是成功的一个方面。蔡京茶法实行过程中产生的很多弊端，在此前不同程度地存在着，审视这些弊端产生的原因，除了官吏个人素质品行、茶法制度本身因素以外，关键还是比较奖惩机制应用不合理造成的。政府过分强调茶事政绩、事事时时比较殿最的做法，导致了各级官吏疲于应付检查评比，甚至一些投机政客为了升官发财而不顾商人、园户、消费者利益，将蔡京茶法推行到了极端，结果造成很大危害。

魏了翁《邛州先茶记》曰：茶法"……极于蔡京之引法，假托元丰，以尽更仁祖之旧，王黼又附益之嘉祐，以岁课均赋茶户，岁输不过三十八万有奇，谓之茶租钱。至崇宁以后，岁入之息骤至二百万缗，视嘉祐益五倍矣。中兴以后，尽鉴政宣之误而茶法尚仍京、黼之旧。国虽赖是以济，民亦因是而穷。冒禁抵罪，剽吏御人，无时无之。"③《宋会要辑稿》载："茶法自政和以来，官不置场收卖，亦不定价，止许茶商赴官买引，就园户从便交易，依引内合贩之数，赴合同场秤验。至于今不易，公私便之。"④ 分析这两条资料，我们似乎可以说，就制度本身来讲，蔡京茶法是一个成熟的、合理的制度，但就制度执行的效果和结果来看，对国家对百姓是不同的。

第二节　蔡京的盐法改革

盐与人们的日常生活密不可分，盐的产销是宋代财政收入中占重要地

---

① 《宋会要辑稿》食货三二之五。
② 《宋会要辑稿》食货三二之五至六。
③ （宋）魏了翁：《鹤山先生大全文集》卷四八《邛州先茶记》，四部丛刊初编本。
④ 《宋会要辑稿》食货二九之一六。

位的一项收入。"岁入之多,自两税之外莫大于盐利。"① 特别是在外患频仍的特殊历史时期,盐的作用就显得尤为巨大。为此,宋朝廷不断地改革盐法,以期获得丰厚盐利而解决财政、军政问题。蔡京的盐法改革就是其中一次影响深远的改革。蔡京改革盐法,是他理财措施的重要组成部分。目前史学界涉及宋代盐法和蔡京盐法的论著已有几部。②

考察蔡京的盐法改革,有两点值得人们关注:一是他的改革进一步深化了中央对地方财政收入的管理和控制,造成地方财政的窘困和横敛四起,嫁祸于民;二是比较殿最法带来的负面影响。

一 蔡京盐法改革的内容

既然盐在宋代的社会生活中占有非常重要的地位,它是国家财政收入的重要来源之一。那么,政府投入更多的精力和人力,力图以最合理最有效的办法,最大限度地获得盐利,也就成了其长期不懈地努力的一个方向。宋代的盐法走过漫长的探索之路后,到宋徽宗时代,经过蔡京近二十年的几次改革,从制度的层面上讲,是走向了"完善"的。蔡京的改革,主要针对解盐和东南六路海盐(末盐)。

(一) 蔡京的解盐政策

解盐是河北、陕西、河东三路边防开支的主要来源,解盐的收入主要用来籴买粮草。宋初对解盐主要实行禁榷制和局部的、有限的通商制。以后通商、禁榷或并行或交替反复,但都以财政收入的多寡为杠杆。当然,元祐、绍圣年间的解盐政策,也难免打上了政治变动的烙印。总体上说,在蔡京改革之前,北宋的盐法还没有找到一个显著增加财利的好办法。

解池元符元年(1098)被水冲毁,直到崇宁四年(1105)才修复,时间长达八年。这期间,解盐产量几乎很少,影响到沿边粮草的供应。崇宁元年(1102)前,政府多次改更盐法,以期弥补解盐减产所造成的财政损

---

① 《群书考索》后集卷五六《财赋门·榷盐》,第3149页。
② 戴裔煊:《宋代钞盐制度研究》,中华书局1981年版。该书从纵横两方面对宋代盐的生产、运销、管理等进行了精细而详瞻的论述,尤其是通过对钞盐制度产生、变化、发展各阶段的研究,指出了钞盐制度对于宋代财政制度所产生的巨大影响。郭正忠:《宋代盐业经济史》,人民出版社1990年版。该书资料最翔实。漆侠:《宋代经济史》(上下册),上海人民出版社1987年版。汪圣铎:《两宋财政史》(上下册),中华书局1995年版。何旭艳:《论蔡京变盐法》,载《温州师范学院学报》2002年第5期。李静:《蔡京茶盐改革浅析》,载《固原师专学报》2004年第5期。

失,但因改更不当,并不能解决实质问题。

崇宁元年(1102)七月,蔡京置讲议司,讨论国之大事。负责讨论盐法的有冯澥、李譓、吕惸等。蔡京解盐政策的要点:一是鼓励、招诱商人将京东、河北路的海盐即东北盐运入解盐销售区贩卖,免征其沿途商船税;二是在京师重新设立买钞所,调节钞价,并防止交引铺对盐钞价格的垄断;三是严密买钞手续,实行统一的"官袋"法,并创设"合同号簿",与钞引配套并行;四是不断发行新钞,人为地促使旧钞贬值,掠夺商人;五是加强官吏卖盐数额的评比、奖惩,严厉打击私盐;六是在开封府、京东路、京西路取缔蚕盐配卖,将蚕盐钱改为相当原额六成的一种新赋税。①

当时因解盐产量下降,原先属于解盐地分的汴京供应的盐是河北盐和东北盐,蔡京等看到:"河北、京东末盐,客运至京及京西,袋输官钱六千,而盐本不及一千,施行未久,收息及二百万缗。如通至陕西,其利必倍。"② 于是派韩敦立等人到诸路提举盐事,扩大东北盐的销界,将其推广到陕西境内。后来,海盐又行销到四川境内。这次变革,获利可观。崇宁二年(1103)九月壬午,讲议司言"自去年九月十七日推行新法,东北盐十月九日客人入纳算请,至今年九月三日终,收趁到钱一百六十四万八千六百三十六贯三百六十八文,本钱一十四万七千七十三贯,息钱一百五十万一千五百五十三贯三百六十八文"③。

崇宁四年(1105),解池修复,解盐新钞和陕西"籴本盐钞"重予发行,并开始和海盐竞争销区。蔡京为了维持海盐的巨额利润,仍令东北盐继续西销;而将解盐新钞的使用范围,限制在陕西本路之内。陕西新钞因此贬值。但由于蔡京采用了不断宣布旧钞作废,并以贬值旧钞加钱,另换新钞,新钞又废,又再加钱与新出钞引搭配使用的"贴纳"、"对带"、"循环"等法,官府收入并没有损失,而损失落在了商人肩上。大观四年(1110),张商英否定蔡京的解盐政策,扩大解盐的销区,将解盐销区添展到京师。但随着政和二年(1112)蔡京的复相,京师一带又销售东北盐。政和二年(1112)的解盐制度,从管理的层面上更加严密。袋盐制、合同

---

① 郭正忠:《宋代盐业经济史》,人民出版社1990年出版,第962—963页。
② 《宋史》卷一八一《食货志下三·盐上》,第4424页。
③ 《长编纪事本末》卷一三二《讲议司》,第4142—4143页。

号簿法创立,并有严格的奖惩措施。政和七年(1117),童贯以西帅兼领解盐事,为了增加边防的实力,要求扩大解盐的销界,徽宗下诏解盐扩展到京师及京西南、北路。但变法不仅使商人蒙受损失,而且政策信誉也受到影响,结果到第二年是盐利亏损。宣和元年(1119)秋,政策又回到政和二年(1112)的框架内。靖康元年(1126)再次变化。①

(二)蔡京的东南海盐政策

崇宁元年(1102),蔡京对东南盐法也加以变更。东南盐即淮浙盐,一直以来,宋政府主要实行官榷法,官般官卖。为了支援西北边地,也允许商人入中算请。郭正忠先生将蔡京的东南海盐改革,归纳为四个步骤:首先是扩大海盐的生产和征购,优待商盐流通;其次是采取各种措施,吸引客商到京师兑换和购买淮浙盐钞;再次是取消东南六路海盐的官运官卖,使六路盐利归于中央,并将以前官卖课额的评比,改为各地钞盐销量的评比;最后是不断更新盐钞,限制旧钞请盐,将商人的财富转移到国家手中。② 具体过程是:崇宁元年(1102),蔡京议更盐法,首先扩大东南盐的盐本钱,"请增给度牒及给封桩坊场钱通三十万缗。"③ 接着提出了盐法七条。一是允许客人用私船贩运,但不能越出指定的贩卖地区,也不能夹带私盐;二是严禁盐场官吏支盐失序或短斤少两或徇私舞弊;三是严禁盐商所经由的官司、关卡刁难阻滞;四是禁止部分人员参与请盐;五是贷本钱与盐亭户;六是盐价太低者可增加;七是令措置盐事官博采众议,听取有关盐法利害的意见。④ 为了保证商人运盐船的通行顺畅,崇宁二年(1103),诏:"盐舟力胜钱勿输,用绝阻遏,且许舟行越次取疾,官纲等舟辄拦阻者坐之。"⑤ 这样,官般与通商,并肩而行,扩大了东南盐的贩运。在有了上述一系列准备之后,蔡京"遂变钞法,置买钞所于榷货务。凡以钞至者,并以末盐、乳香、茶钞并东北一分及官告、度牒、杂物等换给。末盐钞换易五分,余以杂物,而旧钞止许易末盐、官告。仍以十分率

---

① 郭正忠:《宋代盐业经济史》,第965—966页。
② 同上书,第817页。
③ 《宋史》卷一八二《食货志下四·盐中》,第4444页。
④ 《宋史》卷一八二《食货志下四·盐中》载:"一、许客人用私船运致,仍严立辄逾疆及夹带私盐之禁;二、盐场官吏概量不平或支盐失伦次者,论以徒;三、盐商所繇官司、场务、堰闸、津渡等辄加苛留者,如上法;四、禁命吏、荫家、贡士、胥史为贾区请盐;五、议贷亭户;六、盐价太低者议增之;七、令措置官博尽利害以闻。"(第4444—4445页。)
⑤ 《宋史》卷一八二《食货志下四·盐中》,第4445页。

之，止听算三分，其七分兼新钞"①。意思是对于旧的解盐钞、末盐钞和新钞允许支付末盐的数量是不一样的。由于解池损毁，发钞如故，解盐钞大量"溢额"积压，导致钞价低廉，商人无利可图，沿边入纳粮草受阻。崇宁二年（1103）十二月二日，讲议司言：

> 解池未坏以前，官给解盐钞，募客人入纳粮草，还以钞盐。今解盐未复，其钞尚循旧法给解盐文钞。客人赍赴京，解池既无解盐支还，并河北文钞卖与在京交引铺户，乘时邀利，贱价收买。致沿边入纳艰阻，客人亏折财本。浸坏钞法，合行措置。乞依熙宁、元丰置买钞所，差榷货务监官二员，别选使臣或选人三员同共专一管勾换易客人之钞，应客人赍到钱并以末盐钞并东北一分盐钞及度牒、官告、杂物等支换。从之。②

为稳定盐钞价格，政府"定民间买钞之价，以抑豪强，以平边籴。在河北买者，率百缗毋得下五千，东南末盐钞毋得下十千，陕西盐钞毋得下五千五百，私减者坐徒徙之罪"③。这次变更，成效还是显著的。从崇宁二年（1103）十二月到崇宁三年（1104）四月的五个月当中，"客人、铺户投下到陕西、河北文钞换易过东南末盐等，共计钱五百一万一千三百八十三贯四百一十五文。"④ 而到崇宁三年（1104）十一月已达一千二百余万贯。⑤ 于是蔡京"遂尽罢诸路官卖。以盐钞每百贯拨一贯与转运司"⑥。此前情况是，绍圣三年（1096）"五分入朝廷封桩，五分转运司"⑦。崇宁元年（1102）（十？⑧）二月"敕盐钞每一百贯，于在京入纳九十五贯，（余）于请盐处纳充盐本，其绍圣三年五分指挥不行"。"于是东南官卖与西北折博之利，尽归京师。"⑨

---

① 《宋史》卷一八二《食货志下四·盐中》，第4445页。
② 《宋会要辑稿》食货二四之三七。
③ 《宋史》卷一八二《食货志下四·盐中》，第4445页。
④ 《宋会要辑稿》职官二七之一八。
⑤ 《文献通考》卷一五《征榷二》，考156。
⑥ 同上。
⑦ 同上。
⑧ 郭正忠先生以为"二月"疑为"十二月"之误。（见《宋代盐业经济史》，第822页。）
⑨ 《文献通考》卷一五《征榷二》，考156。

崇宁四年（1105），为了限制因入中州郡增高籴价而造成的"客持钞算请，坐牟大利"的现象，蔡京再次变更盐法。内容如诏书所言："陕西旧钞易东南末盐，每百缗用见钱三分，旧钞七分。"① 也就是用旧钞必须贴纳现钱，才可以请到末盐。崇宁五年（1106），解池恢复，解盐新钞发行。蔡京不愿放弃解盐地分通行末盐给榷货务所带来的滚滚利润，只令解盐新钞行使于陕西路，并且规定："商旅赴榷货务换请东南盐钞，贴输见缗四分者在旧三分之上，五分者在四分之上。且带行旧钞，输四分者带五分，输五分者带六分；若不愿贴输钱者，依旧钞价减二分。"② 就是说，用钞请盐，必须贴纳现钱，而且贴现钱越多越有资格先领取末盐。若带行旧钞，输钱越多可带旧钞越多。如不贴纳现钱，原钞值按八折算。所谓旧钞，只要新钞出笼，以前的就都算旧钞了。以新钞带旧钞，这种办法叫"对带法"。又"诏算请不贴纳现钱，以十分率之，毋过二分"③。就是说，只有盐钞面值的百分之二十不须贴纳现钱请盐。大观元年（1107），"乃令算请东南末盐贴输及带旧钞如见条外，更许带日前贴输三分钱钞，输四分者带二分，五分者带三分。后又贴输四分者带三分，五分者带四分，而东南盐并收见缗换请新钞者，如四分五分法贴输。其换请新钞及见钱算东南末盐，如不带六等旧钞者，听先给；如止带五等旧钞，其给盐之叙，在崇宁四年十月前所带不贴输旧钞之上。六等者，谓贴三、贴四、贴五、当十钞、并河北公据、免贴纳钱是也。"④ 漆侠先生说：很明显，上述规定不但继续了而且也扩大了前次的贴纳法和对带法。按照这个规定，旧钞贴纳现钱既可请东南末盐，也可请换东南末盐的新钞。规定进一步使旧钞贬值，贴纳现钱多而所带旧钞少。同时新旧钞在领盐的次序上也有所区别：不带六等钞者亦即新钞可以最先领取盐货，带有贴纳钱的五等旧钞领盐的次序，也在崇宁四年（1105）十月以前不贴纳钱的旧钞之前。这样看来，不贴纳钱的旧钞，在领取盐货时排在最后，也是不大顺利的。⑤ 方軫论蔡京章疏曰："……数年间行盐钞法，朝行夕改，昔是今非，以此脱赚客旅财物。道途行旅谓朝廷法令，信如寒暑，未行旬浃，又报盐法变矣。钞为

---

① 《宋史》卷一八一《食货志下三·盐上》，第4425页。
② 同上。
③ 《宋史》卷一八二《食货志下四·盐中》，第4445页。
④ 同上。
⑤ 见漆侠《宋代经济史》，第964页。

故纸,为弃物,家财荡尽,赴水自缢,客死异乡,孤儿寡妇,号泣吁天者,不知其几千万人。闻者为之伤心,见者为之流涕。"① 郭正忠先生将崇观之际"钞法屡变"的影响归纳为两个方面:首先是商人的盐利转让于朝廷,愈来愈多的盐商亏本破产;其钞法自身的信誉,也渐趋扫地。第二方面是将地方政府的盐利转至中央,引起各路财计匮乏,并加剧其横敛。②

政和、宣和之际,蔡京又实行了循环法。北宋末年的翟汝文的墓志载:"循环者,已买钞,未授盐,复更钞;更钞盐未给,复贴纳钱,然后给盐;凡三输钱始获一直之货。民无资更钞,已纳钱悉乾没,数十万券一昔为败楮,无所用,富商巨贾朝为猗顿,夕至殍丐。"③

大观四年(1110)六月,张商英代替蔡京为相,欲矫蔡京之失,解盐方面,恢复旧销区,重新出钞以应副沿边籴买,东南末盐则企图恢复官般官卖制,而仍许客人用沿边三路钞转廊算请。但张商英的做法看来是影响到了政府的收益了。政和元年(1111)八月张商英罢相,二年(1112)十一月蔡京复辅政,三日一至都堂治事。此前的"五月,罢官般卖,令商旅赴场请贩,已般盐并封桩。商旅赴榷货务算请,先至者增支盐以示劝。前转廊已算钞未支者,率百缗别输见缗三分,仍用新钞带给旧钞三分;已算支者,所在抄(钞)数别输带卖如上法。其算请悉用见缗,而给盐伦次,以全用见缗不带旧盐者为上,带旧盐者次之,带旧钞者又次之。三路籴买文钞,算给七分东南末盐者,听对见缗支算二分,东北盐亦如之。自余文钞,毋得一例对算"④。九月十五日,宋徽宗下诏曰:

洪范八政,食货为先。理财以义,用财以礼。则民富而国用饶,先王之制也。乃者有司不究本末,不权轻重,悉取钞法妄意纷更,致耗邦财,民亦重困。边备空虚,仓廪匮竭。太师楚国公京,兴植废坏,以义置法。曾未期月,开阖敛散一出于上。公藏私余上下兴足,朕甚嘉之。其今年五月以后,应见行钞法泊茶盐法,合传载者,大小

---

① 《挥麈录》后录卷三,第111页。
② 郭正忠:《宋代盐业经济史》,第824—825页。
③ (宋)翟汝文:《忠惠集》附录《翟氏公巽埋铭》,文渊阁四库全书本,第1129册,第307—308页。
④ 《宋史》卷一八二《食货志下四·盐中》,第4450页。

纲目，具著为令。上之御府，颁之有司，以示富国裕民之政。传之永久，坚若金石。庶几奸人不敢妄行动摇，以称朕意。①

可以看出，徽宗对张商英的变革是很不满意的，而对蔡京却给了很高的评价。蔡京所行者，不外贴纳对带而已。政和三年（1113），"蔡京更欲巧笼商贾之利，乃议措置十六条，裁定买官盐价，囊以三百斤，价以十千，其鬻者听增损随时，旧加饶脚耗并罢。客盐旧止船贮，改依东北盐用囊，官制鬻之，书印及私造贴补，并如茶笼篰法，仍禁再用。受盐、支盐官司，析而二之，受于场者管秤盘囊封，纳于仓者管察视引据、合同号簿。囊二十，则以一拆验合同递牒给商人外，东南末盐诸场，仍给钞引号簿，有欲改指别场者，并批销号簿及钞引，仍用合同递牒报所指处给随盐引，即已支盐，关所指处籍记。中路改指者仿此。其引缴纳，限以一年，有故展毋得逾半年；限竟，盐未全售者毁引，以见盐籍于官，止听鬻其处，毋得翻改……而专用对带之法。客负钞请盐，往往厄不即畀。虑令之不行也，严避免之禁，申沮坏之制，重扇摇之法，季辄比较，务峻督责以取办。"②政和四年（1114）和六年（1116），又采取了一些合理的补充措施。如四年，考虑到偏远地方贩盐者少，为了鼓励商人，让盐仓给盐时优先给远地的。六年，因为产盐州郡大商人不愿停留，所以规定"其用小袋住卖者听输钱二十给钞，毋得辄出州界"③。

二 蔡京盐法改革的效果及影响

（一）蔡京盐法改革的效果

在榷货务收入方面，蔡京钞法，确有可观。最初推行新法东北盐自崇宁元年（1102）九月至二年（1103）九月，一年之间，榷货务所收得钱一百六十四万八千六百二十六贯，盐本仅一十四万七千七十三贯，而息钱则为一百五十万一千五百五十三贯，其息在十倍以上。政和六年（1116），"盐课通及四千万缗，官吏皆进秩"。④"初，政和再更盐法，（魏）伯刍方为蔡京所倚信，建言：'朝廷所以开阖利柄，驰走商贾，不烦号令，亿万

---

① 《宋会要辑稿》食货二五之六。
② 《宋史》卷一八二《食货志下四·盐中》，第4450—4451页。
③ 同上书，第4451页。
④ 同上书，第4452页。

之钱辐凑而至,御府须索,百司支费,岁用之外沛然有余,则榷盐之入可谓厚矣。顷年,盐法未有一定之制,随时变革以便公私,防闲未定,奸弊百出。自政和立法之后,顿绝弊源,公私兼利。异时一日所收不过二万缗,则已诧其太多,今日之纳乃常及四五万贯。以岁计之,有一郡而客钞钱及五十余万贯者,处州是也;有一州仓而客人请盐及四十万袋者,泰州是也。新法于今才二年,而所收已及四千万贯,虽传记所载贯朽钱流者,实未足为今日道也。伏乞以通收四千万贯之数,宣付史馆,以示富国裕民之政。'"①"伯刍非有心计,但与交引户关通,凡商旅算请,率克留十分之四以充入纳之数,务入纳数多,以昧人主而张虚最。"②虽然魏伯刍难免作弊之嫌,但盐钱入纳数广,却是不争的事实。可见蔡京所行钞法,确有相当效果,这也就是徽宗之所以长期宠信蔡京,罢而复用,蹶而复起原因之一。

(二) 蔡京盐法改革的影响

蔡京盐法改革,以钞请盐,钞法屡变,尤其是盐利收归中央以后,对地方、对边防、对百姓都产生了很大的影响。《文献通考》卷十六《征榷考》曰:

> 崇宁间,蔡京始变盐法,俾商人先输钱请钞,赴产盐郡授盐,欲囊括四方之钱,尽入中都,以进羡要宠。钞法遂废,商贾不通,边储失备;东南盐禁加密,犯法被罪者众。民间食盐,杂以灰土。解池天产美利,乃与粪壤俱积矣。大概常使见行之法售给不〔才〕通,辄复变易,名对带法,季年又变对带为循环……民无赀更钞,已输钱悉乾没。数十万券一夕废弃,朝为豪商,夕侪流丐,有赴水投缳而死者……于时御府用度日广,课入欲丰,申岁较季比之令,在职而暂取告,其月日皆毋得计折,害法者不以官荫并处极坐,微至于盐袋叠盐,莫不有禁,州县惟务岁增课以避罪法,上下程督加厉……③

这段话是对蔡京盐法及其影响的一个概括。具体分析如下:

---

① 《宋史》卷一八二《食货志下四·盐中》,第4452—4453页。
② 《文献通考》卷十六《征榷三·盐铁》,考162;《宋史》卷一八二《食货志下四·盐中》,第4452—4453页。
③ 《文献通考》卷十六《征榷三·盐铁》,考161—162。

第一，蔡京推行钞盐制，集中盐利于中央，对于地方财政，发生根本影响。

官般官卖制度下之盐，主要在应副地方岁计，少部分用于沿边粮草籴买，所以地方财政比较宽裕。崇宁改革以后，"盐钞尽归于榷货务，不在州县"。① 北宋末南宋初人胡安国，将崇宁前后钞盐精神之不同作了简明而透彻的分析，其所著《恤民篇》云：

> 祖宗时，以义为利……姑以盐法论之，行于西者，与商贾共其利，行于北者与编户共其利，行于东南者，与漕司共其利。大计所资，均及中外……崇宁首变此法，利出自然者，禁而不得行，则解池是也；利在编户者，皆入于官府，则河朔是也；利通外计者，悉归于朝廷，则六路是也。②

就东南盐而言，改法之前，官卖盐息钱的支配，有三分之一应副河北沿边籴买，此外一部分应副支给亭户之盐本钱及种种与盐有关费用，大部分应副漕计，故地方经费得以不乏。由于地方政府有比较充裕的经费，所以和买民间绸绢，以盐钱偿还于民。但自崇宁行钞法以后，地方财政拮据，和买民绢，往往不偿其值，和买遂成百姓负担。和籴粮食大率也是如此。大观四年（1110），张商英改更蔡京盐法，徽宗曾诏曰："东南六路元丰年额卖盐钱，以缗计之，诸路各不下数十万。自行钞盐，漕计窘匮，以江西言之，和、豫（预）买欠民价不少，何以副仁民爱物之意？"③ 由于地方政府没有经费和籴，就难以保证荒年不乏食，百姓不受饥。同时，由于地方经费不济，也就难免无名之敛百出，百姓受累。前引胡安国《恤民论》言东南六路盐利归于朝廷后诸路之情形：

> 诸路空乏，乃复百种诛求，尤不能给。民穷为盗，遂失岁入常赋以数千万计，则盐法实致之耳……略以湖南一路言之，昔日岁课一百

---

① （宋）陈傅良著，周梦江点校：《陈傅良先生文集》卷二〇《吏部员外郎初对札子》，浙江大学出版社1999年版，第283页。
② （宋）胡寅：《斐然集》卷二五《先公行状》，第1137册，文渊阁四库全书本，上海古籍出版社1987年版，第664—665页。
③ 《宋史》卷一八二《食货志下四·盐中》，第4448—4449页。

万缗,本路得自用者居其半,故敛不及民而上下足。变法以来,既尽归之朝廷,则本路诸色支费,皆出横敛,至如上供,旧资盐息者,犹不蠲除,民所以益困也。又略以道州一郡言之,岁认上供钱二万缗,往时本州岁卖盐息常倍此数,故敛不及民而上下足。今上供钱仍旧,而盐息不复有矣。乃至以麴引均科,此民所以益困也……以一路一郡一县观之,则他处可知矣。①

可知,行钞法以后,州县之地方经费不足自给,而上供、其他花费者如故,州县于是横敛于民。

第二,蔡京的钞盐制度,一定程度上影响了西北边备。大观四年(1110),毛注言:"朝廷自昔谨三路之备,粮储丰溢……东南末盐钱为河北之备,东北盐为河东之备,解池盐为陕西之备,其钱并积于京师,随所积多寡给钞于三路……惟钱积于京师,钞行于三路,至则给钱,不复滞留。当时商旅皆悦,争运粮草,入于边郡……斗米止百馀钱,束草不过三十,边境仓廪,所在盈满。自崇宁来钞法屡更……边郡无人入中,籴买不敷……致使官价几倍于民间,斗米有至四百,束草不下百三十馀钱,军储不得不阙,财用不得不匮……"②"比年榷货务不顾钞法屡变,有误边计,惟冀贴纳见钱,专买东南盐钞,图增钱数,以侥冒荣赏。"③边费不足,刍粟不继,势必影响军队的装备、边防设施的维护和军队的战斗力。宣和四年(1122)四月二十三日,为了伐燕收复燕雲,统帅童贯到高阳关,"即见河朔将兵骄惰,不练阵敌;军需之用,百无一有。如军粮虽曰见在,粗不堪食,须旋舂簸,仅得其半,又多在远处,将输费力。军器甚缺,虽于太原、大名、开德支到封桩各件,不足或不适用。至于得地版筑之具并城戍守御之物,悉皆无备。"④童贯将此归结为"河朔二百年未尝讲兵,一旦仓卒,责备颇难"。其实,这并不是问题的关键。关键还在于军政的腐败,以及蔡京钞盐制聚钱于京师,归于中央,导致边费的不足。这应该也是宋徽宗收复燕雲失败的原因之一。

第三,蔡京屡变钞法,剥夺了盐商的既得利益,也损害了消费者的

---

① 《斐然集》卷二五《先公行状》,第 1137 册,第 665 页。
② 《宋史》卷一八二《食货志下四·盐中》,第 4446—4447 页。
③ 同上书,第 4447 页。
④ 《三朝北盟会编》卷六《政宣上帙六》,第 40 页。

利益。

钞盐制，就是局部意义上的通商制，与禁榷专卖制相比，自有其优势。尤其是在政府管理费用、成本投入减少方面，优势极为明显。然而，钞盐制的实行，要能够长久，必须保证出钞量和盐产量、盐销量的平衡。而蔡京为了获得更多盐利，不断变换钞法，屡出新钞，人为制造盐钞贬值，掠夺了盐商的盐利所得，"前钞方行，而后钞又复变易，特令先次支盐，则前钞遂为废纸，罔人攘利，商旅怨嗟。"① 这种做法，一方面打击了豪商巨贾，另一方面中小商人也受到牵连，影响了盐业的正常流通，不利于商品经济的发展。而且，也影响了消费者的利益。商人转嫁损失，百姓深受其害。要么食贵盐，要么不食盐。

第四，蔡京在推行钞法的同时，为了增加盐课，在诸路州县严立比较之法，也带来了一些弊端。

宋廷对于税收机关，有立额之制，按定额稽考其增亏殿最，以为赏罚标准。考较之制，由来已久。② 元丰六年（1083）七月九日，尚书户部言：江、淮等路发运使蒋之奇奏，知州、通判与盐事官未有赏罚，请以祖额递年增亏从制置司比较闻奏。本部欲乞江、湖、淮、浙路诸州所收盐课，岁终申发运司类聚比较，一路内取最多最少者各两处，以知州、通判、职官、令佐姓名上户部。其提举盐事官一路增亏准此。诏定重修编敕所依此著为令。③ 蔡京变盐法以后，也非常注重通过比较法对官吏考核、黜降，用这些措施刺激官吏增加盐课收入。崇宁二年（1103）七月三日，户部奏：本部修定了新法茶盐每岁比较增亏，赏、罚的条例。其中东北盐放入解盐地分货卖，所在州县当职官能否招诱客人住卖，修立如下约束条例④（如表5—1）。⑤ 州县完成年额多寡，由所属监司与茶盐事司核实申报尚书省，每年也调取各州县住卖数目，以年额为十分，比较其增亏，决定其赏罚。宣和二年（1120）蔡京罢相，王黼执政。执政之初，"茶盐钞法不复比较"，但其后仍复蔡京旧制。宣和五年（1123）五月十五日，诏："客贩钞盐，累降处分，责以遵奉成宪，禁戢私贩。矫虔之吏，怀奸害政，视为空

---

① 《宋史》卷一八二《食货志下四·盐中》，第4447页。
② 《宋会要辑稿》食货二四之一九。
③ 《宋会要辑稿》食货二四之二四。
④ 《宋会要辑稿》食货二四之三六。
⑤ 参见戴裔煊《宋代钞盐制度研究》，第169—170页。

表 5—1

比较额	增 或 亏	二分以上	减 或 展	磨勘	半年
比较额	增 或 亏	三分以上	减 或 展	磨勘	一年
比较额	增 或 亏	五分以上	减 或 展	磨勘	二年
比较额	增 或 亏	七分以上	减 或 展	磨勘	三年
比较额	增 或 亏	一倍或全数	转 或 降	一官	（仍冲替）

文。致商贾沮抑，中都入纳不广。及住卖州县，缘比较法废，慢吏玩习，苟简招徕，商贾理索欠负，漫不留意。令诸路提举官比较州县住卖增亏，申尚书省赏罚。盐课国计所资，今来明示劝阻，务在必行。仰诸路提举盐事官，严切遵依施行。如违，以大不恭论。"① 十八日，又重新制定了诸路提举官比较州县盐额住卖增亏，以及知州、通判及其他官员的赏罚标准②（如表 5—2）。③

表 5—2

	一分以上	减半年磨勘
	三分以上	减一年磨勘
比额（十分为率）增	五分以上	减二年磨勘
	七分以上	减三年磨勘
	一倍以上	转一官
	两倍以上	取旨优与转官升擢
	一厘以上	展二年磨勘
	一分以上	展三年磨勘
比额亏	三分以上	降一官
	五分以上	差替（移替降差遣并展磨勘年限之意）
	六分以上	冲替（即降黜远方之意）
	七分以上	取旨重行停废

宣和六年（1124）三月二日复规定州县当职官于任内住卖盐额未足，

---

① 《宋会要辑稿》食货二五之二〇。
② 《宋会要辑稿》食货二五之二〇至二一。
③ 参见戴裔煊《宋代钞盐制度研究》，第 170—171 页。

虽属替罢，须补卖足方许离任，且将每年课额，按季均摊而作比较。① 岁较季比之法，至此可谓严密。在此种制度之下，州县官吏，一方面希图厚赏，一方面欲避重罚。其结果必然是强勒商贾，抑配民户。"州县孰不望风畏威，竟为刻虐？由是东南诸州每县三等以上户，俱以物产高下，勒认盐数之多寡。上户岁限有至千缗，第三等末户不下三五十贯，籍为定数，使依数贩易，以足岁额；稍或愆期，鞭挞随之。"② 宣和六年（1124）十二月，蔡京第四次任相。宣和七年（1125）二月六日，徽宗诏曰：

> 崇宁初，罢官卖盐以利天下。立法修令，走商贾于道路，惠及百姓。行之二十余年，客人有倍称之息，小民无抑配之害，至于亿万之利。比岁奸计之吏，趁目前之小效，失朝廷之大信，变法易度，立多寡之额，逼胁州县，分配民户。严比较之利，厚赏重罚。催科督责，急于星火。山州僻县，盐袋积压，动以千计。百姓以安平无事之时，有愁叹抑配之苦。至弃产流徙，遂转而为盗，莫之能禁，甚可悯也。立法不良，以至于此。比诏有司检循旧制，罢额数，绝比较，宽其禁令，弛其罪赏，以便商人，使趋利乐施，比屋无朝夕尅剥之患，州县无避罪幸赏之心，德意仁泽，庶乎广矣。可见今官吏并罢。尽禁旧盐，改复新钞。务要宽恤商贾，慰安小民。……③

又同月十日诏：

> 昨缘妄行改革盐法，立赏格，招其幸进，故较多寡以迁秩，严法罪其亏损，故重抑配以逃责。至计口以敷及婴孩，广数以下逮驼畜，使良民受弊，比屋愁叹，为之悯然。亲降诏旨，悉从初令，宽其禁，弛其苛，以走商人利百姓，使天下无抑配之害，得安田间，尚虑有司狃习前弊，其令三省申严近制，遵用新法，悉禁旧盐。或封记不严，尚虑隐匿旧货，违者并以违御笔论，流之海岛。可应诸州管句盐事官吏并罢，其提举官别选能吏施行。④

---

① 《宋会要辑稿》食货二五之二三。
② 《宋史》卷一八二《食货志下四·盐中》，第4446页。
③ 《宋会要辑稿》食货二五之二四。
④ 《宋会要辑稿》食货二五之二五。

这连续两诏，说明比较制度已走向穷途末路。过分的比较，虽可短时间内获得可观的政绩和收益，但长此以往，官吏疲于应付，百端作弊，有些投机者更是极尽盘剥之能事，刻薄商贾和百姓，最后只能是引起大家的不满和反抗。所以考较制度之实施，立额必须随时斟酌损益，否则弊窦丛生。

三　蔡京盐法改革的反思

崇宁以后的钞盐制，"利用封建国家的强大的行政权力"[①]最大限度地扩大了食盐在全国的流通，同时配之以"贴纳"、"对带"、"循环"等种种办法榨取商人。提举盐事司则督促州县，严岁较季比之令，从而使中央财政收入急剧增加。所以，蔡京盐法改革，从制度的层面上讲，是严密的、"完善的"，从其目的来说是成功的。但是，转换视角，我们还会看到问题的另一面。

吕祖谦《为张严州作乞免丁钱奏状》讲到蔡京变盐法前，官给每丁支盐五斤，要求其纳绢一丈二尺八寸，其中一半纳本色绢，一半折纳见钱，两相折算下来，"每丁实陪贴纳钱百六十四文省，所纳不多，公私两便，未见其害"。后来蔡京改变盐法，令大商入纳买钞，支给袋盐货卖，"从此官司更不支给丁盐，徒令纳绢，盐给既停，绢价复长，浸久浸增，目今绢一匹估计折纳七贯文省，民力殚竭……"[②]由此可见蔡京盐法给百姓造成的祸害。

谏议大夫杨时《乞罢茶盐榷法》，奏曰："……崇宁纷更，唯是茶盐二法最为民害……江浙有蚕盐，于春初均与之，为蚕缫之用，蚕熟以绢偿之，未为厉民也。今蚕盐不支而偿绢不免，则盐之利入官已多矣。山谷之民，食盐之家十无二三，而州县均敷盐钞，民间陪费与茶引等，官吏迫于殿最之严，皆计口授之，以充岁额，人何以堪？……往时盐息，诸路所得各无虑数十万缗以充经费，故漕计不乏，漕计不乏则横敛不加于民，而上下裕矣。议者必谓罢茶盐二法，中都必至乏用，臣窃以为不然。旧日榷货务所积，皆充御前用，户部所得无几矣……"[③]杨时此奏揭示出三个方面

---

① 漆侠：《宋代经济史》，第845页。
② （宋）吕祖谦：《东莱集》卷三《为张严州作乞免丁钱奏状》，第1150册，文渊阁四库全书本，上海古籍出版社1987年版，第24—25页。
③ 《历代名臣奏议》卷二七〇《乞罢茶盐榷法》，第3529页。

的事实：一是蔡京盐法改革对百姓盘剥的加重；二是地方财计受到影响，间接加重了百姓负担；三是徽宗君臣对财富的肆意挥霍。由此可见蔡京用搜刮所得的巨额财富，取悦徽宗以固宠的丑恶嘴脸。

这一事实给予我们的启示是：政府政策必须兼顾中央与地方双方的利益关系，国家财政收入必须在中央和地方之间合理分配，否则，过分地刻薄地方，既不利于地方的建设，也不利于地方的稳定，只能增加百姓负担，激化矛盾。其次，各种政策实行过程中，为了取得好的效果，评比、奖惩措施必不可少，但度的把握非常重要，不切实际地过度追求效率、业绩，只能是适得其反，只会招致弄虚作假、欺上瞒下等不良风气的增长。最后，税收取之于民，亦须用之于民，而不能使人们的血汗被个别人、个别群体中饱私囊，或挥霍浪费。

第三节　蔡京的榷酒制度

北宋建国伊始，政府就加强了对酒的征榷。宋代的酒课收入在茶盐酒三项收入中居第二，低于盐课而高于茶课。关于宋代的榷酒制度，目前学界已有较丰硕的研究成果。[①] 而宋代的酒利分配有一个由转运司管理，藏之州县，主要作为地方的使用经费，到被中央部分侵夺且比例不断加大的过程。这一过程从北宋中期开始，延续至北宋后期、南宋时期。中央政府加大对地方财政收入的分割力度，造成地方经费的拮据，对地方的吏治产生了一定的负面影响。蔡京当政时期正是这一转变过程中的重要一环。

一　蔡京以前宋代酒的管理概况

北宋对酒的管理主要实行官榷和买扑制。酒利一般用来充作军费、吏

---

① 李华瑞：《宋代酒的生产与征榷》（河北大学出版社 2001 年版）指出，宋代榷酒的形式通行全国的有三种：官监酒务（属完全专卖，占统治地位）、买扑坊场和特许酒户经营；局部地区亦有三种，即京师榷曲、四川隔槽法和两浙、两湖等地的万户酒。漆侠《宋代经济史》（上海人民出版社 1988 年版）认为宋代榷酒始于乾德二年（964 年），酒制则有许民酿酤、官榷和买扑制三种形式。包伟民《宋朝的酒法与国家财政》（《宋史研究集刊》二集，杭州大学历史系宋史研究室编，浙江省社联《探索》增刊，1988 年版）认为，宋朝酒法以官酿官卖的官酒务制和民酿民卖的买扑坊场为主体。杨师群《宋代榷酒中的买扑经营》（《学术月刊》1988 年第 11 期）、《两宋榷酒结构模式之演变》（《中国经济史研究》1989 年第 3 期）等文认为宋代榷酤起步于太平兴国二年（977 年），榷酒机构由都曲院、都酒务、酒务、坊场等构成。酒业买扑初有定额，后实行"实封投状"。

禄、籴本、公使钱、赡学钱等开支。由转运司管理，藏之州县。

熙丰年间，酒利归属权有了变化。王安石变法，设置了制置三司条例司，分割了三司的部分财权。制置三司条例司废罢之前，又将司农寺的职权扩充，实际上是让司农寺接管了制置三司条例司有关新法及财政方面的职权。由于司农寺财权的扩大，很快形成了两套平行的财政系统：一是由旧有的三司、各路转运司和州县官系统构成，二是由司农寺、各路提举常平司、各州常平管勾官和各县常平给纳官系统构成。① 元丰改制前，酒利的收入已被一分为二。一部分归三司掌管，一部分归司农寺掌管。元丰二年（1079）九月二十九日，三司言：人户买扑、官监，及非新酬衙前场务所增收钱，并合入三司账。而司农寺以为：官监场务外，皆自新法构收钱，不当入三司。乞留以助募役。兼岁入百万缗于市易务封桩，若失此钱，恐不能继。"争辩久之，乃从司农而请。"② 可见，司农寺所拘收的酒坊酒场，不仅仅限于应酬衙前役的酒坊酒场，还包括除官监场务外的人户买扑坊场。这以后，三司、户部管辖的榷酒事宜，大致仅限于官监酒务，而司农寺掌管买扑坊场的事宜。③ 元丰五年（1082）行新官制以后，原三司所管归户部左曹，司农寺所管归户部右曹。元祐（1086—1093）更化，户部尚书兼领左右曹。绍圣（1094—1097）时，又恢复元丰旧制。大致户部左曹掌管官监酒场务，户部右曹掌管人户买扑坊场事宜。从熙宁年间提举常平司的设置，到酒坊河渡归其管理，再到元丰年间司农寺对买扑收入的管理，可见从此中央已对地方转运司管理、主要用于地方州县开支的酒利收入侵占了一部分。后来又用增添酒钱、起发上供的办法剥夺地方酒利。关于这一过程，陈傅良这样描述，他说：淳化四年（993）十二月十四日，敕令诸州以茶盐酒税课利送纳军资库。咸平四年（1001）五月四日，酒课立额，比较科罚。"然则藏之州县而已。"④ 庆历二年（1042）闰九月二十四日，初收增添盐酒课利钱，岁三十七万四千一百三十余贯上京，则酒课上供始于此，从王琪之请也。熙宁五年（1072）正月四日，令官务每升添一文，不入系省文账，增收添酒钱始于此，则熙宁添酒钱

---

① 王曾瑜：《北宋的司农寺》，载《锱铢编》，河北大学出版社2006年版，第58页。
② 《宋会要辑稿》食货二〇之一〇。
③ 参见李华瑞《宋代酒的生产和征榷》，第132页。
④ 《文献通考》卷十七《征榷四·榷酤》，考170。

也。① 元丰五年（1082），拨入无额上供窠名。② 北宋政府正是通过增添酒钱、起发上供、封桩等办法收夺地方酒利的。"自熙宁以前，诸道榷酤场率酬衙前之陪备官费者，至熙宁行役法，乃收酒场，听民增直以售，取其价以给衙前，时则有坊场钱。至元丰初，法行既久，储积赢羡，司农请岁发坊场百万缗输中都。三年，遂于寺南作元丰库贮之，几百楹。凡钱帛之隶诸司，非度支所主，输之，数益广，又以待非常之用焉"。③《宝庆四明志》卷五载："熙宁、元丰以后，买扑名钱入于常平。酒价荐增，又悉桩管。州益苦匮，乃增收买扑净利钱。"④ "可见，宋神宗时期酒课在中央和地方之间的分配有了一些新变化，即不仅采用了增添酒钱以分割地方酒课收入的做法，而且将坊场钱入中都封桩，不过分割的数额比重不算大，因为添酒钱只有一文，而坊场钱在整个酒课收入中的数额也不过百分之三四十，酒课主要地归地方所有。"⑤ 所谓"熙宁中，天下以新法从事，凡利源所在，皆归之常平使者，而转运司岁入之计，惟田赋与酒税而已"⑥。熙丰年间在酒利归属上的这种变化，到宋徽宗、蔡京时代有了进一步发展。

二 蔡京榷酒制度中的酒价、酒利分配

蔡京榷酒制度的核心，就是在增加酒课、酒利收入的前提下，增加中央在酒课、酒利中的分配、占有比重，以增加中央财政收入。元祐年间，反对新法者，废除免役法实行差役法。与此同时，他们对王安石的买扑实封投状法提出尖锐批评，认为取利太多，有扑户破产、保人受累，官失课利之弊。元祐元年（1086）二月六日，侍御史刘挚言："坊场之法，旧制：扑户相承皆有定额，不许增抬价数，辄有划夺。新法乃使实封投状，许价高者射取之。于是小人徼一时之幸，争越旧额，至有三两倍者。旧百缗，今有至千缗者。交相囊橐，虚张抵本。课额既大，理难敷办。于是百敝随起，决至亏欠。州县劳于督责，患及保任。监锢系累，终无赏纳。官司护

---

① 《文献通考》卷十七《征榷四·榷酤》，考170。
② 《文献通考》卷二三《国用一》，考228。
③ 《长编》卷三三〇，元丰五年十月壬申条，第7959页。
④ （宋）罗濬等：《宝庆四明志》卷五，载《宋元方志丛刊》，第5048页。
⑤ 李华瑞：《宋代酒的生产和征榷》，第372页。
⑥ 孔凡礼点校：《苏轼文集》卷三一《应诏论四事状》，中华书局1986年版，第878页。

惜课额，不为减价，则谁人复肯承买？今天下坊场如此者十五六处，故实封增价之所得，比做败阙之所失，殆为相补也。"① 请求罢实封投状之法，委由逐路转运、提举司，将见今买名净利数额，与新法已前旧相对比，量及地理紧慢，取酌中之数立为永额，用旧法召人。"庶乎承扑者无破败之患，而官入之利有常而无失也。"② 元祐二年（1087）正月辛酉，殿中侍御史吕陶言：

> 伏见朝廷德惠及生民者多矣，臣下聚敛之态亦已悛革，惟坊场一事根株牢固，条约交紊，犹有余弊未尽蠲除。盖累界放卖，至今凡十五年，其始则有实封投状，竞利争占，虚增价直，诈通抵产之欺；其中则有争〔净〕利过重，月纳不足，出限罚钱，年满不替之患；其终则有正名已败，壮（丁）保（正）纳官钱余欠尚存，邻人买产业之禁。期会严迫，节目烦多。不惟酒户缘此困穷，抑亦贫民因而脧削，或系狱，或受箠，或转徙道路，或自经沟渎，天下郡县无处无之。大率一县之内，上中等户因买坊场及充壮保而失业破产者，十常四五，欠多者至数十〔千〕贯，少者亦三五百缗。以四海总计，凡几千家罹此疾苦矣。每家以十口为率，凡几万人失所亦。……③

吕陶请求根据时间长短，全部或部分蠲除扑户先前欠下的坊场课利钱。可见他们并没有在恢复衙前的同时废除买扑制，只是对买扑坊场课利钱量行增减，主要是减损。其结果自然是酒课的减少。绍圣元年（1094）六月十四日，权发遣淮南路转运副使吕温卿言："齐州自元祐元年至八年终，茶盐酒税比祖额共亏四十万九千余贯。以一州推之，则天下可知。"④ 哲宗绍述，恢复了熙丰新法。

前已提到，量添酒钱是中央分割地方酒利的一个办法。此办法庆历二年（1042）为应付西北战事和辽朝增币的要求而实行，当时收增添盐酒课利钱岁三十七万四千一百三十余贯起发上供。熙宁五年（1072）增添酒价，令官务每升添一文，不入系省文账。起初剩余的量添酒钱拨充役钱，

---

① 《宋会要辑稿》食货二〇之一〇至一一。
② 同上。
③ 《长编》卷三九四，元祐二年正月辛酉条，第9586—9587页。
④ 《宋会要辑稿》食货二〇之一一。

后来拨入无名上供窠名。绍圣元年（1094）闰四月二十四日，户部看详役法所言：请以量添酒钱剩数，依旧拨入役钱，充推法司吏食料钱等用。①崇宁、政和年间，蔡京几次增添酒价，而且幅度很大。崇宁二年（1103）十月八日，令官监酒务上色每升添二文，中、下一文，以其钱赡学。崇宁四年（1105）十月，量添二色酒价钱，上色升五文，次三文，以其钱赡学，则崇宁赡学添酒钱也（五年二月四日，罢赡学添酒钱）。政和五年（1115）十二月十一日，令诸路依山东酒价升添二文六分，入无额上供起发，则政和添酒钱也。② 这样就分割了地方财利。再者，仍如熙丰时期一样，加大对坊场钱的拘收和管理，此为分割地方酒利的另一办法。大观三年（1109）七月二十三日，臣僚上言：窃以常平场务钱物，国初以知酬衙吏。自吏禄之制行，遂用为衙前雇募食钱。余皆封桩，以待朝廷之用。其他费用不系差衙前者，不得支也。伏见比年以来，州郡多以公帑不足，乞添公使，以坊场前〔钱〕支给，计为一岁所增之数，不啻二十余万。虽皆是朝旨支破，然官司陈乞无厌，州郡不知樽节用度，唯是紊烦朝廷，如帅望大藩及信使，经由道路，多以不限名数造酒，往往例皆陈乞，显属侥幸，若不裁约禁止，恐朝廷封桩钱物，浸为州郡厨傅之费侵耗，良可惜也……诏令户部具应缘添破公使，支过封桩及坊场钱数申尚书省。③ 可见对坊场钱的封桩和管理之严。政和六年（1116）十二月十一日，户部侍郎任熙明等奏，天下衙前支酬重难，诸路公使、捕盗赏钱等，并以坊场钱应副，然场务有因水患，或道路僻左，商旅不至则停闲者，以京畿河北等七路会之，计二千有余处。欲望圣慈专责诸路提举，将见闭场务详究利害措置相度……具事状保明以闻。诏坊场之利，以禄在公之人，免徭役之弊，官吏弛废不举者凡二千余所，则所入不足以补所出。可依所奏，限一季兴置以闻。④ 中央政府部门之所以这样关注坊场的兴废，主要就是关心它的收入。北宋中央甚至将地方卖糟钱也要分割一半。政和四年（1114）四月十六日，荆湖南路转运司奏，本路糟酵出卖，按照规定所收价钱，内五分属提举司，五分归本司支用。他们以为酒糟价钱太低，请求添价出售，而添价多收部分的钱归自己支配。"乞专充本路直达粮纲水夫工钱支费。州

---

① 《宋会要辑稿》食货一四之三。
② 《文献通考》卷十七《征榷四·榷酤》，考170。
③ 《宋会要辑稿》食货二〇之一一至一二。
④ 《宋会要辑稿》食货二〇之一三。

县辄将他用，乞科杖一百之罪。"诏从之。① 转运司本来担负融通一路州县财用的职责，现在看来已是自顾不暇，可见其窘迫之状。宣和二年（1120）六月二十七日，户部奏：

> 伏观诸路州县坊务有监官去处，元隶运司；人户买扑去处，所收净利名曰坊场钱，并属常平司，以备雇募衙前纲费，支酬重难。州郡公使之外，岁起上供一百万贯。利入浩博，各有司存。故有熙丰创法，诸以买扑场务不许擘画官监。至元祐中，诸路申请，凡天下场务利入稍厚者，皆转为官监，以致其余场务，出卖不行，浸成败阙。绍圣继述，申严旧制，复立徒二年之禁。盖欲革绝侵界之弊，使买人各得安业，法意深远，纤悉备具。迩来臣僚妄有申陈，公肆违令。今措置除酤卖兴盛酒场合遵依见行条法，不许经画官监外，其在县镇界满无人承买者，今后提举常平司计会转运使，同差官体究事因，从逐司公共相度，如可以经画官监，同具事状保明，申户部审度行下讫，奉〔份〕内净利钱止依见承买人所纳之数，令转运司认为常平司，余并依崇宁五年二月十五日已降约束施行。从之。②

这条资料非常清楚地说明了转运司和常平司争夺酒利酒课的事实，实际上也就是地方和中央在争夺酒利。我们知道，北宋原来是将酒利作为转运司、州县的财政收入的。仁宗、神宗时代通过增加添酒钱来分割酒利。神宗时代分割酒利的另一办法就是将买扑坊场钱通过提举常平司划归中央的管理之下。这一办法和添酒钱一样被继承下来了。但由于以前往往是将偏僻的收入较少地方的酒务给人买扑，而且到经营稍好获利较多，年收入达到一万贯的时候，政府又将其收回官监。所以全国虽然坊场数较多，达到两千多个，但总收入并不高。也就是中央获得的酒利并不是很多。故而政和、宣和年间政府就通过限制盈利好的买扑坊场转为官监，及采取一些保护扑户利益的措施来为中央划刷更多的酒利。除了争夺酒利以外，由于官监酒务管理不善、效益不好，甚至亏本破产，也促使中央将部分亏本的酒务卖给扑户经营，从而又增加了中央的酒利收入。宣和七年（1125）二

---

① 《宋会要辑稿》食货二〇之一三。
② 《宋会要辑稿》食货二〇之一三至一四。

月，讲议司札子："诸路漕计全仰酒课，所用米麦，近来价高，计用亏本。欲乞将亏官本最多场务，先将三两省（处？）召人承买。"诏依。①

北宋中央政府将从地方划刷的酒利大多是起发上供或封桩，严禁地方或其他部门侵占。在这种情况下，转运司无计可施，于是也将生财目光移向了酒价上，用增添酒价的办法为地方窘困的财计筹得一笔款项。政和三年（1113）二月十七日，淮南转运司奏："近来本路米斛价高，糯米尤甚，全少利息。窃见提举学事司于酒价上增添钱收充学费。乞比附于见今酒价上每升更添二文，候至连年丰稔，糯米价低日别行减罢。又买扑坊场河渡课利入转运司司（注：后一'司'为衍字），净利入提举常平司。遇酤卖不行，即依条均减。如坊场兴盛，则买扑人惟添净利更不增添课利。欲乞应人户买扑坊场、河渡第三界满，无拖欠，愿增钱二分再卖者，纽添课利钱二分。其合别召人买者，亦据所添净利钱数纽添课利钱。其钱并别桩管，专充移用。"从之。②但到宣和六年（1124），当中央财计也困难的时候，转运司增加酒价筹钱的门路也被堵死。户部奏："诸路增酒钱，请如元丰法，悉充上供，为户部用，毋以入漕司。"从之。③"到了徽宗朝酒课上供额已占了很大比重，大约是地方原酒课收入的三分之一到二分之一不等。"④

三 蔡京酒价、酒利分割政策的影响

蔡京当政期间，将大部分作为地方经费的酒利划归中央，导致地方财政的拮据。历来是上有政策，下有对策。既然蔡京将本属地方支配的酒利的三分之一到一半划刷收归中央，地方财政受到很大影响，地方官的经济利益也会受到损害。那么地方机构为了维持自身正常的运转，必然会寻找其他生财门路。政和元年（1111）四月四日，户部奏："臣僚上言：鄂州、汉阳军诸县卖麹引，并不候人户有吉凶聚会，情愿请买，多系违法抑配，大收价钱，侵渔骚扰。"⑤地方官吏违法经营，牟取私利的现象也是屡见不鲜、屡禁不止。如官吏用私钱造酒出卖，或者将公使酒出卖，由于偷

---

① 《宋会要辑稿》食货二〇之一四。
② 《宋会要辑稿》食货四九之二八至二九。
③ 《文献通考》卷十七《征榷四·榷酤》，考171。
④ 李华瑞：《宋代酒的生产和征榷》，第373页。
⑤ 《宋会要辑稿》食货二〇之一二。

漏酒税，酒价较低，竞争有利，结果使扑户酒卖不出去关闭，都酒务酒课亏减。① 地方官也借助权势，祸害百姓。宣和六年（1124）三月四日，提举荆湖北路常平等事郑庭芳奏：契勘天下坊场所入，酒利最厚。比年买扑坊场之家，类多败阙，多因州县官令酒场户卖供给酒及荐送伶人之类。②

一方面是地方财计困顿，另一方面则是财政账目混乱，完全一部糊涂账，为贪官污吏发家致富创造了机会。政和元年（1111）八月二十二日，臣僚上言：一岁之入，莫大于租税。而诸县税薄不依条式。人户纳毕，亦不驱磨。及酒税课利，仓场库务，交界官物，买扑酒坊、河渡，并房围地基等课利，诸县镇杂收系省钱，多不置都簿拘籍，欺弊不少……③吏治的败坏与中央和地方酒利分配归属的变化有一定关系。包伟民先生在《宋朝的酒法与国家财政》一文中，总结宋代酒利支配关系的变化时，曾讲到，宋朝中央财政收入的增加，往往有两种途径。第一种是通过创立新税，直接向广大民众征敛。酒法收入中的添酒钱，及支酬衙前坊场钱用途的变化，即属此类。第二种是通过不断侵削地方财政，来扩大中央的收入。官务酒息分隶关系的演变及其直属中央诸司酒务的大量添置，使留州酒息不断减少，也是典型的例子。地方财政由于被侵剥而出现的亏空，最终当然还得通过种种手段向民众盘剥补足，但这一过程，势必引起宋朝吏治的一系列问题，不可忽视。④

第四节　蔡京的货币改革

关于北宋时期的货币政策和发行情况，漆侠先生《宋代经济史》、汪

---

① 《宋会要辑稿》食货二一之一七至一八载：政和六年十二月五日，尚书省言："勘会诸路州军官员多以私钱于公使库并场务寄造酒，显属违法。"诏："诸州以私钱物就公使库若场务酿酒者，论如私酿酒法，加一等；已入己以自盗论，长贰、当职官加二等；监司、统辖、廉访官知而不纠，与同罪；不知减三等。许人告，不以赦降原减。"七年十一月九日，两浙路转运使王汝明奏："准御笔，楚州公库造酒出卖，寄造为名，令虞候于小店货卖，官利日亏。其余州军类皆如此，诏令体究……体究得亳、泗州知州、通判及见任官，却有将所请公使供给酒令虞候厅子等于市肆开小店，不认官课，致拍官酒店户停闭，及都酒务因此课利日亏。"诏："今后见任官不得令人开店，卖供给酒。令户部立法申尚书省。其亳州、泗州知、通各罚铜十斤。"

② 《宋会要辑稿》刑法二之九○。

③ 《宋会要辑稿》食货四九之二六。

④ 见《宋史研究集刊》二集，杭州大学历史系宋史研究室编，浙江省社联《探索》增刊，1988年版，第150页。

圣铎先生《两宋货币史》和《两宋财政史》、高聪明先生《宋代货币与货币流通研究》等著作均有论述。姚兆余先生分阶段论述了北宋货币政策及其影响。① 黄纯艳先生在其论文中也涉及了蔡京的货币政策。② 北宋晚期尤其是宋徽宗、蔡京的货币政策，对北宋社会发展产生了极大的负面影响，北宋衰落乃至灭亡原因固然很多，但纷乱的货币政策也是不可忽略的一个方面。

一 北宋徽宗以前的货币政策

北宋初年，四川地区为铁钱与交子流通区，其他地区为铜钱流通区。宋仁宗时，宋夏战争爆发，为解决军需，宋政府在西北的陕西和河东铸造大钱和铁钱，后又铸大铁钱。规定大、小铁钱和大、小铜钱的比价为一比十，但由于小铜钱三可铸大铜钱一，所以盗铸之风很猛。后来不断调整比价，嘉祐四年（1059）二月，令陕西大铜钱、大铁钱皆一当二，"盗铸乃止。"③ 此后由于铜产缺少，陕西主要铸造大铁钱，样制精好。一直到熙宁年间，货币政策相对稳定。但熙宁、元丰时期，宋神宗为了对西夏发动战争，积极进行边防战备，所以铸钱数量大幅增加。由于过分强调数量，质量难以保证，官府铸钱的粗糙为民间盗铸提供了可乘之机。尤其是元祐年间减少铜钱的铸造以后，铁钱贬值很严重，继而引发一系列问题。特别是物价的上涨，这一点，元符二年（1099），泾原章楶、鄜延吕惠卿奏疏皆有揭示。章楶以为，铁钱轻，一是由于鼓铸不精，故有盗铸，人们对铁钱不信任，加上铜钱量少，变换不易，铜铁钱比价发生变化；一是由于战争的缘故。"自军兴以来，添屯兵马戍边，盖所急者粮草。今且以渭州言之，昔日米麦每斗不过百钱，今日每斗三百文已上，新边城寨收籴有至五六百文者，钱轻之弊，盖又有因也。"④ 吕惠卿分析得更为细致，他提出了钱轻八害、致钱轻之由五、救弊五法和所获八利。⑤ 但政治因素和人为因素的作用，二人的奏疏未获重视。元符二年（1099）闰九月，令陕西路并禁使铜钱，一律使用铁钱。

---

① 姚兆余：《北宋货币政策发展演变述论》，载《史学月刊》1994年第6期。
② 黄纯艳：《论北宋蔡京经济改革》，载《上海师范大学学报》2002年第5期。
③ 《长编》卷一八九，嘉祐四年二月己卯条。第4552页。
④ 《长编》卷五一二，元符二年七月癸卯条，第12181页。
⑤ 同上书，第12181—12185页。

宋徽宗时期，货币政策发生全面剧烈的变化。在铜钱的铸行上，首次在全国推行当十钱；在铁钱的铸行上，把夹锡铁钱推向四川、陕西、河东以外的广大地区。在纸币发行上，把交子改名钱引，一度推向全国。所有这一切都是和蔡京的所谓货币改革政策分不开的。

二 蔡京的货币改革政策①

宋徽宗统治期间，蔡京倡"丰亨豫大"之说，大肆聚敛财富，以讨好徽宗。在货币政策上，则是铸造大钱和夹锡钱，滥发纸币，实行掠夺性的货币政策，而且随着蔡京相位的几度得失，货币制度也因之而变，使北宋后期的商品经济陷于混乱，同时也加速了北宋统治的灭亡。②

（一）当十钱的铸造及从局部到全国的推广和反复

前已述及，宋代首次铸造发行当十钱，是在宋仁宗时期，发行地区是在陕西、河东。主要是为了应付宋夏战争中的军费支出，而发行的结果是造成严重的盗铸，危害很大。直到嘉祐四年（1059）以后，将大钱改为折二钱才平息了盗铸之风。熙宁时代将折二钱推行到了除京城以外的全国范围。

崇宁元年（1102），蔡京先任尚书左丞，继拜右仆射。当年底，宋廷就下令陕西铸造当五钱。③崇宁二年（1103）正月，蔡京又进左仆射。陕西转运副使许天启，迎合蔡京，提出在陕西铸造当十钱。之所以提出铸造当十钱，与当时铜产量下降、供应不足，导致铜钱铸造额减少有关。崇宁元年（1102）"户部尚书吴居厚言：'江、池、饶、建钱额不敷，议减铜增铅、锡，岁可省铜五十余万斤，计增铸钱十五万九千余缗。所铸光明坚韧，与见行钱不异。'诏可。然课犹不登。"④ 正是在这种背景之下，崇宁二年（1103）二月，蔡京等人提出铸造当十钱。蔡絛《国史补》追记当十钱的起始，曰："国朝铸钱，沿袭五代及南唐故事，岁铸之额日增，至庆历、元丰间为最盛，铜、铁钱岁无虑三百余万贯。及元祐、绍圣而废弛，

---

① 本节内容多参考高聪明先生《宋代货币与货币流通研究》，第 93—99、117、159—164 页内容和汪圣铎先生《两宋货币史》，第 353—380、476—483、559—570 页相关内容，在此一并说明并致谢。
② 高聪明：《宋代货币与货币流通研究》，河北大学出版社 2000 年版，第 93 页。
③ 《皇朝编年纲目备要》卷二六，崇宁二年五月，第 672 页；《宋史》卷一九《本纪十九·徽宗一》载：崇宁元年十二月庚申，铸当五钱，第 366 页。
④ 《宋史》卷一八〇《食货志下二·钱币》，第 4386 页。

崇宁初则已不及祖宗之数多矣。鲁公（蔡京）秉政，思复旧额，以铜少终不能得。考夫古人之训，子母相权之说，因作大钱以一当十。……盖昔者鼓冶，凡物料火工之费，铸一钱凡十得息者一二，而赡官吏、运铜铁悉在外也。苟稍加工，则费一钱之用始能成一钱。而当十钱者，其重三钱，加以铸三钱之费，则制作极精妙，乃得大钱一，是十得息四矣。"①可知，除了铜产量少，铸钱额下降以外，更主要的是铸当十钱利润丰厚。为了防止私铸，左仆射蔡京奏请"其钱惟令陕西铁钱地分铸造，却于铜钱地分行使，贵绝私铸之患。如有私铸，并以一文计小钱十科罪"②。招募私铸人充铸钱工匠。所铸折十铜钱在陕西、四川、河东流通铁钱诸路之外的其他路分流通。后来，为利所驱，在其他各地铸造当十钱。崇宁二年（1103）五月，始令陕西及江、池、饶、建州铸当五大铜钱，以"圣宋通宝"为文，继而并令舒、睦、衡、鄂钱监，用陕西钱样铸折十钱。③崇宁三年（1104）正月，又诏江、池、饶、建州罢铸小平钱及当五钱，并依陕西钱样改铸当十钱。④，且将官库所存熙宁以来的折二钱改铸为当十钱。自熙宁以来，折二钱虽行民间，但因曹、高两宫太后的反对，禁止运至京师，故诸州所积甚多。"至是，发运司因请以官帑所有折二钱改铸折十钱。"⑤除原有钱监外，还在京城外设钱监，恢复徐州宝丰监、卫州黎阳监，用于改铸当十钱。"其当二限一年，更不行使。"⑥

当十钱币面价值大，使用不便，遭到时人的非议。"崇宁二年铸大钱，蔡元长（京）建议俾为折十，民间不便之。优人因内宴为卖浆者，或投一大钱饮一杯，而索偿其余，卖浆者对以'方出市，未有钱，可更饮浆'，乃连饮至于五六。其人鼓腹曰：'使相公改作折百钱，奈何！'上为之动，法由是改。"⑦主要的是，铸钱存在丰厚利润，盗铸也就自然发生。在陕西铸当十钱在其他地方行用的办法，本来就不可能有效遏制私钱铸造，更何况蔡京又将其禁令打破，在许多地方同时铸造当十钱，所以在当十钱大量铸行后，私自盗铸的现象就相伴发生了。"始亦通流，又以其精致，人

---

① 《文献通考》卷九《钱币二》引蔡绦《国史补》，考96—97。
② 《长编纪事本末》卷一三六《当十钱》，第4248页。
③ 《宋史》卷一八〇《食货志下二·钱币》，第4387页。
④ 《长编纪事本末》卷一三六《当十钱》，第4249页。
⑤ 《宋史》卷一八〇《食货志下二·钱币》，第4387页。
⑥ 《长编纪事本末》卷一三六《当十钱》，第4250页。
⑦ 《独醒杂志》卷九，第86—87页。

爱重之。然利之所在，故多有盗铸。如东南盗铸，其私钱即锲薄，且制作粗恶，遂以猥多成弊。"① 即便禁令再严，亦有人以身试法。陆游《家世旧闻》载：先君言："崇宁间，初铸大泉当十，号乌背赤仄，其次漉铜，制作皆极精好。然坏小钱三，辄可为一大泉，利既不赀，私铸如云，论罪至死。虽命官决杖、〔黥〕配，然不能禁。又悬乌背赤仄及漉铜钱于通衢，使人识之。好事者戏谓与私铸作样，后无如之何。卒废为当五，旋又废为三。"② 朱翌《猗觉寮杂记》卷下载："崇宁铸当十钱，始于陕西运判许天启。自长安进样，乌背赤仄，请自禁中行用。自此盗铸遍天下，不可禁。物价踊贵，商贾不行，冒禁而破家身死者众。后改为当五，其弊犹未革，乃改为当三。"③

为了严禁私铸，宋政府多次颁布禁令。崇宁四年（1105）四月十二日，中书门下省送到白札子，请求给监司、州县及巡捕官司等基层部门下达如下约束事项："一、私铸钱、私造铜器罪赏条禁，并仰于逐地分粉壁晓示，仍真谨书写，监司所至点检；一、获私铸钱宝、私铸铜器，合支赏钱，才候见得情由，即据合支数目立便支给，各于犯人名下理纳入官；一、邻保内如有私铸钱宝、私造铜器之人，若知而不告，并依五保内犯知而不纠法；一、提刑司每岁比较巡捕官所获私铸钱宝、私造铜器一路最少之人名二员闻奏，当议除合得罪赏外，明行升黜，以为劝戒。"④ 这些事项从政策宣传、奖惩措施、官吏考课等方面，讲得都很具体细致。但即便如此，巨额利润的诱惑仍使盗铸现象十分严重，许多人不惜以身试法，而中央却把责任推卸到地方官身上。六月丙寅，尚书省言："访闻东南诸路盗铸当十钱，率以船筏于江海内鼓铸，当职官全不究心，纵奸容恶。"⑤ 面对不能禁绝的盗铸之风，政府不得不调整政策。十一月丙辰，尚书省言："私铸当十钱，利重不能禁，深虑民间物重钱滥。乞荆湖南北、江南东西、两浙路并改作当五钱。旧当二钱依旧。又虑冒法运入东北，宜以江为界。"从之。⑥ 而两浙路因民间将小平钱销铸当十钱，"致民间小钱数

---

① 《文献通考》卷九《钱币二》引蔡絛《国史补》，考97。
② （宋）陆游撰，孔凡礼点校：《家世旧闻》卷下，中华书局1993年版，第203—204页。
③ 朱翌撰，朱凯、姜汉椿整理：《猗觉寮杂记》卷下，载《全宋笔记》第三编（十），大象出版社2008年版，第61页。
④ 《宋会要辑稿》刑法二之四五。
⑤ 《长编纪事本末》卷一三六《当十钱》，第4251页。
⑥ 同上书，第4251—4252页。

少,买卖阻滞,深为非便。"崇宁五年(1106)正月甲辰,诏两浙路将应上供小平钱并兑诸官司御书"通宝"、"当十重宝"、"当五大钱",上供赴京。其小平钱,留充本路买卖行用。并且让两浙路钱监疾速依旧铸小平钱行用。丙午,尚书省言:"通宝当十钱,东南私铸甚多,民间买卖阻滞。其荆湖、两浙、江南、淮南路已降指挥,并改作当五行使。尚虑民间盗铸不已,其当十钱并行罢铸。其已在官私当十钱,依已降指挥行用外,所有铸当十钱监,并仰铸小平钱。"从之。此时似乎有停铸当十钱的倾向。然而,己酉,诏:"诸路铸铜钱监,可将逐监工料计定,分为十分,自崇宁五年为始,内八分铸小平钱,二分铸当十钱。"乙卯,尚书省针对前后两次诏令不统一、不具体,易引起疑惑的问题,草拟以下各项:

  一、江、池、饶、建、韶州,仰将逐监合得铜料,以十分为率,八分铸小平钱,〔二〕分铸当十通宝,并依条限起发上供。内韶州止系二分当十钱上供,小平钱充本路买铜等支用;一、广南、荆湖路,除已降指挥铸夹锡钱行使外,并许用逐路合得铜料兼铸小平钱支使;一、除广南、荆湖路兼铸夹锡钱行使外,其非上供路分旧钱监去处,并依旧铸小平钱支使;一、广南、福建、两浙、荆湖、淮南路用当二钱改铸当十钱指挥更不施行。其京畿、三路、京东、京西路,并各依元降指挥;一、勘会江淮、荆浙路小平钱稍阙,民间以拣选私铸钱太急,及见行便认样制,及许人告陈等,罪赏严紧,致当五钱未得通行。盖缘元初铸造,诸监样制不一,今来难于拣辨。窃虑枉陷平民,悉遭刑罚,欲令逐路州县量行拣选,如大段轻小,即不得行用。并从之。①

这样做,就是用大量减少当十钱铸造的办法,解决私铸引起的物价上涨、市场混乱、小平钱减少,交易不便等问题。壬戌,又诏:"近降指挥,铸当十钱监并依旧改铸小平钱,所有先降指挥计定工料分数内,二分铸当十钱指挥更不施行。"②

崇宁五年(1106)二月甲子,诏:"荆湖、江南、两浙、淮南路重宝

---

① 《长编纪事本末》卷一三六《当十钱》,第4253—4254页。
② 同上书,第4254页。

钱作当三,在京、京东、京畿、京西、河北、河东、陕西、熙河作当五行使。通宝钱所铸未多,在官者并随处封桩,在民间者小平钱纳换。"① "旋复诏京畿、京东西、河北、河东、陕西、熙河当十钱仍旧,两浙作当三,江南、淮南、荆湖作当五。"② 这意味着宣布部分地方当十钱贬值。六月,又"诏当十钱惟京师、陕西、两河许行,诸路并罢。令民于诸县镇寨送纳,给以小钞,自一百至十贯至,令通用行使,如川钞引法"③。可以看出,从崇宁四年(1105)六月到崇宁五年(1106)六月,这一段时间政府的诏令相当混乱,甚至前矛后盾。就如同当十钱的行用一样。之所以这样,原因大致有二:一是经济上的原因,当十钱行用造成的盗铸成风、物价飞涨、交易不便,迫使宋政府不得不适当地考虑调整币值比价;二是政治上的原因,即与蔡京罢相前后的政治斗争有关。崇宁四年(1105)以来,宋徽宗对蔡京的专权有些不满,开始起用赵挺之、刘逵等人,这些人对蔡京的当政措施持反对意见,势必有所改更。但当十钱行用造成一系列问题,贬值又引起其他问题。"折十钱为币既重,一旦更令,则民骤失厚利,又诸路或用或否,往往不尽输于官,冒法私贩。"④ 宋人孙觌记述了官员章绛在任提点淮南刑狱兼权扬州事时,遇到朝廷宣布当十钱贬值后导致的社会混乱的情况,"时朝廷铸大钱当十,已而改当五,旋复为三。令下之日,市门昼闭,人持钱求束薪斗米,至日旰莫肯售者。公饬市易务出小钱纳百贾之货,又檄庾官槀仓粟,以大钱售之,尽十日止。"⑤ 由于政府诏令多次反复,所以发行小钞,收兑民间大钱的做法,并不能使民众放心,往往将大钱藏在家里,或是走私运入流通当十钱的地区。崇宁五年(1106)十二月癸酉,监察御史张茂直上言:"民间所有当十、当五、当三钱尚自靳惜,多不赴官送纳请钞,往往衷私,就小钱贱价博易,以致转贩入京畿三路,或只依旧收藏在家,若以一州一县计之,为数不少。"⑥ 于是政府又严格立法,严加查禁、严重处罚。"法滋密矣。"⑦

---

① 《长编纪事本末》卷一三六《当十钱》,第4254页。
② 《宋史》卷一八〇《食货志下二·钱币》,第4388页。
③ 《文献通考》卷九《钱币二》,考96。
④ 《宋史》卷一八〇《食货志下二·钱币》,第4389页。
⑤ (宋)孙觌:《鸿庆居士集》卷三三《宋故左朝奉大夫提点杭州洞霄宫章公(绛)墓志铭》,第1135册,文渊阁四库全书本,上海古籍出版社1987年版,第337页。
⑥ 《长编纪事本末》卷一三六《当十钱》,第4261页。
⑦ 《宋史》卷一八〇《食货志下二·钱币》,第4389页。

当十钱首次被罢是与蔡京第一次罢相相联系的。蔡京于崇宁五年（1106）二月被罢相，当时反对蔡京的人借"彗星"上书，指责他的过失。许多人就当十钱提出严厉批评。监察御史沈畸言：

> 臣闻小钱之便于民间也久矣，未有知其所由来也。古者军兴，锡赏不继，或以一当百，或以一当千，此权时之宜，岂可行于太平无事之日哉？谁为当十之议？不知事有召祸，法有起奸，游手之民，一朝鼓铸，无故有数倍之息，何惮而不为？虽日斩之，其势不可遏也。往往鼓铸，不独闾巷细民，而多出于富民、士大夫之家，未期岁，而东南之小钱尽矣。钱轻则物重，物重则贫下之民愈困，此盗贼之所由起也。夫使民嗷嗷然，日望朝廷改法，此岂经久计哉？伏乞睿聪详酌，速赐寝罢。①

徽宗对蔡京也很不满，故罢之。五月丁酉，左正言詹丕远进对，论当十钱之弊。徽宗曰："非卿有陈，朕不知也。便直欲改作当三亦不难，只远方客人有积货巨万以上者，陡镌之，不无胥怨否？"丕远曰："或圣虑哀矜，耻一夫不获，欲且改从当五亦可。"徽宗慨然曰："终痛革之者，犹谓以利不以义。"丕远对："安石岂好利者？秉政许多，有尚不及茶盐榷取。京引用匪人，贻害无穷，岂可比安石！"徽宗曰："京失！京失！与其有聚敛之臣，宁有盗臣。听此等人语言，不为国家久长计。人臣事君以利，只此便可见京相业，天启待行遣。"② 当十钱贬值，实际上不仅损害普通百姓的利益，而且对积钱巨万的豪富和政府来说，均有巨大损失。所以，从崇宁五年（1106）二月直到十月，政府一直在调整当十钱的行用，但并没有痛下决心全部废除之。十月丁丑，诏：

> 访闻当十钱私钱甚多，盖是官司禁戢不谨，公然容纵。物价暴长，细民不易。可依下项：一、外路私钱可计小平钱三文足，以小钞换易入官，欲依中卖铜价者听；一、在京官司出纳，并以大钱小钱中半支给。民间卖买一贯以上，亦中半行用。或分数用大钱、小平钱者

---

① 《长编纪事本末》卷一三六《当十钱》，第4255—4256页。
② 同上书，第4256—4257页。

听，各不得减三分以上。一贯以下，大、小钱行用听从便；一、在京私铸，窃虑官司既行拣选，小薄粗恶私钱不行，致误纳官。其行用私钱，自合有罪，可与免放。仰于榷货务计小平钱四文足，换纳私大钱一文，依外路给小钞。或愿支度牒并东北盐钞者听。①

正是政府的迁延和政策的漏洞，加上一些官吏也容纵私铸，所以私钱还是泛滥成灾，有些人还私铸小钱。为此，政府对管理不善的官吏进行了处罚。十二月壬戌，以容纵私铸，苏州市肆所用皆私铸小钱。② 中大夫、龙图阁待制、知苏州蹇序辰落职提举洞霄宫。辛未，臣僚上言："访闻得两浙盗铸之奸，因州县容纵，不严禁戢，间有告获，又置不问。部使者怀私观望，不时举发，以至私钱盈积，散流民间，延袤江、淮，充满畿甸。"诏转运使孙虞丁、判官胡璞、提点刑狱马玿等并放罢。③ 由于朝廷对私钱纳官换小钱规定的时限短促，立法又严，"监司、知县、佐官、民间为见指挥紧急，虽欲赴官纳换小钱，然已限满，不敢将出，致有抛弃江河，无所顾藉。"④

大观元年（1107），蔡京复相，恢复铸造、流通当十钱。二月命淮南、两浙私铸钱限一季送缴官府。限满不送依私钱法治罪，所收到私钱运到京畿钱监，改铸御书当十钱。又在真州增设一钱监，以本路所收到的不合标准钱和诸司当二见钱，改铸当十钱。在恢复铸造流通当十钱的同时，蔡京加强了对私铸的惩处，其中就有轰动一时、影响很大的章绶盗铸钱案，即苏州钱狱。

> 京之初为折十钱，人不以为便，帝亦知之。故崇宁四年以后，稍更其法，及京去位，遂诏谕中外。京再得政复行之，知盗铸者必众，将威以刑。会有告苏州章绶盗铸数千万缗，遂兴大狱。初遣李孝寿，又遣沈畸、萧服，末以命知苏州孙杰、发运副使吴择仁。绶坐刺流海岛，连坐者十余人，时皆冤之。于是颁行大观新修钱法于天下，申命开封府尹少、外路监司，各分州郡举行，按举能否，月检会法令，使

---

① 《长编纪事本末》卷一三六《当十钱》，第4259页。
② 同上书，第4259—4260页。
③ 同上书，第4260页。
④ 同上书，第4261页。

民知禁。用孙杰言，盗铸依淮东重法地，囊橐强盗之家，籍其财以待赏，居停邻保并均备告验；私钱依私茶法，给随行物；州常桩盗铸赏钱五千缗，州县稽于施行，监司失察，不以赦原。①

关于章縡盗铸钱案，汪圣铎先生对案件的发生、审理经过进行了叙述。② 李洁除了对案件的发生、审理进行叙述以外，更多地对与此案相关的政治问题进行了探究。③ 这次案件，的确暗含很多政治因素，如蔡京对刘逵的打击报复。

  （章）楶七子：绛、综、綡、绾、縡、缜、缜，绛、综最知名。绛由推官为户部员外郎、提点淮南东路刑狱、权知扬州兼提举香盐事。时方铸崇宁大钱，令下，市区昼闭，人持钱买物，至日旰，皇皇无肯售。绛饬市易务致百货，以小钱收之；且檄仓吏粜米，以大钱予之，尽十日止，民心遂安。未几，新钞法行，旧钞尽废，一时商贾束手，或自杀。绛得诉者所持旧钞，为钱以千计者三十万，上疏言钞法误民，请如约以示大信。上（徽宗）怒，罢绛，降两官。综第进士，历陕西转运判官，入为户部员外郎。中书侍郎刘逵之妻，综姊也。逵渐复元祐之政，综多赞之。蔡京欲挤逵，且甚综不附己，使其党攻之，出综湖州。论者不已，差主管西京崇福宫。……。及京复相，遂兴制狱，倾章氏。縡居苏州，或得私铸钱数巨罂，京风言者诬縡与州人郁宝所铸。诏遣李孝寿、张茂直、沈畸、萧服更往鞫之，连系数百人，累月卒无实，狱多死者。京大怒，别遣孙杰鞫之，傅致如章，縡刺面配沙门岛，追毁出身以来文字，除名勒停，籍入其家。窜绛台州，综秀州，綡温州，绾睦州，缜永州，菱处州，芑均州，官司降罢除名者十余人，时论冤之。④

但盗铸当十钱现象之猛烈也是不争的事实，这一点已在前面有论说。下面两则资料同样可以说明问题。

---

① 《宋史》卷一八〇《食货志下二·钱币》，第4390页。
② 汪圣铎：《两宋货币史》，第367—371页。
③ 李洁：《北宋徽宗时期苏州钱狱研究》，浙江大学硕士学位论文2007年5月。
④ 《宋史》卷三二八《章楶传》，第10590—10591页。

大观丁亥（大观元年，1107），家祖（王萃）守九江，夜登庾楼，远望大江中灯焰明灭。坐客以为渔火。家祖曰："不然，是必为奸者。"遣吏往捕之，顷刻而至，乃舟中盗铸钱。其模如火甲状，每出炉则就水中蘸而取之焉。①

崇宁铸九鼎，帝鼐居中，八鼎各镇一隅。是时行当十钱，苏州无赖子弟，冒法盗铸。会浙中大水，伶人对御作俳："今岁东南大水，乞遣彤鼎往镇苏州。"或作鼎神附奏云："不愿前去，恐一例铸作当十钱。"朝廷因治章縡之狱。②

沈畸崇宁年间反对过铸当十钱，后以根治章縡盗铸案不力，受到臣僚弹劾被贬职。③ 方勺《泊宅编》载："崇宁更钱法，以一当十，小民嗜利，亡命犯法者纷纷，或捕得数大缶，诬以枢密章楶之子縡之所铸也。初遣监察御史张茂直就平江鞫之，案上，縡不伏。再遣侍御史沈畸，既至，系者已数百人，尽释之，阅实以闻。时宰大怒，别选锻炼，縡竟坐刺配，籍没其家。沈既得罪，归乡以死。"④ 御史萧服，"坐不肯罗织吴门章縡私铸狱，（拂）蔡京意，羁管处州。"⑤ 后来，章縡对此狱事耿耿于怀。"崇宁中，蔡太师行当十钱，章縡坐私铸，文面编置，人多言其枉。政和间，上皇命改右列为阁门官，或劝縡用药除字，縡曰：'面已文矣，终不齿于缙绅，止欲注其下，曰：太师错。'或调之曰：'若注且须闻官，慎勿私注也。'"⑥ 蔡京一手发动的章縡盗铸钱案的审理和最终的判决，株连甚广，虽说有极大的政治斗争成分在里面，但就当时实际情形而言，这一案件的

---

① 《挥麈录》余话卷之二，第326页。
② 《萍洲可谈》卷三《伶人讥崇宁当十钱》，第164页。
③ 《长编纪事本末》卷一三六《当十钱》：大观元年七月癸丑，臣僚上言："伏见侍御史沈畸，罢苏州制勘事，于沿路听候指挥。窃为惟畸为耳目之官，不能尽公究实，奏牍语言，自为同异，无以副朝廷任使之意。"又言："沈畸去春尝上封事，疵毁朝廷法度，意在迎合大臣，其怀奸异意之心可见也。"诏："宣德郎沈畸特降两官，仍展四年磨勘，令吏部与远小处监当差遣。"第4265页。
④ 《泊宅编》卷二，第12页。
⑤ （宋）周必大：《周益公文集》卷四九《跋萧氏敦节堂诗》，载《宋集珍本丛刊》49册，明澹生堂钞本，线装书局2004年版，第195页。
⑥ 《高斋漫录》，第107页。

第五章　蔡京的经济改革

确也起到了杀鸡儆猴的目的，对于抑制私铸起到了一定的震慑作用。除了章绖盗铸案以外，在禁绝私铸和私钱方面，蔡京还借助宋徽宗强有力的君权作后盾，从大观元年（1107）正月到七月连续发布诏令，除了加强政策的宣传力度以外，对私钱所有者采取纳换、逾期严惩等办法；对缉查私钱不力的州县官吏采取惩处等手段，禁绝私钱。取得了一定的效果①。但它并不能改变当十钱与实际价值不等的问题，所以这种违背经济规律的做法虽可以短期内奏效，然而潜在的矛盾始终存在。正如大观三年（1109）二月臣僚弹劾胡师文的奏章所言②。私铸现象仍然存在。大观三年（1109）六月，蔡京第二次罢相，钱法又有变动。③即把禁行区扩大为河北缘边州军县和沿海的县一级。九月，诏广南东路英、连等六州铸钱院只铸夹锡钱和小平钱，不再铸大钱。大观四年（1110）正月，下诏减少当十钱的铸造量。诏曰：

> 钱与物同，少则贵，多则贱。当十钱法行之方定，今铸不绝，源源而来。钱数既多，法随而弊。私铸复兴，混淆无别。其法必坏，非长久之术。旧铸钱监并依旧额，止鼓铸小平钱。其后降指挥改铸当十钱数等并罢。京畿大观东监亦闻无物料，可罢，新置河东、河北、陕西诸监鼓铸当十铜钱、夹锡钱，可罢铸当十铜钱外，仍尚书省取索。如新边无铁炭不可鼓铸去处，相度减罢外，有合存留者，拟定将上取旨。恐愚俗无知，将谓不行当十钱，乱有鼓惑群听，仍令开封府立法行下。④

---

① 汪圣铎：《两宋货币史》，第372—373页。
② 《长编纪事本末》卷一三六《当十钱》："伏见降授朝请大夫、知和州胡师文，昨为发运使，独□建议，将当二铜钱改铸当十铜钱。自古积山之利，以铜铸钱，不闻以钱铸铜。当二钱法与小平钱轻重相等，故私铸不禁而自止，民间便之。此神宗皇帝之良法也。师文诒奉大臣，妄乱变更，将已行当二钱毁而改铸，识者痛心。"（第4267—4268页。）
③ 《大观钱法》中规定："诸当十钱在京、京畿、四辅、京东、京西、河北、河东、陕西路并许行使，河北缘边、登莱潍密州缘海镇城寨堡及四榷场不在行使之限。"与崇宁五年（1106）规定的流通地区相比，增加了京东、京西两路。大观三年（1109）六月对《大观钱法》进行修改，流通地区没有变化，而把禁行地区改为："河北缘边州军县镇城寨堡及四榷场等，并登、莱、潍、密等州缘海县镇城寨堡等，并不在行使之限。"（《长编纪事本末》卷一三六《当十钱》，第4268页。）
④ 《长编纪事本末》卷一三六《当十钱》，第4268—4269页。

大观四年（1110）六月，张商英入相。七月己未，请求罢铸当十钱，改铸小平钱。① 然而，执行力度并不大。② 政和元年（1111）五月，正式下诏改当十钱为当三。③ 可见，宋徽宗对蔡京实行当十钱造成的盗铸和物价上涨是不满的，也可见盗铸之风并没有完全消弭。《宋史》卷一八〇《食货志下二》载：

> 钱重则物轻，钱轻则物重，其势然也。今诸路所铸小平钱，行之久而无弊，多而不壅，为利博矣。往岁图利之臣鼓铸当十钱，苟济目前，不究悠久，公私为害，用之几十年，其法日弊而不胜。奸猾之民规利冒法，销毁当二、小平钱，所在盗铸，滥钱益多，百物增价。若不早革，即弊无已时。其官私见在当十钱，可并作当三，以为定制。尚虑豪猾惮于折阅，胥动浮言，可内自京尹，外逮监司、郡县，悉心开谕。

在发布当十钱改为当三行使诏令以后，宋政府又给予了参与倡铸当十钱并卖力推广当十钱的蔡京党羽胡师文和许天启落职、降官的处分。④ 当十改为当三，对大多数货币持有者来说，是一种掠夺。一些人损失惨重，而有些消息灵通的宰执大臣则提前做好准备，将当十钱兑换为黄金，毫无损失。"初议改当三也，宰执争辇钱而市黄金，在都金银铺未知之，不两月命下，时传为讪笑。"⑤ 《宋史》卷三五一《侯蒙传》载："大钱法敝，朝廷议改十为三，主藏吏来告曰：'诸府悉辇大钱市物于肆，皆疑法当

---

① 《长编纪事本末》卷一三六《当十钱》，第4269—4270页。
② 《长编纪事本末》卷一三六《当十钱》，八月庚午，张商英言："陛下奋发英断，慨然欲救钱轻物重之弊。一旦发德音，下明诏，捐弃帑藏数千万缗钱宝，改当十为当三。令下之日，中外欢呼，万口一舌……然而奸邪之在内者，密唱其说曰：'不久必复旧，可畜以待也。'奸邪之在外者，晓民以掠美曰：'当三则亏汝，当七则折中矣。'是以小民听而和之，令出五十日，而犹未大孚也。"（第4272—4273页。）
③ 《长编纪事本末》卷一三六《当十钱》，手诏："自我祖宗用十钱为两之制，法度一定，人心作孚，百五十年，天下蒙利。比者建议之臣，不深计利病，轻于变法，行之数年，钱益轻，物益重，公私受害，不可胜言。朕谘询群议，博采众言，皆愿改更，以平物价。今朝廷内外府库，无虑数千万缗。议者或谓折阅数多，有亏邦计。朕念为民父母，倘可以救弊，便安元元，府库之捐，又何爱焉！可自今应公私当十钱，并改作当三。"（第4273—4274页）《宋大诏令集》卷一八四《公私当十钱改当三诏》，第669页。
④ 《宋会要辑稿》职官六八之二三。
⑤ 《长编纪事本末》卷一三六《当十钱》引蔡絛《史补》，第4272页。

变。'蒙曰：'吾府之积若干？'曰：'八千缗。'蒙叱曰：'安有更革而吾不知！'明日，制下。"① 连时任中书侍郎的侯蒙都不知道消息，可见事出突然，让许多人措手不及。朱彧《萍洲可谈》卷二载："崇宁初行当十大钱，秤重三小钱。后以币轻物重，令东南改为当五钱，轻于东北，私铸盗贩不可禁，乃一切改为当三，轻重适平，然后定。是时内帑藏钱无算，折阅万亿计。京师一旦自凌晨，数骑走出东华门，传呼里巷，当十改为当三，顷刻遍知。故凡富人，无所措手。开封府得旨，民间质库，限五日作当十赎质。细民奔走趋利，质者不堪命，稍或拥遏，有司即以重刑加之。有巨豪善计者，至官限满，自展五日，依旧作当十赎质，大榜其门。朝廷闻而录赏之。"② 看来这是一个政治投机者。朝廷在宣布大钱贬值以后，又接连下诏，强调"务要小平钱与当三钱轻重均一，无自区别"，对于"私相交易，买物支给当三，卖物须纳小平钱"者，要"重行典宪"。③ 改当三之令在民间受到了一定的抵制，一是当十钱持有者亏损严重，一是政事的反复所致。"奸邪之在内者，密唱其说曰：'不久必复旧，可蓄以待也。'奸邪之在外者，晓民以掠美曰：'当三则亏汝，当七则折中矣。'是以小民听而和之，令出五十日而犹未大孚也。"④ 政和二年（1112）三月乙亥，太师蔡京赴阙。五月己巳，蔡京复相的当天，朝请郎、知永嘉县虞防言："朝廷昨行当十钱，最富国便民之良法也。所贵乎推行之得其人而已。前日异议之人，务快一时之私，上欺天听，改为当三，亦误国之一也。欲望特许兴复，以便上下。"诏虞防除名勒停，送循州编管。⑤

大钱改为当三以后，仍只限于京畿、京东西及河北、河东诸路，称为当三钱，当三钱名义价值与实际价值相符，"则自无私铸之利矣。"⑥ 政和、宣和年间，蔡京虽然再次以铜缺乏，财用日广为名，提出铸造当十钱，但没有得到徽宗的支持。于是铜钱遂有三等，即小平钱、当二钱、当三钱，迄北宋灭亡，未再有大的改变。

---

① 《宋史》卷三五一《侯蒙传》，第 11114 页。
② 《萍洲可谈》卷二《崇宁当十钱改当三钱》，第 144 页。
③ 《宋大诏令集》卷一八四《约束小平钱与当三钱轻重均一诏》，第 669 页；《长编纪事本末》卷 136 《当十钱》，第 4275—4276 页。
④ 《长编纪事本末》卷一三六《当十钱》，第 4272—4273 页。
⑤ 同上书，第 4276 页。
⑥ 《系年要录》卷九，建炎元年九月庚戌条，325 册，第 177 页。

(二) 夹锡铁钱的铸造及推广

蔡京除铸造大钱外,还铸造了夹锡钱,主要原料仍是铁。夹锡钱与当十钱一样,其行用、废罢与蔡京的政坛浮沉密切相关。崇宁二年(1103)始在河东、陕西铸造夹锡钱,并规定夹锡钱一当铜钱二。"夹锡钱始于二年,河东运判洪中孚言:'二虏以中国钱铁为兵器,若杂以铅锡,则脆不可用。请改铸夹锡当二铁钱'。诏从之。寻又命陕西转运许天启,铸夹锡当二及当十大钱。"① 崇宁四年(1105)三月夹锡钱向全国推广。② 蔡京想用夹锡钱取代铁钱,以提高其购买力,使其像旧日的铜钱一样。其实这是办不到的。崇宁五年(1106),随着蔡京的罢相,夹锡钱的铸造、行使路分都有缩减。正月,尚书省说:"广南、荆湖路除已降指挥铸夹锡钱行使外,并许用逐路合得铜料兼铸小平钱支使;除广南、荆湖路兼铸夹锡钱行使外,其非上供路分旧钱监去处,并依旧铸小平钱支使。"③ 监察御史沈畸上奏批评夹锡钱说:"以其无铜铸,故夹锡之为贵。今一切改铸,则其非铜钱,犹日前之铁钱也。今召私铸于东南矣,又将召私铸于西北,是教民犯法,非朝廷之利也。"④ 八月,"诏夹锡钱惟许河北、河东、陕西数路鼓铸行使,余路并罢之。"⑤ 大观元年(1107),蔡京复相后,同样扩大夹锡钱的流通和铸造,"遂降钱式及锡母于铸钱之路,铸钱院专用鼓铸,若产铜地始听兼铸小平钱。复用转运司及提刑司参领其事,衡州熙宁、鄂州宝泉、舒州同安监暨广南皆铸焉。二年,江南东西、福建、两浙许铸使铁钱。"⑥ 大观三年(1109)六月,蔡京复罢政。十二月,宋政府"诏以两浙铸夹锡钱扰民,凡东南所铸皆罢"⑦。次年,又在河北、河东、京东等路罢铸夹锡钱,所在监、院皆废。惟河东三路听存旧监,以铸铜、铁钱;产铜郡县听存,用改铸小平钱。⑧ 政和元年(1111)二月,政府又规定夹锡钱在陕西、河东折二文小铜钱。四月诏令罢铸。政和二年(1112)五月,蔡京第三次任相,又一次大规模铸造夹锡钱,颁行政和钱式,"且命

---

① 《皇朝编年纲目备要》卷二六,崇宁二年五月条,第 672—673 页。
② 汪圣铎:《两宋货币史》,第 478 页。
③ 《长编纪事本末》卷一三六《当十钱》,第 4253 页。
④ 《群书考索》后集卷六十《财用门·铜钱类》,第 3237 页。
⑤ (宋)李埴:《皇宋十朝纲要》卷一六,崇宁五年八月癸未条,第 376 页。
⑥ 《宋史》卷一八〇《食货志下二·钱币》,第 4392 页。
⑦ 同上。
⑧ 同上。

诸路以铜钱监复改铸夹锡。"① 不久，"以夹锡钱不以何路所铸并听通行。"为推行夹锡钱，制定了严刑峻法，"夹锡钱既复推行，钱轻不与铜等，而法必欲其重，乃严擅易抬减之令。凡以金银、丝帛等物贸易，有弗受夹锡、须要铜钱者，听人告论，以法惩治。"② 直到政和六年（1116），郑居中、刘正夫为相，先罢废淮南夹锡钱，夹锡钱运到关中，不久又诏河东、陕西外，其余诸路全部停止流通，很快河东也停用夹锡钱。各地停用夹锡钱后，夹锡钱集中于陕西，加剧了陕西的通货膨胀。③ "自东南夹锡钱罢不行，悉用于陕西，物价翔踊，而钱益轻，凡二十而当一。"④

崇宁二年（1103），蔡京奏行夹锡钱时说："陕西铜钱至重，每钱当铁钱三或四。"⑤ 但推行夹锡钱后，一方面造成货币贬值，另一方面对吏治乃至军政亦产生不良影响。"钱币日轻，视铜钱不能十一，而官俸独给铁钱，在职者不能赡，官旷不补，事有浸废。"⑥ 夹锡钱独行于陕西以后，铁钱二十才可当铜钱之一，"官兵之俸，其数如是，月得俸一千者，才可以为铜钱之数五十。欲其衣食足而勇于公斗，不可得也。"⑦ 宣和年间，陕西曾铸行小铁钱与夹锡钱兼行。宗室赵子渢除陕西转运副使，参与其事。"初，蔡京铸夹锡钱，民病壅滞，子渢请铸小铁钱以权之，因范格以进。徽宗大说，御书'宣和通宝'四字为钱文。既成，子渢奏令民以旧铜钱入官，易新铁钱。旬日，易得百余万缗。帝手札以新钱百万缗付五路，均籴细麦，命子渢领其事。民苦限迫，诣子渢诉者日数百人，子渢奏请宽其期，民便之。会蔡京再相，言者希京意，论子渢乱钱法，落职奉祠。"⑧ 北宋末年，陕西恢复行使铜钱。

除了当十钱和夹锡钱的铸造外，崇宁、大观年间蔡京还滥发纸币和度牒，同样造成货币贬值和物价飞涨。

（三）交子的推广及回归理性

宋真宗景德年间，在四川益州（成都）产生了交子，最初由十六富户

---

① 《宋史》卷一八〇《食货志下二·钱币》，第4393页。
② 同上。
③ 高聪明：《宋代货币与货币流通研究》，第97页。
④ 《李纲全集》卷一四四《御戎论》，第1370页。
⑤ 《长编拾补》卷二一，崇宁二年二月庚午，第734页。
⑥ （宋）杨时：《龟山先生全集》卷三三《钱忠定公墓志铭》，载《宋集珍本丛刊》29册，明万历十九年林熙春刻本，傅增湘校，线装书局2004年版，第541页。
⑦ 《李纲全集》卷一四四《御戎论》，第1370页。
⑧ 《宋史》卷二四七《宗室传》，第8742页。

连保作交子。这些富户每年给官府出一定数量的人工和物料，然后由十六户分别发行交子。持交子者领取现钱时，每贯要扣掉 30 文作为铺户的收益，铺户用收来的现钱投资经营以便获取更多的盈利。在交子发行过程中出现因一些人伪造交子骗取现钱或铺户不讲信誉而造成的纠纷。① 有些铺户因经营不善而无力偿还现钱。

宋仁宗天圣元年（1023）冬，宋政府下诏在益州置官交子务。初每四年两界，印给一百二十五万缗。官营交子的产生，是世界上最早的纸币。之所以在四川成都产生交子，一是因为四川此前行用的铁钱笨重，不宜运输和使用；二是四川实乃当时商贸发达的地区之一。熙宁二年（1069）闰十一月，在河东发行交子，半年以后罢止。四川交子后来行用于陕西，熙宁年间陕西还曾独立发行交子，但时间均不算太长。之所以这样，大都与交子没有足够的准备金，政府又随意增加发行量引起交子贬值有关。另外也与陕西发行交子，冲击盐钞，减少了政府收入有关。而熙宁年间陕西大量发行交子，与宋夏战争导致军需支出巨大有直接关系。绍圣年间开边战争，军需激增，故"绍圣以后，界率增造，以给陕西沿边籴买及募兵之用，少者数十万缗，多者或至数百万缗；而成都乏用，又请印造，故每岁书放亦无定数"②。《文献通考》卷九《钱币考二》载："绍圣元年，成都路漕司言：'商人以交子通行于陕西而本路乏用，请更印制。'诏一界率增造十五万缗。是岁，通旧额书放百四十万六千三百四十缗。"③ 但总体上说，这个时期交子的发行量还不致引起交子的大幅度贬值。

宋徽宗统治时期，交子发行量大大突破以往的数量。"崇、观间，陕西用兵，增印至二千四百三十万缗。崇宁元年增二百万，二年又增一千一百四十三万，四年又增五百七十万，大观元年，又增五百五十四万。"④ "由是引法大坏，每兑界，以四引而易其一，蔡京患之。"⑤ 这个时期交子发行量大，除了陕西用兵的原因以外，还由于蔡京扩大了交子的发行范围。崇宁元年（1102），蔡京言："茶马司将川交子通入陕西，民已取信。今欲造三百万贯，令陕西与见钱、盐钞兼行。仍拨成都常平司钱一百万贯

---

① 汪圣铎：《两宋货币史》，第 614 页。
② 《宋史》卷一八一《食货志下三·会子》，第 4404 页。
③ 《文献通考》卷九《钱币二》，考 97。
④ 《建炎以来朝野杂记》甲集卷十六《四川钱引》，第 364—365 页。
⑤ 同上书，第 365 页。

充本。"从之。崇宁四年（1105）四月，诏淮南许通行交子。六月，又诏交子并依旧法路分，兼通行诸路，惟不入京。①

在政府发行量增加的同时，私人伪造交子的现象也出现了。于是"崇宁三年，置京西北路专切管幹通行交子所，傚川峡路立伪造法。通情转用并邻人不告者，皆罪之。私造交子纸者，罪以徒配"。

崇宁四年（1105），"令诸路更用钱引"，准新样印制，但四川如旧法仍行交子。"罢在京并永兴军交子务，在京官吏，并归买钞所。"当时钱引通行诸路；惟闽、浙、湖、广不行，"赵挺之以为闽乃蔡京乡里，故得免焉"。崇宁五年（1106），蔡京罢相。尚书省言："钱引本以代盐钞，而诸路行之不通，欲权罢印制。在官者，如旧法更印解盐钞；民间者，许贸易，渐赴买钞所如钞法分数计给。"从之。②

大观元年（1107），蔡京复相。"诏改四川交子务为钱引务"原因是因交子发行过多，贬值严重。"自用兵取湟、廓、西宁，借其法以助边费，较天圣一界逾二十倍，而价愈损。及更界年，新交子一当旧者四，故更张之。以四十三界引准书放数，仍用旧印行之，使人不疑扰，自后并更为钱引。"③ 但这种更改名称的做法，不能从实质上缓解交子贬值。相反，对持有交子者是种掠夺，他们要遭受政府和豪商的双重盘剥。"（大观）二年，而陕西、河东皆以旧钱引入成都换易，故四川有壅遏之弊，河、陕有道途之艰，豪家因得以损直敛取。"④ 在这种情况下，"乃诏永兴军更置务纳换陕西、河东引，仍遣文臣二人监之"。⑤

大观二年（1108）八月，知威州张持奏："本路引一千者今仅直十之一，若出入无弊，可直八百，流通用之，官吏奉旧并用引，请稍给钱便用。"擢持为成都路转运判官，提举川引，后引价益贱，不可用，持复别用印押以给官吏，他无印押者皆弃无用。言者论其非法，持坐远谪。⑥ 关于此事，《文献通考》记载如下：知威州张特（当为持）奏："钱引元价一贯，今每道止直一百文。盖必官司收受无难，自然民心不疑，便可递相转

---

① 《皇朝编年纲目备要》卷二六，崇宁元年九月，第666页。
② 《宋史》卷一八一《食货志下三·会子》，第4404页。
③ 同上。
④ 同上书，第4404—4405页。
⑤ 同上。
⑥ 同上书，第4405页。

易通流，增长价例。乞先自上下请给不支见钱，并支钱引，或量支见钱一二分，任取便行，使公私不得抑勒，仍严禁止害法不行之人。"① 这两条资料所述内容有所矛盾，但大体意思可知是张持想通过官员俸禄大量发钱引，以便提高百姓对钱引的信任度，以此提高钱引价格。实践证明他的想法是失败的。后来，因为引价继续下跌，他干脆用"复别用印押以给官吏，他无印押者皆弃无用"的办法解决钱引过多的问题，这自然是行不通的。结果张持因罪远谪。

看来，要提高钱引的价格，一是储备金要充足，二是减少发行量。大观三年（1109）以后，张商英为相，改变了蔡京大量发行钱引的做法。"大观三年，诏钱引四十一界至四十三界毋收易，自后止如天圣额书放，铜钱地内勿用。四年，假四川提举诸司封桩钱五十万缗为成都务本，侵移者准常平法。"② 政和以后，又取消对钱引交易的限制，自此以后，钱引价格一直比较稳定。"政和元年，户部言成都漕司奏：'昨令输官之引，以十分为率，三分用民户所有，而七分赴官场买纳，由是人以七分为疑。请自今无计以三七分之数，并许通用，愿买纳者听。民间旧以本钱未至，引价大损，故州官官钱亦减数收市；今本钱已足，请勿减数以祛民惑。又请四十三界引俟界满勿换给，自四十四界为改法之首。'而户部详度欲止行四十四界，其四十五界勿印。若通行乏用，听于界内续增其新引给换之，余如旧鬻之，或于给钱之所易钱储以为本，移用者如擅支封桩钱法。诏可。"③

《宋史》卷一八一《食货志下三》讲道：钱引"大凡旧岁造一界，备本钱三十六万缗，新旧相因。大观中，不蓄本钱而增造无艺，至引一缗当钱十数。及张商英秉政，奉诏复循旧法。宣和中，商英录奏当时所行，以为自旧法之用，至今引价复平。"④ 可知，从交子到钱引，从宋仁宗到神、哲、徽宗，走过了由最初的价格稳定，到大肆发行引起价格贬低，再到基本稳定的过程。这其中，除了战争所需军费对交子、钱引发行的影响外，还伴随着人们对货币价值规律认识提高的过程。当然，蔡京大量发行纸币，有增加财政收入以邀功的因素。《宋史》卷三四七《席旦传》载：席

---

① 《文献通考》卷九《钱币二》，考97。
② 《宋史》卷一八一《食货志下三·会子》，第4404—4405页。
③ 同上书，第4405页。
④ 同上书，第4405—4406页。

旦曾知成都，入见徽宗，遂言："蜀用铁钱，以其艰于转移，故权以楮券，而有司冀赢羡，为之益多，使民不敢信。"帝曰："朕为卿损数百万虚券，而别给缗钱与本业，可乎？"对曰："陛下幸加惠远民，不爱重费以救敝法，此古圣王用心也。"自是钱引稍仍故。①

三 蔡京货币政策的影响

宋徽宗、蔡京的货币政策是其政治腐败的一个侧面。当十大钱的实际价值最多只相当于三文小平钱，但在流通中却要当十，它引起经济混乱是必然的。首先是人们不愿接受和相信它。其次是大钱排挤小平钱，小平钱被储藏起来，或者被销铸为大钱，造成市场交易的极其不便。"小平钱益少，市易濡滞。"② 第三是引起严重的盗铸之风，"其当十钱官铸例重三钱，私铸率皆锲薄沙镴。既作当十钱行使，即有虚钱，几及两倍，遂致物价增高，奸民冒禁，公私受弊，首尾十年……"③ 两浙是盗铸较严重的地区，"私钱盈积，散流民间，延袤江淮，充满畿甸"。④ 大观四年（1110），因星变而实行大赦，"凡以私钱得罪，有司上名数，亡虑十余万人"。⑤ 第四是物价飞涨。当十钱的流通使北宋末年出现了严重的通货膨胀，给人民生活带来了痛苦，"物价暴涨，细民不易"。⑥ 第五是社会动荡，犯法者众。"钱轻而物重，物重则贫下之民愈困，此盗贼之所由起也。"⑦ 政和元年（1111）五月七日，诏曰："比者建议之臣，不深计利病，轻于变法。行之数年，钱益轻，物益重。公私受害，不可胜言。物价腾踊，细民艰食，嗷嗷几至失业。奸民冒法，盗铸云起。重辟积下，不能禁止。"⑧ 同时，钱法的屡变又是对货币持有者的掠夺，"自十而五，自五而为三，自三而为小钞。自十而为五，民之所有十去其半矣，自五而为三，民之所有十去其七矣。小钞之法，自一百等之至于一贯，民之交易，不能悉辨其真

---

① 《宋史》卷三四七《席旦传》，第11016页。
② 《宋史》卷一八〇《食货志下二·钱币》，第4388页。
③ 《长编拾补》卷三〇，政和元年五月丁卯条，第1004—1005页。
④ 《长编纪事本末》卷一三六《当十钱》，第4260页。
⑤ 《宋史》卷一八〇《食货志下二·钱币》，第4392页。
⑥ 《长编拾补》卷二六，崇宁五年十月丁丑条，第893页。
⑦ 《长编纪事本末》卷一三六《当十钱》，第4256页。
⑧ 《宋大诏令集》卷一八四《公私当十钱改当三诏》，第669页。

伪，一也，输于官而不可得钱，二也。"①

而夹锡钱的铸造和行用带来同样的恶果。夹锡钱是一种铁钱，币值很低，但却强制要当铜钱二文，而且流通于广大铜钱区。政和元年（1111）四月，宋廷下诏：

> 应陕西诸路旧系行使铁钱地分，并依元丰年大铁钱折二，公私通行。所有夹锡钱与大铁钱，一等行用，不得分别称呼。仍仰转运经略司、提点刑狱、提举常平司，将逐处物价参考，制定多少之直，务要反本，不使腾跃。敢有妄议沮格不承者，以违制论，不以赦降去官原减。见在铁钱，更不改铸夹锡。河东路官司当二夹锡钱依此。所有三当一小铁钱，听仍旧。②

这一诏书取消了夹锡铁钱与普通大铁钱间的区别，实际上重申了一枚夹锡钱折二文铜钱的不合理比价，还要求陕西诸路官员"将逐处物价参考，制定多少之直，务要反本"。这一强制做法，只能是引出又一场混乱。③ 且夹锡钱行用，弊端很多，废止对百姓来说，同样是灾难。"初，陕西行铁钱久，币益轻。蔡京设法尽敛之，更铸夹锡钱，币稍重。京去相，转运使李谞、陈敦复见所敛已多，遽请罢铸。铁钱既复行，其轻加初，自关以西皆罢市，民不聊生。（贾）炎独一切弛禁，听从其便。其后，宣徽使童贯又以两者重轻相形，遂尽废夹锡不得用，民益以为苦。炎徙知延安，因表言：'钱法屡变，人心愈惑。今人以为利者，臣见其害；以为是者，臣见其非。中产之家，不过畜夹锡钱一二万，既弃不用，则惟有守钱而死耳。'"④

---

① （宋）周行己：《浮沚集》卷一《上皇帝书》，丛书集成初编本，中华书局 1985 年版，第 4—5 页。
② 《宋大诏令集》卷一八四《陕西铁钱折二公私通行诏》，第 668—669 页。
③ 《宋史》卷一八〇《食货志下二·钱币》载："童贯宣抚陕西，以诏亟平物价，帅臣徐处仁切责其非，坐贬。钱即经略鄜延，抗疏言：'详考诏旨，谓铁钱复行，与夹锡并用。虑奸民妄作轻重，欲维持推行，俾钱物相直，非欲以威力胁制百姓，顿减物价于一两月之间。今宣抚司裁损米谷、布帛、金银之价，殆非人情。徐处仁言虽未尽，所见为长，望速询其实。如臣言乖谬，愿同处贬。'诏即妄有建明，毁辱使命，谪置偏州。寻亦罢行夹锡钱，且禁裁物价，民商贸易，各从其便。继而童贯复请与旧法铁钱并折二通行。知闅乡县论九龄坐以铜钱一估夹锡钱七八，并知州王寀、转运副使张深俱被劾。时关中钱甚轻，夹锡欲以重之，其实与铁钱等，物价日增，患甚于当十。"第 4393 页。
④ 《宋史》卷二八五《贾昌朝传附从子炎》，第 9621—9622 页。

政和六年（1116）四月二十六日，徽宗诏曰："推行夹锡钱，本以惠四方，行之累年，制作不精，加杂错易坏，公私病之。遂使恶钱流布，钱轻物重，不胜其弊。"① 宋徽宗也不得不承认，"夹锡之害，甚于当十"②。

纸币的扩大发行，同样给百姓造成了灾难，给社会带来了混乱。

北宋政府之所以如此违背价值规律地铸造当十钱、夹锡钱、发行纸币，就是为了获利解决军政之需及皇室、官僚的奢侈消费。崇宁三年（1104）四月丙寅，户部言："舒、衡、睦、鄂、韶、梧州六监岁铸小钱共额一百五十三万，内韶州从来专充岑水买铜本钱，余五监以给本路常用。今欲并行改铸当十钱，除一切费用外，可得见钱四百八十万五千余贯，以助本部经费，仍自崇宁四年为始。"诏从所乞。③ 政和元年（1111）四月徽宗所下诏书曰："向者西鄙乱常，乍叛乍服，兴师问罪，调度实繁。"④ 说明军费支出很大。宣和初，蔡京言："永惟理财之源，当不取于民，国用自富，故取货于地，而修坑冶之官，复鼓铸之法。自崇宁迄政和五年，在京榷货与库务所积一千三百余万，诸监所铸九百余万，诸路所储三千余万，通内外所有，凡五千万有奇，未尝有不足之忧。既而邪人在位，肆行更革，坑冶官徐埴编置千里，乃罢铸钱监。既无地宝，又无泉货，遂括天下白地，增四方酒价，取其毫末，以为足国之计。今京师虽复盐法，仅足日用；外方漕计阙乏，见侵常平钱米，及用诸司封桩，迄今殆尽。前日改法之人，惧罪难逭，乃倡为浮言曰，自崇宁以前失于措置，以至于此。臣不敢坐受暗默，故辄具本末。"⑤ 蔡京这段表白，当有所指，但也说明：引起社会不满，物价上涨的钱法改革却给政府带来了巨额财源，满足了政府军需和俸禄等各方面开销，也满足了徽宗君臣的奢侈腐化生活的需要。

第五节　蔡京的经济改革评析

自宋仁宗庆历年间以来，三冗问题始终困扰着北宋君臣，王安石的理

---

① 《宋会要辑稿》职官四三之一三六。
② 《宋史》卷二八八《范雍附范坦传》，第9681页。
③ 《长编纪事本末》卷一三六《当十钱》，第4250页。
④ 《宋大诏令集》卷一八四《陕西铁钱折二公私通行诏》，第669页。
⑤ 《皇朝编年纲目备要》卷二八，政和六年十一月，第716—717页。

财诸法也是因此而起的。王安石变法一定程度上达到了富国的目的。① 继其后者蔡京的经济改革使北宋中央的财政收入再次达到一个高峰。

关于北宋财政，叶适有这样一段概述性的论述：

> 及祥符、天禧以后，内之蓄藏稍已空尽……夫当仁宗四十二年，号为本朝至平极盛之世，而财用始大乏，天下之论扰扰，皆以财为虑矣。当是时也……虽然，极天下之大而无终岁之储，愁劳苦议乎盐茗、榷货之间，而未得也。是以熙宁新政，重司农之任，更常平之法，排兼并，专敛散，兴利之臣四出候望，而市肆之会，关津之要，微至于小商、贱隶十百之获，皆有以征之。盖财无乏于嘉祐、治平，而言利无甚于熙宁、元丰……崇、观以来，蔡京专国柄，讬以为其策出于王安石、曾布、吕惠卿之所未工，故变钞法，走商贾，穷地之宝以佐上用，自谓其蓄藏至五千万，富足以备礼，和足以广乐，百侈并斗，竭力相奉。不幸党与异同，屡复屡变。而王黼又欲出于蔡京策画之所未及者。加以平方腊则加敛于东南，取燕山则重困于北方，而西师凡二十年，关、陕尤病，然后靖康之难作矣……②

可以看出，虽然叶適对王安石的理财诸法持否定态度，但也承认了在王安石变法之前，所谓善人君子对于解决国用不足的问题，长期以来并没有一个有效的实施办法，直到王安石变法才解决了。随着北宋政局的变化，王安石的理财诸法被废除，无论元祐君臣是怎样的表率撙节，裁减浮费，③财政上面临的困境却是无法掩盖的。元祐三年（1088）闰十二月庚戌，户部尚书韩忠彦，侍郎苏辙、韩宗道言："臣等窃见本部近编《元祐会计录》，大抵一岁天下所收钱谷、金银、币帛等物，未足以支一岁之出。今左藏库见钱费用已尽，去年借朝廷封桩末盐钱一百万贯以助月给，举此一事则其余可以类推矣。"④ 而御史中丞李常言："先帝以人吏无禄，为不足以责其廉，遂重其罚而禄之。今台省寺监人吏，无虑二千四百余人，百司库务，又二千三四百人，岁费钱斛举数十万。当时利源指以充吏禄者，实

---

① 参见漆侠先生《王安石变法》第三章，河北人民出版社 2001 年版，第 122—169 页。
② 《叶適集》之《水心别集》卷十一《财总论二》，第 772—773 页。
③ 《长编》卷四一九，元祐三年闰十二月庚戌条，第 10148 页。
④ 同上书，第 10148—10149 页。

无一在，至侵县官常费以足之。"① 李常从经费短缺角度请求裁减吏员，而梁焘又反对大加裁减，希望通商广财。元祐四年（1089）十二月甲寅，左谏议大夫梁焘言："臣近论奏事，以方今商旅不行，国家财用匮乏，乞讲求祖宗之法，通商广财。又以省罢吏员太刻，滞事废职，人情不安，但务苟且，乞先省事省官，如未暇为之，且守四分减一分之法，以期久远之效，诸已议而未行者，一切罢之。今以裁减浮费所细碎苛急，甚损国体，集怨于下，有害政事，乞罢所差官宋肇，以其事委户部结绝。"② 梁焘"乞讲求祖宗之法，通商广财"，其实就像一块遮羞布，明知所谓的祖宗之法并不能解决国用不足的问题，却在恢复祖宗旧制的政治环境下不能抛开它。绍圣、元符年间，一定程度上恢复熙丰之法，但由于对西夏用兵，财政开支很大。

宋徽宗继位以后，任用蔡京，他们打着绍述的旗号，进行经济改革，扩大财源。蔡京的经济改革，涉及面很广。我们主要就前面讲到的茶盐酒及货币的改革加以评析。

就茶法来说，蔡京前后三次改革，其要点有四：一是通过加强对园户和商人的管理，防止茶税的流失。如崇宁元年（1102）规定，各茶场将所辖园户姓名登记，产茶由官府直接收购，禁止客人与园户私相交易。崇宁四年（1105），规定商人直接到产茶州县或京师请长引或短引，并直接向园户购买，但必须到官府"抽盘"检查以后，"循第叙输息讫，批引贩卖"。政和二年（1112）又规定，园户可以直接和茶商交易，但必须到所在州县"投状充茶户，官为籍记"，否则不得与客买卖。客人贩茶须有茶引，"长引许往他路，短引止于本路兴贩"，客人请到文引许径赴茶园户处私下任便交易。二是扩大销售区域、疏通流通渠道，通过增加销量来获得更多茶利。崇宁二年（1103）八月，敕令川茶除入熙河、秦凤两路外，鄜延、环庆、泾原、永兴四路并许客人般贩东南茶货。政和二年（1112）又扩大南茶的销售地域，除汴京是官卖水磨茶的地分外，其余开封府畿、京东西、河北、河东、淮南、两浙、荆湖、江南、福建、永兴军、鄜延、泾原、环庆等路，都是客商贩卖南茶的地分，同时也可以到汴京，与水磨茶并行，其他各地水磨茶都废罢。取缔茶叶运销过程中的各种关卡，对于故意刁难、阻滞客人贩茶的机构、官吏严加惩罚，保证道路的畅通。三是通过榷货务和都茶

---

① 《长编》卷四一九，元祐三年闰十二月庚戌条，第10151页。
② 《长编》卷四三六，元祐四年十二月甲寅条，第10503—10504页。

务掌控茶利的收入。崇宁元年（1102）规定，商人于榷货务入纳金银、缗钱并边粮草，榷货务即给予茶钞去茶场请盐，茶场发给长引去所指州军贩卖。政和二年（1112）规定，都茶务为唯一的卖引机构。四是通过发运司将茶利的绝大部分收入集中到中央，剥夺了转运司对茶利的使用。如政和元年（1111）三月二十四日，根据户部的建议，要求"逐路州军每月具应客人等收买兴贩茶数合纳息钱，内若干系住卖处送纳，若干系量添钱外实收到钱数，除纽计分与转运司外，有若干并量添钱数申发运司拘催，赴内藏库送纳。仍供申左右司官"①。而此前，大部分茶税收入是属于地方支配的经费。

就盐法改革来说，主要点有三：一是以钱请钞，以钞请盐。二是盐钞屡变。对带、贴纳、循环变换不已。在盐钞变换的过程中，盐商的盐利被剥夺，政府收入不断增加。三是积钱于中央，地方漕计困乏，转嫁负担于民众。蔡京推行钞法于东南，以通商法代替官般官卖，将从前应副各方面支用之钱，大部分集中于京师。蔡京变法前，官卖盐息钱中，有三分之一应副河北沿边籴买，此外一部分支付盐本钱及种种与盐有关的费用，一部分应副漕计，所以，地方岁计得以不乏。如东南盐，在官般官卖制度之下，和买民间绸绢，岁给蚕盐钱以偿其价。自崇宁行钞法以后，东南盐利悉归朝廷，转运司无以支拨补助州军经费，"州县横敛起矣"和买民绢，率不得偿其值。

就榷酒制度而言，李心传曾明确记载："东南酒课之入，自祖宗时悉以留州。"② 从北宋中期开始，政府偶尔下令天下酒务增添酒价，以其部分增添之钱起发上供，酒利的分配关系出现变化。但当时起发上供酒利的数额并不大。蔡京的榷酒制度起着一个承上启下的作用。进入南宋后，酒利在中央财政收入中的比例迅速扩大。③ 榷酒作为一项封建国家以超经济的强制手段干预社会经济的政策，在某种程度上体现着国家政治权力的集中和统一。宋代酒课增盈与中央集权的强化有着必然的联系。封建国家从专卖商品上获得高额利润，是凭借国家的政权力量，对商品流通过程进行垄断，并通过垄断价格剥削生产者和消费者来实现的。如果政权力量相对减弱，专卖政策则难以推行。因为经营紧缺和紧俏的商品，不仅可使封建国家获得丰厚的财政收入，而且也是那些想与封建国家分庭抗礼的地方势

---

① 《宋会要辑稿》食货三〇之三七。
② 《建炎以来朝野杂记》甲集卷十四《东南酒课》，第307页。
③ 包伟民：《宋代地方财政史研究》，上海古籍出版社2001年版，第97页。

力、豪强大族和商人借以致富的主要途径之一。实行专利，排斥或限制私人经营，势必等于阻塞了这些人的致富道路。显然，他们是不会赞成的。① 宋代的中央集权为榷酒制度的推行创造了条件，而榷酒制度带来的巨大的财政收入又为中央集权的强化奠定了物质基础。

就货币改革来说，主要就是行使当十钱和夹锡钱，发行纸币。而改革所造成的混乱，在"蔡京的货币改革"一节已有论述。其实蔡京的货币改革，既有解决钱荒的问题，也有敛钱的因素。

蔡京的经济改革，一定程度上适应了宋代社会商品经济发展的需要。蔡京注重对商品销售、流通和分配领域各环节的管理，注重商品销售地域范围的扩大，只有让商品在全国范围内流通起来，才能实现其价值，而生产者、经营者才能从中获利。另外，随着宋代社会生产力的发展，生产领域所提供给市场的商品数量和种类增加，而人们的消费观念也随之发生改变，尤其是对统治阶层中的达官贵人和大量的军人来说，他们已不再满足于政府供给他们粮食布帛，而希望从市场上购买更多自己所需要的、所喜爱的商品。而就政府来讲，有时候，从市场上购买某些商品可能比通过其他途径获得商品更简便些。宋代政府的采购量和范围很大，李晓先生《宋朝政府购买制度研究》② 一书有详尽而周全的论述。购买活动往往需要借助货币这一媒介去实现，所以不论政府还是团体、个人，对货币的需求量是很大的。蔡京的货币改革，应该说，一定程度上也适应了社会各阶层对货币的需求。但其弊端则是，蔡京的货币改革不是立足于大力发展生产之上，而是着眼于政府的利益，醉心于满足皇帝的奢欲。在蔡京看来，货币改革比茶、盐、酒的改革来钱更快，获利更大。

蔡京的茶、盐、酒、货币改革，其共同点就是加强了中央对地方财政的控制和利益分割。这种做法，并不始于蔡京，在其之前业已存在，这是与宋代中央集权的财政体系分不开的，也是与三冗问题分不开的。为了防止地方势力过度膨胀威胁中央，需要控制其财源，北宋初年太祖时就这样做了。"凡一路之财，置转运使掌之；一州之财，置通判掌之；为节度、防御、团练、留后观察、刺史者，皆不预签书金谷之事。于是外权削而利归公上矣。"③ 具

---

① 李华瑞：《宋代酒的生产和征榷》，第385—386页。
② 李晓：《宋朝政府购买制度研究》，上海人民出版社2007年版。
③ 《宋朝事实》卷九，第404页。

体措施,就是在总的赋税收入中,扩大直接归中央调用的收入比例。如太祖乾德二年(964),"始令诸州自今每岁受民租及莞榷之课,除支度给用外,凡缗帛之类,悉辇送京师"。① 这之前,承五代之弊,地方财赋所入,除按数量或比例上交中央一部分外,大部分是留给地方自行支用的,地方甚至又找各种借口截留上供中央的财赋,所以,中央财政见拙而地方经费充裕。有些地方藩镇利用雄厚的经济实力加强其军事配备,与中央对抗。此诏令的出台,就是要改变这种现状。即便有些财赋中央并不马上拘收,而是存留地方,但地方也不能随意支用,只能妥善保管,一旦中央需要,即须马上上供。之后,北宋中央又不断加强对地方财政的监管力度。开宝六年(973),"令诸州旧属公使钱物尽数系省,毋得妄有支费。"② 淳化五年(994)十二月,又"置诸州应在司,具元管、新收、已支、见在钱物申省"③。也就是要求地方向中央准确地申报收支情况。为了保证中央财赋的使用,从太宗太平兴国六年(981)开始,陆续又规定了各地上供的财赋数量、品种和年额。而且,年额有不断增加的趋势。除了赋税收入以外,北宋初年,中央也加强了对茶盐等禁榷课利的收入,主要就是钞引制的引入。实行钞引制前,茶盐等禁榷课利的收入归地方,而之后,商人入钱京师榷货务,换引取茶盐,这样不通过地方,中央就已经将一部分课利收归己有了。马端临《文献通考》引陈傅良之言曰:"国初,盐荚只听州县给卖,岁以所入课利申省,而转运司操其赢,以佐一路之费。初未有客钞也,雍熙二年④三月,令河东、北商人如要折博茶盐,令所在纳银,赴京请领交引。盖边郡入纳算请,始见于此;端拱二年十月,置折中仓,令商人入中斛斗,给茶盐钞。盖在京入中斛斗算请,始见于此;天圣七年,令商人于在京榷货务入纳钱银,算请末盐。盖在京入纳见钱算请,始见于此;而解盐算请,始天圣八年;福建、广东盐算请,始景祐二年。京师岁入见钱至二百二十万,诸路斛斗至十万石。"⑤ 所有这些举措,无一例外,都是对地方财权的剥夺,自然也就加强了中央的经济实力。中央从地方划

---

① 《长编》卷五,太祖乾德二年十二月辛未条,第139页。
② 《文献通考》卷二三《国用一》,考228。
③ 同上。
④ 郭正忠先生认为雍熙二年应为"三年"之误,见郭正忠著《宋代盐业经济史》,第721页。
⑤ 《文献通考》卷十五《征榷二·盐铁》,考155。

夺的财赋的管理归三司，宰相不能干预。但皇帝却较多地关注其财计。淳化元年（990），太宗下诏："自今三司每年具见管金银钱帛军储等簿一本以闻。"① 真宗以后还命三司编订《会计录》，以便皇帝全面了解财政状况。从宋太祖开始，北宋还设置了专归皇帝掌握的内藏库，储积丰厚。这一系列财政措施，加强了中央集权，也加强了皇权。到宋神宗时代，中央集权进一步加强。

宋神宗起用王安石，君臣一心，为富国强兵而奋斗。王安石在神宗的支持下发布了一系列理财新法，如均输法、青苗法、农田水利法、免役法、方田均税法、保甲、保马、将兵法、市易法等。这些新法尤其是青苗法和免役法增加了国家的财政收入。② 但熙丰年间影响较大的还是财政体制上的中央集权的进一步加强。主要表现在：一是宰相的财权扩大。二是上供和就地封桩的财赋的增多，以及对地方财政控制的更加严密。北宋前期，宰相不预财政，财权主要由三司掌握。熙宁二年（1069）二月，设置了制置三司条例司。以尚书左丞、知枢密院事陈升之，参知政事王安石同制置三司条例。这是宰相干预理财的开端。王安石将条例司作为领导、制定、发布、推行新法的总机构，并且设置提举常平司来提举诸路常平、广惠仓兼管勾农田水利差役事。制置三司条例司废罢以后，司农寺接管其职权。这样司农寺对应管理提举常平司，而三司只对应管理转运司，三司的权力削弱。也就是说，新法所得收入均由提举常平司负责缴纳于司农寺或就地封桩。元丰改制以后，三司又被户部取代，而户部尚书隶属宰相，宰相干预财政的权力扩大了。其他五部及寺监的财政支出，户部无权过问。户部又分左、右曹，户部尚书只管左曹，右曹不属其领导。③ 户部的财权进一步缩小，其弊端也是明显的，各部门财政支出没有统一规划，全国财赋所入户部也不掌握。所以，户部时有财乏之患。从王安石变法开始，两税收入主要归三司，而"摘山、煮海、坑冶、榷货、户绝、没纳之财悉归朝廷，与常平、免役、坊场、河渡、禁军缺额、地利之资皆号朝廷封桩。又有岁课上供数，尽入京师，别创库以贮之，三司不与"④。地方上的朝廷封桩钱物归常平司掌管，不隶转运司。"祖宗外置转运司以漕一路之赋，

---

① 《宋大诏令集》卷一八四《三司岁具金银钱帛簿以闻诏》，第670页。
② 汪圣铎：《两宋财政史》，第49—53页。
③ 参见汪圣铎《两宋财政史》，第72—79页。
④ 林駉：《古今源流至论》续集卷二引《蔡官制》，上海古籍出版社1992年版，第374页。

内置三司使以总天下之财。神宗始分天下之财以为二司，转运司独用民常赋与州县酒税之课，其余财利悉收于常平司，掌其发敛，储之以待非常之用。罢三司而为户部，转运之财则左曹隶焉，常平之财则右曹隶焉。"①由于真宗、仁宗以后，两税收入所占比例越来越少，而茶盐酒课及其他商税收入越来越大，所以，神宗的这一做法，实际上是进一步减少了转运司为首的地方上的财政收入支配权。

崇宁年间，蔡京执政。一方面增加上供额，一方面又通过茶盐酒货币改革将大量财赋集中中央，中央对地方财政的控制进一步强化，而地方却更加拮据。

为了支付庞大的军费和俸禄开支，中央需要控制大量的财源。与此相适应，北宋仁宗中期、神宗熙丰年间以及徽宗时期，是中央财政征调增长最显著的三个阶段。②包伟民先生指出：中央财政收入的增加，基本通过两种途径获得。第一种途径是通过增创新税，或扩大旧税的征敛额，直接取之于民。免役钱之从代役钱向一新税种的转化，和买绢帛一变而成为向民户征敛折帛钱，以及天下茶盐酒价添之又添，出纳头子钱增之又增，创征免夫钱，掊敛钞旁定帖钱等等，均属此类。第二种途径是中央政府通过抑令地方州军增加上供，迫使地方于常赋之外，别立名色，以取之百姓的办法，来增加收入。③而最直接的办法，就是通过变法改革，将茶盐酒等大宗商品的巨额收入收归中央。这一点，蔡京做得最突出。

北宋前期的太祖、太宗、真宗三朝，国家财赋的分配，基本上能够做到在中央与地方之间互相兼顾，州军经费还是充足的。陈傅良《赴桂阳军拟奏事札子（第二）》，对宋初州军经费的情况这样描述："国家肇造之初，虽创方镇专赋之弊，以天下留州钱物尽名系省，然非尽取之也。当是时，输送毋过上供，而上供未尝立额。郡置通判，以其支收之数上之计司，谓之应在，而朝廷初无封桩起发之制。自建隆至景德四十五年矣，应在金银钱帛粮草杂物，以七千一百四十八万计，在州郡不会，可谓富藏天下矣。"④真宗以后，由于中央政府的财政开支不断扩大，中央与地方财赋的分配关系，逐渐发生变化。经过熙丰、崇观，到政和、宣和之际，甚至出现中央

---

① （宋）王应麟：《玉海》卷一八六《宋朝三司使》，第3404页。
② 包伟民：《宋代地方财政史研究》，第94页。
③ 同上书，第95页。
④ 《陈傅良先生文集》卷十九，第267—268页。

政府不顾州军经费需求，一味扩大财赋征调数额，以满足自身开支的现象。"大中祥符元年，三司奏立诸路岁额。熙宁新政，增额一倍。崇宁重修上供格，颁之天下，率一路之增至十数倍，至今为额。其他杂敛，皆起熙宁，于是有免役钱，常平宽剩钱。至于元丰，则以坊场税钱、盐酒增价钱、香、矾、铜、锡、斗、秤、披剃之类，凡十数色，合而为无额上供，至今为额。至于宣和，则以赡学钱、籴本钱、应奉司诸无名之敛，凡十数色，合而为经制，至今为额……且夫自系省而有上供，自上供未立额，而有年额，又有无额。自有无额上供，而后有经制，而三权之入尽归京师，至经制悉矣，故夷狄之祸起。"① 《建炎以来朝野杂记》记载了京师吏禄兵费增长的过程，"祖宗时，中都吏禄兵廪之费，全岁不过百五十万缗。元丰间，月支三十六万。宣和崇侈无度，然后月支百二十万。"② 中央收入的不断增加，对地方财计有明显影响。元祐年间，刑部侍郎王觌批评熙、丰以来拘收朝廷封桩钱政策，曰："又所谓封桩者浸多，若卖盐宽剩钱、阙额禁军请受、减省造船钱之类，名目甚多，本皆转运司之物，而一切封桩，归于朝廷者浸多，则转运司安得而不窘乎？"③ 元祐四年（1089），京西路再次因为岁计不足，要求中央派员"会计"，希望增加预算。右谏议大夫范祖禹上疏极力反对。④

---

① 《陈傅良先生文集》卷十九，第268页。
② 《建炎以来朝野杂记》甲集卷十七《国初至绍熙中都吏禄兵廪》，第379页。
③ 《长编》卷四六六，元祐六年九月甲寅条，第11142页；又见（宋）赵汝愚编，北京大学中国中古史研究中心校点整理《宋朝诸臣奏议》卷一〇七，第1152页。
④ （宋）范祖禹《太史范公文集》卷十五《论封桩札子》曰："臣伏见近遣户部郎官往京西会计转运司财用出入之数。自来诸路每告乏，朝廷详酌应付，其余则责办于外计。今既遣郎官会计，必见缺少实数。若其数不多，则朝廷可以应副。若其数浩大，不知朝廷能尽应副邪？或止如常岁，量事与之也。若量事与之，则朝廷既见其缺少之实；而不尽与，无以为说。若尽数与之，则恐他路援而为例。朝廷视天下如一，无有厚薄，欲悉应副，则力或有所不逮，不悉应副，则转运司无以为计，不刻剥百姓，何所取之？如此则陛下赤子，必受其弊，不可不深虑也。又朝廷既委转运使、副以一路财计，而不信其所言虚实，必遣郎官，然后可信，是使诸路使者，人人有不自信之心，每遇缺少，则倚望朝廷遣官会计，愈不任责。臣以为此不可为后法，欲乞自今诸路凡有告乏，只委转运司官会计保明闻奏，如有不实，即重行黜责，其谁敢妄？臣窃谓今诸路经费所以不足者，由提刑司封桩缺额禁军请受钱帛斛斗万数不少，此乃户部、转运司本分财计，先帝特令封桩以待边用，盖恐仓猝，调发不及，故为此权宜之制。今朝廷方务安边息民，则封桩之法，宜悉蠲除。欲乞自熙宁十年初封桩以来，已起发上京及今日已前未起发上京数目，尽以赐尚书户部、诸路转运司，以佐经费。今天下诸路例多穷乏，而畜其财于无用之所，坐视困竭，而不为救济，非均通有无，足用裕民之政也。缘自封桩至今已十余年，一旦拨还诸路，必稍纾缓，其利害较然无疑，伏乞早降指挥施行。取进止。"（《宋集珍本丛刊》24册，清钞本，线装书局2004年版，第237—238页。）又见范祖禹《上哲宗乞以封桩钱赐户部及诸路转运司》，赵汝愚编、北京大学中国中古史研究中心校点整理《宋朝诸臣奏议》卷一〇七，第1150页。

他说，朝廷如果派员去会计，则必见其缺额实数，置朝廷于拨与不拨的两难境地。而且派人去会计，以后转运司可能遇事更不究心，推诿敷衍。范祖禹认为，最好的办法就是朝廷把封桩钱物拨还诸路，以救其急。此可见朝廷对地方财赋的剥夺程度之深。事实上，对于转运司财计缺乏的诉求，皇帝很是反感。政和三年（1113）十二月二十六日，徽宗手诏："陕右宿重兵制黠虏，本路所出既不足以充军储，故资以川蜀之供茶盐之利，及自今降籴本钱钞、金帛，相踵于道，岁以千万计，将漕之臣，不闻画策，以助邦计，而每以急阙上闻，期于必得。夫春秋租税之入，榷酤盐铁之征，一切失催，贱市亏折而不问，掌计之官且何赖焉？其各亲诸所部，条具州县出入之数，措置之宜，养兵裕民之术，实封来上，毋为空言。"①

北宋徽宗以前，东南地区的茶盐钱大部分留作州军经费，自崇宁、大观年间更改茶盐之法后，茶盐之利的隶属关系产生了重大变化。变化的一个主要方面，就是中央将东南茶盐之利，从留充州军经费，改为起发上供。② 李纲说："夫茶盐者，天下之经费也，异时官运收息，郡县之用所以足者，以茶盐之利在郡县也。比年走商贾，实中都，朝廷之用所以足者，以茶盐之利在朝廷也。"③ 汪藻所撰张根行状载：江南西路"自崇宁行盐钞法，和买民帛，率不得偿，虽朝廷令借封桩钱，而钱特空名。公乃……奏：'自祖宗以来，岁给蚕盐，以取民输。今民既输五年，而一县至有负民五十万缗者，将何所控告？……旧以盐利三十余万缗和籴，故虽凶岁不乏。自更法以来，州县重取百姓耗米以给，民既不堪其苛，而和买四十万缗，复以无所从出之钱给之，民心易摇，不可不虑。'议者徒谓亏榷货务额，……公言：'本路去岁诏蠲租四十万，而户部责发如数。祖宗立东南上供额六百万斛，赐发运司本钱数百万缗，使岁广籴以备非常，随补随取，此万世良法也。自希恩者以为羡余献之，故朝廷不足，则下诸路补发，势必敷于民，为无穷之害，缘此漕计窘乏，无名之敛百出。'"④ 此乃中央划夺地方，地方搜刮百姓。

---

① 《宋会要辑稿》职官四五之一〇。
② 包伟民：《宋代地方财政史研究》，第96页。
③ 《李纲全集》卷一百四十四《理财论中》，第1373页。
④ （宋）汪藻：《浮溪集》卷二四《朝散大夫直龙图阁张公行状》，丛书集成初编本，第276—277页。

前面提到，中央与地方分割财利的做法，蔡京之前就有。中央增加财政收入的办法，王安石做的就很多。但蔡京与王安石的不同在于，宋神宗和王安石敛财于京师或封桩于地方的目的是要做大事。要在做到国富的同时还要兵强，要对西夏和辽作战，重申国威，收复失地，完成祖宗之宏愿。而对宋徽宗、蔡京而言，他们也对西夏用兵，绍述神宗志业。但还有相当部分的财富是被他们君臣挥霍掉了。我们只要看看徽宗在位期间的各种土木工程营造及应奉司、花石纲，各种排场的宴会活动、数额惊人的赏赐就可以明了。

> 元丰初，作元丰库，岁发坊场百万缗输之。大观时，又有大观东、西库。徽宗崇宁后，蔡京为相，增修财利之政，务以侈靡惑人主，动以《周官》惟王不会为说，每及前朝爱惜财赋减省者，必以为陋。至于土木营造，率欲度前规而侈后观。元丰官制既行，赋禄视嘉祐、治平既优，京更增供给、食料等钱，于是宰执皆增。京又专用丰亨豫大之说，谀悦帝意。始广茶利，岁以一百万缗进御。以京城所主之，于是费用浸广。其后又有应奉司、御前生活所、营缮所、苏杭造作局、御前人船所，其名纷如，大率皆以奇侈为功。岁运花石纲，一石之费，至用三十万缗。牟取无艺，民不胜弊。①

叶适说："崇、观以来，蔡京专国柄，讬以为其策出于王安石、曾布、吕惠卿之所未工，故变钞法，走商贾，穷地之宝以佐上用……百侈并斗，竭力相奉。"② 这"以佐上用"四字形象地说明了蔡京经济改革与王安石变法的最大不同。一个是为了"国用"，一个是为了"上用"，这一字之差就代表了王安石与蔡京个人品质的本质区别。蔡京最大限度地搜刮财富是为了满足宋徽宗的贪欲。寺地遵先生说得好："一般都认为，北宋末期的新旧党争是由蔡京等新党赢得胜利，其实，此时所谓的新党，不过是一些毫无改革理念的徒党而已，是王安石集团以外的另一种政治势力。可是由于他们取得财货的方式源自王安石的改革，故无论在当时或是后世，都把北

---

① 《文献通考》卷二四《国用二》，考234。
② 《叶适集》之《水心别集》卷十一《财总论二》，第772—773页。

宋末年的权门视为王安石的同类。"①

另外，在君臣肆意挥霍的过程中，势必造成吏治的腐败。一些人为了个人的升官发财，而不顾及国家利益，人民死活。如："转般之法，东南六路斛斗，自江、浙起纲至于淮甸，以及真、扬、楚、泗，为仓七以聚蓄军储。复自楚、泗置汴纲般运上京，以发运使董之。故常有六百万石以供京师，而诸仓常有数年之积。州郡告歉，则折纳上等价钱，谓之额斛。计本州岁额，以仓储代输京师，谓之代发。复于丰熟以中价收籴。谷贱则官籴，不至伤农，饥歉则纳钱，民以为便。本钱岁增，兵食有余。国家建都大梁，足食足兵之法，无以加于此矣。崇宁初，蔡京为相，始求羡财以供侈费，用所亲胡师文为发运使，以籴本数百万缗充贡，入为户部侍郎。自是来者效尤，时有进献，而本钱竭矣。本钱既竭，不能增籴，而储积空矣。储积既空，无可代发，而转般无用矣。乃用户部尚书曾孝广之说，立直达之法。"② 时为崇宁三年（1104）九月。关于转般废为直达纲的事，并不是蔡京为始，这一点郭正忠先生在《宋代盐业经济史》一书中作了分析。但将发运司籴本作为羡余上交中央，以此获得升迁的胡师文及其效尤者的做法所造成的后果是严重的。籴本钱本来是籴买粮草的，没有本钱后，结果只有两个：要么粮草短缺，储积空乏，影响边计和民生；要么就是向人民强制征收。事实上，北宋后期在茶本钱、盐本钱方面都存在同样的问题，就是把本该给茶园户、盐亭户的本钱慢慢侵吞挪用，而将负担直接转嫁到这些贫苦百姓身上。还有一点需要说明的是，中央对地方财政的过度搜刮，大大降低了地方官吏的积极性和应对事变的能力。

蔡京的茶法、盐法改革，与以往的茶法、盐法的不同，就在于国家既不直接插手于生产领域，又不直接插手于流通领域，但采取了更加严密的管理制度，从而使国家的征榷之利得到了保障。蔡京集团将征榷制度推向了极致，它的严密和完备，不仅为南宋所继承，而且也为元、明、清各代所继承。

封建国家与商人之间既互相依赖，又存在着矛盾，在双方对经济利益的瓜分中，蔡京集团以专制强权作后盾，对实力雄厚的大商人采取了严厉

---

① ［日］寺地遵：《南宋初期政治史研究》，刘静贞、李今芸译，稻禾出版社1995年版，第49页。

② 《文献通考》卷二五《国用三·漕运》，考246。

的打击措施，如盐商。但在更长的时期内，封建国家同大商人结成了亲密的伙伴关系，共同吞噬着各种厚利。这样，通过专利制度，一部分大商人同封建国家结合，转化为官商。这是自宋以后，形成为官僚、地主、商人三位一体的重要渠道之一，他们成为封建统治的一个支柱。

第六章

蔡京的学校、科举制度

北宋初年，政府对地方学校的发展很不重视。刘子健先生以为，与统治者对地方聚徒的警戒心有关。① 不过，太祖、太宗时代，优容举子的基调还是定下来了，且自宋太宗始，科举取士名额不断增加。然而，自宋仁宗即位以来，一面是取士盈庭，一面是士风浮薄。朝廷面对三冗问题，内忧外患，束手无策，乏经国之才。为了改变这种局面，北宋先后两次兴学，即庆历兴学和熙宁兴学。熙宁兴学比之于庆历兴学，在做法、实质上，都"更为完备而踏实"②。范仲淹是为了反对空洞的考试制度来兴学，王安石则是为了培养救国的有用人才来兴学。他们都关注地方州县学的建立，都主张经世致用。就效果来看：庆历兴学昙花一现，成效不大；熙宁兴学成效较著，尤其是太学的发展和三舍法的设立影响较大。崇宁年间，蔡京掀起了北宋第三次兴学和改革科举的高潮。

第一节 蔡京的崇宁兴学与科举改革

蔡京当政期间的学校政策，即所谓"崇宁兴学"，是北宋三次兴学活动中规模最大、时间最长、影响最深的一次。这次兴学活动，在改革学校

---

① 刘子健：《略论宋代地方官学和私学的消长》，载《宋史研究集》第四辑，台湾编译馆1986年再版，第192页。
② 赵铁寒：《宋代的学校教育》，载《宋史研究集》第四辑，台湾编译馆1986年再版。

教育体系的同时，还废除了科举取士制度。影响之深广，值得关注。①

蔡京元丰年间参与过太学学制的修订。元祐年间，任职地方时，关注教育，对当地学校予以扩建。《畿辅通志》卷二八载："正定府府学，在府治东金粟冈，宋以前建置不可考。熙宁三年，龙图阁学士知府事吴中复创修。元祐三年，蔡京守成德军，始迁而大之。"② 崇宁元年（1102），蔡京即辅政，便全面实施施政计划。学校制度的改革即是其中之一。

一　总规划的提出与崇宁兴学的展开

崇宁元年（1102）八月二十二日，右仆射蔡京奏请"以学校为今日先务，乞天下并置学养士"。并且提出了总思路和规划：

> 乞罢开封府解额，除量留五十人充开封府土著人取应外，余并改充天下贡士之数；诸州军额各取三分之一，添充贡士额；乞天下并置学养士，郡小或应举人少，则令三二州学者聚学于一州；置学州并差教授，先置一员，在学生员及百人已上申乞添置，不拘资序，并许选差……应本路常平、户绝田土、物业，契勘养士合用数拨充，如不足，以诸色系官田宅、物业补足。请以太学三舍校试法删立颁降。升补为上舍生者，听每二年贡入太学，随太学上舍试，仍别为号。若试

---

① 目前学界的研究成果有：田勤耘：《"崇宁兴学"研究》，华中科技大学2005年版；[日]近藤一成：《蔡京的科举·学校政策》，载《东洋史研究》五十三卷一号，第24—49页；金中枢：《北宋科举制度研究》（上、下）：分别载《宋史研究集》第十一辑，台湾编译馆1979年版，第1—72页；第十二辑，台湾编译馆1980年版，第31—112页。何忠礼：《科举与宋代社会》，商务印书馆2006年版；张希清：《北宋的科举取士与学校选士》，载漆侠主编《宋史研究论文集》，国际宋史研讨会暨中国宋史研究会九届年会编刊，河北大学出版社2002年版；杨树藩：《宋代贡举制度》，载《宋史研究集》第四辑，台湾编译馆1986年再版；郭宝林：《北宋的州县学》，载《历史研究》1988年第2期；刘子健：《略论宋代地方官学和私学的消长》，载《宋史研究集》第四辑，台湾编译馆1986年版，第189—207页；赵铁寒：《宋代的学校教育》，载《宋史研究集》第四辑，台湾编译馆1986年再版，第209—237页；《宋代的太学》，载《宋史研究集》第一辑，台湾编译馆1980年再版，第317—356页；《宋代的州学》，载《宋史研究集》第二辑，第343—362页；朱重圣：《宋代太学发展的五个重要阶段》，载《宋史研究集》第八辑，台湾中华丛书审委员会1976年版，第445—485页；袁征：《北宋的教育与政治》，载《宋辽金史论丛》二辑，中华书局1991年版，第265—288页；张小红：《宋代宗室子弟教育制度研究》，河南大学硕士学位论文2001年5月；叶鸿洒：《试探北宋医学教育之发展》，载《宋史研究集》第二十四辑，台湾编译馆1995年版，第215—225页。
② （清）唐执玉、李卫等监修，田易等纂：《畿辅通志》卷二八《学校》，504册，文渊阁四库全书本，上海古籍出版社1987年版，第640页。

中上等，补充太学上舍中等；试中中等者，补充下等；试中下等者，补内舍，余为外舍生。虽不入等及科举遗逸，而学行为乡里所服，委知州、通判、监司依贡士法贡入，委祭酒、司业、博士询考得实，当议量材录用。每路自朝廷选监司二人提举，知、通、令、佐仍每十日一诣学，监司一岁巡遍所部州学。凡贡士，自教授考选推择申州，知州、通判审察，监司覆按，监司、知州、通判连书闻奏，随奏遣赴太学。若所贡非其人或应举而不贡，一等依律科罪。若贡士到太学试中上等，及考选升舍人多，即等第立法推赏。请天下诸县皆置学，令、佐掌之，学置长、谕各一人，并支俸禄，并职事人相度随宜量置，除倚郭县不置外，有不置教授处，其州学听置，仍只依县学法，以知州、通判主之。及于本县，委令、佐擘画地利及不系省杂收钱内桩充费用。诸学生在县学一年，学长、学谕考选行艺，报令佐审实申州，知、通验实，教授试其文艺，以入州学，不置教授州依此。应州县学生，若外舍在学实及二年，五犯规矩，两犯第三等已上罚，并五试不中第三等，而文艺无可取之实，行能无可教之资，立出学之法。……若犯杖已上罪，终身不齿，永不得入州县学历。在外官子弟亲戚，法不合在本处取应者，许随处入学，即不得升补与贡，在学通及一年，不犯第二等已上罚，给公据许赴太学取应国子监解名。知州、通判、教授选补职事不当，并依贡士法降二等坐之。请除见行书史外，应邪说异书悉不许教授。①

同日，蔡京等言，"乞州县学并置小学，十岁已上皆听入学，小学教谕仍量给俸料。"② 提议均获得了批准。徽宗《兴学校诏》曰："学校崇则德义著，德义著则风俗淳。故教养人材，为治世之急务。"③ 十二月，蔡京等上《诸路州县学敕令格式》，镂板颁行。④

蔡京的兴学思路主要包括以下内容：一是确立了以学校为主的培养、选拔人才的机制；二是确立了全国办学的思路；三是明确了办学经费的来

---

① 《宋会要辑稿》崇儒二之七至九；《长编纪事本末》卷一二六《州县学》，第3916—3918页。
② 《宋会要辑稿》崇儒二之九。
③ 《宋大诏令集》卷一五七《兴学校诏》，第591页。
④ 《长编纪事本末》卷一二六《州县学》，第3919页。

源；四是确定了地方县学升州学、州学升太学的升学模式，地方州学亦实行三舍法；五是规定了监司、知州、通判、县令佐在学校发展、人才选拔中的义务和责任，明确了奖惩措施；六是完善了在校学生的管理办法，对违纪学生的处罚办法；七是规定、明确了学校管理者、教授的俸禄待遇；八是规定州县建立小学，十岁以上儿童都应入学接受教育；九是规定了外任官子弟入学、升学办法；十是具体规定了教学内容。应该说，蔡京的办学思路是清晰的，学校制度是较全面、系统的。

崇宁二年（1103），置提举学事司，掌一路州县学政。负责巡查本路教师优劣、生员勤惰，"而专举刺之事"。[1] 强调了诸路学田以有余补不足，通一路支用的原则。[2] 对人数过少的州学进行撤并，整合资源。明确了教授、学官改官办法。诏国子监印书赐诸州县学。[3] 规定不置教授州军置学处，学生以百人为额。[4] 县学生不及二十人处，依州学例并附邻近大县一处教养。[5]

二 崇宁兴学的盛况

（一）各级各类学校的建立和制度的完善

崇宁元年（1102）十月，蔡京谈到了太学的规模和今后的发展。"今具外学条件，外学官属：司业一人，丞一人，博士十人，学正五人，学录五人；职事人系学生充学录五人、学谕十人、直学二人，斋长、斋谕，每斋各一人。外舍生三千人，太学上舍一百人，内舍三百人。欲候将来贡试到合格人，即增上舍作二百人，内舍作六百人，处上舍、内舍于太学，处外舍于外学，外学置斋一百，讲堂四。每斋五间，三十人。太学自讼斋合移于外学别置。诸路定到并入外学，候依法考选校试合格，升之太学，为上舍，内舍生。"[6] 与元丰时期相比，太学学生人数规模几增加三分之一。

崇宁年间，地方普遍建立了州、县学校，每路设置提举学事官二员。并要求知州、通判、县令佐对学校的建立，经费、钱粮的筹措，教授选

---

[1] 《宋史》卷一六七《职官七》，第3971页。
[2] 《长编纪事本末》卷一三二《讲议司》，第4141页。
[3] 《长编纪事本末》卷一二六《州县学》，第3920—3921页。
[4] 同上书，第3921页。
[5] 同上。
[6] 《宋会要辑稿》职官二八之一五。

差、学生考核，教学内容监督等负责。扩大了县学规模。

崇宁三年（1104）正月，诏："诸路增养县学弟子员，大县五十人，中县四十人，小县三十人。"① 七月，诏诸路知州、通判并增入"主管学事"四字。② 八月，诏诸路应缘学校奉行违慢，令监司纠察，申尚书省。为了防止州县官素质低下导致考校不公，禁止其参与考试。十二月二日，诏："访闻州有武臣知州，县有无出身人知县，考选校试不能深原法意。应县学许本州教授抽摘点检施行，其知州、通判，凡学之事，悉已干预，唯不得参考去取文艺。教授之官主行教事，当在学事官之上，提举学事官宜在常平官之上，与提刑叙位。教授承务郎以上，本州在签判上，选人在本州职官之上。"③ 对于教导有方的教授、重视学校发展的地方官吏予以奖励。

为了鼓励学生入学，政府予以多方优待。崇宁四年（1105）闰二月，诏："应诸路州学，据学粮余数，额外增养学生，并依额内人条例施行。"④ 四月，诏："诸州县生徒试补入学，经试终场，及自外舍升内舍者免身丁，内舍仍免，借升上舍，即依官户法。"⑤ 九月，又发布制书，要求提举学事司、州县长吏多方劝导儿童入学，并免费支付一定的饮食所需。⑥

崇宁年间学校发展的另一标志就是算学、书学、画学、武学、医学等各类专科学校相继设立。崇宁三年（1104）六月，恢复算学，颁布《书画学敕令格式》。⑦ 同月恢复太医局。⑧ 九月设置武学。⑨

崇宁五年（1106）二月以后到七月以前，随着蔡京的罢相，学校制度有所反复。七月以后，又逐步恢复到蔡京政策的轨道上。

（二）三舍法的推广和科举的废罢

为了实现学校培育人才的目的，摒除以一次考试定终身的弊病，也为了实现神宗遗志，崇宁三年（1104），将太学三舍法推行到全国，废除了

---

① 《宋会要辑稿》崇儒二之十。
② 《长编纪事本末》卷一二六《州县学》，第3923页。
③ 《宋会要辑稿》崇儒二之十。
④ 《长编纪事本末》卷一二六《州县学》，第3924页。
⑤ 同上。
⑥ 《长编纪事本末》卷一二六《州县学》，第3924—3925页。
⑦ 《长编纪事本末》卷一三五《四学》，第4238—4239页。
⑧ 《长编纪事本末》卷一三二《讲议司》，第4147页。
⑨ 《长编纪事本末》卷一二六《州县学》，第3923页。

科举取士制度。徽宗诏曰:"神考议以三舍取士而罢州郡科举,其法行于畿甸而未及郡国。……朕劝励学者至矣……其诏天下将来科场取士,悉由学校升贡,其州郡发解及试礼部法并罢,庶几复古。"① 十一月重申此意。②

为了照顾那些贫老弱势之举子,消除"利贵不利贱,利少不利老,利富不利贫"的不利因素,当时并没一刀切地、一次性地全面废罢科举,而是适当地予以通融。崇宁四年(1105),诏:"将来大比,更参用科举取士一次。"③

三舍法的实行,推动了地方学校的发展。《太平治迹统类》引罗靖《杂记》曰:"崇宁三年,罢科举三年岁贡法成三舍,天下教养人为士二十一万余员,为屋九万二千余楹,费钱三百四十万余缗,米五千五百余石。"④

崇宁五年(1106)二月,蔡京罢相。其所推行的许多政策相继被废。"由是旬日之间,凡京所为者,一切罢之。"⑤ 学校制度方面,首先是专科学校的被罢。正月,诏:"书、画、算、医四学并罢,更不修盖书、画学,于国子监擗截屋宇充,每置博士一员,生员各以三十人为额。"⑥ 三月又罢武学。⑦ 其他与学校相关的举措也受到影响。六月,徽宗已有复相蔡京之意。随着徽宗对蔡京态度的转变,学校政策又恢复到蔡京的思路上。七月,徽宗诏曰:

> 学校以善风俗人伦,治则兴,乱则废,非特教养而已也……若罢县学,则士非里选;废学粮,则人无所养;减教授,则无师;并提举,则无总。名存实废,甚非教育之本。朕恭览熙宁诏书……复乡举里选……神考之志也。而各减废,于朕继述之孝,其可得乎!其县

---

① 《文献通考》卷三一《选举四》,考296。
② 《长编纪事本末》卷一二六《州县学》,第3924页。
③ 《文献通考》卷三一《选举四》,考296。
④ (宋)彭百川:《太平治迹统类》卷二八《祖宗科举取人》,适园丛书本,载王德毅主编丛书集成续编275册,台湾新文丰出版公司1989年版,第680页。
⑤ 《长编纪事本末》卷一三一《蔡京事迹》引赵挺之行状,第4112页。
⑥ 《长编纪事本末》卷一三五《四学》,第4239页。
⑦ 诏:"去年正月指挥诸州添置武学,教养武士,至今逾年,教养每州无几,而月有按试弓马,考校程文,使教官不得专意儒学;又管勾按试兵官、教头皆有添给食钱,官中旋置鞍马。盖造马屋,营葺屋圃,百端糜费,有虚名无实效,可罢去。"见《长编拾补》卷二六,崇宁五年三月丁未条,第883页。

学、提举官、学田粮、教授并各依旧。……①

崇宁五年（1106）九月恢复了武学，十一月设立武士升贡之法。② 同月恢复了算学。③ 大观元年（1107）正月，学制局编修官薛昂言："修整书、画学毕工，额各三十人，分为两斋。"④ 同月，蔡京为尚书左仆射兼门下侍郎。二月，诏复置医学。三月，诏："书、画学并依崇宁四年十二月已前敕令式，人额等其后来裁损指挥勿行。"⑤

（三）王安石新学的发展⑥

熙宁二年（1069），为了适应变法的需要，按照王安石的建议，议更贡举法。罢诗赋，以经义取士。王安石以为"今人材乏少，且其学术不一，一人一义，十人十义，朝廷欲有所为，异论纷然，莫肯承听，此盖朝廷不能一道德故也。故一道德则修学校，欲修学校则贡举法不可不变"⑦。这以后，王安石著三经义。熙宁八年（1075），颁王安石《诗》、《书》、《周礼》义于学官，谓之《三经新义》。神宗曰："今谈经者人人殊，何以一道德？卿有所著，其以颁行，使学者归一。"⑧ 晚年，王安石居金陵，又著《字说》。魏泰《东轩笔录》载："王荆公在中书，作新经义以授学者，太学诸生几及三千人，以至包展锡庆院、朝集院，尚不能容。"⑨ "一时学者，无敢不传习，主司纯用以取士，士莫得自名一说，先儒之书，一切废不用。"⑩ 可见当时新学规模之大，影响之巨。尽管王安石的用意是为了统一思想，培养人才，施行变法，但从学术的发展来讲，其负面影响是显而易见的。马端临就此议论道："然介甫之所谓'一道德'者，乃是欲以其学使天下比而同之，以取科第。夫其书纵尽善无可议，然使学者以干利之故，皓首专门，雷同蹈袭，不得尽其博学详说之功，而稍求深造自

---

① 《长编纪事本末》卷一二六《州县学》，第3926—3927页。
② 同上书，第3928页。
③ 《长编纪事本末》卷一三五《四学》，第4240页。
④ 同上书，第4290页。
⑤ 同上。
⑥ 关于王安石新学的盛衰历史，刘成国《论宋代政治文化的演进与荆公新学之命运》有详细论述。(《社会科学研究》2005年第6期。)
⑦ 《文献通考》卷三一《选举四》，考293。
⑧ 同上书，考294。
⑨ 《东轩笔录》卷六，第48—49页。
⑩ 《宋史》卷三二七《王安石传》，第10550页。

得之趣,则其拘牵浅陋,去墨义无几矣,况所著未必尽善乎?至所谓'学术不一,一人一义,十人十义,朝廷欲有所为,异论纷然,莫肯承听',此则李斯所以建焚书之议也,是何言欤!"①

元祐年间,废除王安石新法。左仆射司马光、侍御史刘挚攻击取士专用三经义、《字说》。司马光曰:"但王安石不当以一家私学,欲盖掩先儒,令天下学官讲解及科场程试,同己者取,异己者黜,使圣人坦明之言转陷于奇僻,先王中正之道流入于异端。"② 刘挚曰:"然今之治经,大与古异。专诵熙宁所颁新经、《字说》,佐以庄、列、释氏之书,试者累辈百千,概用一律,其中虽有真知圣人本指,该通先儒旧说,与时尚不合,一切捐弃……愿复诗赋,与经义兼行,其解经通用先儒传注及自己之说,禁用字解、释典,以救文弊,亦使学者兼通他书,稍至博洽。"③ 由于元祐党人对王安石三经义、《字说》和对习学者的压制,元祐八年(1093)时"士子多已改习诗赋。""太学生员总二千一百余人,而不兼诗赋者才八十二人。"④ 于是又规定之后取士专以诗赋。

哲宗亲政的绍圣元年(1094),又诏进士罢诗赋,专习经义,仍除去《字说》之禁。⑤ 王安石新学重新获得尊崇地位。王辟之《渑水燕谈录》载:

> 荆国王文公,以多闻博学为世宗师,当世学者得出其门下者,自以为荣,一被称誉,往往名重天下。公之治经,尤尚解字,末流务多新奇,浸成穿凿。朝廷患之,诏学者兼用旧传注,不专治新经,禁援引《字解》,于是学者皆变所学至有著书以诋公之学者,且讳称公门人。故芸叟为挽词云"今日江湖从学者,人人讳道是门生"传士林。及后诏公配享神庙,赠官并谥,俾学者复治新经,用《字解》。昔从学者,稍稍复称公门人,有无名子改芸叟词曰:"人人却道是门生。"⑥

这条记载正反映了自熙宁至元祐再到绍圣的北宋政局演变,以及与之紧密

---

① 《文献通考》卷三一《选举四》,考293。
② 同上书,考295。
③ 同上书,考294—295。
④ 同上书,考296。
⑤ 同上。
⑥ (宋)王辟之撰,吕友仁点校:《渑水燕谈录》卷十,中华书局1981年版,第126—127页。

相连的学术,尤其是王安石新学的发展轨迹。

崇宁以后,蔡京掌权,但以绍述熙宁为言,虽时有异论,但在徽宗、蔡京的高压政策下,王安石三经义、《字说》仍以至尊地位得以广泛传播和发展。吴曾《能改斋漫录》曰:

> 先是,崇宁以来,专意王氏之学,士非三经、《字说》不用。至政和之初,公议不以为是,蔡嶷为翰林学士……张琮为起居舍人,列奏:"欲望今后时务策并随事参以汉唐历代事实为问。"……未几,监察御史兼权殿中侍御史李彦章言:"……学乎《诗》、《书》、《礼》者,先王之学也;习秦、汉、隋、唐之史者,流俗之学也。……伏望罢前日之诏,使士一意于先王之学,而不流于世俗之习,天下幸甚!"奉御笔:"经以载道……今罢黜诗赋而使士兼习,则士不得专心先王之学,流於俗好,恐非先帝以经术造士之志……前降指挥更不施行。"时政和元年三月戊戌也。①

据此可见,自崇宁以后,王安石新学在蔡京的倡导之下,始终占据着学术主流的地位。尤其是王安石"绍圣中,谥曰文,配享神宗庙庭。崇宁三年,又配食文宣王庙,列于颜、孟之次,追封舒王"②。"如果说,配享神宗庙和追封为舒王意味着对王安石及新法在政治上的肯定,那么,将王安石父子列入孔庙配享、从祀,则象征了对荆公新学在儒家道统、学统传承中正统地位的确认。这样,在哲宗、徽宗和新党的长期奖励提倡下,北宋后期荆公新学已经成为居朝廷统治地位、风靡全国的学术思想流派。"③南宋以后,情形又发生大的变化。

第二节 崇宁以后学校科举的兴衰

一 八行取士及其弊端

大观元年(1107)三月,为了整顿士人"任官临政,趋利犯义,诋讪

---

① 《能改斋漫录》卷十二《罢史学》,第371—372页。
② 《宋史》卷三二七《王安石传》,第10550页。
③ 刘成国:《论宋代政治文化的演进与荆公新学之命运》,载《社会科学研究》2005年第6期,第143页。

贪污，无不为者"的不正之风，徽宗下诏"以八行取士"。八行者，"善父母为孝，善兄弟为悌，善内亲为睦，善外亲为姻，信于朋友为任，仁于州里为恤，知君臣之义为忠，达义利之分为和；孝悌忠和为上，睦姻为中，任恤为下。"① 规定士有全备八行，不受时间限制，随时上奏，贡入太学，免试为太学上舍，经相关机构审查以后，申尚书省取旨，释褐命官，优加擢用。具"八行"者，将享受许多优惠政策。"诸生以八行考士为上舍上等，其家依官户法。中下等免户下支移、折变、借倩身丁，内舍免支移、身丁。"② 与"八行"相反，则有"八刑"。即不忠、不孝、不悌、不和、不睦、不姻、不任、不恤。③ 犯有"八刑"之一者，入学要受限制。六月，根据江东转运副使家彬奏请，御笔令诸州学以御制八行、八刑刻石。④ 八月，御书八行八刑刻石立之学宫。⑤

八行取士以德为首，鼓励、优待所谓有"行"之人，就整个社会而言，就是要建立良好的上下尊卑等级秩序。所谓"其为人也孝悌，而好犯上者鲜矣，不好犯上而好作乱者，未之有也"。就吏治而言，就是要改变"趋利犯义，诋讪贪污"的现象，其用意未必不良，对于具备"八行"品德的奖励和犯"八刑"之罪的惩罚，给人们一个以"文"治太平的盛世印象。从维护封建统治的角度而言，对于优化社会环境，创造和谐的人际关系有一定的积极作用。但用不得入学的办法加以惩罚，使学校的教化功能丧失。并且"八行"取士忽视了对知识的考察，单纯用品德作依据，顾此失彼，本身就是非常不科学的。过分强调道德，在执行过程中势必走样，出现与原意大相径庭的结果，使投机钻营者大行其道。大观四年（1110）正月，中丞吴执中上言："窃闻迩来诸路以八行贡者，如亲病割股，或对佛燃顶，或刺臂出血，写青词以祷，或不茹荤，常诵佛书，以此谓之孝。或〔尝〕救其兄之溺，或与其弟同居十余年，以此谓之悌。其女适人，贫不能自给，取而养之于家，为善内亲；又以婿穷窭，取而教之，为善外亲。此则人之常情，仍以一事分为睦、姻二行。尝一遇歉岁，率豪民以粥食饥者而谓之恤。……又有尝收养一遗弃小儿者，尝救一跛者之溺以为

---

① 《长编纪事本末》卷一二六《八行取士》，第3909页。
② 同上书，第3912页。
③ 同上书，第3912—3913页。
④ 同上书，第3913页。
⑤ 同上书，第3914页。

恤,如此之类,不可遽数。"① 可见八行取士已然存在严重问题,造就了一批伪道士,完全与初衷背道而驰了。政和六年(1116)十二月十五日,徽宗诏曰:"顷岁亲御翰墨,着八行之法,以驭天下操履敦笃不求闻达之士。比年颇闻夤缘请托,观望权贵,渐以滥贡。吏不奉法,士失所守,冒妄侥幸……如尚敢循习弊幸,以违御笔论。不赦。"②

二 各级各类学校的兴衰

北宋后期的学校命运,与蔡京的宦海浮沉紧密相连,几起几落。

(一)国子监、太学

大观三年(1109)六月,因御史中丞石公弼、殿中侍御史毛注交章论列蔡京奸恶,徽宗亦对蔡京专权不满,加上徽宗随龙人郭天信多次言"日中有黑子",蔡京第二次罢相。大观四年(1110)六月,张商英任右仆射,大革弊政。③ 蔡京崇宁年间的学校政策,也有更改,如减省国子监、太学学官、博士及各类管干人员数。④ 但张商英任右仆射时间不长,政和元年(1111)八月出知河南府。而左仆射何执中乃蔡京之党,政和二年(1112)五月蔡京再次出任右仆射,故太学规模仍在发展。到政和七年(1117)的时候,由于生员颇多,太学显得狭小拥挤。⑤

宣和二年(1120)六月蔡京第三次罢相,十一月王黼任相。"悉反其所为,罢方田,毁辟雍、医、算学……"⑥ 学校制度受到大的破坏,发展受到影响。宣和三年(1121)二月二十日,诏:"罢天下三舍,太学以三舍考选,开封府及诸路以科举取士。州县未行三舍以前应置学官及养士去处,并依元丰旧制……辟雍官属并罢。"⑦

(二)州、县学

大观年间州县学发展较快。政府采取升迁、奖励教官和地方官等办法发展学校教育。为了鼓励边远地区学校发展,大观元年(1107)十一月,郑宗奏乞以地里远近,生徒众寡,量其难易劳佚,旌别教官。徽宗批曰:

---

① 《长编纪事本末》卷一二六《八行取士》,第3914—3915页。
② 《宋大诏令集》卷一五七《臣僚上言八行预贡人与诸州贡士混试御笔手诏》,第593页。
③ 《宋史》卷三五一《张商英传》,第11097页。
④ 《宋会要辑稿》职官二八之一九。
⑤ 《宋会要辑稿》职官二八之二一。
⑥ 《宋史》卷四七〇《王黼传》,第13682页。
⑦ 《宋会要辑稿》职官二八之二二。

"水土恶弱州军，承务郎以上与转一官；三千里外，承务郎以上可减一年磨勘，选人占射一次。其广南东、西不及四千里者，依四千里法。"① 对于学校发展好的地方官吏，奖励升迁。反之则惩罚。如大观元年（1107）十二月，建州浦〔城〕县丞徐秉哲迁一官，"以县学生系籍者千余人，此一路最多"。② 大观二年（1108）七月学生以"常州为众，其知州、教授特与转一官"③。而大观三年（1109）八月，因"泉州州学，全然不成次第，本路提举学事、知州、转运判官各特降一官，其学舍令本州疾速修盖"④。

对于小学生也加强教育和管理。大观二年（1108）三月，开封府学博士郁师醇言："检会御笔，自今应于乡村城市教导童稚，令经州县自陈，赴所在学试义一道，文理不背义理者听之。虑有假名代笔诈冒之人，欲乞依大观学令初入学生结保之法，仍乞试日依补试法，差官封弥试卷，送考校官。"从之。诸路依此。⑤

大观二年（1108）五月，提举京西南路学事路瑗言："臣所领八州三十余县，比诸路最为褊小，管学舍乃至三千三百余人，赡学田业等岁收钱斛六万三千余贯石。窃计诸路学舍生徒田业钱斛之数，何翅数百万？此旷古所未尝有也。（乞）诏有司总会诸路州军县文武、大小学生，并学费所入所用实数，具图册上之御府，副在辟雍，仍宣付史馆。"从之。⑥ 可见州县学发展之势。

在州县学生规模发展的同时，规章制度也不断完善起来。大观三年（1109）四月，知枢密院郑居中等言："修立到小学敕令格式申明一时指挥，乞冠以大观重修为名，付礼部颁降。"⑦ 八月，诏："学校法度，已见完备，惟在奉行。可令诸路提举学事司检察州县，如稍有懈弛，及辄妄议，按劾以闻，当议重责。"⑧

大观三年（1109）六月蔡京第二次罢相后，州县学原来的制度也有改变。大观四年（1110）八月十二日，诏："县学并州县小学更不给食，愿

---

① 《宋会要辑稿》崇儒二之一一。
② 《长编纪事本末》卷一二六《州县学》，第3929页。
③ 《宋会要辑稿》崇儒二之一二。
④ 《宋会要辑稿》崇儒二之一四。
⑤ 《宋会要辑稿》崇儒二之一一至一二。
⑥ 《长编纪事本末》卷一二六《州县学》，第3929—3930页。
⑦ 《宋会要辑稿》崇儒二之一一至一四。
⑧ 《长编纪事本末》卷一二六《州县学》，第3930页。

陪厨者听。"① 同日诏:"三舍之法初颁四方,深恐有司奉行违戾,故学生三百人已上,命置教官二员。今行之既久,已见就绪,所在学生及五百人已上,许置教授二员,其不及五十〔人〕者不置,以本州在任有出身官兼领。……所有合减罢官,依崇宁五年三月五日所降指挥施行。"(十七日又改为不及八十人者不置。)② 同日诏:"贡士被贡日,许长吏集合州官燕犒,破赡学钱,乃无限定之数,往往广有支用,实于养士有妨。可令今后许于公使钱内量支。"③ 政和元年(1111)正月二十九日,诏:"县学并州县小学生更不给食。县学长谕、教谕、直学,系州学选差内合外舍生充,自合依条给食县学钱粮。官罢月给食钱。"④ 可见,张商英任右仆射以后,主要是从节省经费角度改变蔡京的学校政策。不过,蔡京当政期间,提举学事司掌握的经费有时的确相当宽裕甚至有浪费。政和元年(1111)九月二十八日,诏:"访闻比来学事司取拨过户绝田产顷亩不少,遂致常平钱本浸以阙少,有害敛散,可令诸路学事司取大观四年初诏,诸州以前三年赡学支费过实数内,取支费钱谷最多一年为准,仍增加五分以备养士外,余剩田舍,尽数拨还元管系官司。"⑤

政和元年(1111)后半年,随着张商英的罢相和蔡京的即将复相,州县学的发展再次出现转机。州学不及五十人不置教授的规定,以不合熙宁之意为名被废除。⑥

小学进一步发展。入学人数增加,学生教育和管理人员相应增加。政和四年(1114)三月二日,诏:"应小学生及百人处,并添差教谕一员。"⑦ 对小学生学习状况的检查也完善起来。六月,根据扬州司户高公粹之请,置功课簿籍。根据《小学令》,诸学并分上、中、下三等,能通经为文者为上;日诵本经二百字,《论语》或《孟子》一百字以上为中;若本经一百字,《论语》或《孟子》五十字者,为下。⑧

政和四年(1114)应该说是蔡京崇宁兴学以来学校发展的最后一次高

---

① 《宋会要辑稿》崇儒二之一五。
② 同上。
③ 同上。
④ 《宋会要辑稿》崇儒二之一六。
⑤ 同上。
⑥ 《宋会要辑稿》崇儒二之十六至十七。
⑦ 《宋会要辑稿》崇儒二之二二。
⑧ 《宋会要辑稿》崇儒二之二三。

潮了。八月九日，诏："诸路学校及百人以上者，三分增一分，百人以下者，增一分之半。"陕西、河北、河东、京东路学生数少者，由提举学事司出具可与不可增及所增数闻奏。①

在学校发展、规模扩大过程中，难免存在诸多弊端。崇宁兴学以来存在的问题主要如下：一、学校经费钱粮支出过多。"学校方兴之际，监司、州县不知朝廷本意专为育大材，有务为丰腆饮食，其弊至于以实直时估移为市价；务为假借学生，其弊至于犯法害教，多至讼庭。或戾知佐，或侵良民，而不敢问。务为从事外饰，则有枉用钱粮之费；务为申请遗利，则有与民争利之过。"② 二、学校纪律松散，学生经常旷课逃学。为了防止学生找借口逃学，规定学生祖父母、父母老病，或无兼侍许归宿者，满五人听一名出宿，五人以上二人，每十人加二人。③ 三、教授不务讲学授业，敷衍应付，塞责了事。"教授入学，堕而弗虔，有未尝升堂者，往往止讬逐经学谕，撰成口义，傅之诸斋，抄录上簿而已，未尝亲措一辞于其间。至于本斋轮流覆讲，则亦未尝过而问焉。"④ 有些人忙于搞外交拉关系。"而诸州教授，有或多务出入，罕在学校，至如过客，到发亦与郡官同讲将迎之礼。"⑤ 这些弊端与当时社会风气的堕落不无关系。

王黼当政以后，反蔡京所为，宣和三年（1121），罢天下三舍法，开封府及诸路并以科举取士，惟太学仍存三舍。学校制度受到破坏。宣和六年（1124），礼部试进士一万五千人，赐第八百余人，因上书献颂，直令赴试者殆百人。有储宏等隶大阉梁师成为使臣或小史，皆赐之第。⑥

第三节　对蔡京学校科举制度的评价

一　蔡京学校科举改革的正面影响

毫无疑问，蔡京的崇宁兴学及其对学校科举制度的改革，是宋代历史

---

① 《宋会要辑稿》崇儒二之二四。《宋大诏令集》卷一五七《学校增员御笔》载为政和五年八月十一日。且"十有二年"写为"十有三年"，"士游学校不被教养于学者"写为"士游学校外，不被教养于学者"。（第592页。）

② 《宋会要辑稿》崇儒二之一八。

③ 同上。

④ 《宋会要辑稿》崇儒二之一九。

⑤ 《宋会要辑稿》崇儒二之一八。

⑥ 《宋会要辑稿》选举四之一四。

上官方学校发展的最高峰。蔡京在兴学过程中，将神宗时期的太学三舍法推广到地方州县学。建立了从县学到州学、从州学到辟雍、从辟雍到太学的逐级考核升学办法，这对于提高教学质量，无疑是进步的。这种逐级升学，最后到最高级太学参加考试授官的办法，也是符合教育教学原则的。蔡京废除科举，用学校取代科举取士的做法，是对传统科举制度以一次考试定去留的颠覆。随着蔡京政治上的失败，学校取士制度再次被颠覆。

蔡京的学校科举改革打着绍述神宗遗愿的旗号，但无疑也包含了蔡京的理想和蔡京对学校发展的实践。蔡京利用强权政治推行他的学校科举改革。用奖惩办法来刺激、鼓励官吏和教授对学校发展的重视；用制度保障学校经费投入。学校经费的投入是保障学校发展壮大的关键。庆历兴学和熙宁兴学，在经费投入和保障方面都没有崇宁兴学力度那样大，学校往往因经费短缺而废罢。《郓州学田记》记载了滕元发元祐年间在郓州兴学的情况：

> 公下车即入学，延见耆旧、诸生问政所设施。诸耆老儒生争言：新学成，顾苦在贫，有田硗瘠，食不能百生，游学之士或自罢去。公闻太息曰："教学养徒而无食，可乎！"则厚为廪饩，诸生问其所无而与之。岁时斋金钱衣物，载敦酒从之。劳养为礼，与之周旋。士更感动，贫无归者，得卒学。①

可见经费保障对学校发展之重要。《高斋漫录》有这样一条记载：

> 崇宁初，蔡京用事，章公惇谓客曰："蔡元长必行三舍，奈何？"客曰："三舍取士，《周官》宾兴之法，相公何为不取？"章曰："正如人家有百金之产，以其半请门客教弟子，非不是美事，但家计当何如？"闻者以为知言。②

章惇之言，正反映出兴学需要雄厚的财力作后盾这一事实。蔡京在兴学过程中经费的筹措渠道和投入情况前文已有揭示。上述措施和政策规定，无

---

① 《郓州学田记》，载《宋代石刻文献全编》第三册，第329页。
② 《高斋漫录》，第106页。

疑保障了办学经费的充足。设置提举学事司，路级官员和州县官员参与学校的监督管理，增加教授名额，提高俸禄待遇等，也有利于学校的发展。

崇宁兴学取得了比以往更大的成就。一是随着学校的发展和士子水平的普遍提高，对学生的要求相应提高。大观二年（1108）二月一日御笔曰："……思得多闻博习之材，而虑专门之流弊。可自今学生愿兼他经者听之。兼经多者，计所多量立升进之法，使天下全才异能，得而进焉。"①二是边远州县的学校得到发展。政府重视边远地区的教育，地方官吏也究心学事。大观二年（1108）二月御笔曰："黔南新造之邦，人始从化，虽未知学，然溯其鄙心，非学无以善之。委转运判官李仲将以渐兴学，举其孝弟忠和，使知劝向。"②大观三年（1109）二月，提举黔南路学事戴安仁言："所管多是新创州郡，内县、城、寨新民教授系经略司举辟。今来既有提举学事，其新民教授欲乞一就提举学事司奏辟命官，或贡士、摄官有学行人充。新民学生就学，其间亦有秀异，今欲乞立劝沮之法，分为上、中、下三等。上等为能诵《孝经》、《论语》、《孟子》及一经，略通义理者，特与推恩；中等为能诵《孝经》、《论语》、《孟子》者，与赐帛及给冠带；下等为能诵《孝经》、《论语》或《孟子》者，给与纸、笔、砚、墨之费。"从之。③

就统治者而言，兴学的目的，一方面是通过教化的手段，使人们自觉维护社会发展的正常秩序；另一方面，就是培养出维持其统治所需的各类人才。这也是经济文化发展的必然要求。蔡京的兴学举措实现了从中央到地方，从京师到边远地区的全国规模的办学。他对太学三舍法的推广和各级各类学校的建立，一定程度上推动了文化教育的普及，实践了学校作为培养选拔人才基地的思想。

二 蔡京学校科举改革的负面影响

由于蔡京的学校科举改革是与北宋后期的政治走向紧密相连的，所以受政治动向、社会风气的影响，北宋后期的学校发展存在诸多问题。这一点，袁征先生《北宋教育与政治》一文有详细论述。以下主要从学术禁锢

---

① 《宋大诏令集》卷一五七《听诸生兼五经御笔》，第591页。
② 《宋大诏令集》卷一五七《黔南兴学御笔》，第591页。
③ 《宋会要辑稿》崇儒二之一四。

和言论禁锢方面来谈。

元祐更化和建中靖国时期,由于统治者内部的政治斗争,蔡京都是被打击的对象,所以,蔡京当政以后,搞政治报复。除了设立元祐党籍碑对曾经和当时的反对者实行无情的打击以外,还从学术上加以禁锢。其中最具代表性的就是对以司马光为代表的史学和以苏轼、黄庭坚为代表的文学的禁锢。崇宁二年(1103)四月丁巳,诏焚毁苏轼《东坡集》并《后集》印板。① 乙亥,诏:"三苏集及苏门学士黄庭坚、张耒、晁补之、秦观及马涓文集,范祖禹《唐鉴》、范镇《东斋记事》、刘攽《诗话》、僧文莹《湘山野录》等印版,悉行焚毁。"② 大观二年(1108)九月,诏:"诸路州学有阁藏书,皆以经史为名。方今崇八行以造多士,尊《六经》以黜百家,史何足言!应置阁处赐名曰'稽古'。"③ 政和二年(1112),宰臣何执中请禁人习诗赋。"又诏士毋得习史学。"④ 马端临论道:"按尊经书,抑史学,废诗赋,此崇观以后立科造士之大指,其论似正矣。然经之所以获尊者,以有荆、舒之三经也。史与诗之所以遭斥者,以有涑水之通鉴,苏、黄之酬唱也。群憸借正论以成其奸,其意岂真以为六籍优于迁、固、李、杜也哉?!"⑤ 为了一道德同风俗,对于"趋尚不端、学术非正"的师儒之官,令提举学事官体量按察。"如或失觉,致他人案举,其提举官当行黜责。"⑥ 这样的学术禁锢随蔡京的宦海浮沉一直延续到北宋末年,对于学术的发展非常不利。宣和六年(1124),右正言崔鶠针对谏议大夫冯澥"上无异论,太学之盛也"的言论,进行批驳。崔鶠上疏曰:"王安石除异己之人,著《三经》之说以取士,天下靡然雷同,陵夷至于大乱,此无异论之效也。京又以学校之法驭士人,如军法之驭卒伍,一有异论,累及学官。若苏轼、黄庭坚之文,范镇、沈括之杂说,悉以严刑重赏,禁其收藏,其苛锢多士,亦已密矣。而澥犹以为太学之盛,欺罔不已甚乎?"⑦

除了禁习文学、史学以外,为了粉饰太平,严格言论禁忌。洪迈《容斋随笔·三笔》曰:"蔡京颛国,以学校科举钳制多士,而为之鹰犬者,

---

① 《长编拾补》卷二一,崇宁二年四月丁巳,第739页。
② 《长编拾补》卷二一,崇宁二年四月乙亥,第741页。
③ 《长编拾补》卷二一,大观二年九月乙丑,第949页。
④ 《宋会要辑稿》选举七之三四。
⑤ 《文献通考》卷三一《选举四》,考296。
⑥ 《宋大诏令集》卷一五七《令提举学事体量师儒官御笔》,第591页。
⑦ 《宋史》卷三五六《崔鶠传》,第11216页。

又从而羽翼之。士子程文,一言一字稍涉疑忌,必暗黜之。有鲍辉卿者言:'今州县学考试,未校文学精弱,先问时忌有无,苟语涉时忌,虽甚工不敢取。'"① 对于议论熙丰变法、朝政得失之事,当权者更是相当敏感。崇宁三年(1104)三月,邛州学生费乂、韦直方,绵竹县学生庞汝翼一并送往广南编管,规定以后永不得入学,原因是其答策诋讪元丰政事。而点检官朝奉大夫、直龙图阁、成都府路转运副使季孝广迁一官。② 八月辛酉,醴州醴陵县学生季邦彦试卷言涉谤讪,季邦彦特送五百里外编管,元考较长谕屏出学。③

三 政治、人事变迁对学校发展的影响

北宋后期,翻烧饼似的政治人事变迁,影响到北宋政局的发展。而学校发展的速度快慢、学科的设置与否都与政治人事变迁紧密相连。太学的发展可见一斑。"国初,凡事草创,学校教养未甚加意。皇祐三年七月壬子,诏太学生旧制二百人,如不足止百人为限。其简如此。元丰二年十二月乙巳,神宗始命毕仲衍、蔡京、范镗、张璪详定,于太学创八十斋,三十人为额,通计二千四百人,内上舍生百人,内舍生三百人,外舍生二千人。崇宁元年,徽宗创立辟雍,增生徒共三千八百人。内上舍生二百人,内舍生六百人,教养于太学;外舍生三千人,教养于辟雍……以祭酒总治两学,辟雍别置司业、丞各一人,博士十人,正、录各五人,分为百斋,讲堂凡四所。其后王黼反蔡京之政,奏废之,而辟雍之士,太学无所容矣。"④

蔡京的四次宦海浮沉,对其所从事的学校科举改革颇见影响。大观三年(1109)六月,蔡京二次罢相,第二年,其所设置的医学、算学、书画学再次被废罢。⑤ 州县小学生给食粮的规定也被取消。政和二年(1112)五月,蔡京第三次复相,当月罢科举。⑥ 政和三年(1113)复置算学和医学。⑦

---

① 《容斋随笔·三笔》卷十四《政和文忌》,第 576 页。
② 《长编纪事本末》卷一二六《州县学》,第 3922—3923 页。
③ 同上书,第 3923 页。
④ (宋)王栐撰,诚刚点校:《燕翼诒谋录》卷五,中华书局 1981 年版,第 51 页。
⑤ 《长编纪事本末》卷一三五《四学》,第 4242 页。
⑥ 《皇朝编年纲目备要》卷二八,政和二年五月,第 706 页。
⑦ 《长编纪事本末》卷一三五《四学》,第 4242、4243 页。

宣和二年（1120）六月，蔡京第三次罢相，七月又罢医学。① 可见，北宋后期不论是学校的兴废还是学科的置罢，或即学官、教授、生员的增减，并不完全出自教育发展的实际需要。学校发展的波动成为体现政治风向变动和当权者权力得失的权衡之一。

专制体制的特征之一就是严密防范任何对统治不利的言和行。宋代统治者对朋党活动十分警惕。学校是教授聚徒讲学的场所，学生人数众多，统治者担心教授与学生结成朋党，所以对教授和生徒严加戒厉，防患于未然。大观四年（1110）四月，因学生挽留教授，新权提举淮西路学事叶杞奏请禁止这一做法。"教授乃朝廷选除，其教导有方，贡试如法，知、通、提举职当审实，保奏再任，学生但合退听，岂可陈状举留，殊无朋比之嫌？欲乞今后州学教授如委可再任，并本州准学法施行，诸生不得辄牵众陈状，举留教授。"诏依。② 甚至不允许学生和教授私下相见，防止教授舞弊徇私。

学校是社会的缩影。北宋后期，政治败坏，世风浮薄，这种现象也蔓延到学校。教学质量下降、学风败坏、管理混乱。北宋后期学校规模迅速扩大，生员众多，但有相当一部分人并不专心于教与学，学生"实在者常少，系学籍者常多"。学习质量差。学生程文"词烦理寡，体格卑弱，言虽多而意不逮"。③"浅陋卑近，无足取者。"④ 考试应付，作弊现象也很严重。"吏缘为奸，士失所守，至假名代笔，觊免户役。挟书就试，侥幸苟得。请托求嘱，观望权要。"⑤ 学校财物管理混乱，贪污浪费严重。"贡士被贡日，许长吏集合州官燕犒，破赡学钱，乃无限定之数，往往广有支用。"⑥ 大观二年（1108）十一月八日，魏宪言："诸路学费房廊，止是科差剩员一名收掠，其间侵欺盗用，失陷官钱。"⑦ 对学生疏于管理，一些学生品行不端。政和三年（1113）六月庚申，尚书省言："今天下令佐，

---

① 《长编纪事本末》卷一三五《四学》，第4244—4245页。
② 《宋会要辑稿》崇儒二之一四至一五。
③ 《宋大诏令集》卷一五七《考校程文官降官御笔手诏》，政和三年闰四月三日，第592页。
④ 《宋大诏令集》卷一五七《学校士能博通诗书礼乐置之上等御笔手诏》，政和六年八月十六日，第593页。
⑤ 《宋大诏令集》卷一五七《学生怀挟代笔监司互察御笔手诏》，政和六年十一月十五日，第593页。
⑥ 《宋会要辑稿》崇儒二之一五。
⑦ 《宋会要辑稿》崇儒二之一三。

吏部注授，多非其人。俗吏则以学为不总，不加察治，纵其犯法；庸吏则废法容奸，漫不加省，有罪不治。以故学生在学，殴斗争讼，至或杀人，盖令佐不加训治，州学不切举察，提举官失于提按，以致如此。不惟士失其行，亦官废其职。"①

那么，如何评价蔡京的学校、科举改革呢？我们认为，应该从以下方面来看：

（一）蔡京看到学校在文治太平和风俗教化方面的积极作用，借助专制皇权的力量，在全国大力进行校舍建设和教授、学官的配置，并且要求提举学事官员和州县官员参与、督促学校的建设、发展和管理事务，对于学校经费来源提供了较为可靠的政策保障，所以就硬件和师资配备而言，达到了一个前所未有的历史发展高度。邓肃《沙阳重修县学记》曰：

> 崇宁以来，蔡京为冢宰，群天下学者纳之黉舍，校其文艺，等为三品，饮食之给，因而有差。旌别人才，止付于鱼肉铢两间。学者不以为羞，且逐逐然贪之曰："吾利在是，不可一日舍是而他也。"县有师长，郡有教授，未必知有所谓学校之本者，但务为美观耳。部使者又从而督之，以学官成坏为州县殿最。斥叱所及，官吏胆落，故士夫惧焉。此崇宁间学舍之盛，所以妙绝今古，可以亡愧于道释之宫也。呜呼！学校之兴，虽自崇宁，而学校之废，政由崇宁。何以言之？盖设教之意专以禄养为轻重，则学校之士岂复顾义哉！知有利心而已。一旦赫然复祖宗法，以科举取士。学者则曰："朝廷不以学校官我矣，吾何贪焉？"州县则曰："部使者不以学校督我矣，吾何惧焉？"是故昔日青衿接迹，弦歌之地，今则败椽老屋，号风泣露，使人过之，凄凄然如墟墓间。若不可以复振者，是真可伤哉！②

邓肃是以否定的口吻讲崇宁兴学的，但是我们从他的言辞间看到了蔡京推广、发展学校教育的力度之大、投入之多和成果之显著以及蔡京罢政以后学校的衰落。

---

① 《长编纪事本末》卷一二六《州县学》，第 3932 页。
② （宋）邓肃：《栟榈先生文集》卷十六《沙阳重修县学记》，载《宋集珍本丛刊》39 册，明正德十四年罗珊刻本，线装书局 2004 年版，第 773 页。

（二）蔡京的学校科举改革推动了整个社会对文化事业的重视，人们注意礼义廉耻，社会风气因此有大的改观。但他采取的文化专制和学术禁锢政策又阻碍了思想的解放和社会的进步。光宗绍熙三年（1192）六月，吏部尚书赵汝愚等人言：

> 惟我国家，内自京师，外及郡县，皆置学校。庆历以后，文物彬彬，几与三代同风矣。逮至崇观，创行舍法，所在养士，诚得党庠遂序之遗意。故一时学者粗知防检，非冠带不敢行于道路。遇乡曲之长，上及学校之职事，则敛容而避之，其风俗亦诚美矣。然其失也，在于专习新义，崇尚老庄，废黜《春秋》，绝灭史学。又罢去科举，使寒畯之士，舍此无以为进身之路。事理俱碍，施行废革，此亦非舍法之罪，其时弊则然也。①

此语可谓平实公正。尽管蔡京兴学政策使北宋的学生人数达到了二十万左右，但就人才培养的成效来讲，与此并不成正比。其深层原因，就在于专制集权统治对教育发展的桎梏和对人智慧的扼杀。教育的目的是培养能够按照最高统治者旨意行事的顺民，各种学规的制定限制了个人能力的发展。魏了翁对此有揭示，魏了翁曰："且国初天下未有学也，庆历三年以后虽用范文正公之议，诏州县立学，然学未遍而诏旋寝矣。迨崇宁以蔡京之请，州县无远小，咸得立学。学官之备，乃防乎此。国初贡院废置，亦无常居，自崇宁至政和，中都、外郡咸有贡院。贡院之备，又防此。夫既养士于学，又为贡士之宫，以重其事，风厉作成，是宜人才辈出，以称隆指。然以今视之崇宁，养才孰与国初？崇宁以后，得士孰与国初？天下之理，至于制逾密而弊滋多，法既详而奸不胜，则亦必有故矣……"② 可见，教育的发展，人才的兴盛，离不开宽松、和谐的社会大环境。

---

① 《宋会要辑稿》崇儒一之四六至四七。
② 魏了翁：《鹤山先生大全文集》卷四四《普州贡院记》，四部丛刊初编本。

第七章

蔡京的社会救助政策

社会救济是国家和社会通过对国民收入的分配、再分配,对社会成员因各种原因导致的生活困难予以物质援助的社会安全制度。内容包括六个方面:社会救济的主体是国家和社会;社会救济的对象是所有社会成员;社会救济的目标是最基本生存;社会救济的手段是对国民收入进行分配和再分配;社会救济的媒介是物质;社会救济的功能是保障社会安全。从救济对象的角度区分,它包括三个方面:对灾荒人群的救济,对社会贫困人口与弱势群体的救济,对社会特殊群体的救济。[1]

对社会特殊群体如皇室宗亲、官员、士子的救济具有优恤性质,不同于其他人群救济。对灾荒人群的救济具有灾情的突发性、局部的集中性和"救急"的临时性。灾荒出现以后,民众恐慌心理度大,政府如不能及时疏导安抚,就可能出现混乱局面,所以它考验各级政府和官员的应变能力。而全国范围内的、经常性的对贫弱人群救济的实施程度如何,则更能体现政府的执政本色和现实关怀。一定程度上这也是社会发展与进步的标志。两宋时期,尤其是北宋徽宗、蔡京统治时期,社会救济机构的设置与发展在历史上是比较突出的。学界关于宋朝的社会救助政策及其实施情况的相关学术成果,可以参看张文先生《宋朝社会救济研究》和郭文佳先生《宋代社会保障研究》[2] 二书的学术综述。

---

[1] 张文:《宋朝社会救济研究》,西南师范大学出版社2001年版,第4页。
[2] 郭文佳:《宋代社会保障研究》,新华出版社2005年版。

第一节　宋代灾荒救助的常规机构

历史上的灾荒赈济，由来已久。就宋代而言，也是有许多振恤措施。《文献通考》卷二六《国用考》记载了仁、英宗时期灾荒发生以后政府大致的救助情况：

> 灾之所被，必发仓廪振贷，或平价以粜；不足，则转漕他路粟以给；又不足，则诱富人入粟，秩以官爵。灾甚，则出内藏或奉宸库金帛，或鬻祠部度僧牒，东南则留发运司岁漕米，或数十万，或百万石济之。赋租之未入、入未备者，或纵不取，或寡取之，或倚格以须丰年。宽逋负，休力役，赋入之有支移、折变者省之；应给蚕盐若和籴，及科率追呼不急、妨农者罢之。薄关市之征，鬻牛者免算。利有可与民共者不禁，水乡则蠲蒲、鱼、果、蔬之税。民流亡者，关津毋责渡钱；过京师者，分遣官诸城门振以米，所至舍以官第，为淖糜食之，或赋以闲田，或听隶军籍。老幼不能自存者，听官司收养，因饥役若厌溺死者，官为瘗理祭之，厌溺死者加赐其家钱粟。蝗为害，则募民捕，以钱若粟易之……下诏州郡戒长吏存拊其民，缓缧系，省刑罚，饥民劫囷窖者薄其罪。且以戒监司，俾察官吏之老疾、罢懦不任职者。间遣内侍存问，灾甚则遣使安抚。其前后所施，大略如此。①

此亦是整个宋代灾荒赈济的常规程序。那么，这些救助活动都由哪些机构承担呢？我们结合上述史料，参考张文先生研究成果②，可以看出主要涉及以下机构：

（一）转运司

主管一路财赋，权力很大。长官为转运使、副使、判官等。地方州县救灾所需粮食、布帛等物品，需要经其筹措、运输、调剂。转运司作为地方州县的上级主管，地方州县的灾伤救济申请须经转运使批准。但转运使

---

① 《文献通考》卷二六《国用四·振恤》，考第252页。
② 张文：《宋朝社会救济研究》，第88—92页。

虽可以在所辖一路中筹措、调剂救灾物资，但作为替中央负责上供的部门，也不能擅做主张，必须服从中央的命令。

(二) 常平司

长官为提举常平官。主管常平仓、义仓、广惠仓，及各路役钱、水利、茶盐等事。常平仓本义为平抑物价，由于宋代灾荒频仍，常平仓职能更多地便体现在灾荒赈济上。常平官的职责是负责接受地方上的报灾，调配赈济物资，核查赈济事宜。但与转运司一样，常平粟要用于赈灾，必须上报朝廷，得到批准后才能从常平使那里调配到粮食。

这两个机构应该是承担灾荒赈济的最主要机构。

(三) 提刑司

长官为提点刑狱公事或提点刑狱、负责一路的司法刑狱与治安巡查。由于赈灾过程中难免出现这样那样官吏徇私舞弊、损公肥私、挪用挤占、贪污救灾物资，上报灾情不实等事，所以提刑司往往也参与到赈灾中，负责督察和违法案件的处理。如大中祥符九年（1016）九月，诏："如闻广西东西路，物价稍贵，宜令转运司、提点刑狱官分路抚恤，发官廪减价赈粜。"[①] 元祐元年（1086）三月，诏："府并诸路提点刑狱体访州县灾伤，即不限放税分数及有无披诉，以义仓及常平米斛速行赈济，无致流移。"[②] 或者有些地方没有常平司，提刑司便担负了常平司的赈灾职能。

(四) 安抚使

为临时负责赈济诸路灾伤及用兵的特使。

(五) 廉访使者

即走马承受公事，多以三班使臣或宦官担任，负责一路吏治查访。地方上的赈灾事宜亦属查访范围，有时连带负责赈灾事宜。

这两个机构的官吏往往是以皇帝特使的身份出使，所以权力很大。如安抚使"可以便宜行事。如俗谓先施行后奏之类是也"[③]。而廉访使者分行诸路，检举常平、灾伤，随宜赈救，诏令"监司郡吏各协力赈恤，无令失所。有不尽心及一行官吏因而骚动乞取，并以违御笔论"[④]。

---

① 《宋会要辑稿》食货五七之五。
② 《宋会要辑稿》食货五七之九。
③ （宋）赵升编，王瑞来点校：《朝野类要》卷第四《帅幕·安抚》，中华书局 2007 年版，第 92 页。
④ 《宋会要辑稿》食货五九之一一。

（六）内藏库

由皇帝直接控制。以诸司使副、内侍为监官，别有内侍一人点检。主管者称勾当官、提举官等，直接向皇帝负责。宋代内藏库的一项重要用途，就是救灾济贫。方式有直接救灾、出资为常平本、充还蠲免之赋税、振恤老疾孤贫等多种。直接救灾南北宋均甚多，至南宋且成常例；作为常平等仓之本钱，见于嘉祐以后；充还蠲免的赋税给户部，南宋特多。① 用内藏振恤，主要显示皇恩浩荡，用于收买人心。所以在行事时，皇帝常有一番表白。如绍兴二十八年（1158）十一月丁巳，出内库钱三万九千余缗付户部，代平江府、常、湖州水灾下户积欠租税，之前的九月癸未，就此事，高宗曰："朕平时无妄费，内库所积，正欲备水旱耳，本是民间钱，却为民间用，复何所惜邪！"②

（七）地方州县机构及长官

这是最基层、最直接、最具体的赈灾机构。负责灾伤的检视、受灾民户的抄札、灾荒的申报、赈灾物资的发放等等。工作最琐碎、最繁杂，然而也最重要。他们工作的效率以及扎实细致程度如何，直接关系到对灾民救济的速度快慢和公平与否。

这些灾荒救济机构在开展救灾活动时，需要各机构及其成员协同配合，才能收到最好的效果。政和八年（1118）八月二十五日，诏："江淮荆浙被水州军……民不得耕，比屋摧圮，无奠居。可令郡守令佐悉心赈救，监司虽非本职，并许通行管幹，分定州县前去巡按，具已救济事件人数奏。监司、郡守自今应水旱盗贼，敢有隐蔽不奏，或不尽言，以违御笔论。"③ 但往往由于利害关系，官员个人品质、能力素质等因素影响，有时在救灾问题上互相推诿、扯皮，影响到了救灾效果。高斯得就讲到了南宋后期灾荒救济过程中的不良现象。"予尝病近世士大夫不知职分，为连帅者曰：'缮甲治兵，式遏寇虐，吾之职也。惠养非吾事也'；主转漕者曰：'总揽利权，毋乏供馈，吾之职也。惠养非吾事也'；治刑狱者曰：'谳平岸狱，使民不冤，吾之职也。惠养非吾事也'；任常平者曰：'摘山煮海，以佐国用，吾之职也。惠养非吾事也。'呜呼！……居其位而交委

---

① 李伟国：《论宋代内库的地位和作用》，载《宋辽金史论丛》第一辑，中华书局1985年版。
② 《系年要录》卷一八〇，绍兴二十八年九月癸未条，327册，第545页。
③ 《宋会要辑稿》食货五九之一一至一二。

其责，然则茕茕者将听其自生自死而已乎？"①

就常平仓制度来说，北宋后期就不断遭到破坏，物资储备不足或拆借不还、挪用挤占。南宋初年，高宗曾加以整治。但随着财力日益拮据和中央对地方控制的削弱，到南宋后期，移用滥支常平财物的现象屡禁不止，统治者干脆立为厉禁，"常平义廪之储有司不得擅发"。② 这样，矫枉过正，常平仓救济灾荒的作用也不断削弱了。

上述参与振恤的机构和人员，是在水旱蝗灾及其他各种自然灾害发生以后，中央政府和地方政府一般性、常规性的临时救助灾民活动。

而建立常年性的救助机构，大规模地收养、救治无家可归、无力赡养的老弱孤残人员，收葬无主尸骨的制度，经过宋初至宋神宗时期的缓慢发展，到宋徽宗、蔡京时代才快速发展了起来。

第二节 宋徽宗以前社会救助机构的设置情况

作为仁政的体现，也是为了稳定社会秩序的需要，自然灾害发生以后，情势紧急，从中央到地方的相关各级政府部门和人员都要快速做出反应，积极投身到灾害的防范和对灾民的救助活动中去。对于谎报、瞒报灾情、推诿扯皮，拖延救济的人员做出严厉的处罚，而对老弱病残、无家可归、无人赡养、无力葬埋的贫弱人群的救助，是一项常年性、长期性的工作。就宋代而言，这项工作的开展历史比较长，但大规模展开却是在宋徽宗时代蔡京执政以后，此前的工作，发展规模不大。

首先看收养机构。宋徽宗以前主要是福田院。蔡京当政以后更多的收养机构名称为居养院。居养院始于唐之悲田、福田院。③《事物纪原》卷七《州郡方域部》载：

> 贫子院：《事始》曰：开元二十二年，断京城乞儿，官置病坊，给廪食。亦为悲田院，或曰养病院。记之为其所始。按《唐会要》

---

① （宋）高斯得：《耻堂存稿》卷四《江东提刑司新创药局义阡记》，1182册，文渊阁四库全书本，上海古籍出版社1987年版，第62页。
② （宋）吴潜修、梅应发、刘锡撰：《开庆四明续志》卷四《广惠院记》，载《宋元方志丛刊》，第5971页。
③ 《宋会要辑稿》食货六〇之一。

曰：开元五年，宋璟、苏颋奏，悲田院养病，从长安以来置使专知。所称悲田，乃关释教，此是僧尼职掌。至二十三年，乃分置于诸寺。推长安中初置使之文，则知其前有矣。而《事始》所记乃给廪食所始，谓兹事之起于此者，非也。宋朝又因之，以僧院名福田，今亦曰悲田也。①

可见，居养院的前身悲田、福田院，在唐代，起先是京城一些寺院的僧尼主动承担了养济病患、乞儿的责任，后来政府派专人管理，并支与一定数量的廪食，由于此工作与佛教、寺院关系紧密，所以起名为悲田、福田院。北宋沿用其名称和职掌，最早也只设置于京师，有东西二所，仍名福田院。主要收养"老疾孤穷丐者"②。英宗即位前规模很小，"给钱粟者才二十四人"。"英宗命增置南、北福田院，并东、西各广官舍，日廪三百人。岁出内藏钱五百万给其费，后易以泗州施利钱，增为八百万。又诏：'州县长吏遇大雨雪，蠲僦舍钱三日，岁毋过九日。著为令。'"③ 神宗即位以后，熙宁二年（1069），因为大雪，京师寒冻，于是下诏扩大收养人数。闰十一月二十五日，诏："京城内外值此寒雪，应老疾孤幼无依乞丐者，令开封府并拘收，分擘于四福田院住泊，于见今额定人数外收养，仍令推判官、四厢使臣依福田院籍贯看验。每日特与依额内人例支给与钱赈济，无令失所。至立春后天气稍暖日申中书省住支。所有合用钱于左藏库见管福田院钱内支拨。"④ 英宗将福田院由二个增加到四个，收养的人数由二十四人扩大到每院三百人，福田院的经费五百万由内藏库出。神宗时，收养人数不变，只有在特殊天气如寒冻异常的情况下，才临时增加救助人数，但神宗时的救助经费从内藏库改为左藏库了，也就是由天子的私藏转为朝廷财务支出。这一细微变化，似乎可以这样理解：神宗以前的救济行为更多地体现皇帝的"仁民"行为，而神宗以后更多地体现的是政府行为。当然，这以后，出内藏救济孤贫的"仁政"、"善举"还是经常有的。

---

① （宋）高承：《事物纪原》卷7《贫子院》，920册，文渊阁四库全书本，上海古籍出版社1987年版，第185页。
② 《宋史》卷一七八《食货志上六·振恤》，第4338页。
③ 同上书，第4338—4339页。
④ 《宋会要辑稿》食货六〇之三。

地方上救助贫弱的行为存在，但与后来建立专门机构实施救助的行为相比，还有一段差距。如元丰元年（1078）十二月二十五日，知太原府韩绛言："在法，诸老疾自十一月一日州给米豆，至次年三月终止。河东地寒，与诸路不同，欲乞本路州县于九月以后抄札，自十月一日起支，至次年二月终止。如米豆有余，即至三月终。"从之。①

就总体上来说，神宗时代的社会救助还是很不尽如人意。四福田院仅仅一千二百人的限额根本无法满足贫弱人群的需要，而且让畿县需救助的对象到开封府来接受救助，也是不现实的。开封府和畿县的情况是这样，其他地方上就可以想象。元祐二年（1087）十二月二十日，范祖禹上书，对皇帝的临时救助行为和政府的救助现状谈了自己的看法。他首先称赞，在大寒天气下，皇帝出禁中钱十万贯，以赐贫民，是"尧舜之仁也"。接着说："国朝祖宗以来……每遇大雨雪，则放公私房钱，以至粜米卖炭，散钱，死者则赐钱瘗埋，惠及存殁。""朝廷自嘉祐以前，诸路有广惠仓，以救恤孤贫；京师有东、西福田院，以收养老幼废疾。至嘉祐八年十二月，又增置城南、北福田，共为四院……然每院止以三百人为额。臣窃以为京师之众，孤穷者不止千二百人，又朝廷每遇大冬盛寒，则临时降旨救恤，虽仁恩溥博，然民已冻馁死损者众。"范祖禹认为："今每岁收养与临时救济，二者等为费用。不若多养之为善也。"办法就是：

> 宜于四福田院增盖官屋，以处贫民，不限人数，并依旧法收养。委左右厢提举使臣每至冬月，多设方略救济，或给米豆，设糜粥，不必专散见钱，其使臣存活到人数，书为课绩，量与酬奖，死损多者，亦立殿罚。如四厢使臣提举难遍，即委吏部临时更选差使臣四员，相兼提举，量与添给，仍理为重难短使。存活死损殿最亦依四厢使臣法。其天下广惠仓，窃虑州县不以为急，乞更申明成法，每岁以时举行，委逐路监司丁宁，行下所属州县，及因巡历案视，或于逐州别差官点检，使知朝廷挂意。令官吏用心振恤，须要实惠及贫民，不得轻易以为末事。畿内诸县亦乞令擘画官屋，依京师收养，无令远者聚于都下，重立条禁，以绝主掌支散之人减刻之弊。如此则物不虚费，而

---

① 《宋会要辑稿》食货六〇之三，《宋会要辑稿》食货六八之一二八，"元丰元年"作"熙宁九年"；《宋史》卷一七八《食货志上六·振恤》也作熙宁"九年"。（第4339页。）

所活益多矣。国家富有四海，每岁用系省钱一二万缗，于租赋之入，无异海水之一勺，而饥穷之人，日得食钱之资，升合之米，则不死矣。①

元符年间，居养救济制度有了一定发展。元符元年（1098）九月二日，根据监察御史蔡蹈的建议，下诏："开封府依旧敕，每岁冬月巡视京城冻馁者，吏部差待阙小使臣同职员画地分赈赡毕，付福田院据寔数申户部。"十月八日，按照详定一司敕令所之请，面向地方州县下诏："鳏、寡、孤独，贫乏不能自存者，州知、通、县令、佐验实，官为养之，疾病者仍给医药，监司所至，检察阅视。应居养者以户绝屋居，无户绝者以官屋居之。及以户绝财产给其费。不限月份，依乞丐法给米豆。若不足者以常平息钱充。居居养而能自存者罢。"② 此间，地方州县较多地建立了居养院。如慈溪县居养院，县东南二里。元符元年（1098）建。③ 奉化县居养院，县东北。元符二年（1099）六月建。④ 定海县居养院，县东一百三十五步。元符二年（1099）建。⑤ 象山县居养院，皇朝建中靖国元年（1101）四月以百姓缪贵户绝屋为之。崇宁四年（1105）十月以地里遥远，移县东一百五十步。⑥

其次看救治病患的机构。对于疾病患者的救治，仁宗时代做得就比较好。"先是，仁宗在位，哀病者乏方药，为颁《庆历善救方》。知云安军王端请官为给钱和药予民，遂行于天下。尝因京师大疫，命太医和药……又蠲公私僦舍钱十日。令太医择善察脉者，即县官授药，审处其疾状予之，无使贫民为庸医所误，夭阏其生。"⑦ 元祐四年（1089），苏轼知杭州，他看到杭州作为一个水陆交通的大都会，来往客商多。但这些人万一遇到疾

---

① （宋）范祖禹：《太史范公文集》卷一四《乞不限人数收养贫民札子》，载《宋集珍本丛刊》24 册，清钞本，线装书局 2004 年版，第 229—230 页。

② 《宋会要辑稿》食货六〇之三；《宋会要辑稿》食货六八之一二九；（宋）李焘：《续资治通鉴长编》卷五〇三，元符元年十月壬午条载：详定一司敕令所言："鳏寡孤独贫乏不得自存者，知州、通判、县令、佐验实，官为居养之；疾病者仍给医药。监司所至检察阅视，应居养者，以户绝屋居，无户绝以官屋居之；及以户绝财产给其费，不限月份，依乞丐法给米豆，缺若不足者以常平息钱充。已居养而能自存者罢。"从之。（第 11976 页。）

③ （宋）罗濬等：《宝庆四明志》卷一六《慈溪县》，载《宋元方志丛刊》，第 5205 页。

④ 《宝庆四明志》卷一四《奉化县》，载《宋元方志丛刊》，第 5197 页。

⑤ 《宝庆四明志》卷一八《定海县》，载《宋元方志丛刊》，第 5230 页。

⑥ 《宝庆四明志》卷二一《象山县》，载《宋元方志丛刊》，第 5263 页。

⑦ 《宋史》卷一七八《食货志上六·振恤》，第 4338 页。

病,在异域他乡人生地不熟,无法得到及时的救治,于是,苏轼筹集一部分结余经费,又自掏腰包,建立了病坊,专门收治无人照料的病患。《宋史》卷三三八《苏轼传》载:"既至杭,大旱,饥疫并作。轼请于朝,免本路上供米三之一,复得赐度僧牒,易米以救饥者。明年春,又减价粜常平米,多作饘粥药剂,遣使挟医分坊治病,活者甚众。轼曰:'杭,水陆之会,疫死比他处常多。'乃裒羡缗得二千,复发橐中黄金五十两,以作病坊,稍畜钱粮待之。"① 苏轼当时给病坊起名"安乐",雇僧人主持。且向朝廷提出申请,给予僧人一定的回报。崇宁年间,始统一命名"安济坊"。《咸淳临安志》载:"养济院,一在宝胜院,一在艮山门外。又有善化坊四所。先是守苏文忠公尝于城中创置病坊,名曰安乐,以僧主之,仍请于朝,三年医愈千人,乞赐紫衣并度牒一道。诏从之。崇宁元年八月,诏诸路置安济坊。二年五月,两浙运司遂援苏公之说以请,仍改病坊为安济。"② 关于医治病人之数,《宋会要辑稿》有两处记载,一处记载与此不同。③ 但这些资料可以说明的是,宋徽宗之前,京城和地方州县,零星的救治患者的机构存在。

最后看葬埋机构漏泽园。漏泽园建立之前,真宗"天禧中,于京畿近郊佛寺买地,以瘗死之无主者。瘗尸,一棺给钱六百,幼者半之。后不复给,死者暴露于道。嘉祐末,复诏给焉"。神宗在位时,令畿县拨出荒地将开封府僧寺寄留的棺柩掩埋。时为元丰二年(1079)三月。《宋会要辑稿》记其事曰:

> 诏开封府界僧寺,旅寄棺柩,贫不能葬,岁久暴露,其令逐县度

---

① 《宋史》卷三三八《苏轼传》,第10812页。
② (宋)潜说友:《咸淳临安志》卷八八《恤民》,载《宋元方志丛刊》,第4174页;《宋史》卷一九载:崇宁元年八月"辛未,置安济坊养民之贫病者,仍令诸郡县并置"。(第364页。)
③ 《宋会要辑稿》食货六〇之四载:"五月二十六日,两浙转运司言:'苏轼知杭州日,城中有病坊一所,名安乐。以僧主之。三年医愈百人,与紫衣。乞自今管勾病坊僧,三年满所医之数,赐紫衣〔与祠部〕牒各一道。'从之。仍改为安济坊。"《宋会要辑稿》食货六八之一三〇载:"五月二十六日,两浙转运司言:'苏轼知杭州日,城中有病坊一所,名安乐。以僧主之。三年医愈千人,与紫衣。乞自今管勾病坊僧,三年满所医之数,赐紫衣与祠部牒一道。'从之。仍改为安济坊。"周煇《清波别志》卷上载:"苏文忠公知杭州,以私帑金五十两助官缗,于城中置病坊一所,名安乐。以僧主之。三年医愈千人,与紫衣。后两浙漕臣申请:'乞自今管干病坊僧,三年满所医之数,赐紫衣及祠部牒一道。'从之。仍改为安济坊。"(丛书集成初编本,中华书局1985年版,第127页。)故当以千人为是。

官不毛地三五顷，听人安葬，无主者官为瘗之，民愿得钱者，官出钱贷之，每丧毋过二千，毋收息。又诏提举常平等事陈向主其事，以向建言故也。后向言在京西禅院均定地分，收葬遗骸，天禧中，有敕书给左藏库钱，后因臣僚奏请裁减，事遂不行。今乞以户绝动用钱给瘗埋之费。六月，向又乞选募僧守护，量立恩例。并从之。葬及三千以上，度僧一人，三年与紫衣、师号，更令主管三年，愿再任者，准此。①

徐度对此也有记载。他说：

> 漏泽园之法起于元丰间，初，予外祖以朝官，为开封府界使者，常行部，宿陈留佛寺，夜且半，闻垣外汹汹若有人声，起烛之四望，积骸蔽野，皆贫无以葬者委骨于此，意恻然哀之，即具以所见闻，请斥官地数顷以葬之，即日报可。神宗仍命外祖总其事，凡得遗骸八万余，每三十为坎，皆沟洫什伍为曹，序有表，总有图，规其地之一隅以为佛寺，岁输僧寺之徒一人使掌其籍焉，外祖陈氏名向，字适中，睦州人。……②

张邦炜先生对徐度"漏泽园之法起于元丰间"的说法，和顾炎武"漏泽园之设，起于蔡京，不可以其人而废其法"③的说法，均提出了质疑，指出这两种说法虽不无道理，但并不确切。④不过可以肯定的是，漏泽园这一名称是在蔡京当政时确定的。

从以上叙述可以看出，宋徽宗即位以前，北宋政府对于居无所、病无医、葬无地的贫民还是采取了一些救助措施，但总体上看，并非全国性

---

① 《宋会要辑稿》食货六八之一二八；《宋史》卷一七八《食货志上六》载："初，神宗诏：'开封府界僧寺旅寄棺柩，贫不能葬，令畿县各度官不毛地三五顷，听人安厝，命僧主之。葬及三千人以上，度僧一人，三年与紫衣；有紫衣，与师号，更使领事三年，愿复领者听之。'"第4339页。
② 《却扫编》卷下，第174页。
③ （清）顾炎武著，黄汝成集释，栾保群、吕宗力校点：《日知录集释》卷十五《火葬》，上海古籍出版社2006年版，第902页。
④ 张邦炜、张忞：《两宋时期的义冢制度》，载漆侠、胡昭曦主编《宋史研究论文集》，1994年年会编刊，河北大学出版社1996年版，第271—285页。

地、全面铺开,即使到了神宗和哲宗时代也是如此。

第三节 蔡京当政期间社会救助机构的快速发展

蔡京当政期间,社会救助制度的推行力度之大,在古代历史上是罕见的,标志就是居养院、安济坊、漏泽园的普遍建立及发展。

一 居养院、安济坊、漏泽园的建立及发展

史载:

> 崇宁初,蔡京当国,置居养院、安济坊。给常平米,厚至数倍。差官卒充使令,置火头,具饮膳,给以衲衣絮被。州县奉行过当,或具帷帐,雇乳母、女使,糜费无艺,不免率敛,贫者乐而富者扰矣。三年,又置漏泽园。初,神宗诏:"开封府界僧寺旅寄棺柩,贫不能葬,令畿县各度官不毛地三五顷,听人安厝,命僧主之。葬及三千人以上,度僧一人。三年与紫衣……"至是,蔡京推广为园,置籍,瘗人并深三尺,毋令暴露,监司巡历检察。安济坊亦募僧主之,三年医愈千人,赐紫衣、祠部牒各一道。医者人给手历,以书所治瘥失,岁终考其数为殿最。诸城、砦、镇、市户及千以上有知监者,依各县增置居养院、安济坊、漏泽园。道路遇寒僵仆之人及无衣丐者,许送近便居养院,给钱米救济。孤贫小儿可教者,令入小学听读,其衣襕于常平头子钱内给造,仍免入斋之用。遗弃小儿,雇人乳养,仍听官观、寺院养为童行。宣和二年,诏:"居养、安济、漏泽可参考元丰旧法,裁立中制。应居养人日给秔米或粟米一升,钱十文省,十一月至正月加柴炭,五文省,小儿减半。安济坊钱米依居养法,医药如旧制。漏泽园除葬埋依见行条法外,应资给若斋醮等事悉罢。"①

这段资料概述了蔡京当政以来居养院、安济坊、漏泽园的创制和发展过程。分述如下:

---

① 《宋史》卷一七八《食货志上六·振恤》,第4339—4340页。

（一）居养院

崇宁元年（1102）七月，蔡京任右仆射，接着成立了讲议司，系统研讨和推广各项制度。而社会救济制度作为仁政的一部分，很快便开展了起来。救助贫弱方面，就是在京师和地方先后建立了居养院。《东都事略》卷一〇载：崇宁元年（1102）"八月辛未，开封府置居养院"。《宋史》卷一九载："（崇宁元年）九月戊子，京师置居养院，以处鳏寡孤独，仍以户绝财产给养。"① 但崇宁四年（1105）前，京师居养院的数量应该不多。崇宁四年（1105）十月六日，徽宗诏曰："京师根本之地，王化所先，鳏寡孤独与贫而无告者，每患居养之法施于四海而未及京师，殆失自近及远之意。今京师虽有福田院，所养之数未广，祈寒盛暑穷而无告及疾病者，或失其所，朕甚悯焉。可令开封府，依外州法，居养鳏寡孤独及置安济坊，以称朕意。"② 可见此前开封府的居养院数量并不多，主要是福田院。而地方居养院却在原有基础上进一步发展起来。如昌国县居养院，旧在县东北一百八十步。皇朝崇宁元年（1102）十一月置。政和二年（1112）七月移置县北二百九十步。③ 居养院之名称至崇宁五年（1106）始统一。十月九日，淮东提举司言，安济坊、漏泽园并已蒙朝廷赐名，其居养鳏寡孤独等，亦乞特赐名称，以昭惠泽。京西北路提举司申请以居养院称呼。诏依所申，以居养院为名。诸路准此。④

京师居养院后来在收养鳏寡孤独不能自存之人之外，冬天还收养流浪乞丐。大观元年（1107）闰十月，诏："在京遇冬寒，有乞丐人无衣赤露，往往倒于街衢，其居养院止居鳏寡孤独不能自存之人，应遇冬寒雨雪有无衣服赤露人，并收入居养院，并依居养院法。"⑤

对于因自然灾害如水灾等造成的孤遗及小儿等，也要求就近由居养院收养。如大观二年（1108）八月十九日，工部言邢州巨鹿县水，该县官私房屋等尽被浸漫。诏："见在人户如法赈济，如有孤遗及小儿，并侧近居

---

① 另，《皇朝编年纲目备要》卷二六载：八月"置居养院。以处鳏寡孤独。寻诏以户绝财产给其费，不限月数。乞丐法给米豆，如不足，即支常平司钱。遗弃小儿，仍雇人乳养。"第664页。
② 《宋会要辑稿》食货六〇之四；食货六八之一三〇至一三一。
③ （宋）罗濬等：《宝庆四明志》卷二〇《昌国县》，载《宋元方志丛刊》，第5247页。
④ 《宋会要辑稿》食货六八之一三二；食货六〇之五。
⑤ 《宋会要辑稿》食货六〇之五。

养院收养。"① "候有人认识，及长〔至〕十五岁听从便。"②

虽然自大观三年（1109）以后，对于居养人的待遇有所削减，但如果遇到灾荒寒冻等，政府还是要求地方官员不拘条例，及时赈济。如政和元年（1111）正月二十九日，诏："居养鳏寡孤独等人，昨降指挥并遵守元符令，自合逐年依条施行。不须闻奏听旨外，如遇歉岁或大寒，合别加优恤。若须候闻奏得旨施行，窃恐后时，仰提举司审度施行讫奏，诸路依此。"③ 政和四年（1114）四月十八日，新知愿昌府崔直躬言："朝廷以居养、安济惠济鳏寡孤独，欲冬月遇寒雪异常，许权不限数支讫闻奏。"从之。④

对于因寒冻临时寄居于居养院的流浪人的居住时限，有时可根据实际情况随时延长。政和五年（1115）二月十七日，诏："居养院见居养，居合止此月二十日住罢，可更展限十日。"⑤ 而对于冬天流落到某地方的"僵仆之人"，地方政府有责任派人员及时送往居养院进行救济。如果本人不愿去居养院，就将其遣送出境，对遣而不还的人，地方官员要及时发现，及时处置。政和八年（1118）七月十二日，诏："诸州县镇寨及乡村道路，遇寒月，过往军民有寒冻僵仆之人地分，合干人即时扶舁送近便居养院，量给钱米救济，不愿入院者浑遣出界，遣而不送者，委令佐及本地方当职官觉察，监司巡历所至点检。"⑥

（二）安济坊

居养鳏寡孤独的机构即居养院，元符年间各地建立的比较多，但救治病患的机构即安济坊更多地是在崇宁年间建立的。崇宁元年（1102）八月辛未，置安济坊，养民之贫病者，仍令诸郡县并置。⑦ 十一月辛卯，置河北安济坊。⑧ 定海县安济坊与居养院相邻，崇宁元年（1102）建。久而皆

---

① 《宋会要辑稿》食货六〇之五；食货五九之八。
② 《宋会要辑稿》食货五九之八。
③ 《宋会要辑稿》食货六〇之六；食货六八之一三四。
④ 《宋会要辑稿》食货六〇之六。
⑤ 同上。
⑥ 《宋会要辑稿》食货六〇之七。
⑦ 《宋史》卷一九《徽宗本纪》，第364页；《皇朝编年纲目备要》卷二六载：崇宁元年"八月，置安济坊。以处民之有疾病而无告者。初令诸郡置之，寻复推行于县。"（第664页。）
⑧ 《宋史》卷一九《徽宗本纪》，第365页；《宋会要辑稿》食货六〇之三载："徽宗崇宁元年十一月十日，河北都转运司言，乞县置安济坊，令佐提辖，从之。"

坨，嘉定十四年（1221），令赵珌夫重建安济院。① 昌国县安济院，县东北一百八十步。皇朝崇宁二年（1103）八月建。政和二年（1112）七月移建县北二百九十步。② 慈溪县安济坊，县东南二里。崇宁二年（1103）建。③ 明州府安济坊的建立，史载：安济坊，西门里，崇宁二年（1103）令置安济坊，以养病者。本府以大观元年（1107）闰十月始建。④ 奉化县安济坊，县东北五里，崇宁二年（1103）九月建。⑤ 象山县安济坊，县东一百五十步，皇朝崇宁三年（1104）六月建。⑥

（三）漏泽园

宋徽宗时代，漏泽园由开封府界推广至地方州县。崇宁三年（1104）二月三日，中书言："州县有贫无以葬，或客死暴露者，甚可伤恻。昨元丰中，神宗皇帝常诏府界以官地收葬枯骨。今欲推广先志，择高旷不毛之地，置漏泽园。凡寺观寄留辎梓之无主者，若暴露遗骸，悉瘗其中，县置籍，监司巡历检察。"从之。⑦

《宝庆四明志》载："漏泽园。崇宁三年，以人物繁庶，贫无以葬，寄留僧舍或委弃道旁。令州责之县，选有常住僧管干择地，以常平钱置……本府以崇宁三年置于城南栩亭院，僧主之。"⑧

慈溪县漏泽园，县西南三里，崇宁三年（1104）建。⑨ 定海县漏泽园，县西一里一百八十步，崇宁三年（1104）建。⑩ 昌国县漏泽园，县北一里，皇朝崇宁三年四月建。⑪ 象山县漏泽园，县东北三里，皇朝崇宁三年（1104）六月置。⑫ 奉化县漏泽园，县西北十里，崇宁四年（1105）二月建。⑬

---

① 《宝庆四明志》卷一八《定海县》，载《宋元方志丛刊》，第 5230 页。
② 《宝庆四明志》卷二〇《昌国县》，载《宋元方志丛刊》，第 5247 页。
③ 《宝庆四明志》卷一六《慈溪县》，载《宋元方志丛刊》，第 5205 页。
④ 《宝庆四明志》卷三《安济坊》，载《宋元方志丛刊》，第 5023 页。
⑤ 《宝庆四明志》卷一四《奉化县》，载《宋元方志丛刊》，第 5197 页。
⑥ 《宝庆四明志》卷二一《象山县》，载《宋元方志丛刊》，第 5263 页。
⑦ 《宋会要辑稿》食货六〇之四；《宋史》卷一九载，崇宁三年（1104）二月丁未，置漏泽园。第 368—369 页。
⑧ 《宝庆四明志》卷三《漏泽园》，载《宋元方志丛刊》，第 5023 页。
⑨ 《宝庆四明志》卷一六《慈溪县》，载《宋元方志丛刊》，第 5205 页。
⑩ 《宝庆四明志》卷一八《定海县》，载《宋元方志丛刊》，第 5230 页。
⑪ 《宝庆四明志》卷二〇《昌国县》，载《宋元方志丛刊》，第 5247 页。
⑫ 《宝庆四明志》卷二一《象山县》，载《宋元方志丛刊》，第 5263 页。
⑬ 《宝庆四明志》卷一四《奉化县》，载《宋元方志丛刊》，第 5197 页。

《咸淳临安志》载：漏泽园。钱塘、仁和两县管下共一十二所。先是，崇宁三年（1104）二月，诏诸州择高旷不毛之地，置漏泽园。凡寺观寄留槥椟之无主者，若暴露遗骸，悉瘗其中。各置图籍，立笔记识。仍置屋以为祭奠之所，听亲属祭飨。著为令。①

到崇宁四年（1105）的时候，各地居养院、安济坊、漏泽园基本上均已建立起来。北宋政府也一再强调各级部门要认真推行。如五月乙丑，徽宗诏曰："民为邦本，本固邦宁，天下承平日久，民既庶矣，而养生送死尚未能无憾，朕甚悯焉。今鳏寡孤独既有居养之法，若疾而无医则为之置安济坊，贫而不葬则为之置漏泽园。朕之志于民深矣，监司守令奉行毋忽。"② 崇宁五年（1106）九月二日，徽宗又下诏，曰："居养院、安济坊、漏泽园以惠天下穷民。比尝申饬，闻稍就绪。尚虑州县怠于奉行，失于检察，仁泽未究。仰提举常平司倍加提按，毋致文具灭裂。城寨镇市户及千以上，有知监者，许依诸县条例增置，务使惠及无告，以称朕意。"③

大观年间，居养院、安济坊、漏泽园制度有相当大的发展。政和初年，这些制度有一定程度的破坏。政和元年（1111）十一月十九日，尚书省言："居养院、安济坊、漏泽园，比来提举常平司官全不复省察，民之无告，坐视不救，甚失朝廷惠养之意。"诏："自今居养安济漏泽园事，转运、提刑盐香司并许按举。在京委御史台弹奏。"④ 十二月二十四日，诏："居养、安济，仁政之大者。方冬初寒，宜务收恤。诸州郡或弛废，当职官停替，开具供申。并令开封府依此检察。"⑤

二 居养院、安济坊、漏泽园的管理

居养院、安济坊、漏泽园的设置，就地域范围讲，遍及京师及地方州县市镇城寨；就涉及的财物讲，有房屋、土地、衣食、医药等；就救助对象讲，是老弱病残鳏寡孤独及其他需要救助的人员。要管理好这些事务，需要很多部门和人员的协同参与。

（一）参与救助的机构和人员

从中央到地方，参与救助的机构和人员，涉及面很广。如京师居养

---

① 《咸淳临安志》卷八八《恤民》，载《宋元方志丛刊》，第4175页。
② 《东都事略》卷一〇《徽宗本纪》，第206页。
③ 《宋会要辑稿》食货六〇之五。
④ 《宋会要辑稿》食货六〇之六。
⑤ 同上。

院，涉及吏部和户部。吏部派出人员赈济，户部拨出和审核经费支出。元符元年（1098）九月二日，诏：“开封府依旧敕每岁冬月巡视京城冻馁者，吏部差待阙小使臣，同职员画地分赈赡毕，付福田院，据实数申户部。”①地方知州、通判、县令、佐，路级监察人员、常平提举官等都要加入到对救助对象的管理服务中，而最基层的则是保正长等。具体执行的主要是僧人及其他雇佣人。元符元年（1098）十月八日，"诏鳏寡孤独贫乏不能自存者，州知通、县令佐验实，官为养之，疾病者仍给医药。监司所至检察阅视，应居养者以户绝屋居，无户绝者以官屋居之，及以户绝财产给其费，不限月分，依乞丐法给米豆。若不足者以常平息钱充。"②崇宁元年（1102）八月二十日，"诏置安济坊。先是，权知开封府吴居厚奏：'乞诸路置将理院，兵马司差拨剩员三人，节级一名，一季一替，管勾本处应干事件，并委兵马司官提辖管勾，监司巡按点检。所建将理院宜以病人轻重而异室处之，以防渐染。又作厨舍，以为汤药，饮食人宿舍及病人，分轻重异室。逐处可修居屋一十间，比来令转运司计置修盖。'于是有旨，仍依赐名。"③

（二）对各类档案和服务人员的管理

在各类救助机构中，档案的设置必不可少。包括被救助人员档案，服务人员档案，各项费用支出档案等。档案资料是对救助工作力度、绩效大小检查考核的依据。如为被救治患者设立档案，可以检查医官救治的数量和质量。被救助者的档案也是联系其亲属的依据。服务人员档案和财务收支档案的建立和健全，亦可防范救助过程中的贪污舞弊行为。崇宁三年（1104）二月四日，中书省言：“诸以漏泽园葬瘗，县及园各置图籍，令厅置柜封锁。令替移，以图籍交授。监司巡历，取图籍点检。应葬者，人给地八尺，方砖二口，以元寄所在及月日、姓名，若其子孙、父母、兄弟，今葬字号，年月日悉镌记砖上，立峰记识如上法。无棺柩者官给，已葬而子孙亲属识认，今乞改葬者，官为问葬，验籍给付。军民贫乏，亲属愿葬漏泽园者听指占葬地，给地九尺。无故放牧悉不得入，仍于中疆置屋以为祭奠之所，听亲属享祭追荐，并著为令。"从之。④

---

① 《宋会要辑稿》食货六〇之三。
② 同上。
③ 同上。
④ 《宋会要辑稿》食货六〇之四。

由于全国性地推广救助制度，救助人数迅速扩大，服务人员的劳动强度和负担也大大增加。这就需要增加服务人员，相应增加他们的劳动报酬。崇宁四年（1105）十二月十九日，兴元府言："窃惟朝廷置居养院，惠养鳏寡孤独。及置安济坊，医理病人，召有行业僧管勾外，有见管簿历，自来止是令厢典抄转收支，难责以出纳之事。今欲乞差军典一名，除身分月粮外，典比附诸司书手文字，军典每月添支米、酱菜钱一贯文，有犯，依重禄法，并于常平钱米支给。所有纸笔之用，量行支破。其外县差本县手分一名，兼管抄转收支，一年一替。如蒙施行，乞下有司颁降诸路常平仓司施行。"① 这一请求得到批准。大观元年（1107），真定府要求增加工作人员。八月二十七日，真定府言："居养院、安济坊两处所管出纳官物，并日逐抄转簿历及供报文字，委是繁多，若共差军典一名，显见两处勾当不前。伏望各差军典一名，并添支钱米等，并乞依已得指挥。"从之，诸路依此。②

（三）救助机构的经费来源

居养院、安济坊、漏泽园等机构的经费来源有以下几部分：一是户绝财产；二是常平息钱；三是个人捐助。个人捐助随意性大，不稳定。就政府而言，首先是户绝财产，若户绝财产支出不够，则拨用常平息钱。崇宁元年（1102）九月六日，诏："鳏寡孤独应居养者，以户绝财产给其费，不限月，依乞丐法给米豆。如不足，即支常平息钱……"③ 崇宁二年（1103），怀州申请安济坊费用用常平钱支付，户部因此重申先用户绝财产，若不足，再支用常平钱的规定。四月六日，户部言："怀州申，诸路安济坊应干所须并依鳏寡乞丐条例，一切支用常平钱斛。看详欲应干安济坊所费钱物，依元符令，并以户绝财产给其费。若不足，即以常平息钱充。仍隶提举司管勾。"从之。④ 由于户绝财产数量少，有时还会被各种势力所侵吞，所以，在居养院、安济坊、漏泽园快速发展之时，其经费来源和制度保障还是常平钱。《嘉泰会稽志》讲到常平钱时说："崇宁中，始取以充学校养士之费也。而居养院、安济坊、漏泽园，至于花石应奉，皆于此取……建炎初，四方所积犹以亿万计，会复罢提举司，所积颇为诸司

---

① 《宋会要辑稿》食货六八之一三一。
② 《宋会要辑稿》食货六〇之五。
③ 《宋会要辑稿》食货六〇之三。
④ 《宋会要辑稿》食货六〇之三至四。

侵取。"① 给事中孙觌乞复常平疏曰：

> 臣伏见神宗皇帝修讲常平之政，置提举官行其法于天下。尔时钱谷充斥，府州大县至百万，小县犹六七十万，贯朽粟陈不可胜校。臣又闻役法初行，取宽剩钱不得过二分，以备水旱，至元丰八年计所积有三千余万贯石。……崇宁中，始取充学校养士、居养、安济、漏泽园等费。政和以来，又取以供花石应奉之资。横费三十年，所丧十八。②

孙觌此奏，是在指责蔡京当政以来，对常平钱的浪费和徽宗君臣的肆意挥霍，但从中可以看出常平钱在推动宋代社会救助制度发展中的积极作用。政和七年（1117）七月四日，成都府路提举常平司言："准敕，成都府路提举常平司所请，居养院孤贫小儿，内有可教导之人，欲乞入小学听读，本司遵奉施行外，所有逐人衣服褴褛，欲乞于本司常平头子钱内支给置造，仍乞与免入斋之用。"诏依。余路依此。③ 可见，常平钱是居养院、安济坊、漏泽园存在的经济基础。

三 居养院、安济坊、漏泽园制度奖惩措施

为了很好地贯彻推行居养院、安济坊、漏泽园制度，北宋政府制定了许多奖惩管理办法。如崇宁四年（1105）十二月二十八日的诏书，就对救治安济坊病人的医生的管理考核，做出明确规定。且对京城、京畿及外路奉行救济制度的情况，随时进行检察监督。诏曰："自京师至外路皆行居养法，及置安济坊。犹虑虽非鳏寡孤独，而癃老疾废，委自贫乏，实不能自存。缘拘文，遂不与居养，朕甚悯焉。可立条委当职官审察诣实，许与居养。速著文行下。其安济坊医者，人给手历，以书所治疗痊失，岁终考会人数，以为殿最。仍立定赏罚条格。或它司奉行不谨，致德泽不能下究，外路委提举常平司，京畿委提点刑狱司，常切检察。外路仍兼许他司

---

① （宋）沈作宾修，施宿等撰：《嘉泰会稽志》卷三《提举司》，载《宋元方志丛刊》，第6762页。
② （宋）孙觌：《鸿庆居士集》卷二七《给事中上殿乞复常平札子》，第1135册，文渊阁四库全书本，上海古籍出版社1987年版，第277页。
③ 《宋会要辑稿》食货六〇之七。

分巡，皆得受诉。都城内仍许御史台纠劾。"①

对于弄虚作假和敷衍塞责者，要惩罚。崇宁五年（1106）八月十一日，诏："诸漏泽园、安济坊，州县辄限人数，责保正长以无病及已葬人充者，杖一百，仍先次施行。"二十一日，尚书省言："新差江南西路转运判官祖理奏：'窃见漏泽园，州县奉行尚或灭裂，埋瘗不深，遂致暴露，未副陛下所以爱民之意。'望诏访州县，凡漏泽园收瘗遗骸，并深三尺。或不及三尺而致暴露者，宜令监司觉察按劾以闻。"从之。②

对于奉行制度好，表现突出的官吏进行奖励升迁，反之，则予以降职处罚。《旧城里左厢居养院提辖使臣左班殿直杨宁可转一官制》曰："敕具官某：朕置居养院以处鳏寡孤独之民，法令既备，尚虑有司便文自营，命官按视。惟汝奉行勤恪，民得所归，至于欢呼感激，朕甚嘉之。擢进厥官，以为能吏之劝。往嘉懋勉，嗣有宠褒。可。"③江东溧阳县将居养所屋宇隔截分为八室，使男女异处，不相杂扰。④徽宗肯定了溧阳县的这一做法，知县转两官升迁。"鳏寡孤独，王政所先。条令虽具，施行在人。溧阳县分为八室，男女异处，各得其所，宜在褒劝。其知县特转两官，候任满日与堂除差遣。"制曰："敕具官某，朕闵鳏寡孤独之民，困穷无告，广建居养所以安集之。有司供亿，事为之制。朕之抚绥斯民亦已勤矣，顾条令虽具，而施行在人。惟尔究宣德意，分治室庐，男女异居，各得其所。设施之美，达于朕闻。不有褒升，何以示劝？进官三等，时乃异恩。俟其终更，别加除擢。往服朕命，无替恪勤。可。"⑤而蒋迪因为经理安济坊不称职被降官。制曰："敕具官某，朕置安济坊以疗疾病之民，法令既备，尚虑有司奉行不虔，命官按视。惟尔弛慢失职，达于朕闻。宜黜厥官，仍加冲罢。以昭示训惩，为群吏之戒。可。"⑥

蔡京推行的居养院、安济坊、漏泽园制度，由于州县奉行过当，不免率敛，故而"贫者乐而富者扰矣"。然而，这一定程度上正反映出制度推

---

① 《宋会要辑稿》食货六八之一三一；食货六〇之四。
② 《宋会要辑稿》食货六八之一三一至一三二。
③ （宋）慕容彦逢：《摛文堂集》卷七《旧城里左厢居养院提辖使臣左班殿直杨宁可转一官制》，第1123册，文渊阁四库全书本，上海古籍出版社1987年版，第371页。
④ 《摛文堂集》卷一〇《理会居养院札子》，第1123册，第417—418页。
⑤ 《摛文堂集》卷七《通直郎李亘可转两官御批》，第1123册，第378页。
⑥ 《摛文堂集》卷六《城南厢安济坊提辖使臣左班殿直蒋迪可降一官冲替制》，第1123册，第366页。

行中的"抑富济贫"思想,和对社会财富再分配的实践。

《中吴纪闻》卷五载:"崇宁中,有旨:州县置居养院以存老者;安济坊以养病者;漏泽园以葬死者。吴江邑小而地狭,遂即县学之东隙地,以次而为之。时以诸生在学,而数者相为比邻,谓之生老病死。"① 此说不免讥讽成分,却证明了全国范围推行了社会救济制度。洪迈《夷坚志》之《优伶箴戏》讲了这样一个故事:

> 又尝设三辈为儒、道、释,各称诵其教。儒曰:"吾之所学,仁义礼智信,曰五常。"遂演畅其旨,皆采引经书,不杂媟语。次至道士,曰:"吾之所学,金木水火土,曰五行。"亦说大意。末至僧,僧抵掌曰:"二子腐生常谈,不足听。吾之所学,生老病死苦,曰五化。藏经渊奥,非汝等所得闻,当以现世佛菩萨法理之妙为汝陈之。盍以次问我。"曰:"敢问生。"曰:"内自太学辟雍,外至下州偏县,凡秀才读书,尽为三舍生。华屋美馔,月书季考,三岁大比,脱白挂绿,上可以为卿相。国家之于生也如此。"曰:"敢问老。"曰:"老而孤独贫困,必沦沟壑。今所在立孤老院,养之终身。国家之于老也如此。"曰:"敢问病。"曰:"不幸而有病,家贫不能拯疗,于是有安济坊,使之存处,差医付药,责以十全之効。其于病也如此。"曰:"敢问死。"曰:"死者人所不免,唯穷民无所归,则择空隙地为漏泽园,无以敛,则与之棺,使得葬埋,春秋享祀,恩及泉壤。其于死也如此。"曰:"敢问苦。"其人瞑目不应,阳若恻悚然。促之再三,方蹙额答曰:"只是百姓一般受无量苦。"徽宗为恻然长思,弗以为罪。②

这个故事同样在讥刺蔡京的三舍法、居养院、安济坊、漏泽园制度,但它却正好从一个侧面说明了蔡京推行社会救助制度力度之大和受众之广。这是此前此后的统治者所没有做到的。

政和六年(1116)正月五日,知福州赵靖言:"鳏寡孤独居养、安济之法,自崇宁以来,每岁全活者无虑亿万,乞诏有司岁终总诸路全活之

---

① (宋)龚明之撰,孙菊园校:《中吴纪闻》卷五《生老病死》,上海古籍出版社1986年版,第112页。
② 《夷坚志》夷坚支乙卷四,第823页。

数,宣付史馆。"从之。① 撇开赵靖夸大其词和阿谀奉承之嫌,则可看出当时制度推行的成效。朱熹《书廖德明仁寿庐条约后》有这样一段话,他说:"匹夫单行而遇疾病,无有妻孥之养,亲旧之托,与夫室庐枕席之具,医药食饮之须,则其舆曳驱驰,暴露饥渴而转于沟壑也必矣……国朝受命,覆冒区宇,涵育黎元,百有余年。至于崇宁、大观之间,功成治定,惠泽洋溢,隆盛极矣。而上圣之心犹轸一夫之不获,始诏州县立安济坊、居养院以收卹疾病癃老之人,德至渥矣。中以多虞,不无废缺。"② 可见朱熹对宋徽宗时代的这一仁政大为赞赏,而对其后的废罢,不无惋惜。

蔡京推行居养院、安济坊、漏泽园制度,将原先相对临时的、规模较小的救助点发展成为经常性的、规模庞大的救助机构。救助面从京师、京畿,延伸到市镇城寨乃至偏远的乡村,救助对象和范围扩大了。大观元年(1107)三月十八日,诏:"居养鳏寡孤独之人,其老者并年五十以上,许行收养。诸路依此。"③ 居养院居养的对象并不仅限于鳏寡孤独,对贫乏不能自存的人员都要加以救助。救助机构的管理也规范化了,有一套监督、激励奖惩制度。从京师的开封府尹到路级的提举常平司、提点刑狱司官员,地方州县的知州、通判、县令、佐再到乡村的保、正长,都要对居养院、安济坊、漏泽园的管理负责。监察机构御史台和提举常平司、提点刑狱司均有权监督制度推行情况和受理百姓投诉。而居养院、安济坊、漏泽园等内部的管理也较规范。经费出纳有账目,被救助人员的接收、救治和死亡原因、时间、年龄、葬埋时间等都有记录。崇宁三年(1104)十二月初一日所立的《虢州卢氏县漏泽园记》④ 详细阐述了当时设置漏泽园的意义,管理办法,人员以及监督措施等。对救治安济坊病人的医生的医术要求很高。而且,制度的制定和推行体现出人性化、科学化的一面。如:虽然具体规定了救助对象被救助的期限,但若遇到寒冻异常等特殊天气,则适当延长救济时间,灵活处理。再比如,在安置救济对象的居住房屋时,将健康者和疾病者分置;将重病者和病情轻微者分置,以防止互相传

---

① 《宋会要辑稿》食货六〇之六。
② (宋)朱熹:《晦庵先生文集》卷八三《书廖德明仁寿庐条约后》,载《宋集珍本丛刊》59册,宋刊浙本,线装书局2004年版,第113页。
③ 《宋会要辑稿》食货六〇之五。
④ 详见三门峡市文物工作队编《北宋陕州漏泽园》,文物出版社1999年版,第390—391页。

染和方便救治。有些地方官员细心周到，如溧阳县将居养院房屋隔成数间，男女异处，方便、人性。蔡京的社会救助制度对南宋乃至明清影响很大。虽然南宋的救济制度发展有地方化、市场化的趋势，但毫无疑问，南宋居养院、养济院、慈幼局、安济坊、漏泽园制度承继了北宋后期的制度，并延续至明清时期。如绍兴十五年（1145）六月二十三日，潭州言："崇宁间推行漏泽园，埋瘗无主死人所降条格：棺木、絮、纸、酒、仵作、行下工食钱；破砖镌记死人姓名、乡贯，以千字文为号，遇有识认，许令给还。每年三九春冬醮祭。缘逐件条格烧毁不存，乞明降指挥施行。"于是户部言："今欲下诸路、州、县，如委系无主，即于常平司钱内量行支给，仍每人不得过三贯文省，如法埋瘗。无令合干人作弊、科扰，并令本司常切不住检察。如违，亦仰按治施行。"①

当然，向上负责的体制弊端，往往使诸多好事在执行过程中走样变形。如，根据规定，在各级官吏职责管辖地范围内，若发现没有得到及时救助的人员，该官吏将要受到责罚。因此，便出现一些极端之事。《宋固杀人报》记载这样一件事：

> 成都人宋固为县之文学。乡耆长有病者，困卧境上。时大观四年，朝廷方行安济法，若有病者，则里正当任责。固惮于闻官，诱令过双流县牛饮桥，觉病者怀中有所挟，搜之，得银十余两，乃取之，而推坠其人桥下，戒其徒勿得言。居无何，复至前处，失脚坠水而死。②

这个故事是讲因果报应，但亦揭示出推行社会救济制度中，矫枉过正的一些做法带来的弊端。再如，由于对医生医术要求过高，救治病患疗效不好要惩罚，以致出现冒名顶替、弄虚作假的情况。陆游开禧元年（1205）作的《书安济法后》一文，反映了这种情况。"当安济坊法行时，州县医工之良者惮于入坊，越州有庸医曰林彪，其技不售，乃冒法代它医，造安济，今日傅容当来，则林彪也，明日丁资当来，又林彪也，又明日僧宁当来亦林彪也，其治疾亦时效，遂以起家，然里巷卒不肯用，比安济法罢，

---

① 《宋会要辑稿》食货六〇之九至一〇。
② 《夷坚志》乙志卷五，第223页。

林彪已为温饱家矣。年八十余乃终。"①

的确，居养院、安济坊、漏泽园制度推行中存在种种弊端，因此受到人们的诟病。如奉行过当，奢侈浪费现象。一些地方官员搞面子工程，浪费财力和人力。一些人应付了事，敷衍塞责。有些州县官吏为了避免责罚或得到奖励升迁，往往硬性规定基层完成收养人数额。而基层便造假、虚报谎报数字，应付上级。不过，我们还应看到因人废事这一面。当蔡京执政时，其制度推行力度大，有些投机分子不免投其所好，奉行过当，偏离本意。而当蔡京下台后，其制度也和本人处境一样，被横加指责或者被废弃。如大观三年（1109）四月二日，当蔡京罢相前夕，徽宗手诏说居养、安济、漏泽制度"闻诸县奉行太过，甚者至于设供张、备酒馔，不无苛扰，其立法禁止，无令过有姑息"②。大观四年（1110）还裁并了一些救助机构。宣和元年（1119）五月九日，诏："居养、安济等法，岁以寝隳……可令诸路监司、廉访使者分行所部，有不虔者劾之，重实于法。"③宣和二年（1120）六月十九日，诏："居养、安济、漏泽之法，本以施惠困穷，有司不明先帝之法，奉行失当，如给衣被器用、专雇乳母及女使之类，皆资给过厚。常平所入，殆不能支。天下穷民，饱食暖衣，犹有余时。而使军旅之士，廪食不继，或至逋逃四方，非所以为政之道。可参考元丰惠养乞丐旧法，裁立中制，应居养人日就秔米或粟米一升，钱十文省，十一月至正月加柴炭钱五文省，小儿并减半。安济坊钱米依居养法，医药如旧制。漏泽园除葬埋依见行条法外，余三处应资给若斋醮等事悉罢。吏人、公人员额及请给酬赏，并令户部右曹裁定以闻。"④ 七月三日，诏在京乞丐人，大观元年（1107）闰十月依居养法指挥更不施行。⑤ 十四日，户部将大观元年（1107）八月制定的外路州军居养院、安济坊各置军典一名的规定，改为按照崇宁四年（1105）的规定，居养、安济共置一名。而且旧的酬赏规定也取消。⑥ 十月，又将大观元年（1107）三月制定的"居养鳏寡孤独之人，其老者并年五十以上许行收养"的规定废止，按

---

① （宋）陆游：《渭南文集》卷二五《书安济法后》，四部丛刊初编本。
② 《宋会要辑稿》食货六〇之五。
③ 《宋会要辑稿》食货六〇之七。
④ 同上。
⑤ 同上。
⑥ 同上。

照元丰、政和令,"诸男女年六十为老"。① 宣和六年(1124)十二月以后,蔡京落致仕,宣和七年(1125)四月十一日尚书省言:"冬寒,倒卧人更不收养,乞丐人倒卧街衢。辇毂之下,千目所视,人所嗟恻。圣明在上,深所仁悯,立居养以救其困,所费至微,而惠泽至深,合行修复。"从之。② 如果我们将以上各种政策的出台时间和蔡京的政治生涯联系起来,则可清晰地看到,这些政策的变化均与其在位与否密切相关。蔡京罢相前后,救济制度就会缩紧,而蔡京执政期间,就会放松。关于这一现象,金中枢先生在其《宋代几种社会福利制度——居养院、安济坊、漏泽园》③ 一文中有详细阐述。

宋徽宗时期,蔡京推行的居养院、安济坊和漏泽园制度,无疑是北宋社会救济制度发展的高峰,在中国历史上是空前的,甚至也在元明清三代之上。正是蔡京将社会救助活动规模化、制度化了。其作用不容抹杀。不过宋徽宗、蔡京君臣为了创造一个盛世景象,在其社会救济制度推行中,存在不顾及国家经济实力、不顾民力而超前消费、过度消费的现象。

> 崇宁间初兴学校,州郡建学,聚学粮,日不暇给。士人入辟雍,皆给券,一日不可缓,缓则谓之害学政,议罚不少贷。已而置居养院、安济坊、漏泽园,所费尤大。朝廷课以为殿最,往往竭州郡之力,仅能枝梧。谚曰:"不养健儿,却养乞儿。不管活人,只管死尸。"盖军粮乏,民力穷,皆不问,若安济等有不及,则被罪也。④

下面这段资料揭示了蔡京推行社会救济制度的意义和成效,以及蔡京应该承担的责任。

> 徽宗召天下道术之士,海陵徐神翁亦至。神翁好写字与人,多验。蔡京得"东明"二字,皆谓东明乃向日之方,可卜富贵未艾。后京贬死潭州城南五里外东明寺,比之六贼,独免诛戮。或谓以其当轴时,建居养、安济、漏泽,贫有养,病有医,死有葬,阴德及物所

---

① 《宋会要辑稿》食货六〇之七。
② 同上。
③ 见《宋史研究集》十八辑,台湾编译馆1988年版,第171—186页。
④ 《老学庵笔记》卷二,第27页。

致。其然乎？当是时，有司观望，奉行失当，于居养、安济，皆给衣被器用，专雇乳母及女使之类，资给过厚，常平所入，殆不能支，致侵扰行户。宣和初，复诏裁立中制，未几遂废。①

也许正是蔡京大力推广社会救助制度，使民间社会人们的观念也发生了某些细微变化。他们更注重现实关怀，体现自我价值，获得心理上的满足，而不是将希望寄托于虚无缥缈的来世。"黄州董助教甚富。大观己丑（大观三年，1109）岁歉，董为饭以食饥者，又为糗饵与小儿辈。方罗列分俵，饥人如墙而进，不复可制。董仆于地，颇被殴践。家人咸咎之，董略不介意。翌日又为具，但设阑楯，以序进退，或时纷然，迄百余日无倦也。黄冈村氓闾丘十五，多积谷，每幸凶岁即腾价，细民苦之。老年病且亟，不复饮食，但餐羊屎。家人怜之，以米饵作羊屎状给之，入手便投去，唯食真者。数月方死。此氓媚佛，多施庐山僧供积，亦内惧祸至，冀事佛少逭责，此尤不可也。"②

---

① 《清波杂志校注》卷二，第74—75页。
② 《萍洲可谈》卷二《善恶之报》，第141页。

第八章

蔡京倡导"丰亨豫大"[①]与北宋晚期的腐败政治

政和三年(1113)正月十一日,宋徽宗手诏群臣,参议追尊神宗、哲宗庙号,以示"功成不居,归美显亲之心"。在诏书中,他回顾了即位以来的治绩。

循亲疏惇叙之诏,而为之建两京敦宗之令;遵学校养士之法,而申之以乡举里选之政;追董正治官之志,制名定位,训迪文武之秩;绍均输裕国之制,懋迁有无,阜通山海之利;乘常平羡余,以惠养鳏寡,使民养生送死无憾;嗣开拓武功,以柔远辟,牂牁、积石列为郡县。……和足以广乐,富足以制礼,声名文物于是大备。[②]

虽说自己不敢居功,但谦逊的说辞难掩内心的自豪,此时的徽宗可谓踌躇满志。这是在徽宗即位满十三年,也就是在位刚好一半时间的情形。

宣和七年(1125)十二月十九日,当金兵铁骑兵临城下,北宋王朝岌岌可危之时,徽宗匆忙下罪己手诏,曰:

[①] "丰亨豫大"形容富足兴盛的太平安乐景象。此说出自《周易》。孔颖达《周易正义》卷六曰:"丰者,多大之名,盈足之义,财多德大,故谓之为丰。德大则无所不容,财多则无所不齐(一作济)。无所拥碍谓之为亨,故曰'丰亨'。"《周易》卷二曰:"豫,刚应而志行,顺以动,豫。豫顺以动,故天地如之,而况'建侯行师'乎?天地以顺动,故日月不过,而四时不忒。圣人以顺动,则刑罚清而民服。豫之时义大矣哉!"(分别见《十三经注疏》整理委员会整理,李学勤主编《十三经注疏·周易正义》,北京大学出版社1999年版,第224页、第83—84页。)

[②] 《宋会要辑稿》帝系一之一三。

> 朕祗绍丕图，抚临万寓，顾德弗类。永惟宗庙付托之重，靡遑康宁。眷予兆民，是为邦本。比年以来，宽大之诏数下，裁省之令屡行。然奸吏玩法，而众听未孚。有司便文，而实惠不至。盖缘任用非人，过听妄议。兴作事端，蠹耗邦财。依享上之名，修营私之欲。渔夺百姓，无所不至。使朕轸念元元若保赤子之意，何以取信于万方？夙夜痛悼，念有以拊循慰安之。应茶盐立额结绝、应奉司江浙路置局及花石纲等、诸路非从上供抛降物色、延福宫西城租课、内外修造、诸路采斫木植制造局所并罢。更有似此有害于百姓者，三省枢密院条具以闻。夫民罔常怀，保于有仁。朕于吾民，每惧仁爱之弗至。一夫不获，时予之辜。播告之修，咸听朕指。①

这是末世之君的哀痛之诏。不管徽宗多么地痛心、自责、后悔，多么地想挽救危局，然而，多年的积弊已不给他任何绝处逢生的机会。政治的腐败、君臣的奢侈、官吏的贪婪动摇了北宋王朝立国的根基，而金人的南下加速了北宋灭亡的步伐。

第一节　君臣追求奢华生活

宣和间，睦州布衣朱梦说上书，极言朝政之失有三太："入仕之源太浊，不急之务太繁，宦寺之职太盛。"② 朱梦说此言揭示了北宋晚期的腐败政治。

宋徽宗即位初期，尚是节俭。元符三年（1100）二月二十五日，斥逐内侍郝随、刘友端。这其中当有政治隐情，但此二人主持的宫苑营造过当，及工程中的贪污行为也是一因。当时，徽宗对曾布说："禁中修造，华侈太过，墙宇梁柱，涂金翠毛，一如首饰。又作玉虚，华侈尤甚。"③下令将其拆毁。崇宁元年（1102）五月，提举后苑修造所言，内中殿宇，

---

① 《宋大诏令集》卷一八四《罢茶盐立额应奉司江浙置局花石纲西城租课等诏》，第669—670页。
② （宋）张知甫撰，孔凡礼整理：《可书》，载《全宋笔记》第四编（三），大象出版社2008年版，第179页。
③ 《皇朝编年纲目备要》卷二五，元符三年二月，第620页。

修造合用金箔五十一万七千片。徽宗责备说："用金箔以饰土木，一经靡坏，不可复收，甚亡谓也。其请支金箔内臣，令内侍省重行责罚。"① 徽宗有意识地抑制宫廷中的过分营造，体现出即位新君一新政治的姿态。然而，这种做法并没有能够坚持下来。随着皇位的稳固，尤其是当蔡京的茶、盐、货币等改革，将源源不断的财富聚集到京师，输纳于内藏库的时候，这些堆积如山的财富激发了徽宗追求享乐的本性，尽情地肆意挥霍，而不管户部财用是否充足。"徽宗崇、观后，则大观东西等库、西城所，无虑皆天子私藏，而版曹告竭矣。"② 在徽宗的感觉上，朝廷财富多得不可胜计。他说蔡京从没告诉过他财用不足，的确是这样。蔡京"用故省吏魏伯刍提举榷货务，令作泛料关子百万缗进。徽宗大喜，持以示左右曰：'此太师所与我奉料也。'擢伯刍至徽猷阁待制。京又言于徽宗，以为内外泉货所积为五千万，和足以广乐，富足以备礼"③。这就成了徽宗君臣追求奢华生活的资本。

为了让徽宗能够心安理得过那花天酒地、醉生梦死的生活，蔡京等人不忘时时给徽宗制造一些太平盛世的景象。那就是祥瑞迭出。

> （蔡）京等奏甘露降侍郎厅，延福宫所奏竹生紫花黄蕊，秘阁槐枝连理。……京又奏有仙鹤数万只蔽空飞鸣。又奏建州竹生花，结成稻米，搬入城市，货粜所收数十万硕。又奏穰县生瑞谷，安化县生芝草，都计五万本。汝州生玛瑙山子一百二十坐及诸州双头莲连理木，甘露降，仙鹤集，双爪双头，芍药牡丹，凡五千三百种有奇。……蔡京导主上酷好祥瑞，而李蟫以竹钉竖芝草于蟾蜍背以献，及至一夕而解，故钉犹存。梁子野进嘉禾，则以胶黏纸缠，皆不之罪。……腊月之雷，京等指为瑞雷，三月之雪，以为瑞雪，拜表称贺，作诗赞咏，灾异不书。④

而徽宗也就在这帮臣僚们的"善意蒙蔽"下过起了太平天子优哉乐哉的生

---

① 《皇朝编年纲目备要》卷二五，元符三年二月，第621页。
② 《建炎以来朝野杂记》甲集卷一七《内藏库》，第384页。
③ 《东都事略》卷一〇一《蔡京传》，第1555页。
④ 《长编拾补》卷二八，大观二年正月癸酉条，引《续宋编年资治通鉴》"蔡京表贺符瑞"，第936页。

活,将即位初年的节俭作风早已抛到了脑后。

政和二年(1112)三月,徽宗在太清楼宴请刚刚回京准备复职的蔡京。当蔡京等人由景福殿西序入苑门,就次以憩时,徽宗对蔡京说:"此跬步至宣和,即昔言者所谓金柱玉户者也,厚诬宫禁。其令子攸掖入观焉。"① 听这语气,徽宗对外间曾传言宫禁营造奢华相当不满,这不正透露了其信息吗?蔡京正是引导徽宗生活迈向奢华的第一人。蔡京本人生活相当奢侈,喜欢讲排场。《独醒杂志》卷九载:"蔡元长为相日,置讲议司,官吏数百人,俸给优异,费用不赀。一日,集僚属会议,因留饮,命作蟹黄馒头。饮罢,吏略计其费,馒头一味为钱一千三百余缗。又尝有客集其家,酒酣,京顾库吏曰:'取江西官员所送咸豉来!'吏以十瓶进,客分食之。乃黄雀胑也。元长问:'尚有几何?'吏对以:'犹余八十有奇。'"② 谭振言:"蔡京当国,一日感寒,振与数亲客问疾,见之后堂东阁中。京顾小鬟令焚香。久之,鬟白香已满。闻近北卷帘声,则见香气自他室而出。其蓬烰满室,霭若云雾濛濛。坐客几不相睹,而无烟火之烈。京谓客曰:'香须如此烧,乃无烟气。'既归,衣冠芬馥,非数十两不能如是之浓也。"③ 蔡京和徽宗可谓气味相投。蔡京不惜以国家大量之财赋,满足徽宗一人之私欲。《文献通考》载:

> 徽宗崇宁后,蔡京为相,增修财利之政,务以侈靡惑人主,动以《周官》惟王不会为说,每及前朝爱惜财赋减省者,必以为陋。至于土木营造,率欲度前规而侈后观。……京又专用"丰亨豫大"之说,谀悦帝意。④

《清波杂志》载:

> 徽宗尝出玉盏、玉卮,以示辅臣,曰:"欲用此于大宴,恐人以为太华。"京曰……"事苟当于理,人言不足恤也。陛下当享天下之

---

① 《挥麈录》后录余话卷之一。第274页。
② 《独醒杂志》卷九,第81页。
③ (清)潘永因编,刘卓英点校:《宋稗类钞》卷二《奢汰》,书目文献出版社1985年版,第166页。
④ 《文献通考》卷二四《国用考二》,考234。

养,区区玉器,何足道哉!"①

又《曲洧旧闻》载:

> 王黼作宰日,蔡京入对便殿,上从容及裁减用度事,京言:"天下奉一人,恐不宜如此。"梁师成密以告黼。翼日,遂置应奉司,黼专提举,其扰又甚于花石。②

就是在蔡京"人言不足恤"的煽动下,徽宗君臣追求享乐的贪欲就如同脱缰的野马一般疯狂地膨胀起来。"先是,黼既相,再锡大第于城西,开便门与师成宅对街,以相来往。及燕山告功,黼益得意,乃妄托事,言家之屏风生玉芝,上为临幸,睹黼之堂阁张设宝玩、石山,侔拟宫禁,喟然叹曰:'此不快活邪!'"③

上有所好,下必趋焉。

> 上颇垂意花石,(朱)勔初致黄杨三四本,上已喜之,后岁岁增加,遂至舟船相继,号曰"花石纲"。专置应奉局于平江,每一发辄数百万,故花石至京师者,一花费数千缗,一石费数万缗。④

朱勔因进奉花石而加官晋爵,"崇、观以来,天下珍异悉归禁中,四方梯航,殆无虚日,大则宠以爵禄,其次赐赉称是。宣和五年,平江府朱勔造巨舰,载太湖石一块至京,以千人舁进。是日,役夫各赐银椀,并官其四仆,皆承节郎及金带。勔遂为威远军节度使,而封石为盘固侯。"⑤ 这大大刺激了其他人的升官发财欲,纷纷效仿朱勔所为,以致进奉太多,不得

---

① 《清波杂志校注》卷二,第79页。
② 《曲洧旧闻》卷八《蔡京入对言天下奉一人不宜裁减用度》,第197页。
③ 《三朝北盟会编》卷三一《靖康中帙六》,第233页。
④ (明)李濂撰,周宝珠、程民生点校:《汴京遗迹志》卷四,中华书局1999年版,第62页。
⑤ 《泊宅编》卷三,第16页。

不下令禁止。① 然而，在蔡京"陛下无声色犬马之奉，所尚者山林竹石，乃人之弃物"之说的诱导下，在徽宗没有实际行动表示对这些行为反感的情况下，禁令不起任何作用。"其后不二岁，天下争进献复如故。而又增提举人船所，进奉花石，纲运所过，州县莫敢谁何。殆至劫掠，遂为大患。"②

为了体现出"和足以广乐，富足以备礼"的盛世局面，"于是立明堂、铸九鼎、修方泽、建道宫、作大晟乐、制定命宝……大兴工役，无虑数十万。两河之人，愁困不聊生矣"③。政和五年（1115）七月，为了防止修建明堂时官民怠工，御笔："修制明堂，国之大政，即与前后营造事体不同，应有司官属，自当竭力奉上，以成大功。如是，修制所抽人匠、取索材料、材植，如敢占吝隐讳，不即发遣应副者，监官不以官高低，并行除名勒停，送广南远恶州军编管。"④ 政和七年（1117）六月，蔡京、童贯、梁师成、蔡攸、王革、盛章、蔡儵、蔡翛等加官晋爵，"皆以明堂成推赏也"。⑤

在徽宗君臣生活日渐侈靡之时，凡是请求节俭财用的建议均遭到批判。政和六年（1116）七月庚子，徽宗诏曰："挟奸罔上者，于太平'丰亨豫大'之时，欲为五季变乱裁损之计。……为臣不忠，罪莫大此！可令御史台觉察纠奏。"⑥ 重和元年（1118）四月乙卯，御笔："淮南转运使张根轻躁妄言，落职，监信州酒税。"⑦ 其因由是，张根言："今群臣赐一第，或费百万。臣所部二十州，一岁上供财三十万缗耳，曾不足给一第之

---

① 《文献通考》卷二二《土贡一》载："徽宗政和七年，置提举御前人船所。时东南监司、郡（守）、二广市舶率有应奉，又有不待旨，但送物至都，计会宦者以献。大率灵璧、太湖、慈口溪、武康诸石，二浙奇竹、异花……福建荔枝、橄榄、龙眼，南海椰实，登、莱文石，湖湘文竹，四川佳果木，皆越海渡江，毁桥梁、凿城郭而至，植之皆生，而异味珍花则以健步捷走，虽甚远，数日即达，色香未变也。乃作提举淮、浙人船所，命内侍邓文浩领之。蔡京以曩637东封船二千艘及广济兵士四营，又增制作牵驾人，乞诏人船所比直达纲法，自后所用，即从御前降下，使系应奉人船所数贡入，余皆不许妄进。"考221。
② 《长编纪事本末》卷一二八《花石纲》引蔡絛《史补》，第4006页。
③ 《东都事略》卷一○一《蔡京传》，第1555页。
④ 《长编纪事本末》卷一二五《明堂》，第3883—3884页。
⑤ 同上书，第3887页。
⑥ （宋）王称：《东都事略》卷十一《徽宗本纪》，第217—218页。
⑦ 《长编纪事本末》卷一二八《花石纲》，第4007页。

用。"① 张根又反对花石纲，"于是权幸益怒，故有是命"。②

为了讨好取悦徽宗，蔡京等人不惜采用各种办法，使用各种手段。"政和初，童贯承蔡京意旨，大启苑囿，以娱乐导上为游幸之事，贯率杨戬、贾详、蓝从熙、何䜣共五大阉……而改筑延福宫。五阉各有分地，自为制度，务尚华侈，不相沿袭。楼殿相望，筑山引水，草木怪石，岩壑幽胜。又跨旧城取濠外地作景龙江、芙蓉城、蓬壶阁、撷芳园、曲江池，各有复道以通宫禁。又为鹿砦、鹤庄、文禽、孔翠诸栅，多聚远方珍怪蹄尾，动数千实之。又效江浙为白屋村居、野店酒肆、青帘其间。……又宝箓宫，山池皆包平地，环以嘉木，清流列诸馆舍，台阁多以美材为楹栋，不施五采，有自然之胜。上下立亭宇不可胜数……又有绛霄楼，金碧相间，势极高峻，出在云表，尽工艺之巧，无以出此。"③ 王黼当国以后，与蔡京的做法并无二致，甚至有过之而无不及。④ 王黼本人也极奢侈。"王黼为相，常于寝室内置一榻，以金玉为屏，翠绮为帐，围小榻数十，择美姬处之，谓之拥帐。"⑤ 即便到北宋亡国前夕的宣和末，土木之工仍没停息。"宣和末，都城起建园囿殆无虚日，土木之工盛冠古今。如撷芳园、山庄、锦庄、筠庄、寿岳……曲江、秋香谷、檀乐馆、菊坡、万花岗、清风楼等处不可举，皆极奢侈，为一时之壮观。"⑥ 真德秀曰："自蔡京倡'丰亨豫大'之说，王黼开应奉享上之门，专以淫侈蛊上心，奢靡蠹国用。土木之功，穷极盛丽。花石之贡，毒遍东南。甚至内庭曲宴，出女乐以娱群臣。大臣入侍，饰朱粉以供戏笑。于是荒嬉无度而朝政大坏矣。"⑦ 君不君，臣不臣。"徽宗幸端门观灯御西楼，下视蔡鲁公幕次，以

---

① 《宋史》卷三五六《张根传》，第11218页。
② 《长编拾补》卷三七，重和元年四月乙卯条，第1173页。
③ 《三朝北盟汇编》卷五二《靖康中帙二十七》，第392页。
④ 《东都事略》卷一〇六《王黼传》载："初，黼既得国秉，念无以中上意牢其宠，乃奏置应奉司，遂自领之，而以梁师成副焉。近则外台耳目之司，远则郡县牧宰之属，皆责以供办。于是殊方异物，四面而至，铅松怪石，珍禽奇兽，美镠和宝，明珠大贝，通犀琴瑟，绝域之异，充于内囿，异国之珍布于外宫。凡入目之色，适口之味，难致之瑰，违时之物，毕萃于燕私。极天下之费，卒归于应奉，夺漕辇之卒以为用，而户部不敢诘。四方珍异，悉入于二人之家，而入尚方者才什一。每陪扈曲宴，至为俳优鄙贱之伎，以献笑取容。"第1620页。
⑤ 《可书》，第172页。
⑥ 同上书，第183页。
⑦ (宋)真德秀：《西山先生真文忠公文集》卷五《江东奏论边事状》，载《宋集珍本丛刊》75册，明正德元年刻本，线装书局2004年版，第707页。

金橘戏弹，至数百丸。"① 正所谓："善致万钧之石，徙百年之木者，朱勔父子也。善理百工之绝艺，辨九州之珍产者，阉人梁师成也。奉人君之嗜好，忽天下之安危者，宰执王黼辈也。"②

第二节　宋徽宗崇奉道教

北宋道教兴盛，始于真宗大中祥符年间，但极盛则在徽宗统治之际。徽宗即位以后，崇奉道教。有关徽宗崇道的因素、崇道的措施及其影响等，金中枢先生曾作了详细论证，③ 并指出，北宋末年的崇尚道教，殊不限于宗教信仰，而是政治上之私人权力扩张，党派斗争，与方术士之错综勾结，对抗利用而已。④ 的确，除了一般性的信仰而外，统治者对宗教往往是利用的。无论是大力提倡还是大加排斥，其目的都是为了稳固其地位。而这也势必将简单的纯宗教复杂化、政治化。本节将在金先生已有研究的基础上，着重探讨宋徽宗、蔡京崇奉道教以及与之相关的一系列复杂的政治问题和社会问题。

一　宋徽宗宠信的道士

绍圣、元符年间，宋哲宗力图修正元祐政治，绍述神宗事业。然而，一方面时过境迁，想要复原熙丰事业已不可能，只能是恢复"大意"而已；另一方面，哲宗健康的每况愈下，也给绍圣、元符政治笼罩上了一层厚重的阴影。难言的病痛折磨着哲宗，也使向太后不得不考虑将来皇帝的人选。朝廷内外各种势力，对北宋政治前途有着各自不同的担忧和期盼。最终，各种机缘促使宋徽宗赵佶即位。在此前后，一些道士以其特殊身份，获得徽宗宠信，在其身边扮演着非同寻常的角色，对北宋晚期政治、社会产生了深远的影响。

宋徽宗宠信的道士，先后有刘混康、郭天信、王老志、王仔昔、林灵

---

① 《可书》，第172页。
② （宋）释祖秀撰，夏广兴、王伶整理：《华阳宫记事》，载《全宋笔记》第四编（三），第198页。
③ 金中枢：《论北宋末年之崇尚道教（上）》，载《宋史研究集》第七辑，台湾编译馆1987年再版，第291—392页；《论北宋末年之崇尚道教（下）》，载《宋史研究集》第八辑，台湾中华丛书编审委员会1976年版，第207—278页。
④ 金中枢：《论北宋末年之崇尚道教（上）》，第291页。

素诸人。

（一）刘混康

刘混康，茅山道士。绍圣四年（1097）六月，哲宗诏江宁府敦遣其上京住持上清储祥宫。① 九月，刘混康赴京，诏转运司赐钱百缗为路费。② 元符元年（1098），在刘混康茅山旧居旁建元符观。③ 元符二年（1099）闰九月，刘混康返回茅山。④ 哲宗去世的当年年末，又回到京师。崇宁二年（1103）正月，诏许刘混康修建道观。⑤ 三月，赐所建殿宇名天宁万寿。七月，赐洞元通妙大师刘混康号葆真观妙先生。崇宁五年（1106）七月，刘混康加号葆真观妙冲和先生。⑥ 大观二年（1108）五月，刘混康卒，特赠太中大夫。⑦

《挥麈录》载："元符末（应为'绍圣末'），掖廷讹言祟出，有茅山道士刘混康者，以法箓符水为人祈禳，且善捕逐鬼物。上闻，得出入禁中，颇有验。崇恩尤敬事之，宠遇无比。至于即其乡里建置道宫，甲于宇内。祐陵登极之初，皇嗣未广，混康言京城东北隅地叶堪舆，倘形势加以少高，当有多男之祥。始命为数仞岗阜，已而后宫占熊不绝。上甚以为喜，繇是崇信道教，土木之工兴矣。一时佞幸，因而逢迎，遂竭国力而经营之，是为艮岳。"⑧

《宋史》卷三五六《蒋静传》载："蒋静，字叔明，常州宜兴人。……徽宗初立，求言，静上言，多诋元祐间事，蔡京第为正等，擢职方员外郎；……以显谟阁待制知寿州，徙江宁府。茅山道士刘混康以技进，赐号'先生'。其徒倚为奸利，夺民苇场，强市庐舍，词讼至府，吏观望不敢治，静悉抵于法。"⑨

---

① 《长编》卷四八九，绍圣四年六月丙申条，第 11603 页。
② 《长编》卷四九一，绍圣四年九月辛亥条，第 11646 页。
③ 《长编》卷五〇〇，元符元年七月己酉条，第 11900 页。
④ 《长编》卷五一六，元符二年闰九月戊寅条，第 12274 页。
⑤ 《长编纪事本末》卷一二七《方士》，第 3959 页。
⑥ 同上书，第 3960 页。
⑦ （清）徐乾学：《资治通鉴后编》卷九七，大观二年五月己卯条。《长编纪事本末》卷一二七《方士》载：（大观）二年五月乙卯，葆真观妙冲和先生刘混康特赠大中大夫。第 3962 页当以《资治通鉴后编》为是。
⑧ 《挥麈录》后录卷二，第 72 页。
⑨ 《宋史》卷三五六《蒋静传》，第 11211—11212 页。

(二) 郭天信

《宋史》卷四六二《郭天信传》载："郭天信字佑之，开封人。以技隶太史局。徽宗为端王，尝退朝，天信密遮白曰：'王当有天下。'既而即帝位，因得亲昵。不数年，至枢密都承旨，节度观察留后。……政和初，拜定武军节度使、佑神观使，颇与闻外朝政事。见蔡京乱国，每托天文以撼之，且云：'日中有黑子。'帝甚惧，言之不已，京由是黜。张商英方有时望，天信往往称于内朝。商英亦……阴与相结……商英劝帝节俭，稍裁抑僧寺，帝始敬畏之，而近侍积不乐，间言浸润，眷日衰。京党因是告商英与天信漏泄禁中语言……商英遂罢。御史中丞张克公复论之，诏贬天信昭化军节度副使，单州安置。命宋康年守单，幾其起居。再贬行军司马，窜新州，又徙康年使广东，天信至数月，死。京已再相，犹疑天信挟术多能，死未必实，令康年选吏发棺验视焉。"

《宋史》卷三五一《张商英传》载："杨戬除节度使，商英曰：'祖宗之法，内侍无至团练使……未闻建旄钺也。'讫持不下，论者益称之……有郭天信者……商英因僧德洪、客彭几与语言往来，事觉，鞠于开封府。御史中丞张克公疏击之，……旋贬崇信军节度副使，衡州安置。天信亦斥死。京遂复用。"

(三) 王老志

王老志，政和三年（1113）三月赐号安泊处士。九月，遣兵部员外郎王亶召赴阙，封洞微先生。① 政和四年（1114）正月，王老志加号观妙明真洞微先生。十月卒，② 赐金以葬，赠正议大夫。③

《铁围山丛谈》载："老王先生老志者，濮人也。……遇一丐人……因授之丹。老志服其丹……遂能逆知未来事……及政和时……时太仆卿〔王〕亶荐之，召老志馆于鲁公赐第（注：即南园）。……诏封洞微先生……又士大夫多从而求书字……卒合者十八九，故其门如市。鲁公谓：'庆赏刑威，乃上之柄，缙绅不应从方士验祸福，且不经。'而老志亦谨畏，乃奏断之。……及病，乃力丐归，久之病甚，上乃许其去。及步行出就车，不病也，归濮而死。"④

---

① 《长编纪事本末》卷一二七《方士》，第3962页。
② 同上。
③ 同上书，第3962—3963页。
④ 《铁围山丛谈》卷五，第87—88页。

（四）王仔昔

王仔昔，嵩山道人。大约政和五年（1115）到京师，十月封冲隐处士。① 政和六年（1116）三月，封〔通〕妙先生。② 重和元年（1118）被诛死。③

《铁围山丛谈》载："小王先生仔昔者，豫章人也。……老志死后，仔昔来都下。上知之，召令踵老志事，寓于鲁公赐第。……其神怪过老志，逆知如见。又自言昼见星，事多不及载。诏封通妙先生。然鲁公寖不乐，因从容奏曰：'臣位轴臣辅政，而家养方士，且甚迂怪，非宜。'上甚然之，乃徙之于上清宝箓宫。……其后宫人有为道士亦居宝箓宫者，以奸事疑似发，因逐仔昔。仔昔性傲，又少戆。上尝以客礼待仔昔，故其视巨阉若奴仆，又欲使群道士皆师己。及林灵素出，众乃使道士孙密觉发其语不逊，下开封狱杀之。"④

《宋史》卷四六二《王仔昔传》载："王仔昔，洪州人。始学儒，自言遇许逊，得《大洞》、《隐书》豁落七元之法，出游嵩山，能道人未来事。政和中，徽宗召见，赐号冲隐处士。……进封通妙先生，居上清宝箓宫。……及林灵素有宠，忌之，陷以事，囚之东太一宫。旋坐言语不逊，下狱死。仔昔之得罪，宦者冯浩力最多。"

（五）林灵素

林灵素，温州人。政和三年（1113）到京师，政和七年（1117）得到徽宗极度宠信。初赐号通真先生，又赐号通真达灵先生。重和元年（1118）赐号通真达灵元妙先生，视中大夫。⑤ 为冲和殿侍晨。⑥ 宣和元年（1119）十一月，放林灵素归温州。⑦

蔡絛《史补》载："政和七年有林灵素出。灵素，温州人也。少从浮屠学，以无行，为所在贬恶。久之，去为道士。左街道录徐知常引之，以附会诸阉，始曰：神霄玉清王，上帝之长子，主南方，号长生大帝君。既下降于世，乃以其弟主东方青华帝君，领神霄之治。天有九霄，而神霄为

---

① 《长编纪事本末》卷一二七《方士》，第3963页。
② 同上。
③ 同上书，第3968页。
④ 《铁围山丛谈》卷五，第89页。
⑤ 《长编纪事本末》卷一二七《方士》，第3966—3967页。
⑥ 同上书，第3967页。
⑦ 同上书，第3968页。

最高，其治曰府，故青华帝君亦曰判府天尊。而灵素乃其府仙卿，曰褚慧，亦下降，佐帝君之治。又目一时大臣要人皆仙府卿吏，若鲁公，曰左九（元？）仙伯；郑居中、刘正夫等，若童贯诸巨阉，率有名位。王黼时为内相，乃曰文华吏，盛章、（王）革，时迭为天府，乃曰仙岳。伯氏时主进奉，乃曰园苑宝华吏。又谓上宠妃刘氏曰九华玉真安妃也。天子心独喜其事，乃赐号通真先生。初，刘、虞、二王先生皆为上礼，然有神怪事，多出自方士也。及灵素至，乃以其事归之于上，而曰己独佐之。每自号小吏佐治，故上下莫有攻其非者。……是时上兴道教将十年，独思未有一厌服群下者，数以语近幸，于是神降事起矣。"①

《宋史》卷四六二《林灵素传》载："林灵素，温州人。少从浮屠学，苦其师笞骂，去为道士。善妖幻，往来淮、泗间，丐食僧寺，僧寺苦之。政和末……徽宗访方士于左道录徐知常，以灵素对。既见……帝心独喜其事，赐号通真达灵先生，赏赉无算。建上清宝箓宫，密连禁省。天下皆建神霄万寿宫。……令吏民诣宫受神霄秘箓，朝士之嗜进者，亦靡然趋之。每设大斋，辄费缗钱数万，谓之千道会。帝设幄其侧，而灵素升高正坐，问者皆再拜以请。所言无殊异，时时杂捷给嘲诙以资媟笑，其徒美衣玉食，几二万人。遂立道学，置郎、大夫十等，有诸殿侍晨、校籍、授经，以拟待制、修撰、直阁。始欲尽废释氏以逞前憾，既而改其名称冠服。灵素益尊重，升温州为应道军节度，加号元妙先生、金门羽客、冲和殿侍晨，出入呵引，至与诸王争道，都人称曰'道家两府'。……灵素在京师四年，恣横愈不悛，道遇皇太子弗敛避。太子入诉，帝怒，以为太虚大夫，斥还故里，命江端本通判温州，几察之。端本廉得其居处过制罪，诏徙置楚州而已死。遗奏至，犹以侍从礼葬焉。"

《清波杂志》卷三云："宣和崇尚道教，黄冠出入禁闼，号'金门羽客'，气焰赫然，林灵素为之宗主。道官自金坛郎至太虚大夫，班秩与庭臣同。灵素初除金门羽客、通真达灵元妙先生，视中大夫。后驯擢至太中大夫、冲和殿侍晨，视两府。道官同文官，编入杂压，仍每遇郊恩，封赠父母。……宣和末，死于温州。"②

赵與时《宾退录》卷一云："林灵素，初名灵噩，字岁昌。家世寒微，

---

① 《长编纪事本末》卷一二七《道学》，第3937—3939页。
② 《清波杂志校注》卷三《林灵素》，第106—107页。

慕远游。至蜀,从赵昇道人数载。赵卒,得其书,秘藏之,由是善妖术,辅以五雷法。往来宿、亳、淮、泗间,乞食诸寺。政和三年,至京师,寓东太一宫。徽宗……召见……赐名灵素,号金门羽客、通真达灵元妙先生。赐金牌,无时入内。五年,筑通真宫以居之。时宫禁多怪,命灵素治之……其怪遂绝。因建宝箓宫、太一西宫,建仁济亭,施符水,开神霄宝箓坛。诏天下:天宁观改为神霄玉清万寿宫,无观者,以寺充。仍设长生大帝君、青华大帝君像。上自称教主道君皇帝,皆灵素所建也。灵素被旨修道书,改正诸家醮仪,校雠丹经灵篇,删修注解。每遇初七日升座,座下皆宰执百官、三衙、亲王、中贵、士俗观者如堵。讲说《三洞道经》,京师士民始知奉道矣。灵素为幻不一,上每以'聪明神仙'呼之,御笔赐玉真教主、神霄凝神殿侍晨,立两府班。……灵素遂纵言佛教害道,今虽不可灭,合与改正:将佛刹改为宫观,释迦改为天尊,菩萨改为大士,罗汉改尊者,和尚改德士,皆留发顶冠执简。有旨依奏。皇太子上殿争之,令胡僧一立藏十二人,并五台僧二人道坚等,与灵素斗法。僧不胜,情愿戴冠执简。太子乞赎僧罪。有旨:胡僧放;道坚系中国人,送开封府刺面决配,于开宝寺前令众。明年,京师大旱,命灵素祈雨,未应。蔡京奏其妄。……灵素请急召建昌军南丰道士王文卿……果得雨三日。上喜,赐文卿亦充凝神殿侍晨。灵素眷益隆。忽京城传吕洞宾访灵素……上亟乘小车到宫,见壁间有诗云:'捻土焚香事有因,世间宜假不宜真。太平无事张天觉,四海闲游吕洞宾。'京城印行,绕街叫卖。太子亦买数本进。上大骇,推赏钱千缗,开封府捕之。有太学斋仆王青告首,是福州士人黄待聘令青卖,送大理寺勘招:待聘兄弟及外族为僧行,不喜改道,故云。有旨斩马行街。灵素知蔡京乡人所为,上表乞归本贯。诏不允。通真有一室,灵素入静之所,常封锁,虽驾来亦不入。京遣人廉得,有黄罗大帐,金龙朱红椅桌,金龙香炉。京具奏,请上亲往,臣当从驾。上幸通真宫,引京至,开锁同入,无一物,粉壁明窗而已。京惶恐待罪。宣和元年三月(当为五月),京师大水临城,上令中贵同灵素登城治水。敕之,水势不退……遂遣太子登城……是夜水退尽。京城之民,皆仰太子圣德。灵素遂上表乞骸,不允。秋九月,全台上言:'灵素妄〔议〕迁都,妖惑圣聪,改除释教,毁谤大臣。'灵素即时携衣被行出宫。十一月,与宫祠,温州居住。二年,灵素一日携所上表见太守闾丘颚,乞与缴进,及与州官亲党诀别而卒。……靖康初,遣使监温州伐墓,不知所踪……遂已。此耿延禧所作《灵素传》也。"①

《两浙名贤录》：林灵素字通叟，永嘉人。初名灵噩，字岁昌。……纵游东京，尝同苏东坡游瑞佛寺，览寺记数万言，默识无遗。东坡大称之。……政和三年，至京，寓东太乙宫。……每侍宴太清楼下，见元祐奸党碑，灵素对之稽首，上怪问之，对曰："碑上姓名皆天上星宿，臣敢不稽首？"因为诗曰："苏、黄不作文章客，童、蔡翻为社稷臣；三十年来无定论，不知奸党是何人！"上以诗示蔡京，京惶愧乞出。是年（宣和元年）五月，大水临城。灵素奏请太子登城致拜，是夕水退。因上疏言国难将及，请迁都避之。蔡京见疏，大怒，嗾全台劾灵素妖议迁都，愚惑圣听，潜改释教，谤毁大臣。灵素即封还前后所赐，出国门外。上再宣复真人号，不拜，遂与祠温州天庆观。②

蔡絛云：……灵素又与宦官、近幸分党争敌，上恶之，榜于神霄之殿，其绘像所曰：褚慧罪恶不悛。帝命削其迁秩，降为下鬼焉，因逐归其乡郡，特差江端本通判温州，而监察焉。灵素去，乃以废释氏事归之。释氏旋复，因各使纳钱为批度牒，得再披剃几百万缗。久之，上复思灵素，使道流保明，欲再召入。释氏大惧，而灵素不知何故，忽死矣。端本乃以灵素遗表上之，曰："灵素下血死矣。"是时上益厌方士迂怪，姑羁縻而已，且知其徒多妄作，乃稍正于法，未久而乱云。③

除上述几人以外，还有虞仙姑、刘栋等人。

虞仙姑：凤翔府人。年八十余，状貌如少艾，行大洞法。大观元年（1107）二月，授清真冲妙先生。④四月一日宣召于仙姑赴阙。⑤

刘栋：贡士，棣州人。政和六年（1116）二月，诏赴京师住上清宝录宫。⑥政和七年二月辞去特授将仕郎。⑦后返回棣州。重和元年（1118）三月，再召刘栋赴阙。⑧闰九月，通直郎、管勾棣州韩君丈人观刘栋为守

---

① （宋）赵与时：《宾退录》卷一，上海古籍出版社1983年版，第4—5页。
② 《长编拾补》卷四〇，宣和元年十一月壬申条，第1261—1262页。
③ 《长编纪事本末》卷一二七《方士》，第3969—3970页。
④ 同上书，第3960页。
⑤ 同上。
⑥ 同上书，第3963页。
⑦ 同上书，第3965页。
⑧ 同上书，第3966页。

静先生，视中大夫。栋不受。①"方神降及废释氏，栋亦预焉。"②

二 宋徽宗尊崇道教的措施

宋徽宗宠信道士、尊崇道教，具体措施颇多。

（一）颁布道场仪范，搜集整理颁布道经

为了规范道观举行道教活动的仪式，大观二年（1108）三月，诏以《金箓灵宝道场仪范》四百二十六部降天下有道观处，令守令选道士依按奉行。③ 政和四年（1114）三月，又诏诸路监司每路通选宫观道士十人，遣发上京，"赴左右街道录院讲习科教声赞规仪，候习熟，遣还本处"④。

政和三年（1113）十二月，下诏搜集道教经典，"天下应道教仙经，不以多寡，许官吏、道俗、士庶缴申，所属附急递投进。及所至，委监司郡守搜访。"⑤

林灵素得宠后被旨修道书，改正诸家醮仪，校雠丹经灵篇，删修注解。⑥

重和元年（1118）八月，资政殿大学士、知陈州〔陈洵仁〕奏："乞选择道藏经数十部先次镂板，颁之州郡，道箓院看详取旨施行。"诏令吏部申明行下。⑦ 九月庚寅，颁御注《老子》，石刻神霄宫。⑧ 宣和元年（1119）十一月辛亥，蔡京奏："乞以神霄玉清万寿宫观玉真王所说《玉婴神变妙经》刊印颁行。"从之。⑨ 宣和五年（1123）十一月癸亥，诏国子监刊印御注《冲虚至德真经》，颁之学者。从祭酒蒋存诚等奏请也。⑩

（二）置道阶、道职、道官，赐封号

为了抬高道士地位，政和四年（1114）正月，御笔置道阶，自六字先生至额外鉴义，品秩比视中大夫至将仕郎，凡二十六等。不给俸。政和六

---

① 《长编纪事本末》卷一二七《方士》，第3967页。
② 同上书，第3965—3966页。
③ 《长编纪事本末》卷一二七《道学》，第3935页。
④ 同上书，第3937页。
⑤ 同上书，第3936—3937页。
⑥ （宋）赵與时：《宾退录》卷一，第4页。
⑦ 《长编纪事本末》卷一二七《道学》，第3946页。
⑧ 《长编纪事本末》卷一二七《神霄宫》，第3957页。
⑨ 同上书，第3958页。
⑩ 《长编纪事本末》卷一二七《道学》，第3954页。

年（1116）二月，御笔道教改隶秘书省。①

政和八年（1118）十月仿照文官制度改定道阶、道职、道官等。御笔："道流入官，自一命以上至视品中大夫，宜正名辩体，以为次迁之格。而文阶近列，有馆阁之联，亦宜仿此定制，以待瑰玮高妙不次拨擢之人。合以太虚大夫至金坛郎，同文臣中大夫至迪功郎，为道阶。以侍晨为待制，以受经同修撰，至直阁为道职。道阶以年劳迁授，道职如文臣随官带职之制，不限常格，授惟其人，无则阙之。并无俸给人从道官见比视寄禄官，道官见带先生以下，今改道阶……"②共设道阶二十六阶；道职十一，如文臣带贴职；道官九等。③

宣和七年（1125）十月，御笔："道官可自大夫以上并带职人，并令封至朝官，许荫、赎私罪，为官户。"④

宋徽宗崇道期间，先后给其崇信道士赐封号。崇宁二年（1103）七月，赐洞元通妙大师刘混康号葆真观妙先生。崇宁五年（1106）七月，刘混康加号葆真观妙冲和先生。⑤大观元年（1107）二月，凤翔府虞仙姑授清真冲妙先生。⑥王老志，政和三年（1113）九月，封洞微先生。⑦政和四年（1114）正月，加号观妙明真洞微先生。王仔昔，政和六年（1116）三月，封〔通〕妙先生。⑧林灵素，初赐号通真先生，又赐号通真达灵先生。重和元年（1118）赐号通真达灵元妙先生。另外，宣和元年（1119）六月甲申，封庄周为微妙元通真君，列御寇为致虚观妙真君。⑨

（三）建宫观、设道像、铸九鼎

崇宁二年（1103）正月，诏许茅山道士刘混康修建道观。⑩三月，赐所建殿宇名天宁万寿。⑪政和七年（1117）二月辛未，御笔："天下天宁万寿观改作神霄玉清万寿宫。如小州、军、监无道观，以僧寺充，即不得

---

① 《长编纪事本末》卷一二七《道学》，第3937页。
② 同上书，第3948页。
③ 《宋大诏令集》卷二二四《改定道阶等御笔手诏》，第865—868页。
④ 《长编纪事本末》卷一二七《道学》，第3954页。
⑤ 《长编纪事本末》卷一二七《方士》，第3960页。
⑥ 同上。
⑦ 同上书，第3962页。
⑧ 同上书，第3963页。
⑨ 《长编纪事本末》卷一二七《道学》，第3952页。
⑩ 《长编纪事本末》卷一二七《方士》，第3959页。
⑪ 同上书，第3960页。

将天庆观改。仍于殿上设长生大帝君、青华帝君圣像。"① 五月，改玉清和阳宫为玉清神霄宫。② 重和元年（1118）正月到八月连续多次颁布御笔，督促重申中央到地方各级官员负责神霄宫的修建和管理，并予以奖惩。重和元年（1118）正月甲辰，御笔："天下州军置神霄宫处，监司候了日分诣检察以闻。"③ 二月壬申，手诏："诸路提点刑狱廉访使者，巡按所至，躬诣神霄玉清万寿宫，瞻视貌像，考验殿室，观其废举，察其施设，各具奏闻。"④ 三月戊子，朝议大夫、知泗州叶默改建神霄宫不如法，责授单州团练副使、郴州安置。⑤ 六月乙卯，御笔："应天下神霄玉清万寿宫并不隶道正司，令逐路提举官管勾。"壬戌，御笔："博州修建神霄宫如法，守贰当职官并廉访使者各迁一官。"七月癸未，御笔："神霄玉清府，实总万夫，监临下土。比诏四方，改营宫宇，以迎神贶。官吏勤惰不一，尚未就绪，更赖辅弼大臣同寅协力。宰臣可兼神霄玉清宫使，执政官充副使，判官听旨差……太师、鲁国公蔡京，少傅、太宰郑居中，少〔保〕、少宰余深，检校太保、领枢密院事童贯，并兼充神霄玉清万寿宫使；知枢密院事邓洵武、门下侍郎薛昂、中书侍郎白时中、尚书左丞王黼、宣和殿大学士蔡攸，并兼充神霄玉清万寿宫副使，仍给敕。判官听旨差。"⑥ 重和元年（1118）七月甲申，诏："开封府尹充神霄玉清万寿宫判官，少尹充管勾。"甲午，御笔："天下神霄玉清万寿宫门，可视至圣文宣王庙立戟，以称严奉。"癸卯，中大夫、直徽猷阁、知河阳王厚以改建神霄玉清万寿宫毕工，进职一等。武功大夫、知西安州解潜转〔遥〕刺史，以措置改建神霄玉清万寿宫推赏也。⑦ 八月己卯，御笔："诸州、军神霄玉清万寿宫，仰本路提举漕臣于逐州、军并县、镇选择寄居宫观年六十已下，通判以上人一员，申尚书省就差管勾本宫，专切检察本宫事务。"⑧

重和元年（1118）十二月丙申，御笔："庄周、列御寇……其令神霄

---

① 《长编纪事本末》卷一二七《道学》，第3941页。
② 同上书，第3942页。
③ 《长编纪事本末》卷一二七《神霄宫》，第3954页。
④ 同上书，第3954—3955页。
⑤ 同上书，第3955页。
⑥ 同上书，第3955—3956页。
⑦ 同上书，第3956页。
⑧ 同上书，第3956—3957页。

玉清万寿宫使司议所以褒显之，设像并配太上祠。"①

崇宁三年（1104）二月，始用方士魏汉津之说，铸九鼎。崇宁四年（1105）三月戊午，宰臣蔡京言九鼎告成。诏于中太一宫之内为九殿以奉安，名曰九成宫。②《御制九鼎记》曰："朕荷天顾诿，相时揆事，庶几有成。然世俗单见浅闻之士，骇心愕听，胥动以言。朕取成于心，请命上帝，屏斥邪言，乃诏有司，允徒趋事。□□以崇宁四年乙酉三月戊戌朔二十有一日戊午，即国之南铸之。……于以赞天地之化，协乾坤之用，道四时之和，遂品物之宜，消水旱之变，弭甲兵之患。一华夏之心，定世祚之永。非上帝鉴临，宗庙眷祐，何以臻此？"③ 政和六年（1116）十月，按照方士王仔昔建议，天章阁奉安九鼎，十一月九鼎改名。重和元年（1118）十二月己卯，诏："九鼎新名，乃狂人妄有改革，皆无稽据，宜复旧名。圜象徽调阁仍旧。"狂人，指王仔昔也。④ 其后，又按照林灵素的建议铸神霄九鼎。⑤

（四）设道学，道士按舍法升学、升迁

政和七年（1117）八月丙辰，宣和殿大学士蔡攸奏："庄、列、亢桑、文子，皆著书以传后世，有唐号为经，并列藏室。国朝始加庄、列南华冲虚之号，以其书入国子学，而亢桑子、文子未闻颁行。乞取其书，于秘书省精加雠定，列于国子之籍，与庄、列并行。"从之。⑥ 十二月辛未，为了以示尊崇，御笔改《道德经》为《太上混元上德皇帝道德真经》。

重和元年（1118）八月庚午，御笔：学校诸生应选添治大经、小经一部。大经是《黄帝内经》、《道德经》，小经是《庄子》、《列子》。"自今学道之士，应入学并令州县勘会保明……所习经以《黄帝内经》、《道德经》为大经，《庄子》、《列子》为小经外，兼通儒书，俾合为一道。……其在学中，选人增置士名，分入官品：元士、高士、大士、上士、良士、居士、逸士、隐士、志士……州县学道之士，初入学为道徒，试中升贡，同称贡士。升贡到京入辟雍，试中上舍，并依贡士法。三岁大比，许襕鞸就

---

① 《长编纪事本末》卷一二七《道学》，第3948页。
② 《长编纪事本末》卷一二八《九鼎》，第3982页。
③ 同上书，第3984—3985页。
④ 同上书，第3990页。
⑤ 同上书，第3989—3990页。
⑥ 《长编纪事本末》卷一二七《道学》，第3942—3943页。

殿试，当别降策问。庶得有道之士，以称招延。元士以下资任、请给，各随品，依品官法……应天下神霄玉清万寿宫、天庆观知及副知，将来有缺，并以学校登科人充，其余宫观亦依此。志士以上，令礼部置名籍差注，并如吏部法。"① 九月丙戌，大学辟雍各差通《内经》、《庄子》、《列子》二人为博士。②

（五）自封教主，传经布道，刻石，赐田产

宋徽宗自封为教主。政和七年（1117）四月庚申，御笔："朕乃昊天上帝元子，为大霄帝君……卿等表章，册朕为教主道君皇帝。只可教门章疏用，不可令天下混用。"③

为了扩大道教的影响，开展大规模的传经布道活动，是有效方式之一。宋徽宗、林灵素常常主持此类活动。林灵素"每遇初七日升座，座下皆宰执百官、三衙、亲王、中贵，士俗观者如堵。讲说《三洞道经》，京师士民始知奉道矣"④。重和元年（1118）十月癸卯，宋徽宗御宝箓宫，传度《玉清神霄宫秘箓》，会者八百人。⑤

在京师乃至全国各地刻石铭记也是古人常用的宣传手段。宣和元年（1119）八月丙戌，御制御书《神霄玉清万寿宫记》。其略曰："……钦惟长生大帝君、青华帝君，体道之妙……上统御神霄，监观万国无疆之休。虽眇躬是荷，而下民之命，寔神明所司。乃诏天下建神霄玉清万寿宫，以严奉祀，自京师始，以致崇极，以示训化。累年于兹，诚忱感格，高厚溥临。……呜呼！朕之所以隆振道教，帝君之所以眷命孚佑者，自三皇以还数千年，绝道之后，乃复见于今日，可谓盛矣。仍令京师神霄玉清万寿宫刻记于碑，以碑本赐天下，如大中祥符故事，摹勒立石，以垂无穷。"⑥

保障道观、道士的经济来源和收入，是保证道教稳定发展、道士队伍壮大的重要条件。为此，政府允许或划拨道观一定数量的土地。而有些道观也依势强占百姓土地。对此，需要禁止。故政和七年（1117），徽宗又诏："内外宫观舍置田，在京不得过五十顷，在外不得过三十顷，不免科

---

① 《长编纪事本末》卷一二七《道学》，第3944—3946页。
② 同上书，第3946页。
③ 同上书，第3941—3942页。
④ （宋）赵與时：《宾退录》卷一，第4页。
⑤ 《长编纪事本末》卷一二七《神霄宫》，第3957页。
⑥ 同上书，第3957—3958页。

差、徭役、支移。虽奉御笔，许执奏不行。"① 为了保障道观占有资源的独立性，宣和元年（1119）五月庚戌，诏："天下神霄玉清万寿宫已赐田产、房廊、道业，并割付本宫掌守，置历支用，更不隶州县掌管，所有前后已降指挥更不施行。"②

（六）排斥佛教

宋徽宗的崇道是和排斥佛教相伴而行的。徽宗宠信的道士刘混康、林灵素明确提出要排斥佛教，刘栋也参与了排斥佛教的活动。"灵素遂纵言佛教害道，今虽不可灭，合与改正：将佛刹改为宫观，释迦改为天尊，菩萨改为大士，罗汉改尊者，和尚改德士，皆留发顶冠执简。有旨依奏。"③

宋徽宗崇道、排斥佛教首先是从抬高道士、降低僧人地位开始的。大观元年（1107）二月己未，御笔批："道士序位令在僧上，女冠在尼上。"④之后，为了显示道教的尊崇，禁止道像和佛像相混杂，政和二年（1112）正月癸未，诏："释教修设水陆及祈禳道场，辄将道教神位相参者，僧尼以违制论。主首知而不举，与同罪。著为令。"⑤

毁弃佛经也是排斥佛教的一种做法。重和元年（1118）四月辛巳，道箓院上："看详释经六千余卷，内诋谤道、儒二教，恶谈毁词，分为九卷，乞取索焚弃，仍存此本，永作证验。又通真达灵先生林灵素上《释经诋诬道教议》一卷，乞颁降施行。"并从之。⑥

禁止妇女进入寺院。重和元年（1118）八月辛未，资政殿大学士、知陈州〔陈洵仁〕奏乞禁士庶妇女辄入僧寺。诏令吏部申明行下。⑦

改佛号，改僧尼、寺院名称，改僧尼服饰等，禁止僧尼使用佛教器物，改僧尼管理机构名称和从属机构，令僧人习道经。宣和元年（1119）正月乙卯，手诏："应寺院屋宇、田产、常住，一切如旧，永不改革。有敢议者，以违御笔论。其服饰、其名称、其礼、其言，并改从中国，佛号大觉金仙，余为仙人、士之号。僧称德士，寺为宫，院为观，即住持之人为知宫观事。不废其教，不害其礼而已……可令每路监司一员听其事，郡

---

① 《宋史》卷一七三《食货志上一·农田》，第4169页。
② 《长编纪事本末》卷一二七《神霄宫》，第3957页。
③ （宋）赵舆时：《宾退录》卷一，第4页。
④ 《长编纪事本末》卷一二七《道学》，第3935页。
⑤ 同上书，第3936页。
⑥ 同上书，第3943页。
⑦ 同上书，第3946页。

守、僚佐召集播告，咸使知之。"① 御笔："天下僧尼已改宫观，其铜钹、铜像、塔等，按《先天纪》，钹乃黄帝战蚩尤之兵器，自不合用。可通行天下，应僧尼寺院并士庶之家，于逐路已改宫观监司处，限十日送纳，不得隐匿毁弃，类聚斤重，具数奏闻。"御笔："僧已降诏改为德士，所有僧箓司，可改作德士司；左右街道箓院，可改作道德院。德士司隶属道德院，蔡攸通行提举。天下州、府僧正司，可并为德士司。"②

宣和元年（1119）正月己未，改女冠为女道，尼为女德。③ 庚申，诏："已降指挥……佛像并存留，依所锡敕号添用冠服，遍行天下。"④ 辛酉，御笔："德士冠并依道流见戴诸色冠样，止不饰日月星辰。除有官职者许服皂襈、紫道服，执牙简，余已有紫衣人并紫道服，褐衣改银褐道服，皆木简，并称姓氏。"御笔："寺院已改为宫观……赐天尊服，仍改塑菩萨、罗汉，并改道服冠簪。佛封大觉金仙，文殊菩萨封安惠文静大士，普贤菩萨封安乐妙静大士……经文合改佛称金仙，菩萨称仙人，罗汉称无漏，金刚称力士，僧伽称修善。铜像不纳，并许改塑。僧已降诏为德士，所有寺院拨放、试经、进疏、度牒，并改作披戴为德士。"⑤ 五月丁巳，御笔手诏："释氏改服易名，尽从华俗，不废其教，翕然成风。然习之者不知道妙，未称一道德同风俗之意。今后应德士，并许入道学，依道士法。其德士、宫观、知副已上，职掌有缺，非试中人，不在选举差补之限。其德童遇试，经拨放，并习《混元道德》或《灵宝度人》一经。庶人无殊，习道通为一，以副劝奖之盛。"⑥

禁止僧人集会。宣和元年（1119）五月戊午，御笔："禁以二月十五日真元节集众为金仙涅槃会。"⑦

宋徽宗崇道排佛是道教和佛教两大宗教争夺世俗领域地位的斗争，是道教借着世俗皇帝的支持趁机压抑佛教势力发展的活动。在宋代历史上，僧尼数始终是大大超过道士数的。大观四年（1110）五月四日，臣僚奏：

---

① 《长编纪事本末》卷一二七《道学》，第3948—3949页。
② 同上书，第3949—3950页。
③ 同上书，第3950页。
④ 同上。
⑤ 同上书，第3950—3951页。
⑥ 同上书，第3951—3952页。
⑦ 同上书，第3952页。

"天下僧尼比之旧额，约增十倍，不啻数十万人。"① 宋徽宗崇道也是维护其统治的政治需要。道教为土生土长的宗教，而佛教乃异族外来宗教，"浮屠之教，盛行焚指、炼臂、舍身"②等残毁肢体的习俗。更主要的是，佛教"弃君臣之分，忘族姓之辨"③，不利于维护君臣尊卑的等级秩序。

三 宋徽宗尊崇道教的影响

宋徽宗崇尚道教，制定仪轨，整理、颁布道经，修建道观，设立道学等措施，无疑对道教自身发展是有利的。然而，宋徽宗君臣利用道教各谋其私的初衷本身，使得这一时期道教发展是畸形的，"政和以后，黄冠浸盛，眷待隆渥，出入禁掖，无敢谁何，号'金门羽客'，恩数视两府者凡数人。"④ 带来了相当严重的政治后果和社会影响。

（一）大兴土木，劳民伤财

宦官梁师成负责在京师修建艮岳（万岁山），历时数十年。"一时佞幸，因而逢迎，遂竭国力而经营之，是为艮岳。宣和壬寅（宣和四年，1122）岁始告成。"⑤ 徽宗亲为之记，对其工程之浩大、制作之精巧、规模之宏大，描述极详。⑥ 而劳民伤财之一斑亦可想见。不仅京师，全国各地也竞相营建道观。《道山清话》载："崇宁改元之明年，蔡丞相既迁左揆，首令议天下州县皆建佛刹，以崇宁为额。时石豫为中丞，其门人陈确，贤士也，夜过豫，问豫曰：'中丞岂可坐视？'豫曰：'少待数日，看行与不行。'未几，豫招确谓之曰：'前夕之言，今早已纳札子矣，上甚喜。'乃是乞诏州郡，仍置崇宁观。"⑦ 此后便一发不可收拾。徽宗自己充当教主，传道布教，其他人员尽力逢迎。浑水摸鱼者也不乏其人，浪费惊人。重和元年（1118）十月癸卯，徽宗御宝箓宫，传度《玉清神霄秘箓》，会者八百人。"及为大会，灵素讲经，据高座，上为设幄其侧。灵素所言无殊绝者，杂以滑稽喋（媟）语，上下为大哄笑，莫有君臣之礼矣。时道士有俸，每一斋施，动获数十万；每一宫观，给田亦不下数百千顷，皆外

---

① 《宋会要辑稿》职官一三之二三。
② 《长编纪事本末》卷一二七《道学》，第3941—3942页。
③ 《宋大诏令集》卷二二四《佛号大觉金仙余为仙人大士之号等事御笔手诏》，第868页。
④ 《曲洧旧闻》卷六《张侍臣虚白不沾恩数》，第169页。
⑤ 《挥麈录》后录卷二，第72页。
⑥ 同上书，第73—75页。
⑦ 《道山清话》，第119页。

蓄妻子，置姬媵，以胶青刷鬓，美衣玉食者几二万人。一会殆费数万缗。贫下之人多买青衣幅巾以赴，日得一饫餐而衬施钱三百，谓之'千道会'。"①

徽宗崇道的"明星效应"是明显的。"其后，天子方向道家流事，尊礼方士，都邑宫观，因浸增崇侈。于是人人争穷土木、饰台榭、为游观，露台曲槛，华僭宫掖，入者迷人。"而对于不媚俗、不迎合者，则群起而攻之。如道士李德柔，在人人争穷华侈的时候，他"益示为朴鲁""群黄冠多挪揄之"，徽宗以为他"贫"无钱，"命赉钱五百万，俾新作其斋房。"②

（二）加剧了佛、道间的冲突和矛盾

宋徽宗排斥佛教、打击佛教徒的政策，迫使一些信仰不坚定者投向了道教的怀抱。《梁溪漫志》载："宣和庚子（宣和二年，1120），改僧为德士，一时浮屠有以违命被罪者。独一长老遽上表乞入道，其辞有'习蛮夷之风教，忘父母之发肤；傥得回心而向道，便更合掌以擎拳'等语。彼方外之人，乃随时迎合如此，亦可怪也。又一长老，道行甚高，或戏之曰：'戴冠儿稳否？'答曰：'幸有一片闲田地。'"③ 不过，这样的僧徒毕竟是少数。大多数佛教徒对徽宗排斥佛教表现出不满。如："时饶德操已为僧，因作《改德士颂》云：'自知祝发非华我，故欲毁形从道人。圣主如天苦怜悯，复令加我旧冠巾。旧说螟蛉逢蜾蠃，异时蝴蝶梦庄周。世间化物浑如梦，梦里惺惺却自由。德士旧尝称进士，黄冠初不异儒冠。种种是名名是假，世人谁不被名谩。衲子纷纷恼不禁，倚松传与法安心。缾盘钗钏形虽异，还我从来一色金。小年曾著书生帽，老大当簪德士冠。此身无我亦无物，三教从来处处安。'"④ 一些佛教徒在反对、在抗争。《宾退录》载："（林）灵素眷益隆。忽京城传吕洞宾访灵素……上亟乘小车到宫，见壁间有诗云：'捻土焚香事有因，世间宜假不宜真。太平无事张天觉，四海闲游吕洞宾。'京城印行，绕街叫卖。太子亦买数本进。上大骇，推赏钱千缗，开封府捕之。有太学斋仆王青告首，是福州士人黄待聘令青卖，送大

---

① 《长编拾补》卷三八，重和元年十月癸卯条，引《续宋编年资治通鉴》，第1199页。
② 《铁围山丛谈》卷五，第91页。
③ （宋）费衮撰，金圆校点：《梁溪漫志》卷八《改德士颂》，上海古籍出版社1985年版，第92页。
④ 同上书，第92页。

理寺勘招:待聘兄弟及外族为僧行,不喜改道,故云。有旨斩马行街。"①

《铁围山丛谈》载:"宣和岁己亥(1119)夏,都邑大水,几冒入城隅,高至五七丈。久之方退。时泗州僧伽大士忽现于大内明堂顶云龙之上,凝立空中,风飘飘然吹衣为动,旁侍惠岸、木义皆在焉。又有白衣巾裹,跪于僧伽前者,若受戒谕状,莫识何人也。万众咸睹,迨夕而没。白衣者疑若龙神之徒,为僧伽所降伏之意尔。上意甚不乐。"②

又载:"宣和六年(1124)春正月甲子,实上元节。故事,天子御楼观灯,则开封尹设次以弹压于西观下。天子时从六宫于其上,以观天府之断决者,帘幕重密,下无繇知。是日,上偶独在西观上,而宦者左右皆不从,其下则万众。忽有一人跃出,缁布衣,若僧寺童行状,以手指帘谓上曰:'汝是耶,有何神?乃敢破坏吾教。吾今语汝,报将至矣。吾犹不畏汝,汝岂能坏诸佛菩萨耶?'时上下闻此,皆失措震恐,捕执于观之下。上命中使传呼天府亟治之,且亲临其上。则又曰:'吾岂逃汝乎?吾故示汝以此,使汝知无奈吾教何尔。听汝苦吾,吾今不语矣。'于是箠掠乱下,又加诸炮烙,通询其谁何。略不一言,亦无痛楚状。上益愤,复召行天法羽士曰宋冲妙,世号宋法师者,亦神奇,至视之,则奏曰:'臣所治者邪鬼,此人者,臣所不能识也。'因又断其足筋,俄施刀脔,血肉狼藉。上大不怡,为罢一日之欢。至暮终不得为何人,付狱尽之。呜呼,浮屠氏实有人。"③

这三条资料说明,宋徽宗排斥佛教,残酷压制佛教徒,而佛教徒亦进行了激烈的反抗。过度的压制只会使佛教和道教之间的冲突更剧烈。

(三)加剧了统治集团内部的矛盾和裂痕

宋徽宗对道教的过度崇信,不仅加剧了佛、道之间的矛盾,而且加剧了统治集团内部的矛盾。宋徽宗要用道教神化自己,树立绝对权威,而东宫太子却依靠佛教来巩固其地位。政和年间,徽宗属意郓王,引起太子赵恒的担忧和不满。蔡絛曰:"政和间,东宫颇不安,其后日益盛。"④ 又曰:"政和间,太上诸皇子日长大,宜就外第,于是择景龙门外地辟以建诸邸,时郓王有盛爱,故宦者童贯主之。视诸王所居,侈大为最,乃

---

① 《宾退录》卷一,第5页。
② 《铁围山丛谈》卷五,第91页。
③ 同上书,第92页。
④ 《铁围山丛谈》卷一,第1页。

中为通衢，东西列诸位，则又共为一大门，锡名曰'蕃衍宅'，悉出贯意……则识者深疑之，亦知其旨意之属在郓邸而已。"① 所以，当徽宗利用道教时，太子却利用佛教与徽宗抗争。在宋徽宗、林灵素大肆排斥佛教之时，"皇太子上殿争之，令胡僧一立藏十二人，并五台僧二人道坚等，与灵素斗法。僧不胜，情愿戴冠执简。太子乞赎僧罪。有旨：胡僧放；道坚系中国人，送开封府刺面决配，于开宝寺前令众。"②

《宋史》卷三五七《程振传》载："初，宣和崇道家之说，振侍坐东宫，从容言：'孔子以《鸱鸮》之诗为知道，其词不过曰"迨天之未阴雨，绸缪牖户"而已。老子亦云："为之于未有，治之于未乱。"今不固根本于无事之时，而事目前区区，非二圣人意。'它日，太子为徽宗道之。徽宗寤，颇欲去健羡，疏左右近习，而宦寺杨戬辈方大兴宫室，惧不得肆，因谗家令杨冯，以为将辅太子幸非常。徽宗震怒，执冯诛之，而太子之言亦废。"③

这些资料均透露出了徽宗和太子各自利用道教和佛教争夺统治权的斗争。这对于北宋晚期的政治是相当不利的。

四　与道士相关的政事和人事

除了一般性的方术、宗教活动引起徽宗兴趣，宠信道士外，更为主要的是，宋徽宗所宠信道士的活动都和当时的政治有着密切联系。

道士们一般性的方术、宗教活动，大体有以下几类：

以法箓符水祈福禳灾，捉鬼、祈雨、治病等：如徐知常、刘混康、王仔昔、林灵素。

相面、看天象：如郭天信、王老志。

堪舆看风水：如刘混康。

沟通人神二界：如王老志、林灵素。

洞悉人的内心、知人休咎祸福：如王老志、王仔昔。

举行法会传布道教。

这些活动在不同场合、不同时间，可以满足徽宗不同层次的需求，这

---

① 《铁围山丛谈》卷一，第2页。
② 《宾退录》卷一，第4页。
③ 《宋史》卷三五七《程振传》，第11236页。

是徽宗崇信道教、宠信道士的原因之一。但徽宗崇道的主因，是要借此稳固统治。具体分析如下：

第一，宋徽宗的继位是多种因素促成的，其中不乏偶然性。当他绍圣三年（1096）被封为端王时十四岁，此后就有道士郭天信预言他将来会成为皇帝，这给了他希望。听到此话，当然是既紧张又兴奋。以后果真如此，郭天信的预言变成了现实，宠信郭天信也就顺理成章。"不数年，至枢密都承旨，节度观察留后。其子中复为阁门通事舍人，许陪进士径试大廷，擢秘书省校书郎。"当了皇帝以后，除了稳固皇位，皇子皇孙的繁衍也就成了必须关注的大事。宋徽宗初即位时，皇子不多，令其担忧，按照道士刘混康的指点，他加高山形，诞育皇子多人。崇信道教，大修宫观在所必然。"上甚以为喜，繇是崇信道教，土木之工兴矣。"

第二，从心理上讲，早期"应验"之事给徽宗以极大影响，给予他崇信道教很强的定力，其结果是，最终坚定了他崇道的立场，尽管起初对道教并无十分的偏好。正如蔡絛所言："上嗣服之初，与释老好尚未有适莫，鲁公喜佛，因导上以性理。……又尝于端午日因内道场上焚香，再拜以礼佛，开其舍利，四散迸出于水晶匣外，上为之赞焉。方士刘混康有节行，为上所信听，大诋佛氏。"[①] 此后崇尚道教和宠信道士交互作用，使北宋道教的发展达到顶峰。这是一种畸形的发展。徽宗崇道和宠信道士的另一结果是，道士们积极地参与到北宋纷繁复杂的政治斗争中。一些大臣，要不将他们当成打击政敌、夺取权力的有用帮手；要不将他们看成是争夺权力的竞争对手。而徽宗除了信任以外，就是利用，他们是徽宗手中可以任意摆布的一颗棋子。徽宗要利用他们牵制大臣、限制大臣的权力。所以，道士仰仗皇帝的庇护，欲借机扩大自己权力的图谋注定都是失败的。蔡絛对此有极其准确的判断："凡为神降之事者，往往先后多不得其死。"[②]

刘混康因以法箓符水禳灾驱邪，堪舆风水，深得徽宗信任，但他"大诋佛氏"的这一行径，对于"喜佛"的蔡京而言，是不能容忍的行为。所以，蔡京利用蒋静报复刘混康。蒋静因上言"多诋元祐间事"，被蔡京看准，不顾别人反对，一手提拔起来。当"有节行"的刘混康的徒弟们干出违法之事时，蒋静就坚决予以惩处。所谓"其徒倚为奸利，夺民苇场，强

---

① 《长编纪事本末》卷一二七《方士》引蔡絛《史补·道家者流》篇，第3959页。
② 《长编纪事本末》卷一二七《方士》，第3966页。

市庐舍，词讼至府，吏观望不敢治，静悉抵于法"。这是蔡京做给刘混康看的。

郭天信预言徽宗"当履天位"而得到宠信，数年之间，父子两人加官晋爵，尊崇荣耀。郭天信也因此"颇与闻外朝政事"。张商英与蔡京有矛盾，他和郭天信勾结。郭天信多次"以日中有黑子"为由，向徽宗施压，欲迫使必须承担天谴之责的宰相蔡京下台。徽宗当然也需要随时敲打一下蔡京，暗示他不要过于专权，故张商英、郭天信达到了目的，"京由是黜"。然而，官场老手蔡京决不会轻易认输和善罢甘休。当张商英因压制近侍而得罪了有实权的宦官杨戬等人，"间言浸润，眷日衰"的时候，蔡京安排党羽揭发"商英与天信漏泄禁中语言"，朋比为奸，结果，张商英被罢被贬，郭天信责授昭化军节度副使、单州安置，直至窜新州。对郭天信的责授安置制词相当严厉。"责授昭化军节度副使、单州安置郭天信……尔以间阎冗贱之品，污阶墀近密之班。既倚势以作威，辄冒荣而逞志。不安分守，深蓄祸机。妄力引于凶渠，谓宜居于廊庙。缔交合党，协济邪谋。公肆面谩，有轻视君父之意。窃持威柄，有愚弄朝廷之心。以至陷害忠良，侥幸恩命。诡情诞说，惟屡荐于邪朋。公府近联，觊自跻于政地。……"① 蔡京还不满意，派出心腹宋康年监视其起居，郭天信至新州数月而死。蔡京复相以后，还担心郭天信"挟术多能，死未必实"，又令宋康年"选吏发棺验视焉"。宋康年乃宰相宋庠之孙，宋乔年兄弟，乔年女嫁蔡攸，故宋康年乃蔡京姻党。绍兴年间，御史常同曾言："康年本市井俳优之徒，止因蔡京姻党，叨窃名位。"② 蔡京必致郭天信于死地，可见憎恨之程度。而徽宗对郭天信以一方士和朝臣勾结也是不能容忍的。所以，对他严厉处置，贬往新州。

政和初年的一场大病和一个梦，加深了徽宗对道教的心理依赖。蔡絛《史补·道家者流》载："政和初，上有疾，逾百日，稍康复。一夕，梦有人召上。……及至，乃一宫观尔，即有道士二人为傧相焉；遂至一坛上，谕上曰：'汝以宿命，当兴吾教。'上再拜，受命而还。……及寤，作记，良悉。尝遣使示鲁公，鲁公时犹责居于杭也。始大修宫观于禁中。……羽

---

① 《宋大诏令集》卷二一二《郭天信责授安置制》，第806页。
② 《系年要录》卷七二，绍兴四年正月辛未条，326册，第32页。

人以岁时入内讲斋醮事。"① 王老志、林灵素正是这时受到徽宗的信任。

王老志政和三年（1113）九月以后到京师，政和四年（1114）十月卒，在京活动仅一年。在这期间，他住在蔡京府第南园，除了接受徽宗的询问以外，主要活动是接待那些想了解休咎祸福、升官发财的士大夫们的问讯。"其门如市"的热闹景况引起了蔡京的不安，他怕徽宗怪罪下来，更怕王老志说出什么不利于自己的言论来，于是说"庆赏刑威，乃上之柄，缙绅不应从方士验祸福，且不经"。要求加以禁止。而王老志"亦谨畏，乃奏断之"。各方相安无事。

政和五年（1115）王仔昔到京师，依惯例，仍住蔡京赐第。但他狂傲外露的性格惹恼了众人。他自言"昼见星"，使蔡京"寝不乐"。怕对相位不利，有前车之鉴，蔡京岂敢麻痹大意，掉以轻心？于是以"臣位轴臣辅政，而家养方士，且甚迁怪，非宜"为幌子，乃徙之于上清宝箓宫。王仔昔对徽宗身边炙手可热的宦官不屑一顾，视之若奴仆，随意驱使。又自视为众道士的宗师，高高在上。其结果是，当新人林灵素出现并获得徽宗的热捧以后，众人齐心协力，以疑似奸罪将他逐出宝箓宫，囚于东太一宫。王仔昔很不谨慎，出言不逊，徽宗也不愿保护他，最后以不敬之罪诛之，落得个身败名裂的下场。"众乃使道士孙密觉发其语不逊，下开封狱杀之。""陷仔昔者，宦官冯浩尤力。"王仔昔之死，也许就是宰相蔡京、宦官冯浩、道士林灵素等人联手演出的一场阴谋。

林灵素出身寒微，家贫，少从浮屠，不甘其苦，弃而从道。曾游东京，与苏轼相识。政和三年（1113），再至京师，寓宿东太乙宫。在徐知常的引荐下见到徽宗。在徽宗面前他大言："臣上知天宫，中识人间，下知地府。"政和七年（1117）后，始受到徽宗极度宠信。林灵素的一套神霄道教理论是：天有九霄，而神霄最高，其治曰府。神霄玉清王者，上帝之长子，主南方，号长生大帝君，下降于世，即是宋徽宗。以其弟主东方为青华帝君，领神霄之治，曰判府天尊。林灵素则为其府仙卿，曰褚慧，亦下降，佐帝君之治。蔡京为左元仙伯，郑居中、刘正夫等臣僚及童贯等大宦官都有名位。王黼为文华吏，盛章、（王）革曰仙岳，蔡攸乃曰园苑宝华吏，徽宗宠妃刘氏曰九华玉真安妃。在林灵素的理论中，徽宗作为上帝之长子，下凡间统治万民，自然具有无上的权力，而他本人以佐帝之治

---

① 《长编纪事本末》卷一二七《道学》引蔡絛《史补·道家者流》篇，第3935—3936页。

的角色出现，也是有着不凡的能力。至于其时在朝中当权的大臣蔡京、郑居中、刘正夫、王黼乃至受宠的宦官童贯、安妃刘氏，林灵素都给他们披上了一层神圣的外衣。这样，不致使林灵素自身的神化太突兀，太显眼。总之，林灵素将自己和宋徽宗君臣、受宠的宦官、妃子等统统放到一个神秘的网络体系中，他们的身上都有了神灵气息，和凡夫俗子有天壤之别。尤其是，他突出徽宗形象、地位、身份的做法是最高明的一点。从此，宋徽宗这个皇帝还有着最高神的身份，他对臣民的统治就与众不同了。这是令徽宗最满意之事，也是林灵素之比以前的各位道士高明之处。"初，刘、虞、二王先生皆为上礼，然有神怪事，多出自方士也。及灵素至，乃以其事归之于上，而曰己独佐之。"林灵素这一做法，满足了宋徽宗的虚荣心，也为自己找到了抬高身价的依据，找到了和大臣抗衡的政治武器。"每自号小吏佐治，故上下莫有攻其非者。"最主要的是他为宋徽宗提供了驯服臣下的手段。所谓"是时上兴道教将十年，独思未有一厌服群下者，数以语近幸，于是神降事起矣"①。

林灵素最初得幸，一是徐知常的引荐，一是和宦官勾结，"附会诸阉"，摸清宋徽宗的心思。此后借着宋徽宗的宠信，他不仅大肆排斥佛教，而且争权夺利，与同类相轧，"本与道士王允诚共为怪神，后忌其相轧，毒之死"。王仔昔的死和他也不无干系。

朝士王寀被诛也是和林灵素争短长有关。王寀字辅道，王韶之子。"唯好延道流谈丹砂、神仙事。""徽宗方崇道教，侍晨林灵素自度技不如，愿与之游，拒弗许。"②后又拒绝与之共事，并且，王寀宾客昌言"辅道有术，可致天神出。灵素上扼不得施"。王寀也"尝对别客谓：灵素太诞妄，安得为上言之"③？听到这些话后，"灵素忿怒，泣请于上，且增加以白之曰：'臣以羁旅，荷陛下宠灵，而奸人造言，累及君父。乞放还山以避之。不然，愿置对与之理。'上（徽宗）令逮捕辅道与所言客姚坦之、王大年，以其事下开封。"④最后下狱死。

林灵素看到徽宗对蔡京宠衰，于是和蔡京争权，"每侍宴太清楼下，见《元祐奸党碑》，灵素对之稽首，上怪问之，对曰：'碑上姓名皆天上星

---

① 《长编纪事本末》卷一二七《道学》，第3937—3939页。
② 《宋史》卷三二八《王韶传附王寀传》，第10584页。
③ 《挥麈录》后录卷三，第113页。
④ 同上书，第114页。

宿，臣敢不稽首？'因为诗曰：'苏、黄不作文章客，童、蔡翻为社稷臣；三十年来无定论，不知奸党是何人！'上以诗示蔡京，京惶愧乞出。"蔡京也不示弱，在林灵素"眷益隆"的时候，"忽京城传吕洞宾访灵素……上亟乘小车到宫，见壁间有诗云：'捻土焚香事有因，世间宜假不宜真。太平无事张天觉，四海闲游吕洞宾。'京城印行，绕街叫卖。太子亦买数本进。上大骇，推赏钱千缗，开封府捕之。有太学斋仆王青告首，是福州士人黄待聘令青卖，送大理寺勘招；待聘兄弟及外族为僧行，不喜改道，故云。有旨斩马行街。灵素知蔡京乡人所为，上表乞归本贯。"① 双方的争夺互有胜负。"通真有一室，灵素入静之所，常封锁，虽驾来亦不入。京遣人廉得，有黄罗大帐，金龙朱红椅桌，金龙香炉。京具奏，请上亲往，臣当从驾。上幸通真宫，引京至，开锁同入，无一物，粉壁明窗而已。京惶恐待罪。"② "是年（当为宣和元年）五月，大水临城。灵素奏请太子登城致拜，是夕水退。因上疏言国难将及，请迁都避之。蔡京见疏，大怒，嗾全台劾灵素妖议迁都，愚惑圣听，潜改释教，谤毁大臣。"③ 他们争权的结果是二人前后相继被罢。

林灵素甚至出入呵引，"至与诸王争道"。"恣横愈不悛，道遇皇太子弗敛避。"他的恣意妄为不仅令民众痛恨，"役夫争举梃将击之"，而且太子也忍无可忍，"太子入诉，帝怒，以为太虚大夫，斥还故里，命江端本通判温州，几察之。端本廉得其居处过制罪，诏徙置楚州而已死。"④ 林灵素之死，其实与徽宗厌倦有关，"是时上益厌方士迂怪，姑羁縻而已，且知其徒多妄作，乃稍正于法，未久而乱云。"⑤ 林灵素与宦官、近幸等的勾结更是徽宗不能容忍的。"灵素又与宦官、近幸分党争敌，上恶之，榜于神霄之殿其绘像所曰：褚慧罪恶不悛。"⑥

崇观、政宣年间特殊的政治环境，使很多道士参与到政治纷争中。大观元年（1107）虞仙姑召赴阙后，曾表现出对蔡京打击元祐党人的不满。一次，蔡京准备了饭食招待虞仙姑，而虞仙姑却"见大猫指而问京曰：

---

① 《宾退录》卷一，第5页。
② 同上。
③ 《长编拾补》卷四〇，宣和元年十一月壬申条，引《两浙名贤录》，第1261—1262页。
④ 《宋史》卷四六二《林灵素传》，第13528—13530页。
⑤ 《长编纪事本末》卷一二七《方士》，第3969—3970页。
⑥ 同上。

'识之否？此章惇也。'意以讽京"。惹得蔡京极不高兴。徽宗尝问仙姑致太平之期，答曰："当用贤人。"徽宗曰："贤人谓谁？"答曰："范纯粹也。"徽宗将此语说与蔡京，蔡京曰："此元祐臣僚使之！"遂驱逐了虞仙姑。于是士大夫争言虞仙姑亦入元祐党矣。①

棣州道士刘栋，虽不愿赴阙召见，亦不愿接受官职，但神仙下凡和废除佛教的活动，他也是参与了的。"方神降及废释氏，栋亦预焉。"②

不仅徽宗利用道士和道教，抬高自己的地位、神话自己的身份，蔡京同样利用道士对徽宗及周围人施加影响。元符末，蔡京通过范致虚，利用元符皇后对道士徐知常的信任达到自己东山再起的目的。"又太学博士范致虚素与左街道录徐知常善，知常以符水出入元符后殿，致虚深结之，道其平日趣向，谓非相京不足以有为。已而宫妾、宦官合为一词誉京，遂擢致虚右正言，起京知定州。"③元符皇后刘氏初为婕妤，升为贤妃，深得哲宗宠幸，而哲宗孟后乃宣仁太后所立。刘婕妤恃宠，多次对孟后表现出不恭，并有夺位之意，后来她利用外朝宰相章惇、内侍郝随、道士徐知常的合力，以及哲宗反感宣仁太后连及孟后的机会扳倒了孟后，如愿以偿登上了后位。《东都事略》载：

> （孟）后既立，而刘婕妤宠幸，阴有夺位之意……会福庆公主疾，后有姊颇知医……公主药弗效，乃取道家治病符水以入官。嬾以示后，后变色，问曰："此何从来？"嬾对以实。后曰："六姊宁知中禁严密，与外舍异邪？"戒令存之，俟见上，言所以然。已而哲宗过视公主疾，后持以告哲宗，哲宗曰："此亦人情之常耳。"后即取符焚于前。官禁相传，厌魅之端作矣。方公主病革，忽有纸钱在旁，后顾视颇恶忌之，意自婕妤所遣人持来，益有疑心。未几，后养母听宣夫人燕氏为后祷祠事闻，诏入内押班梁从政、管当御药院苏珪，即皇城司鞫之。狱成，命侍御史董敦逸录问，遂诏废后。诏狱初起，禁中捕逮几三十人，箠楚甚峻，皆宦官宫妾柔弱之人。暨录问，罪人过庭下者，气息仅属，或肢体已毁折，至有无舌者，无一人能声对。……盖宰相

---

① 《长编纪事本末》卷一二七《方士》，第3961页。
② 同上书，第3965—3966页。
③ 《宋史》卷四七二《蔡京传》，第13722页。

章惇迎合于外,而(郝)随挤排于内,莫有敢异议者。……①

章惇极力主张废孟后,是从政治需要的角度出发。对此,左正言陈瓘如是言:"绍圣大臣,以继述神考为说,以雠毁宣仁为心。而瑶华乃宣仁所厚,又于先帝本无间隙,万一瑶华有预政之时,则元祐之事必复。是以过为之虑,若刈草而去其根,则孟氏安得不废?"②

《宋史》卷二四三《后妃传下》载:"初,章惇诬宣仁后有废立计,以后逮事宣仁,惇又阴附刘贤妃,欲请建为后,遂与郝随构成是狱,天下冤之。"③"昭怀刘皇后,初为御侍,明艳冠后庭,且多才艺。由美人、婕妤进贤妃。生一子二女。有盛宠,能顺意奉两宫。时孟后位中宫,后不循列妾礼,且阴造奇语以售谤;内侍郝随、刘友端为之用。孟后既废,后竟代焉。……徽宗立,册为元符皇后。明年,尊为太后,名宫崇恩。帝缘哲宗故,曲加恩礼,后以是颇干预外事,且以不谨闻。帝与辅臣议,将废之,而后已为左右所逼,即帝钩自缢而崩,年三十五。"④

上述资料已明确揭示出,孟后被废绝不仅仅是因为与刘婕妤争宠的失败,也不仅仅是符水治病犯了宫廷的大忌,而是章惇等人的政治需要,和刘婕妤的争宠需要适时地结合了起来,最后达到的一个结局。在这个过程中,孟后成了政治斗争的牺牲品和内廷争宠斗争的失败者。刘婕妤如愿当上皇后,自然对她的助力者心存感激,甚至信任有加,对他们的要求亦是尽力满足。所以,当蔡京通过范致虚、徐知常的门子希望入朝时,刘皇后是鼎力相助。且哲宗在世时蔡京曾特意献诗恭维刘贤妃,故刘对其有好感。建中靖国元年(1101)年底,蔡京通过刘后的帮助,从中大夫、提举洞霄宫复龙图阁直学士、知定州,为其复入朝廷奠定了基础。元符三年(1100)向太后复孟后为元祐皇后,崇宁元年(1102)十月复废孟后。"崇宁初,郝随讽蔡京再废后,昌州判官冯澥上书言后不得复。台臣钱遹、石豫、左膚等连章论韩忠彦等信一布衣狂言,复已废之后,以掠虚美,望断以大义。蔡京与执政许将、温益、赵挺之、张商英皆主其说。徽宗从之,

---

① 《东都事略》卷一四《世家二》,第267—269页。
② 《皇朝编年纲目备要》卷二五,元符三年五月,第627页。
③ 《宋史》卷二四三《后妃传下》,第8634页。
④ 同上书,第8638页。

诏依绍圣诏旨，复居瑶华宫，加赐希微元通知和妙静仙师。"① 蔡京坚请徽宗废孟后，不仅仅孟后是元祐政治的标志，蔡京是新党的领袖，还有一层原因，乃是元符皇后（刘太后）对蔡京的复起有功。

张怀素事件乃是方士与朝士互相结纳乃至谋反的事件。② 张怀素先为僧，后为道士，与朝士多有交往，因与朝散郎吴储、承议郎吴侔谋反，大观元年（1107）五月伏诛。吴储、吴侔的祖父是曾任宰相的吴充，吴储父安诗，吴侔父安持。吴充熙宁、元丰时反对王安石变法，曾遭到蔡确等人的打击报复，后罢官病死。安诗、安持崇宁初并诏入籍元祐旧党。故吴储、吴侔对徽宗政治不满。张怀素乃借助相面术、观天象等与之勾结，准备谋反，后被人告发。张怀素事件牵涉朝中官员甚多，包括邓洵武、邓洵仁、蔡卞、吕惠卿、王能甫、吴居厚、吕渊、王汸之等十人，除邓洵武、洵仁兄弟是与吴侔联姻受到牵连外，其余诸人多与张怀素有交往，蔡卞往来更盛。此事件一定程度上也反映出在宋徽宗倡导和影响下，士大夫对于道教、道士的迷恋和利用。

总之，受时代和认识的局限，宋徽宗尊崇道教，既有普遍性的信任、依赖方士的心理，又绝非这么简单。宋徽宗宠信方士、崇信道教更多的是对道教的利用，是从维护其统治的立场出发的。而他的矫枉过正的做法，势必产生一系列不良的影响。首先是士大夫与方士的互相利用和勾结；其次是方士利用皇权扩大道教的势力和自身的权益；第三是对佛教的打击排斥加深了佛教徒和道教徒之间的矛盾与冲突，不利于社会的稳定；第四是上行下效，统治者的崇道引起全国的道教热，入道人数增加，大修宫观、大搞布道活动，劳民伤财；最后是统治者之间矛盾的加深。宋徽宗和太子赵恒，分别将道教和佛教作为可以利用的力量，互相展开对皇权的争夺，这无疑加深了双方之间的矛盾和对立。从北宋政局的发展来看，是非常不利和有害的。

第三节 官吏数目庞大，吏治腐败

宋徽宗时代是北宋官员数最多，俸禄支出最高的时代，也是北宋吏治

---

① 《宋史》卷二四三《后妃传下》，第8634页。

② 关于此事件，金中枢先生《论北宋末年之崇尚道教》一文"方士与朝士之互相结纳及其谋反——即张怀素事件"一节有详细叙述。参见台湾《宋史研究集》第七辑，第328—340页。

最为腐败的时代。

一 荫补制的泛滥和冗官政治

荫补又称恩荫、门荫、奏荫、任子等，是恩许一部分高官子弟凭借父祖的资格直接做官的制度。是封建王朝给予官僚阶级的法定特权。宋代荫补在历代中最为泛滥，赵翼说："荫子固朝廷惠下之典，然未有如宋代之滥者。"① 宋代荫补有圣节荫补、郊祀荫补、致仕荫补、遗表荫补、死事荫补、特恩荫补以及宗室授官等。凡遇朝廷吉庆之事，所有高官子弟甚至亲戚、门人都有可能加官晋爵，并按照职务高低，分别享受不同等次的荫补待遇。② "文臣自太师及开府仪同三司，可荫子若孙及期亲、大功以下亲并异姓亲及门客；太子太师至保和殿大学士，荫至异姓亲，无门客；中大夫至中散大夫，荫至小功以下亲，无异姓亲。武臣亦以是为差。凡遇南郊大礼及诞圣节，俱有荫补。宰相执政荫本宗、异姓及门客、医人各一人，太子太师至谏议大夫荫本宗一人，寺长、贰监以下至左、右司谏荫子或孙一人。"凡遇致仕，"曾任宰执及见任三少使相者荫三人，曾任三少及侍御史者，荫一人。余以是为差。"遗表荫补，"曾任宰相及现任三少使相荫五人，曾任执政官至大中大夫以上荫一人，诸卫上将军四人，观察使三人。"③ 对于宗室授官，神宗熙宁前，诸妃遇圣节奏亲属一人，间一年再奏二人，遇郊祀许奏一人；皇亲之妻遇二郊奏亲一人；郡县主遇郊礼许奏亲生子及其夫之亲；臣僚之妻封国夫人者，许遗表奏荫；公主每遇圣节及郊礼许奏夫亲一人，遇公主生日许奏一人。④

宋代的官员荫补制度是造成冗官政治的重要因素之一。为此，宋政府在不同阶段对荫补制度加以修正，对官员荫补的权限、范围进行限制，以期改变这一状况，如仁宗、神宗乃至哲宗元祐时期的制度调整。但仁宗庆历年间范仲淹重订官员奏荐子弟、亲戚恩泽条例，遵循了"荫亲"和"荫贵"两个原则，其抑侥幸的政策完全是建立在照顾大官僚及其亲属基础上的，带有很大的折中性和调和性。宋神宗时期的恩荫制度改革，当时裁损的主要是外戚、嫔妃、公主的圣节奏补例及郊礼奏补例，而对文武官员子

---

① （清）赵翼：《廿二史札记》卷二五《宋恩荫之滥》，中华书局1963年版，第486页。
② 刘立夫：《论宋代冗官之成因》，载《华中理工大学学报》1993年第3期。
③ 《廿二史札记》卷二五《宋恩荫之滥》，第486—487页。
④ 刘立夫：《论宋代冗官之成因》，载《华中理工大学学报》1993年第3期。

弟的荫补办法没有作出什么新规定。①

宋徽宗时期，崇宁、政和间修订的荫补条例，采用以阶官替代试衔的办法，即废行授给试衔或斋郎的做法，规定对太师至提点刑狱的各级文官子孙亲戚，按亲等分别授给承事郎（京官第三阶）至将仕郎（选人第七阶）的文阶官职。对枢密使至遥郡团练使、遥郡防御使等各级武官的子孙亲戚，按亲等依次授给秉义郎（小使臣第二阶）至承信郎（小使臣第八阶）的武阶官职。② 这一时期的荫补制度，仍然没有走出"荫亲"、"荫贵"的圈子。

虽然宋徽宗时期官员荫补子弟的基本制度和原则，仍然沿袭宋神宗以来的制度，但由于政治的腐败，法外用荫的事例却是层出不穷。③ 故北宋后期因荫补制度泛滥而造成的冗官问题不仅不可能缓解，相反，在宋徽宗、蔡京时代更加严重，又出现荫补入仕的第二次泛滥成灾。④ "崇宁以来，类多泛赏"，"由此任子百倍。"⑤ 可见北宋末期荫补之滥。蔡京子六人、孙四人，郑居中、刘正夫子各二人，余深、王黼、白时中、蔡卞、邓洵仁、邓洵武子各一人，并列从班。宣和末谏官批评这种现象是"尚从竹马之游，已造荷囊之列"⑥。《老学庵笔记》记载，"王黼作相，其子闳孚作待制，造朝财（才）十四岁，都人目为'胡孙待制'。"⑦ 由于荫补制度的存在及政治的腐败、法外用荫，集权制度固有的弊端等，使北宋官员数量始终呈上升趋势，尤其到宋徽宗时期，达到最高峰。宋仁宗皇祐（1049—1054）时期，全国官员中有选人及大小使臣一万余人，而到元丰（1078—1085）时，仅小使臣阶的武官就有八千余员。复到大观（1107—1110）时期，内外小使臣增至二万三千员，延至宣和五年（1123），更增加到三万一千余员。从元丰初至宣和五年的四十五年间猛增了近四倍，平均每年增加五百余人。从以上所引数据看，在冗滥的官员群中，增加最快、占比例最大的是文官选人阶及武官大小使臣阶的小官，这种现象与北

---

① 白文固：《北宋文武官员恩荫制度探究》，载《史学月刊》2002年第3期。
② 同上。
③ 游彪：《宋代荫补制度研究》，中国社会科学出版社2001年版，第75页。
④ 王曾瑜：《王曾瑜说辽宋金史》，上海科学技术文献出版社2009年版，第63—64页。
⑤ 《宋史》卷一五九《选举志》，第3732页。
⑥ 《宋史》卷三六二《朱胜非传》，第11316页。
⑦ 《老学庵笔记》卷十，第132页。

宋时期官员子弟录补为官多授选人阶及小使臣阶的史实不无关系。①

尽管恩荫相比于科举入仕，其官职升迁、俸禄待遇及社会地位都有较大差异，但毕竟恩荫得官容易，不需要寒窗苦读，所以对一些纨绔子弟而言，还是有吸引力的。这些没有真才实学、不谙文武者进入官僚队伍，导致官吏整体素质下降。

宋徽宗时代的冗官，特别成为南宋的负担。

二　官僚卖官鬻爵、贪婪无厌、吏治腐败

蔡京、蔡卞兄弟，蔡京、蔡攸父子同居政府，互相援引。"方绍圣间，卞为右丞，则京为翰林承旨，盖有所避也。及京既专政，无所忌惮。京为左相，则卞为元枢；京领三省，则攸领密院。……当是之时，虽使蔡氏门人一言及此，上皇必以为异论，蔡氏必以为背己，必斥遂窜殛之而后已。"② 蔡京等人将手中的权力当成了营私的工具。"以国禄市私恩"。《容斋三笔》卷十五载：

> 唐天宝之季，杨国忠以右相兼吏部尚书，大集选人注拟于私第。……若蔡京之盗弄威柄，则又过之。政和中，以太师领三省事，得治事于家。弟卞以开府在经筵，尝挟所亲将仕郎吴说往见，坐于便室，设一桌，陈笔砚，置玉版纸阔三寸者数十片于上。卞言常州教授某人之淹滞，曰："自初登科作教官，今已朝奉郎，尚未脱故职。"京问："何以处之？"卞曰："须与一提学。"京取一纸，书其姓名及提举学事字而缺其路分，顾曰："要何地？"卞曰："其家极贫，非得俸入优厚处不可。"于是书"河北西路"字，付老兵持出。俄别有一兵赍一双缄及紫匣来，乃福建转运判官直龙图阁郑可简，以新茶献，即就可漏上书"秘撰运副"四字授之。卞方语及吴说曰："是安中司谏之子，颇能自立。且王逢原外孙，与舒王夫人姻眷，其母老，欲求一见阙省局。"京问："吴曾踏逐得未？"对曰："打套局适阙。"又书一纸付出。少顷，卞目吴使先退。吴之从姊嫁门下侍郎薛昂，因馆其家，才还舍，具以告昂，叹所见除目之迅速。昂曰："此三者已节次书黄

---

① 白文固：《北宋文武官员恩荫制度探究》，载《史学月刊》2002年第3期。
② 《系年要录》卷九，建炎元年九月丁未条，325册，第175—176页。

矣。"始知国忠犹落第二义也。①

蔡京贪恋权位，无耻之极。宣和六年（1124）冬第四次任相时，年已八十，"目盲不能书字，足蹇不能拜跪。"却不愿致仕，而由其子蔡絛用事。蔡絛"肆为奸利，赏罚无章，黜陟纷纭"。任人唯亲。其妻兄韩梠骤用为户部侍郎，"中外搢绅，无不侧目"。第二年，其兄蔡攸忌其为父蔡京偏爱，发其奸状。"京罢，絛亦被谴"。②

蔡京与蔡攸父子争权，各立门户，互相倾轧，丑态百出。"攸别居赐第，尝诣京，京正与客语，使避之，攸甫入，遽起握父手为诊视状，曰：'大人脉势舒缓，体中得无有不适乎？'京曰：'无之。'攸曰：'禁中方有公事。'即辞去。客窃窥见，以问京，京曰：'君固不解此，此儿欲以为吾疾而罢我也。'阅数日，京果致仕。"③

靖康元年（1126）二月，侍御史孙觌等言蔡京四任宰相，前后二十年"窃弄威柄，鬻卖官爵，货赂公行，盗用库金，奸赃狼藉"④。

王黼为相，贪污卖官受贿。《中兴姓氏奸邪录》曰："王黼，字将明，开封人也。崇宁二年登进士第，蔡京喜之，累擢为翰林学士，厚结内侍梁师成辈，多荐引之者。政和七年，除尚书右丞，八年，除中书侍郎。宣和初，师成荐为少宰，惟谄佞师成，凡事行其意而已。每入禁中，为柔曼之容，效俳优诨话，以说上意。置应奉司于其家，四方珍贡皆由黼以进奉，而多半隐盗于家，公然卖官，取赃无厌。京师为之语曰：'三百贯，直通判；五百索，直秘阁。'其无廉耻如此。"⑤《曲洧旧闻》亦载："王将明当国时，公然受贿赂，卖官鬻爵，至有定价。故当时为之语曰：'三千索，直秘阁。五百贯，擢通判。'"⑥

朱勔乃姑苏市井人，始以高资，交结近习，进奉花石，造御前什物，积二十年职以充进奉。监司守令，或忤其意，以故违御笔绳之。应造什物，皆科于州县，所献才及万分之一，余皆窃以自润，及分遗权幸，以邀

---

① 《容斋随笔·三笔》卷十五《蔡京除吏》，第588—589页。
② 《长编拾补》卷四八，宣和六年十二月甲辰条引朱胜非云。第1493页。
③ 《宋史》卷四七二《蔡京传附子攸》，第13731页。
④ 《三朝北盟会编》卷三九《靖康中帙十四》，第294页。
⑤ 《三朝北盟会编》卷三一《靖康中帙六》，第230—231页。
⑥ 《曲洧旧闻》卷十《王将明卖官鬻爵有定价》，第225页。

恩宠。"故勔建节旄,子侄官承宣观察使,下逮厮役,日为横行。媵妾亦有封号。勔与其子汝贤汝功,各立门户,招权鬻爵。上至侍从,下至省、寺,外则监司以至州县长吏官属,由其父子以进者甚众。货赂公行,其门如市。于是勔之田产跨连郡邑,岁收租课十余万石。甲第名园几半吴郡,皆夺士庶而有之者。居处园第,悉拟宫禁,服食器用,上僭乘舆。建御容殿于私家,在京则以养种园为名,徙民居以为宅。所占官舟兵级月费钱粮供其私用。"①

宦官童贯"蓄卖官爵,超躐除授,紊乱常制。有自选调不由荐举而辄改官者,有自行伍不用资格而遽升防(御使)、团(练使)者,有放废田里不用甄收而攫登侍从者。奸赃小人,争相慕悦。侵渔百姓,盗取官钱。苞苴公行,门户如市。金币宝玉,充牣如山。私家所藏,多于府库"②。

宦官梁师成把持科举,收受贿赂。靖康元年(1126)正月三十日太学生陈东上书乞诛六贼。曰:"宣和六年春,上皇(徽宗)亲策进士八百余人,闻其中百余人皆以献颂上书为名,特赴廷试,率多师成之力。尽是富商豪子曾进纳及非泛补授官职士大夫不齿之人,或白身不足应进士举者,闻每名献钱七八千缗,师成便为奏请特赴廷试之命。师成所为既众……其它权幸遂相效以贾利,师成实启之。每遇赐名唱第之日,师成必在上侧,临时奏请,妄有升降,以乱公道。在廷之士往往解体,国家选举之法为师成坏乱几至扫地。……师成平日受四方监司郡守以下馈赂不计其数。"③

上行下效,在大臣宦官卖官的同时,人事部门官员的卖官现象也很严重。具体内容可参王曾瑜先生《宋朝卖官述略》。④

官僚贪婪,欲壑难填。大观二年(1108)十月,徽宗欲任命石公弼为御史中丞,蔡京阻拦。"盖是时有旨斥卖元丰库物帛,有司以朽坏贱估,许百官分买。公弼得分券论罢之,宰相已取万匹,即日缴纳,故京于公弼除命,非所欲也。"⑤《宋史》卷四七二《蔡京传》曰:"京既贵而贪益甚,已受仆射奉,复创取司空寄禄钱,如粟、豆、柴薪与僦从粮赐如故,时皆

---

① 《玉照新志》卷三,第43—44页。
② 《三朝北盟会编》卷三九《靖康中帙十四》,第296页。
③ 《三朝北盟会编》卷三二《靖康中帙七》,第240页。
④ 王曾瑜:《宋朝卖官述略》,载《史学集刊》2006年第4期。
⑤ 《长编拾补》卷二八,大观二年九月乙丑条引《续宋编年资治通鉴》,第950页。

折支，亦悉从真给，但入熟状奏行，帝不知也。"①

王黼也是贪得无厌，生活奢侈。《靖康遗录》曰："是日（靖康元年正月二十四日）籍王黼第，得金宝以亿万计。初黼赐于阊阖门外，周围数里，其正厅事以青铜瓦盖覆，宏丽壮伟；其后堂起高楼大阁，辉耀相对。又于后园聚花石为山，中为列肆巷陌，与民间倡家相类，与李邦彦辈游宴其中，朋邪狎昵，无所不至。"②

《靖康前录》曰："（靖康元年正月）二十四日，府尹聂山进札子，乞追王黼行遣……遂戮之，函首京师。随行金帛不可胜数，尽为小寇剽掠。差度支郎中邢倞籍其家财，倞措置无术，小人乘隙鼓唱，争入黼第。绢七千余匹，钱三千余万，金玉之类为群小攘夺者三分之一。"③

《秀水闲居录》云："王黼作相，初赐第相国寺东，又赐第城西竹竿巷。穷极华侈，累奇石为山，高十余丈，便坐二十余处，种种不同如螺钿阁子，即梁柱门窗什器，皆螺钿也；琴光漆花樱木雕花镶玉之类，悉如此。第之西号西村，以巧石作山径，诘屈往返数百步，间以竹篱茅舍为村落之状。……黼侍妾甚众，有官封者十八人，八夫人十宜人。"④

贪官污吏们肆意挥霍，却根本不将百姓的死活放在心上。宣和中，臣僚上言："诸州遇天宁节，除公使外，别给系省钱，充锡宴之用。独诸路监司许支逐司钱物，一筵之馔，有及数百千者，浮侈相夸，无有艺极。"⑤宣和五年（1123）冬、宣和六年（1124）正月及闰三月，京师、河东、陕西等地接连大地震。徽宗派遣官员去巡视灾情，得到的却是虚假的报告。"兰州地及诸山草木悉没入，而山下麦苗乃在山上。乃遣右司郎官黄潜善为察访，因按视焉。及归，图进曰：'震而已，所传则非也。'上意遂安。"⑥《宋史》卷四七三《黄潜善传》云："宣和初，为左司郎。陕西、河东地大震，陵谷易处，徽宗命潜善察访陕西，因往视。潜善归，不以实闻，但言震而已。"⑦官员无良无耻到了这种程度，令人寒心。

宣和七年（1125），当金兵大军压境的危难时刻，为了希赏推恩，大

---

① 《宋史》卷四七二《蔡京传》，第 13724 页。
② 《三朝北盟会编》卷三一《靖康中帙六》，第 230 页。
③ 同上。
④ 同上。
⑤ 《宋史》卷一七九《食货志下一·会计》，第 4362 页。
⑥ 《长编拾补》卷四八，宣和六年三月己酉条引《续宋编年资治通鉴》，第 1475 页。
⑦ 《宋史》卷四七三《黄潜善传》，第 13743 页。

臣竟然瞒报军情。九月二十七日，清化县榷盐场申燕山府，言：金人拥大兵前来，劫掠居民，焚毁庐舍。时宣抚使蔡靖与转运使吕颐浩、李与权等修葺城隍，团结大兵，以为守御之备。使银牌马飞报告朝廷，兼关合属去处。"是时大臣以为郊礼在近，匿不以闻，恐碍推恩。""但大事委边臣，未尝以庙谋留意。"① 可耻至极。

第四节 御笔行事

崇宁四年（1105）七月，始行御笔。"御笔手诏，放上书见羁管编管人还乡。"② 八月，御笔付三省、枢密院，更制陕西、河东军政六事。三省、枢密院同奉御笔始此。十月，中书省言："御笔手诏已刊石，并用金填，勿得摹勒。"自是而后，御笔之行始盛。③ 北宋末年的御笔行事，是政治腐败的突出表现之一，它使皇权极度膨胀。曾敏行《独醒杂志》曰：

> 崇宁四年，中书奉行御笔。时蔡京欲行其私，意恐三省台谏多有驳难，故请直以御笔付有司；或有阻格，则以违制罪之。自是中外事无大小，惟其意之所欲，不复敢有异议者。祖宗以来，凡军国大事，三省、枢密院议定，面奏画旨。差除官吏，宰相以熟状进入，画可，始下中书造命，门下审读。或有未当，中书则舍人封缴之，门下则给事封驳之，尚书方得奉行。犹恐未协舆论，则又许侍从论思，台谏奏劾。自御笔既行，三省台谏官无所举职，但摘纸尾书姓名而已。④

御笔行事既是皇帝集权的极端体现，同时又为大臣专权提供了可乘之机。《东都事略》卷一〇一《蔡京传》载：

> 国朝之制，凡诏令皆中书门下议，而后命学士为之。至熙宁间，有内降手诏，是不由中书门下共议。盖大臣有阴从中而为之者，议者已非之矣。至京，则又作御笔手诏焉。京益专政，患言者议己，故作

---

① 《长编拾补》卷四九，宣和七年九月乙未条引封氏编年，第1529页。
② 《皇朝编年纲目备要》卷二七，崇宁四年七月，第686页。
③ 《皇朝编年纲目备要》卷二七，崇宁四年八月，第688页。
④ 《独醒杂志》卷八，第73—74页。

御笔，密进拟，而丐徽宗亲书以降出也。违御笔则以违制坐之。以坏封驳之制。事无巨细，皆托而行焉。至有不类上札者，而群下皆莫敢言。①

政和七年（1117）九月丙申，御史中丞王安中为翰林学士的任命，即体现出皇帝和大臣对御笔行事的妙用。一日，时任御史中丞的王安中请对，上疏论蔡京，徽宗曰："诚如卿言。""当为卿罢京。"然而，"时（京）子攸日夜出入禁中，尽率子弟见上，泣且拜，上曰：'中司文字如此，奈何？'攸等固恳：'陛下倘全臣宗，乞移王某一别差遣，则事自已矣。'上宽慈恻然，许之。公方草第三疏翌日求对，中夜有扣门者，曰：'适御笔，中丞除翰林学士，日下供职矣。'公叹曰：'吾祸其在此乎！'自是京之势益盛。"② 御史中丞担任言职，而翰林学士越职言事是要受到处罚的。这就是其中的奥秘所在。

北宋末年的御笔行事涉及面极广，可以说事无巨细均以御笔处分。"御笔行事"几乎完全代替了"诏令行事"，大量而又集中地作用于社会生活的各个方面，这在历史上也是罕见的。③ 上至军政大事、官员任免、方田、马政、茶法、钱法，下至土木修造、花石应奉、帝姬下嫁，无不留下御笔行事的痕迹。

大观元年（1107）三月甲午，御笔："比因改元，更铸大观通宝钱，当（与）崇宁通宝兼行，即无更改。虑致奸人乘兹改铸，造言摇众，可申明行下，俾民听毋惑。"④

政和二年（1112）八月乙酉，御笔："水磨茶场课入不羡，犯法侵多，商贾滞留，官司壅塞，上下受弊，内外非便。其见行茶法，仰尚书省措置，以广课额。所有水磨茶法并罢，事归尚书省。"⑤

---

① 《东都事略》卷一〇一《蔡京传》，第1554—1555页。
② 《长编纪事本末》卷一三一《蔡京事迹》引《王安中行状》，第4124—4125页。（宋）洪迈撰，何卓点校《夷坚志》夷坚支丁卷十《王左丞进用》载："宣和初年，蔡（京）失眷，上谕王（安中）使抨击。蔡内交于近昵，密知之。王方候班殿庐，蔡叩头泣拜于榻前曰：'告陛下，莫令王安中言臣。'重复恳祈，更无他语。上笑曰：'不须虑。'王将升殿，宣旨除翰林学士，其事遂寝。"第1048页。
③ 王育济：《论北宋末年的"御笔行事"》，载《山东社会科学》1987年第1期。
④ 《长编纪事本末》卷一三六《当十钱》，第4263页。
⑤ 《长编纪事本末》卷一三七《水磨茶》，第4282页。

重和元年（1118）四月乙卯，御笔："淮南转运使张根轻躁妄言，落职，监信州酒税。"① 五月癸卯，御笔："太湖及长塘湖石，令朱勔取发，余人不许争占。如违，以违御笔论。"②

重和元年（1118）十一月二十九日，手诏："可自今后帝姬下降，仰恪遵新仪，并服褕服花钗冠升车，并见舅姑。若帝姬沿习不肯设拜，只责管干官司女相赞者及内谒者。如违，以违御笔论。"③

宣和七年（1125）四月壬子，御笔："龙图阁直学士、朝奉郎、提举上清宝箓宫兼侍〔读〕蔡絛僻学邪见，两被降责。今除迩英，非所宜得，可罢侍读，提举明道宫，在京居住。"寻又降御笔："蔡絛赐出身敕，可拘取毁抹。"④

至于徽宗尊崇道教的御笔，更是连篇累牍。

徽宗的御笔往往还用在军事行动上。如政和五年（1115）讨卜漏，十月辛酉，赵遹受御笔处分。⑤ 宣和四年（1122），北宋按照与金南北夹攻辽朝的盟约，以童贯为统帅，发兵十五万攻辽。结果在白沟被辽军打败，几乎全军覆灭。这一仗，打掉了徽宗君臣"王师一到，北人必箪食壶浆相迎"的幻想。这一仗，同样暴露出御笔行事的巨大危害。战前，四月二十三日，童贯以陕西、河东、河北路宣抚使的身份，到达高阳关督促行军之备。五月十三日，童贯向徽宗上奏到达高阳关后看到的情形是：将骄兵惰、缺乏训练，军粮不继、粗不堪食，军器、守御器械皆无备用。⑥ 然而，就是在这样一种情况下，童贯到达雄州以后，限于御笔，还是马上准备出兵。"诸军既集，以种师道为中军，且议进兵。师道曰：'今日之事，譬如盗入邻舍不能救，又乘之而分其室。且师出无名，事固无成，发踪之初，宜有所失。'贯曰：'今日之军事，上既有成算，第借公威名以镇服耳，第行勉旃，谋之不臧，不以罪也。'因出御笔，俾不得辞。"⑦ 结果是五月二十六日，种师道裨将杨可世为大石林牙掩败于兰沟甸。⑧ 二十九日

---

① 《长编纪事本末》卷一二八《花石纲》，第4006页。
② 同上书，第4007页。
③ 《宋会要辑稿》帝系八之四一。
④ 《长编纪事本末》卷一三一《蔡京事迹》，第4132页。
⑤ 《长编纪事本末》卷一四一《讨卜漏》，第4411—4412页。
⑥ 《三朝北盟会编》卷六《政宣上帙六》，第40页。
⑦ 同上。
⑧ 《三朝北盟会编》卷七《政宣上帙七》，第48页。

种师道进兵白沟，为大石林牙、萧幹掩击不战而还。后来种师道部又受"不许妄杀人"之节制，被大石林牙引兵过界河追杀，"皆不敢施放矢石，听其杀戮"。① 终至大溃。

外交上的御笔行事，就是宋金"海上之盟"的签订。重和元年（1118）二月庚午，遣武义大夫马政同高药师等使金，讲买马旧好。又降御笔："通好金国事，监司、帅臣不许干预。如违，并以违御笔论。"② 宣和二年（1120）二月乙亥，遣中奉大夫、右文殿修撰赵良嗣、忠训郎王瓌使金国。"贯时受密旨图契丹，欲假外援，因建议遣良嗣及瓌持御笔往，仍以买马为名，其实约夹攻契丹，取燕、云旧地。面约不赍国书。夹攻之约，盖始乎此。"③ 此后，双方的多次往来，北宋使者均以携御笔行事。徽宗收复燕云的御笔还导致了此后和金朝无休止的争端。起因是：徽宗给赵良嗣的御笔中写到北宋要收复石晋割让给契丹的燕云地区，金朝答应了。但后来北宋发现金人所答应的燕云地区，不包括平、滦、营三州，于是双方发生争执。原来，在宋人的心目中，燕云即指十六州。但徽宗不了解石敬瑭割给契丹的燕云地区并不包括平、滦、营三州。营、平二州，乃是辽自攻取，滦州则是阿保机所自置。当赵良嗣和金人争要这些地区时，金人反说北宋出尔反尔，不守信用，并以徽宗御笔为证。徽宗的御笔反而给外交交涉带来了麻烦。之所以出现这样的问题，是因为徽宗的御笔排斥了宰执、台谏共议国事的权力。

皇权的过度膨胀势必引起连锁反应。既然徽宗可以避开宰执臣僚御笔行事，那么一些别有用心之人也就可以超越和破坏既有的用以约束其行为的法律制度，假借御笔而行己之私。

> 徽宗嗣位，外事耳目之玩，内穷声色之欲，征发亡度，号令靡常。于是蔡京、王黼之属，得以诬上行私，变乱法制。崇宁五年，诏曰："出令制法，重轻予夺在上。比降特旨处分，而三省引用敕令，以为妨碍，沮抑不行，是以有司之常守，格人主之威福。夫擅杀生之谓王，能利害之谓王，何格令之有？臣强之渐，不可不戒。自今应有

---

① 《三朝北盟会编》卷七《政宣上帙七》，第50页。
② 《长编纪事本末》卷一四二《金盟上》，第4437页。
③ 同上书，第4445页。

特旨处分，间有利害，明具论奏，虚心以听；如或以常法沮格不行，以大不恭论。"明年，诏："凡御笔断罪，不许诣尚书省陈诉。如违，并以违御笔论。"又定令："凡应承受御笔官府，稽滞一时杖一百，一日徒二年，二日加一等，罪止流三千里，三日以大不恭论。"由是吏因缘为奸，用法巧文浸深，无复祖宗忠厚之志。穷极奢侈，以竭民力，自速祸机。①

御笔行事成了极个别官吏专权的工具。

随着政治的腐败，御笔的权威性也难免受到挑战。宣和六年（1124）十一月丙戌，面对流品猥众，用度冗滥，官吏贪婪，掊克无艺，民力匮乏的局面，徽宗御笔于尚书省置讲议财利司，由蔡攸、白时中、李邦彦负责，主要任务就是解决财政困难。故讲议的内容之一就是减少官吏的俸禄。但根据宣和七年（1125）七月癸酉讲议司的奏议，"州县、监司被受御笔，观望稽违，阴有沮坏，不即奉行云云"。② 可见，关系到自身利益的裁减官吏俸禄的御笔，受到了官员们消极的抵制。

御笔的泛滥，不仅助长了皇帝的权欲和贪欲，也助长了宰执臣僚的权欲和贪欲，甚至给一些不法之徒创造了发财的机会。重和元年（1118）十二月十二日，臣僚言："奸人巧诈，妄为命令，恐动官司，规求货财者，都城之内尚或有之，况万里之远耶！诈称御笔于左藏库公取金银，有若开封王师旦者；诈奉御笔赍金字牌骚扰人民，有若潞州赵士诚者；有许纽折收赎产业，诈撰御笔手诏如威德军赵溍者。有称本路勾当，乞取钱物，诈作御前罨篚，如唐州许洵、丁韶者。其奸状败露，臣之所知者数人而已。乃若踪迹诡秘，假诏命于州县之间而事未发露者，又不知其几人也。……"③ 御笔泛滥到这种程度，真假难辨，只能揭示出一个问题，那就是政治的极度腐败。

北宋末年的御笔行事就其特点而言，主要表现为专制君权对政府中枢机构（三省、台谏）和百官权力及职能的"过度"剥夺。因而首先可以肯定的是，"御笔行事"的盛行与宋代君主专制主义的进一步发展有关。④

---

① 《宋史》卷二〇〇《刑法二》，第4990—4991页。
② 《长编纪事本末》卷一三二《讲议司》，第4159页。
③ 《宋会要辑稿》刑法二之七二至七三。
④ 王育济：《论北宋末年的"御笔行事"》，载《山东社会科学》1987年第1期。

北宋熙宁以来统治集团内部旷日持久的党争所造成的专制君权的极度膨胀和奸佞得势，是北宋末年"御笔行事"盛行的一个最为关键而又直接的原因。①

御笔行事本来就是专制制度下权力的一种变态，所以它的存在对政治制度的破坏和危害也是极其明显的。徽宗借御笔扩张了自己的皇权，蔡京借此专权营私，其他人未必不可。"至京则又患言者议己，故作御笔密进，而丐徽宗亲书以降，谓之御笔手诏，违者以违制坐之。事无巨细，皆托而行，至有不类帝札者，群下皆莫敢言。由是贵戚、近臣争相请求，至使中人杨球代书，号曰'书杨'，京复病之而亦不能止矣。"②御笔行事破坏了正常的权力运作程序，使原本就很脆弱的权力制衡、监督体系失去作用，最终导致政治极端腐败的必然结果。

第五节　钳制舆论，对付台谏

一　宋代台谏制度的两面性

宋代台谏在政治生活中无疑起着重要作用。台谏设置的初衷，一是谏诤皇帝，二是纠劾百官。"谏官掌献替，以正人主；御史掌纠察，以绳百僚。"由于宋代台谏事权重，加之宋太祖有"不得杀士大夫及上书言事人"的秘密誓约，台谏官员允许风闻言事。"许风闻言事者，不问其言所从来，又不责言之必实。若他人言不实，即得诬告及上书诈不实之罪，谏官、御史则虽失实亦不加罪，此是许风闻言事。"③故与其他朝代相比，宋代台谏官的谏诤和纠劾权在制度上是有保障的，言事官的处境较宽松，它的作用也就体现得较突出。所谓"言及乘舆，则天子改容；事关廊庙，则宰相待罪"④。这造就了台谏官制度和台谏政治在宋代尤其是宋仁宗以后的发达。涌现出一批不避皇权和权贵，敢于直谏的正直士大夫。宋代的台谏政治，某种意义上可说是专制政治下的一种巧妙的法制设计。⑤

---

①　王育济：《论北宋末年的"御笔行事"》，载《山东社会科学》1987年第1期。
②　《宋史》卷四七二《蔡京传》，第13726页。
③　《长编》卷二一〇，熙宁三年四月壬午条，第5106页。
④　《宋史》卷三三八《苏轼传》，第10807页。
⑤　王曾瑜：《从台谏制度的运作看宋代的人治》，载《凝意斋集》，兰州大学出版社2003年版，第149页。

然而，宋代的台谏制度从设置之日起，便具有了专制集权政治难以克服的弊端。宋代皇帝、大臣从扩大自身权力出发，总是力图限制和削弱台谏官的权力，尤其是当政治发展呈现异态、非正常之时，台谏官的设置、台谏的权力、台谏官的作用等都会因政治因素变动而大打折扣。如北宋后期的哲宗、徽宗、钦宗朝和南宋初的高宗朝，按照制度规定，御史台官员当为八员，实际情况则是常常缺员，甚至缺额达一半以上。谏官亦是如此，定制六员，却经常缺员，且缺额更多，情况更加严重。① 皇权、相权对台谏官员的打压和利用，使台谏官丧失其"正人主，绳百僚"的作用，相反却异化为只会秉承皇帝或大臣旨意的奴才。

宋徽宗统治时期，蔡京当政。蔡京采用各种手段加强和巩固自己的权力，其中对台谏的控制是其手段之一。

利用、控制台谏的做法，之前有之。宋神宗时期，王安石为了推行变法，先是将反对变法的台谏官员罢免或调离言职，之后又把变法派安置到台谏的位置上以推动变法。元祐更化，司马光当政，反变法派又控制了台谏，借台谏的力量废除新法，贬斥变法派。如章惇与司马光争论免役法，"累数千言"。吕公著在不得不承认章惇所论"固有可取"的情况下，却指责章惇"专意求胜，不顾朝廷大体"。后来，朝廷按照司马光的意见，废除了免役法，章惇又在宣仁太后帘前争辩，结果惹怒太后，刘挚、苏辙、王觌、朱光庭、王岩叟、孙升等台谏官员"交章击之，黜知汝州"②。哲宗绍符年间，章惇独相，与蔡京、蔡卞一起利用台谏官员打击报复反变法派。任伯雨言："切以绍圣时章惇、蔡卞用事，谏官、御史尽出惇、卞引用，不唯无所建明，率皆附会惇、卞，欺诬朝廷。"③ 御史中丞黄履，侍御史来之邵、杨畏，监察御史刘拯、周秩、董敦逸，左司谏翟思，左正言上官均，右正言张商英等人，在迫害元祐党人中都起了很坏的作用。④ 关于绍符时期新党对待台谏官的做法，宋徽宗即位之初，陈瓘曾任右正言和左司谏，对此有所揭露。陈瓘言："绍圣以来，七年五逐言者，常安民、孙谔、董敦逸、陈次升、邹浩五人者，皆与京异议而去。……"⑤ 崔鹂也

---

① 刁忠民：《论宋哲宗至高宗时期之台谏制度》，载《四川大学学报》1999 年第 6 期。
② 《宋史》卷四七一《章惇传》，第 13711 页。
③ 《宋朝诸臣奏议》卷五五《上徽宗论张庭坚送吏部》，第 612 页。
④ 王曾瑜：《从台谏制度的运作看宋代的人治》，载《凝意斋集》，第 160 页。
⑤ 《宋史》卷三四五《陈瓘传》，第 10962 页。

上书说："比年以来，谏官不论得失，御史不劾奸邪，门下不驳诏令，共持暗默，以为得计"。① 说明宰相控制了台谏。

蔡京等人之所以能够利用、控制台谏，原因之一就是台谏官员由其荐举或拔擢。按照宋朝的制度，台谏官须由皇帝亲自选拔，但在实际施行时，宰执却时常插手操纵。宋钦宗时，谏官程瑀说："洎王安石用事已来，专以摧折台谏为事。然当时人材承累朝养育，而砥砺名节之风不衰，论议风生，以斥逐为荣，未为安石下也。至蔡京用事，师法安石，而残狠过之，议己者置之死地。台臣引用私党，藉为鹰犬，博噬正士。"② 陈公辅也说："至熙、丰以来，用事者欲新法必行，恐人异己，故排斥群议，有出一言则谓之沮坏良法，必逐之而后已；谏官御史，以其党为之，观望成风，无复公议。方太上皇帝（宋徽宗）诏求直言，言之不中，亦不加罪；及蔡卞乃尽治言者，如陈瓘等，皆当世端人，摈死不用，士论痛惜。臣观今日，其弊极矣。大臣乐软熟而憎骾切，台谏之官与夫缙绅之士，相习一律，闲居议论，无敢及国家安危、生民休戚，况望于人主前争是非利害耶？所以上下欺罔诞谩，无所不至，而召天下之乱也。"③ 太学生雷观上书说："崇宁以来，台谏一蒙时相拔擢，则多怀私恩，无有直言者矣。"④ 王安石、司马光和章惇都程度不同地利用台谏，作为排斥、打击政敌的手段。蔡京更是要将台谏驯服成自己的鹰犬。

二　蔡京钳制舆论，对付台谏

蔡京钳制舆论，对付台谏的办法，大致有以下方面：

（一）将门客、故旧安插至台谏位置上，倚为心腹

许敦仁，兴化人，第进士。崇宁初，入为校书郎。蔡京"以州里之旧，擢监察御史，亟迁右正言、起居郎，倚为腹心。敦仁凡所建请，悉受京旨"，许敦仁甚至奏请徽宗五日一视朝，目的是为蔡京专权创造便利条件。史载："迁殿中监，拜御史中丞。甫视事，即上章请五日一视朝。徽宗以其言失当……命罚金，仍左迁兵部侍郎……且欲逐敦仁，而京庇之甚力，敦仁亦处之自如。"靖康中，谏官吕好问"论蔡京使敦仁请五日一视

---

① 《宋史》卷三五六《崔鶠传》，第11213页。
② 《宋朝诸臣奏议》卷五五《上钦宗乞内中置籍录台谏章疏》，第616页。
③ 《宋朝诸臣奏议》卷一五〇《上钦宗条画十二事》，第1720页。
④ 《宋朝诸臣奏议》卷四八《上钦宗乞择相》，第523页。

朝，欲颛窃国命，盖指此也"①。朱谔"出蔡京门，善附合，不能有所建白"。崇宁初，"由太常丞擢殿中侍御史，迁侍御史、给事中……进御史中丞"。②蔡京让他居台职，就是让他指斥元祐政治之失。

对于能顺承己意之人，蔡京都极力拔擢。崇宁年间，张怀素谋反事发。蔡京与张怀素交游甚密。余深，福州人。"治张怀素狱，事连蔡京，与开封尹林摅曲为掩覆，狱辞有及京者，辄焚之。京遂力引深与摅，骤至执政。"③"（余）深谄附蔡京，结为死党，京奸谋诡计，得助多者深为首，摅次之。"④崇宁五年（1106）蔡京第一次罢相，刘逵主政，反蔡京所为，除元祐党禁，后徽宗对其不满，余深为御史，于是和石公弼等论其专恣反复，坏绍述之政，刘逵被罢，蔡京复相。

对于忤逆蔡京的臣僚，其利用台谏逐出之。张康国"始因蔡京进，京定元祐党籍，看详讲议司，编绘章牍，皆预密议，故汲汲引援之……及得志，寝为崖异"。"京使御史中丞吴执中击康国"，张康国得知消息，告之徽宗，徽宗将吴执中"叱去之"⑤。张康国后暴疾而亡，人疑为蔡京所害。政和五年（1115）八月，窜陈邦光，居池州。这是蔡京对其报复，"先是，邦光为太子詹事，会蔡京献太子以大食国琉璃酒器，罗列宫廷。太子怒曰：'天子大臣，不闻以道德相训，乃持玩好之器荡吾志耶！'命左右碎之。京闻邦光实激太子，讽言者击逐之"⑥。

蔡京的门客或故旧，占据台谏，成为其专权或打击政敌的帮手。

（二）尽力贬逐不附己的御史、谏官

蔡京与御史台官石公弼有连，故进用之。但石公弼任台官后，崇宁、大观年间多次上疏弹劾蔡京，"章数十上"，致其前后两次罢政，蔡京对他恨之入骨。政和二年（1112）"蔡京再辅政，罗致其罪，责秀州团练副使，台州安置"⑦。黄葆光，字符晖，徽州黟人。"擢监察御史、左司谏。始莅职，即言：'三省吏猥多，如迁补、升转、奉入、赏劳之类，非元丰旧制者，其大弊有十，愿一切革去。'徽宗即命厘正之，一时士论翕然。而蔡

---

① 《宋史》卷三五六《许敦仁传》，第11203—11204页。
② 《宋史》卷三五一《朱谔传》，第11108页。
③ 《宋史》卷三五二《余深传》，第11121页。
④ 同上书，第11122页。
⑤ 《宋史》卷三五一《张康国传》，第11107页。
⑥ 《皇朝编年纲目备要》卷二八，政和五年八月窜陈邦光条，第713页。
⑦ 《宋史》卷三四八《石公弼传》，第11032页。

京怒其异己，密白帝请降御笔云：'当丰亨豫大之时，为衰乱减损之计。'徙葆光符宝郎。"① 张汝明，字舜文。大观中，"尝摄殿中侍御史，即日具疏劾政府市恩招权，以蔡京为首"。徽宗奖其介直。"京颇惮之，徙司门员外郎，犹虞其复用，力排之，出通判宁化军。"② 沈畸，字德侔，湖州德清人。崇宁年间，蔡京兴苏州钱狱，欲陷章绖兄弟，遣开封尹李孝寿、御史张茂直鞫之。株连甚众，蔡京仍不满意。"株逮至千百，强抑使承盗铸罪，死者甚众，京犹以为缓。"徽宗怀疑有冤情，遣沈畸及御史萧服前往。蔡京拉拢沈畸，但沈畸不为所动，平实冤狱，开释无罪。"京将啖以显仕，白为左正言，又擢侍御史。畸至苏，即日决释无佐证者七百人……遂阅实平反以闻。"结果"京大怒，削畸三秩，贬监信州酒税"③。

正因为蔡京控制了台谏，控制了言路，所以，他才可以专权固宠。钦宗即位初，右正言崔鶠上疏曰："数十年来，王公卿相，皆自蔡京出。要使一门生死，则一门生用；一故吏逐，则一故吏来。更持政柄，无一人立异，无一人害己者，此京之本谋也。安得实是之言，闻于陛下哉？"④ 台谏失去了其纠察弹劾之独立权。

第六节　横敛无度，盘剥百姓

北宋晚期，官吏冗滥，政治腐败，官僚阶层挥霍享乐，而承担一切费用，替这些蛀虫埋单的却是广大的贫苦百姓。为了搜刮财赋，这些人是巧立名目，花样百出。

政和六年（1116）十二月，创公田所。括民田，征租课。政和初，后苑作使臣杜公材献言汝州有地，可为稻田。于是置稻田务，以内侍杨戬主之，皆按民契券，而以乐尺打量，其赢（赢）则拘入官，而创立租课，谓之"公田钱"。"是岁，始改为公田所。既而又并河东、北三路皆括之。于是大扰，农民困弊，仅能输公田钱，而正税不充矣。时内侍张佑主营缮所，亦效后苑公田所为，取足无算。"杨戬死后，公田、营缮事皆并入西

---

① 《宋史》卷三四八《黄葆光传》，第11028页。
② 《宋史》卷三四八《张汝明传》，第11027页。
③ 《宋史》卷三四八《沈畸传》，第11023页。
④ 《宋史》卷三五六《崔鶠传》，第11215—11216页。

城所，以内侍李彦主之，"其纵暴病民，又甚于前矣"。①

西城所创于宣和三年（1121），而其渊源则始于杨戬的括公田。杨戬"立法索民田契，自甲之乙，乙之丙，展转究寻，至无可证，则度地所出，增立赋租"。始于汝州，及于京东西、淮西北。对一些废堤、弃堰、荒山、退滩及大河淤流之处，"皆勒民主佃，额一定后，虽冲荡回复不可减，号为西城所"。李彦天资猥愎，"凡民间美田，使他人投牒告陈，皆指为天荒；虽执印券，皆不省。鲁山阖县尽括为公田，焚民故券，使田主输租，佃本业诉者辄加威刑，致死者千万"。② 一些监司、郡守、县令迫于淫威，助纣为虐。

北宋末期，政府对民间物品的有偿购买，变成强制摊派。如和籴、和买、科配之事，北宋初年即已存在。北宋立国以后，募兵制度以及西北二边的边防情势，使得政府需要大量养兵。常年几十万甚至上百万军队的衣食之费，加上日益庞大的皇室宗亲、官吏的衣食、俸禄之需，让北宋政府成了一个消费需求非常旺盛的政府。仅仅靠两税收入是不能满足这一切的，政府往往需要通过市场采购来实现其需求。李晓先生《宋朝政府购买制度研究》③ 一书系统地阐述了政府购买的各个环节、各种方式及其影响。本来，市场购买应该是一方出钱（或等价物）、一方交物，公平交换。但在政府货币（或等价物）不足的情况下，或政府拨款被侵吞、挤占或挪用的情况下，政府及其代表政府行使职能的部门或人员便往往借助于强权，对弱者，也就是被迫出卖物品的一方，进行剥削，甚至强行占有其物品。如和籴、和买和科配中的不偿值、少偿值现象。王曾瑜先生对军饷与和籴的关系、官府的籴本、和籴的各种名目、置场和籴与抑配征购的方式进行了详尽的论述。④ 并且论述了和买的起源、摊派和买的地区、置场和买与预买和买的演变、和买的摊派方式⑤，以及科配的形式、摊派对象和流弊等⑥。这些研究成果说明，在和籴粮草的过程中，宋政府采用置场和籴与抑配征购两种主要形式。但由于置场和籴中出现种种弊端，如富豪与

---

① 《皇朝编年纲目备要》卷二八，政和六年十二月，第717页。
② 《长编拾补》卷四三，宣和三年八月壬子条，引陈桱《通鉴》，第1340页。
③ 李晓：《宋朝政府购买制度研究》，上海人民出版社2007年版。
④ 王曾瑜：《宋朝的和籴粮草》，载《锱铢编》，河北大学出版社2006年版，第426—474页。
⑤ 王曾瑜：《宋朝的和买与折帛钱》，载《锱铢编》，第475—552页。
⑥ 王曾瑜：《宋朝的科配》，载《锱铢编》，第553—577页。

商人操纵粮价，官吏作弊，粮食品质低劣，籴本亏损等，自宋神宗开始，抑配征购逐渐成为和籴的主要方式。摊派和籴的方式，也就是摊派和籴额，或按户等，或按家业钱，或按税粮，或按税钱，或按顷亩，各不相同。由于官吏贪污勒索，和籴往往成为百姓负担。宣和七年（1125）十月二十一日，臣僚言："和籴天下良法，奉行之吏纵吏为奸，不即支价，或强抑配，辄亏其直。如度牒一道，官价二百千，抑配民间，仅不得三之一，香药钞每岁降拨动以数百万计，准折价钱，支与人户，而所请实无几。良民鬻田破产，恬不知恤。京畿自祖宗时，和籴之法不行，近年缘漕臣申请，意欲希进，自是一例骚扰，与诸路无异。"① 和籴中的支移、折变、加耗等也成为变相盘剥百姓的手段。政和四年（1114）十月十九日，徽宗诏："诸路州县输纳二税及籴纳粟米麦等，违法重收加耗，岁以为常。"② 可见情况很严重。宣和七年（1125）十月，臣僚言："访闻夏秋税赋，巧立名目，非法折变。如绢一匹折纳钱若干，钱又折麦若干，以绢较钱，钱倍于绢，以钱较麦，麦又倍于钱。殆与白著无异。"③ 宣和三年（1121），言者论西蜀折科之弊，"西蜀初税钱三百折绢一匹，草十围计钱二十。今本路绢不用本色，匹折草百五十围，围估钱百五十，税钱三百输至二十三千。东蜀如之。仍支移新边，谓之远仓，民破产者众。"④ 而和买，一般指和买䌷、绢、丝、绵、布等，最初由政府预支本钱，到宋徽宗时，有些地方已演变成了定额税。⑤ 科配，主要是满足皇室、官府临时性需要的一些物品。贪官污吏往往以皇室、官府所需为旗号，掠夺人民。宣和七年（1125）四月，讲议司奏："契勘诸路州县供官之物，不许擅行科配。比年以来，转运司多不以州军大小，州军又不以县邑人户家力，一概抛科。及诸县将抛降之物，往往比合用之数暗行增添，容纵公吏，作弊为甚。……"⑥

白地钱、钞旁定帖钱、免夫钱的征收，也是北宋末期刻剥百姓的手段。诸路有僦房廊为浮造檐厦侵官地者，则会其丈尺，令输钱，谓之"白

---

① 《宋会要辑稿》食货七〇之二八；《宋会要辑稿》食货九之一七。
② 《宋会要辑稿》食货九之一三。
③ 《宋会要辑稿》食货七〇之二八；《宋会要辑稿》食货九之一七。
④ 《宋史》卷一七四《食货志上二·赋税》，第4213页。
⑤ 王曾瑜：《宋朝的和买与折帛钱》，载《锱铢编》，第501页。
⑥ 《长编纪事本末》卷一三二《讲议司》，第4154—4155页。

地钱"。钞旁定帖钱就是商品买卖税。神宗元丰时,令民有交易,则官为之据,因收其息。徽宗崇宁三年(1104),量收息钱,助赡学用,其收息不得过一倍。大观二年(1108)罢之。政和中,应奉事起,乃复行。宣和五年(1123),诏诸路所收钞旁定帖钱,除两浙路隶应奉外,余路并逐州委通判拘收,与发运司充籴本。①

免夫钱最初为修治黄河时不服役者所缴纳的免役钱,征收数额不大,且是按丁夫自愿。熙宁十年(1077)十一月,诏:"河北、京东西、淮南等路出夫赴河役者,去役所七百里外,愿纳免夫钱者听从便,每夫止三百五百。"② 元丰七年(1084)十一月,京西转运司言:"每岁于京西河阳差刈芟梢草夫,纳免夫钱应副洛口买梢草。南路八州,随、唐、房州旧不差夫,金、均、郢、〔邓〕、襄州丁多夫少,欲敷纳免夫钱于河北州、军兑还。"从之。③ 这一措施始于熙丰,到大观时成为定制。"初,黄河岁调夫修筑埽岸,其不即役者输免夫钱。熙、丰间,淮南科黄河夫,夫钱十千,富户有及六十夫者,刘谊盖尝论之。及元祐中,吕大防等主回河之议,力役既大,因配夫出钱。大观中,修滑州鱼池埽,始尽令输钱。帝谓事易集而民不烦,乃诏凡河堤合调春夫,尽输免夫之直,定为永法。"④

宣和六年(1124)六月,王黼令天下纳免夫钱。史载:宣和六年"六月壬子,诏以收复燕、云以来,京东、两河之民困于调度,令京西、淮、浙、江、湖、四川、闽、广并纳免夫钱,期以两月纳足,违者从军法。"⑤ "七月壬寅,诏宗室、后妃戚里、宰执之家概敷免夫钱。"⑥ 又载:"最后有燕山之役,雄、霸等州仓廪皆竭,兵士饥忿,有掷瓦石击守贰、刃将官者。燕山郭药师所将常胜一军,计口给钱廪,月费米三十万石、钱一百万缗。河北之民力不能给,于是免夫之议兴。"⑦ 可见此次免夫钱的征收主要是为了应付军费所需。

有关免夫钱的征收及数额,记载不一,列举如下:

---

① 《文献通考》卷一九《征榷六》,考187。
② 《长编》卷二八五,熙宁十年十一月乙卯条,第6988页。
③ 《长编》卷三五〇,元丰七年十一月癸亥条,第8389页。
④ 《宋史》卷一七五《食货志上三·和籴》,第4248页。
⑤ 《宋史》卷二二《本纪二十二·徽宗四》,第414页。
⑥ 同上。
⑦ 《宋史》卷一七五《食货志上三·和籴》,第4248页。

及是，王黼建议，乃下诏曰："大兵之后，非假诸路民力，其克有济？谕民国事所当竭力，天下并输免夫钱，夫二十千，淮、浙、江、湖、岭、蜀夫三十千。"凡得一千七百余万缗，河北群盗因是大起。①

然常胜军月费县官粮犹十余万斛，率自山东、河朔运至燕，由是齐、赵、晋、代之间，民力皆竭，而群盗蜂起。太傅王黼大惧，遂令天下皆出免夫钱，凡六千二百余万缗。②

六月，科免夫钱……乃下诏曰："自燕、雲之复，两河、京东屡经调发，民力已疲，若不假诸路之力，其何以济？可措置调夫，京西八万，淮南四万，两浙六万五千、江南九万七千、福建三万五千、荆湖八万八千、广南八万三千、四川十七万八千，并纳免夫钱，每夫三十贯，委漕臣限两月足，违依军法。"寻降御笔，诸路调夫以供边计，应宗室、后妃、戚里、宰执之家，及宫观、寺院，虽特旨免科者，一例均输。于是遍率天下，所得才二千万缗，而结怨四海矣。③

《北征纪实》曰：

燕地号沃壤，用兵既久，加金兵残毁，桑柘生具为之一空，我得之仅三年，曾无斗粟尺帛之助。常胜军五万，月给人二斛，戍兵九千，月给人六斗，则已十余万斛。又有食粮军及诸州官吏不在数也。故悉出河朔、山东、河东之力以应办，才一年而诸路皆困矣。科配既久，道阻且长，率费十余斛多至二十余斛，始能运一斛至燕山……虽黼当权时，内外帑藏及齐、赵、晋、代民力皆已告竭焉。上不乐，垂以罢黼。黼患失，遂作免夫之令，因得少办。……天下所得免夫钱，大凡六千二百余万缗。以三千万应副燕山，三千万桩管。然朝廷时时借用，及宣和七年春正月，唯六百万见在，余二千二百有零，则莫知为何用？此寔充应奉矣。盖北事才定，号经抚房者，朝廷一时文案，黼奏丐降旨，一切焚之。故不得考焉。及宣和六年黼罢之后，燕山日

---

① 《宋史》卷一七五《食货志上三·和籴》，第4248页。
② 《系年要录》卷一，建炎元年正月辛卯条，引蔡絛《北征纪实》，325册，第20—21页。
③ 《皇朝编年纲目备要》卷二九，宣和六年六月，科免夫钱。第753—754页。

夕告乏，而山东、河北盗贼起，少者不下数千人，若张仙、高托山辈，皆连兵数十万余。科配亦不行矣。①

《闲居录》又曰："宣和间，王黼急于财用，以燕山免夫为名，遍率天下，所得才二千万缗，而结怨四海矣。又令州县取盐课一年最高者立为定额，不许通融。亏欠及分厘，盐课司守令一例黜责。于是计户率钱，犹不能给。罗织告讦，无所不至。犯法者不复行刑，但令买盐，厚利悉归大商，楚毒被于良民。逃移逋负不可胜计。"②

《文献通考》载："王黼之免夫至六千余万缗，其大半不可钩考。"③

从上述记载大致可知，宣和六年（1124）六、七月间的免夫钱，是在河北、河东、山东之民已无力应付常胜军军费的情况下向全国征收的，包括宗室、后妃、戚里、宰执之家，及宫观、寺院等一切免税户都要承担。各路具体分配了征收数目，主要是为了应付常胜军及燕山其他守军和官吏的费用。当时计划收取六千二百余万缗，以三千万应副燕山，三千万桩管。但真正有账可查者大约二千万。然而，即便如此，民力已难于承担，已引起全国各地的骚动，民怨沸腾。

而花石应奉，则是方腊起义的导火索。宣和二年（1120）十月，方腊以诛朱勔为名，发动起义。方腊曰："三十年来，元老旧臣贬死殆尽，当轴者皆龌龊邪佞之徒，但知以声色土木淫蛊上心耳。朝廷大政事，一切弗恤也。在外监司、牧守，亦皆贪鄙成风，不以地方为意，东南之民，苦于剥削久矣，近岁花石之扰，尤所弗堪。"义军"众殆百万，四方大震"。④宣和三年（1121）正月辛酉，御笔罢花石纲和应奉司。⑤但这只是应对危局的临时之举。方腊起义被镇压以后，徽宗又恢复了应奉局、花石纲。

方田欺民。崇宁三年（1104）七月，蔡京请求依熙宁初之法方田。徽宗同意并下诏要求"遴选廉勤公正、材敏清严，善驭吏者"主持方田，使

---

① 《三朝北盟会编》卷三一《靖康中帙六》，第233—234页。
② 同上书，第234页。
③ 《文献通考》卷二四《国用二》，考236。
④ 《青溪寇轨》，载（宋）方勺撰，许沛藻、杨立扬点校《泊宅编》，中华书局1983年版，第113页。
⑤ 《长编纪事本末》卷一二八《花石纲》，第4009页。

之"验肥瘠必当,定租赋有差,无骚扰之劳,蒙均平之惠"①。然而,在推行过程中,并没有真正做到验土地肥瘠定田赋多少,方田成了害民之举。大观三年(1109)六月,臣僚上言:"……访闻京西南路将方田十等并作五等,又欲以河南府比附轻重。地有肥瘠,田有等差,则赋有重轻,岂可一概比附而增之也?况诏书方田之意,止欲均其税赋。今乃于额外增添,多至数倍,至今民间词诉不绝,渐至逃移,非经久之策所有。"② 大观四年(1110)二月癸巳,诏:"方田之法,均赋惠民。访闻近岁以来,有司推行怠惰,监司督察不严,贿赂公行,高下失实。下户受弊,有害官法。"③ 十一月,便罢方田。政和二年(1112)初再次方田,但到十二月,御笔再罢之。原因还是"有司奉行违戾,货赂公行,豪右形势之家类蠲赋役,而移于下户。时困弊民力,致使流徙。常赋所入,因此坐亏岁额至多,殊失先帝厚民裕国之意"④。可见,即便政府的出发点是好的,政策是好的,若执行者没有以民为本、为民着想的意识,那么,其结果只会使好的政策在执行过程中走样变形,由利民走向害民。

长期的战争支费负担,让河北、山东民不堪命,纷纷起义。其他地区也因战争及各项盘剥、天灾人祸叠加一起而民不聊生。宣和六年(1124),尚书左丞宇文粹中言:"近岁南伐蛮獠,北赡幽燕,关陕、绵、茂边事日起,山东、河北寇盗窃发。赋敛岁入有限,支梧繁夥,一切取足于民。陕西上户多弃产而居京师,河东富人多弃产而入川蜀。河北衣被天下,而蚕织皆废;山东频遭大水,而耕稼失时。他路取办目前,不务存恤。谷麦未登,已先俵籴;岁赋已纳,复理欠负。托应奉而买珍异奇宝,欠民积者一路至数十万计;假上供而织文绣锦绮,役工女者一郡至数百余人……民不聊生,不惟寇盗繁滋,窃恐灾异叠见矣。"⑤ 广大人民的承受能力已处在崩溃的边缘。

第七节 军政腐败

军政腐败是北宋晚期政治腐败的重要表现之一。也是北宋在金人进攻

---

① 《长编纪事本末》卷一三八《方田》,第4294页。
② 同上书,第4298页。
③ 同上。
④ 同上书,第4303页。
⑤ 《宋史》卷一七九《食货志下一·会计》,第4362—4363页。

下很快灭亡的原因之一。

军纪败坏，赏罚不明。市井无赖出身的高俅，因善踢球，得到宋徽宗的欢心，徽宗特将他交付边帅刘仲武，"竟以边功至殿帅"。而他执掌兵柄，搞得乌烟瘴气，却一直得到皇帝的宠信。① 宣和七年（1125）十月，太学生陈东等伏阙上书，乞诛蔡京、王黼、童贯、梁师成、李彦、朱勔六贼。其中谈到童贯罪状："贯本与京结为表里，因京借助，遂握兵权，至为太师，进封王爵……自古宦官之盛，未有其比。然贯实庸谬，初无智谋。每一出师，必数十万，随军金帛，动亿万计。比其还朝，兵失大半，金帛所余，尽归私帑。臣等盖尝闻之边人，贯之用兵，纪律不明，赏罚不公。身冒矢石未必获赏，为贯亲随，厚赏先及。……贯身去敌常数百里，是致将不先敌，士不用命，以见败衄，挫辱国威。……祖宗军政，坏乱扫地。"②《秀水闲居录》曰："宣和以来，宦者童贯弄兵，蔡攸并窃枢柄，边帅率皆小人，以贿赂用之，军政尽废，非徒士卒骄惰不可用，且零落尽矣。"③ 绍兴二十六年（1156）十二月十二日，真德秀上《江东奏论边事状》，谈到政宣致祸之由，其目有十。其中军政方面是"自童贯、高俅迭主兵柄，教阅训练之事尽废，上下阶级之法不行。溃败者不诛，而招以金帛；死敌者不恤，而诬以逃亡。于是赏罚无章，而军政大坏矣"④。

军队内部腐败，管理混乱，士兵缺乏训练，战斗力低下。河朔军队的骄横腐败尤其突出。仁宗皇祐元年（1049），户部副使包拯就说："今河北缘边，卒骄将惰，粮匮器朽。主兵者非绮纨少年，即罢职老校，隐蔽欺诞，趣过目前，持张皇引愚之说，训练有名无实，闻者可为寒心。"⑤ 元符二年（1099），右正言邹浩奏："臣闻河北路州军多是城壁不完，器械不利，士卒不足，训练不精。"⑥ 北宋后期，这种情况更为严重。宣和四年（1122）四月二十三日，童贯到高阳关，"即见河朔将兵骄惰，不练阵敌，

---

① 王曾瑜：《宋朝兵制初探》，中华书局1983年版，第305页。
② （宋）陈东：《陈少阳先生文集》卷一《登闻检院上钦宗皇帝书》，载《宋集珍本丛刊》39册，明正德本，线装书局2004年版，第122页。
③ 《三朝北盟会编》卷一四〇《炎兴下帙四十》，第1021页。
④ 《西山先生真文忠公文集》卷五《江东奏论边事状》，载《宋集珍本丛刊》75册，第707页。
⑤ 《长编》卷一六六，皇祐元年三月庚子条，第3992页。
⑥ 《长编》卷五〇八，元符二年四月戊寅条，第12102页。

军须之用百无一有……至于得地版筑之具,并城戍守御之物,悉皆无备。"① 这与金的精兵强将形成鲜明对比。宣和二年(1120)五月,赵良嗣出使金营,阿骨打让他亲眼目睹了攻克上京的战役,"翌日,良嗣等至青牛山,阿骨打令从军。每行数十里,辄鸣角吹笛,鞭马疾驰。比明,行六百五十里,至上京,引良嗣观攻城,不旋踵而破"②。北宋晚期将帅役使兵士的情况也很严重,钦宗靖康元年(1126)八月二日,臣僚言:"祖宗以来,天下禁兵,皆使之习攻守战阵之法,挽疆击刺之利,至于他伎,未尝学也。故用心专而艺能精。近年以来,帅臣、监司与夫守、倅、将、副多违法徇私,使禁卒习奇巧艺能之事。或以组绣而执役,或以机织而致工,或为首饰玩好,或为涂绘文缕,公然占破,坐免教习。名编卒伍,而行列不知;身为战士,而攻守不预。至有因缘请托,升迁阶级,或在众人之上。遂使辕门武功之士,困于差役之劳。末作庇身之人,复享安闲之利。所以兵阵教习之法日废,工匠技巧之事日多。兵政之弊,一至于此。"③ 大量役使军士,既造成严重的财政浪费,又极大地损伤了军队的战斗力。

《宋史》总结北宋晚期军政是:"崇宁、大观以来,蔡京用事,兵弊日滋,至于受逃亡,收配隶,犹恐不足。政和之后,久废搜补,军士死亡之余,老疾者徒费廪给,少健者又多冗占,阶级既坏,纪律遂亡。童贯握兵,势倾内外,凡遇阵败,耻于人言,第申逃窜。河北将兵,十无二三,往往多住招阙额,以其封桩为上供之用。陕右诸路兵亦无几,种师道将兵入援,止得万五千人。故靖康之变,虽画一之诏,哀痛激切,而事已无及矣。"④

宣和四年(1122)正月,金人破辽中京。按宋金"海上之盟"的约定,金取辽中京大定府,宋取辽燕京析津府。灭辽之后,宋将与辽的岁币转交金国。但因宋国内爆发了方腊起义,加上听说辽朝已知"海上盟约",怕其报复,宋徽宗"深悔前举,意欲罢结约",没有如约举兵。四月,当金占领中京,又破西京大同府以后,宋朝君臣考虑如不出兵,燕京势必为金兵占领,于是仓促命令童贯出兵伐辽,任命种师道为统兵官。结果宋军

---

① 《三朝北盟会编》卷六《政宣上帙六》,第40页。
② 《长编拾补》卷四一,宣和二年五月壬子条,第1273页。
③ 《宋会要辑稿》刑法二之九六至九七。
④ 《宋史》卷一八七《兵一》,第4582页。

被辽军大败，徽宗急诏"班师"。九月十三日，徽宗无奈地对金国使者说，希望金军破辽四军，"燕中无主，止是四军（指四军大王奚人萧幹，常统契丹、渤海、奚、汉四军，故号四）领兵为边患，及挟女主猖獗，岂金国可容！早擒之为佳"。① 十月，宋军进攻燕京不果，后在童贯邀请金军夹攻的情况下，由金军占领。当阿骨打听到宋军在燕京城下败退、统军将领逃跑的消息后，轻蔑地对宋使马扩说："契丹国土十分，我已取其九，只有燕京一分地土，我着人马三面逼着，令汝家就取，却怎生受，奈何不下！""近闻都统刘延庆一夜走了，是甚模样？""似恁统领底人败了，军国大事，汝家有甚赏罚？""若不行军法，后怎生使兵也。待一两日到居庸关，尔看我家兵将战斗，有敢走么？"② 后对赵良嗣说："我闻中国大将独仗刘延庆将十五万众，一旦不战自溃，中国何足道！我自入燕山，今为我有，中国安得之？"北宋军政的腐败昭然若揭。

具有讽刺意味的是，宣和五年（1123）四月，童贯从燕京"班师"，詹度作《平燕诗》送童贯。"长亭春色送英雄，满目江山映日红。剑戟夜摇杨柳月，旗旌晓拂杏花风。行时一决平戎策，到后须成济世功。为报燕山诸将吏，太平取在笑谈中。"③ 五月底，童贯、蔡攸至京师。童贯、蔡攸、王黼等因收复燕城，俱加官晋爵，君臣沉浸在收复燕云的喜悦中。六月一日，蔡京进贺表曰："师由义动……不战而屈。举全燕之故地，吊介狄之遗民。戴白垂髫，欢呼而解衽；壶浆箪食，充塞而载途。万国来同，一方底定，乾坤动色，庙社用光……皇帝陛下……因其天亡之时，成是席卷之势……察之于谈笑杯酌之间，付之以疆场甲兵之事，乘其万举万全之会，授之百发百中之机……山川草木，悉归舆地之图；士女臣民，尽效职方之贡。……"④ 而实际情形则是王黼"括天下丁夫计口出算，得钱六千二百万缗，竟买空城五六而奏凯"⑤。蔡绦《北征纪实》曰："二帅告还，上御景龙门观奏凯，尽以禁卫诸军迓之以入。上始甚不乐，故二帅赏皆薄，贯遂致仕，蔡攸拜枢密。初，二帅以宣抚司羡余进大珠百万，金四千

---

① 《三朝北盟会编》卷九《政宣上帙九》，引汪藻《谋夏录》，第63页。
② 《长编拾补》卷四五，宣和四年十二月辛卯条，引马扩《茅斋自叙》，第1397页。
③ 《三朝北盟会编》卷十六《政宣上帙十六》，第117页。
④ 《三朝北盟会编》卷十七《政宣上帙十七》，第120—121页。
⑤ 《宋史》卷四七〇《王黼传》，第13683页。

两，犀玉钱帛称是，号曰'土宜'，上喜之。"① 这时的徽宗是多么的昏庸和贪婪！

靖康元年（1126）二月八日，金兵围攻京师，宋军被动防御。"初，京城之戒严也，城上设楼橹及大炮、弓弩、铠仗之类，皆元丰旧制。器械有余而兵不足。先令百官与军士上城相杂守御，而以内侍官分部统之。贼丛矢射城上，内侍令守御者勿得动，且曰：'国家与金人讲和，不至相斗。'有一军士奋怒曰：'既已讲和，何得射我？'引炮石击贼，一发杀数人。中官杀之，军士由是不敢动。"② 而蔡京所搞的面子工程也为金兵轻易攻下京师提供了便利。"开宝戊辰（968），艺祖初修汴京，大其城址，曲而宛，如蚓诎焉。耆老相传，谓赵中令鸠工奏图，初取方直，四面皆有门，坊市经纬其间，井井绳列。上览而怒，自取笔涂之，命以幅纸作大圈，纡曲纵斜，旁注云：'依此修筑。'故城即当时遗迹也。时人咸罔测，多病其不宜于观美。熙宁乙卯，神宗在位，遂欲改作，鉴苑中牧豚及内作坊之事，卒不敢更，第增陴而已。及政和间，蔡京擅国，亟奏广其规，以便宫室苑囿之奉，命宦侍董其役。凡周旋数十里，一撒而方之如矩，墉堞楼橹，虽甚藻饰，而荡然无曩时之坚朴矣。一时迄功第赏，侈其事，至以表记，两命词科之题，概可想见其张皇也。靖康胡马南牧，黏罕、斡离不扬鞭城下，有得色，曰：'是易攻下。'令植砲四隅，随方而击之。城既引直，一砲所望，一壁皆不可立，竟以此失守。"③

徽宗为了守住京师，守住自己的皇帝宝座和赵宋天下，宣和七年（1125）十二月二十一日，下诏求直言，请求各地军队勤王。他自我批评是"……盖以寡昧之资，藉盈成之业，言路壅蔽，导谀日闻；恩幸持权，贪饕得志。缙绅贤能，陷于党籍。政事兴废，拘于纪年。赋敛竭生民之财，戍役困军伍之力。多作无益，侈靡成风。利源商榷已尽，而谋利者尚肆诛求；诸军衣粮不得，而冗食者坐享富贵。灾异屡见而朕不悟，众庶怨怼而朕不知。追惟己愆，悔之何及！"④ 同日废罢花石纲及其他应奉之举，剥民之策。虽然徽宗痛悔不已，然而，无论如何已阻挡不了北宋灭亡的步

---

① 《三朝北盟会编》卷十七《政宣上帙十七》，第120页。
② 《三朝北盟会编》卷三十六《靖康中帙十一》，引《靖康录》，第268页。
③ （宋）岳珂撰，吴企明点校：《桯史》卷一《汴京故城》，中华书局1981年版，第8—9页。
④ 《三朝北盟会编》卷二五《政宣上帙二十五》，第188页。

伐。我们姑且引用《宋史》论赞来结束本文："迹徽宗失国之由，非若晋惠之愚、孙皓之暴，亦非有曹、马之篡夺，特恃其私智小慧，用心一偏，疏斥正士，狎近奸谀。于是蔡京以猥薄巧佞之资，济其骄奢淫佚之志。溺信虚无，崇饰游观，困竭民力。君臣逸豫，相为诞谩，怠弃国政，日行无稽。及童贯用事，又佳兵勤远，稔祸速乱。""自古人君玩物而丧志，纵欲而败度，鲜不亡者，徽宗甚焉……"①

---

① 《宋史》卷二二《徽宗本纪四》，第418页。

第九章

总　　论

北宋晚期是社会各种矛盾积累激化的时期，也是北宋政权在内外交困中走向灭亡的时期。蔡京、蔡卞作为北宋晚期政治舞台上的活跃人物，尤其是蔡京，前后执掌相印十四载，对于北宋灭亡负有不可推卸的责任。但是，在专制时代，"作为皇帝手下的臣僚，不管你官做得多大，即便居一人之下、万人之上、贵如宰相，仍然改变不了君主工具的属性"。[①] 再者，蔡京之所以能够长期占据辅相位置，除了其过人的艺术天分受到宋徽宗的青睐之外，还与他较高的行政能力有关。所以，对蔡京、蔡卞其人其事，我们必须做具体分析，不可一概否定。另外，北宋晚期皇权的加强、士大夫价值观的演变与北宋晚期政局之间的关系，也是必须加以剖析的。

第一节　对蔡京、蔡卞的总体评价

蔡京、蔡卞兄弟自熙宁三年（1070）中进士第，便开始步入政坛。他们从基层的县尉、主簿起步，后来任职中央。蔡卞作为王安石的女婿，蔡京作为蔡卞的兄长，在任职和升迁方面不能说没有一点影响。如张璪，元丰二年（1079），当其判国子监时，便推荐蔡卞可为直讲。[②] 张璪兄张瓌与王安石友善，王安石秉政以后，欲引用张瓌，因其年老，乃引张璪同编修中书条例，授集贤校理、知谏院、直舍人院。张璪因不愿驳斥杨绘、刘

[①] 刘泽华、汪茂和、王兰仲：《专制权力与中国社会》，天津古籍出版社2005年版，第18页。

[②] 《宋史》卷三二八《张璪传》，第10569页。

挚论助役不便之事,忤逆安石。当神宗欲命张璪知制诰时,王安石推荐用曾布,以张璪同修起居注。但张璪"自县令至是,才岁余"。所以,他对王安石还是心存感激的。再如邓绾,本是个投机反复之人。熙宁三年(1070)因赞誉青苗、免役之法,得到王安石的赏识,推荐于神宗,得到拔擢。王安石第一次去相,他投靠吕惠卿。王安石第二次任相后,其变法思路和宋神宗不尽相同,君臣之间裂痕明显,故有去意。但邓绾害怕王安石去相影响自己的政治仕途,"乃上言宜录安石子及婿,仍赐第京师"。[①]元祐元年(1086),苏辙弹劾"(蔡)京文学政事一无所长,人品至微,士论不与。若不因缘蔡卞与王安石亲戚,无缘兄弟并窃美官"。吕陶说"(蔡)京荒唐浮薄,士论所鄙,缘其弟卞为王安石婿,牵挽忝冒,得至从官"。元祐党人的言论过激,不符合事实,但也不是没有一点根据的。不过,我们静心而论,蔡京、蔡卞的仕进主要还是因为他们的个人能力。元丰年间,神宗对蔡京、蔡卞的任用和评价足可证明这一点。

一　性格迥异的兄弟二人

蔡京、蔡卞兄弟性格各异,差别很大。蔡京身体强健、精力充沛,交往广泛,仕进欲强;而蔡卞身体羸弱,性格内敛。《石林燕语》载:

> "蔡鲁公(京)喜接宾客,终日酬酢不倦。遇家居宾客少间,则必至子弟学舍,与其门客从容燕笑。蔡元度(卞)禀气弱,畏见宾客。每不得已一再见,则以啜茶多,退必呕吐。尝云:'家兄一日无客则病,某一日接客则病。'"[②]

元符元年(1098),曾布谈到蔡卞身体羸弱,他说,"卞素羸多病,比以阴湿,故多腹疾。然人亦多如此者,卞善自爱,衣服饮食有节适,不尔,无以枝梧。"[③]

蔡京思维活跃、应变能力极强,因此宦海沉浮几十年。曾敏行记:

---

① 《宋史》卷三二九《邓绾传》,第 10599 页。
② 《石林燕语》卷十,第 155 页。
③ 《长编》卷四九九,元符元年六月丙申条,第 11883 页。

蔡元长尝论荐毛友龙，召对，上问曰："龙者君之象，卿何得而友之？"友龙不能对，遂不称旨。退语元长，元长曰："是不难对，何不曰'尧舜在上，臣愿与夔、龙为友'？"他日再荐之，复召对，上问大晟乐，友龙曰："讹。"上不谕其何谓也。已而元长入见，上以问答语之，对曰："江南人唤'和'为'讹'，友龙谓大晟乐主和尔。"上颔之，友龙乃得美除。①

绍圣中，蔡京曾负责辽朝泛使李俨的接待工作，李俨因为在宋逗留时间太长，很是郁闷，有抱怨之意。"一日，俨方饮，忽持盘中杏曰：'来未花开，如今多幸。'京即举梨谓之曰：'去虽叶落，未可轻离。'"②

蔡京在处理行政事务时，也往往表现出沉着果断、善于应对的一面。《挥麈录》后录卷三载：

"承平时，宰相入省，必先以秤秤印匣而后开。蔡元长秉政，一日秤匣颇轻，疑之，摇撼无声。吏以白元长，元长曰：'不须启封。今日不用印。'复携以归私第。翌日入省，秤之如常日，开匣则印在焉。或以询元长，元长曰：'是必省吏有私用者，偶仓猝不能入。倘失措急索，则不可复得，徒张皇耳。'"③

《清波杂志》卷二载：

京在相位，偶在告未出。有某氏，先在两家各生一子。后二子入从，争欲迎母归养，未知适从。事至朝廷，执政无所处，持以白京。京曰："此亦何难，第问其母愿归何处。"一言遂决。又一岁，户部欠郊费若干，长、贰堂白，京唯唯。期逼，申言之，答以"徐之"。旋闻下文思院铸钱样，亦叵测。时富商大贾在京识事者，惩屡变盐法之害，亟以所蓄算请钞旁。不数日，府库沛然。④

---

① 《独醒杂志》卷一，第2—3页。
② 《老学庵笔记》卷四，第48页。
③ 《挥麈录》后录卷三，第116页。
④ 《清波杂志校注》卷二，第77—78页。

蔡京也很有经济头脑，他可以将别人眼中的无用之物变成宝物，可以不时发现商机。试举崇宁元年（1102）一事例说明：

> 蔡京初拜相，有巨商六七辈，负官钞至庭下，投牒索债，且曰："此章相公开边时，此曾相公罢边时所用。"合三百七十万缗不能偿者。至会罢边弃地之费，乃过于开边也。京奏之，上蹙额曰："辱国且奈何！"京进曰："臣请偿之。"上喜曰："卿果能为朕偿之耶？"时国用常匮，视三百七十余万缗为未易偿。故京因创行打套折钞之法，命官划刷诸司库务故弊之物，若幕帘、漆器、牙札、锦段之属，及粗细色香药，皆入套为钱，其直若干等，立字号而支焉。套始出，客犹不愿请，有出而试者，其间惟乳香一物，足偿其本，而他物利又自倍。于是欣然，不半年尽偿所费。……①

即便是宾客盈门的临时聚会，蔡京也能够置办得井井有条。蔡絛曰："鲁公（蔡京）盛德，盖自小官时，缙绅间一辞谓之有手段。元祐时守维扬，多过客，日夕盈府寺。一日，本是早膳，召客为凉饼会者八人。俄报客继至者，公必留，偶纷纷来又不已。坐间私语'蔡四素号有手段，今卒迫留客，且若是他食，辄呫嗻为尚可；如凉饼者，奈何便办耶！请共尝之'。及食时，计留客则已四十人，而冷淘皆至，仍精腴。时以为谈柄。"②

蔡京善于逢迎，哲宗宠幸刘贵妃，蔡京也不忘讨好之，以迎合哲宗。"泰陵（哲宗）时，蔡元长为学士。故事，供贴子，皇太后、皇帝、皇后阁各有词，诸妃阁同，用四首而已。时昭怀刘太后充贵妃，元长特撰四首以供之，有：'三十六宫人第一，玉楼深处梦熊罴。'"③ 强烈的权势欲使蔡京为达目的，不惜利用一切手段。熙宁、元丰年间，他是新法的推行者，元祐年间当政治风向改变，司马光废除免役法时，他是执行司马光政策的第一人。绍圣年间风向再变，他又成了鼓动章惇复行免役第一人。左右逢源，目的只有一个，就是保住自己的权位。他为了向上爬升，交结外戚和宦官。如与宦官裴彦臣和童贯的交结，前已引资料说明。在相位，亦

---

① 《皇朝编年纲目备要》卷二六，崇宁元年十二月，第668页。
② 《铁围山丛谈》卷六，第107页。
③ 《墨庄漫录》卷五，第128页。

不忘讨好这些人。《曲洧旧闻》载:

> 蔡京进退,倚中贵人为重,恨无以结其心。每对同列言:"三省、枢密院胥史文资中为中大夫者,宴则坐朶殿,出则偪大藩,而至尊左右,有勋劳者甚众,乃以祖宗以来正法绳之,吾曹心得安乎!"于是幸门一开,建节者二十余辈,至领枢府、封王,为三少,时时陶铸宰执者,不无人焉。①

陈次升对蔡京结交宦官的行为,多次弹劾。他说:"舆论以为京之过恶甚多,而交结近习之罪最大……谨按京职居翰长,身为从官,委蛇经幄,日侍清光,可谓贵臣矣。而乃卑躬屈已,亲昵阉宦。或以货财相结,或以书札往来……实欲令其伺陛下之起居,漏宫禁之事,而又使之周旋庇盖前日与章惇、蔡卞相济之恶,虚称其美,以侥幸进用。……"② 龚夬也说:

> 盖京自来密交近侍之臣,使之刺探起居。为臣之奸,无大于此。京以侍从之责,而于内臣虽高品黄门之类,无不曲加礼敬,卑污庸俗不可具道,素喜翰墨,好施予,无问高下,多以书礼问遗,结其欢心,积有年矣……按京奸邪阴险,众所同恶,而左右之臣,辄有誉其所长,讳其所短者,则其交结无疑,不必得其迹而后可知也。又京之徒每扬言于人云,彼善结宫贵之欢,外庭论议,必不能动,盖自恃左右之助,以恐动言者。③

《步里客谈》卷上载:"蔡京为翰林承旨,陈莹中(陈瓘)已言治乱之分,在京用否。蔡君济元康问之,曰:'京小人也,尤好交结宦者,用京与宦者得志,天下何以不乱?'"④

---

① 《曲洧旧闻》卷六《蔡京开幸门》,第167页。
② (宋)陈次升:《谠论集》卷三《弹蔡京第一状》,427册,文渊阁四库全书本,上海古籍出版社1987年版,第361—362页。
③ 《历代名臣奏议》卷一八〇,第2362页。
④ (宋)陈长方撰,许沛藻整理:《步里客谈》卷上,载《全宋笔记》第四编(四),大象出版社2008年版,第7页。

关于和外戚的交结，前引陈瓘和丰稷的弹章说明了其和向太后弟弟向宗良、向宗回的交结。还有他和郑居中的交结。在这一点上，蔡卞和蔡京很不相同，我们看到弹劾蔡卞的章奏，内容主要两个方面：一是引用门人，或报恩；二是以对王安石思想、学术和新法的态度来取舍人才。蔡卞的确是这样。他对王安石及其学术思想的推崇、继承和发展是有贡献的。《优伶箴戏》曰：

> 蔡京作相，弟卞为元枢，卞乃王安石婿，尊崇妇翁，当孔庙释奠时，跻于配享而封舒王。优人设孔子正坐，颜、孟与安石侍侧。孔子命之坐，安石揖孟子居上，孟辞曰："天下达尊，爵居其一。轲仅蒙公爵，相公贵为真王，何必谦光如此。"遂揖颜子，颜曰："回也陋巷匹夫，平生无分毫事业，公为名世真儒，位号有间，辞之过矣。"安石遂处其上。夫子不能安席，亦避位，安石皇惧拱手不敢，往复未决。子路在外，愤愤不能安，径趋从祀堂挽公冶长臂而出，公冶长为窘迫之状谢曰："长何罪？"乃责数之曰："汝全不救护丈人，看取别人家女婿。"其意以讥卞也。时方议欲升安石于孟子之右，为此而止。①

《道山清话》载："王安石配享文宣王庙庭，坐颜孟之下，十哲之上。驾幸学，亲行奠谒。或谓：'安石巍然而坐，有所未允。'蔡知院元度曰：'便塑底也不得。'"② 作者虽是从否定王安石、嘲讽蔡卞的立场出发，但它却揭示出蔡卞对王安石学术地位的维护。蔡卞不仅维护王安石的学术，对王安石执政时的所有政策，他也是极力维护的。《曲洧旧闻》卷二载："朱行中知广州，东坡自海南归，留款甚洽……行中尝与坡言，裕陵晚年深患经术之弊……令教学者看史。……坡曰：'予见章子厚言，裕陵元丰末欲复以诗赋取士，及后作相，为蔡卞所持，卒不能明裕陵之志，可恨也。'"③

---

① 《夷坚志》夷坚支乙卷四，第 822—823 页。
② 《道山清话》，第 119—120 页。
③ 《曲洧旧闻》卷二《裕陵晚年患经术之弊欲复诗赋取士》，第 101—102 页。

蔡卞打击元祐党人也是从他们反对王安石新法出发的。陈次升弹章云：

> 备位政府，阴肆奸谋。造朝奏对，专务残忍杀害。巧计既行，凶焰日炽。窃弄赏罚，私报恩仇。人有誉其妻父之美者，极力主张，置之显要。有议其妻父之短者，指为诽谤宗庙，置之深罪。其所进用，若非妻党之小人，即是门下之奸吏。更唱迭和，相倚为重，造作事端，屡成冤狱。看详理诉，编类章疏，洗垢索瑕，中伤士类。或轻或重，皆出己意。或投之远方，或陷之深僻。毒流天下，实不忍闻。其事主行虽在章惇，卞实启之。时人目之为笑面夜叉，天下之所共知也。①

在有关针对蔡卞的众多弹章中，我们看不到他与外戚、宦官交结的罪状。蔡卞比较传统，他对宦官的看法，和蔡京不同。蔡京深知可以利用太后、皇帝亲近的宦官了解最高层的想法、动态，所以极力与之交结。而蔡卞坚持对宦官权力的抑制。如对童贯的任用，就是一例。崇宁四年（1105）正月，以童贯为熙河等路经略安抚制置使。

> 先是，蔡京以请童贯为帅，蔡卞沮止之，京密请不已。内批除贯熙河帅兼节制秦凤。京又检元丰李宪例与枢密同呈，卞于上前作色曰："内臣为帅，非盛世事。贯闻臣此言，必不喜。然朝廷事体可惜。"上曰："可罢贯秦凤。"卞曰："若此甚善。"卞退，京与执政吴居厚、张康国、邓洵武群噪之。卞乃求去，命知河南府。未几，除贯熙河兰湟、秦凤路帅。②

蔡卞此后仕历是：逾年知江宁。过阙，留为醴泉观使兼侍读。大观

---

① 《谠论集》卷三《〈弹蔡京〉第三状》，427 册，第 362 页。
② 《皇朝编年纲目备要》卷二七，崇宁四年正月，第 683 页；《宋史》卷四七二《蔡京传附蔡卞传》曰："卞居心倾邪，一意以妇公王氏所行为至当。兄晚达而位在上，致已不得相，故二府政事时有不合。京以中旨用童贯为陕西制置使，卞言不宜用宦者，右丞张康国引李宪故事以对，卞曰：'用宪已非美事，宪犹稍习兵，贯略无所长，异时必误边计。'帝令中书行之。京于帝前诋卞，卞求去，以资政殿学士知河南。"第 13730 页。

中，除观文殿学士、知寿春府。言者论其尊礼妖人张怀素，降资政殿学士、提举太清宫。俄起知镇江府，拜昭庆军节度使。知大名府，继知扬州。召为中太一宫使兼侍读，迁开府仪同三司，移镇镇东。卒，年六十。赠太傅。谥曰文正。①《宋史》本传说蔡卞"兄晚达而位在上，致已不得相，故二府政事，时有不合"②。其实，蔡卞与蔡京不合，绝不仅仅如上所言，是因为蔡京为相，位在己上而已。主要还是兄弟二人在任人做事上有差异。蔡京是只要对自己有利，无所不用其极。为了保住相位，他不惜赌咒发誓。《高斋漫录》载："蔡京，崇宁中以星文罢相，殷出观音院待罪。客有过之者，京泣曰：'京若负国，即教三子都没前程。'好事者戏云：'两行珠泪下，三个凤毛灾。'"③《宋史》本传曰："京每闻将退免，辄入见祈哀，蒲伏扣头，无复廉耻。"④而蔡卞还是比较传统。这一点，哲宗和曾布曾经谈起。曾布曰："诚如圣谕，卞读书畏义理，诚与京不同。"哲宗曰："不同，不同。"⑤

二 造诣高深的书法大家

蔡京、蔡卞兄弟自幼研习书法，吸收众家之长，又自成一家。早岁兄弟二人从族人蔡襄学习书法，熙宁年间苏轼任杭州通判时，蔡京与其交往密切，并且在书法方面互相切磋。其后又不断研习其他大家的书法，最终形成自己的风格。兄弟二人在行书方面成就突出，在大字方面造诣很高。《宣和书谱》对蔡京书法的评价前已引述。对蔡卞是这样评述的："自少喜学书，初为颜行，笔势飘逸，但圆熟未至，故圭角稍露，其后自成一家。亦长于大字，厚重结密，如其为人。初安石镇金陵，作《精义堂记》，令卞书以进，由是神考知其名，自尔进用，多文字职。至晚年高位，犹不倦书写，稍亲厚者必自书简牍，笔墨亦稍变，殊不类往时也。然多喜作行书字。"⑥《墨林快事》称其书："胜于京，京又胜于襄，今知有襄，而不知有他蔡，名之有幸不幸若此。"由于兄弟二人在政治上的种种劣迹和奸臣

---

① 《东都事略》卷一〇一《蔡京传附蔡卞传》，第1560页。
② 《宋史》卷四七二《蔡京传附弟卞》，第13730页。
③ 《高斋漫录》，第107页。
④ 《宋史》卷四七二《蔡京传》，第13727—13728页。
⑤ 《长编》卷四九九，元符元年六月丙申条，第11884页。
⑥ （宋）佚名，顾逸点校：《宣和书谱》卷十二，上海书画出版社1984年版，第94—95页。

的骂名，后世对其书法评价不高，但他们在书法艺术上的成就，尤其是在书法创新上的贡献不可磨灭。董史《皇宋书录》曰："愚按二蔡书迹，自徽宗皇帝好书，笔法瘦劲，一时鼓舞，故京卞书札，亦尚枯健，今往往于碑刻中见之。士大夫少称之者，以人废耳。尝读张文靖公跋唐侍读书云：'本朝以书名世者多矣，规模古人，皆守法度。自二蔡出新意作字，崇宁以来，士大夫无特操者，靡然从之，为倾邪柔媚之态，无复古人用笔意。'其说正大，然后知士之处世，不可不以践履为先也。成都记云：'府学二大字，京书。'欧阳文忠公所谓蚩尤作五兵，纣作漆器。不以二人之恶而废天下之用也。"①《宋代石刻文献全编》收录了部分蔡京、蔡卞的书法作品，举几例来说。蔡京书法有：崇宁四年（1105）书的《元祐党籍碑》②；大观二年（1108）蔡京题额的《大观圣作之碑》③，在兴平县；宣和四年（1122）太师鲁国公蔡京书《面壁塔题字》，八月资政殿学士河南尹范致虚立石。④ 蔡卞书法有：元祐八年（1093）正月蔡卞重书的《曹娥碑》，在上虞县，行书，十八行，行三十字，蔡卞系衔左朝请郎充龙图阁待制知越州军州事。⑤《墨林快事》曰："北海曹娥真碑传世甚少，皆摹刻也。此蔡卞于元祐间书，颇得其神而精采胜之。以其宋人，弗贵也。"⑥ 元符二年（1099）十二月蔡卞书《楞严经偈》⑦，碑在长清县，行书。崇宁五年（1106）秋蔡卞撰《元符万宁宫记》⑧，大观二年七月蔡卞撰《华阳先生解化之碑》⑨，政和六、七年（1116、1117）间蔡卞撰《冲隐先生墓志铭》⑩，政和间蔡卞面壁庵题字《达磨面壁之庵》。⑪ 从这些留存下来的少量石刻作品，人们可以更好地了解蔡京、蔡卞的书法及其成就。另外，《三希堂法帖》载有蔡京书法作品《与节夫书帖》和《与宫使书帖》，蔡卞《雪意帖》。《宝真斋法书赞》卷二一载有蔡京的《陪辅帖》和蔡卞的《展晤帖》。

---

① 董史：《皇宋书录》中篇，丛书集成初编本，中华书局1991年版，第27页。
② 《宋代石刻文献全编》第三册，第394—396页。
③ 同上书，第431页。
④ 《宋代石刻文献全编》第一册，第449页。
⑤ 《宋代石刻文献全编》第三册，第346页。
⑥ 同上书，第347页。
⑦ 同上书，第384页。
⑧ 《宋代石刻文献全编》第二册，第150—151页。
⑨ 同上书，第152—153页。
⑩ 同上书，第153—154页。
⑪ 《宋代石刻文献全编》第一册，第447页。

蔡京、蔡卞入围这些珍品书法集,从另一侧面展示了他们在书法史上的重要地位和突出成就。

三 蔡京兴修水利,造福乡里

蔡襄在福建的地方志里作为名宦、造福桑梓的乡贤而大书特书,故我们能够比较清楚地了解到他对家乡的贡献。如庆历四年(1044),因旱而修水利,蔡襄疏请复五塘。五塘者,曰胜寿、曰西衢、曰太和、曰屯前、曰东塘。① 至和二年(1055)四月,以韩绛、蔡襄议,罢诸路里正衙前。② 而像蔡京这样被列入奸臣传的历史名人,他们的行为让家乡蒙羞,乡人不愿意和他们有太多的牵连,所以地方志里很少记载他们的活动。《民国莆田县志(一)》卷二曰:"熙宁九年丙辰,徐铎进士殿试第一,薛奕武科进士第一。宋世状元多为名相,铎官吏部尚书,附和蔡京,有愧科目多矣。奕死银川寨之役,志节凛然。前志为奕立传,而削去铎传,贬之也。"③ 再如《乾隆仙游县志》卷二九《选举志一》,讲到进士蔡京、蔡卞时,曰:"京、卞兄弟同科,后皆登相位,显荣极矣,惟其沉酣富贵,患失心胜,遂至名节扫地,遗祸宗社,卒之身名俱丧,为万世戮。后裔羞之,而匿其派,可为寒心。前志与许敦仁列奸佞传,然志非史,不必记恶,因削其以为世鉴云。"④ 然而,透过蛛丝马迹,我们还是可以看出,蔡京为家乡的水利事业做出的贡献。"大观二年戊子⑤,蔡京发民夫凿新塘,方轸上封事劾之,旋罢。京拜太师,时术士言兴化,公之乡里,若汲水贯之,则旺气愈壮,京用其言,凿壶公(山)下新塘,为轸所劾,然凿渠美事也,莆水利不及安乐里,即无古谶,渠亦当开,京他事不足道,此则有益于乡里,故曰恶,而知其美,天下鲜矣。"⑥ 关于此事,方轸在弹章里这样讲:"……臣与京皆壶山人,谶云:'水绕壶公山,此时方好看。'京讽部使者凿渠以绕山,臣是以知京必反也。陛下安可爱一国贼,而忘社稷之重

---

① 《中国地方志集成》之《福建府县志辑》16《民国莆田县志(一)》卷二,上海书店出版社2000年版,第44页。
② 同上。
③ 同上书,第46页。
④ 《中国地方志集成》之《福建府县志辑》18《乾隆仙游县志》卷二九,第354页。
⑤ 《皇朝编年纲目备要》卷二七,记为大观元年,第693—694页。
⑥ 《中国地方志集成》之《福建府县志辑》16《民国莆田县志(一)》卷二,第46—47页。

乎？"① 大观四年（1110），御史张克公弹劾蔡京曰："名为祝圣而修塔，以壮临平之山；托言灌田而决水，以符'兴化'之谶。法名退送，门号朝京。"② 在当时，迷信风水，乃人之常情。我们退一步讲，即便蔡京迷信风水，凿渠是为了蔡氏家族兴旺，但如果能够用一个家族兴旺，换来家乡众多百姓的安康，也不失为一有意义之举。只因为反对蔡京，就否定一切，连同他所从事的有益百姓的事业也断送，此乃封建时代政治斗争之常态。然而，其恶劣影响，至今犹存，不能不令人欷歔感慨！临平起塔也是蔡京一大罪状，然而，按照陆游所叙，则临平之塔蔡京之前已经存在，并非蔡京首举。"临平者，太师蔡京葬其父准于此，以钱塘江为水，会稽山为案，山形如骆驼，葬于驼之耳，而筑塔于驼之峰，盖葬师云：'驼负重则行远也。'然东坡先生《乐府》固已云：'谁似临平山上塔亭亭，迎客西来送客行。'则临平有塔亦久矣。当是蔡氏葬后增筑或迁之耳。京责太子少保制云：'托祝圣而饰临平之山是也。'"③ 由此可见，对于已经被盖棺定论的历史罪人而言，要公平恰当地给予评价是多么不易。蔡京虽然犯下了滔天罪行，但对家乡还是眷顾有加。"政和四年六月，诏福建广南路更不行使当十钱。……或曰蔡京私其乡，故不行。"④ "王安石变法，蔡京绍述，善政可纪者甚少，其在莆，虽以京之奸，然留意水利，不行当十钱，固未尝得罪于乡里也。"⑤ 确为至当之论。其实，蔡京任相期间，力排众议，疏通整治汴河也取得了成就。《宋史》载："都水奏：'河自应天府抵泗州，直流湍驶无所阻。惟应天府上至汴口，或岸阔浅漫，宜限以六十步阔，于此则为木岸狭河，扼束水势令深驶。梢，伐岸木可足也。'遂下诏兴役，而众议以为未便。宰相蔡京奏：'祖宗时已尝狭河矣，俗好沮败事，宜勿听。'役既半，岸木不足，募民出杂梢。岸成而言者始息。旧曲滩漫流，多稽留覆溺处，悉为驶直平夷，操舟往来便之。"⑥ 崇宁二年（1103）三月，宰臣蔡京言：

---

① 《皇朝编年纲目备要》卷二七，大观元年十月，第694页。
② 《宋史》卷四七二《蔡京传》，第13725页。
③ 陆游：《渭南文集》卷四三《入蜀记第一》，四部丛刊初编本。
④ 《中国地方志集成》之《福建府县志辑》16《民国莆田县志（一）》卷二，第47页。
⑤ 同上。
⑥ 《宋史》卷九三《河渠志》，第2322—2323页。

熙宁初，修水土之政，元祐例多废弛。绍复先烈，当在今日。如荒闲可耕，瘠卤可腴，陆可为水，水可为陆，陂塘可修，灌溉可复，积潦可泄，圩埠可兴，许民具陈利害。或官为借贷，或自备工力，或从官办集。如能兴修，依格酬奖，事功显著，优与推恩。从之。①

可见蔡京一贯比较重视水利的兴修。

四 蔡京、蔡卞兄弟关系浅议

蔡京、蔡卞兄弟熙宁三年（1070）同登进士第以后，相继在地方任职数年，蔡京熙宁九年（1076）七月到中央，权流内铨主簿。元丰二年（1079）十二月，江阴县主簿蔡卞也来到中央，为国子监直讲。此后，蔡卞在仕途上升迁比蔡京要快。元丰五年（1082）十月蔡卞试中书舍人，而蔡京元丰六年（1083）十月才试中书舍人。为此，中书舍人兼侍讲蔡卞乞叙班于兄蔡京之下。后蔡卞为给事中，在一次聚会上，主动谦让其兄蔡京。"秘书省岁曝书，则有会号曰曝书会。侍从皆集，以爵为位叙。元丰中，鲁公为中书舍人，叔父文正公为给事中。时青琐班在紫微上，文正公谓：'馆阁曝书会非朝廷燕设也，愿以兄弟为次。'遂坐鲁公下。是后成故事，世以为荣。"② 元祐年间，兄弟二人被排挤到地方。绍圣元年（1094）三月，蔡京权户部尚书，蔡卞为中书舍人。绍圣二年（1095）初，蔡卞担任翰林学士。十月蔡卞为尚书右丞、同知枢密院事，蔡京为翰林学士兼侍读、修国史。绍圣三年（1096）七月，蔡京又为翰林学士承旨。绍圣四年（1097）闰二月蔡卞迁尚书左丞。在绍圣、元符年间，蔡京、蔡卞兄弟联手，壮大了蔡氏势力。这期间，如果说蔡卞政治活动的重心是一心一意力图恢复王安石新法，尊崇王安石地位，继承、发扬王安石学术思想的话，蔡京则更注意四处活动，勾结外戚、宦官，力图保全自己的地位。从大的方面看，可以说这一时期的兄弟关系更像是个政治联盟。但双方之间还是有些许矛盾。元符元年（1098）六月的一天，哲宗和曾布谈到蔡卞和蔡京的关系。

---

① 《宋史》卷九五《河渠志》，第 2374—2375 页。
② 《铁围山丛谈》卷一，第 20 页。

> 上谕布曰："卞请去甚坚，须待再三入文字。"布曰："无可去之理。"上曰："无此理，坚欲去，别无事否？"布曰："卞与同列多不同，旧与章惇密，今亦不同。兼兄弟有嫌，故不自安。"上曰："卞兄弟不相得。"布曰："不知，但闻其妻颇不相欢。"上曰："京亦有妻，是甚人家？"布曰："徐仲谋少卿家。"上曰："两人妻不相得。"布曰："闻其如此。"上曰："卞言无他，只是羸病，故欲去。"布曰："势安可去？林希去，尚未有人可代，卞何可去。"上曰："兄弟间是有嫌。"布曰："然，用京不若用卞。"上曰："不同，不同。"布曰："诚如圣谕，卞读书畏义理，诚与京不同。"上又曰："不同，不同。"①

元符二年（1099）闰九月，哲宗又和曾布谈到蔡京兄弟。哲宗又问："蔡卞兄弟不协？"曾布曰："外议多言如此，然不知其实，大抵言争先作执政尔。"哲宗曰："妻亦不和，至不相见？"曾布曰："臣与之瓜葛，亦粗闻之，诚不相得，然不至不相见也。"② 十月，哲宗和曾布谈到罢免周穜和方天若之事时，有一段对话：

> 上谕曾布曰："章惇坚以天若为有罪，如何？"布曰："臣不知天若与穜往复语言，但闻众议以天若为凶肆可恶。"上曰："惇言天若有指斥语，蔡卞亦云周穜多言。惇云天若方事起，两诣卞，卞不敢见。已令两罢之，俱与外任合入差遣。"布曰："如此处之，甚善。天若固宜逐，穜亦不足惜。"上又曰："蔡京与卞果不相得？"布曰："此众所共知。天若与京甚密，而卞不甚与之；刘拯与卞甚密，而京亦不喜拯：此可见其略。大抵因娣姒不相能，又争入政府先后，以此弥不足。"上曰："兄弟间乃如此。"③

可见，绍圣、元符年间，蔡京和蔡卞兄弟之间有矛盾，众所共知。其中原因，次要的应该是妯娌不和，主要的还是兄弟对权力的争夺。但总体上说矛盾并不很尖锐，而是兄弟互相提携关照。所以，任伯雨弹劾蔡京时说：

---

① 《长编》卷四九九，元符元年六月丙申条，第11884页。
② 《长编》卷五一六，元符二年闰九月辛巳条，第12276页。
③ 《长编》卷五一七，元符二年十月己酉条，第12298页。

然京之所以语人者曰："我助惇而惇不听也，我故绝之；我教卞而卞不从也，我故怒之。我与爱弟不相往来久矣，我缘国事，今与弟卞不相往来，而况于惇乎？"臣窃料京之所以欺陛下者，亦必以此言也，何以验之，卞之赴江宁也，京往饯之，期亲远行，法当赐告，而京之所以牒阁门者，初以姊行为请，法不许也，遂请朝假，终不敢以弟卞为言。……且兄弟同朝共议国事，自无不相往还之理，假使不相往还，岂人伦之美事乎？此天下之所以议京者四也。①

如果说，绍圣、元符年间是蔡卞政治上的黄金时代的话，那么崇宁、大观年间则是蔡京政治上的黄金期。但崇宁年间，尤其是崇宁四年（1105），却是兄弟关系的冰点期。之所以出现这种结果，与兄弟二人在用人处世上的差异有关。崇宁元年（1102）七月蔡京任右仆射，十月蔡卞知枢密院，崇宁二年（1103）正月蔡京迁左仆射。应该说，这个时候蔡氏家族的政治权力已达到了顶峰。但在如何巩固权力方面兄弟之间的认识差异暴露了出来。蔡京经过多年的政治磨炼，对专制体制的特点已经掌握，他非常清楚地知道，利用皇帝身边最亲近的人影响皇帝，是最快捷、最便利、最保险的办法，所以他极力讨好皇帝宠幸的宦官和外戚。而蔡卞也许是受王安石的人格魅力影响更多，他尤其不能容忍蔡京对宦官的倚重和讨好。所以，崇宁四年（1105）在童贯的任职上双方矛盾终于爆发。蔡卞被迫离开中央，兄弟关系恶化。这个时期，由于蔡京权势炙手可热，所以，在兄弟关系出现裂痕的时候，有些人从自身利益出发，背叛蔡卞，投靠蔡京。

蔡元度（卞）为枢密，与其兄内相搏，力祈解政，迁出于郊外观音院，去留未定也。平时门下士悉集焉。是时所厚客已有叛元度者，元度心不能平。饭已，与诸君步廊庑，观壁间所画炽盛光佛降九曜变相，方群神逞威之际，而其下趋走，有稽首默敬者。元度笑以指示群公曰："此小鬼最叵耐。上面胜负未分，他底下早已合掌矣。"客有惭者。②

---

① 《历代名臣奏议》卷一八一《去邪》，第2371页。
② 《挥麈录》后录卷七，第167页。

但此时蔡卞无论从权力还是人缘方面讲,还都是比较有实力的。"(崇宁)四年正月,元度引兄嫌,以资政知河南府,送车塞道,凡三日,始见绝宾客,然后得行。禁中给赐之人络绎于路,观者荣之。"①

崇宁五年(1106),蔡卞知江宁,过阙,留为醴泉观使兼侍读。② 这个时候兄弟关系有所缓和。所以有人猜疑其兄弟不和是假象。"时蔡卞为馆伴,或奏上卞谲诈多端,阴与其兄为不合,其实相为表里,不可信用。"③ 大观年间,蔡卞大多在地方任职。此后兄弟关系也比较融洽。史载:"蔡元长语元度曰:'弟骨相固佳,但背差薄,腰差细尔。'元度笑曰:'太师岂可有两人?'"④ 而且,蔡卞也利用蔡京的权力为关系户谋取肥差。前已引用的这段资料足以说明:

> 政和中,(蔡京)以太师领三省事,得治事于家。弟卞以开府在经筵,尝挟所亲将仕郎吴说往见……卞言常州教授某人之淹滞,曰:"自初登科作教官,今已朝奉郎,尚未脱故职。"京问:"何以处之?"卞曰:"须与一提学。"京取一纸,书其姓名及提举学事字而缺其路分,顾曰:"要何地?"卞曰:"其家极贫,非得俸入优厚处不可。"于是书"河北西路"字,付老兵持出。……卞方语及吴说曰:"是安中司谏之子,颇能自立。且王逢原外孙,与舒王夫人姻眷,其母老,欲求一见阙省局。"京问:"吴曾踏逐得未?"对曰:"打套局适阙。"又书一纸付出。少顷,卞目吴使先退……⑤

是否因为多年的宦海浮沉和年近暮年,此时二人更加看重兄弟之谊。另外,政和年间,蔡卞并无太多实权,故也不得不依附蔡京。当然,以官爵营私,真有点兄弟狼狈为奸的情形。如果抛开政治的话,蔡京、蔡卞兄弟关系还是亲密的,值得称道。蔡卞《雪意帖》曰:"卞拜覆。雪意殊浓,伫歆大洽,殊为可庆。蒙赐答诲,尤以感慰。适行首司呈贺雪笏记,

---

① 《道山清话》,第120页。
② 《东都事略》卷一○一《蔡京传》,第1560页。
③ 《宋宰辅编年录校补》卷十一,崇宁五年二月丙寅条,第728页。
④ 《能改斋漫录》卷十三《同时位太师》,第378页。
⑤ 《容斋随笔·三笔》卷十五《蔡京除吏》,第588—589页。

似未稳，试为更定。如可用，即乞令写上也。不备。卞拜覆四兄相公坐前。"①

五　蔡京、蔡卞交游圈

蔡京、蔡卞作为书法家、文人、政治家、当权者，在他们周围形成了一个庞大的关系网、交游圈。虽然各种原因使这个圈子里的人不固定，处于一种变化、流动的状态，尤其是政治的原因，昔日的政敌可能因为需要变成了盟友，而昔日的盟友翻脸变成了敌人。但我们透过这个圈子里的人的活动，还是可以大致了解蔡京、蔡卞为人处世，用人等方面的一些情况，也可以大致了解政局变动所牵动的方方面面及对个人的重大影响。

（一）与僧、道的交游

蔡京、蔡卞与僧人、道士都有交往。"蔡元长鲁公（蔡京）在位，赐赉无穷而用度亦广。京师感慈寺修浮图，一题三千缗。时有吴炼师者，丹阳人，辟谷修养，馆于西园庵中。后有隙地，吴劝令莳麦，既获，颇厌狼藉，公见之，题诗于庵曰：'塔缘便入三千贯，月俸无余一万缗。却向西园课小麦，老来颠倒见愁人。'"② 若不是政治原因，蔡京更倾向于佞佛。"崇宁改元之明年，蔡丞相既迁左揆，首令议天下州县皆建佛刹，以崇宁为额。"③

蔡京、蔡卞与僧人化成有交往。史载："熙宁、元丰间，有僧化成者，以命术闻于京师。蔡元长兄弟始赴省试，同往访焉。"④

蔡京与僧妙应有交。"妙应者，江南人。宣和中，往来京洛间，能知人休咎。佯狂奔走，饮酒食肉，不拘戒行，人呼之为'风和尚'。蔡元长夺职居钱塘，一日直造其堂，书云：'相得端明似虎形，摇头摆脑得人憎。看取明年作宰相，舞爪张牙噢众生。'……"⑤ 蔡卞与僧妙机有交。"宣和间⑥，有僧妙机住甘露。蔡元度见之，问僧名，答曰：'妙机。''其妙如

---

① 《全宋文》第129册，卷二七八七，第181页。
② 《墨庄漫录》卷一，第45页。
③ 《道山清话》，第119页。
④ 《却扫编》卷下，第161页。
⑤ （明）田汝成：《西湖游览志余》卷十四，第585册，文渊阁四库全书本，上海古籍出版社1987年版，第484页。
⑥ 当为政和间。

何？'僧曰：'点铁成金。''其机如何？'僧曰：'百发百中。'时以为名言。"①

蔡京、蔡卞与道士的交往也很密切。"蔡元长（京）初登第，为钱塘尉，巡捕至汤村，薄晚休舍，有道人状貌甚伟，求见。蔡平日喜接方士，亟延与语，饮之酒而去。……"②"荆公（王安石）病革甚，吴夫人令蔡元度（卞）诣茅山谒刘混康问状。刘曰：'公之病不可为已。……'"③

蔡京、蔡卞与曾为僧，后为道士的张怀素交往很多。张怀素谋反案发以后，蔡卞因之受到责降。而蔡京为了免于责罚，求余深、林摅毁灭其与张怀素交往的证据。④

蔡京与道士王老志、林灵素⑤交往也很密切，他和林灵素的关系后来恶化。

蔡卞有《赠华阳法师》："师到华阳洞，山华几度开。祇应常救物，却遣世人来。"⑥

（二）与书法家、文人的交游

蔡京、蔡卞与书法家米芾都有交往。米芾曾对蔡京、蔡卞兄弟的书法水平予以高度评价。⑦蔡京任相期间，对米芾也是有意提拔。"米芾元章好古博雅，世以其不羁，士大夫目之曰：'米颠。'鲁公（蔡京）深喜之。尝为书学博士，后迁礼部员外郎，数遭白简逐去。一日以书抵公（蔡京），诉其流落。且言举室百指，行至陈留，独得一舟如许大，遂画一艇子行间。鲁公（蔡京）笑焉。吾得是帖而藏之。……"⑧贺铸，性格近侠，气

---

① 《可书》，第180页。
② 《咸淳临安志》卷九二，载《宋元方志丛刊》，第4200页。
③ 《墨庄漫录》卷二，第75—76页。
④ 《清波杂志校注》卷十二，第504页。《宋史》卷三五二《余深传》曰："累官御史中丞兼侍读。治张怀素狱，事连蔡京，与开封尹林摅曲为掩覆，狱辞有及京者，辄焚之。京遂力引深与摅，骤至执政。"第11121页。（宋）曾敏行著，朱杰人标校《独醒杂志》卷九载：张怀素、吴储、吴侔等谋反事觉。中外缙绅多与交结，而蔡元度与储、侔之父安诗为僚婿，故元长父子与怀素书问往来尤密。惧其根株牵连，罪且相及，遂讽中丞余深、知开封府林摅曰："若能使不见累，他日当有以报。"深等会其意。翌日，索中外所与怀素、储、侔往来书札置案上，问狱吏曰："此何文也？"对曰："与怀素等交通之书也。"深诟曰："怀素等罪状明白，人与往来书问不过通寒暄耳，岂尽从之反耶？存之徒增案牍！"令悉焚之。事遂不及蔡氏，因之而幸免者甚众。未几，摅迁中书侍郎；深，左丞。第86页。
⑤ 《宋史》卷四六二《王老志传》、《林灵素传》。
⑥ 《全宋诗》卷一一九三，第13504页。
⑦ 《铁围山丛谈》卷四，第77—78页。
⑧ 同上书，第61页。

度不凡，文词卓迈，很自负。尝自我评价文笔是："吾笔端驱使李商隐、温庭筠常奔命不暇。"① 其与米芾交往颇多。"是时，江、淮间有米芾以魁岸奇谲知名，铸以气侠雄爽适相先后，二人每相遇，瞋目抵掌，论辩锋起，终日各不能屈，谈者争传为口实。"② 贺铸的诗词也得到王安石、黄庭坚等人的赏识。《中吴纪闻》载："贺铸，字方回，本山阴人，徙姑苏之醋坊桥。方回尝游定力寺，访僧不遇，因题一绝云：'破冰泉脉漱篱根，怀衲遥疑挂树猿。蜡屐旧痕浑不见，东风先为我开门。'王荆公极爱之，自此声价愈重。有小筑，在盘门之南十余里，地名横塘。方回往来其间，尝作《青玉案》词云：'凌波不过横塘路，但目送芳尘去。锦瑟华年谁与度？月桥仙馆，绮窗朱户。唯有春知处。碧云冉冉衡皋暮，彩笔新题断肠句。试问闲愁知几许？一川烟草，满城风絮，梅子黄时雨。'后山谷有诗云：'解道江南断肠句，只今唯有贺方回。'其为前辈推重如此。"③ 蔡京与之也有交往。蔡絛曾记录了米芾和贺方回一次拜访蔡京时的情景。④ 蔡京早年与苏轼亦有往来。

蔡京、蔡卞与华镇有交。华镇，字安仁，会稽人，元丰二年（1079）进士。官至朝奉大夫，知漳州军事，著有《云溪居士集》。四库馆臣曰："楼炤序其集曰：'精深典赡，遒丽逸发。'又曰：'介然自重，不轻以求人之知，其名之不昭也。'固宜。然观其学术，大抵以王安石为宗，且与蔡京、章惇辈赠答往来，干祈甚至。炤之所云，未必遽为公论。特幸不为京辈所汲引，故尚未丽名奸党，身败名裂耳。至其所为诗文，则才气丰蔚，词条畅达，虽不足与欧、曾、苏、黄比絜长短，而在元丰、元祐之际，亦衷然自成一家。置其人品，取其文章可矣。"⑤ 其实，华镇与蔡京、蔡卞的交往比较早，并不是在蔡京兄弟发迹之后，而是在兄弟落魄的元祐年间就有交往。其《上越帅蔡侍郎书》⑥ 即可证明这一点。蔡卞元祐六年（1091）六月以龙图阁待制知越州，八年（1093）

---

① 《宋史》卷四四三《贺铸传》，第13103页。
② 同上书，第13104页。
③ 《中吴纪闻》卷三《贺方回》，第69页。
④ 《铁围山丛谈》卷四，第77页。
⑤ 《云溪居士集》提要，第1119册，文渊阁四库全书本，上海古籍出版社1987年版，第340页。
⑥ （宋）华镇：《云溪居士集》卷二二《上越帅蔡侍郎书》，载《宋集珍本丛刊》28册，清翰林院钞本，线装书局2004年版，第273—275页。

五月移润州。① 之后，在蔡氏兄弟荣登高位之后，依然保持密切联系，如他给蔡京的《上蔡仆射书》②、《上蔡司空书》③；给蔡卞的《上蔡左丞书》④、前后两篇《上蔡枢密书》、⑤《上蔡大资书》等。⑥ 但主要以学术交流为重。因为华镇是极推崇荆公学术的，如《上蔡左丞书》⑦ 中所言。正是因为他推崇王安石学说，蔡卞又有王安石学术传人的身份，故华镇也极尊崇蔡卞，与蔡卞交流更多。

（三）与同僚的交游

蔡京、蔡卞为政多年，与同僚的交游占到他们生活的很大部分，由于同僚之间相互熟悉，所以相处比较轻松，感情也较真实。如蔡卞与钱勰的交往。有这样两条资料：

> 元丰末，章子厚（惇）为门下侍郎，以本官知汝州。时钱穆父（勰）为中书舍人，行告词云："鞅鞅非少主之臣，悻悻无大臣之操。"子厚固怨之矣。元祐间，穆父在翰苑，诏书中有"不容群枉，规欲动摇"，以指子厚，尤以切齿。绍圣初，子厚入相，例遭斥逐。穆父既出国门，蔡元度（卞）饯别，因诵其前联，云："公知子厚不可撩拨，

---

① （宋）沈作宾修，施宿等撰：《会稽志》卷二，载《宋元方志丛刊》，第6755页。
② 《云溪居士集》卷二四《上蔡仆射书》，载《宋集珍本丛刊》28册，清翰林院钞本，第302—303页。
③ 同上书，第305—307页。
④ 《云溪居士集》卷二三《上蔡左丞书》，载《宋集珍本丛刊》28册，第292—293页。
⑤ 分别见《云溪居士集》卷二四，载《宋集珍本丛刊》28册，清翰林院钞本，第296、301—302页。其中后一篇《上蔡枢密书》文中有"按绍圣元年时，哲宗始亲政，首召蔡京权户部尚书，复免役法。镇所谓熙宁、元丰之典章法度，粲然复显于世者也。然考《宋史》，京未尝典枢密。惟崇宁元年京弟卞为枢密使，亦非首召，且书中所称乃元符以前事，与京行事皆合。岂京召为尚书亦兼枢密，史偶有阙文耶"？认为蔡枢密为蔡京，却又难于自圆其说。其实，此处蔡枢密当是蔡卞。因为华镇在文尾有"况如某者，曩在会稽，早蒙顾遇，诱掖奖借。窃私德赐之尤厚，其敢默默而自弃乎"之句。从华镇《上越帅蔡侍郎书》可知此即蔡卞。
⑥ 《云溪居士集》卷二四《上蔡大资书》，载《宋集珍本丛刊》28册，清翰林院钞本，第307—308页。
⑦ 关于《上蔡左丞书》，在标题下加有"按崇宁元年蔡京为尚书左丞"字样，但文中有"绍圣之初，今天子始亲政机，将继先帝之志，而述熙宁、元丰之事，旧德元老，志（悉？）在四方，首诏阁下归吾近辅，论道经国。荆国之道，高明微妙，通达今昔者，尽在乎阁下乎？……夫钧衡之地，非洙泗之上。燮理之日，岂诱道之时？州县卑品，荜门晚生，忘其越礼，而辄自敢进者，诚以往岁会稽尝辱礼遇，近叩典引，复容通名。……"据此，可判断此书乃是上蔡卞而非蔡京。蔡卞绍圣二年十月命为尚书右丞。绍圣四年闰二月迁左丞，直至元符三年五月出知江宁府。

何故诋之如是?"穆父愀然曰:"鬼劈口矣!"元度曰:"后来代言之际,何故又及之?"穆父笑曰:"那鬼又来劈一劈了去!"①

钱穆父(勰)与蔡元度(卞)俱在禁林,二公雅相好。元祐末②,穆父先坐命词,以本官知池州。元度送之郊外,促膝剧谈,恋恋不忍舍。忽群吏来谒元度云:"已降旨,内翰除右丞。中使将来宣押矣。"穆父起庆之,元度喜甚,卒然而应曰:"卞也何人,不谓礼绝之敬,生于坐上。"虽穆父亦为色动。③

彭汝砺早年受知于王安石,但因新法,双方有所隔阂。《宋史》本传曰:"彭汝砺字器资,饶州鄱阳人。治平二年,举进士第一。历保信军推官,武安军掌书记,潭州军事推官。王安石见其《诗义》,补国子直讲,改大理寺丞,擢太子中允,既而恶之。"④但直到王安石晚年,他们仍然保持着联系。王安石有诗《赠彭器资》⑤,在《与彭器资书》曰:"某启,数得会晤,深以慰释。遽当乖阔,岂胜系恋。衰疾无缘追路,且为道自爱。谨勒此以代面叙。"⑥也许是这重关系,蔡卞与彭汝砺也一直有交往。蔡卞有《与彭学士三帖》。其一,今早讲罢,即止直舍,承驺卫已出。晚尤毒热,伏惟尊候动止万福。某久慕下风,比得亲侍,殆将一月,窃仰高明,钦戴无已。会北还,俟迩失依赖,下情瞻恋,何可以言!拘文非假,不敢辄诣墙屏。不宣。其二,向者附启,以干记室,窃揆已尘省览。吴中风物,公所熟游,颐神燕闲,想有怡适。瞻企旌旆,几日来归,庶几区区,获望步武。矫首屈指,不胜驰情。其三,久阻晤语,不胜驰系。昨日奉使奔走,还家以来,疲薾屡病,欲奏记左右,尚未果也。使至,辱手笔,切承暄和,孝履支福,欣慰无已。某得请宣城,但须舟,尚难得之,得即东矣。未有展觐之期,切冀节哀顺变,以副区区。⑦从书信中看,双

---

① 《挥麈录》后录余话卷之一,第293—294页。
② 应为绍圣二年十月,见《续资治通鉴长编拾补》卷十二,第485页。
③ 《挥麈录》后录卷六,第156页。
④ 《宋史》卷三四六《彭汝砺传》,第10974页。
⑤ 王安石:《临川先生文集》卷二《赠彭器资》,载《宋集珍本丛刊》13册,宋刻、元明递修本,线装书局2004年版,第213页。
⑥ 王安石:《临川先生文集》卷七八《与彭器资书》,载《宋集珍本丛刊》13册,第659—660页。
⑦ (宋)魏齐贤、叶棻编:《圣宋名贤五百家播芳大全文粹》卷六十六,载《宋集珍本丛刊》95册,宋刻本,线装书局2004年版,第773页。

方关系很诚挚、朴实。

　　蔡京与陶节夫的关系也比较密切。陶节夫,字子礼,饶州鄱阳人。第进士起家。绍圣年间,章楶任泾原帅,辟入府。崇宁初为讲议司检讨官,进虞部员外郎,迁陕西转运副使,徙知延安府。以招降羌人有功,加集贤殿修撰。在拓边活动中,与夏人争战有功,连擢显谟阁待制、龙图阁直学士,进枢密直学士。《宋史》本传曰:"节夫在延安日久,蔡京、张康国从中助之,故唯京意是徇。……"① 其实,是陶节夫能够很好地贯彻执行蔡京的拓边政策,并取得了相当的成效。蔡京有《与节夫帖》,可见双方关系之一斑。"京再拜。昨日终日远劳同诣,下情悚感,不可胜言。大暑,不审还馆动静如何?想不失调护也。京缘热极,不能自持,疲顿殊甚,未果前。造次悚怍,谨启代面叙。不宣。京再拜节夫亲契坐前。"②

　　但因为政见差异、人际关系等原因,同僚之间的交游往往亦具有戏剧性。如范致虚与蔡京的交游。元符末,范致虚帮助蔡京复起。崇宁元年(1102),蔡京入相以后,引范致虚为讲议司详定官,视为心腹。但由于议论不合,罢为兵部尚书。《宋史》载:"范致虚字谦叔,建州建阳人。举进士,为太学博士。……崇宁初,以右司谏召,道改起居舍人,进中书舍人。蔡京建请置讲议司,引致虚为详定官,议不合,改兵部侍郎。……以附张商英,贬通州。……"③ 重和元年(1118)九月,范致虚任尚书右丞,宣和元年(1119)三月迁左,八月丁母忧。而蔡京这个时候也是五日一朝,处于失意的状态下,所以他主动抛出橄榄枝,向范致虚示好,俩人冰释前嫌。

　　　　范致虚谦叔与蔡元长(京)相迕,久处闲散。宣和初,自唐州方城召还,提举宝箓宫。未几,执政。时元长以五日一造朝,居西第,乃与谦叔释憾。一日觞于西园,主礼勤渥,元长作诗见意云:"一日趋朝四日闲,荒园薄酒愿交欢。三峰崛起无平地,二派争流有激湍。极目榛芜惟野蔓,忘情鱼鸟自波澜。满船载得圭璋重,更掬珠玑洗眼

---

① 《宋史》卷三四八《陶节夫传》,第11039页。
② 《全宋文》卷二三六三,第109册,第162页。
③ 《宋史》卷三六二《范致虚传》,第11327页。

看。""三峰"、"二派"虽皆园中景,盖有激而云。时罢政未久,王黼、灵素、师成辈方盛也。①

再如蔡卞和曾布的交游。绍圣、元符年间,蔡卞与曾布由于争权,及与对王安石新法态度的不同就已交恶。崇宁年间,蔡京又排挤曾布出朝。所以,曾布与蔡京、蔡卞兄弟矛盾很深。蔡卞与曾布的交游给人以做作、假惺惺的感觉。"曾文肃初与蔡元长兄弟皆临川王氏之亲党,后来位势既隆,遂为仇敌。崇宁初,文肃为元长攘其相位。文肃以观文守南徐,时元度帅维扬,赴镇过郡,元度开燕甚勤,自为口号云:'并居二府,同事三朝。怅契阔于当年,喜逢迎于斯地。'又云:'对掌紫枢参大政,同扶赫日上中天。'谬为恭敬如是,而中实不然。已而兴狱,文肃遂迁衡阳。"②

蔡京、蔡卞从自身需要出发,有意识地网罗了一批党羽。正如时人所揭示的那样。如吕嘉问、宋乔年、胡师文作为蔡卞、蔡京的姻家而得到提拔重用。许敦仁作为蔡京的乡党而倚为腹心。邓洵武、邓洵仁因为其父和蔡卞的特殊关系,也得到蔡卞、蔡京的庇护和重用。而安惇、蹇序辰、余深、林摅、何执中、林自、薛昂等人,则为其死党。蔡卞用人,如言官弹劾所言,以是否尊崇王安石和新法为标准。常立的任用就是一个典型。常立父常秩,积极支持王安石变法。③ 绍圣中,蔡卞推荐常立为秘书省正字、诸王府说书侍讲,请用为崇政殿说书,"得召对,又请以为谏官"④。但就在这个时候,曾布揭发了常立请人为其父作的行状中有诋毁神宗之语,所谓"自秩与安石去位,天下官吏阴变其法,民受涂炭,上下循默,败端内萌,莫觉莫悟。秩知其必败"。结果惹得哲宗大怒,严厉责备章惇、蔡卞,"惇、卞惧,请贬立,乃黜监永州酒税"。⑤

蔡京作为宰相,担当的责任和角色与蔡卞并不完全相同。在用人方面,除了有以上一些缺点之外,他也注意选拔一些干才。如吴居厚曾以户部尚书身份担任讲议司详定官,此人有非凡的理财能力。《东都事略》载:

---

① 《墨庄漫录》卷二,第73—74页。
② 《挥麈录》后录馀话卷之二,第298—299页。
③ 《宋史》卷三二九《常秩传》,第10596页。
④ 《宋史》卷三二九《常秩传附常立传》,第10596页。
⑤ 同上。

> 吴居厚（1035—1113），字敦老，豫章人也。举进士第，元丰初为提举河北常平，又为京东路转运副使，即莱芜、利国两监，官自鼓铸，赡足一路。一日，手诏谓："今内外财计之臣，政绩著验，未有过居厚者。"即拜天章阁待制，升都转运使。又请铸大钱，以一当二，岁出二十万缗佐关陕兵食。神宗曰："居厚于分职之外，恤及它路，非材智有余不能尔。"居厚任职以办治闻，数被褒诏。然民不胜其怨也。元祐初，朝廷稍更新法，以宽大为政，于是御史言居厚苛刻，责散官，黄州安置，寻知庐州。绍圣初，知苏州，居数月，以集贤殿修撰为江淮荆浙等路发运使，旋复旧职。疏支家河通漕，楚海之间，咸赖其利。召入为户部侍郎，权尚书。满二岁，为真，加龙图阁学士，知开封府。……创将理院，致医药，使病者有归，多所全活，后朝廷设坊安济，大概如居厚所建云。复龙图阁待制，为陕西都转运使，再尹开封，除户部尚书，拜尚书右丞，迁中书门下侍郎。……①

《宋史·吴居厚传》载：

> （吴居厚）元丰间，提举河北常平，增损役法五十一条，赐银绯，为京东转运判官，升副使。天子方兴盐、铁，居厚精心计，笼络钩稽，收羡息钱数百万。即莱芜、利国二冶官自铸钱，岁得十万缗。诏褒揭其能。擢天章阁待制、都转运使。前使者皆以不任职蒙谴，居厚与河北塞周辅、李南公会境上，议盐法，搜剔无遗。居厚起州县凡流，无阀阅勋庸，徒以言利得幸，不数岁，至侍从，嗜进之士从风羡美。又请以盐息买绢，资河东马直；发大铁钱二十万贯，佐陕西军兴；且募民养保马。当时商功利之臣，所在成聚，居厚最为掊克。……居厚在政地久，以周谨自媚，无赫显恶，唯一时聚敛，推为称首。②

不论《宋史》的作者有多大的偏见，也无法掩藏吴居厚理财方面的突出成

---

① （宋）王称：《东都事略》卷九七《吴居厚传》，第1499—1500页。
② 《宋史》卷三四三《吴居厚传》，第10921—10922页。

就。此亦可见蔡京用人的另一面。

事实上,蔡京、蔡卞也是很看重人才的,尤其是文采突出者。如下述几例:

李元膺早负才名,诗句精巧,"蔡太师京深知之。蔡在翰苑,尝因锡宴西池,失脚落水,几至没溺。元膺闻之,笑曰:'蔡元长都湿了肚里文章也。'蔡闻之大怒,卒不得召用而卒,士论惜之"。①

吴敏,字元中,真州人。大观二年(1108),辟雍私试首选。蔡京喜其文,欲妻以女,敏辞。因擢浙东学事司干官,为秘书省校书郎,京荐之充馆职。②

《铁围山丛谈》曰:"昔我先人鲁公(蔡京)遭逢圣主,立政建事以致康泰,每区区其间。有毛滂泽民者有时名,上一词甚伟丽,而骤得进用。"③

政和间,置大晟乐府,建立长属。时晁冲之叔用作《梅》词以见蔡攸,攸持以白其父曰:"今日于乐府中得一人。"元长览之,即除大晟丞。词中云:"无情燕子,怕春寒常失佳期。惟有南来塞雁,年年长占开时。"以为燕、雁与梅不相关而挽入,故见笔力。④

林敏功,字子仁,蕲春人。治《春秋》,年十六,预乡荐,下第归。叹曰:"轩冕富贵非吾所乐。"杜门不出者二十年。该通六经,贯穿百氏,尤长于诗。元符末,蔡元度被召,经过访之,爱其蓬户枢牖,安贫乐道,力荐于上。诏蕲州以礼敦遣,子仁遁于山间,卒不奉诏。⑤

《萍洲可谈》卷一载:"余表伯父袁应中,博学有时名,以貌寝,诸公莫敢荐。绍圣间,蔡元度引之,乃得对。袁鸢肩,上短下陋,又广颡尖颔,面多黑子,望之如洒墨,声嘎而吴音。哲宗一见,连称大陋,袁错愕不得陈述而退,缙绅目为'奉敕陋'。"⑥看来,此人奇丑,蔡卞并没以貌取人。

蔡京也并不完全喜欢谄媚奔竞之人。史载:

---

① 《高斋漫录》,第107页。
② 《宋史》卷三五二《吴敏传》,第11123—11124页。
③ 《铁围山丛谈》卷二,第27页。
④ 《独醒杂志》卷四,第36页。
⑤ (宋)章定:《名贤氏族言行类稿》卷三十三,第933册,文渊阁四库全书本,上海古籍出版社1987年版,第497页。
⑥ 《萍洲可谈》卷一《奉敕陋》,第120页。

近制：中外库务、刑狱官、监司、守令、学官，假日许见客及出谒，在京台谏、侍从官以上，假日许受谒，不许出谒，谓之"谒禁"。士大夫以造请为勤，每遇休沐日，赍刺自旦至暮，遍走贵人门下。京局多私居，远近不一，极日力只能至数十处，往往计会阍者纳名刺上见客簿，未敢必见也。阍者得之，或弃去，或遗忘上簿。欲人相逢迎权要之门，则求略，若稍不俯仰，便能窘人。兴国贾公衮自京师归，余问物价贵贱，贾曰："百物踊贵，只一味士大夫贱。"盖指奔竞者。尝闻蔡元长因阅门下见客簿，有一朝士，每日皆第一名到，如此累月。元长异之，召与语，可听，遂荐用至大官。太医学颜天选第三人及第，欲谒元长，未得见，乃随职事官入道史院。元长方对客，将命者觉其非本局官，挥退之，天选不肯出，吏稍掖之，天选抱柱而呼曰："颜天选见太师！"与吏相持，帻忽堕地。元长命引至前，语之曰："公少年高科，乃不自爱惜！道史与国史同例，奈何阑入此耶！"天选整帻而出，吏执送开封府鞫罪，特旨除名，送宿州编管，自此士风稍革。①

下面例子则可看到政治以外的真实的蔡京、蔡卞。如亲和的、享受天伦之乐的蔡京形象，善良可亲的蔡卞形象。

蔡京诸孙生长膏粱，不知稼穑。一日，京戏问之曰："汝曹日啖饭，试为我言米从何处出？"其一人遽对曰："从臼子里出。"京大笑。其一从旁应曰："不是，我见在席子里出。"盖京师运米以席囊盛之，故云。②

元祐初，杨康功使高丽，别禁从诸公，问以所委，皆不答，独蔡元度曰："高丽磬甚佳，归日烦为置一口。"不久，康功言还，遂以磬及外国奇巧之物，遗元度甚丰，它人不及也。或有问之者，康功笑曰："当仆之度海也，诸公悉以谓没于巨浸，不复以见属。独元度之心，犹冀我之生还，吾聊以报其意耳。"③

所以，我们觉得下面这条关于蔡卞的资料，带有更多的政治色彩。

---

① 《萍洲可谈》卷一《京师士人奔竞之风》，第120—121页。
② 《独醒杂志》卷十，第95页。
③ 《挥麈录》后录卷七，第167页。

"蔡元度对客，嬉笑溢于颜面。虽见所甚憎者，亦加亲厚无间。人莫能测，谓之笑面夜叉。……"①

六 对蔡京、蔡卞的总体评价

蔡京、蔡卞熙宁年间步入政坛，在地方任职，正赶上王安石变法，此时正是"合变地时节"，二人也投入了变法的洪流中去。熙宁九年（1076），蔡京到中央任职；元丰二年（1079），蔡卞也进入中央。蔡京参与了学校制度、官制的改革，蔡卞也在谏官任上，积极敢言。他们兄弟得到了神宗的首肯和重用。正如元丰五年（1082）《蔡京起居郎制》所言：

> 敕：具官某，王者言动必书，岂独思为后嗣法哉。施之于己，固欲择语默、慎行止也。执简肆笔，必也属之其人。尔之弟卞既已列于右史，今复不次用汝，使记予事，位于左省，士之在此选者希矣。而尔之叔、季并直同升，其于荣遇世罕及者。朕恩若此，则汝之自效，宜如何哉？其懋厥修，以报所受。可。②

然而，宋神宗去世以后，以太皇太后高氏为首的保守势力，"元祐更化"，推翻了王安石变法，与变法相关的一批人员也被赶出朝廷，如蔡卞，元丰五年（1082）已经兼任过崇政殿说书、侍讲一职，但元祐年间却被指为不够格。刘挚上奏曰："伏见兼侍讲、给事中陆佃、蔡卞皆新进少年，越次暴起，论德业则未试，语公望则素轻，使在此官，众谓非宜。伏请罢其兼职，以允公议。仍欲望圣慈于内外两制以上官内，别选通经术、有行义、忠信孝悌、淳茂老成之人以充其任……"③尤其是新党的领袖宰相蔡确流放新州，贬死岭南，埋下了日后新党报复旧党的仇恨种子。元祐旧党虽然废除了王安石的新法，但是以"义"理财并没有切实可行的办法，以"礼"相待也没有得到西夏的回应，不论在财政上还是军事上都陷入了被动的局面。哲宗亲政，绍圣绍述，新党回朝。他们名义上恢复了新法，但

---

① 《宋稗类钞》卷二《谗险》，第99页。
② （宋）曾巩：《南丰先生元丰类稿》卷二二，载《宋集珍本丛刊》10册，明隆庆五年刻本，线装书局2004年版，第364页。
③ （宋）刘挚撰，裴汝成、陈晓平点校：《忠肃集》卷三《乞慎择讲读官奏》，中华书局2002年版，第62页。

从实质来说，有些方面出现了倒退。如为元丰年间所忽视的甚至被阉割了的熙宁改革中注意发展生产等若干积极方面，就在单纯继承元丰条例的情况下丢失了。而在抑制兼并势力方面，绍圣年间变法派的作为比元丰年间还退后了一步。①，新党对旧党的打击削弱了旧党的势力，而新党内部章惇、蔡卞、曾布之间的矛盾也同样严重削弱了自己的力量。徽宗继位以后，蔡京掌权，一方面以绍述熙丰为幌子，继续打击旧党及一切反对自己的政敌；另一方面大力进行改革，维护以宋徽宗为首的大地主集团的利益。

绍圣、元符直至崇宁、大观年间，蔡京、蔡卞打击元祐党人及一切反对新政的人的政治活动，始终没有停止过，而且走向了极端。只要是反对他、与其政见不合的人，蔡京都扣以元祐奸党的帽子，通过元祐党籍碑的设立和各种限制元祐党人及其子孙的条文的出台，断送了这些人的政治前途，让他们永无翻身之日。通过这一政治运动，蔡京清除了朝中的政敌，安置了自己的死党，所以，除了大观四年（1110）六月到政和元年（1111）八月张商英任右仆射的这段时间以外，即使蔡京不在相位，他所推行的政策基本可以延续。尤其是他所推行的经济政策，别人还无法用其他政策来代替。正因为如此，蔡京才可以在北宋政坛上几仆几起。蔡京的上台，借助了各种力量，但他在执政期间打击政敌、推行各项改革措施的最有力的后盾还是宋徽宗。

从政治上讲，蔡京、蔡卞所处的时代，是北宋朋党之争日趋激化的时代。对于官僚士大夫之间互相结党，北宋的皇帝都是非常警觉的。"朋党的要害在于，它在君臣这种政治关系中插入了新的政治关系，有可能导致异于君权的政治力量和政治权威。这是专制帝王所不容许的。"② 但是，"朋党"一词往往被一些别有用心的人所滥用，这些人常以指斥朋党、揭露攻击朋党作为效忠皇帝的最佳方式，打击政敌的有力武器。专制皇帝又从维护皇权的绝对权威出发，有意识地让臣僚之间异论相搅。"且要异论相搅，即各不敢为非。"这势必又引起朋党之争。庆历新政时期是如此，王安石变法时期也是如此。元祐更化和绍圣绍述，新旧党争更加残酷。而蔡京当政的崇宁、大观年间党争达到极致，标志就是"元祐党籍碑"。党

---

① 漆侠：《王安石变法》，第234—235页。
② 刘泽华：《王权思想论》，天津人民出版社2006年版，第79页。

争是一种严重的内耗，削弱了统治集团的执政能力，也不利于社会的发展。而且，一边倒的政治倾向也容易滋生专制和腐败。在这样一种政治环境下，蔡京、蔡卞从巩固自身地位和本集团利益出发，打着绍述熙丰的旗号，利用皇权的力量，对一切反对派重拳出击。这样做，为蔡京推行的各项改革扫清了障碍，但是也让北宋晚期的政局更加黑暗。

从经济上讲，王安石推行的理财诸法，或多或少地收到了成效。农田水利法的推行，使自熙宁二年（1069）至九年（1076），在全国修建成功的水田、民田与官田合计，共为 363000 余顷。青苗法的推行，使农户都可及时地从事于耕种和收成，而不再忍受兼并之家的高利盘剥。募役法的推行和差役法废除，使得一大批农民回到农业生产上去，促进了农业的发展。① 而方田均税法多少疏解了百姓的重税之苦。由于这些新法符合了经济发展的精神和方向，他们的实施多多少少对封建社会生产发展的迟滞进程稍得加速。② 青苗法、市易法、募役法均有创收，这些钱用到哪里去了呢？元祐元年（1086）户部尚书李常说："伏见现今常平、坊场、免役积剩钱共五千余万贯，散在天下州县，贯朽不用，利不及物。"③ 可见，宋神宗、王安石他们并没有将其挥霍浪费掉。除了一部分直接或间接地用于农业生产、增加吏禄以外，绝大多数是被他们储积下来，准备用于对西夏和辽的战争费用。而蔡京理财，与王安石不同之点有二：一是他并不注意发展生产，而方田反而给贫穷百姓增加了负担；二是他的茶、盐、酒法改革注意扩大商品流通的区域，注意对商品流通各环节的管理，用比较殿最、奖惩办法刺激各级官吏对各项改革的重视，从而最大限度地获得商品利润。其货币改革更是直接聚敛财富的手段。问题是，蔡京将茶、盐、酒、货币的利润都源源不断地集中到京师，并且君臣一道将这巨额财富的很大部分挥霍浪费掉了。我们看一下熙宁三年（1070）二月王安石对宋神宗说的话："今陛下广常平储蓄，抑兼并，振贫弱，置官为天下理财，非以佐私欲……"④ 熙宁五年（1072）八月，王安石言："陛下但不以此钱（指免役钱）供苑囿陂池侈服之费……"⑤ 我们再看一下蔡京当政期间的各

---

① 邓广铭：《北宋政治改革家王安石》，生活·读书·新知三联书店 2007 年版，第 278 页。
② 同上书，第 279 页。
③ 《长编》卷三八四，元祐元年八月丁亥条，第 9352 页。
④ 《宋会要辑稿》食货四之二〇。
⑤ 《长编》卷二三七，熙宁五年八月辛丑条，第 5777 页。

种大型土木工程、宫苑道观的营建和对臣僚的丰厚赏赐就可知其浪费的惊人。蔡京对宋徽宗讲"陛下当享天下之养",①按照蔡京的说法,天下所有财富都应该由宋徽宗一人来享用。宋神宗支持王安石变法,积累巨额财富,却并不用于自己享乐,而是为了成就大事,为了他们君臣共同的理想。宋徽宗支持蔡京改革,聚敛了巨额财富,成了他们君臣挥霍享乐的物质基础。当然,我们也应该看到,蔡京当政期间的一些积极举措和取得的成就。他的社会救助制度在建立一种长效的救助体系方面树立了典范。这一时期的救助制度是北宋历史上救助制度发展的高峰。这从一个侧面说明,蔡京虽然取民无艺,但他也注意到了养民的一方面。只是在养民和取民的平衡点上,作为大地主阶级的代言人,他更侧重取于民。

从教育上讲,统治阶级历来都是要通过教化、学校教育的作用,将广大百姓培养成顺民,将士大夫官僚培养成忠臣,让其为帝王服务,为帝王歌功颂德。而科举制度则成了笼络士大夫、让其对帝王感恩戴德的工具。一切对专制皇权不利的言论都是严加禁止的。王安石变法时将"三经新义"作为学校和科举考试的钦定教材。蔡京当政时,禁锢史学都是出于同一目的。而且,在学规中,强调禁止学生议政。《宋元学案》卷八十《鹤山学案》载:"学规以谤讪朝廷为第一,此规自蔡京创为之,专以禁太学诸公议政。"直至南宋,此恶规相沿不改。理宗时,殿中侍御史丁大全"在台横甚",太学生陈宜中等六人上书攻之,大全怒,使监察御史吴衍劾宜中,削其籍,拘管他州。因为司业率十二斋生相送,大全益怒,"立碑学中,戒诸生亡妄议国政"。②但是,从另一角度看,王安石对学校、科举制度的改革体现出了现实关怀的思想,也就是儒家的学以致用的思想。蔡京的改革,也是如此。尤其是蔡京的县学、州学再到太学的三级学校体系的建立,对小学教育的重视、对各类专科教育的发展,在中国教育发展史上都留下了重要的一笔。全国从首都开封到中心城市、再到农村市镇乃至边远偏僻的乡村学校的建立,教授、学官的配备,对于普及文化教育,促进社会发展都起到了积极作用,也推动了宋代以后学校教育的发展和文化的繁荣。

---

① 《清波杂志校注》卷二,第79页。
② 《宋史》卷四一八《陈宜中传》,第12529页。

第二节　北宋中晚期士大夫阶层观念的变动

士大夫，一般说来，可以指有学问的读书人。宋人或可用"乡士大夫"和"卿士大夫"两词，用以区别有无官位。① 这里谈到的士大夫主要是指后者。按照马克思主义的阶级论，士大夫不属同一阶级或阶层，其经济和政治地位可以相差十分悬殊。② 宋代的士风，王曾瑜先生已经讲了，是多元化的，但主流是"糟糕的"。③ 尽管如此，以范仲淹为代表的北宋中期的士大夫风气在整个宋代历史上还是值得称道的，与北宋晚期的士风有很大的不同。

一　北宋中期"以天下为己任"的士大夫群的崛起

晚唐五代以来，面对社会动荡、皇权衰微、藩镇跋扈的局面，士大夫普遍存在一种无所作为的消极心态。④ 士风浮薄，士大夫丧失了对国家的认同感和社会责任感。五代"长乐老"冯道，"事四朝，相六帝"⑤，却丝毫不以为耻。欧阳修对五代士风的沦丧，痛心疾首，予以痛斥。"至于儒者，以仁义忠信为学，享人之禄，任人之国者，不顾其存亡，皆恬然以苟生为得，非徒不知愧，而反以其得为荣者，可胜数哉！"⑥"搢绅之士安其禄而立其朝，充然无复廉耻之色者皆是也。"⑦

北宋初年，五代余风尚存。然而，到北宋中叶这种风气发生了很大的变化。这与宋初太祖、太宗有意识地提倡名节、发展科举、优礼士大夫有关。也与宋初三先生、范仲淹等人复兴儒学的努力分不开。⑧

后周显德七年（960），赵匡胤陈桥兵变，黄袍加身，建立北宋。当赵

---

①　王曾瑜：《王曾瑜说辽宋夏金》，上海科学技术文献出版社 2009 年版，第 66 页。
②　王曾瑜：《论中国古代士大夫及士风和名节》，载《河北学刊》2011 年第 1 期。
③　见王曾瑜《王曾瑜说辽宋夏金》之"政治、军事和制度篇"中"多元化士风的主流"一节，第 66—71 页。
④　王凤翔：《论五代士风》，载《中华文化论坛》2006 年第 1 期。
⑤　（宋）薛居正等：《旧五代史》卷一二六《冯道传》，中华书局 1976 年版，第 1666 页。
⑥　（宋）欧阳修撰，徐无党注：《新五代史》卷三三，中华书局 1974 年版，第 355 页。
⑦　（宋）欧阳修：《新五代史》卷三四，第 369 页。
⑧　马茂军：《论宋初百年士风的演进》，载《华南师范大学学报》2004 年第 4 期；诸葛忆兵：《范仲淹与北宋士风演变》，载《中国人民大学学报》2006 年第 5 期。

匡胤挥师入京师时，"副都指挥使韩通谋御之，王彦昇遽杀通于其第"①。宋太祖建隆元年（960）正月，赠韩通中书令。"以礼收葬。遣高品梁令珍护丧事。"② 宋太祖之所以这样做，并不完全出自与韩通兄弟比肩的情谊，而是有意识地要传递给大臣们一个信息，就是他对忠节义士的看重。相反，对迎合投机者，太祖很是反感和不屑。如陶穀，"初，太祖将受禅，未有禅文，穀在旁，出诸怀中而进之曰：'已成矣。'太祖甚薄之。"③ 范质五代时历仕后唐、后晋、后汉、后周四朝，入宋后为相，宋太宗尝称之曰："宰辅中能循规矩、慎名器、持廉节，无出质右者，但欠世宗一死，为可惜尔。"④

北宋的科举制度，彻底取消了门第限制，废除了公荐制度，实行弥封、誊录以严格考试制度，最大限度地防止了考场内外的徇私舞弊行为，保证了科举考试中"一切以程文为去留"的公平竞争原则的实施。而且扩大取士名额，中举者即可授官，实行殿试制度。甚至进士录取有意识地向寒门倾斜。开宝八年（975）二月，宋太祖在殿试时对所奏合格举人们说："向者登科名级，多为势家所取，致塞孤寒之路，甚无谓也。今朕躬亲临试，以可否进退，尽革畴昔之弊矣。"⑤ "所以科举制度在长期推行中，对于参加进士试的人往往造成一种巨大的心理压力，激发或加深他们的责任感。"⑥ 随着科举制度发展，人们对读书人逐渐重视起来，人文社会大环境发生变迁。士大夫对自我身份有了一种自豪感，社会对他们也有了一种认同感。陈岩夫前后际遇的不同就是形象说明。欧阳修《什邡陈氏荣乡亭记》曰："什邡之吏特不喜儒，必摧辱中伤之。民既素饶，乐乡里，不急禄仕，又苦吏之为，故未尝有儒其业与服以游者。甚好学者，不过专一经，工歌诗，优游自养，为乡丈人而已。逮陈君岩夫始为进士，然亦未尝敢儒衣冠谒县门，出入间巷必乡其服。已而州下天子诏书，索乡举秀才，

---

① 《宋史》卷一《本纪第一·太祖一》，第4页。《宋史》卷四八四《韩通传》载："通在殿阁，闻有变，惶遽而归。军校王彦昇遇通于路，策马逐之，通驰入其第，未及阖门，为彦昇所害，妻子皆死。"（第13969页。）
② 《宋史》卷四八四《韩通传》，第13970页。
③ 《宋史》卷二六九《陶穀传》，第9238页。
④ 《宋史》卷二四九《范质传》，第8796页。
⑤ 《长编》卷十六，开宝八年二月戊辰条，第336页。
⑥ 余英时：《朱熹的历史世界——宋代士大夫政治文化的研究》（上），生活·读书·新知三联书店2004年版，第208页。

岩夫始改服诣门应诏,吏方相惊。既州试之,送礼部,中丙科以归省其父,曰:'噫!吾始恶进士之病已,而不知其可以为荣也。'乃筑亭以旌之。"① 这条材料让我们清晰地感受到,北宋整个社会呈现出一种与五代乱离之世很不相同的景象。在这样一种社会氛围中成长起来的士大夫,势必从内心深处激发出一种为国效力的责任感和使命感。而范仲淹无论是在个人的道德修养方面,还是在振兴儒学的努力及作为方面,都为当时的士大夫树立了榜样。正是在这一系列因素的综合作用下,北宋中期的士风发生了根本性的改变,尤其是"以天下为己任"的士大夫群的出现,成为宋代三百多年历史中最大的亮点。《宋史·忠义传一》对北宋中叶士风的转变,和以天下为先的士大夫群体给予了这样的评价。"士大夫忠义之气,至于五季,变化殆尽。宋之初兴,范质、王溥,犹有余憾,况其他哉!艺祖首褒韩通,次表卫融,足示意向。厥后西北疆场之臣,勇于死敌,往往无惧。真、仁之世,田锡、王禹偁、范仲淹、欧阳修、唐介诸贤,以直言谠论倡于朝,于是中外搢绅知以名节相高,廉耻相尚,尽去五季之陋矣。故靖康之变,志士投袂,起而勤王,临难不屈,所在有之。及宋之亡,忠节相望,班班可书,匡直辅翼之功,盖非一日之积也。"②

宋初以来长期涵养优荣士大夫的举措,终于在北宋中叶开始彰显出其功用。面对长期形成的因循保守的政风,行政效率的低下,三冗造成的财政困难,以及在西北二边强敌面前的劣势和无奈,士大夫们表现出强烈的担忧和不安,纷纷建言献策。很多人身体力行,如韩琦、范仲淹、富弼等。正是在这样一批人的巨大推动力下,先后出现了"庆历新政"③和"王安石变法"等革新运动。

然而,庆历新政以失败告终。从现象上看,庆历新政的失败是由于触犯了部分官僚的既得利益,受到诬谤而失败的。"始,范仲淹以忤吕夷简,放逐者数年,士大夫持二人曲直,交指为朋党。及陕西用兵,天子以仲淹士望所属,拔用护边。及夷简罢,召还倚以为治,中外想望其功业,而仲淹亦感激眷遇,以天下为己任,遂与富弼日夜谋虑,兴致太平。然规摹阔大,论者以为难行。及按察使多所举劾,人心不自安;任子恩薄,磨勘法

---

① 《文献通考》卷三十《选举三》,考283。
② 《宋史》卷四四六《忠义一》,第13149页。
③ 漆侠:《范仲淹集团与庆历新政》,载《历史研究》1992年第3期。

密,侥幸者不便;于是谤毁浸盛,而朋党之论,滋不可解。"① 而从实质上讲,新政的失败与宋代的"祖宗之法"不无关联。"透过表象的纷繁,我们看到,'祖宗之法'的出发点着眼于防范弊端,主要目标在于保证政治格局与社会秩序的稳定;它以'召和气'为念,希望庶政平和而警惕变更的代价。基于这一立意,它要求充分贯彻维系、制约的原则,允许一定限度内的调整与'革弊',但戒惕抵斥强烈的冲击。范仲淹、杜衍、韩琦、富弼、欧阳修等人的相互扶持、和衷共济,他们敢为天下先的任事精神,他们对于政策法规的锐意改革,无不冲击着长期以来固守现状的循默政风,进而触动了帝王意识深处对于高级官僚中形成集团势力、对于朝野间掀起政治波澜的警惕。"② 庆历新政的促成,有赖于士大夫阶层的觉醒,但真正决定其事之施行者,仍然是仁宗皇帝。而其失败,也与失去皇帝的信任和支持分不开。在范仲淹等人主持庆历新政中,朝廷中形成了一股言事之风。"问题是,范仲淹等人最初所秉持的,原是先儒志于道且以道自任的理想,因此他们曾积极地争取本为疏外小臣的台谏言事地位,且以台谏的身份指斥大臣,要求改革。而今改革未成,'言事'倒已发展为一种新的政争工具,'天下议论相因而起'。"③ 进而形成一种宰执与台谏对垒的局面。这对皇帝来说,是极有好处的。"事实上,这不但使他避开了自己直接面对台谏言论批判的尴尬,让宰执成了言官的箭靶;同时也因为台谏、宰执双方,都企图在政争中寻求皇帝的支持,希望假借皇帝的终极权力,抬高自己的声势,反而在无形中助长了依赖君主宠信的趋势。结果,宰执与台谏势力均难安于位,只有天子的权力愈发得到肯定,也愈形扩张。"④ 然而,可惜的是,由于宋仁宗并不具备自我专断的能力,没有大气魄,不能够抓住时代给予的绝好机遇,行大有为之政,大刀阔斧地进行改革,其结果是他亲政的三十年间的政局是:"人才之黜陟,国政之兴革,一彼一此,不能以终岁。吏无适守,民无适从,天下之若警若鹜,延颈举趾,不一其情者,不知其何似,而大概可思矣。"⑤ 嘉祐四年(1059)三月,翰林学士欧阳修针砭时弊,称:"国家自数十年来,士君子务以恭谨

---

① 《长编》卷一五〇,庆历四年六月壬子条,第3637页。
② 邓小南:《祖宗之法——北宋前期政治述略》,第427—428页。
③ 刘静贞:《皇帝和他们的权力:北宋前期》,台湾编译馆1996年版,第195页。
④ 同上书,第196页。
⑤ (清)王夫之著,舒士彦点校:《宋论》卷四《仁宗十二》,第102页。

静慎为贤。及其弊也,循默苟且,颓惰宽弛,习成风俗,不以为非,至于百职不修,纪纲废坏。"① 这种情况,只有到宋神宗即位以后,任用王安石变法,才发生了改变。

二 北宋中晚期士大夫阶层的分化和士风的演变

庆历新政的失败,并没有挫伤士大夫要求革新的锐气,相反,改革的呼声更加强烈。于是在二十年以后,又出现了王安石变法。王安石变法,与庆历新政相比,规模更为宏阔。涉及财政、军政、教育等多个方面,引起的震动更大,反对之声更加强烈,尤其是庆历新政的积极参与者富弼、韩琦、欧阳修等人加入到反对者的行列,使变法的阻力更大。但由于欲大有为的宋神宗的支持,变法得以推行十多年。神宗死后,变法被废除。绍符、崇观年间,蔡京等人打着绍述熙丰的旗号,却将北宋政治引向了歧途,北宋最终灭亡。南宋初年的统治者为了开脱宋徽宗的亡国之责,将北宋灭亡的根源追溯到王安石变法,将罪责算到王安石头上。后世的许多人,也继承了这一说法。理学的集大成者朱熹并不全盘否定王安石变法,在他看来,王安石变法的最大坏处是坏了人才风俗,坏了天下的'心',使私欲泛滥。②《宋史》论赞从两个方面揭示了王安石变法是北宋盛衰治乱分野的内在原因。其一,王安石变法破坏了宋太祖以来涵养的忠厚之风,小人窃位,君子退朝,这是北宋政治由盛转衰的一个主要原因。其二,王安石变法导致君心失衡,这是北宋由治变乱的又一主要原因。③ 无论朱熹还是《宋史》的作者们,受立场和所处时代局限,他们对王安石及其变法的评价,均不无偏颇之处。实际上,坏了天下人心的责任并不在王安石及其变法上,而是专制皇权。

在专制皇权体制下,臣子依附于君主,是皇权的附庸,无任何独立性可言。即便如王安石,宋神宗虽说过"卿,朕师臣也……朕于卿岂他人能间!卿有不尽,但为朕言"。④ 别人也认为神宗与王安石"如一人",但王安石也知道,要实现自己的政治报复和战略设想还是得借用宋神宗这面大

---

① 李逸安点校:《欧阳修全集》卷一一二《论包拯除三司使上书》,第1693页。
② 李华瑞:《王安石变法研究史》第二章《朱熹论王安石》,第41页。
③ 李华瑞:《〈宋史〉论赞评析》,载《史学集刊》2005年第3期。
④ 《长编》卷二三三,熙宁五年五月甲午条,第5661页。

旗。① 治平四年（1067）正月，神宗继位，年方十九，急于治道。因为早闻王安石的学问和为人，所以不次擢用。熙宁元年（1068）四月，王安石以翰林学士身份越次入对。接着进《本朝百年无事札子》，毫不客气地批判了举朝弥漫的因循苟且风气，鼓励神宗做大有为之君。神宗为此精神一振，他感觉到关于治国的设想，王安石成竹在胸。他急切地想知道具体的方案。熙宁二年（1069）初，当王安石再一次和神宗谈论天下大事时，神宗对王安石已是满怀期望和信任。曰："此非卿不能为朕推行，朕须以政事烦卿。料卿学问如此，亦欲设施，必不固辞也。"王安石对曰："臣所以来事陛下，固愿助陛下有所为。"② 君臣志趣结合，千载一遇。二月庚子，神宗任命王安石为右谏议大夫、参知政事。熙丰变法开始了。王安石变法的目的就是富国强兵。摧抑兼并是其富国的思路之一，而且在青苗法、免役法、市易法等新法措施中体现了出来。这些举措引起的反对声浪也很高，宋神宗因此不免动摇犹豫。如对待青苗法、市易法的态度上。而且，熙宁七年（1074）四月，因为保守派借旱灾大肆攻击王安石变法，宋神宗也相信天灾必与其有一些牵连，听信了保守派的谏言，迫使王安石第一次罢相。熙宁八年（1075）二月王安石第二次入相，熙宁九年（1076）十月第二次罢相，这期间君臣关系已降到了低谷。北宋人马永卿所编的刘安世的《元城语录解》中，谈到宋神宗与王安石君臣关系的变化。"得君之初，与主上若朋友，一言不合己志，必面折之，反复诘难，使人主伏弱乃已。及元丰之初，人主之德已成，又大臣尊仰，将顺之不暇。天容毅然，正君臣之分，非与熙宁初比也。"③ 邓广铭先生认为，刘安世把神宗与王安石关系的变化划在元丰初事实上是晚了点。其实从熙宁八年（1075）二月王安石到达开封，到五六月代北地界交涉结束，宋神宗对王安石针对契丹重划地界的挑衅所陈对策，竟采取不理不睬的态度，就已表明他对王安石也在"正君臣之分"了。④ 那么，为什么会发生这种变化呢？邓先生认为：一是思想境界和战略设想的差距使宋神宗与王安石的关系日益疏远；二是宋神宗依然运用要使执政大臣"异论相搅"的那条家法。⑤ 熙宁元年

---

① 邓广铭：《北宋政治改革家王安石》，第69页。
② 《长编纪事本末》卷五九《王安石事迹上》，第1915页。
③ 《元城语录解》卷上，第10页。
④ 邓广铭：《北宋政治改革家王安石》，第246页。
⑤ 同上书，第252—259页。

(1068)四月王安石新除翰林学士,到熙宁二年(1069)二月王安石拜参知政事,在这一短期内,宋神宗对王安石是毫无保留地信任和倚靠的。正如神宗所坦言:"朕顽鄙初未有知,自卿在翰林,始得闻道德之说,心稍开悟……"① 但王安石参政未久,当保守派的富弼、范镇、司马光等人向神宗揭发出王安石的"三不足"之说,神宗加以质询以后,神宗在思想上有所触动,觉得王安石的所作所为必不能完全与自己的思想合拍。而且他还认识到,自己身居皇位之尊,断不应该尽舍己以从安石,从此,便不能不有所动摇。尤其是王安石的第一次罢相,都说明宋神宗的思想意识,与王安石的"三不足"的改革主张,还相去甚远。在对待契丹和西夏的问题上,君臣二人的观点和见解也存在极大的差距。王安石第二次任相时,神宗登基已九年,他所经常考虑的,是如何能把军国大计的决策之权日益集中在自己手中,而不致发生大权旁落之弊。他既然想政由己出,当然不愿再尽量吸纳王安石的各种建议了。② 正如朱熹所言:"神宗尽得荆公许多伎俩,更何用他?到元丰间,事皆自做,只是用一等庸人备左右趋承耳!"③ 再者,北宋自建立以来,就极注意"防微杜渐",唯恐大权旁落在宰辅大臣当中的某一人或一派系手中,总是同时并用些政见不同的人,而且加重谏官御史们的劾奏之权,使彼此互相牵制。④ 宋神宗也是深谙祖宗此法的妙用。他既支持王安石变法,又长时间将司马光、文彦博、冯京等人留在朝中,成为掣肘王安石的力量。熙宁八年(1075),王安石曾无奈地对宋神宗说:"天下事如煮羹,下一把火,又随下一杓水,即羹何由有熟时也?"⑤ 尽管王安石带着理想破灭的遗憾离开了朝廷,但王安石在相位期间,还是为了他富国强兵的理想信念而"一言不合己志,必面折之,反复诘难",不论对其他臣僚还是皇帝,之所以能够做到这一点,除了他坚定的个人品质、士大夫强烈的国家责任心以外,还有对天下苍生百姓的仁爱之心。正如神宗所言:"卿所以为朕用者,非为爵禄,但以怀道术可以泽民,不当自埋没,使人不被其泽而已。"⑥ 然而,像王安石这样的官

---

① 《长编》卷二三三,熙宁五年五月甲午条,第 5661 页。
② 邓广铭:《北宋政治改革家王安石》,第 253—255 页。
③ 《朱子语类》卷一三〇,第 3096 页。
④ 邓广铭:《北宋政治改革家王安石》,第 257—258 页。
⑤ 《长编》卷二六二,熙宁八年夏四月己丑条,第 6414 页。
⑥ 《长编》卷二三三,熙宁五年五月甲午条,第 5661 页。

僚是何其少呀？"在王权支配社会的背景下，士大夫的忧患意识变形扭曲了：当他们没有当官的时候，慷慨激昂，宣称要救民于水火；一旦戴上了乌纱帽，摇身一变，便与从前判若两人。"① 这样的官僚是大多数，熙宁年间的富弼就是一个典型。就王安石为首的改革派内部而言，王安石改革的根本理念是摧抑兼并势力，求取富国强兵。"可是事实上，王安石所任以推行新法的官僚们，多半不关心王安石的理想，而只汲汲于追求势力与特权。"② 即便如王安石最得力的左右手参知政事吕惠卿，几乎参与了新法全部的规划与实施，却在任内密令江南富裕之地秀州华亭县知县，以钱四千贯购买同县富民之田地，同时役使县官为其管理庄园。做着"倚法营私"的勾当。在中国的官僚体制之下，有官就有权，有权就有一切，就可以改变自己的政治、经济、社会地位。《复社纪略》卷三载："每见青衿之中，朝不谋夕者有之。……及登甲科，则钟鸣鼎食，肥马轻裘，膏腴遍野，大厦凌空，此何为乎来哉！"所以，当官就成了许多人梦寐以求的大事了。为了当官就可以不顾廉耻，不顾风节，当"墙头草"，迎风倒。《挥麈录》载："建中初，曾文肃秉轴，与蔡元长兄弟为敌。有当时文士，与文肃启，略云：'扁舟去国，颂声惟在于曾门；策杖还朝，足迹不登于蔡氏。'明年，文肃南迁，元度（当为元长蔡京）当国，即更其语以献曰：'幅巾还朝，舆颂咸归于蔡氏；扁舟去国，片言不及于曾门。'士大夫不足养如此。"③ 我们看一下邓绾的例子。

邓绾，字文约，成都双流人。举进士，为礼部第一。稍迁职方员外郎。熙宁三年（1070）冬，通判宁州。当时王安石推行青苗、免役等法，反对的声浪不小，迫切需要得到支持。邓绾此时上书，赞扬王安石，肯定青苗、免役二法。王安石大喜，荐邓绾于神宗。即召绾，使陈边事。"方庆州有夏寇，绾敷陈甚悉。"④ 过了几天，宰相陈升之，冯京以邓绾熟悉边事，"属安石致斋，复使知宁州。绾闻之不乐，诵言：'急召我来，乃使还邪？'或问：'君今当作何官？'曰：'不失为馆职。''得无为谏官乎？'曰：'正自当尔。'明日，果除集贤校理、检正中书孔目房。乡人在都者皆笑且骂，绾曰：'笑

---

① 刘泽华：《王权思想论》，第 81 页。
② ［日］寺地遵：《南宋初期政治史研究》，刘静贞、李今芸译，第 48 页。
③ 《挥麈录》后录卷七，第 169 页。
④ 《宋史》卷三二九《邓绾传》，第 10597 页。

骂从汝，好官须我为之。'寻同知谏院。"① 熙宁四年（1071），迁侍御史知杂事、判司农寺。"时常平、水利、免役、保甲之政，皆出司农，故安石藉绾以威众。绾请先行免役于府界，次及诸道。"利州路岁用钱九万六千缗，而转运使李瑜率三十万，邓绾言："均役本以裕民，今乃务聚敛，积宽余，宜加重黜。"富弼在亳州，不散青苗钱，邓绾请付吏究治其罪。畿县有民诉助役，神宗下诏询其便否两行之，邓绾与曾布辄上还堂帖。熙宁五年（1072）春，擢御史中丞。"国朝故事，未有台杂为中丞者，帝特命之。又加龙图阁待制。"② 熙宁七年（1074）四月，王安石第一次罢相后，邓绾颇依附于吕惠卿。及王安石复相，欲弥前迹，"绾乃言吕惠卿借富民钱买田产，故惠卿出知陈州。又言章惇秽行，而惇亦罢知湖州。"③ 这是熙宁八年（1075）十月的事。邓绾后迁翰林学士，仍为中丞。王安石第二次入相后，因为吕惠卿争权，王、吕关系恶化，邓绾遂极力排斥吕惠卿。"初，绾以附王安石居言职，及安石罢，复附吕惠卿。至是，安石与惠卿相仇，绾复主安石。凡惠卿之党，极力奏劾之。"④ 但王安石此次境遇却大不如前，邓绾对此看得很清楚，他怕失去政治靠山，从自身利益考虑，多次请求神宗留用王安石，这让已对王安石不满意的神宗很反感。"绾惧安石去而失势，屡请留之，其言无所顾忌。神宗怒，欲绌绾。""遂罢中丞，知虢州。"制词曰："绾操心颇僻，赋性奸回，论事荐人，不循分守。""寻除龙图阁待制，以言者改集贤院学士，知河阳。"⑤ 元丰中，以待制知荆南、陈、陕，徙永兴军，改青州。进龙图阁直学士、知邓州。元祐初，徙扬州。言者论其奸，改滁州。未去邓而卒，年五十九。⑥

邓绾"笑骂从汝，好官须我为之"的表白，代表了一部分下层士大夫急切要求改变政治地位和经济实力的愿望，这也是他们积极投身于王安石主持变法的动因。对于通过科举考试进入官僚阶层的士大夫来说，他们中

---

① 《宋史》卷三二九《邓绾传》，第10597页。
② 《宋史》卷三二九《邓绾传》，第10598页。（宋）王称《东都事略》卷九八《邓绾传》载："陈升之、冯京以绾知宁州。绾曰：'我复还知宁州乎？'及明日，除集贤校理。自绾至京师，蜀人在朝者，莫不笑骂。绾曰：'笑骂从汝，好官须我为之。'未几，知谏院，迁兵部员外郎，兼侍御史知杂事。判司农寺，于是常平、免役、水利、保甲之政，皆由司农颁矣。擢龙图阁待制，权御史中丞。"第1505页。
③ 《东都事略》卷九八《邓绾传》，第1507页。
④ 同上。
⑤ 同上书，第1507—1508页。
⑥ 《宋史》卷三二九《邓绾传》，第10599页。

大多数人的生活并不富裕。即便为官，中下层官僚的俸禄也微薄，有些人为了生计，不顾廉耻，投机钻营。正如杜衍所担心的一样。吴曾《能改斋漫录》载："贾黯以庆历丙戌（庆历六年，1046），廷试第一。往谢杜公（衍），公无他语，独以生事有无为问。贾退谓公门下客曰：'黯以鄙文魁天下，而谢于公，公不问。而独在于生事，岂以黯为无取耶？'公闻而言曰：'凡人无生事，虽为显官，亦不能不俯仰，由是进退多轻。今贾君名在第一，则其学不问可知，其为显官则又不问可知。衍独惧其生事不足，以致进退之轻，而不得行其志焉，何怪之有？'贾君为之叹服。"[1]邓绾就是这种人的代表。

在阶级社会中，孜孜于为民办事者总是少数。邓绾这个人并不缺乏才干，但他为官只是为了自身的利益。他急切地挤入"好官"即高官的行列，就是为了改变境遇。他为了做"好官"，不惜讨好谄媚王安石；为了坐稳好官，又处心积虑，时时谋划。王安石的变法活动，得不到朝中元老重臣的支持，只好另辟蹊径，引"轻进少年"参与变法。凡是坚决拥护变法的，王安石都不遗余力地加以提拔，如曾布与吕惠卿"共创青苗、助役、保甲、农田之法"[2]，章惇，"熙宁初，王安石秉政，悦其才，用为编修三司条例官，加集贤校理，中书检正"[3]。的确，王安石变法涉及面广，这就需要一大批人倾心协力，通力合作。可是所谓的国之栋梁"老成之人"司马光、文彦博、吕公著、韩琦、富弼、欧阳修均不合作，甚至反对、阻挠变法。

下面一则故事不能不使人联想到王安石变法的阻力之大，甚至我们不得不怀疑文彦博的人品是否高尚。

> 熙宁初行新法，诸路使者率用一时新进之士。大理寺丞李察，为河北提举常平，颇事风采，时文潞公守北门，思欲折之。察年少侏儒，公俟其来，于厅事特设高脚椅子，察进谒盘跚，久不能就坐。公顾左右，徐曰："抱上寺丞。"察惭沮而退。[4]

---

[1] 《能改斋漫录》卷十二《杜祁公问贾黯以生事有无》，第362页。
[2] 《宋史》卷四七一《曾布传》，第13714页。
[3] 《宋史》卷四七一《章惇传》，第13710页。
[4] 《高斋漫录》，第100页。

王安石在这种状况下，不得不吸纳其他人来推行其改革。"安石辅政时，罢逐中外老成人几尽，多用门下儇慧少年。"① "忠厚老成者摈之为无能，挟少儇辨者取之为可用；守道忧国者谓之流俗，败常蠹民者谓之通变；能附己者，不次而进之，曰：'吾方擢才。'不可招者，为名而斥之曰：'吾方行法。'"② 王安石不得不走的极端做法本身的缺陷，自然给心术不端、品行不正的投机分子以可乘之机，他们打着支持改革的旗号进入改革派内部，从改革中获得政治地位的提高和经济实惠。如侯叔献、杨汲因兴修水利有功得到十顷以上的赐田；吕惠卿兄弟、章惇在风光绮丽之处建立别墅、购置田产，即使像王安石也曾在江宁求田问舍。这种经济上的欲望既成为参加变法的地主分子的动因，因此他们在实际行动中就为实现这一目的而努力。③ 这就难免产生奔竞之风。有些人为了往上爬，不惜踩在别人的"肩膀"上。

> 熙宁以来，凡近臣有风望者，同列忌其进用，多求瑕颣以沮之，百方挑抉，以撼上听。曾子宣（曾布）罢司农也，吕吉甫（吕惠卿）代之，遽乞令天下言司农未尽未便之事件。张粹明（张璪）罢司农也，舒亶代之，尽纳丞簿，言不了事件甚众。又河北、陕西、河东为帅者，各矜功徼进，往往暴漏边事，污蔑邻帅得罪，则边功在己。此风久矣，而熙宁、元丰为甚也。④

邓绾只不过是将许多人羞于启齿的内心真实想法更直白地表露了出来。邓绾的做法让人不齿，但其背后所揭示的则是专制体制下的政治、经济关系。

在变法过程中，像吕惠卿、曾布等人，他们并不满足已拥有的政治地位和经济实惠，当他们的政治地位改变后，他们的权势欲急剧膨胀起来，为了争权夺利，彼此互相倾轧。他们的作为，削弱了改革派的力量，对士大夫集团和整个社会风气产生了极坏的影响。"王荆公秉政，更新天下之务，而宿望旧人议论不叶，荆公遂选用新进，待以不次，故一时政事，不

---

① 《长编纪事本末》卷六〇《王安石事迹下》，第1982页。
② 《长编纪事本末》卷七〇《役法》，第2294页。
③ 漆侠：《王安石变法》，第204—205页。
④ 《东轩笔录》卷十，第76页。

日皆举。而两禁台阁，内外要权，莫匪新进之士也。洎三司论市易，而吕参政指为沮法，荆公以为然，坚乞罢相。神宗重违其意，自礼部侍郎、昭文馆大学士改吏部尚书、观文殿大学士、知江宁府。麻既出，吕嘉问、张谔持荆公而泣，公慰之曰：'已荐吕惠卿矣。'二子收泪。及惠卿入参政，有射羿之意，而一时之士见其得君，谓可以倾夺荆公矣，遂更朋附之。既而邓绾、邓润甫枉状发王安国，而李逢之狱又挟李士宁以撼荆公，又言《熙宁编敕》不便，乞重编修。……其他事夤缘事故非议前宰相者甚众。而朝廷纲纪几于烦紊，天下之人复思荆公，天子断意，再召秉政。邓绾惧不安，欲弭前迹，遂发张若济事，反攻惠卿。……既而惠卿出亳州，绾落御史中丞，以本官知虢州，张谔落直舍人院，降官停任，其他去者不一。门下之人皆无固志，荆公无与共图事者，又复请去，而再镇金陵。故诗有'纷纷易变浮云白，落落难终老柏青。'盖谓是也。"① 但专制体制也是无法克服这一弊病的，相反，促成了这一弊病的形成。"尽管王安石以对新法的态度为衡量人才的准绳，但是根植在封建经济制度上的改革，却完全不能亦不可能克服这类内在的削弱变法派力量的毒素。"② 元祐、绍圣、崇宁以来的党争，进一步败坏了士风，士大夫失去了北宋中期以来"以天下为己任"的道德精神，为了一己私利而不惜抛弃良知。元祐六年（1091）四月，御史中丞赵君锡上言："士大夫无廉隅，以奔竞干求成风。上之人取士亦系于憎爱，勤于丐请，或强讦把持，往往得所欲，而恬默守道之士多以不知见遗。"③

不管怎样讲，王安石是为了实现变法的理想和宋神宗结合到一起的。为了理想的实现，有时也不免忍让求全，但他始终保持了"师臣"的风范。"臣所以来事陛下，固愿助陛下有所为。"虽因其理想与神宗的观念无法弥合最终黯然离去，但他绝不苟且贪恋权势。

我们再来看蔡京。元祐年间，蔡京因为和王安石的关系，和新法的关系，是保守派打击排挤的对象。蔡京在免役法上的投机行为虽让他获得了司马光的赞誉，但却因此招来苏辙等人的猛烈攻击，最后被赶出朝廷。绍圣、元符年间，因为蔡卞的关系，蔡京顺利进入中央，而且兄弟联手，壮

---

① 《东轩笔录》卷五，第39—40页。
② 漆侠：《王安石变法》，第205页。
③ 《长编》卷四五七，元祐六年四月甲辰条，第10943页。

大了蔡氏势力。经过元符三年（1100）和建中靖国元年（1101）的朝政震荡，崇宁元年（1102）七月蔡京最终爬上宰辅的位置。命下之日，赐座延和殿，当徽宗问他"朕欲上述父兄之志，卿何以教之"时，"京顿首谢，愿尽死。"① 完全一副奴才相。"死是人的极限，也是人所最珍贵的，于是'死'便成了向君主表达自己屈服和忠诚的最后'证物'。""这个'死'既不表示人格的崇高，也不表示理念的神圣，相反，恰恰是死掉了人格和理念。只证明臣下是绝对的卑贱和毫无意义、毫无价值。"② 那么，蔡京为什么会有如此举动呢？除了蔡京卑劣的个人品性以外，也与其多年的仕宦经历有关。元祐、绍符以来的政治纷争，对有极强权力欲的蔡京来说，教训深刻，他认识到了依赖皇权的重要性，也认识到权力的不确定性。因为在专制社会中，一切权力都是皇帝一人的。作为官僚来说，更是如此。"在中央集权制政体下的官僚只是君主统治人民的一种工具。他们完全依附于君主，毫无任何独立性而言。由于他们只是作为工具代人主去处理各种事务的，因此其政治地位及所拥有的巨大权力优势随时都可能化为乌有。官僚的经济地位是与其政治地位相联系的，官僚的政治地位不稳定，其经济地位必然同样不稳定……。"③ 皇帝一高兴可以给他高爵厚禄；皇帝一不高兴，一句话又可以让他身败名裂，倾家荡产，一无所有。"官僚的这种政治经济地位，就使其处于一种很微妙的境地：一方面他们的权力及优越的政治经济地位随时可能丧失，处于一种极不保险的境地，另一方面，在一个权力占支配地位的社会里面，他们手中暂时拥有的权力又可像聚宝盆一样把财富迅速积聚过来。"④ 这也就是贪污受贿久治不绝的原因之一。蔡京既然明了自己的权力地位来之不易，保住它就是最关键的，其唯一办法就是尽死力为皇帝卖命，让皇帝高兴。所以蔡京说"愿尽死"。在这里，蔡京为其服务的对象是皇帝，而不是国家，更不是广大受苦受难的百姓。在这一点上，他和王安石是极不相同的。我们从蔡京的各项经济改革措施也可看到这一点。王安石的一系列理财新法，虽被元祐诸人冠以"聚敛"的恶名，但是，我们看到的是，王安石摧抑兼并聚敛的财富除了

---

① 《宋史》卷四七二《蔡京传》，第13723页。
② 刘泽华：《王权思想论》，第136页。
③ 刘泽华、汪茂和、王兰仲：《专制权力与中国社会》，天津古籍出版社2005年版，第133页。
④ 同上书，第133页。

用于支援神宗对西部的战争和其他各项开支以外，更多的是留在内库和国库里。而蔡京的经济改革摧抑兼并的力度更大，所获得的巨额财富的很大部分却用在了徽宗君臣的肆意挥霍上。"王安石的改革本身原是要将地方民间的财富聚集到中央，北宋末的权门集团（指蔡京集团）却利用这种聚集方式扩大自己的财富，而其聚敛对象正是拥有地方财富的地主们。换言之，权门的收夺对象并不是一般的小农，而是向财主们征敛，以累积财富。"① 蔡京奢侈腐化的生活，前已述及。而王安石在这点上和他极为不同。

如果说王安石将鱼饵当成食物吃掉，被人看成是执拗、偏执之举的话，那么，下面一个事例却揭示了他一贯俭朴的生活作风。

> 王荆公在相位，子妇之亲萧氏子至京师，因谒公，公约之饭。翌日，萧氏子盛服而往，意谓公必盛馔。日过午，觉饥甚而不敢去。又久之，方命坐，果蔬皆不具，其人已心怪之。酒三行，初供胡饼两枚，次供猪脔数四，顷即供饭，傍置菜羹而已。萧氏子颇骄纵，不复下箸，惟啖胡饼中间少许，留其四傍。公顾取自食之，其人愧甚而退。人言公在相位，自奉类不过如此。②

这与蔡京一顿饭耗费惊人形成了鲜明的对比。王安石罢相以后，生活甚至很拮据。有资料载："元丰末，有以王介甫罢相归金陵后资用不足达裕陵睿听者，上即遣使以黄金二百两就赐之。……"③

为了改变自己的境遇，就要做官，做"好官"，可以不择手段；为了稳住"好官"的位子，就要学会驯顺而不可以有自己的思想甚至要抛弃原则、丧失原则。蔡京说："既作好官，又要作好人，两者岂可得兼耶！"吴伯举早年与蔡京、蔡卞兄弟关系密切。绍圣四年（1097）十一月，太常博士吴伯举为校书郎。元符二年（1099）七月，吴伯举为神宗正史编修官。闰九月，为著作佐郎。十二月，为起居郎。建中靖国元年（1101）吴伯举任吴郡太守。《吴郡志》卷十二载："南双庙在盘门里城之西隅。……建中

---

① ［日］寺地遵：《南宋初期政治史研究》，刘静贞、李今芸译，第48页。
② 《独醒杂志》卷二，第12页。
③ （宋）赵令畤撰，孔凡礼整理：《侯鲭录》卷三，载《全宋笔记》第二编（六），第217页。

靖国中，太守吴伯举重修。是时，蔡京自翰长罢，过吴门，为作记并书题。"① 崇宁元年（1102）蔡京任相后，很快提拔吴伯举到中央任职，升迁很快。但因为他忤逆了蔡京，被罢职出守扬州。《曲洧旧闻》卷六载："吴伯举守姑苏，蔡京自杭被召，一见大喜之。京入相，首荐其才，三迁为中书舍人。时新除四郎官，皆知县资序。伯举援旧例，言不应格。京怒，落其职知扬州。未几，京客有称伯举之才者，且言此人相公素所喜，不当久弃外。京曰：'既作好官，又要作好人，两者岂可得兼耶！'"②《宋史》卷三五六《蒋静传》载："徽宗初立，求言，静上言多诋元祐间事，蔡京第为正等，擢职方员外郎；中书舍人吴伯举封还之，京怒，黜伯举。"③ 这一黜一擢，体现的是蔡京的用人标准。顺之者升迁，逆之者贬黜。

蔡京的"既作好官，又要作好人，两者岂可得兼耶！"将做"好官"和做好人对立起来，这一悖论折射出的是士风的败坏。本来，按常理，好官和好人应该是统一的，首先得是个好人，然后才可以是个好官。可是，蔡京所指"好官"乃是地位高、权势大、俸禄厚的官；好人是指按原则、规章制度办事、有持守的官。在他的为官哲学中，要当好官，就得放弃原则，按照长官的意志办事。顺从、逢迎者可以得肥缺得美官，否则就要受到排斥打击。任何时候，都不乏懂得而且将这套为官哲学应用地得心应手之人。张商英为了当好官，不惜讨好蔡京。"崇宁初，为吏部、刑部侍郎，翰林学士。蔡京拜相，商英雅与之善，适当制，过为褒美。寻拜尚书右丞，转左丞。"④ 曾布为了当好官，不惜讨好章惇，没有达到目的后，双方关系破裂。"初，章惇为相，布草制极其称美，冀惇引为同省执政，惇忌之，止荐居枢府，故稍不相能。"⑤ 从元符三年（1100）起，曾布利用因徽宗即位立场获得的信任，极力稳固自己的权力和地位。他利用台谏力量，赶走蔡卞、章惇，又将韩忠彦挤出去，以便自己独相。曾布和韩忠彦相争的结果，是蔡京的入朝。而蔡京入朝以后，同样利用台谏，将曾布赶

---

① （宋）范成大《吴郡志》卷十一《本朝牧守题名》载："朝奉郎、直秘阁吴伯举，崇宁元年六月到任。"（《宋元方志丛刊》，第771页。）
② 《曲洧旧闻》卷六《蔡京言好官好人二者不得兼》，第167页。
③ 《宋史》卷三五六《蒋静传》，第11211页。
④ 《宋史》卷三五一《张商英传》，第11096页。
⑤ 《宋史》卷四七一《曾布传》，第13715页。

了出去。

蔡京为了做"好官",保住其相位,也是无所不用其极。讨好皇帝,排斥政敌,搜罗党羽,培植私人势力。

> 蔡京持禄固位,能忍辱,古今大臣中少有比者。自丙戌罢相,则密求游从,不肯去都城。未逾年,果再入。至庚寅,又因星变去位,台谏论不已,仅能使在外任便居住。京又欲留连南京,闻张天觉除中书侍郎,乃遽东下,于姑苏因朱冲内连贵珰,人人与为地,抚问络绎。至壬辰春召还第,声艳光宠,迈于平昔远矣。宣和间,王黼当轴,京势少衰。黼之徒恐不为已利,百方欲去之,然京终不肯去。于是始遣童贯并令蔡攸同往取表。京以攸被旨俱来。乃置酒留贯饮,攸亦预焉。京以事出不意,莫知所为。酒方行,自陈曰:"某衰老宜去,而不忍遽乞身,以上恩未报,此心二公所知也。"时左右闻京并呼攸为公,无不窃笑者。其后,大臣有当去而不去者,往往遣使取表,自京始。①

蔡京贪恋权势的丑态暴露无遗。我们从蔡京政和六年（1116）八月的《病愈乞许日奉朝请奏》也可看出这一点。该奏曰:"昨以年逮七十,加病,乞解机务,蒙恩特许三日一朝。今臣疾病既已痊复,筋力尚可勉强,伏望许臣日奉朝请。其治事即依已降指挥。"② 蔡京请求日奉朝请,就是生怕失去手中的权力。

蔡京倡导的丰亨豫大之说,极合风流天子宋徽宗的口味,所以蔡京才可以在相位上几仆几起。即使罢相,恩宠不减。大观三年（1109）十一月己巳,太师、中太一宫使、魏国公蔡京守太师致仕,进封楚国公,其请俸并杂给人从等,并依旧。其长子显谟阁直学士、承议郎、提举醴泉观蔡攸除枢密直学士,次子宣义郎蔡絛除直秘阁。宣和二年（1120）四月癸巳,"中书检会奉御笔:车驾累幸蔡京第,子孙等并合推恩。八子十孙曾孙四人,并于寄禄官上转行一官"。③

---

① 《曲洧旧闻》卷七《蔡京持禄固位能忍辱》,第188—189页。
② 《全宋文》第109册,卷二三六三,第155页。
③ 《长编纪事本末》卷一三一《蔡京事迹》,第4129页。

王黼为了当"好官",设置应奉司,由自己提举,搜刮天下百姓,讨好徽宗。

"好官"与"好人"的背离,使士大夫失去了刚正之骨,廉洁之心,正义之气。士风沦丧,国将不国。时人游酢《论士风奏疏》痛斥了士大夫的无耻行径。曰:

> 天下之患,莫大于士大夫至于无耻,则见利而已,不复知有他。如入市而攫金,不复见有人也。始则众笑之,少则人惑之,久则天下相率而效之,莫知以为非也。士风之坏一至于此,则锥刀之末,将尽争之。虽杀人而谋其身,可为也;迷国以成其私,可为也。草窃奸宄,夺攘矫虔,何所不至?而人君尚何所赖乎!①

随着士风的败坏,贪污受贿,成了家常便饭。朱弁《政和后媚权幸风炽》曰:

> 崇宁初,苞苴犹未盛。至政和间,则稍炽矣。邓子常在北门,所进山蔬数倍于前,缄封华丽,观者骇目。……薛嗣昌以雍酥媚权幸,率用琴光桶子并盖,多者至百桶,人人皆足其欲。此犹未伤物命也,赵霆在余杭,每鹅掌鲊入国门,不下千余罐子。而王黼库中黄雀鲊,自地积至栋,凡满三楹。蔡京对客,令点检蜂儿见在数目,得三十七秤,其他可以想见。②

情形到了这个地步,则宋初以来涵养的士大夫节义之气已丧失殆尽。

楼钥《签书枢密院事赠资政殿大学士谥节愍王公神道碑》曰:"呜呼,靖康之祸惨矣,自古所未有也,而一时伏节死义之士绝无而仅有之。人皆以为祖宗涵养几二百年,不应至是,殊不思自熙宁时,当国者惟务变更,尚同忌前,风俗大敝。至章、蔡用事,日甚一日,凡忠臣义士,禁锢困苦,不容立于世,如是者有年矣。一时攫取美官,当事任者,非谄佞奸

---

① (宋)游酢:《游廌山集》卷四《论士风奏疏》,载《宋集珍本丛刊》29册,清钞本,线装书局2004年版,第263页。

② 《曲洧旧闻》卷八《政和后媚权幸风炽》,第198页。

宄，则阘茸贪渎之人。祸变忽起，搏手无策。首尾衡决，庙谟颠倒，甚则卖国抵巇，以图身利，安知所谓主辱臣死之义哉。"①

刘子健先生在《王安石曾布与北宋晚期官僚的类型》一文中，将北宋晚期的官僚进行了类别的细分，并且具体分析了各类型官僚的特点。他指出渎职类官僚是纵有学术，却少道德。邓绾即是典型。他们的政治主张，无非手段。即传统所谓小人，利用职位营私。渎职类官僚分贪污型和弄权型两类。弄权型有野心，擅长手腕，要掌大权。他们的贪污也是较大规模的贪污。②刘先生进一步分析了干才型和弄权型两者之间的相似处和动态关系，他说："换言之，王安石喜用干才型。在创行新法时，大目标集中在推行改制的理想，干才还是干才。到了新法已行，政治理想的因素不免减低。有的干才就转移目标趋于弄权。"③弄权之风起，政情日趋险恶。其他的干才，也不得不用类似或同样的手腕，以自保，以对抗。但干才型的人在争权中是不能够取胜的。唯有真正弄权型的蔡京，能排除政敌，掌握大权二十年之久。④他总结到："王安石创行新法时，不但旧党……绝大多数的官僚是因循型，也在反对……至于贪污型，最初也是不赞成新法的。在重重反对之下，王安石更不得不另外找人，选拔和依赖他所认为的干才，坚决奋斗。蔡京当权时，情形大异。新法已行过多年。绝大多数的因循型已对新法习惯，同样的可以奉行照例公事，并不反对蔡京。贪污型则更乐得蔡京用事。蔡京之所以能久位，得到多数官僚拥护，也是重要的原因之一。而干才型的人物，则因弄权伎俩不如蔡京，终归失败……就整个官场而言，熙宁元祐时新旧两党，尽管意见不同，究竟都有政治的理想和信念。徽宗用蔡京时，士大夫之间，就无所谓理想和信念了。"⑤其实这就是北宋中晚期士风的嬗变过程。

士风的演变，非一朝一夕所形成，它是一个渐变的过程；士风的演变，影响因素也极多、极复杂。既与士大夫的政治立场、个人品质有关，也与他们的经济地位、经济实力有关，还与整个社会的政治环境、官场风

---

① （宋）楼钥：《攻媿集》卷九五《签书枢密院事赠资政殿大学士谥节愍王公神道碑》，第1313页，丛书集成初编本。
② 刘子健：《王安石曾布与北宋晚期官僚的类型》，载《宋史研究集》第三辑，台湾编译馆中华丛书编审委员会1984年再版，第136—137页。
③ 同上书，第139页。
④ 刘子健：《王安石曾布与北宋晚期官僚的类型》，载《宋史研究集》第三辑，第139页。
⑤ 同上书，第140页。

气有关。总体上讲,北宋晚期的士风是"糟糕的"。尽管在士大夫中间也会有特立独行、不随波逐流之人,但他们已经无力担负力纠士风的责任了。士风的败坏,其影响是巨大的,它不仅会造成社会各种各样的不公正、不公平,滋生腐败。而且,它会导致民众对政府的不信任,人心涣散。失去民心的政权,注定是要灭亡的。王夫之对宋徽宗时代是这样评价的,曰:"君不似乎人之君,相不似乎君之相,垂老之童心,冶游之浪子,拥离散之人心以当大变,无一而非必亡之势。"① 这一评价是准确的。

第三节 简论北宋中后期皇权的强化

北宋初年,宋太祖通过设置三司、枢密院来分割宰相的财权和军权,并且将军权集中到皇帝手中,以此达到加强皇权的目的。此后,皇权在不断地强化。具体表现,一是"异论相搅"的运用;二是台谏成为皇权的附庸。统治者对朋党的警惕历来有之,北宋也不例外,咸平二年(999)二月己酉,真宗对宰相曰:"闻朝臣中有交结朋党、互扇虚誉,速求进用者。人之善否,朝廷具悉,但患行己不至耳。浮薄之风,诚不可长。"乃命降诏申警御史台纠察之。② 而真宗任用寇准,就是对异论相搅的最好阐释和运用。"且要异论相搅,即各不敢为非。"③ 也就是皇帝蓄意让政见相左的大臣同处一朝,互相牵制、互相监督,达到皇帝最好地控制权力的目的。仁宗对朋党的警惕一定程度上导致了庆历新政的失败。

宋神宗时期,皇权进一步加强。神宗欲大有为,任用王安石推行变法。熙宁初年,神宗对王安石的信任和倚重,是封建帝王中少有的。所谓"如一人",即便如此,帝王角色使神宗时时不忘加强自己的权力,防范对皇权的威胁。所以,他依然采用异论相搅的祖训,这有两种表现形式。④ 一是行事上的异论相搅。从熙宁二年至五年、熙宁五年至九年,宋廷内部形成两次大的异论高潮,前者以非议、攻击青苗法、免役法为主,异论奏章连篇累牍,他们的攻击直接影响了宋神宗的态度;后者则是随着王韶开边、市易法推行及与辽朝划定边界形成又一次异论高潮,在野的韩琦、富

---

① (清)王夫之著,舒士彦点校:《宋论》卷八《徽宗六》,第155页。
② 《长编》卷四四,真宗咸平二年二月己酉条,第930页。
③ 《长编》卷二一三,熙宁三年七月壬辰条,第5169页。
④ 李华瑞:《宋神宗与王安石共定国是考辨》,载《文史哲》2008年第1期。

弼、司马光等异论持有者都曾应诏言事。二是在用人上的异论相搅。熙宁四年（1071），改革派与保守派的政治态度已是泾渭分明，双方的斗争也更加激烈。为了让变法顺利进行，神宗不得不罢免了司马光、范镇、吕诲、欧阳修、富弼等人。但也利用一些坚决反对新法的官员对改革派进行掣肘。① 如保守派重要成员文彦博，自宋英宗治平二年（1065）七月至宋神宗熙宁六年（1073）四月，为枢密使凡八年。富弼的女婿冯京，在王安石变法之初，即上章反对变法，宋神宗却于熙宁三年（1070）连连提升他任枢密副使和参知政事。② 尤其是保守派的核心人物司马光，宋神宗起用王安石为参知政事的同时即欲用司马光为枢密副使，虽然王安石反对，说这"是为异论之人立赤帜也"。但是宋神宗还是坚持要用司马光，只是因为司马光不愿与王安石同立一朝，"上章力辞至六七"，宋神宗才不得已同意他离开朝廷。③ 到元丰年间，随着政治上的成熟和老道，神宗更是注重加强皇权，走向独断。如元丰官制改革。"元丰初，官制将行，裕陵以图子示宰执，于御史中丞、执政位牌上，贴司马温公姓名。又于中书舍人、翰林学士位牌上，贴东坡姓名。其余与新政不合者，亦各有攸处。仍宣谕曰：'此诸人虽前此立朝，议论不同，然各行其所学，皆是忠于朝廷也。安可尽废！'王禹玉（王珪）曰：'领德音。'"④ 刘子健指出："王安石行新法好像权很大，其实都经过神宗决定的。"⑤

宋哲宗要绍述熙丰，在他心目中最合适的人选无非章惇，所以章惇能够独相七年，但哲宗也并不是百分之百地信任章惇，他对章惇的态度是既任用又限制。尤其是利用台谏官员监督章惇的行为，以便自己更好地牵制、驾驭之。王鞏云：

> 绍圣初，余谪签书荣州判官厅公事，过别殿中侍御史陈次升当

---

① 宋晞：《异论相搅——北宋的变法及其纷争》，载《宋史研究集》第三十一辑，台湾兰台出版社2002年版。
② 李焘就从宋神宗对冯京的任用上看出了神宗对王安石的态度。他说："安石论（冯）京如此，而京卒得改，足明神宗于安石未始专任之也……"见《长编》卷二一三，熙宁三年七月壬辰条，第5168页。
③ 李华瑞：《宋神宗与王安石共定国是考辨》，载《文史哲》2008年第1期。
④ 《曲洧旧闻》卷二《裕陵晚欲用司马温公与东坡》，第102页。
⑤ 刘子健：《包容政治的特点》，载《两宋史研究汇编》，台湾联经出版事业公司1987年版，第49—50页。

时，当时曰："且缓行，上意未可知。"余深叩之，陈曰："早来请对，上语我曰：'章惇文字不要绝了。'"……余曰："胡不白上，……陛下既知惇，何不罢斥，更待臣等文字？"陈谢曰："甚是，甚是，待数日再对。"又数日，陈召余曰："早来对，如公之言言之，但上曰：'未有以代惇者。'然惇为相，终哲宗一朝，岂其命欤。"①

到宋徽宗时期，皇权进一步强化。台谏成为皇帝和大臣的附庸。宋太祖、太宗时期，台谏制度并不受重视。自真宗起才开始注意台谏制度的整顿和建设。天禧元年（1017）二月发布诏书，别置谏官、御史各六员，不兼他职，专主谏奏。仁宗时期，台谏制度进一步完善，台谏官员的作用也较明显地发挥了出来。但由于统治者遵循异论相搅，台谏势力出现病态发展的趋势，对北宋政治产生不利影响。所谓"宋之天下，以台谏兴，亦以台谏败"。宋代的台谏选用总原则是侍从荐举、宰执不预、皇帝亲擢。②目的就是为了防止宰执荐引亲近，控制台谏，保证台谏官员敢言，更主要的是将台谏官的任免权牢牢控制在皇帝手中。但是，由于皇帝对宰执的亲信，有时候又有宰执进拟之制，这势必造成宰执染指台谏官员任免。再者，皇帝和大臣从自身考虑，也有意无意地破坏台谏制度，甚至控制台谏，利用台谏打击异己。熙宁初年，保守派控制的台谏肆意攻击、诋毁新法，宋神宗对其采取了"宽容"的态度，但也允许王安石将一些支持变法的人物引入台谏。"至熙、丰以来，用事者欲新法必行，恐人异己，故排斥群议，有出一言则谓之沮坏良法，必逐之而后已；谏官御史，以其党为之，观望成风，无复公议……"③ 神宗首开"使大臣自择台谏官"的先例。④ 但元丰年间独断的宋神宗却不再宽容反对派。元丰二年（1079）的苏轼"乌台诗案"就是明证。苏轼早就反对新法，在地方任职，元丰二年（1079）二月，苏轼自徐州移知湖州，到任时进《湖州谢上表》，监察御史

---

① （宋）王銍：《甲申杂记》，载《全宋笔记》第二编（六），第46页。
② 虞云国：《宋代台谏制度研究》，上海社会科学院出版社2001年3月版，第6页。
③ 陈公辅：《上钦宗条画十二事》，载（宋）赵汝愚编、北京大学中国中古史研究中心校点整理《宋名臣奏议》卷一五〇，第1720页。
④ （宋）司马光：《增广司马温公全集》卷四三《请自择台谏札子》，载《宋集珍本丛刊》11册，南宋蕲州刻本，线装书局2004年版，第654页。

里行何正臣、舒亶、御史中丞李定，先后据以弹劾，遂成"乌台诗案"①。三月二十七日，何正臣揭发苏轼，七月二日，李定、舒亶继续弹奏。他们说苏轼的一些诗文诋毁新法，愚弄朝廷，谤讪讥骂，无所不为，流俗翕然，争相传诵。于是神宗立刻诏命知谏院张璪、御史中丞李定立案推治。八月，苏轼下狱。处理结果是苏轼责授检校水部员外郎、黄州团练副使，本州安置，不得签书公事，令御史台差人转押前去。受牵连者二十多人。神宗此举，"特欲申言者路耳"。台谏官员做了讨伐异论的工具，而神宗也充分利用了台谏官做天子耳目的工具，以此加强皇权。从元祐到绍圣、元符，台谏官员更深深地陷入新旧党争之中，成为当权派的附庸和喉舌。

徽宗继位以后，台谏官员进一步沦为皇权和相权的奴婢。"至蔡京用事，师法安石，而残狠过之，议己者置之死地。台臣引用私党，藉为鹰犬，搏噬正士。"②如张商英，崇宁初，附蔡京，召为翰林，"旋踵丞辖，见物论多不与，与京时有异同。台谏视京风旨，乃交击之"。③尽管我们还可以看到，不时有言官对蔡京的猛烈弹劾，问题是徽宗并不予理睬，相反有时还和蔡京联手对付台谏官。而在这样一种政治氛围下，谏官是"捃撦细故，仅塞言责，钳口结舌，寖以成风"。更有甚者，徽宗和蔡京为了抵制言官，干脆奉行"御笔行事"。至此，皇权的膨胀达到无以复加的地步，而北宋的腐败也是与日俱增。"当然，蔡京本人尽管十分贪恋权势，却仍然被宋徽宗召之即来，挥之即去，还不够权臣的资格。"④ 所以，将北宋亡国的罪责全部推到蔡京一人头上也是有失偏颇的。

虽然宋徽宗是个艺术天才和昏庸皇帝，但我们不难看到甚至惊讶：他的统治手段非常高超。宋徽宗对权力制衡的理解可谓透彻，对异论相搅的应用，可谓驾轻就熟。他看似宠信蔡京，但不完全信任他。只要他感到蔡京有专权的迹象或对蔡京厌倦时，就一定会借天变、臣僚的口诛笔伐而罢免蔡京，其三次罢相都是如此。如大观末，陈瓘因其子牵连，"就逮开封

---

① "乌台诗案"的详细经过参见沈松勤《北宋文人与党争》，人民出版社1998年版，第125—137页。

② 程瑀：《上钦宗乞内中置籍录台谏章疏》，载（宋）赵汝愚编、北京大学中国中古史研究中心校点整理《宋朝诸臣奏议》卷五五，上海古籍出版社1999年版，第616页。

③ 《曲洧旧闻》卷八《无尽鄂州到任谢表斥蔡京》，第199页。

④ 王曾瑜：《从台谏制度的运作看宋代的人治》，载《凝意斋集》，兰州大学出版社2003年版，第165页。

狱。"徽宗"有旨令莹中（陈瓘）疏蔡京过失"①。即便蔡京在相位，徽宗也总是在其身边安插着自己的眼线，对蔡京的一举一动进行掌控。《宋史》蔡京本传曰："京天资凶谲，舞智御人，在人主前，颛狙伺为固位计，始终一说，谓当越拘挛之俗，竭四海九州之力以自奉。帝亦知其奸，屡罢屡起，且择与京不合者执政以梡之。京每闻将退免，辄入见祈哀，蒲伏扣头，无复廉耻。"②无论蔡京使用怎样的手段讨好徽宗，但徽宗牢牢掌握着驾驭他的主动权。如崇宁初，打击元祐党人，"凡在籍者例行贬窜，独师朴（韩忠彦）得近地。京讽台谏言之，上终不从"。③刘正夫，蔡京多次想排挤他，但徽宗就是看中了他和蔡京之间的异论，"益喜其不与京同"。④再如郑居中，大观以后和蔡京不和，徽宗借着他们之间的矛盾来了解蔡京的情况。"政和中，再知枢密院，官累特进。时京总治三省，益变乱法度。居中每为帝言，帝亦恶京专，寻拜居中少保、太宰，使伺察之。"⑤《宋史·侯蒙传》载："一日，帝从容问：'蔡京何如人？'对曰：'使京能正其心术，虽古贤相何以加。'帝领首，且使密伺京所为。京闻而衔之。"⑥张康国是"帝恶京专愎，阴令沮其奸，尝许以相"⑦。而王安中任御史中丞时，希徽宗意旨，弹劾蔡京，"帝将去京，先逐其党刘昺、刘焕等，使御史中丞王安中劾之。"⑧当蔡攸向徽宗求情以后，"上为迁安中翰林学士，又迁承旨"⑨不让他再弹劾蔡京。宣和年间，王黼得到徽宗宠信，但当徽宗发现他和宦官梁师成交结后，马上改变态度，加以防范。"初，黼既得秉国，念无以中上意牢其宠，乃奏置应奉司。遂自领之，而以梁师成副焉。四方珍异，悉入于二人之家，而入尚方者才什一。徽宗待遇日隆，恩数异于他相，名其居阁为'得贤治定'。后徽宗幸黼第，始悟其与梁师成交结状，由是黼眷稍息。乃拔白时中、李邦彦

---

① 《曲洧旧闻》卷八《陈莹中为人所沮不得用》，第195页。
② 《宋史》卷四七二《蔡京传》，第13727—13728页。
③ 《曲洧旧闻》卷八《徽宗怜韩师朴》，第196页。
④ 《宋史》卷三五一《刘正夫传》，第11100页。
⑤ 《宋史》卷三五一《郑居中传》，第11104页。
⑥ 《宋史》卷三五一《侯蒙传》，第11113—11114页。
⑦ 《宋史》卷三五一《张康国传》，第11107页。
⑧ 《宋史》卷四七二《蔡京传附子攸传》，第13731页。
⑨ 《宋史》卷三五二《王安中传》，第11125页。

共政以分其权。"① 《宋史·王黼传》载:"帝待遇之厚,名其所居阁曰'得贤治定',为书亭、堂榜九。有玉芝产堂柱,乘舆临观之。梁师成与连墙,穿便门往来,帝始悟其交结状。还宫,黼眷顿息,寻命致仕。"②

宣和年间,经营北方,童贯领兵,权力很大,但徽宗对童贯并不放心。宣和四年(1122)四月十日童贯奉命率师巡边后,五月九日少保镇海军节度使、开府仪同三司蔡攸为河北河东宣抚副使。《北征纪实》记载了徽宗任命蔡攸的意图:

> 朕以童贯宣抚北道,独帅重兵,其统领将佐及四路守臣监司,并其门人故旧。贯以昏耄,所施为乖谬,故相隐匿,蔽不以闻。致边事机会差失,为朝廷之害,莫大于此。卿,朕所倚毗,无出右者,所以辍卿为副,实监军尔。如军旅之事,卿何预焉?只专任民事及监察贯之所为。可只今受命,择十八日出门进发。③

总之,从宋神宗时代直到宋徽宗时代,北宋的皇权是在原有基础上一步步走向强化的。如果说宋神宗与王安石结合,宋神宗选用王安石进行变法,一定程度上反映出宋神宗与王安石为代表的士大夫之间的关系是属于"共治天下",这个时代的士大夫尚有着独立的人格和操守,王安石的两次主动辞相和司马光拒绝枢密副使的任命,都是这种关系的反映。无论王安石还是司马光,他们都不愿意为了迎合皇帝而放弃自己的政治主张。而宋神宗,在刚刚即位的时候,虽有变法图强的愿望,却苦于找不到出路和方法,他急需有经验、有能力、有决心的士大夫扶持他。所以,他和王安石因"富国强兵"的共同理想走到了一起,然而,他们共同理想中的不同旨趣最后促使了君臣二人的分道扬镳。特别是在学会了"许多伎俩"后,皇权的独断专行便无须再有他人的牵制,"事皆自做,只是用一等庸人备左

---

① 《宋宰辅编年录校补》卷十二,宣和元年正月丁巳条,第789页。《东都事略》卷一〇六《王黼传》载:"徽宗待遇日隆,恩数异于他相,名其居阁为'得贤治定',为书'载赓堂'、'宠光亭'以下凡七榜。有玉芝产堂柱,徽宗幸其第,置宴观之。梁师成与黼连墙,穿便门往来,黼以父事之,每折简必称为恩府先生,徽宗过之,始悟其交结状,由是黼眷稍息,乃拔白时中、李邦彦共政,以分其权。"

② 《宋史》卷四七〇《王黼传》,第13683页。

③ (宋)徐梦莘:《三朝北盟会编》卷六《政宣上帙六》引《北征纪实》,上海古籍出版社1987年版,第39页。

右趋承耳！"此后的宋哲宗、宋徽宗也都如此，甚至走得更远。如哲宗，当听到曾布言蔡京与章惇的矛盾之一，是章惇阻止蔡京进入枢府时，哲宗曰："朝廷欲用蔡京，则章惇亦管不得。进退执政，岂得由人！"① 言语中表现出皇权的专断。尤其是宋徽宗时代，表面看蔡京集团权势熏天，为所欲为，但实际上"莫不是备左右趋承的一等庸人"。无论是蔡京还是王黼，徽宗始终将他们牢牢地掌控在自己的股掌之中，召之即来，挥之即去。他们始终对皇权没有造成任何的威胁，相反，他们只有仰仗皇帝的鼻息才可以达到自己的目的，巩固自己的政治地位和经济地位。所以"王安石变法的最后走向，对于怀抱理想的北宋士大夫们来说是一种失败，他们不仅没有通过变法建构起理想的社会秩序，反而成就了专制主义皇权，他们中相当大的一部分人也从与皇权'共治天下'的参与者而沦为皇权的附庸"②。

到南宋，相权扩大，但皇权更大。不可否认的是，在南宋初年高宗统治时期，出现了秦桧这个权相。秦桧在金人的支持下，当上了宋高宗无法罢免的终身宰相。③ 秦桧独相期间，相权上升，故孝宗引以为戒。④ 不过，秦桧的相权过大与宋高宗有意识地放纵有关。宋高宗一意与金人媾和，朝野反对声浪巨大，他利用秦桧不仅达成了议和，杀掉了反对议和的武将岳飞，而且在议和以后仍然利用秦桧及其爪牙压制迫害反对派和抗金人士，所以，他给秦桧让渡出了部分皇权，加大了秦桧的相权。但秦桧相权尽管大，仍在绝对君权的控制之下。秦桧懂得这些，所以，他始终在高宗面前非常谨慎，以免引起疑心。如极其敏感的建储之事，"聪明的秦桧，对此问题故意三缄其口，以免高宗猜疑"⑤。但秦桧最大的失算，是没有看透"老谋深算"的高宗。这一点，刘子健先生有很透彻的解析，他说："秦桧当权时，高宗虽然言听计从，恩宠备至，可是始终在提防。……秦桧病重，高宗亲临探视，确定他活不了几天了，便立刻下诏，当即罢免秦氏父子。秦桧死后，又下令秦氏子弟回籍，不许再来都城。将以往政策的错误，都推在秦桧身上。被秦桧远贬的政敌，也逐渐赦还起用。足见圣明

---

① 《长编》卷四九六，元符元年三月戊辰条，第 11802 页。
② 李华瑞：《王安石变法的再思考》，载《河北学刊》2008 年第 5 期。
③ 关于秦桧专权的手段，可参看王曾瑜先生《王曾瑜说辽宋夏金》，第 91—95 页。
④ 王曾瑜先生语。有关孝宗防范权臣专权，还可参看方如金《试评宋孝宗的统治》一文，载《浙江师大学报》2000 年第 6 期。
⑤ 柳立言：《南宋政治初探——高宗阴影下的孝宗》，载《宋史研究集》第十九辑，国立编译馆 1989 年版，第 208 页。

天子，计算得又准又狠。高宗还讲出一件秘密来。他说：'秦桧死了，我的靴子里，不用藏刀自卫了。'这话的重点，倒不在怀疑秦桧有弑君篡位的可能。主要的目的是给人一个强烈的印象，仿佛以往的错事都是秦桧威胁高宗决定的。万方有罪，岂在朕躬？这话其实旁无佐证，根本不足信。……并没有人归咎高宗利用秦桧。……"① "总之，南宋的君权，经过高宗立国几十年的措施，比北宋更大。君主本人无能，照样可以委任权相，但并非大权旁落，因为相权是可以收回来的。宰相的权大，归根结底，还是表现君权更大的另一种方式。"②

---

① 刘子健：《包容政治的特点》，载《两宋史研究汇编》，台湾联经出版事业公司1987年版，第53页。
② 同上书，第61—62页。

参考文献[①]

一 引用史料

北京大学古文献研究所编：《全宋诗》，北京大学出版社1995年版。

蔡戡：《定斋集》，文渊阁四库全书本。

蔡絛著，冯惠民、沈锡麟点校：《铁围山丛谈》，中华书局1983年版。

蔡襄著，（明）徐𤊹等编，吴以宁点校：《蔡襄集》，上海古籍出版社1996年版。

陈次升：《谠论集》，文渊阁四库全书本。

陈长方撰，许沛藻整理：《步里客谈》，《全宋笔记》第四编（四），大象出版社2008年版。

陈东：《陈少阳先生文集》，《宋集珍本丛刊》39册，明正德本，线装书局2004年版。

陈傅良著，周梦江点校：《陈傅良先生文集》，浙江大学出版社1999年版。

陈均编，许沛藻、金圆、顾吉辰、孙菊园点校：《皇朝编年纲目备要》，中华书局2006年版。

陈振孙撰，徐小蛮、顾美华点校：《直斋书录解题》，上海古籍出版社1987年版。

（明）程敏政辑撰，何庆善、于石点校：《新安文献志》，徽学研究资料辑刊，黄山书社2004年版。

邓肃撰：《栟榈先生文集》，《宋集珍本丛刊》39册，明正德十四年罗

[①] 本参考文献依编著者姓名音序排列。

珊刻本，线装书局 2004 年版。

董史：《皇宋书录》，丛书集成初编本，中华书局 1991 年版。

范公偁撰，孔凡礼点校：《过庭录》，中华书局 2002 年版。

范镇撰，汝沛、永成整理：《东斋记事》，《全宋笔记》第一编（六），大象出版社 2003 年版。

范祖禹：《太史范公文集》，《宋集珍本丛刊》24 册，清钞本，线装书局 2004 年。

方勺撰，许沛藻、杨立扬点校：《泊宅编》，中华书局 1983 年版。

高承：《事物纪原》，文渊阁四库全书本。

高斯得：《耻堂存稿》，文渊阁四库全书本。

龚明之撰，孙菊园校：《中吴纪闻》，上海古籍出版社 1986 年版。

（清）顾炎武著，黄汝成集释，栾保群、吕宗力校点：《日知录集释（全校本）》（全三册），上海古籍出版社 2006 年版。

国家图书馆善本金石组编：《宋代石刻文献全编》，北京图书馆出版社 2003 年版。

韩维：《南阳集》，文渊阁四库全书本。

（清）郝玉麟等监修，谢道承等编纂：《福建通志》，文渊阁四库全书本。

洪迈：《容斋随笔》，上海古籍出版社 1978 年版。

洪迈撰，何卓点校：《夷坚志》，中华书局 1981 年版。

胡宿：《文恭集》，丛书集成初编本，中华书局 1985 年版。

胡寅：《斐然集》，文渊阁四库全书本。

华镇：《云溪居士集》，《宋集珍本丛刊》28 册，清翰林院钞本，线装书局 2004 年版。

黄䇕编，曹清华校点：《山谷年谱》，吴洪泽、尹波主编《宋人年谱丛刊》（第五册），四川大学出版社 2003 年版。

（明）黄淮、杨士奇编：《历代名臣奏议》，上海古籍出版社 1989 年版。

（清）黄以周等辑注，顾吉辰点校：《续资治通鉴长编拾补》，中华书局 2004 年版。

汪藻原著，王智勇笺注：《靖康要录笺注》（全三册），四川大学出版社 2008 年版。

孔凡礼点校：《苏轼文集》，中华书局 1986 年版。

黎靖德编，王星贤点校：《朱子语类》，中华书局1986年版。

李处权：《崧庵集》，《宋集珍本丛刊》38册，宜秋馆刻本，线装书局2004年版。

李焘：《续资治通鉴长编》，中华书局2004年版。

李纲著，王瑞明点校：《李纲全集》，岳麓书社2004年版。

李濂撰，周宝珠、程民生点校：《汴京遗迹志》，中华书局1999年版。

（清）李清馥：《闽中理学源渊考》，文渊阁四库全书本。

李心传：《建炎以来系年要录》，上海古籍出版社影印文渊阁四库全书本1992年版。

李心传撰，徐规点校：《建炎以来朝野杂记》，中华书局2000年版。

李延寿：《北史》，中华书局1974年版。

李逸安点校：《欧阳修全集》，中华书局2001年版。

李攸：《宋朝事实》，宋史资料萃编第一辑，台湾文海出版社1967年版。

李埴：《皇宋十朝纲要》，宋史资料萃编第一辑，台湾文海出版社1980年版。

（清）厉鹗辑撰：《宋诗纪事》，上海古籍出版社1983年版。

林駧：《古今源流至论》，上海古籍出版社1992年版。

（明）凌迪知：《万姓统谱》，文渊阁四库全书本。

（唐）令狐德棻等：《周书》，中华书局1971年版。

刘挚撰，裴汝诚、陈晓平点校：《忠肃集》，中华书局2002年版。

楼钥：《攻媿集》，丛书集成初编本。

陆游：《渭南文集》，四部丛刊初编本。

陆游撰，孔凡礼点校：《家世旧闻》，中华书局1993年版。

陆游撰，李剑雄、刘德权点校：《老学庵笔记》，中华书局1979年版。

吕祖谦：《东莱集》，文渊阁四库全书本。

（元）马端临：《文献通考》，中华书局影印本1986年版。

马永卿撰，查清华、顾晓雯整理：《懒真子》，《全宋笔记》第三编（六），大象出版社2008年版。

马永卿辑，王崇庆解：《元城语录解》，丛书集成初编本，中华书局1985年版。

慕容彦逢：《摛文堂集》，文渊阁四库全书本。

欧阳修撰，徐无党注：《新五代史》，中华书局1974年版。

（清）潘永因编，刘卓英点校：《宋稗类钞》，书目文献出版社1985年版。

彭□辑撰，孔凡礼点校：《墨客挥犀》，中华书局2002年版。

彭百川：《太平治迹统类》，适园丛书本，王德毅主编《丛书集成续编》275册，台湾新文丰出版公司1989年版。

綦崇礼：《北海集》，《宋集珍本丛刊》38册，清乾隆翰林院钞本，线装书局2004年版。

邵伯温撰，李剑雄、刘德权点校：《邵氏闻见录》，中华书局1983年版。

沈括著，胡道静校证：《梦溪笔谈校证》，上海古籍出版社1987年版。

司马光：《增广司马温公全集》，《宋集珍本丛刊》11册，南宋蕲州刻本，线装书局2004年版。

司马光著，王根林点校：《司马光奏议》，山西人民出版社1986年版。

苏辙撰，陈宏天、高秀芳点校：《苏辙集》，中华书局1990年版。

孙觌：《鸿庆居士集》，文渊阁四库全书本。

田汝成：《西湖游览志余》，文渊阁四库全书本。

（元）脱脱：《宋史》，中华书局点校本1977年版。

汪应辰：《汪文定公集》，《宋集珍本丛刊》46册，清钞本，线装书局2004年版。

汪藻：《浮溪集》，丛书集成初编本，中华书局1985年版。

王安石：《临川先生文集》，《宋集珍本丛刊》13册，宋刻、元明递修本。

王称：《东都事略》，宋史资料萃编第一辑，台湾文海出版社1979年版。

（清）王夫之著，舒士彦点校：《宋论》，中华书局1964年版。

王鞏：《随手杂录》，《全宋笔记》第二编（六），大象出版社2006年版。

王明清：《挥麈录》，中华书局1961年版。

王明清：《玉照新志》，丛书集成初编本，上海商务印书馆1936年版。

王文诰辑注，孔凡礼点校：《苏轼诗集》，中华书局1982年版。

王应麟：《玉海》，江苏古籍出版社、上海书店影印本1987年版。

王栐撰，诚刚点校：《燕翼诒谋录》，中华书局1981年版。

魏了翁：《鹤山先生大全文集》，四部丛刊初编本。

魏齐贤、叶棻编：《圣宋名贤五百家播芳大全文粹》，《宋集珍本丛刊》95 册，宋刻本，线装书局 2004 年版。

吴曾：《能改斋漫录》，中华书局 1985 年版。

熊克著，顾吉臣、郭群一点校：《中兴小纪》，福建人民出版社 1985 年版。

徐度撰，朱凯、姜汉椿整理：《却扫编》，《全宋笔记》第三编（十），大象出版社 2008 年版。

徐梦莘：《三朝北盟会编》，上海古籍出版社 1987 年版。

（清）徐松辑：《宋会要辑稿》，中华书局影印本 1957 年版。

徐自明撰，王瑞来校补：《宋宰辅编年录校补》，中华书局 1986 年版。

薛居正等：《旧五代史》，中华书局 1976 年版。

杨时撰，傅增湘校：《龟山先生全集》，《宋集珍本丛刊》29 册，明万历十九年林熙春刻本，线装书局 2004 年版。

杨仲良编：《续资治通鉴长编纪事本末》，北京图书馆出版社 2003 年版。

（唐）姚思廉：《梁书》，中华书局 1973 年版。

叶梦得撰，侯忠义点校：《石林燕语》，中华书局 1984 年版。

叶梦得：《避暑录话》，朱易安、傅璇琮主编《全宋笔记》第二编（十），大象出版社 2006 年版。

叶適著，刘公纯、王孝鱼、李哲夫点校：《叶適集》，中华书局 1961 年版。

佚名撰，赵维国整理：《道山清话》，《全宋笔记》第二编（一），大象出版社 2006 年版。

佚名、顾逸点校：《宣和书谱》，上海书画出版社 1984 年版。

佚名：《宋大诏令集》，中华书局排印本 1962 年版。

游酢：《游廌山集》，《宋集珍本丛刊》29 册，清钞本，线装书局 2004 年版。

袁采著，贺恒祯、杨柳注释：《袁氏世范》，天津古籍出版社 1995 年版。

岳珂撰，吴企明点校：《桯史》，中华书局 1981 年版。

曾布著，程郁整理：《曾公遗录》，《全宋笔记》第一编（八），大象出版社 2003 年版。

曾巩：《南丰先生元丰类稿》，《宋集珍本丛刊》10 册，明隆庆五年刻本，线装书局 2004 年版。

曾敏行著，朱杰人标校：《独醒杂志》，上海古籍出版社 1986 年版。

曾枣庄、刘琳主编：《全宋文》，上海辞书出版社、安徽教育出版社 2006 年版。

（宋）陈师道撰，李伟国点校：《后山谈丛》，中华书局 2007 年版。

曾慥撰，俞钢、王燕华整理：《高斋漫录》，《全宋笔记》第四编（五），大象出版社 2008 年版。

翟汝文：《忠惠集》，文渊阁四库全书本。

张邦基撰，孔凡礼点校：《墨庄漫录》，中华书局 2002 年版。

章如愚：《群书考索》，据明正德戊辰年刻本影印。台湾新兴书局 1971 年版。

赵汝愚编，北京大学中古史研究中心校点整理：《宋朝诸臣奏议》，上海古籍出版社 1999 年版。

赵升编，王瑞来点校：《朝野类要》，中华书局 2007 年版。

真德秀：《西山先生真文忠公文集》，《宋集珍本丛刊》75—76 册，明正德元年刻本，线装书局 2004 年版。

《中国地方志集成》，上海书店出版社 2000 年版。

中华书局编辑部编：《宋元方志丛刊》，中华书局 1990 年版。

周必大：《周益公文集》，《宋集珍本丛刊》49 册，明澹生堂钞本，线装书局 2004 年版。

周煇：《清波别志》，丛书集成初编本，中华书局 1985 年版。

周煇撰，刘永翔校注：《清波杂志校注》，中华书局 1994 年版。

周行己：《浮沚集》，丛书集成初编本，中华书局 1985 年版。

朱弁撰，孔凡礼点校：《曲洧旧闻》，中华书局 2002 年版。

朱熹：《晦庵先生文集》，《宋集珍本丛刊》56—59 册，宋刊浙本，线装书局 2004 年版。

朱彧撰，李伟国点校：《萍洲可谈》，中华书局 2007 年版。

庄绰撰，萧鲁阳点校：《鸡肋编》，中华书局 1983 年版。

二　研究论著

（一）专著

包伟民：《宋代地方财政史研究》，上海古籍出版社 2001 年版。

蔡崇榜：《宋代修史制度研究》，台湾文津出版社1993年版。
陈峰：《北宋武将群体与相关问题研究》，中华书局2004年版。
陈乐素：《求是集》（二集），广东人民出版社1984年版。
戴裔煊：《宋代钞盐制度研究》，中华书局1981年版。
邓广铭：《北宋政治改革家王安石》，生活·读书·新知三联书店2007年版。
邓小南：《祖宗之法——北宋前期政治述略》，生活·读书·新知三联书店2006年版。
刁忠民：《宋代台谏制度研究》，巴蜀书社1999年版。
傅璇琮主编，龚延明、祖慧撰：《宋登科记考》，江苏教育出版社2005年版。
高聪明：《宋代货币与货币流通研究》，河北大学出版社2000年版。
龚延明：《宋代官制辞典》，中华书局1997年版。
郭文佳：《宋代社会保障研究》，新华出版社2005年版。
郭正忠：《宋代盐业经济史》，人民出版社1990年版。
杭州大学历史系宋史研究室编：《宋史研究集刊》（二集），浙江省社联《探索》增刊，1988年。
何忠礼：《科举与宋代社会》，商务印书馆2006年版。
黄纯艳：《宋代茶法研究》，云南大学出版社2002年版。
黄宽重：《宋史丛论》，台湾新文丰出版公司印行1993年版。
贾玉英：《宋代监察制度》，河南大学出版社1996年版。
［美］姜斐德（Alfreda Murek）：《宋代诗画中的政治隐情》，中华书局出版社2009年版。
孔凡礼：《三苏年谱》，北京古籍出版社2004年版。
李华瑞：《宋代酒的生产和征榷》，河北大学出版社2001年版。
李华瑞：《宋夏关系史》，河北人民出版社1998年版。
李华瑞：《王安石变法研究史》，人民出版社2004年版。
李晓：《宋朝政府购买制度研究》，上海人民出版社2007年版。
林瑞翰：《宋代政治史》，台湾大学联合出版委员会1992年第2版，正中书局印行。
刘静贞：《皇帝和他们的权力：北宋前期》，台湾稻乡出版社1996年版。
刘泽华、汪茂和、王兰仲：《专制权力与中国社会》，天津古籍出版社

2005年版。

刘泽华：《王权思想论》，天津人民出版社2006年版。

刘子健：《两宋史研究汇编》，台湾联经出版事业公司1987年版。

刘子健：《中国转向内在——两宋之际的文化内向》，赵冬梅译，江苏人民出版社2002年版。

罗家祥：《朋党之争与北宋政治》，华中师范大学出版社2002年版。

苗书梅：《宋代官员选任和管理制度》，河南大学出版社1996年版。

漆侠：《宋代经济史》（上、下册），上海人民出版社1987—1988年版。

漆侠：《宋学的发展和演变》，河北人民出版社2002年版。

漆侠：《王安石变法》，河北人民出版社2001年版。

沈松勤：《北宋文人与党争——中国士大夫群体研究之一》，人民出版社1998年版。

史继刚：《宋代军用物资保障研究》，西南财经大学出版社2000年版。

［日］寺地遵：《南宋初期政治史研究》，刘静贞、李今芸译，台湾稻禾出版社1995年版。

孙洪升：《唐宋茶叶经济》，社会科学文献出版社2001年版。

陶晋生：《宋辽关系史研究》，台湾联经出版事业公司1984年7月版。

［美］田浩编：《宋代思想史论》，杨立华、吴艳红等译，社会科学文献出版社2003年版。

汪圣铎：《两宋财政史》（上、下册），中华书局1995年版。

汪圣铎：《两宋货币史》，社会科学文献出版社2003年版。

王德毅：《宋代灾荒的救济政策》，台湾台湾商务印书馆1970年版。

王菡：《宋哲宗》，吉林文史出版社1997年版。

王曾瑜：《凝意斋集》，兰州大学出版社2003年版。

王曾瑜：《宋朝兵制初探》，中华书局1983年版。

王曾瑜：《锱铢编》，河北大学出版社2006年版。

王曾瑜：《王曾瑜说辽宋夏金》，上海科学技术文献出版社2009年版。

萧庆伟：《北宋新旧党争与文学》，人民文学出版社2001年版。

［美］伊佩霞（Patricia Buckley Ebrey）、Maggie Bickford 编：*Emperor Huizong and Late Northern Song China: the Politics of Culture and the Culture of Politics*，哈佛大学亚洲中心出版，2006年。

游彪：《宋代特殊群体研究》，商务印书馆2006年版。

游彪：《宋代荫补制度研究》，中国社会科学出版社2001年版。

余英时：《朱熹的历史世界——宋代士大夫政治文化的研究》，三联书店2004年版。

虞云国：《宋代台谏制度研究》，上海社会科学院出版社2001年版。

袁征：《宋代教育——中国古代教育的历史性转折》，广东高等教育出版社1991年版。

张邦炜：《宋代政治文化史论》，人民出版社2005年版。

张复华：《北宋中期以后之官制改革》，台湾文史哲出版社1991年版。

张其凡主编：《北宋中后期政治探索》，华夏文化艺术出版社2005年版。

张文：《宋朝社会救济研究》，西南师范大学出版社2001年版。

赵永春：《金宋关系史》，人民出版社2005年版。

中嶋敏：《東洋史学論集——宋代史研究とその周辺》，汲古書院1988年版。

朱瑞熙：《宋代社会研究》，中州书画社1983年版。

朱重圣：《北宋茶之生产与经营》，台湾学生书局印行1985年版。

诸葛忆兵：《宋代宰辅制度研究》，中国社会科学出版社2000年版。

（二）论文

《アジア游学》特集《徽宗とその時代》，2004年。

安蕪幹夫：《蔡京に関する研究——特に彼の経歴を中心として——》，《広島経済大学経済研究論集》11—4、1988年。

陈乐素：《流放岭南的元祐党人》，《求是集》（二集），广东人民出版社1984年版。

陈乐素：《桂林石刻〈元祐党籍〉》，《求是集》（二集），广东人民出版社1984年版。

陈韶旭、李桂云：《蔡京缘何成巨奸》，《张家口师专学报》2002年第5期。

程民生：《论宋代士大夫政治对皇权的限制》，《河南大学学报》1999年第3期。

方如金：《试评宋孝宗的统治》，《浙江师大学报》，2000年第6期。

宫泽知之：《北宋的财政与货币经济》，《日本中青年学者论中国史·宋元明清卷》，上海古籍出版社1995年版。

龚延明：《北宋元丰官制改革论》，《中国史研究》1990年第1期。

顾绍勇：《蔡卞研究》，河北大学硕士学位论文，2007年6月。

郭宝林：《北宋的州县学》，《历史研究》1988年第2期。

何旭艳：《论蔡京变盐法》，《温州师范学院学报》2002年第5期。

江雪：《蔡京书法研究》，吉林大学硕士学位论文，2007年4月。

金中枢：《论北宋末年之崇尚道教》（上），《宋史研究集》第七辑，台湾编译馆1987年再版。

金中枢：《车盖亭诗案研究》，《宋史研究集》第二十辑，台湾编译馆1990年版。

金中枢：《论北宋末年之崇尚道教》（下），《宋史研究集》第八辑，台湾中华丛书编审委员会1976年元月印行。

金中枢：《宋代几种社会福利制度——居养院、安济坊、漏泽园》，《宋史研究集》第十八辑，台湾编译馆1988年版。

金中枢：《宋代科举制度研究》（上、下），《宋史研究集》第十一辑，台湾编译馆1979年版；第十二辑，台湾编译馆1980年版。

近藤一成：《蔡京の科举・学校政策》，《东洋史研究》第五十三卷第一号，1994年，第24—49页。

孔祥珍：《蔡京与北宋徽宗朝的财经政策问题研究》，山东大学硕士学位论文，2008年4月。

孔学：王安石《日录》与《神宗实录》，《史学史研究》2002年第4期。

李弘祺：《宋代官员数的统计》，《宋史研究集》第十八辑，台湾编译馆1988年版。

李华瑞：《〈宋史〉论赞评析》，《史学集刊》2005年第3期。

李华瑞：《宋神宗与王安石共定国是考辩》，《文史哲》2008年第1期。

李华瑞：《王安石变法的再思考》，《河北学刊》2008年第5期。

李洁：《北宋徽宗时期苏州钱狱研究》，浙江大学硕士学位论文，2007年5月。

李静：《蔡京茶盐改革浅析》，《固原师专学报》2004年第5期。

李伟国：《论宋代内库的地位和作用》，《宋辽金史论丛》第一辑，中华书局1985年版。

梁天锡：《北宋台谏制度之转变》，《宋史研究集》第九辑，台湾编译馆 1977 年版。

林天蔚：《蔡京与讲议司》，《宋史研究集》第十辑，台湾中华丛书编审委员会 1978 年版。

柳立言：《南宋政治初探——高宗阴影下的孝宗》，《宋史研究集》第十九辑，台湾编译馆 1989 年版。

刘美新：《蔡京与宋徽宗朝之政局》，暨南大学硕士学位论文，2002 年 4 月。

刘子健：《略论宋代地方官学和私学的消长》，《宋史研究集》第四辑，台湾编译馆 1986 年再版。

刘子健：《王安石曾布与北宋晚期官僚的类型》，《宋史研究集》第三辑，台湾编译馆中华丛书编审委员会 1984 年再版。

马茂军：《论宋初百年士风的演进》，《华南师范大学学报》2004 年第 4 期。

漆侠：《范仲淹集团与庆历新政》，《历史研究》1992 年第 3 期。

宋炯：《两宋居养制度的研究——宋代官办慈善事业初探》，《中国史研究》2000 年第 4 期。

宋晞：《异论相搅——北宋的变法及其纷争》，《宋史研究集》第三十一辑，台湾兰台出版社 2002 年版。

孙泽娟：《蔡确研究》，河北大学硕士学位论文，2006 年 6 月。

田勤耘：《"崇宁兴学"研究》，华中科技大学硕士学位论文，2005 年 5 月。

汪天顺：《章惇研究》，河北大学博士学位论文，2002 年 6 月。

汪天顺：《章惇与曾布、蔡卞交恶及其对绍述政治的影响》，《中国史研究》2009 年第 1 期。

王德毅：《略论宋代国计上的重大难题》，《宋史研究论集》第二辑，台湾鼎文书局 1972 年初版。

王德毅：《宋代士大夫的道德观》，《宋史研究集》第二十八辑，台湾编译馆 1998 年初版。

王凤翔：《论五代士风》，《中华文化论坛》2006 年第 1 期。

王育济：《论北宋末年的"御笔行事"》，《山东社会科学》1987 年第 1 期。

王曾瑜：《北宋晚期政治简论》，《中国史研究》1994 年第 4 期。

王曾瑜：《论中国古代士大夫及士风和名节——以宋朝士大夫为中心》，《河北学刊》2011年第1期。

吴泰：《祸国殃民的投机政客蔡京》，《文史知识》1985年第2期。

杨加深：《北宋书法"四大家"的组成及排序问题考》，《甘肃社会科学》2004年第2期。

杨军：《对蔡京书法史地位的再讨论》，《绥化学院学报》2006年第1期。

叶鸿洒：《试探北宋医学教育之发展》，《宋史研究集》第二十四辑，台湾编译馆1995年初版。

伊佩霞：《文人文化与蔡京和徽宗的关系》，漆侠主编《宋史研究论文集》（国际宋史研讨会暨中国宋史研究会第九届年会编刊），河北大学出版社2002年版。

俞晖：《论宋徽宗时期茶法的变更》，《农业考古》2001年第4期。

俞兆鹏：《论宋徽宗时期的大钱》，《南昌大学学报》1992年第2期。

俞兆鹏：《论宋徽宗抑制通货膨胀的失败》，《中国史研究》1995年第2期。

袁征：《北宋的教育与政治》，《宋辽金史论丛》第二辑，中华书局1991年版。

曾莉：《蔡京宦海沉浮研究》，陕西师范大学硕士学位论文，2005年5月。

曾莉：《蔡京书法浅论》，《广西艺术学院学报》2006年第2期。

张邦炜、张忞：《两宋时期的义冢制度》，漆侠、胡昭曦主编《宋史研究论文集》（一九九四年年会编刊），河北大学出版社1996年版。

张其凡：《皇帝与士大夫共治天下试析——北宋政治架构探微》，《暨南学报》2001年第6期。

张希清：《北宋的科举取士与学校选士》，漆侠主编《宋史研究论文集》（国际宋史研讨会暨中国宋史研究会第九届年会编刊），河北大学出版社2002年版。

赵保红：《宋四家之"蔡"究为何人》，《绍兴文理学院学报》2006年第3期。

赵铁寒：《宋代的太学》，《宋史研究集》第一辑，台湾编译馆中华丛书编审委员会1980年再版。

赵铁寒：《宋代的学校教育》，《宋史研究集》第四辑，台湾编译馆 1986 年再版。

赵铁寒：《宋代的州学》，《宋史研究集》第二辑，台湾编译馆中华丛书编审委员会 1983 年再版。

朱重圣：《宋代太学发展的五个重要阶段》，《宋史研究集》第八辑，台湾中华丛书编审委员会 1976 年元月印行。

诸葛忆兵：《范仲淹与北宋士风演变》，《中国人民大学学报》2006 年第 5 期。

后　记

2006年9月，我到首都师范大学攻读博士学位，师从李华瑞先生学习宋史。在这之前，我没有接触过宋史，对宋史有哪些基本史料不清楚。对读博的困难没有足够的思想准备。想当然地以为，读博和读硕的区别不过就是毕业论文的长短不同而已。当我第一次和导师见面导师问我准备选哪方面的题目作为研究方向时，我不知所云。在我茫然无措的情况下，导师只好给我选一个题目了，这就是我呈现给大家的专著《蔡京、蔡卞与北宋晚期政局研究》。题目定下来了，下一步就是去了解研究动态，搜集资料了。在这个过程中，我闹出了不少笑话。在搜集研究动态时，我只是将知网上能见到的1994年以来的有关蔡京、蔡卞的一些论文题目找出来，也就三四十篇论文吧，就以为自己已经全部掌握了动态。在搜集史料时，我在国学宝典上输入蔡京、蔡卞关键词，将《续资治通鉴长编》、《长编拾补》、《宋史》等书籍中有关蔡京、蔡卞的词条粘贴出来以后，也以为这就完成了搜集史料的工作，且暗自窃喜，按这个速度下来，半年做完资料整理等前期准备工作，一年用来写作，一年半不就完成博士论文了吗？当我轻松地、信心满满地拿着搜集到的动态资料去见导师时，导师扫了一眼，说你这还差得远哩。导师又询问我搜集史料的情况，当听到我的搜集方法后，导师说你那是硕士生干的事。后来，当我真的将所谓的史料拿起来阅读时，才发现前言不搭后语，无从知晓前因后果，根本没有用。折腾了半天，整出来一堆废物。真是"无知者无畏"呀！一切又都从头开始吧。

后来在导师一点一点的指导下，我才慢慢知道写我这个题目所要涉及的史料的范围，我也才明白这个题目不仅涉及政治，而且经济、教育、社会救济等等方面都得涉及。对我来说，涉及政治就难，涉及经济就更难更头痛。这些都曾是我多年来不去碰的。如今却不得不一个个去面对，去啃。难呀！当师弟尚平写南宋马政，导师让他去看《宋会要辑稿》，我私下庆幸我的题目是政治，不需要看《宋会要辑稿》那厚厚的八册。没想到，有一天，导师对我说：杨小敏，你去看一下《宋会要辑稿》。天呐！我没能躲过呀。我就是在这懵懂中一步一步接近我的论题的。这每一步的前行，都离不开导师的悉心指引。正是在导师的教导下，我在三年多的时间里一点点进步，最终通过了博士论文答辩。所以，我首先要深深感谢我的导师李华瑞先生对我的再造之恩。没有导师当年接纳这个无知的学生，没有导师的指导和帮助，我绝不可能顺利完成学业，也绝不能最终写出这部专著的。

其次我要感谢我博士论文的答辩主席王曾瑜先生。王先生不仅主持了我的论文答辩，而且在此前后无私地提供资料。在审读我的论文时，一条条非常详细地列出了论文需要充实的内容。在我毕业后的两年里，先生也一直关心着我论文的修改情况，激励着我早日完成我这本不很成熟的处女作。我要感谢答辩委员魏明孔先生、宋杰先生、包伟民先生、李晓先生。在答辩中，先生们不仅用他们睿智犀利的学术眼光指出了我论文中存在的不足和问题，而且用他们渊博的学识给予了我耐心的点拨和指教，为我进一步思考和修改论文提供了非常宝贵的意见和建议。

我要感谢北京大学的邓小南先生。当我请求去北大聆听她的宋代政治制度史专题课时，她热情地接纳了我。而且她在授课过程中对校内外学生的一视同仁，让我即便在北京的严冬也倍感温暖。她严谨的治学态度和认真的工作作风给我留下了很深的印象。她对后学的提携也让我时时感动。

我要感谢厦门大学的刁培俊先生，他到首都师大跟随李华瑞先生读博士后期间我们相识，此后他在很多方面给予了我关照。

我要感谢中国社科院历史研究所梁建国先生给予我的帮助。

我要感谢我的师弟尚平、邱志诚等，要感谢我的师妹杨芳、陈朝阳、纪雪娟等，他们在我求学期间及毕业以后，在我需要帮助之时，都伸出了热情的双手，让我感受到了同门的力量和关爱。

我要感谢中国社会科学出版社的张林女士，在我书稿的出版过程中，作为责任编辑，她做了很多细致耐心的工作，为书稿的早日出版付出了心血。

我要感谢天水师范学院和科研处给予我的大力支持！

最后，我要感谢我的父母、兄弟姐妹、我的爱人和亲朋好友在我艰难求学路上的扶持和帮助，他们是我坚强的后盾。

杨小敏

2011年10月31日夜